Hans-Friedrich Eckey/Reinhold Kosfeld/Christian Dreger

Ökonometrie

Hans-Friedrich Eckey/
Reinhold Kosfeld/Christian Dreger

Ökonometrie

Grundlagen – Methoden – Beispiele

2., überarbeitete und erweiterte Auflage

GABLER

Die Deutsche Bibliothek – CIP-Einheitsaufnahme
Ein Titeldatensatz für diese Publikation ist bei
Der Deutschen Bibliothek erhältlich.

Prof. Dr. Hans-Friedrich Eckey ist Professor für Empirische Wirtschaftsforschung und Ökonometrie an der Universität Gesamthochschule Kassel.

PD Dr. Reinhold Kosfeld ist Akademischer Rat an der Universität Gesamthochschule Kassel. Seine Forschungsschwerpunkte sind Empirische Wirtschaftsforschung, Ökonometrie und Statistik.

Dr. Christian Dreger ist wissenschaftlicher Mitarbeiter des Instituts für Wirtschaftsforschung Halle (IWH) mit den Forschungsschwerpunkten Arbeitsmarkt- und Konjunkturanalyse.

1. Auflage April 1995
2. Auflage September 2001

Lektorat: Ralf Wettlaufer/Brit Voges

Der Gabler Verlag ist ein Unternehmen der Fachverlagsgruppe BertelsmannSpringer.

www.gabler.de

Gedruckt auf säurefreiem und chlorfrei gebleichtem Papier.

Umschlaggestaltung: Ulrike Weigel, www.CorporateDesignGroup.de
Druck und buchbinderische Verarbeitung: Lengericher Handelsdruckerei, Lengerich/Westf.

Printed in Germany

ISBN 3-409-23732-1

Vorwort zur 2. Auflage

Zu der 2. Auflage der „Ökonometrie" haben wir neben Korrekturen von Druckfehlern und einer Überarbeitung methodische Neuerungen aufgegriffen, die inzwischen eine Anwendungsreife erhalten haben. Die Grundkonzeption hat sich hierdurch nicht verändert. Ausgehend von den klassischen ökonometrischen Verfahren werden der Student der Wirtschaftswissenschaften und der empirische Forscher mit neuen methodischen Ansätzen vertraut gemacht, die mehr und mehr zum Standardrepertoire der angewandten Ökonometrie zählen. Die eingefügten Aufgaben zielen darauf ab, eine aktive Auseinandersetzung mit der behandelten Thematik zu fördern.

Neuere ökonometrische Verfahren sind in das zweite Kapitel –Ökonometrische Eingleichungsmodelle– integriert worden. Neben dem Breusch-Pagan-Test wird der White-Test in Abschnitt 2.4 als Alternative zum Goldfeld-Quandt-Test bei der Überprüfung existierender Heteroskedastizität vorgestellt. Als Test auf Autokorrelation wird neben dem Durbin-Watson- und dem Ljung-Box-Test der Breusch-Goldfrey-Test erörtert. Neu aufgenommen worden sind außerdem Tests auf Parameterinstabilität (Abschnitt 2.8), worunter wir neben den CUSUM- und CUSUMQ-Tests den RESET-Test und den Harvey-Collier-Test subsumiert haben. Im selben Abschnitt wird zusätzlich der Jarque-Bera-Test skizziert.

Bei der Thematik der nichtstationären Variablen und Kointegration (Abschnitt 2.9) ist angesichts der Anwendungserfahrungen eine Überarbeitung erforderlich gewesen. So wird z.B. der IDW-Test (Integration-Durbin-Watson-Test) aufgrund seiner Unzulänglichkeiten nicht mehr von uns als Test auf Integration empfohlen. An seiner Stelle stellen wir den KPSS-Test als Alternative zum ADF-Test vor. Bei der Kointegrationstechnik steht aus didaktischen Gründen nach wie vor das Engle-Granger-Verfahren im Vordergrund.

Neu aufgenommen worden ist außerdem die Thematik der bedingten Heteroskedastizität (Abschnitt 2.10). Die hier vorgestellten GARCH-Modelle gehören inzwischen zum Standardrepertoire bei der Modellierung von Finanzmarktdaten. Die gleichzeitige Berücksichtigung der Querschnitts- und Zeitdimension in Form panelökonometrischer Modelle (Abschnitt 2.12) schließt das Kapitel 2 ab.

Aus einer Reihe von Zuschriften und Gesprächen haben wir ebenso wie aus Lehrerfahrungen vielfältige Anregungen für die Neuauflage der „Ökonometrie" erhalten. Unser Dank gilt hierfür den Fachleuten und Studenten gleichermaßen. Der druckfertige Text ist mit großer Sorgfalt von Frau Iris Röttger erstellt worden, wofür wir ihr herzlich danken. Schließlich gilt unser Dank Frau Eckert, Gabler-Verlag, für die gute und vertrauensvolle Zusammenarbeit.

Hans- Friedrich Eckey

Reinhold Kosfeld

Christian Dreger

Vorwort zur 1. Auflage

Die Ökonometrie hat ihren Stellenwert in der empirischen Wirtschaftsforschung nicht nur behaupten, sondern ausbauen können. Ökonometrische Modelle werden nicht nur von Wirtschaftsforschungsinstituten verwendet, sondern ebenfalls von staatlichen Behörden und Institutionen bei gesamtwirtschaftlichen und strukturpolitischen Problemstellungen eingesetzt. Was den Unternehmensbereich anbelangt, so wird vor allem im Finanzsektor von ökonometrischen Methoden Gebrauch gemacht. Die Entwicklung neuer und verbesserter ökonometrischer Methoden bietet nicht nur eine Erweiterung des Anwendungsbereichs der Ökonometrie, sondern auch eine bessere Fundierung empirisch-ökonomischer Analysen. Erfahrungsgemäß ist ein Praxistransfer wissenschaftlicher Methoden stark von ihrer Einbeziehung in die akademische Lehre abhängig. Um erfolgreich von der empirischen Wirtschaftsforschung genutzt werden zu können, ist daher eine ausgewogene Integration neuerer Entwicklungen in das bekannte ökonometrische Methodenspektrum erforderlich.

Während sich diese Vorstellung bereits in einigen angloamerikanischen Lehrbüchern zur Ökonometrie widerspiegelt, sind die deutschsprachigen Lehrbücher praktisch noch ausschließlich den traditionellen ökonometrischen Verfahren verpflichtet. Sicherlich ist eine sorgfältige Prüfung neuerer Methoden erforderlich, um nicht Gefahr zu laufen, allein mit der Mode zu gehen, ohne dass eine substantielle Verbesserung erfolgt. Doch denken wir, dass es nun an der Zeit ist, zumindest einige Neuerungen in ein Ökonometrie-Lehrbuch aufzunehmen, wenn es sich nicht dem Vorwurf aussetzen will, nicht up to date zu sein. Wir haben hierbei vor allem die Gebiete der robusten Verfahren, der Kointegration und der Vektorautoregression ins Auge gefasst. Aus diesen drei Bereichen liegen inzwischen bereits vielversprechende ökonomische Anwendungen vor.

Robuste Verfahren tragen der Tatsache Rechnung, dass ökonomische Daten nicht als ideal im Sinne der Modellannahmen betrachtet werden können, sondern mit den verschiedenartigsten Kontaminationen durchsetzt sind. Aus der Wirtschaftsstatistik ist bekannt, welche Arten von Störungen im Rahmen einer Erhebung auftreten können. Robuste Verfahren zielen hauptsächlich darauf ab, verzerrende Einflüsse deviante Beobachtungen unter Kontrolle zu halten. Gerade bei wirtschaftstheoretischen Modellen wird es im allgemeinen nicht zulässig sein, alle Beobachtungen ohne weiteres als Gleichgewichtsdaten zu betrachten. Eine ökonometrische Schätzung auf der Grundlage robuster Verfahren läßt sich anschaulich dahingehend interpretieren, dass die Gleichgewichte der ökonomischen Theorie in Form von Gleichgewichtsbereichen operationalisiert werden.

Gleichgewichtsbeziehungen werden auch im Rahmen von Kointegrationsmodellen betrachtet. Jedoch stehen hier keine kurzfristigen Gleichgewichte im Zentrum der ökonometrischen Analyse, sondern es werden vielmehr langfristige Gleichgewichtsrelationen zwischen ökonomischen Variablen im Sinne eines "steady states" untersucht. Die Vektorautoregression kommt als empirisches Analyseinstrument in Betracht, wenn Probleme bezüglich der Endogenität und Exogenität ökonomischer Variablen im Mittelpunkt stehen, wie sie z.B. bei ökonometrischen Untersuchungen über die Beziehung zwischen der Geldmenge und dem Sozialprodukt auftreten. Hier stellt die zeitreihenanalytisch orientierte Methode der Vektorautoregression ein Instrumentarium bereit, da ohne eine A-priori-Spezifikation der Kausalbeziehungen Einsichten in den Ablauf ökonomischer Prozesse vermitteln kann.

In dem vorliegenden Lehrbuch werden diejenigen Methoden der Ökonometrie bevorzugt behandelt, die für die empirische Wirtschaftsforschung von großer Relevanz sind. Eine fundierte Anwendung ökonometrischer Methoden setzt eine Diskussion ihrer Konzeption voraus, da sich nur dann die Grenzen ökonometrischer Erkenntnisgewinnung zuverlässig einschätzen lassen. Hierbei haben wir darauf geachtet, dass sich das verwendete mathematische Instrumentarium aus dem Repertoire konstituiert, das in der mathematischen Propädeutik für Ökonomen vermittelt wird. Außerdem werden Kenntnisse der Wahrscheinlichkeitsrechnung und induktiven Statistik aus der statistischen Grundausbildung für Ökonomen vorausgesetzt, die jedoch bei Bedarf unter Verwendung des von den Autoren im selben Verlag veröffentlichten Statistik-Lehrbuches repetiert werden können. Der Schwerpunkt liegt eindeutig in der Vermittlung ökonometrischen Basiswissens, das für eine empirisch orientierte wirtschaftswissenschaftliche Tätigkeit unerlässlich ist. Hierzu dienen nicht zuletzt auch die zahlreichen Beispiele, mit denen immer wieder der Bezug zur ökonomischen Theorie gesucht wird. Mit Hilfe der Beispiele sollen außerdem die ökonometrischen Techniken anschaulich illustriert werden, was wir bei einer für Ökonomen adäquaten Präsentation didaktisch für unbedingt erforderlich halten.

Das Ökonometrie-Lehrbuch setzt sich aus drei Teilen zusammen. In Teil I wird die Rolle der Ökonometrie in der empirischen Wirtschaftsforschung diskutiert. Hier wird aufgezeigt, welche Tatbestände zu beachten sind, damit ökonomische Hypothesen und Theorie mit der wirtschaftlichen Wirklichkeit konfrontiert werden können. In diesem Kontext lassen sich generell die Aufgaben der Ökonometrie in der empirischen Wirtschaftsforschung erörtern. Außerdem werden hier einige Grundkonzepte betrachtet, die sich auf die ökonometrische Modellbildung beziehen.

In Teil II stehen ökonometrische Eingleichungsmodelle im Mittelpunkt der Betrachtung. Ausgehend vom klassischen multiplen Regressionsmodell werden in der ökonometrischen Praxis auftretende Verletzungen der Modellannahmen erörtert und alternative Schätzverfahren zur gewöhnlichen Methode der kleinsten Quadrate aufgezeigt. Hierzu gehören vor allem die verallgemeinerte Methode der kleinsten Quadrate und die robusten Schätzverfahren. Außerdem wird das Multikollinearitätsproblem diskutiert, das sich allerdings nicht auf die Modellspezifikation bezieht, sondern ein Datenproblem ist. Was die ökonometrische Prognose anbelangt, so beschränken wir uns hier auf eine Skizzierung des Prognoseproblems und einer Darstellung der wichtigsten Gütekriterien. Darüber hinaus werden hier spezielle Themenkomplexe wie z.B. ökonometrische Modelle mit qualitativen Variablen, Distributed-Lag-Modelle sowie die Kointegration behandelt.

Bei der Behandlung ökonometrischer Mehrgleichungsmodelle in Teil III steht zunächst einmal das Identifikationsproblem im Mittelpunkt der Diskussion. Anschließend wird gezeigt, dass die gewöhnliche Methode der kleinsten Quadrate vom Standpunkt der Inferenzstatistik nicht mehr begründbar ist. Aus diesem Grund werden alternative Schätzverfahren, wie z.B. die zweistufige Methode der kleinsten Quadrate, die dreistufige Methode der kleinsten Quadrate und die Maximum-Likelihood-Methode bei voller Information vorgestellt. Die Vektorautoregression nimmt hier eine Sonderstellung ein, da bei dieser Methode eine alternative Modellierungsstrategie verfolgt wird. Bei dem abschließenden Vergleich ökonometrischer Schätzverfahren liegt der Schwerpunkt auf Simulationsstudien ökonometrischer Modelle, da der analytische Ansatz nur in Spezialfällen anwendbar ist.

Form und Inhalt des vorliegenden Lehrbuchs sind mit durch die Lehrveranstaltungen zur Ökonometrie geprägt, die die Autoren im Fachbereich Wirtschaftswissenschaften der Universität Gh Kassel durchgeführt haben. Hierdurch ist vor allem die didaktische Konzeption stark beeinflusst. Unser Dank hat somit zunächst einmal den Studenten zu gelten, die durch ihre Diskussionsbeiträge die Autoren veranlasst haben, einige Stellen didaktisch noch einmal zu überdenken. Frau Dipl.-Volkswirtin Petra Feldotto hat das vollständige Manuskript kritisch durchgearbeitet und einige wertvolle Verbesserungsvorschläge gemacht, die wir in der vorliegenden Fassung berücksichtigen konnten. Hierfür sei ihr herzlich gedankt. Danken möchten wir auch Frau cand.rer.pol. Andrea Eisenberg, die die Graphiken mit großer Sorgfalt angefertigt hat. Frau Iris Röttger hat das Manuskript gewohnt zuverlässig in eine präsentierbare Form gebracht, wofür ihr ebenfalls unser Dank gilt.

Last but not least möchten wir uns bei der Lektorin des Gabler-Verlages, Frau Jutta Hauser-Fahr, für die umsichtige verlegerische Betreuung und angenehme Zusammenarbeit bedanken.

Hans-Friedrich Eckey

Reinhold Kosfeld

Christian Dreger

Inhaltsverzeichnis

Verzeichnis der Abbildungen im Text

Verzeichnis der Tabellen im Anhang

Symbolverzeichnis

$\mathbf{A}$	Koeffizientenmatrix der gemeinsam abhängigen und prädeterminierten Variablen
$\mathbf{A}^{adj}$	Adjungierte Matrix von $\mathbf{A}$
a_j	1. Koeffizient eines autoregressiven Prozesses
	2. Koeffizient einer Differenzengleichung der finalen Form
A(L)	Lag-Polynom eines autoregressiven Prozesses
b_k	Koeffizient eines Moving-Average-Prozesses
B(L)	Lag-Polynom eines Moving-Average-Prozesses
BP	Breusch-Pagan-Statistik
CI(d,b)	Kointegration der Ordnung d und b
Cov	Kovarianzoperator
Cov (x,y)	Kovarianz zwischen den Zufallsvariablen x und y
Cov ($\mathbf{y}$)	Varianz-Kovarianz-Matrix des Zufallsvektors $\mathbf{y}$
DW	Durbin-Watson-Statistik
d_n, d_o	Kritische Werte des Durbin-Watson-Tests
$\mathbf{D}$	Dummy-Variablen-Matrix
exp	Exponentialfunktion
e	1. Eulersche Zahl (e=2,718 ...)
	2. Index, der eine geplante oder erwartete Größe kennzeichnet.
E	Erwartungswertoperator
E(y)	Erwartungswert der Zufallsvariablen y
E($\mathbf{y}$)	Vektor der Erwartungswerte der Komponenten von $\mathbf{y}$
f	Dichtefunktion
F	1. Prüfgröße eines F-Tests
	2. Verteilungsfunktion
$F_{1-\alpha;\nu_1;\nu_2}$	(1-α)-Quantil einer F-Verteilung mit ν_1 und ν_2 Freiheitsgraden
GQ	Goldfeld-Quandt-Statistik
h	Prüfgröße des Durbin-h-Tests
h_t	Bedingte Varianz
H_0	Nullhypothese
H_1	Alternativhypothese
$\mathbf{I}$	Einheitsmatrix

I(d)	Integrierter Prozess der Ordnung d
JB	Jarque-Bera-Statistik
ℓ	Likelihood-Ratio-Statistik
L	1. Lag-Operator
	2. Likelihoodfunktion
L^*	Logarithmierte Likelihoodfunktion
ln	Natürlicher Logarithmus
$\tilde{\ell}_p$	Lag-Quantil (0<p<1)
med	Median
P	Wahrscheinlichkeitsoperator
N	Normalverteilung
p_i	Wahrscheinlichkeit für die i-te Ausprägung einer diskreten Zufallsvariablen
p_t	Wert einer Verteilungsfunktion
$\mathbf{Q}$	Asymptotische Momentenmatrix
Q_k	Ljung-Box-Teststatistik
PR^2	Pseudo-R^2
R	Korrelationskoeffizient nach Bravais und Pearson
R	Multipler Korrelationskoeffizient
R^2	Bestimmtheitsmaß, Determinationskoeffizient
$\bar{R}^2$	Bereinigtes Bestimmtheitsmaß
rg ($\mathbf{X}$)	Rang der Matrix $\mathbf{X}$
s^2	Stichprobenvarianz
sgn(x)	Vorzeichenfunktion
$\mathbf{T}$	Transformationsmatrix
t	1. Zeitindex (bzw. Querschnittsindex)
	2. Prüfgröße eines t-Tests
$t_{1-\alpha;\nu}$	(1-α)-Quantil einer t-Verteilung mit ν Freiheitsgraden
tr($\mathbf{A}$)	Spur der Matrix $\mathbf{A}$
U	Theilscher Ungleichheitskoeffizient
u_t, v_t	Störgröße, stochastischer Störterm
$\mathbf{u}$, $\mathbf{v}$, $\mathbf{w}$	Vektor der Störgröße
$\hat{u}_t$	OLS-Residuen

$\hat{\mathbf{u}}$	Vektor der OLS-Residuen
$\mathbf{U}$	Matrix der Störvariablen
Var	Varianzoperator
Var(y)	Varianz der Zufallsvariablen y
VR	Variance ratio
w_i	Lag-Gewichte der exogenen Variablen x_{t-i}
w_t	Gewichtsfunktion
W(L)	Lag-Polynom
WQ	Wendepunkt-Fehlerquote
x_{jt}	Exogene (unabhängige Variable) eines Eingleichungsmodells
x_{0t}	Scheinvariable
x_{kt}	k-te prädeterminierte Variable eines Mehrgleichungsmodells
$\mathbf{x}_t$	1. Vektor der exogenen Variablen eines Eingleichungsmodells 2. Vektor der prädeterminierten Variablen eines Mehrgleichungsmodells
$\mathbf{X}$	1. (Beobachtungs-) Matrix der exogenen Variablen eines Eingleichungsmodells 2. Matrix der prädeterminierten Variablen eines Mehrgleichungsmodells
$\mathbf{x}_{1t}$	Vektor der prädeterminierten Variablen der ersten Gleichung eines Mehrgleichungsmodells zur Zeit t
$\mathbf{X}_1$	Matrix der prädeterminierten Variablen der ersten Gleichung
y_t	Endogene (abhängige) Variable eines Eingleichungsmodells
$\mathbf{y}$	Vektor der endogenen Variablen eines Eingleichungsmodells
$\hat{y}_t$	Regressionswerte
$\hat{\mathbf{y}}$	Vektor der Regressionswerte
y_{ht}	h-te gemeinsam abhängige Variable eines Mehrgleichungsmodells
$\mathbf{y}_t$	Vektor der gemeinsam abhängigen Variablen eines Mehrgleichungsmodells
$\mathbf{Y}$	Matrix der gemeinsam abhängigen Variablen eines Mehrgleichungsmodells
$y_{h,t-i}$	Zeitlich verzögerte endogene Variable (i>0)
$\mathbf{y}_{t-i}$	Vektor zeitlich verzögerter endogener Variablen (i>0)
$\mathbf{Y}_{1t}$	Vektor der endogenen Variablen zur Zeit t (ohne y_1)
$\mathbf{Y}_1$	Matrix der gemeinsam abhängigen Variablen (ohne y_1)

$\mathbf{Z}$ Matrix von Instrumentvariablen

$\mathbf{Z}_1$ Vektor der gemeinsam abhängigen und präterminierten Variablen (ohne $\mathbf{y}_1$)

$\mathbf{z}_t$
1. Vektor der exogenen Variablen der finalen Form
2. Vektor der gemeinsamen endogenen und prädeterminierten Variablen

Griechische Buchstaben

α
1. Signifikanzniveau; Wahrscheinlichkeit für den Fehler 1. Art (α-Fehler)
2. Absolutes Glied des dynamischen Regressionsmodells beim Almon-Verfahren

$\boldsymbol{\beta}$ Vektor der Regressionskoeffizienten eines Eingleichungsmodells

$\hat{\boldsymbol{\beta}}$ Schätzer (Schätzvektor) des Parametervektors $\boldsymbol{\beta}$

$\tilde{\boldsymbol{\beta}}$ Linearer Schätzer (Schätzvektor) des Parametervektors $\boldsymbol{\beta}$

β_j Regressionskoeffizienten eines Eingleichungsmodells

$\hat{\beta}_j$ Schätzer des Regressionskoeffizienten β_j

$\tilde{\beta}_j$ Linearer Schätzer des Regressionskoeffizienten β_j

β_{gk} Regressionskoeffizient der k-ten prädeterminierten Variablen in der g-ten Gleichung

$\mathbf{B}$ Koeffizientenmatrix der prädeterminierten Variablen eines Mehrgleichungsmodells

χ^2 Chi-Quadrat-Verteilung

Δ Differenzenoperator

δ
1. Parameter heteroskedastischer Varianzen
2. Anpassungsparameter

$\boldsymbol{\delta}_1$ Parametervektor der ersten Gleichung eines Mehrgleichungsmodells

$\hat{\boldsymbol{\delta}}_1$ Schätzer des Parametervektors $\boldsymbol{\delta}_1$

ε Elastizität

ϕ Autoregressiver Parameter

$\hat{\phi}$ Schätzer des Parameters ϕ

Φ Verteilungsfunktion einer Normalverteilung

γ	Anpassungsparameter
γ_{gh}	Koeffizient der h-ten gemeinsamen abhängigen Variablen in der g-ten Gleichung
$\mathbf{\Gamma}$	Koeffizientenmatrix der gemeinsam abhängigen Variablen
$\boldsymbol{\gamma}_1$	Parametervektor der endogenen Variablen (ohne y_1)
$\hat{\boldsymbol{\gamma}}_1$	Schätzer des Parametervektors $\boldsymbol{\gamma}_1$
ϑ	Harvey-Collier-Statistik
η_k	KPSS-Teststatistik
λ	1. Parameter der geometrischen Verteilung 2. Anpassungsparameter 3. Wurzel einer charakteristischen Gleichung
λ_g	Koeffizient einer Linearkombination
μ	Mittlerer Anpassungslag
$\boldsymbol{\mu}$	Vektor der Erwartungswerte
π	Kreiskonstante $(\pi = 3{,}1415\ldots)$
Π	Produktoperator
π_{gh}	Koeffizient der reduzierten Form
$\mathbf{\Pi}$	Koeffizientenmatrix der reduzierten Form
$\mathbf{\Pi}_1$	Koeffizientenvektor der zeitlich verzögerten endogenen Variablen der finalen Form
$\mathbf{\Pi}_2$	Koeffizientenvektor der exogenen Variablen der finalen Form
$\boldsymbol{\theta}_i$	Koeffizientenmatrix von $\mathbf{y}_{t-1}$ einer Vektorautoregression
$\boldsymbol{\theta}$	Parametervektor eines vektorautoregressiven Modells
$\hat{\boldsymbol{\theta}}$	Schätzer des Parametervektors $\boldsymbol{\theta}$
ρ_j	Theoretischer Autokorrelationskoeffizient j-ter Ordnung
$\hat{\rho}_j$	Empirischer Autokorrelationskoeffizient j-ter Ordnung
$\rho(u)$	Modifizierte Likelihoodfunktion
$\psi(u)$	Ableitung der ρ-Funktion
σ^2	Varianz der Störvariablen
$\hat{\sigma}^2$	Erwartungstreuer Schätzer der Störvarianz
$\hat{\sigma}$	Erwartungstreuer Schätzer der Standardabweichung der Störvariablen
σ_y^2	Varianz der Zufallsvariablen y
σ_{gg}	Varianz der Störgröße der g-ten Gleichung

σ_{gh} Kontemporäre Kovarianzen zwischen den Störgrößen der g-ten und h-ten Gleichung

$\mathbf{\Sigma}$ Kontemporäre Kovarianzmatrix der Störgrößen eines Mehrgleichungsmodells

Σ Summenoperator

$\mathbf{\Omega}$
1. Kovarianzmatrix der Störgröße bei der GLS-Schätzung (bis auf multiplikative Konstante σ^2)
2. Kontemporäre Kovarianzmatrix der Störvariablen der reduzierten Form

$\hat{\mathbf{\Omega}}$ Konsistenter Schätzer für $\mathbf{\Omega}$

Sonstige Symbole

$\wedge$
1. ohne Zusatz: Schätzer (meist OLS-Schätzer)
2. mit Zusatz: Symbol für einen anderen z.B. ML-Schätzer

$\sim$
1. Symbol für einen linearen Schätzer
2. „ist verteilt“
3. Symbol für eine Abweichung vom Mittelwert
4. „ist integriert“ bzw. „kointegriert“

*
1. Symbol für transformierte Größen
2. Symbol für eine unbeobachtbare Indexvariable

' Symbol für die Transponation eines Vektors oder einer Matrix

$\otimes$ Kronecker-Produkt-Operator

$|\mathbf{A}|$ Determinante einer Matrix **A**

$\lim\limits_{n\to\infty}$ Limes, Grenzwert für n gegen unendlich

$\operatorname{plim}\limits_{n\to\infty}$ Wahrscheinlichkeitslimes

Abkürzungsverzeichnis

2SLS	Two-stage least-squares
3SLS	Three-stage least-squares
AR	Autoregressiver Prozess
ARCH-M	ARCH in mean
ARCH	Autoregressive conditional heteroskedasticity
ARMA	Autoregressiver Moving-Average-Prozess
ARÌMA	Integrierte ARMA-Prozess
DF	Dickey-Fuller-Test
CUSUM	Cumulative sum of residuals
FIML	Full Information Maximum Likelihood
GARCH	Generalized autoregressive conditional heteroskedasticty
CUSUMSQ	CUSUM of squares
GLS	Generalized least-squares
IV	Instrumentvariable
MA	Moving-Average-Prozess
LIML	Limited Information Maximum Likelihood
MAE	Mittlerer absoluter Fehler
MAPE	Mittlerer absoluter prozentualer Fehler
ME	Median error
ML	Maximum Likelihood
M-Schätzung	Verallgemeinerte Maximum-Likelihood-Schätzung
MSE	Mean square error
OLS	Ordinary least-squares
RESET	Regression specification test
RLS	Reweighted least-squares
RMSE	Mittlerer quadratischer Fehler
RMSPE	Wurzel des mittleren quadratischen Fehlers
SE	Standard error
SEF	Standard error for forecast
SSE	Sum of squared residuals
SURE	Seemingly unrelated regression equations
VAR	Vektorautoregression
WLS	Weighted least-squares

1. Ökonometrie und empirische Wirtschaftsforschung

1.1 Gegenstand und Arbeitsgebiete der Ökonometrie

Ökonometrische Methoden gehören inzwischen zu einem festen Bestandteil der empirischen Wirtschaftsforschung. Die Anwendung ökonometrischer Methoden bei der empirischen Untersuchung des Nachfrageverhaltens nach Gütern und Dienstleistungen, des Geldangebotsprozesses einer Volkswirtschaft, der Investitionstätigkeit sowie einer Branchen- und Konjunkturanalyse lassen ihre Anwendungsbreite ersichtlich werden. Wenn die Ökonometrie in der empirischen Wirtschaftsforschung eine herausragende Bedeutung erlangt hat, so sind beide Disziplinen doch voneinander zu unterscheiden. Zu letzterer Disziplin gehören nämlich auch Methoden der deskriptiven Statistik wie z.B. Verhältniszahlen und Indikatoren, der multivariaten Statistik (z.B. Faktorenanalyse, Clusteranalyse) und der Input-Output-Analyse. In der empirischen Wirtschaftsforschung steht die Anwendung ökonometrischer Methoden bei ökonomischen Problemstellungen im Vordergrund. Die Ökonometrie stellt ein Methodenspektrum zur Überprüfung und Anwendung mathematisch formulierbarer ökonomischer Theorien bereit, das auf die ökonomische Modellbildung abgestellt ist. Ökonometrische Methoden werden in der empirischen Wirtschaftsforschung angewendet, um ökonomische Strukturzusammenhänge aufzudecken und ökonomische Hypothesen zu testen.

Als Geburtsstunde der **Ökonometrie** wird die Gründung der Econometric Society am 29.12.1930 in Cleveland, Ohio, USA, angesehen. Die ökonometrischen Forschungen, die zuvor vereinzelt betrieben wurden, sollten dadurch koordiniert werden. Die Ziele der Econometric Society umreißen bereits vortrefflich den Gegenstand der Ökonometrie: "The Econometric Society is an international society for the advancement of economic theory in its relation to statistics and mathematics. ... Its main object shall be to promote studies that aim at a unification of the theoretical-quantitative approach to economic problems." [1] In den Versuchen namhafter Fachvertreter, die Ökonometrie zu definieren und abzugrenzen, kommt immer wieder die für die Disziplin konstituierende Verbindung von ökonomischer Theorie mit der Statistik und Mathematik zum Ausdruck. Die Ökonometrie soll dazu beitragen, eine Kluft zwischen der ökonomischen Theorie und der wirtschaftlichen Realität abzubauen. Ökonometrische Studien können durch die Konfrontation mit der Realität zu einer Entwicklung empirisch gehaltvoller

---

[1] Frisch, R. (1933), S. 1.

ökonomischer Theorien beitragen. Von dem Grad der Überwindung der Diskrepanz zwischen den Aussagen der ökonomischen Theorie und der Beobachtung der wirtschaftlichen Wirklichkeit hängt letztlich der Erfolg wirtschaftspolitischer Entscheidungen und Maßnahmen ab. Aufgrund dieser Denkweise ergibt sich eine Skepsis sowohl gegenüber einer rein "spekulativen" Wirtschaftstheorie auf der einen Seite und eines "measurement without theory" auf der anderen Seite.

Der Begriff Ökonometrie setzt sich aus den beiden griechischen Wörtern "oikonomia" (= Verwaltung, Wirtschaft) und "metron" (= Maß, Messung) zusammen. Gemessen werden sollen jedoch nicht etwa ökonomische Größen wie z.B. das Bruttosozialprodukt, der Konsum, die Investitionen oder die Exporte, da diese Art von Messung in die Sphäre der Wirtschaftsstatistik fällt. Das Interesse gilt vielmehr der Messung der Beziehungen zwischen ökonomischen Größen gegebenenfalls unter Einschluss nichtökonomischer Tatbestände. Die wirtschaftstheoretischen Hypothesen brauchen dabei noch nicht in mathematischer Form vorzuliegen; sie müssen jedoch mathematisch formulierbar sein. So wird z.B. in der Geldtheorie eine Geldnachfragefunktion entwickelt, in der als Argumente z.B. das Aktivitätsniveau, das Vermögen, Zinssätze und Renditen von Aktiva u.a. eingehen. Eine solche Geldnachfragefunktion lässt sich ökonometrisch schätzen, so dass der Einfluss und die Bedeutung der Determinanten auf die Geldnachfrage beurteilt werden können. Hieraus erhält man dann z.B. auch eine Einschätzung der Einkommens- und Zinselastizität der Geldnachfrage, womit wichtige Informationen für die Geldpolitik bereitgestellt werden. Von großer Bedeutung für die Geldpolitik ist außerdem die Frage nach der Stabilität der Geldnachfragefunktion, die ökonometrisch untersucht werden kann.

Wirtschaftswissenschaftliche Forschungsinstitute verwenden bevorzugt Konjunkturmodelle, die aus mehreren Gleichungen bestehen, zum Zwecke einer Konjunkturprognose und Politiksimulation. Sie enthalten neben Verhaltensgleichungen wie z.B. einer Konsum-, Investitions- und Exportfunktion auch die Identitäten der Volkswirtschaftlichen Gesamtrechnung oder Gleichgewichtsbedingungen. Ökonometrische Schätzungen können sich auch auf technische Relationen wie z.B. eine Produktionsfunktion oder institutionelle Beziehungen wie z.B. eine Steueraufkommensfunktion beziehen. Allgemein werden die Hypothesen als Eingleichungs- oder Mehrgleichungsmodelle formuliert. Es dürfte klar sein, dass Mehrgleichungsmodelle wie z.B. Markt- und Konjunkturmodelle größere Schätzprobleme aufwerfen als Eingleichungsmodelle.

Die Ökonometrie zeichnet sich dadurch aus, dass sie die ökonomische Theorie mit der wirtschaftlichen Wirklichkeit konfrontiert. Wie bedeutsam diese Konfrontation ist, zeigt sich daran, dass es ohne Kenntnis der Größenordnung von ökonomischen Parametern nicht einmal immer möglich ist, auch nur die Richtung des Einflusses einer ökonomischen Größe auf eine andere Variable anzugeben. So hängt es z.B. im Multiplikator-Akzelerator-Modell von Samuelson von der Parameterkonstellation ab, ob das System in Schwingungen oder monoton verläuft. Nur im ersteren Fall kommt es empirisch als Baustein der Konjunkturanalyse in Betracht. Außerdem bietet erst die Einbeziehung der Fakten die Möglichkeit zu überprüfen, ob eine ökonomische Theorie als empirisch gehaltvoll eingestuft werden kann.

Aus den bisherigen Ausführungen lassen sich vier hauptsächliche Zwecke erkennen, auf die eine ökonometrische Untersuchung ausgerichtet sein kann:

- Testen einer ökonomischen Theorie (Hypothese),
- Strukturanalysen zu Planungs- und Entscheidungszwecken,
- Politiksimulation,
- Prognose.

Dabei ist zu beachten, dass sich die verschiedenen Zwecke bei Anwendungen gegenseitig bedingen und miteinander verflochten sein können.

Die Mathematik dient in der Ökonometrie als Mittel der Modellformulierung. Zum Zwecke einer kompakten Darstellung wird dabei häufig von der Matrizennotation Gebrauch gemacht. Die induktive Statistik spielt bei der Modellschätzung eine bedeutende Rolle. Hierzu ist das ökonomische Modell vorab in ein ökonometrisches Modell zu überführen, was unter Verwendung der Wahrscheinlichkeitsrechnung aufgrund der Erkenntnis erfolgt, dass sich wirtschaftliche Verhaltensweisen einer deterministischen Betrachtung entziehen. Die Schätzung und der Test von ökonomischen Parametern wie z.B. der marginalen Konsumneigung oder der Zinselastizität der Investitionen innerhalb eines Modells kann im Prinzip mittels statistischer Methoden erfolgen. Allerdings hat die theoretische Ökonometrie aufgrund bestimmter Probleme bei ökonometrischen Modellen selbst spezielle Schätz- und Testmethoden entwickelt, die als ökonometrische Methoden bekannt geworden sind.

1.2 Ökonomische Gesetze und Ätialprinzip

Wenn die Ökonometrie zu einer Verringerung der Kluft zwischen ökonomischer Theorie und wirtschaftlicher Wirklichkeit beitragen soll, hat man sich Klarheit über die Art der Erkenntnisgewinnung zu verschaffen. In der ökonomischen Theorie werden die Hypothesen im Prinzip deterministisch betrachtet, was unter Rückgriff auf die ceteris paribus-Klausel eine Rechtfertigung findet. Auf diese Weise ist es möglich, modellmäßig die Wirkung von Einflußgrößen auf ökonomische Variablen isoliert zu betrachten. So wird im Rahmen der Keynesianischen Theorie z.B. eine makroökonomische Konsumfunktion

(1.2.1) $C_t = C_0 + c_1 \cdot Y_t$

postuliert, in der der private Konsum C_t in der Periode t in Abhängigkeit vom Einkommen Y_t betrachtet wird. [2] In (1.2.1) gibt C_0 den autonomen Konsum wieder, während c_1 die marginale Konsumquote bezeichnet. Aus der Konsumfunktion ergibt sich für ein gegebenes Einkommensniveau ein bestimmtes Konsumniveau. Ähnlich wie in den Naturwissenschaften gibt die Konsumfunktion eine kausale Beziehung zwischen dem Einkommen und dem Konsum an. Während in den Naturwissenschaften jedoch experimentell die isolierte Wirkung einer Einflussgröße auf eine interessierende Größe gemessen werden kann, ist dies in den Wirtschaftswissenschaften in der Regel nicht möglich. [3] Das Beobachtungsmaterial entstammt der wirtschaftlichen Wirklichkeit, so dass sich hierin auch die Variationen ökonomischer Variablen niederschlagen, die in der Theorie als konstant betrachtet worden sind. Als Einflußgrößen für den Konsum sind neben dem Einkommen insbesondere auch die Einkommensverteilung und das Vermögen von Bedeutung. In dem Ausmaß, in dem sich diese Einflußgrößen verändern, variiert auch der Konsum bei gegebenem Einkommen.

Selbst wenn man die Einkommensverteilung EV und das Vermögen V als Argumente in eine Konsumfunktion aufnehmen würde,

(1.2.2) $C_t = C(Y_t, EV_t, V_t)$,

---

2 Für die Diskussion ist es unerheblich, dass bei Einbeziehung des Staates Steuern und Transfers zu berücksichtigen sind, so dass als relevante Einkommensgröße hauptsächlich das verfügbare Einkommen in Betracht kommt.

3 Eine experimentelle Wirtschaftsforschung ist allenfalls in Spezialgebieten der Mikroökonomik realisierbar. In der Makroökonomik kommen Experimente dagegen von vornherein nicht in Betracht.

wäre eine Kausalität in dem Sinne, dass gegebene Werte von Y_t, EV_t und V_t ein bestimmtes Konsumniveau erzeugen würden, nicht gegeben. Denn eine Vielzahl von weiteren Einflußgrößen wie z.B. die soziale Stellung, Erwartungen, finanzielle Mittel, Altersstruktur und Zinssätze wirken sich ebenfalls auf den Konsum aus, wenn sie auch isoliert genommen vielleicht nur geringe Effekte zeigen. Das bedeutet, dass der Konsum keineswegs eine deterministische Größe ist, wenn die relevanten Einflußgrößen in einer Konsumfunktion berücksichtigt worden sind. Vielmehr ist er eine **stochastische Größe** (Zufallsgröße), bei der ein bestimmter Rest immer unerklärt sein wird.

Doch selbst bei einem gegebenen Bedingungskomplex sind ökonomische Größen nicht vollständig determiniert, da die Wirtschaftssubjekte eine gewisse Freiheit bei ihren Entscheidungen haben. Wie die konkrete Entscheidung aussieht, wird nicht unwesentlich von den verfügbaren Informationen beeinflusst. In bestimmten Situationen kann ein Wirtschaftssubjekt durchaus außerökonomischen Faktoren den Vorrang geben, was vielleicht als nichtrationale Entscheidung aussehen mag. Auch hieran wird deutlich, dass das Prinzip der Kausalität bei einer Überwindung der Kluft zwischen ökonomischer Theorie und Beobachtung nicht hilfreich ist.

Ökonomische Gesetze zeichnen sich dadurch aus, dass bei gegebenen Bedingungen nicht eine eindeutige Folge resultiert, wie es das **Kausalprinzip** im strengen Sinne erfordert. Vielmehr sind unter gegebenen Randbedingungen alternative Folgen als Resultat ökonomischer Entscheidungen denkbar und möglich. So ist z.B. ein bestimmtes Einkommensniveau bei gegebenen wirtschaftlichen Rahmenbedingungen keinesfalls nur mit einem ganz bestimmten Konsumniveau kompatibel, sondern durchaus mit alternativen Konsumausgaben, die jedoch unterschiedliche Eintrittswahrscheinlichkeiten haben. An Stelle des Kausalprinzips tritt daher in der Ökonometrie das **Ätialprinzip**, das besagt, dass den allgemeinen Bedingungen mögliche Folgen ökonomischer Entscheidungen zugeordnet werden können, deren Realisation sich aus der zugrunde liegenden Wahrscheinlichkeitsverteilung ergibt [4].

Angenommen, das Einkommen Y_t ist allein die entscheidende Einflussgröße für die Konsumausgaben C_t. Dann gibt die Beziehung (1.2.1) die systematische Komponente des gesamtwirtschaftlichen Konsums bei gegebenem Einkommen wieder. Alle weiteren Einflußgrößen werden durch eine Störgröße u_t erfasst, die die unsystematische Kom-

4 Das Ätialprinzip, das auf Hartwig, H. (1956), S. 252 ff., zurückgeht, ist von Menges, G. (1959), S. 611 ff., als Grundlage für die Erkenntnisaufgabe der Ökonometrie herausgearbeitet worden. Vgl. auch Menges, G. (1961), S. 20ff.

ponente der Konsumausgaben darstellt. Die ökonometrische Formulierung der makroökonomischen Konsumfunktion (1.2.1) lautet demzufolge

(1.2.3) $C_t = C_0 + c_1 \cdot Y_t + u_t$.

Die Störgröße u_t ist eine Zufallsvariable, deren Wahrscheinlichkeitsverteilung zu spezifizieren ist. Wenn viele Einflussfaktoren auf den gesamtwirtschaftlichen Konsum einwirken, von denen keiner dominierend ist, kann unter Umständen unter Berufung auf den Zentralen Grenzwertsatz der Statistik für u_t eine Normalverteilung angenommen werden. Ökonometrische Schätzverfahren setzen aber nicht notwendig einen bestimmten Verteilungstyp voraus, sondern beschränken sich z.B. auf die ersten beiden Momente der Wahrscheinlichkeitsverteilung. Auf jeden Fall muss gesichert sein, dass die Störgröße u_t keinen systematischen Einfluss mehr auf die zu erklärende ökonomische Variable ausübt, da ansonsten das Modell fehlspezifiziert wäre. Wenn z.B. die Einkommensverteilung EV_t einen systematischen Einfluss auf das Konsumniveau C_t besitzt, müsste sie explizit in die Konsumfunktion aufgenommen werden,

(1.2.4) $C_t = C_0 + c_1 \cdot Y_t + c_2 \cdot EV_t + u_t$,

sofern sie im Untersuchungszeitraum veränderlich ist. Bei Längsschnittanalysen kann auch der Fall eintreten, dass die Momente der Wahrscheinlichkeitsverteilung der Störgröße u_t im Zeitablauf nicht konstant bleiben. So ist es z.B. nicht unplausibel, dass ihre Streuung mit wachsendem Einkommen zunimmt. Um derartige Probleme adäquat zu behandeln, sind eigens in der Ökonometrie spezielle Methoden entwickelt worden. Während man lange Zeit bestimmte Annahmen als gegeben unterstellte und optimale Schätzverfahren unter idealen Voraussetzungen suchte, wendet man sich in neuerer Zeit verstärkt einer Überprüfung von Modellannahmen zu. [5]. Außerdem werden bei der Schätzung ökonometrischer Modelle vermehrt auch "Verschmutzungen" des Datenmaterials berücksichtigt [6]

---

5 Krämer (1991).

6 Unter diesem Aspekt kommt robusten Schätzverfahren eine größere Bedeutung zu, die jedoch erst langsam Einzug in die Ökonometrie finden. Siehe z.B. Koenker (1982); Judge et al. (1985), S. 828ff.; Amemiya (1985), S. 70ff.

1.3 Beobachtungsmaterial und statistische Fehler

Das Beobachtungsmaterial für ökonometrische Modelle wird überwiegend von der amtlichen Statistik bereitgestellt. Ergänzend werden vor allem Daten, die von wirtschaftswissenschaftlichen Forschungsinstituten bereitgestellt werden, herangezogen. So erhebt das Ifo-Institut für Wirtschaftsforschung, München, Daten über Urteile, Erwartungen und Antizipationen der Unternehmen im Rahmen von Konjunktur- und Investitionstests, die im Gegensatz zu den "harten" Daten der amtlichen Statistik als "weiche" Daten bezeichnet werden. In diese Kategorie fällt z.B. auch der Konsumklimaindex der Gesellschaft für Konsumforschung (GfK), Nürnberg. Von großer Bedeutung für konjunkturelle Analysen ist vor allem die vierteljährliche Volkswirtschaftliche Gesamtrechnung des Deutschen Instituts für Wirtschaftsforschung (DIW), Berlin. Für länderübergreifende ökonometrische Analysen kann auf zum Teil harmonisiertes Datenmaterial von supranationalen Organisationen wie z.B. der Organisation für wirtschaftliche Entwicklung und Zusammenarbeit (OECD), Brüssel und dem Statistischen Amt der Europäischen Gemeinschaften (EUROSTAT), Luxemburg, zurückgegriffen werden.

Bei gesamtwirtschaftlichen und Branchenanalysen werden vor allem Längsschnittdaten herangezogen. In der Tat ist ein derartiges Aggregationsniveau in der Ökonometrie vorherrschend, so dass die ökonometrischen Modelle primär als Zeitreihenmodelle konzipiert sind. Es handelt sich hierbei jedoch nicht um eine Zeitreihenanalyse im engeren Sinne, bei der die Zeitreihen aus sich selbst heraus erklärt werden [7]. Vielmehr geht es hier gerade darum, Beziehungen zwischen ökonomischen Variablen gegebenenfalls unter Einbeziehung sozialer und demographischer Einflußgrößen aufzudecken. Methoden der Zeitreihenanalyse im engeren Sinne können aber durchaus in ein ökonometrisches Modell integriert werden.

Dennoch lassen sich ökonometrische Methoden gleichermaßen im Mikrobereich anwenden. Hierzu gehört z.B. die Schätzung der Kostenfunktionen von Unternehmen und die Ermittlung von Preis-Absatz-Funktionen für Produkte. Bei mikroökonomischen Analysen werden verstärkt Querschnittsdaten, d.h. Daten von statistischen Einheiten aus einer gegebenen Periode oder zu einem bestimmten Zeitpunkt, verwendet. Für mikroökonomische Untersuchungen sind spezielle ökonometrische Methoden entwickelt worden,

---

7 Wald, A. (1936) bezeichnet derartige zeitreihenanalytische Verfahren als "innere Methode". Die ökonometrischen Verfahren können in dieser Betrachtungsweise als "äußere Methode" bezeichnet werden.

die das Instrumentarium der Ökonometrie in vielfältiger Hinsicht erweitern. [8] Allerdings sind Querschnittsanalysen nicht allein auf Mikrodaten beschränkt. Statistische Einheiten können z.B. auch Branchen und Regionen einer Volkswirtschaft oder bei internationalen Studien Länder sein.

Zwischen einer auf Querschnittsdaten basierenden mikroökonomischen Verhaltensgleichung und ihrem makroökonomischen Gegenstück tritt ein **Aggregationsproblem**, das bei einer Kombination von Quer- und Längsschnittsanalysen zu beachten ist. Um dieses Problem aufzuzeigen, gehen wir von einer mikroökonomischen Konsumfunktion aus, die für den i-ten Haushalt

$$(1.3.1) \qquad c_i = c_{0i} + c_{1i} \cdot y_i \,, \quad i = 1,2,\ldots,N$$

lautet. c_i gibt dabei den Konsum und y_i das Einkommen des i-ten Haushalts an. Außerdem bezeichnet c_{0i} den autonomen Konsum und c_{1i} die marginale Konsumquote dieses Haushalts. Aggregation von (1.3.1) über alle N Haushalte einer Volkswirtschaft führt zu

$$\sum_{i=1}^{N} c_i = \sum_{i=1}^{N} c_{0i} + \sum_{i=1}^{N} c_{1i} \cdot y_i \,,$$

woraus man mit

$$C = \sum_{i=1}^{N} c_i \quad \text{und} \quad C_0 = \sum_{i=1}^{N} c_{0i}$$

die Beziehung

$$(1.3.2) \qquad C = C_0 + \sum_{i=1}^{N} c_{1i} \cdot y_i$$

erhält. Nur in dem Spezialfall $c_{11}=c_{12}=\ldots=c_{1N}$ kann (1.6) unmittelbar in der Form

$$(1.3.3) \qquad C = C_0 + c_1 \cdot Y \quad \text{mit} \quad Y = \sum_{i=1}^{N} y_i$$

geschrieben werden, da dann kein Unterschied zwischen der marginalen Konsumneigung auf Mikro- und Makroebene besteht. Aus der Konsumtheorie ist jedoch bekannt, dass die marginale Konsumneigung mit zunehmendem Einkommen abnimmt, so dass allgemein $c_{11} \neq c_{12} \neq c_{1N}$ ist. Wenn a_i den Anteil des Einkommens des i-ten Haushalts am Volkseinkommen Y angibt,

$$y_i = a_i Y \,,$$

---

8 Ronning (1991).

dann erhält man mit

$$\sum_{i=1}^{N} c_{1i} \cdot y_1 = \left(\sum_{i=1}^{N} a_i \cdot c_{1i} \right) Y$$

aus (1.3.2)

$$C = C_0 + \left(\sum_{i=1}^{N} a_i \cdot c_{1i} \right) Y \ . \tag{1.3.4}$$

Aus einem Vergleich von (1.3.4) mit (1.3.3) geht hervor, dass die makroökonomische Konsumneigung c_1 ein gewogenes arithmetisches Mittel der mikroökonomischen Konsumneigungen c_{1i} ist, wobei die Einkommensanteile a_i die Gewichte sind. Es zeigt sich damit, dass die einfache Aggregation, die auf der Variablenebene möglich ist, bei ökonomischen Verhaltensgleichung nicht mehr anwendbar ist.

Da der Ökonometriker bei empirischen Untersuchungen fast ausnahmslos auf vorhandenes Datenmaterial zurückgreift, hat er stets einzuschätzen, inwieweit es im Hinblick auf sein Untersuchungsziel in geeigneter Form vorliegt. Sind z.B. die Investitionen in einer Form abgegrenzt, die es erlaubt, differenzierte Aussagen über Determinanten verschiedener Arten von Erweiterungsinvestitionen zu machen? In welcher Abgrenzung sollen das Vermögen oder die Geldmenge herangezogen werden, um adäquate Aussagen über die Nachfrage nach dauerhaften Konsumgütern oder die Inflationsentwicklung machen zu können? Wie muss in letzterem Fall ein Index beschaffen sein, um das Ausmaß der Inflation valide messen zu können? Man kann nicht erwarten, dass zwischen einem ökonomischen Modellbegriff wie z.B. der Inflation und einem statistischen Gattungsbegriff wie z.B. einem Preisindex eine vollkommene Übereinstimmung besteht. Aber die logische Diskrepanz zwischen dem theoretischen Konstrukt und dem statistischen Konzept darf nicht zu groß sein [9], wenn gültige Aussagen über ökonomische Zusammenhänge gewonnen werden sollen. Der Ökonometriker hat daher bei der Interpretation Adäquationsfehler zu berücksichtigen, die sich aus der Operationalisierung ökonomischer Begriffe ergeben.

Statistische Fehler treten in verschiedener Form bei der Erhebung und Aufbereitung der Daten auf. [10] Problematisch ist, dass Erhebungs- und Aufbereitungsfehler im allgemei-

---

9 Die Erreichung einer "minimalen logischen Diskrepanz" zwischen einem theoretischen Konstrukt und einem statistischen Gattungsbegriff kennzeichnet das Adäquationsproblem der Wirtschaftsstatistik, das von Hartwig, H. (1956), S. 260ff., herausgearbeitet worden ist. Siehe hierzu auch Grohmann (1985).

10 Krug und Nourney (1987).

nen nicht dazu tendieren, sich gegenseitig auszugleichen. Messfehler lassen sich selbst bei einer sorgfältigen Planung und Durchführung einer Erhebung nicht vollständig vermeiden, so dass auch qualitativ hochwertige Daten statistische Fehler aufweisen. Bei ökonometrischen Verfahren werden statistische Fehler jedoch weitgehend vernachlässigt [11].

Bei zu erklärenden ökonomischen Größen in Verhaltensgleichungen, technischen Relationen und institutionellen Beziehungen können allerdings Messfehler unter den explizit berücksichtigten Zufallsfehlern subsumiert werden. Die ökonometrische Formulierung der makroökonomischen Konsumfunktion (1.2.1) lautet demzufolge

$$(1.3.5) \qquad C_t = C_0 + c_1 \cdot Y_t + u_t \,,$$

wobei u_t als Zufallsvariable eine Störgröße bezeichnet, deren Wahrscheinlichkeitsverteilung noch zu spezifizieren ist. Die Zufallsvariable u_t trägt dem stochastischen Charakter ökonomischer Gesetze Rechnung. Unter diesem Aspekt treten Messfehler bei Konsumgrößen in den Hintergrund, denn sie können ohne weiteres durch die Störgröße u_t erfasst werden. Erklärende Variablen in einem Eingleichungsmodell wie z.B. hier das Einkommen werden jedoch in der Regel als gegeben angesehen, was bedeutet, dass auch Messfehler vernachlässigt werden. Gleichwohl würde eine stochastische Behandlung derartiger Größen keine substantiellen Unterschiede hervorbringen, sofern bestimmte statistische Voraussetzungen erfüllt sind [12]. Erhebungs- und Messfehler bleiben insbesondere auch bei Identitäten wie z.B.

$$(1.3.6) \qquad Y_t = C_t + I_t$$

mit I_t als Investition in der Periode t außer Betracht. Die Identität (1.3.6) ergibt sich definitorisch aus der Volkswirtschaftlichen Gesamtrechnung für eine geschlossene Volkswirtschaft ohne staatliche Aktivität. Wie später noch zu zeigen sein wird, ergeben sich für die marginale Konsumquote unterschiedliche Schätzwerte, je nachdem, ob man sie isoliert aus der makroökonomischen Konsumfunktion (1.3.5) oder unter Berücksichtigung der Identitätsgleichung (1.3.6) ermittelt.

---

11 Eine Ausnahme bilden die Fehler-in-den-Variablen-Modellen, die sich jedoch in der Regel auf Zufallsfehler beschränken. Siehe hierzu z.B. Schneeweiß, H. (1992), Ökonometrie, S. 216ff. Systematischen Fehlern in Form von Ausreißern wird bei robusten Verfahren eine besondere Aufmerksamkeit gewidmet.

12 Hauptsächlich muss die erklärende Variable unkorreliert mit der Störgröße sein. Siehe hierzu Schönfeld (1971), S. 1ff.

1.4 Variablen- und Modelltypen

In der Ökonometrie werden ökonomische Hypothesen vor allem durch **lineare Modelle** dargestellt, was auf verschiedene Gründe zurückgeführt werden kann. Vielfach macht die Wirtschaftstheorie keine Aussage über die Form der "kausalen" Beziehungen zwischen den ökonomischen Variablen. Die Modellierung einer Hypothese in Form einer linearen Beziehung entspricht dann dem Einfachheitspostulat. [13] Grundsätzlich ist ein einfacheres Modell einem komplexeren Modell vorzuziehen, wenn eine sophistiziertere Modellierung keinen wesentlichen Vorteil an Erkenntnis und Information mit sich bringen würde. Innerhalb eines bestimmten Bereichs lässt sich praktisch jedoch fast jede Funktion durch eine lineare Beziehung approximieren. Außerdem können nichtlineare Modelle oft durch eine geeignete Transformation linearisiert werden. So kann z.B. die Produktionsfunktion vom Typ Cobb-Douglas

(1.4.1) $$Y_t = \alpha \cdot L_t^{\beta} \cdot K_t^{\gamma} \cdot e^{u_t} ,$$

in der Y die gesamtwirtschaftliche Produktion, L den Arbeitseinsatz, K den Kapitaleinsatz und u_t eine Störgröße bezeichnen, durch Logarithmierung in die lineare Form

(1.4.2) $$Y_t^* = \alpha^* + \beta \cdot L_t^* + \gamma \cdot K_t^* + u_t$$

mit

$$Y_t^* = \ln Y_t ,\ L_t^* = \ln L_t \ \text{ und } \ K_t^* = \ln K_t$$

überführt werden. Die Cobb-Douglas-Produktionsfunktion (1.4.2) stellt ein lineares Regressionsmodell dar, das z.B. mit der Methode der kleinsten Quadrate geschätzt werden kann, sofern die Störgröße u_t bestimmte Voraussetzungen erfüllt.

Bei **ökonometrischen Eingleichungsmodellen** sind praktisch nur zwei Typen von Variablen zu unterscheiden. Während hierbei stets eine Variable durch die Hypothese erklärt werden soll, kommen als erklärende Variablen eine oder mehrere Einflußgrößen in Betracht. Im Rahmen eines Regressionsmodells wird die zu erklärende Größe als **Regressand** bezeichnet; die erklärenden Größen heißen **Regressoren**. Bei der Cobb-Douglas-Produktionsfunktion ist die gesamtwirtschaftliche Produktion Y_t der Regressand und die Produktionsfaktoren Arbeit L_t und Kapital K_t sind die Regressoren. Ma-

13 Assenmacher und Braun (1981).

thematisch handelt es sich dabei um die abhängige Variable auf der einen Seite und die unabhängigen Variablen auf der anderen Seite. In der Ökonometrie hat sich für die zu erklärende Variable der Begriff **endogene Variable** eingebürgert und die erklärenden Variablen werden **exogene Variablen** genannt. Die Störgröße u_t ist eine **latente Variable**, da sie nicht direkt beobachtbar ist.

Letztere Unterscheidung ist vor allem bei **ökonometrischen Mehrgleichungsmodellen** von großer Bedeutung, die vor allem zum Zwecke der Konjunktur- und Branchenanalyse sowie zur Politiksimulation herangezogen werden. Ein ökonometrisches Mehrgleichungsmodell haben wir schon kennengelernt, indem wir die Keynesianische Konsumfunktion (1.2.3) durch die aufgrund der Kreislauftheorie zu fordernde Identität (1.3.6) erweitert haben [14]:

$$C_t = \alpha + \beta \cdot Y_t + u_t$$
$$Y_t = C_t + I_t \,.$$

In diesem Keynesianischen Grundmodell sind der Konsum C_t und das Einkommen Y_t endogene Variablen, da diese Größen modellimmanent erklärt werden. Nicht erklärt werden dagegen die Investitionen I_t, die exogen vorgegeben werden müssen. Häufig werden in gesamtwirtschaftlichen Modellen demographische Größen wie z.B. die Bevölkerung und die Altersstruktur nicht durch das ökonometrische Modell erklärt, so dass sie exogene Variablen sind. Ob die Variablenwerte aus Bevölkerungsprognosen, Zeitreihenanalysen oder anderen Berechnungen stammen, ist bei der Klassifizierung unerheblich. Als exogen werden oft ebenso wirtschaftspolititische Steuerungsgrößen wie z.B. der Diskontsatz oder ein Steuersatz betrachtet. Gleiches trifft auf die Staatsausgaben zu, die ebenfalls in der Regel nicht innerhalb eines ökonometrischen Modells erklärt werden.

Wenn sich in einem ökonometrischen Modell endogene Variablen gegenseitig beeinflussen, spricht man von einem **interdependenten Modell**. Das hier betrachtete gesamtwirtschaftliche Modell ist interdependent, da der Konsum über die Konsumfunktion abhängig vom Einkommen ist und es andererseits eine Rückkoppelung in der Form gibt, dass das Konsumniveau das gesamtwirtschaftliche Einkommen determiniert. In einem Pfeilschema [15] lässt sich ein interdependentes Modell dadurch erkennen, dass

---

14 Dieses einfache ökonometrische Mehrgleichungsmodell dient hier natürlich nur zu Beispielszwecken. Ökonometrische Mehrgleichungsmodelle, mit denen wirtschaftspolitische Maßnahmen analysiert und Wirtschaftsabläufe prognostiziert werden, bestehen häufig aus über 100 Gleichungen.

15 Die Verwendung eines Pfeilschemas zur Darstellung der Abhängigkeitsstruktur in interdependenten ökonometrischen Modellen geht auf Tinbergen (1939, S. 75f.) zurück.

in einer gegebenen Periode Pfeile, die die "kausale" Wirkung widerspiegeln, von einigen Variablen in beide Richtungen verlaufen (s. Abbildung 1.4. 1).

Abbildung 1.4. 1: Pfeilschema für das Keynesianische Grundmodell

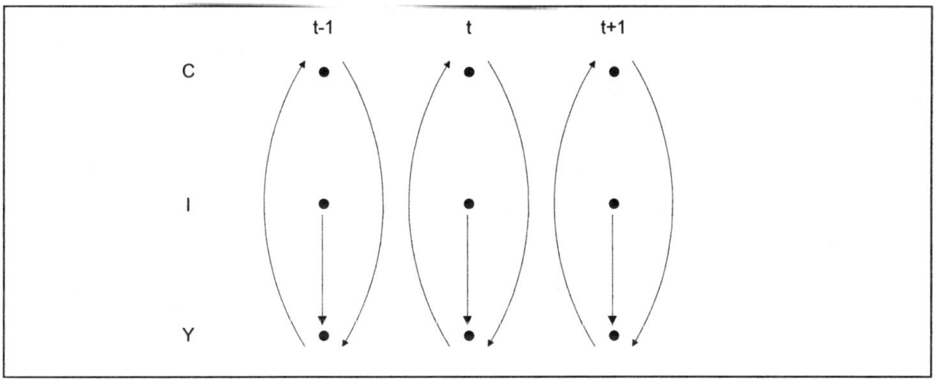

Ein **rekursives Modell** liegt dagegen vor, wenn der Einfluss der Variablen nur in eine Richtung verläuft. Man kann sich vorstellen, dass die Schätzung eines rekursiven Modells nicht so verwickelt ist wie bei einem interdependenten Modell, da die endogenen Variablen sukzessive durch die Modellvariablen erklärt werden. Obwohl anfangs versucht wurde, die wirtschaftliche Wirklichkeit in Form von rekursiven Modellen abzubilden, [16] hat sich diese Vorgehensweise als wenig erfolgversprechend erwiesen. Ohne eine Berücksichtigung von Rückkoppelungseffekten und Wechselwirkungen zwischen ökonomischen Variablen hält ein ökonometrisches Mehrgleichungsmodell einer Konfrontation mit der Realität im allgemeinen nicht stand. Ökonometrische Mehrgleichungsmodelle, die wirtschaftspolitische Relevanz beanspruchen, sind heutzutage praktisch durchweg interdependente Modelle. Aus diesem Grund verzichten wir auf eine ausführliche Diskussion der rekursiven Modelle; stattdessen sollen noch einige Charakteristiken interdependenter Modelle betrachtet werden.

Einem ökonometrischen Mehrgleichungsmodell kann man es nicht notwendig "ansehen", welche Variablen endogen und exogen sind. Wenn z.B. das Marktmodell

(1.4.3) $$q_t^N = \alpha_1 + \beta_1 \cdot p_t + \gamma \cdot y_t + u_{1t}$$

(1.4.4) $$q_t^A = \alpha_2 + \beta_2 \cdot p_t + u_{2t}$$

[16] Wold (1954).

(1.4.5) $q_t^N = q_t^A = q_t$

die Mengen q_t und Preise p_t eines Gutes simultan erklären soll, sind diese beiden Größen die endogenen Variablen, obwohl der Güterpreis p_t auf der rechten Gleichungsseite erscheint. Während die Nachfragefunktion (1.4.3) als exogene Variable das Einkommen y_t enthält, geht in die Angebotsfunktion (1.4.5) keine weitere erklärende Variable mehr ein. u_1 und u_2 sind die Störvariablen des Marktmodells. Aufgrund der Gleichgewichtsbedingung (1.4.5) könnten die nachgefragten und angebotenen Mengen q_t^N und q_t^A durch die gleichgewichtige Menge q_t substituiert werden. Wie wir später sehen werden, ist das Marktmodell nach den gemeinsam abhängigen Variablen p_t und q_t aufzulösen, damit es einer ökonometrischen Schätzung zugänglich wird. Die "kausalen" Beziehungen zwischen den Variablen des Marktmodells sind unter Berücksichtigung der Gleichgewichtsbedingung (1.4.5) in Abbildung 1.4. 2 durch ein Pfeilschema wiedergegeben.

Abbildung 1.4. 2: Pfeilschema für das Marktmodell

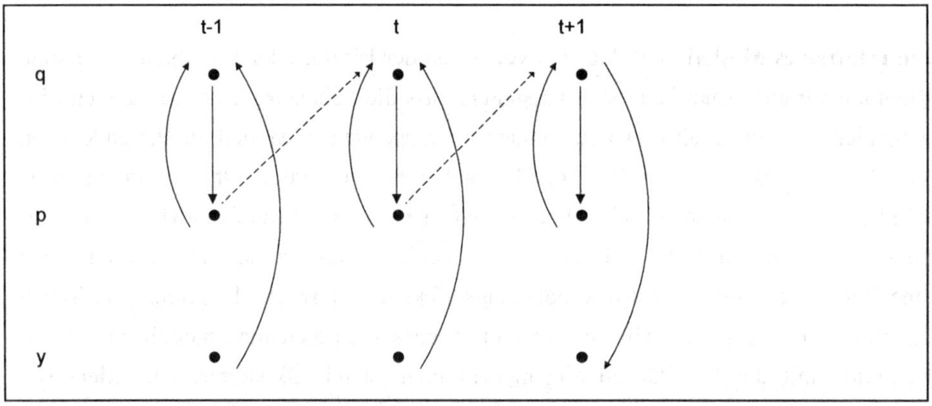

In den bisher betrachteten Modellen haben die Variablen in allen Gleichungen den gleichen Zeitindex. Je kleiner jedoch die Grundperiode t ist, auf die sich die Variablen beziehen, um so mehr sind verzögerte Anpassungen der Wirtschaftssubjekte zu berücksichtigen. Wenn z.B. die Unternehmer für eine Anpassung der Angebotsmengen an die aktuellen Preise aufgrund der Produktionsstruktur einen Monat benötigen, so wäre zwar bei einem Vierteljahres- oder Jahresmodell das Marktmodell (1.4.3) bis (1.4.5) durchaus eine adäquate Nachbildung des Marktprozesses. Im Falle von Monatsdaten müsste dagegen der aktuelle Güterpreis p_t in der Angebotsfunktion durch den Preis p_{t-1} der Vorperiode ersetzt werden:

(1.4.4') $$q_t^A = \alpha_2 + \beta_2 \cdot p_{t-1} + u_{2t} \,.$$

Der Güterpreis p_{t-1} ist eine zeitlich verzögerte Variable. In Abbildung 1.4. 2 ist die verzögerte Anpassung durch die gestrichelten Pfeile dargestellt, die die Übergänge von einer Periode zu der nächsten Periode aufzeigen. Die kleinen Pfeile würden bei einer Ersetzung der Angebotsfunktion (1.4.4) durch (1.4.4') entfallen. In diesem Fall liegt ein Marktmodell mit verzögerter Angebotsanpassung vor.

Verzögerungen (lags) können mithin nicht nur bei den exogenen Variablen auftreten, sondern gleichermaßen bei den endogenen Variablen. Letztere weisen in einem gewissen Sinne einen "doppelten" Charakter auf. Einerseits werden diese Größen durch das Modell erklärt. Andererseits sind sie in einer gegebenen Periode bekannt, so wie dies bei den exogenen Variablen vorausgesetzt wird. Aus diesem Grund gehören sie unter Berücksichtigung des ersteren Gesichtspunkts zwar zu den endogenen Variablen. Letzterer Aspekt lässt es jedoch auch sinnvoll erscheinen, sie mit den exogenen Variablen in Verbindung zu bringen. Bei ökonometrischen Modellen werden die verzögerten endogenen Variablen und die exogenen Variablen zusammen als **prädeterminierte (vorherbestimmte) Variablen** bezeichnet.

Anhand eines einfachen makroökonomischen Modells sollen die verschiedenen Variablentypen zusammenfassend herausgestellt und der Modelltyp identifiziert werden:

(1.4.6) $$C_t = \beta_{11} + \beta_{12} \cdot Y_t + \beta_{13} \cdot C_{t-1} + u_{1t}$$

(1.4.7) $$I_t = \beta_{21} + \beta_{22} \cdot Y_{t-1} + \beta_{23} \cdot Y_{t-2} + u_{2t}$$

(1.4.8) $$Y_t = C_t + I_t + A_t + (EX_t - IM_t)$$

mit den makroökonomischen Variablen

Y	Bruttosozialprodukt
C	Privater Verbrauch
I	Investitionen
A	Staatsverbrauch
EX	Exporte
IM	Importe.

Für die Störvariablen ist die übliche Bezeichnung u verwendet worden. Der Konsumfunktion (1.4.6) liegt die Habit-Persistance-Hypothese [17] zugrunde, nach der der private Verbrauch C_t in einem Zeitraum t von dem Einkommen Y_t der aktuellen Periode t und dem Konsumniveau C_{t-1} der Vorperiode t-1 abhängig ist. Die Investitionsfunktion (1.4.7) gibt ein verallgemeinertes Akzelerationsprinzip wieder. Dass dies der Fall ist, zeigt sich, wenn man $\beta_{22} = -\beta_{23}$ setzt, wonach die Investitionen I_t in der Periode t durch die Veränderung der Nachfrage der Vorperiode, $Y_{t-1}-Y_{t-2}$, determiniert werden. Der Koeffizient β_{23} muss demzufolge ein negatives Vorzeichen haben. Gleichung (1.4.8) ist eine Definitionsgleichung, durch die das Bruttosozialprodukt nach seiner Verwendung definiert wird.

In dem gesamtwirtschaftlichen Modell der Gleichungen (1.4.6) bis (1.4.8) werden der Private Verbrauch, die Investitionen und das Bruttosozialprodukt erklärt. Sie werden als gemeinsam abhängige (= endogene) Variablen bezeichnet. Nicht erklärt werden dagegen der Staatsverbrauch, die Exporte und die Importe, die damit die exogenen Variablen des ökonometrischen Modells sind. Der Private Verbrauch und das Bruttosozialprodukt gehen außerdem mit einer Verzögerung von einer Periode bzw. einer und zwei Perioden als zu erklärende Variablen in das gesamtwirtschaftliche Modell ein. A_t, EX_t, IM_t, C_{t-1}, Y_{t-1} und Y_{t-2} bilden mithin die Gruppe der prädeterminierten Variablen.

In unserem makroökonomischen Modell ist Y in (1.4.6) eine erklärende Variable für C, und in (1.4.8) ist umgekehrt C eine erklärende Variable für Y. Beide Größen beeinflussen sich gegenseitig, so dass ein **interdependentes** Modell vorliegt. Außerdem ist das Modell **dynamisch**, da die endogenen Variablen C und Y in verzögerter Form vorkommen. Modelle, die sich auf eine Periode beziehen oder in denen nur exogene Variablen verzögert auftreten, heißen **statisch**. Ob ein ökonometrisches Modell dynamisch oder statisch ist, hängt allein davon ab, ob es verzögert endogene Variablen enthält. Die dynamischen Eigenschaften eines ökonometrischen Modells haben vor allem bei einer Konjunkturanalyse eine große Bedeutung.

---

[17] Brown (1952).

Aufgaben

(1.1) Erläutern Sie die konstitutionellen Elemente der Ökonometrie!

(1.2) Grenzen Sie das Ätialprinzip gegenüber dem Kausalprinzip ab!

(1.3) Zeigen Sie das Aggregationsproblem anhand einer Produktionsfunktion vom Typ Cobb-Douglas

$$Y = L^{\beta} K^{\gamma}$$

auf, in der Y den Output, L den Arbeitseinsatz und K den Kapitaleinsatz bezeichnen!

(1.4) Welche Variablentypen sind in einem ökonometrischen (Mehrgleichungs-) Modell zu unterscheiden?

(1.5) Diskutieren Sie anhand zweier ökonomischer Beispiele die Erforderlichkeit eines Einsatzes interdependenter Modelle!

2. Ökonometrische Eingleichungsmodelle

2.1 Das multiple Regressionsmodell

2.1.1 Modellspezifikation

In der ökonomischen Theorie werden Verhaltensgleichungen entwickelt, in denen eine ökonomische Variable wie z.B. der Konsum oder die Investitionen in Abhängigkeit von bestimmten Einflussgrößen betrachtet wird. So gibt z.B. die makroökonomische Konsumfunktion im keynesianischen System die Beziehung zwischen dem Privaten Verbrauch und dem verfügbaren Einkommen an. Die Habit-Persistance-Hypothese unterstellt außerdem einen Einfluss des in der Vergangenheit realisierten Konsumniveaus auf die Verbrauchsausgaben. Auch zur Erklärung des Investitionsvolumens bietet die ökonomische Theorie alternative Ansätze. Während die Akzeleratorhypothese auf die Veränderung der Nachfrage abstellt, steht bei einer Investitionsfunktion, in der die Gewinne als unabhängige Variable eingehen, die Finanzierungsseite im Mittelpunkt der Analyse des Investitionsverhaltens. In all den genannten Fällen handelt es sich um Eingleichungsmodelle, bei denen bestimmte ökonomische Hypothesen untersucht werden. Die Relevanz von Feedback-Effekten wird im Rahmen ökonometrischer Mehrgleichungsmodelle behandelt.

Bei Eingleichungsmodellen ist eine endogene Variable von einer oder mehreren exogenen Variablen abhängig. Die endogene Variable ist durch ein ökonometrisches Modell zu erklären, das sich aus einer systematischen und einer unsystematischen Komponente zusammensetzt. Bei linearen Modellen ist die systematische Komponente durch eine Linearkombination der k exogenen Variablen $x_{1t}, x_{2t}, \ldots, x_{kt}$ und die unsystematische Komponente durch eine Störvariable u_t gegeben. Das ökonometrische Eingleichungsmodell lautet dann allgemein

(2.1.1) $$y_t = \beta_1 + \beta_2 \cdot x_{2t} + \ldots + \beta_k \cdot x_{kt} + u_t, \quad t = 1,2,\ldots n ,$$

wobei der Index t die Beobachtungsperiode oder den Beobachtungszeitpunkt angibt[18].

[18] Obwohl wir bei der Modelldarstellung primär auf zeitbezogene Variablen abstellen, kann das ökonometrische Eingleichungsmodell gleichermaßen bei Querschnittsanalysen eingesetzt werden. Der Index t würde dann z.B. für den t-ten Haushalt oder das t-te Unternehmen stehen. Allerdings stellen einige Modellkonzeptionen speziell auf zeitliche Beobachtungen ab.

Gelegentlich wird bei der methodischen Diskussion auf die gleichwertige kompaktere Modellform

$$y_t = \sum_{j=1}^{k} \beta_j \cdot x_{jt} + u_t = \mathbf{x}'_t \boldsymbol{\beta} + u_t$$

mit

$$\underset{1\times k}{\mathbf{x}'_t} = \begin{pmatrix} 1 & x_{2t} & \dots & x_{kt} \end{pmatrix} \text{ und } \underset{1\times k}{\boldsymbol{\beta}'} = \begin{pmatrix} \beta_1 & \beta_2 & \dots & \beta_k \end{pmatrix}$$

zurückgegriffen. $\beta_1, \beta_2, ..., \beta_k$ sind die Regressionskoeffizienten, die für den Stützbereich von t=1 bis t=n aus dem Datenmaterial zu schätzen sind. Die exogene Variable x_{1t} hat hierin die Funktion einer Scheinvariablen, die für alle t gleich 1 gesetzt wird. Dadurch ist der Regressionskoeffizient β_1 als absolutes Glied oder Achsenabschnitt interpretierbar. Die Restgröße u_t stellt einen nicht beobachtbaren stochastischen Störterm dar, für den die Annahmen

(2.1.2) $E(u_t) = 0$ für alle t=1,... n

(2.1.3) $E(u_t^2) = \sigma^2$ für alle t=1,...n

(2.1.4) $E(u_t u_{t-j}) = 0$ für $j \neq 0$

getroffen werden. Wegen (2.1.2) ist der Erwartungswert der Störvariablen in allen Perioden gleich 0, was bedeutet, dass vom Störterm keine systematischen Einflüsse auf die endogene Variable y_t ausgehen. Anders ausgedrückt, impliziert diese Annahme, dass durch die k exogenen Variablen $x_{1t}, x_{2t}, ..., x_{kt}$ sämtliche systematischen Einflüsse auf y_t modelliert sind. Die Annahmen (2.1.3) und (2.1.4) werden erst an späterer Stelle (Kapitel 2.3) ausführlicher diskutiert, so dass hier lediglich ihre Bedeutung skizziert wird. Wegen $E(u_t)=0$ ist die Varianz der Störvariablen durch

$$Var(u_t) = E[u_t - E(u_t)]^2 = E(u_t^2)$$

gegeben. Mit (2.1.3) wird also unterstellt, dass diese Varianz im Zeitablauf konstant gleich σ^2 ist. Man bezeichnet diese Voraussetzung als Annahme der Homoskedastizität.

Da $E(u_t)=0$ ist, wird in (2.1.4) eine Annahme über die Kovarianz zwischen den Störtermen unterschiedlicher Perioden formuliert:

$$Cov(u_t, u_{t-j}) = E\left[(u_t - E(u_t))(u_{t-j} - E(u_{t-j}))\right] = E(u_t u_{t-j}) \ .$$

Speziell wird angenommen, dass zwischen den Störgrößen verschiedener Zeitpunkte keine linearen Abhängigkeiten bestehen, so dass ihre Kovarianz und damit auch die Korrelation gleich 0 ist. Man spricht bei Geltung von (2.1.4) auch von fehlender Autokorrelation, weil sich hier die Annahme über die Korrelation auf nur eine Zufallsvariable bezieht, die zu unterschiedlichen Zeitpunkten betrachtet wird.

Gleichung (2.1.1) gilt für alle Beobachtungszeitpunkte t=1,...n, so dass man ausführlicher

$$\begin{array}{ccccccccc} y_1 & = & \beta_1 + & \beta_2 x_{21} + & \beta_3 x_{31} + & \cdots + & \beta_k x_{k1} + & u_1 \\ y_2 & = & \beta_1 + & \beta_2 x_{22} + & \beta_3 x_{32} + & \cdots + & \beta_k x_{k2} + & u_2 \\ \vdots & \vdots & \vdots & \vdots & \vdots & \vdots & \vdots & \vdots \\ y_n & = & \beta_1 + & \beta_2 x_{2n} + & \beta_3 x_{3n} + & \cdots + & \beta_k x_{kn} + & u_n \end{array}$$

schreiben kann. Mit den Vektor- und Matrizendefinitionen

$$\mathbf{y} = \begin{pmatrix} y_1 \\ y_2 \\ \vdots \\ y_n \end{pmatrix}, \quad \mathbf{X} = \begin{pmatrix} 1 & x_{21} & \cdots & x_{k1} \\ 1 & x_{22} & \cdots & x_{k2} \\ \vdots & \vdots & \vdots & \vdots \\ 1 & x_{2n} & \cdots & x_{kn} \end{pmatrix}, \quad \mathbf{u} = \begin{pmatrix} u_1 \\ u_2 \\ \vdots \\ u_n \end{pmatrix}, \quad \boldsymbol{\beta} = \begin{pmatrix} \beta_1 \\ \beta_2 \\ \vdots \\ \beta_k \end{pmatrix}$$

ist das obige Gleichungssystem kompakter als

$$\text{(2.1.5)} \qquad \underset{(n\times 1)}{\mathbf{y}} = \underset{(n\times k)}{\mathbf{X}} \; \underset{(k\times 1)}{\boldsymbol{\beta}} + \underset{(n\times 1)}{\mathbf{u}}$$

darstellbar. Unter den Vektoren und Matrizen wird in Klammern jeweils ihre Dimension angegeben. So ist z.B. **X** eine n×k-Matrix, d.h. die Matrix **X** besteht aus n Zeilen, die die Beobachtungen repräsentieren und aus k Spalten, die für die exogenen Variablen stehen. Das Element x_{jt}, j=1,2,...,k; t=1,...,n bezeichnet somit die Beobachtung der j-ten exogenen Variablen in der Periode t. Die erste Spalte in der **X**-Matrix enthält die Werte der Scheinvariablen x_{1t}, die für alle t gleich 1 sind.

Mit der eingeführten Schreibweise lassen sich auch die Annahmen über die Störterme (2.1.2) bis (2.1.4) kompakter formulieren. Äquivalent wird nun

$$\text{(2.1.6)} \qquad E(\mathbf{u}) = \underset{(n\times 1)}{\mathbf{0}}$$

$$\text{(2.1.7)} \qquad E(\mathbf{u}\mathbf{u}') = \sigma^2 \underset{(n\times n)}{\mathbf{I}}$$

unterstellt. Mit (2.1.6) kommt zum Ausdruck, dass der Vektor der erwarteten Störterme dem Nullvektor entspricht,

$$E\begin{pmatrix} u_1 \\ u_2 \\ \vdots \\ u_n \end{pmatrix} = \begin{pmatrix} E(u_1) \\ E(u_2) \\ \vdots \\ E(u_n) \end{pmatrix} = \begin{pmatrix} 0 \\ 0 \\ \vdots \\ 0 \end{pmatrix},$$

und somit der Erwartungswert der Störterme u_t zu jedem Zeitpunkt gleich 0 ist. Gleichung (2.1.7) enthält sowohl die Annahme homoskedastischer Störterme als auch die Annahme einer fehlenden Autokorrelation. Da **u** ein n×1-Vektor ist, ist der transponierte Vektor **u**' von der Dimension 1xn. Somit bezeichnet **uu**' eine n×n-Matrix, die die Form

$$\mathbf{uu}' = \begin{pmatrix} u_1 \\ u_2 \\ \vdots \\ u_n \end{pmatrix} (u_1, u_2, \ldots, u_n) = \begin{pmatrix} u_1^2 & u_1u_2 & \cdots & u_1u_n \\ u_2u_1 & u_2^2 & \cdots & u_2u_n \\ \vdots & \vdots & \cdots & \vdots \\ u_nu_1 & u_nu_2 & \cdots & u_n^2 \end{pmatrix}$$

hat. Durch Bildung des Erwartungswerts erhält man

$$E(\mathbf{uu}') = \begin{pmatrix} E(u_1^2) & E(u_1u_2) & \cdots & E(u_1u_n) \\ E(u_2u_1) & E(u_2^2) & \cdots & E(u_2u_n) \\ \vdots & \vdots & \cdots & \vdots \\ E(u_nu_1) & E(u_nu_2) & \cdots & E(u_n^2) \end{pmatrix} = \begin{pmatrix} \sigma^2 & 0 & \cdots & 0 \\ 0 & \sigma^2 & & \\ \vdots & & \ddots & \\ 0 & & & \sigma^2 \end{pmatrix}$$

wobei die Annahmen (2.1.3) und (2.1.4) ausgenutzt werden. E(**uu**') ist die Varianz-Kovarianz-Matrix der Störvariablen u_t, die unter den Annahmen der Homoskedastizität und fehlender Autokorrelation eine Diagonalmatrix ist. Der Skalar σ^2 kann noch vor die Matrix gezogen werden, so dass man schließlich die Darstellung

$$E(\mathbf{uu}') = \sigma^2 \begin{pmatrix} 1 & 0 & \cdots & 0 \\ 0 & 1 & & \\ \vdots & & \ddots & \\ 0 & & & 1 \end{pmatrix} = \sigma^2\mathbf{I}$$

erhält, worin **I** die n×n-Einheitsmatrix bezeichnet [19].

[19] Statt Varianz-Kovarianz-Matrix wird oft einfacher die Bezeichnung Kovarianzmatrix verwendet, da die Varianz als Spezialfall der Kovarianz interpretierbar ist.

Wegen der Einbeziehung der Störterme ist das Modell (2.1.5) stochastisch. Die k erklärenden Variablen werden als feste, deterministische Größen interpretiert, so dass keinerlei Abhängigkeiten zwischen ihnen und den Störtermen bestehen. Da **y** somit eine Linearkombination des Vektors **u** ist, bezeichnet dieser Vektor eine n-dimensionale Zufallsvariable, deren Erwartungswert mit (2.1.6) durch den n×1-Vektor

$$E(\mathbf{y}) = E(\mathbf{X}\boldsymbol{\beta} + \mathbf{u}) = E(\mathbf{X}\boldsymbol{\beta}) + E(\mathbf{u}) = \mathbf{X}\boldsymbol{\beta} \tag{2.1.8}$$

gegeben ist. Die Störungen erfolgen daher nicht systematisch, so dass die endogene Variable im Mittel korrekt durch die exogenen Variablen erklärt wird. Für die n×n-Kovarianzmatrix von **y** erhält man

$$E[(\mathbf{y} - E(\mathbf{y}))(\mathbf{y} - E(\mathbf{y}))'] = E[(\mathbf{y} - \mathbf{X}\boldsymbol{\beta})(\mathbf{y} - \mathbf{X}\boldsymbol{\beta})']$$

wegen (2.1.8) und

$$E[(\mathbf{y} - \mathbf{X}\boldsymbol{\beta})(\mathbf{y} - \mathbf{X}\boldsymbol{\beta})'] = E(\mathbf{u}\mathbf{u}') = \sigma^2\mathbf{I} \tag{2.1.9}$$

aufgrund von (2.1.7) und (2.1.5). Die Kovarianzmatrix der endogenen Variablen ist also gleich der entsprechenden Matrix der Störvariablen.

In Gleichung (2.1.5) sind die Elemente im **y**-Vektor und in der **X**-Matrix beobachtbar. Die Parameter im Vektor $\boldsymbol{\beta}$, die die quantitativen Einflüsse der exogenen Variablen auf die endogene Variable angeben, sind dagegen unbekannt und müssen somit geschätzt werden. Wir werden daher zunächst die grundlegende Schätztechnik zu erörtern haben.

2.1.2 Methode der kleinsten Quadrate (OLS-Methode)

Um Schätzwerte für die k Parameter im Vektor $\boldsymbol{\beta}$ zu erhalten, wird ein Kriterium benötigt, an dem sich der Schätzalgorithmus orientiert. Üblicherweise wird dabei von der gewöhnlichen Methode der kleinsten Quadrate (Ordinary Least Squares = OLS) ausgegangen. Die Begründung für diese Vorgehensweise liegt in den Güteeigenschaften, die diese Schätzmethode unter den gegebenen Annahmen impliziert und die später genauer diskutiert werden. Das Kriterium der kleinsten Quadrate verlangt, dass die Parameter im unbekannten Vektor $\boldsymbol{\beta}$ so festzulegen sind, dass sich für die Summe der quadrierten Störterme ein Minimum ergibt. Die Summe der quadrierten Störterme ist zunächst durch

(2.1.10) $$S = \sum_{t=1}^{n} u_t^2 = \mathbf{u}'\mathbf{u}$$

gegeben. Durch Einsetzen von (2.1.5) erhält man

$$\mathbf{S} = (\mathbf{y} - \mathbf{X}\boldsymbol{\beta})'(\mathbf{y} - \mathbf{X}\boldsymbol{\beta})$$

oder

(2.1.11) $$S = \mathbf{y}'\mathbf{y} - \mathbf{y}'\mathbf{X}\boldsymbol{\beta} - \boldsymbol{\beta}'\mathbf{X}'\mathbf{y} + \boldsymbol{\beta}'\mathbf{X}'\mathbf{X}\boldsymbol{\beta}$$

aufgrund der Regeln über die Matrizenmultiplikation [20]. Die rechte Seite von (2.1.11) lässt sich noch weiter vereinfachen. Da alle Terme Skalare sind und ein Skalar nach seiner Transponierung erhalten bleibt, ist

$$\left(\underset{1\times k}{\boldsymbol{\beta}'}\ \underset{k\times n}{\mathbf{X}'}\ \underset{n\times 1}{\mathbf{y}}\right)' = \mathbf{y}'\mathbf{X}\boldsymbol{\beta}$$

so dass sich schließlich als Summe der quadrierten Störterme

(2.1.12) $$\mathbf{S} = \mathbf{y}'\mathbf{y} - 2\mathbf{y}'\mathbf{X}\boldsymbol{\beta} + \boldsymbol{\beta}'\mathbf{X}'\mathbf{X}\boldsymbol{\beta}$$

ergibt. Das Kleinst-Quadrate-Kriterium verlangt nun, dass die Parameter im Vektor $\boldsymbol{\beta}$ so festzulegen sind, dass die Summe S minimiert wird. Dazu ist die Quadratsumme nach dem Vektor $\boldsymbol{\beta}$ zu differenzieren.

---

20 Insbesondere wird von der Regel $(\mathbf{X}\boldsymbol{\beta})' = \boldsymbol{\beta}'\mathbf{X}'$ Gebrauch gemacht.

Bei der Differentation wird die Ableitung des Skalars **y'y** gleich 0, weil er nicht von $\boldsymbol{\beta}$ abhängig ist. Der Ausdruck -2**y'X**$\boldsymbol{\beta}$ ergibt, abgeleitet nach $\boldsymbol{\beta}$, -2**X'y**, während die Ableitung des dritten Terms, der durch $\boldsymbol{\beta}'\mathbf{X}'\mathbf{X}\boldsymbol{\beta}$ gegeben ist, 2**X'X**$\boldsymbol{\beta}$ ergibt [21].

Zusammenfassend erhält man somit

(2.1.13) $$\frac{dS}{d\beta} = -2\mathbf{X}'\mathbf{y} + 2(\mathbf{X}'\mathbf{X})\boldsymbol{\beta} \ .$$

Notwendige Bedingung für ein Minimum von S ist, dass diese erste Ableitung nach $\boldsymbol{\beta}$ gleich dem Nullvektor **0** ist. Damit ergibt sich

$$-2\mathbf{X}'\mathbf{y} + 2(\mathbf{X}'\mathbf{X})\boldsymbol{\beta} \overset{!}{=} \mathbf{0}$$

und nach Division durch 2 sowie anschließender Umstellung

(2.1.14) $$(\mathbf{X}'\mathbf{X})\boldsymbol{\beta} \overset{!}{=} \mathbf{X}'\mathbf{y} \ .$$

Mit (2.1.14) ist ein Gleichungssystem entstanden, das aus k Gleichungen besteht. Diese Gleichungen werden als Normalgleichungen bezeichnet. Die Schätzer $\hat{\beta}_1, \hat{\beta}_2, \ldots\ldots, \hat{\beta}_k$ nach der Methode der kleinsten Quadrate (OLS-Schätzer) bilden nun den Vektor $\hat{\boldsymbol{\beta}}$, für den die Normalgleichungen erfüllt sind. Man erhält ihn nach Inversion der Matrix **X'X**,

(2.1.15) $$\hat{\boldsymbol{\beta}} = (\mathbf{X}'\mathbf{X})^{-1}\mathbf{X}'\mathbf{y} \ ,$$

sofern die Inverse von **X'X** existiert. Wenn der in (2.1.15) unbekannte Vektor $\boldsymbol{\beta}$ durch $\hat{\boldsymbol{\beta}}$ geschätzt wird, ist die Quadratsumme der Störterme minimal. Die hinreichende Bedingung ist hier stets erfüllt, da das Minimum einer quadratischen Funktion gesucht ist.

Für die Herleitung des OLS-Schätzers $\hat{\boldsymbol{\beta}}$ in (2.1.15) muss vorausgesetzt werden, dass die Inverse $(\mathbf{X}'\mathbf{X})^{-1}$ der symmetrischen k×k-Matrix **X'X** existiert. Wie gezeigt werden kann, ist das genau dann der Fall, wenn die Datenmatrix **X** vom Rang k ist,

(2.1.16) $$\text{rg}(\mathbf{X}) = k \ ,$$

was voraussetzt, dass die erklärenden Variablen linear unabhängig voneinander sind. Da die Matrix **X'X** stets den gleichen Rang wie die Datenmatrix **X** hat,

$$\text{rg}(\mathbf{X}) = \text{rg}(\mathbf{X}'\mathbf{X}) = k,$$

21 Hierbei sind die folgenden Regeln für die Differentation von Vektoren und Matrizen zu beachten:
(a) Wenn y=**a'x** ist, dann ist dy/d**x**= **a** , wobei y ein Skalar und **a** und **x** Vektoren sind.
(b) Wenn y=**x'Ax** ist, wobei A eine symmetrische Matrix (**A**=**A'**) bezeichnet, gilt dy/d**x**=2**Ax**.
Speziell kommen hier diese Regeln mit **a'**=2y'**X** und **A**=**X'X** zur Anwendung.

ist dann eine Berechnung der Inversen $(\mathbf{X'X})^{-1}$ möglich.

Wenn die Anzahl n der Beobachtungen die Anzahl k der exogenen Variablen (einschl. der Scheinvariablen) übersteigt, ist die Voraussetzung (2.1.16) im allgemeinen erfüllt. Denn bei empirischen Daten liegen dann in der Regel keine exakten linearen Abhängigkeiten zwischen den Beobachtungswerten der erklärenden Variablen vor [22].

Wenn jedoch die Anzahl der erklärenden Variablen die Anzahl der Beobachtungen übersteigt, also n<k ist, kann der Rang von **X** maximal gleich n sein, so dass in diesem Fall

$$\mathrm{rg}(\mathbf{X}) = \mathrm{rg}(\mathbf{X'X}) = n < k$$

gilt. Da **X'X** jedoch eine k×k-Matrix ist, kann in dieser Situation ihre Inverse nicht berechnet werden, so dass keine Schätzwerte für die Regressionskoeffizienten $\beta_1, \beta_2, \ldots, \beta_k$ bestimmbar sind. Eine Schätzung des Parametervektors $\boldsymbol{\beta}$ setzt somit stets voraus, dass mehr Beobachtungen vorliegen als exogene Variablen in das Regressionsmodell einbezogen werden.

Das multiple Regressionsmodell (2.1.5) enthält das einfache Regressionsmodell

$$y_t = \beta_1 + \beta_2 \cdot x_t + u_t \tag{2.1.17}$$

im Spezialfall für k=2. Die Scheinvariable x_{1t}, die in allen Perioden t den Wert 1 annimmt, ist in (2.1.17) weggelassen worden. Während durch die OLS-Methode bei drei Regressoren (einschl. der Scheinvariablen) eine Regressionsebene im dreidimensionalen Raum festgelegt wird, ist bei zwei Regressoren (einschl. der Scheinvariablen) eine Regressionsgerade zu bestimmen:

$$\hat{y}_t = \hat{\beta}_1 + \hat{\beta}_2 \cdot x_t \ .$$

Der Ordinatenabschnitt der Regressionsgeraden, der als absolutes Glied bezeichnet wird, ist durch $\hat{\beta}_1$ gegeben. Ihre Steigung wird durch den Regressionskoeffizienten $\hat{\beta}_2$ gemessen.

Um die OLS-Schätzfunktionen $\hat{\beta}_1$ und $\hat{\beta}_2$ in expliziter Form aus (2.1.15) zu erhalten, ist zunächst einmal die Inverse $(\mathbf{X'X})^{-1}$ für eine (n×2)-Matrix **X** zu bestimmen. Hierzu ist von der Produktmatrix **X'X** auszugehen, die speziell

22 Allerdings lassen sich oft hohe Korrelationen zwischen den exogenen Variablen feststellen, die zwar nicht die Berechnung des OLS-Schätzers $\hat{\boldsymbol{\beta}}$ in Frage stellen, jedoch gewisse Schätzprobleme aufwerfen. Diese Problematik wird später unter dem Begriff Multikollinearität aufgegriffen und erörtert.

$$(2.1.18) \qquad \mathbf{X'X} = \begin{bmatrix} 1 & 1 & \cdots & 1 \\ x_1 & x_2 & \cdots & x_n \end{bmatrix} \begin{bmatrix} 1 & x_1 \\ 1 & x_2 \\ \vdots & \vdots \\ 1 & x_n \end{bmatrix} = \begin{bmatrix} n & \sum x_t \\ \sum x_t & \sum x_t^2 \end{bmatrix}$$

lautet. Summiert wird dabei stets über alle Perioden t von 1 bis n. Die Inverse von **X'X** kann bestimmt werden, indem die adjungierte Matrix $(\mathbf{X'X})^{adj}$ durch die Determinante $|\mathbf{X'X}|$ dividiert wird: [23]

$$(\mathbf{X'X})^{-1} = \frac{1}{|\mathbf{X'X}|}(\mathbf{X'X})^{adj} .$$

Da die Produktmatrix **X'X** eine 2×2-Matrix ist, ergibt sich ihre Determinante als Differenz aus dem Produkt der beiden Hauptdiagonalelemente und dem Produkt der beiden Nebendiagonalelemente:

$$|\mathbf{X'X}| = n \cdot \sum x_t^2 - \left(\sum x_t\right)^2 .$$

Die adjungierte Matrix $(\mathbf{X'X})^{adj}$ besteht aus den Adjunkten (Kofaktoren)

$$XX_{ij} = (-1)^{i+j}|\mathbf{XX}_{ij}| ,$$

mit den Unterdeterminanten (Minoren) $|\mathbf{XX}_{ij}|$, die nach Streichen der i-ten Zeile und j-ten Spalte der Produktmatrix **X'X** zu berechnen sind. Für die 2×2-Matrix **X'X**, deren Struktur aus (2.1.18) hervorgeht, erhält man

$$\begin{aligned} XX_{11} &= \sum x_t^2 \\ XX_{12} &= -\sum x_t \\ XX_{21} &= -\sum x_t \\ XX_{22} &= n \end{aligned} ,$$

so dass die adjungierte Matrix $(\mathbf{X'X})^{adj}$ als transponierte Matrix der Adjunkten durch

$$(\mathbf{X'X})^{adj} = \begin{bmatrix} XX_{11} & XX_{21} \\ XX_{12} & XX_{22} \end{bmatrix} = \begin{bmatrix} \sum x_t^2 & -\sum x_t \\ -\sum x_t & n \end{bmatrix}$$

gegeben ist. Somit lautet die Inverse von **X'X**

23 Diese Invertierungsmethode ist nicht auf die einfache Regression beschränkt, sondern sie kann allgemein in der multiplen Regression angewendet werden.

$$(\mathbf{X'X})^{-1} = \frac{1}{n \cdot \sum x_t^2 - \left(\sum x_t\right)^2} \begin{bmatrix} \sum x_t^2 & -\sum x_t \\ -\sum x_t & n \end{bmatrix}.$$

Außerdem ergibt das Produkt aus der Transponierten von **X** und dem Vektor **y** einen 2×1-Vektor:

$$\mathbf{X'y} = \begin{bmatrix} 1 & 1 & \cdots & 1 \\ x_1 & x_2 & \cdots & x_n \end{bmatrix} \begin{bmatrix} y_1 \\ y_2 \\ \vdots \\ y_n \end{bmatrix} = \begin{bmatrix} \sum y_t \\ \sum x_t y_t \end{bmatrix}.$$

Damit nimmt der OLS-Schätzvektor $\hat{\boldsymbol{\beta}}$ bei der einfachen Regression die Form

$$\hat{\boldsymbol{\beta}} = (\mathbf{X'X})^{-1}\mathbf{X'y} = \frac{1}{n\sum x_t^2 - \left(\sum x_t\right)^2} \begin{bmatrix} \sum x_t^2 \sum y_t - \sum x_t \sum x_t y_t \\ n\sum x_t y_t - \sum x_t \sum y_t \end{bmatrix}$$

an. Der Ordinatenabschnitt ist demzufolge durch

$$\text{(2.1.19)} \qquad \hat{\beta}_1 = \frac{\sum x_t^2 \sum y_t - \sum x_t \sum x_t y_t}{n\sum x_t^2 - \left(\sum x_t\right)^2}$$

und das Steigungsmaß durch

$$\text{(2.1.20)} \qquad \hat{\beta}_2 = \frac{n\sum x_t y_t - \sum x_t \sum y_t}{n\sum x_t^2 - \left(\sum x_t\right)^2}$$

gegeben.

Durch elementare Umformung lässt sich zeigen, dass das Steigungsmaß $\hat{\beta}_2$ dem Quotienten aus der Kovarianz s_{xy} zwischen den Werten der abhängigen Variablen y_t und der unabhängigen Variablen x_t und der Varianz s_x^2 letzter Größe entspricht:

$$\text{(2.1.21)} \qquad \hat{\beta}_2 = \frac{s_{xy}}{s_x^2}$$

mit

$$s_{xy} = \frac{1}{n}\sum (x_t - \bar{x})(y_t - \bar{y})$$

und

$$s_x^2 = \frac{1}{n}\sum (x_t - \bar{x})^2.$$

Die Kennzahlen $\bar{x}$ und $\bar{y}$ bezeichnen die Mittelwerte beider Größen in der Stichprobe. Dass $\hat{\beta}_2$ in der Form (2.1.21) darstellbar ist, ergibt sich unmittelbar aus den Verschiebungssätzen für die Kovarianz und Varianz:

$$s_{xy} = \frac{\sum x_t y_t}{n} - \frac{\sum x_t}{n} \cdot \frac{\sum y_t}{n}$$

und

$$s_x^2 = \frac{1}{n}\sum x_t^2 - \left(\frac{\sum x_t}{n}\right)^2 .$$

Gleichermaßen lässt sich zeigen, dass der Achsenabschnitt unter Verwendung des Steigungsmaßes $\hat{\beta}_2$ von der Form

$$\hat{\beta}_1 = \frac{\sum y_t}{n} - \hat{\beta}_2 \frac{\sum x_t}{n} = \bar{y} - \hat{\beta}_2 \cdot \bar{x} \qquad (2.1.22)$$

ist. Die Identität von (2.1.19) und (2.1.22) ergibt sich unmittelbar durch Einsetzen von (2.1.20) in (2.1.22) nach einigen elementaren Umformungen. Löst man Gleichung (2.1.22) nach $\bar{y}$ auf, so erhält man die Beziehung

$$\bar{y} = \hat{\beta}_1 + \hat{\beta}_2 \cdot \bar{x} ,$$

aus der ersichtlich ist, dass die Regressionsgerade durch den Schwerpunkt $(\bar{x}, \bar{y})$ verlaufen muss.

Beispiel 2.1. 1: Das verfügbare Einkommen Y_t^v wird als entscheidende Einflussgröße des privaten Verbrauchs C_t angesehen. Man erhält es, indem man das Bruttoeinkommen von Steuern und Sozialabgaben bereinigt, die bei den privaten Haushalten nicht ausgabenwirksam werden können, und außerdem die Transferzahlungen berücksichtigt. Wenn potentielle Einflussgrößen, wie z.B. die Einkommensverteilung, das Vermögen, der Zinssatz für Konsumentenkredite oder die soziale Stellung vernachlässigbar sind, kann die makroökonomische Konsumfunktion unter Einbeziehung einer Störvariablen u_t mit einem Erwartungswert von Null ökonometrisch geschätzt werden:

$$C_t = C_0 + c_1 \cdot Y_t^v + u_t .$$

Der Parameter c_1 ist aus der Makroökonomik als marginale Konsumneigung bekannt:

$$\frac{dC_t}{dY_t^v} = c_1 .$$

Er gibt die Veränderung der Konsumausgaben an, die durch eine Erhöhung oder Verringerung des verfügbaren Einkommens um 1 Einheit induziert wird. Der Ordinatenabschnitt C_0 steht dagegen für den autonomen Konsum, der vom verfügbaren Einkommen unabhängig ist.

Die Konsumfunktion soll für die Bundesrepublik Deutschland für den Zeitraum von 1974 bis 1992 unter Verwendung von Jahresdaten mit der OLS-Methode geschätzt werden. Während der Private Verbrauch in Preisen des Jahres 1985 vorliegt, ist das verfügbare Einkommen in jeweiligen Preisen angegeben. Eine Preisbereinigung kann unter Verwendung des Preisindex des Privaten Verbrauchs vorgenommen werden.

Jahr	Verfügbares Einkommen Mrd. DM (in jeweiligen Preisen)	Preisindex Privater Verbrauch (1985=100)	Privater Verbrauch Mrd. DM (in Preisen von 1985)
1974	613,25	63,7	837,60
1975	667,95	67,5	863,82
1976	716,45	70,4	897,32
1977	760,72	72,7	937,80
1978	816,76	74,7	971,48
1979	881,03	77,9	1003,06
1980	921,94	82,4	1015,37
1981	961,89	87,7	1007,92
1982	995,09	92,3	992,55
1983	1036,10	95,4	1005,92
1984	1078,16	98,0	1021,68
1985	1119,93	100,0	1036,53
1986	1199,41	99,5	1072,01
1987	1240,56	100,1	1106,88
1988	1319,22	101,5	1137,00
1989	1384,49	104,6	1167,37
1990	1525,65	107,4	1230,68
1991	1580,15	111,5	1274,63
1992	1648,80	116,0	1287,11

Es bezeichne y_t den realen Wert des Privaten Verbrauchs (C_t) und x_t den realen Wert des verfügbaren Einkommens $\left(Y_t^v\right)$ im Jahr t. Die Beobachtungsmatrix **X** und der Vektor **y** der abhängigen Variablen sind dann durch

$$\underset{19\times 2}{\mathbf{X}} = \begin{bmatrix} 1 & 962{,}72 \\ 1 & 989{,}56 \\ 1 & 1017{,}68 \\ 1 & 1046{,}38 \\ 1 & 1093{,}39 \\ 1 & 1130{,}98 \\ 1 & 1118{,}86 \\ 1 & 1096{,}80 \\ 1 & 1078{,}10 \\ 1 & 1086{,}06 \\ 1 & 1100{,}16 \\ 1 & 1119{,}93 \\ 1 & 1205{,}44 \\ 1 & 1239{,}32 \\ 1 & 1299{,}72 \\ 1 & 1323{,}60 \\ 1 & 1420{,}53 \\ 1 & 1417{,}17 \\ 1 & 1421{,}38 \end{bmatrix} \text{ und } \underset{19\times 1}{\mathbf{y}} = \begin{bmatrix} 837{,}60 \\ 863{,}82 \\ 897{,}32 \\ 937{,}80 \\ 971{,}48 \\ 1003{,}06 \\ 1015{,}57 \\ 1007{,}92 \\ 992{,}55 \\ 1005{,}92 \\ 1021{,}68 \\ 1036{,}53 \\ 1072{,}01 \\ 1106{,}88 \\ 1137{,}00 \\ 1167{,}37 \\ 1230{,}68 \\ 1274{,}63 \\ 1287{,}11 \end{bmatrix}$$

gegeben. Der OLS-Schätzer

$$\underset{2\times 1}{\hat{\boldsymbol{\beta}}} = (\mathbf{X}'\mathbf{X})^{-1}\mathbf{X}'\mathbf{y}$$

enthält dann die Schätzwerte für die Parameter C_0 und c_1 der Konsumfunktion. Da es sich bei der Konsumfunktion jedoch um ein einfaches Regressionsmodell handelt, lassen sich die OLS-Schätzer $\hat{C}_0$ und $\hat{c}_1$ für den autonomen Konsum und die marginale Konsumneigung unmittelbar aus (2.1.19) und (2.1.20) ermitteln. Hierzu bietet es sich an, die dafür benötigten Summen in einer Arbeitstabelle zu berechnen:

t	x_t	y_t	x_t^2	$x_t \cdot y_t$
1	962,72	837,60	926829,80	806374,27
2	989,56	863,82	979228,99	854801,72
3	1017,68	897,32	1035672,58	913184,62
4	1046,38	937,80	1094911,10	981295,16
5	1093,39	971,48	1195501,69	1062206,52
6	1130,98	1003,06	1279115,76	1134440,80
7	1118,86	1015,57	1251847,70	1136280,65
8	1096,80	1007,92	1202970,24	1105486,66
9	1078,10	992,55	1162299,61	1070068,16
10	1086,06	1005,92	1179526,32	1092489,48
11	1100,16	1021,68	1210352,03	1124011,47
12	1119,93	1036,53	1254243,21	1160841,04
13	1205,44	1072,01	1453085,59	1202243,73
14	1239,32	1106,88	1535914,06	1371778,52
15	1299,72	1137,00	1689272,08	1477781,64
16	1323,60	1167,37	1751916,96	1545130,93
17	1420,53	1230,68	2017905,48	1748217,86
18	1417,17	1274,63	2008370,81	1806367,40
19	1421,38	1287,11	2020321,10	1829472,41
Σ	22167,78	19866,93	26249285,11	23512473,04

Bei 19 Jahreswerten (n=19) erhält man damit

$$\hat{c}_0 = \frac{\sum x_t^2 \sum y_t - \sum x_t \sum x_t y_t}{n\sum x_t^2 - \left(\sum x_t\right)^2}$$

$$= \frac{26249285{,}11 \cdot 19866{,}93 - 22167{,}78 \cdot 23512473{,}04}{19 \cdot 26249285{,}11 - (22167{,}78)^2}$$

$$= \frac{273380223{,}76}{7325946{,}96} = 37{,}324603$$

und

$$\hat{c}_1 = \frac{n \cdot \sum x_t y_t - \sum x_t \sum y_t}{n\sum x_t^2 - \left(\sum x_t\right)^2}$$

$$= \frac{19 \cdot 23512473{,}04 - 22167{,}78 \cdot 19866{,}93}{19 \cdot 26249285{,}11 - (22167{,}78)^2}$$

$$= \frac{6331254{,}26}{7325946{,}96} = 0{,}8642164$$

Abbildung 2.1. 1: Konsumfunktion

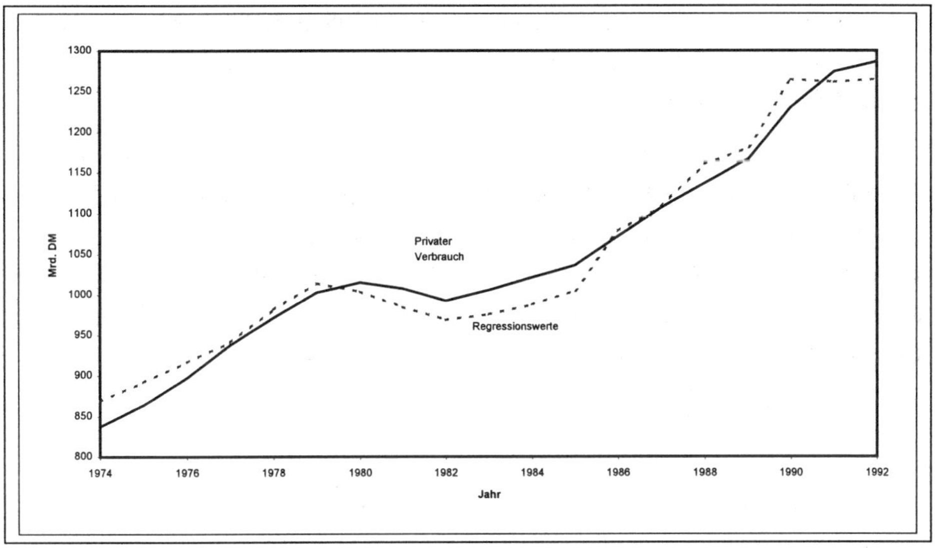

Der Achsenabschnitt C_0 beträgt also 37,325 und das Steigungsmaß c_1 nimmt den Wert 0,864 an.

Eine ökonomische Interpretation des Achsenabschnitts wäre eigentlich nur dann sinnvoll, wenn der Stützbereich den Koordinatenursprung mit einschließen würde, was bei einer makroökonomischen Konsumfunktion jedoch nicht gegeben ist. Insofern ist bei der Interpretation des Wertes 37,325 als autonomer Konsum der Volkswirtschaft Vorsicht geboten. Jedenfalls ist er nicht als Mindestkonsum im Sinne eines Subsistenzniveaus zu interpretieren.

Gut interpretierbar ist dagegen das Steigungsmaß. Der Schätzwert von 0,864, der die marginale Konsumneigung im Stützbereich angibt, besagt, dass im betrachteten Zeitraum ein Einkommenszuwachs von 1 Mrd. DM im Mittel zu einer Erhöhung der Konsumausgaben um 864 Mill. DM geführt hat. Wenn die Konsumfunktion stabil ist, kann davon ausgegangen werden, dass etwa 86 % des zusätzlichen verfügbaren Einkommens für Konsumausgaben verwendet werden. Aufgrund der Komplementarität ergibt sich daraus eine marginale Sparquote von 14 %. ♦

Beispiel 2.1. 2: Die Nachfrage nach Geld ist Gegenstand vielfältiger geldtheoretischer und geldpolitischer Diskussionen. So kommt z.B. dem Problem der Stabilität der Geldnachfragefunktion bei einer Beurteilung der Effizienz geldpolitischer Maßnahmen ein hoher Stellenwert zu. Eine Spezifikation der Geldnachfragefunktion setzt eine Definition der relevanten Geldmenge voraus. Außerdem ist zu klären, ob sich die Modellierung auf die nominale oder reale Geldmenge beziehen soll.

Als entscheidende Einflussgrößen für die Nachfrage nach Geld werden das Transaktionsvolumen und die Opportunitätskosten der Geldhaltung angesehen: Während das Transaktionsvolumen im allgemeinen durch das Bruttosozialprodukt y gemessen wird, werden die Opportunitätskosten durch die Renditen alternativer Aktiva erfasst, die meist durch einen repräsentativen Zinssatz r charakterisiert werden. Bei fehlender Geldillusion lässt sich die Nachfrage nach Geld m dann durch die Funktion

$$m = f(y, r)$$

wiedergeben, in der m und y reale Größen sind, die man dadurch erhält, dass man die nominale Geldmenge M und das nominale Sozialprodukt Y auf das Preisniveau P bezieht:

$$m = \frac{M}{P} \quad \text{und} \quad y = \frac{Y}{P}\,.$$

Sofern die Einheitsperiode hinreichend lang ist, können Anpassungsverzögerungen unberücksichtigt bleiben. Bei einem logarithmisch-linearen Ansatz, den man bei empirischen Untersuchungen zur Geldnachfrage häufig zugrunde legt, lautet die ökonometrische Geldnachfragefunktion dann

$$\text{(2.1.23)} \qquad \ln m_t = \beta_1 + \beta_2 \ln y_t + \beta_3 \ln r_t + u_t$$

mit der Störvariablen u_t, die die klassischen Modellannahmen erfüllen soll. In diesem Modell lassen sich die Regressionskoeffizienten β_2 und β_3 unmittelbar als Einkommens- und Zinselastizität interpretieren. Da der Geldbedarf mit zunehmendem Transaktionsvolumen steigt, wird in der ökonomischen Theorie eine positive Einkommenselastizität vorausgesetzt. Andererseits ist eine negative Zinselastizität zu erwarten, da die Opportunitätskosten der Geldhaltung mit steigendem Zinssatz zunehmen.

Bei der ökonometrischen Schätzung der Geldnachfragefunktion wird die Geldmenge M_1, die sich aus dem Bargeld und den Sichtguthaben des Publikums zusammensetzt, als zu erklärende Variable verwendet. Der repräsentative Zinssatz wird durch den Fibor (Frankfurt interbank offered rate) als kurzfristigem Zinssatz erfasst. Als Deflator zur Bestimmung der realen Geldmenge wird der Preisindex für das Bruttosozialprodukt zur

Basis 1985 herangezogen. Im Beobachtungszeitraum von 1970 bis 1989 ergibt sich damit folgende Datenbasis:

Jahr	Geldmenge M_1 Mrd. DM	Bruttosozialprodukt Mrd. DM (in Preisen des Jahres 1985)	Kurzfristiger Zinssatz %	Preisindex für das Bruttosozialprodukt (1985=100)
1970	108,219	1322,8	9,41	51,1
1971	121,522	1363,1	7,15	55,1
1972	139,298	1422,3	5,61	58,0
1973	142,862	1491,1	12,14	61,6
1974	158,432	1491,9	9,90	65,9
1975	179,898	1473,0	4,96	69,8
1976	186,852	1554,7	4,25	72,3
1977	208,076	1594,4	4,37	75,0
1978	237,909	1649,4	3,70	78,2
1979	247,869	1715,9	6,69	81,2
1980	257,335	1733,8	9,54	85,2
1981	255,277	1735,7	12,11	88,7
1982	273,047	1716,5	8,88	92,6
1983	295,795	1748,4	5,78	95,8
1984	314,235	1802,0	5,99	97,9
1985	329,737	1834,5	5,44	100,0
1986	358,747	1874,4	4,64	103,3
1987	385,170	1902,3	4,03	105,3
1988	426,997	1971,8	4,33	106,9
1989	450,746	2046,8	7,12	109,7

Quellen: Monatsberichte der Deutschen Bundesbank (verschiedene Hefte); Jahresgutachten 1991/92 des Sachverständigenrats zur Begutachtung der gesamtwirtschaftlichen Entwicklung.

Da die Geldnachfragefunktion eine logarithmisch-lineare Form besitzt, sind zunächst die Logarithmen der Beobachtungswerte zu ermitteln [24]:

[24] Wir arbeiten hier mit den natürlichen Logarithmen der Variablen.

t	$\ln m_t$	$\ln y_t$	$\ln r_t$
1	5,355543	7,187506	2,241773
2	5,396116	7,217517	1,967112
3	5,481343	7,260031	1,724551
4	5,446387	7,307270	2,496506
5	5,482357	7,307806	2,292535
6	5,551926	7,295056	1,601406
7	5,554663	7,349038	1,446919
8	5,625586	7,374253	1,474763
9	5,717789	7,408167	1,308333
10	5,721156	7,447693	1,900614
11	5,710547	7,458071	2,255493
12	5,662260	7,459166	2,494031
13	5,686525	7,448042	2,183802
14	5,732574	7,466456	1,754404
15	5,771365	7,496653	1,790091
16	5,798295	7,514527	1,693779
17	5,850150	7,536044	1,534714
18	5,902041	7,550819	1,393766
19	5,990053	7,586702	1,465567
20	6,018325	7,624033	1,962908

Um die Parameter β_1, β_2 und β_3 mit der OLS-Methode zu bestimmen, benötigen wir zunächst einmal die Produktmatrizen **X'X** und **X'y**:

$$\underset{3\times 3}{\mathbf{X'X}} = \begin{bmatrix} n & \sum \ln y_t & \sum \ln r_t \\ \sum \ln y_t & \sum (\ln y_t)^2 & \sum \ln y_t \cdot \ln r_t \\ \sum \ln r_t & \sum \ln r_t \cdot \ln y_t & \sum (\ln r_t)^2 \end{bmatrix} = \begin{bmatrix} 20,000 & 148,295 & 36,983 \\ 148,295 & 1099,858 & 273,976 \\ 36,983 & 273,976 & 71,041 \end{bmatrix}$$

und

$$\underset{3\times 1}{\mathbf{X'y}} = \begin{bmatrix} \sum \ln m_t \\ \sum \ln y_t \cdot \ln m_t \\ \sum \ln r_t \cdot \ln m_t \end{bmatrix} = \begin{bmatrix} 113,455 \\ 841,671 \\ 209,244 \end{bmatrix}.$$

Die Inverse der Produktmatrix **X'X** lautet

$$\underset{3\times 3}{(\mathbf{X'X})^{-1}} = \begin{bmatrix} 218,194 & -28,592 & -3,322 \\ -28,592 & 3,770 & 0,346 \\ -3,322 & 0,346 & 0,409 \end{bmatrix}.$$

Der OLS-Schätzvektor $\hat{\boldsymbol{\beta}}$ lässt sich nun unmittelbar als Produkt der Matrizen $(\mathbf{X'X})^{-1}$ und $(\mathbf{X'y})$ bestimmen:

$$\underset{3\times 1}{\hat{\boldsymbol{\beta}}} = \begin{bmatrix} \hat{\beta}_1 & = & -4{,}806 \\ \hat{\beta}_2 & = & 1{,}432 \\ \hat{\beta}_3 & - & -0{,}076 \end{bmatrix}.$$

Abbildung 2.1. 2: Geldnachfragefunktion

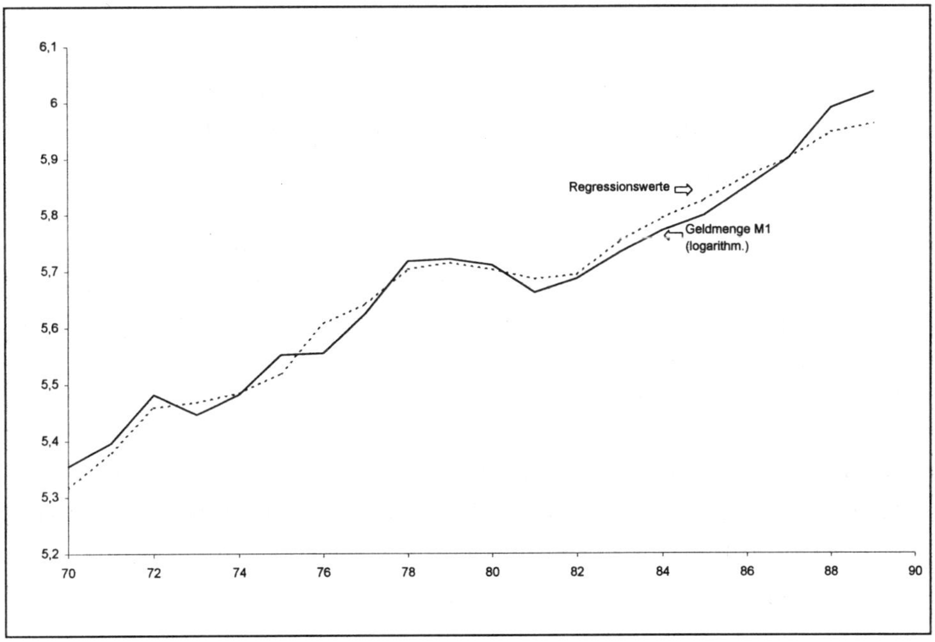

Während das konstante Glied $\hat{\beta}_1$ bei der ökonomischen Interpretation nicht von Belang ist, richtet sich das Interesse auf die Schätzer $\hat{\beta}_2$ und $\hat{\beta}_3$. Zunächst einmal weisen beide Regressionskoeffizienten im Stützbereich das erwartete Vorzeichen auf: Die Geldnachfrage steigt mit zunehmendem Einkommen und sinkt mit zunehmendem Zinssatz. Darüber hinaus lassen sich die Regressionskoeffizienten in unserem Modell als Elastizitäten interpretieren. Aus dem Wert der Einkommenselastizität der Geldnachfrage ist zu entnehmen, dass die Geldnachfrage überproportional auf Veränderungen des Einkommens reagiert hat. Eine 1%ige Erhöhung des Einkommens ging im betrachteten Zeitraum im Mittel mit einer etwa 1,4%igen Erhöhung der realen Geldnachfrage einher. Hierin zeigen sich "diseconomies of scale", da die Geldhaltung bei einer Steigerung des Einkommens relativ stärker zugenommen hat als die Haltung ertragbringender Aktiva.

Damit bestätigt sich die Luxusguthypothese, nach der bei steigendem Vermögen und Einkommen ein überproportionaler Anteil als Kasse gehalten wird, da die Tauschbereitschaft als Luxusbedürfnis angegeben wird. [25] Der Wert der Zinselastizität der Geldnachfrage von -0,076 gibt dagegen an, dass sich die Geldnachfrage bei einer 10%igen Zinserhöhung im Mittel um etwa 0,8 % verringert hat. Das Publikum hat eine Erhöhung der Opportunitätskosten der Geldhaltung somit zum Anlass genommen, sein Portfolio zugunsten ertragbringender Finanzanlagen umzuschichten. ♦

Wenn man den Parametervektor $\hat{\boldsymbol{\beta}}$ nach dem Kleinst-Quadrate-Kriterium ermittelt hat, lässt sich der Vektor $\hat{\mathbf{u}}$ der Residuen, der die Schätzfehler $\hat{u}_t$ enthält, durch

$$\hat{\mathbf{u}} = \mathbf{y} - \mathbf{X}\hat{\boldsymbol{\beta}} \tag{2.1.24}$$

berechnen. Die n Residuen $\hat{u}_1, \hat{u}_2, \ldots, \hat{u}_n$ im n×1-Vektor $\hat{\mathbf{u}}$ lassen sich als realisierte Störterme interpretieren. Da $\hat{\boldsymbol{\beta}}$ nach der OLS-Methode entwickelt wurde, spricht man in diesem Zusammenhang auch von OLS-Residuen. Wird Gleichung (2.1.24) von links mit der Transponierten von **X** multipliziert, ergibt sich

$$\mathbf{X}'\hat{\mathbf{u}} = \mathbf{X}'\mathbf{y} - \mathbf{X}'\mathbf{X}\hat{\boldsymbol{\beta}} = \mathbf{0} \ . \tag{2.1.25}$$

Das Produkt aus der transponierten Beobachtungsmatrix **X'** und dem Residuenvektor $\hat{\mathbf{u}}$ ist danach gleich einem k×1-Nullvektor **0**. Diese Bedingung ist aufgrund der Normalgleichungen (2.1.14) erfüllt, aus denen der OLS-Parametervektor $\hat{\boldsymbol{\beta}}$ berechenbar ist. Für die n OLS-Residuen gelten also k lineare Restriktionen der Form

$$\mathbf{X}'\hat{\mathbf{u}} = \begin{bmatrix} 1 & 1 & \cdots & 1 \\ x_{21} & x_{22} & \cdots & x_{2n} \\ \vdots & \vdots & \ddots & \vdots \\ x_{k1} & x_{k2} & \cdots & x_{kn} \end{bmatrix} \begin{bmatrix} \hat{u}_1 \\ \hat{u}_2 \\ \vdots \\ \hat{u}_n \end{bmatrix} = \begin{bmatrix} \sum_{t=1}^{n} \hat{u}_t \\ \sum_{t=1}^{n} x_{2t}\hat{u}_t \\ \vdots \\ \sum_{t=1}^{n} x_{kt}\hat{u}_t \end{bmatrix} = \begin{bmatrix} 0 \\ \vdots \\ 0 \end{bmatrix},$$

die zum Ausdruck bringen, dass die Residuen $\hat{\mathbf{u}}$ orthogonal auf den exogenen Variablen stehen. Aus der ersten Restriktion

[25] Vgl. Ehrlicher (1972), S. 384.

$$\sum_{t=1}^{n} \hat{u}_t = 0$$

ist ersichtlich, dass die Summe der OLS-Residuen und daher auch ihr arithmetisches Mittel

(2.1.26) $$\frac{1}{n}\sum_{t=1}^{n} \hat{u}_t = \bar{\hat{u}}$$

gleich 0 sind. Diese Implikation ist mit der Annahme über die Störterme $E(u_t)=0$ gut verträglich. Sie ergibt sich tatsächlich jedoch nur dann, wenn im Regressionsansatz ein Absolutglied berücksichtigt wird. Die k-1 restlichen Restriktionen, die

(2.1.27) $$\sum_{t=1}^{n} x_{jt}\hat{u}_t = 0 \quad \text{für } j = 2,\dots k\ .$$

lauten, lassen sich ebenfalls gut interpretieren. Sie verkörpern nämlich implizit die Aussage, dass die Kovarianz $s_{\hat{u}x}$ zwischen den OLS-Residuen und jeder exogenen Variablen gleich 0 ist. Denn unter Berücksichtigung von (2.1.26) gilt

$$s_{\hat{u}x} = \frac{1}{n}\sum_{t=1}^{n}(\hat{u}_t - \bar{\hat{u}})(x_{jt} - \bar{x}_j) = \frac{1}{n}\sum_{t=1}^{n}\hat{u}_t(x_{jt} - \bar{x}_j) = \frac{1}{n}\sum_{t=1}^{n}\hat{u}_t x_{jt} - \bar{x}_j\frac{1}{n}\sum_{t=1}^{n}\hat{u}_t$$

mit $$\bar{x}_j = \frac{1}{n}\sum_{t=1}^{n} x_{jt}\ ,$$

woraus

$$s_{\hat{u}x} = \frac{1}{n}\sum_{t=1}^{n}\hat{u}_t \cdot x_{jt}$$

folgt. Die OLS-Residuen sind also mit den exogenen Variablen nicht korreliert. Wie sich zeigen wird, kommt diesem Befund bei der Diskussion der Güteeigenschaften des OLS-Schätzers $\hat{\boldsymbol{\beta}}$ eine erhebliche Bedeutung zu.

2.1.3 Schätzeigenschaften der OLS-Methode

2.1.3.1 Gütekriterien

Die Eignung der OLS-Methode zur Schätzung ökonometrischer Modelle hängt von den Eigenschaften ihrer Schätzfunktionen ab. Ihre Anwendung ist daher durch die Qualität der Schätzung zu begründen. Bei der Beurteilung der Güte der Schätzung unterscheidet man Schätzeigenschaften, die vom Stichprobenumfang unabhängig sind, und solche, die ausschließlich bei großem Stichprobenumfang gelten. Insbesondere sind die Eigenschaften im ersteren Fall auch bei kleinen Stichproben gültig, die häufig in der ökonometrischen Praxis vorzufinden sind. Güteeigenschaften, die allein bei großen Stichproben Gültigkeit besitzen, bezeichnet man als asymptotische Eigenschaften.

Wir diskutieren hier als Güteeigenschaften, die unabhängig vom Stichprobenumfang sind, die **Erwartungstreue und Effizienz** des OLS-Schätzers $\hat{\boldsymbol{\beta}}$. Wenn $\hat{\boldsymbol{\beta}}$ erwartungstreu ist, dann wird er zwar im Einzelfall nicht völlig mit dem Vektor $\boldsymbol{\beta}$ der "wahren" Regressionskoeffizienten identisch sein. Wenn man die OLS-Schätzer $\hat{\boldsymbol{\beta}}$ aber über alle möglichen Stichproben gleichen Umfangs mitteln würde, so würden die Unterschiede jedoch bei einem erwartungstreuen Schätzer verschwinden. Der Vektor $\boldsymbol{\beta}$ der unbekannten Regressionskoeffizienten könnte dann durch den OLS-Schätzer $\hat{\boldsymbol{\beta}}$ unverzerrt geschätzt werden.

Damit ist jedoch noch nichts über die Genauigkeit der Schätzung ausgesagt. Je kleiner die Varianzen der geschätzten Regressionskoeffizienten sind, um so präziser kann $\boldsymbol{\beta}$ geschätzt werden. Ein Schätzer mit der kleinstmöglichen Varianz heißt effizient. Wir werden uns hier bei der Effizienzüberprüfung auf die Klasse der linearen Schätzfunktionen beschränken. Wie sich nämlich zeigen lässt, haben die Komponenten des OLS-Schätzers $\hat{\boldsymbol{\beta}}$ unter allen linearen unverzerrten Schätzern die kleinstmöglichen Varianzen. Sie sind daher beste lineare unverzerrte Schätzfunktionen, was als BLUE-Eigenschaft (best linear unbiased estimator) bezeichnet wird. Dies ist die Aussage des Gauß-Markow-Theorems, das hier aus didaktischen Gründen in die Bereiche Linearität, Erwartungstreue und Effizienz aufgespalten wird.

Welches Verhalten ist von einer guten Schätzfunktion zu erwarten, wenn der Stichprobenumfang nach und nach vergrößert wird? Offenbar würde ein zunehmender Stichprobenumfang Vorteile mit sich bringen, wenn die zusätzliche Information zum Zwecke einer präziseren Schätzung genutzt werden könnte. Wenn der Stichprobenumfang immer größer wird, sollte die Schätzfunktion dann schließlich mit dem unbekannten Parametervektor $\boldsymbol{\beta}$ zusammenfallen. Ein Schätzer, der diese Eigenschaft besitzt, heißt konsistent. Die Konsistenz kennzeichnet einen Grenzzustand, der theoretisch erst dann erreicht ist, wenn der Stichprobenumfang über alle Grenzen wächst.

2.1.3.2 Linearität

Das **Gauß-Markow-Theorem** macht eine Aussage über bestimmte Schätzeigenschaften innerhalb der Klasse der linearen Schätzer für den Parametervektor $\boldsymbol{\beta}$. Allgemein lässt sich ein beliebiger linearer Schätzer $\tilde{\boldsymbol{\beta}}$ für $\boldsymbol{\beta}$ in der Form

$$\tilde{\boldsymbol{\beta}} = \mathbf{C}\mathbf{y} + \mathbf{a} \tag{2.1.28}$$

schreiben, wobei **C** ein k×n-Matrix und **a** ein k×1-Vektor ist. Während die Komponenten y_t des Vektors **y** in Abhängigkeit von den Störvariablen u_t Zufallsvariablen sind, setzen sich die Matrix **C** und der Vektor **a** aus konstanten Elementen zusammen. Da $\boldsymbol{\beta}$ aus dem Datenmaterial geschätzt wird, sind die Elemente der Matrix **C** genauer Funktionen der exogenen Variablen x_{jt}. Wie sich später zeigen wird, kommen für die BLUE-Eigenschaft allein lineare Schätzfunktionen in Betracht, bei denen der Vektor **a** dem Nullvektor **0** entspricht.

Der OLS-Schätzer

$$\hat{\boldsymbol{\beta}} = (\mathbf{X}'\mathbf{X})^{-1}\mathbf{X}'\mathbf{y}$$

hat die Form (2.1.28) mit

$$\mathbf{C} = (\mathbf{X}'\mathbf{X})^{-1}\mathbf{X}' \quad \text{und} \quad \mathbf{a}=\mathbf{0}\,.$$

Die Matrix **C** setzt sich hierbei aus dem Produkt der Inversen $(\mathbf{X}'\mathbf{X})^{-1}$ und der transponierten Beobachtungsmatrix **X** zusammen, so dass die Elemente von **C** Funktionen der exogenen Variablen x_{jt} sind. Die Linearität der Schätzfunktion $\hat{\boldsymbol{\beta}}$ ergibt sich dann unter der Voraussetzung, dass die Werte der exogenen Variablen als feste Größen angesehen werden können.

2.1.3.3 Erwartungstreue

Ein Schätzer ist erwartungstreu, wenn sein Erwartungswert mit dem Parameter der Grundgesamtheit übereinstimmt. Wenn sich Schätzfehler schon nicht vermeiden lassen, so ist ein erwartungstreuer Schätzer zumindest frei von systematischen Verzerrungen. Es ist dann sichergestellt, dass der Schätzfehler allein aus stichprobenbedingten Zufallsschwankungen um den unbekannten Parameter der Grundgesamtheit besteht.

Um die Erwartungstreue des OLS-Schätzers $\hat{\boldsymbol{\beta}}$ zu zeigen, setzen wir zunächst das Regressionsmodell (2.1.5) in (2.1.15) ein:

$$\hat{\boldsymbol{\beta}} = (\mathbf{X'X})^{-1}\mathbf{X'y} = (\mathbf{X'X})^{-1}\mathbf{X'}(\mathbf{X}\boldsymbol{\beta} + \mathbf{u}) \ .$$

Nach Ausmultiplizieren erhält man

$$\hat{\boldsymbol{\beta}} = (\mathbf{X'X})^{-1}\mathbf{X'X}\boldsymbol{\beta} + (\mathbf{X'X})^{-1}\mathbf{X'u} \ ,$$

so dass

(2.1.29) $$\hat{\boldsymbol{\beta}} = \boldsymbol{\beta} + (\mathbf{X'X})^{-1}\mathbf{X'u}$$

folgt.

Nun kann der Erwartungswert von $\hat{\boldsymbol{\beta}}$ leicht bestimmt werden. Aufgrund der Linearität des Erwartungswertoperators erhält man

$$\mathrm{E}(\hat{\boldsymbol{\beta}}) = \mathrm{E}\left[\boldsymbol{\beta} + (\mathbf{X'X})^{-1}\mathbf{X'u}\right] = \mathrm{E}(\boldsymbol{\beta}) + \mathrm{E}\left[(\mathbf{X'X})^{-1}\mathbf{X'u}\right] \ .$$

Da der Erwartungswert einer Konstanten gleich der Konstanten selbst ist, folgt

$$\mathrm{E}(\hat{\boldsymbol{\beta}}) = \boldsymbol{\beta} + \mathrm{E}\left[(\mathbf{X'X})^{-1}\mathbf{X'u}\right] .$$

Für den letzten Schritt ist noch zu berücksichtigen, dass die exogenen Variablen feste, nicht-stochastische Größen sind. Man kann daher

$$\mathrm{E}(\hat{\boldsymbol{\beta}}) = \boldsymbol{\beta} + (\mathbf{X'X})^{-1}\mathbf{X'}\mathrm{E}(\mathbf{u})$$

schreiben, so dass sich mit (2.1.6) schließlich

(2.1.30) $$\mathrm{E}(\hat{\boldsymbol{\beta}}) = \boldsymbol{\beta}$$

ergibt. Damit ist die Erwartungstreue des OLS-Schätzers $\hat{\boldsymbol{\beta}}$ gezeigt. Aus der ausführlichen Schreibweise von (2.1.30),

$$\begin{pmatrix} E(\hat{\beta}_1) \\ E(\hat{\beta}_2) \\ \vdots \\ E(\hat{\beta}_k) \end{pmatrix} = \begin{pmatrix} \beta_1 \\ \beta_2 \\ \vdots \\ \beta_k \end{pmatrix},$$

ist ersichtlich, dass die Erwartungswerte der OLS-Schätzer $\hat{\beta}_1$, $\hat{\beta}_2$, ..., $\hat{\beta}_k$ mit den unbekannten Regressionskoeffizienten des ökonometrischen Modells (2.1.1) übereinstimmen. Das bedeutet, dass der unbekannte Parametervektor $\boldsymbol{\beta}$ des Regressionsmodells (2.1.5) mit dem OLS-Schätzer $\hat{\boldsymbol{\beta}}$ unverzerrt geschätzt werden kann.

2.1.3.4 Kovarianzmatrix des OLS-Schätzers $\hat{\boldsymbol{\beta}}$

Die Kovarianzmatrix $Cov(\hat{\boldsymbol{\beta}})$ des OLS-Schätzers $\hat{\boldsymbol{\beta}}$, die eine symmetrische k×k-Matrix ist, wird bei der Diskussion der Effizienz und Konsistenz benötigt. Aus diesem Grund bietet es sich an, ihre Struktur vorab zu betrachten, womit eine Grundlage zur Diskussion der beiden genannten Güteeigenschaften gegeben wird. Für die Effizienz sind insbesondere die Varianzen $Var(\hat{\beta}_j)$ der geschätzten Regressionskoeffizienten $\hat{\beta}_j$ von Bedeutung, die in der Hauptdiagonale der Kovarianzmatrix von $\hat{\boldsymbol{\beta}}$ stehen. Sie werden außerdem bei der Konstruktion von Konfidenzintervallen und Signifikanztests benötigt. Außerhalb der Hauptdiagonale stehen dagegen die Kovarianzen $Cov(\hat{\beta}_i,\hat{\beta}_j)$ zwischen den Schätzern $\hat{\beta}_i$ und $\hat{\beta}_j$, $i \neq j$.

Bei der Definition der Kovarianzmatrix $Cov(\hat{\boldsymbol{\beta}})$ geht man von den Abweichungen des OLS-Schätzers $\hat{\boldsymbol{\beta}}$ von seinem Erwartungswert $E(\hat{\boldsymbol{\beta}})$ aus. Genauer erhält man die Varianzen und Kovarianzen in der entsprechenden Anordnung aus der Definition

$$(2.1.31) \qquad Cov(\hat{\boldsymbol{\beta}}) = E\{[\hat{\boldsymbol{\beta}} - E(\hat{\boldsymbol{\beta}})][\hat{\boldsymbol{\beta}} - E(\hat{\boldsymbol{\beta}})]'\}$$

Wegen (2.1.30) kann (2.1.31) gleichwertig in der Form

$$(2.1.32) \qquad Cov(\hat{\boldsymbol{\beta}}) = E\left[(\hat{\boldsymbol{\beta}} - \boldsymbol{\beta})(\hat{\boldsymbol{\beta}} - \boldsymbol{\beta})'\right]$$

geschrieben werden. Die ausführliche Darstellung von (2.1.32) lautet:

$$\mathrm{Cov}(\hat{\boldsymbol\beta}) = \begin{bmatrix} E(\hat\beta_1-\beta_1)^2 & E\left[(\hat\beta_1-\beta_1)(\hat\beta_2-\beta_2)\right] & \cdots & E\left[(\hat\beta_1-\beta_1)(\hat\beta_k-\beta_k)\right] \\ E\left[(\hat\beta_2-\beta_2)(\hat\beta_1-\beta_1)\right] & E(\hat\beta_2-\beta_2)^2 & \cdots & E\left[(\hat\beta_2-\beta_2)(\hat\beta_k-\beta_k)\right] \\ \vdots & \vdots & \ddots & \vdots \\ E\left[(\hat\beta_k-\beta_k)(\hat\beta_1-\beta_1)\right] & E\left[(\hat\beta_k-\beta_k)(\hat\beta_2-\beta_2)\right] & \cdots & E(\hat\beta_k-\beta_k)^2 \end{bmatrix}$$

mit

$$\mathrm{Var}(\hat\beta_j) = E\left(\hat\beta_j-\beta_j\right)^2$$

und

$$\mathrm{Cov}(\hat\beta_i,\hat\beta_j) = E\left[\left(\hat\beta_i-\beta_i\right)\left(\hat\beta_j-\beta_j\right)\right] .$$

Unter Verwendung von Gleichung (2.1.29) lässt sich die Struktur der Kovarianz-Matrix wie folgt bestimmen:

$$\begin{aligned} \mathrm{Cov}\left(\hat{\boldsymbol\beta}\right) &= E\left[\left(\hat{\boldsymbol\beta}-\boldsymbol\beta\right)\left(\hat{\boldsymbol\beta}-\boldsymbol\beta\right)'\right] \\ &= E\left\{(\mathbf{X}'\mathbf{X})^{-1}\mathbf{X}'\mathbf{u}\left[(\mathbf{X}'\mathbf{X})^{-1}\mathbf{X}'\mathbf{u}\right]'\right\} \\ &= E\left\{(\mathbf{X}'\mathbf{X})^{-1}\mathbf{X}'\mathbf{u}\mathbf{u}'\mathbf{X}\left[(\mathbf{X}'\mathbf{X})^{-1}\right]'\right\}. \end{aligned}$$

Da bei symmetrischen Matrizen die Operationen des Transponierens und der Invertierung in ihrer Reihenfolge vertauschbar sind, gilt $[(\mathbf{X}'\mathbf{X})^{-1}]' = [(\mathbf{X}'\mathbf{X})']^{-1}$. Weiter ist $(\mathbf{X}'\mathbf{X})' = \mathbf{X}'\mathbf{X}$, so dass insgesamt $[(\mathbf{X}'\mathbf{X})^{-1}]' = (\mathbf{X}'\mathbf{X})^{-1}$ ist. Damit hat man

$$\mathrm{Cov}(\hat{\boldsymbol\beta}) = E[(\mathbf{X}'\mathbf{X})^{-1}\,\mathbf{X}'\mathbf{u}\mathbf{u}'\mathbf{X}(\mathbf{X}'\mathbf{X})^{-1}] = (\mathbf{X}'\mathbf{X})^{-1}\,\mathbf{X}'E(\mathbf{u}\mathbf{u}')\mathbf{X}(\mathbf{X}'\mathbf{X})^{-1}$$

und mit (2.1.7)

$$\mathrm{Cov}(\hat{\boldsymbol\beta}) = (\mathbf{X}'\mathbf{X})^{-1}\mathbf{X}'\sigma^2\mathbf{I}\mathbf{X}(\mathbf{X}'\mathbf{X})^{-1} = \sigma^2(\mathbf{X}'\mathbf{X})^{-1}\mathbf{X}'\mathbf{I}\mathbf{X}(\mathbf{X}'\mathbf{X})^{-1} = \sigma^2(\mathbf{X}'\mathbf{X})^{-1}\mathbf{X}'\mathbf{X}(\mathbf{X}'\mathbf{X})^{-1},$$

woraus schließlich

(2.1.33) $\mathrm{Cov}(\hat{\boldsymbol\beta}) = \sigma^2(\mathbf{X}'\mathbf{X})^{-1}$

folgt. Mithin ergibt sich die Varianz-Kovarianz-Matrix von $\hat{\boldsymbol\beta}$ als Produkt aus der konstanten Varianz σ^2 der Störvariablen und der Inversen der Matrix **X'X**.

Wenn man die Diagonalelemente der inversen Produktmatrix $(\mathbf{X}'\mathbf{X})^{-1}$ mit x^{jj} bezeichnet, dann sind die Varianzen der geschätzten Regressionskoeffizienten $\hat\beta_j$ in der Form

(2.1.34) $\mathrm{Var}(\hat\beta_j) = \sigma^2 \cdot x^{jj}$

darstellbar.

2.1.3.5 Effizienz

Ein erwartungstreuer Schätzer, der im Vergleich zu allen alternativen unverzerrten Schätzern die kleinste Varianz hat, heißt effizient. Man bezeichnet eine solche Schätzfunktion als besten unverzerrten Schätzer. Beim Gauß-Markow-Theorem wird jedoch eine beste unverzerrte Schätzung innerhalb der Klasse der linearen Schätzfunktionen untersucht. Innerhalb dieser Klasse erweist sich der OLS-Schätzer als effizient.

Um dies zu zeigen, betrachten wir eine beliebige lineare Schätzfunktion $\tilde{\boldsymbol{\beta}}$, wie sie in (2.1.28) definiert ist:

$$\tilde{\boldsymbol{\beta}} = \mathbf{Cy} + \mathbf{a}\,.$$

Durch Einsetzen des Regressionsmodells (2.1.5) für $\mathbf{y}$ erhält man

$$\tilde{\boldsymbol{\beta}} = \mathbf{C}(\mathbf{X}\boldsymbol{\beta} + \mathbf{u}) + \mathbf{a} = \mathbf{CX}\boldsymbol{\beta} + \mathbf{Cu} + \mathbf{a}\,, \tag{2.1.35}$$

so dass sich für den Erwartungswert von $\tilde{\boldsymbol{\beta}}$ mit der Annahme (2.1.6)

$$E(\tilde{\boldsymbol{\beta}}) = \mathbf{CX}\boldsymbol{\beta} + \mathbf{C}E(\mathbf{u}) + \mathbf{a} = \mathbf{CX}\boldsymbol{\beta} + \mathbf{a}$$

ergibt. Damit $\tilde{\boldsymbol{\beta}}$ erwartungstreu ist, d.h.

$$E(\tilde{\boldsymbol{\beta}}) = \boldsymbol{\beta}$$

gilt, müssen offenbar die Restriktionen

$$\mathbf{CX} = \mathbf{I} \quad \text{und} \quad \mathbf{a} = \mathbf{0} \tag{2.1.36}$$

mit der k×k-Einheitsmatrix $\mathbf{I}$ und dem k×1-Vektor $\mathbf{0}$ gelten.

Die k×k-Kovarianzmatrix für $\tilde{\boldsymbol{\beta}}$ lässt sich dann aus der Beziehung (2.1.32)

$$\mathrm{Cov}(\tilde{\boldsymbol{\beta}}) = E\left[(\hat{\boldsymbol{\beta}} - \boldsymbol{\beta})(\tilde{\boldsymbol{\beta}} - \boldsymbol{\beta})'\right]$$

bestimmen. Unter Berücksichtigung von (2.1.36) geht (2.1.35) in

$$\tilde{\boldsymbol{\beta}} = \boldsymbol{\beta} + \mathbf{Cu}$$

über, so dass die Abweichung zwischen $\tilde{\boldsymbol{\beta}}$ und $\boldsymbol{\beta}$ durch

$$\tilde{\boldsymbol{\beta}} - \boldsymbol{\beta} = \mathbf{Cu} \tag{2.1.37}$$

gegeben ist. Unter Verwendung von (2.1.37) erhält man für die Kovarianzmatrix von $\tilde{\boldsymbol{\beta}}$ die Form

$$\mathrm{Cov}(\tilde{\boldsymbol{\beta}}) = E[(\mathbf{Cu})(\mathbf{Cu})'] = E(\mathbf{Cuu'C}) = \mathbf{C}\,E(\mathbf{uu'})\mathbf{C}\,,$$

woraus sich mit der Annahme (2.1.7)

$$\text{(2.1.38)} \quad \text{Cov}(\tilde{\boldsymbol{\beta}}) = \sigma^2 \mathbf{CC}'$$

ergibt. Der OLS-Schätzer $\hat{\boldsymbol{\beta}}$ hat die BLUE-Eigenschaft, d.h. er ist der beste lineare unverzerrte Schätzer für den unbekannten Parametervektor $\boldsymbol{\beta}$, wenn gezeigt werden kann, dass die Hauptdiagonalelemente von (2.1.33) stets kleiner oder gleich den Hauptdiagonalelementen von (2.1.38)) sind. Denn dann können die Varianzen der Regressionskoeffizienten $\tilde{\beta}_j$ eines alternativen linearen unverzerrten Schätzers $\tilde{\boldsymbol{\beta}}$ die entsprechenden Varianzen nach der OLS-Methode nicht unterschreiten:

$$\text{Var}(\hat{\beta}_j) \leq \text{Var}(\tilde{\beta}_j), \qquad j=1, 2, ..., k.$$

Aus formalen Gründen definieren wir hierzu eine k×n-Matrix **D**:

$$\mathbf{D} = \mathbf{C} - (\mathbf{X'X})^{-1}\,\mathbf{X'}.$$

Die k×n-Matrix **C** ist dann in der Form

$$\mathbf{C} = \mathbf{D} + (\mathbf{X'X})^{-1}\,\mathbf{X'}$$

darstellbar, womit (2.1.38) in die Darstellung

$$\begin{aligned}\text{Cov}(\tilde{\boldsymbol{\beta}}) &= \sigma^2\,[\mathbf{D}+(\mathbf{X'X})^{-1}\,\mathbf{X'}][\mathbf{D}+(\mathbf{X'X})^{-1}\,\mathbf{X'}]' \\ &= \sigma^2\,[\mathbf{DD'}+\mathbf{DX}(\mathbf{X'X})^{-1} + (\mathbf{X'X})^{-1}\mathbf{X'D'} + (\mathbf{X'X})^{-1}]\end{aligned}$$

übergeht. Wegen **CX=X'C'=I** sind die beiden mittleren Terme in der eckigen Klammer Nullmatrizen,

$$\mathbf{DX}(\mathbf{X'X})^{-1} = \mathbf{CX}(\mathbf{X'X})^{-1} - (\mathbf{X'X})^{-1} = \mathbf{0}$$

und

$$(\mathbf{X'X})^{-1}\,\mathbf{X'D'} = (\mathbf{X'X})^{-1}\,\mathbf{X'C'} - (\mathbf{X'X})^{-1} = \mathbf{0}\,,$$

so dass man für die Kovarianzmatrix von $\tilde{\boldsymbol{\beta}}$ schließlich

$$\text{Cov}(\tilde{\boldsymbol{\beta}}) = \sigma^2\,[\mathbf{DD'}+(\mathbf{X'X})^{-1}]$$

erhält. Da alle Hauptdiagonalelemente d^{jj} der Produktmatrix **DD'** Quadratsummen sind, muss offenbar $d^{jj} \geq 0$ gelten. Damit ist aber auch gesichert, dass

$$\text{Var}(\hat{\beta}_j) = \sigma^2 \cdot x^{jj} \leq \text{Var}(\tilde{\beta}_j) = \sigma^2 \cdot (d^{jj} + x^{jj})$$

gilt, womit die BLUE-Eigenschaft des OLS-Schätzers $\hat{\boldsymbol{\beta}}$ gezeigt ist. Die geschätzten Regressionskoeffizienten $\hat{\beta}_j$ haben von allen linearen erwartungstreuen Schätzfunktionen für β_j die kleinste Varianz. In diesem Sinne ist der OLS-Schätzer $\hat{\boldsymbol{\beta}}$ ein bester

Schätzer für den Vektor $\boldsymbol{\beta}$ der unbekannten Regressionskoeffizienten β_j des ökonometrischen Modells (2.1.5).

2.1.3.6 Konsistenz

Wenn ein Schätzer mit zunehmendem Stichprobenumfang den Parametervektor immer genauer treffen soll, dann ist insbesondere sein Grenzverhalten für $n \to \infty$ von Interesse, also eine Eigenschaft bei großen Stichproben. Bei der Konsistenz geht es um die Frage, ob ein Schätzer bei einem über alle Grenzen wachsenden Stichprobenumfang schließlich mit dem Parametervektor $\boldsymbol{\beta}$, zusammenfällt. Diese Eigenschaft ist dann gesichert, wenn gezeigt werden kann, dass ein Schätzer asymptotisch unverzerrt ist und seine Streuung asymptotisch verschwindet.

Was den OLS-Schätzer $\hat{\boldsymbol{\beta}}$ angeht, so haben wir gezeigt, dass er erwartungstreu ist. Da diese Eigenschaft für einen beliebigen Stichprobenumfang gilt, ist sie natürlich erst recht für $n \to \infty$ gegeben:

(2.1.39) $$\lim_{n \to \infty} E(\hat{\boldsymbol{\beta}}) = \boldsymbol{\beta} \ .$$

Somit ist die erste Konsistenzbedingung erfüllt.

Die zweite Konsistenzeigenschaft bezieht sich auf die Streuung des Schätzers $\hat{\boldsymbol{\beta}}$, die durch die Kovarianzmatrix $Cov(\hat{\boldsymbol{\beta}})$ erfasst wird. $\hat{\boldsymbol{\beta}}$ fällt für $n \to \infty$ genau dann mit dem unbekannten Parametervektor $\boldsymbol{\beta}$ zusammen, wenn seine Kovarianzmatrix gegen eine $k \times k$-Nullmatrix $\mathbf{0}$ strebt. Denn in diesem Fall verschwindet seine Variabilität, so dass $\boldsymbol{\beta}$ präzise geschätzt wird.

Für den Konsistenzbeweis ist eine zusätzliche Annahme erforderlich. Sie bezieht sich genauer auf die Produktmatrix $\mathbf{X'X}$ nach Multiplikation mit dem Skalar $1/n$, deren Verhalten für $n \to \infty$ untersucht wird. Mit

(2.1.40) $$\mathbf{Q} = \lim_{n \to \infty} \frac{1}{n} \mathbf{X'X} \quad \text{und} \quad \mathbf{Q} \text{ regulär}$$

wird unterstellt, dass die Matrix der empirischen Momente der exogenen Variablen

$$\frac{1}{n}\mathbf{X'X} = \begin{bmatrix} 1 & \frac{1}{n}\sum x_{2t} & \cdots & \frac{1}{n}\sum x_{kt} \\ \frac{1}{n}\sum x_{2t} & \frac{1}{n}\sum x_{2t}^2 & \cdots & \frac{1}{n}\sum x_{2t}\cdot x_{kt} \\ \vdots & \vdots & \vdots & \vdots \\ \frac{1}{n}\sum x_{kt} & \frac{1}{n}\sum x_{kt}\cdot x_{2t} & \cdots & \frac{1}{n}\sum x_{kt}^2 \end{bmatrix}$$

an ihrer Grenze gegen eine reguläre und damit invertierbare k×k-Matrix $\mathbf{Q}$ konvergiert. Dann lässt sich die asymptotische Kovarianzmatrix

$$\lim_{n\to\infty} \text{Cov}(\hat{\boldsymbol{\beta}}) = \lim_{n\to\infty} \sigma^2 (\mathbf{X'X})^{-1}$$

als Produkt zweier Grenzwerte schreiben:

$$\lim_{n\to\infty} \text{Cov}(\hat{\boldsymbol{\beta}}) = \lim_{n\to\infty} \frac{\sigma^2}{n} \cdot \lim_{n\to\infty} \mathbf{Q}^{-1} ,$$

weil die Inverse

$$\mathbf{Q}^{-1} = \left(\frac{1}{n}\mathbf{X'X}\right)^{-1}$$

für $n\to\infty$ mit (2.1.40) existiert. Da die Varianz σ^2 der Störvariablen eine Konstante ist, geht der Grenzwert des Ausdrucks σ^2/n gegen Null, so dass die Kovarianzmatrix von $\hat{\boldsymbol{\beta}}$ asymptotisch in eine Nullmatrix übergeht:

$$\lim_{n\to\infty} \text{Cov}(\hat{\boldsymbol{\beta}}) = 0 \cdot \lim_{n\to\infty} \mathbf{Q}^{-1} = \mathbf{0} .$$

Der OLS-Schätzer $\hat{\boldsymbol{\beta}}$ wird damit mit wachsendem Stichprobenumfang ein immer besserer Schätzer für den unbekannten Parametervektor $\boldsymbol{\beta}$, bis er schließlich für einen über alle Grenzen wachsenden Stichprobenumfang mit ihm zusammenfällt. $\hat{\boldsymbol{\beta}}$ ist somit ein konsistenter Schätzer für $\boldsymbol{\beta}$.

2.1.4 Bestimmheitsmaß und multipler Korrelationskoeffizient

Einen visuellen Eindruck über die Güte der Anpassung des Regressionsmodells können verschiedene graphische Darstellungen vermitteln. Aufgrund von Residuendiagrammen, bei denen die Residuen $\hat{u}_t$ gegen die Zeit t oder gegen die Regressionswerte $\hat{y}_t$ geplottet werden, lassen sich konkrete Aufschlüsse über Defekte in der Anpassung der Regressionshyperebene bei bestimmten Beobachtungen erkennen. Gleichwohl muss eine Beurteilung der Güte der Anpassung anhand graphischer Darstellungen subjektiv orientiert bleiben, so dass die Vergleichbarkeit erschwert wird. Aus Residuendiagrammen lassen sich hauptsächlich Probleme der Anpassung bei einzelnen Beobachtungen ausfindig machen. Die Beurteilung der globalen Güte der Anpassung des Regressionsmodells kann durch die Verwendung einer Maßzahl objektiviert werden. Eine derartige Maßzahl ist das **Bestimmtheitsmaß (Determinationskoeffizient)**.

Das Bestimmtheitsmaß bietet eine Entscheidungshilfe darüber, ob die exogenen Variablen insgesamt die endogene Variable erklären können. Wenn dies gegeben ist, kann man mit dem ökonometrischen Modell erst einmal arbeiten, da es einen sinnvollen Beitrag zur Erklärung der endogenen Variablen liefert. Die Bedeutung des Bestimmtheitsmaßes liegt genau darin, dass es den "Erklärungsgehalt" der exogenen Variablen in einem ökonometrischen Modell quantifiziert. Seine Interpretation ist anschaulich und wird dadurch erleichtert, dass es sich bei dieser Kennzahl um eine normierte Größe handelt.

Aufgrund des Verschiebungssatzes lässt sich die Varianz s_y^2 der zu erklärenden Variablen y in der Form

$$(2.1.41) \qquad s_y^2 = \frac{1}{n}\sum y_t^2 - \bar{y}^2 = \frac{1}{n}\mathbf{y}'\mathbf{y} - \bar{y}^2$$

schreiben, so dass man mit $\mathbf{y} = \hat{\mathbf{y}} + \hat{\mathbf{u}}$ die äquivalente Form

$$s_y^2 = \frac{1}{n}(\hat{\mathbf{y}} + \hat{\mathbf{u}})'(\hat{\mathbf{y}} + \hat{\mathbf{u}}) - \bar{y}^2 = \frac{1}{n}\hat{\mathbf{y}}'\hat{\mathbf{y}} + 2\frac{1}{n}\hat{\mathbf{y}}'\hat{\mathbf{u}} + \frac{1}{n}\hat{\mathbf{u}}'\hat{\mathbf{u}} - \bar{y}^2$$

erhält. Aus den Eigenschaften der OLS-Residuen in (2.1.25) folgt aber

$$(2.1.42) \qquad \hat{\mathbf{y}}'\hat{\mathbf{u}} = \left(\mathbf{X}\hat{\boldsymbol{\beta}}\right)'\hat{\mathbf{u}} = \hat{\boldsymbol{\beta}}'\mathbf{X}'\hat{\mathbf{u}} = 0 \ ,$$

was bedeutet, dass mit den Regressoren $x_1, x_2, ..., x_m$ die Regressionswerte $\hat{y}_t$ mit den Residuen $\hat{u}_t$ unkorreliert sind. Unter Berücksichtigung der Beziehungen $\bar{y} = \bar{\hat{y}}$ und $\hat{u} = 0$ ergibt sich daher die Streuungszerlegung

(2.1.43) $$s_y^2 = s_{\hat{y}}^2 + s_{\hat{u}}^2$$

mit $$s_{\hat{y}}^2 = \frac{1}{n}\hat{\mathbf{y}}'\hat{\mathbf{y}} - \bar{y}^2$$

und $$s_{\hat{u}}^2 = \frac{1}{n}\hat{\mathbf{u}}'\hat{\mathbf{u}}$$

Nach der Streuungszerlegung (2.1.43) kann die Varianz der endogenen Variablen y in zwei Komponenten aufgespalten werden: die Varianz $s_{\hat{y}}^2$ der Regressionswerte und die Residualvarianz $s_{\hat{u}}^2$. Während die Varianz der Regressionswerte die durch das ökonometrische Modell "erklärte" Streuung der endogenen Variablen y wiedergibt, erfasst die Residualvarianz die "nicht-erklärte" Streuung. Je größer die Streuung der Regressionswerte ist, um so mehr wird prinzipiell der Gesamtzusammenhang durch das ökonometrische Modell erklärt.

Das **Bestimmtheitsmaß (Determinationskoeffizient)** basiert genau auf dieser Interpretation der Streuungszerlegung. Es misst die Güte der Anpassung durch das Verhältnis aus der durch die Regression "erklärten" Varianz zur Gesamtvarianz der endogenen Variablen:

(2.1.44) $$R^2 = \frac{s_{\hat{y}}^2}{s_y^2} .$$

Wegen $0 \leq s_{\hat{y}}^2 \leq s_y^2$ gilt

$$0 \leq R^2 \leq 1 ,$$

so dass sich der Determinationskoeffizient als Anteilswert interpretieren lässt. So besagt z.B. ein Bestimmtheitsmaß von 0,9, dass 90 % der Streuung der endogenen Variablen auf die Streuung der exogenen Variablen zurückgeführt werden kann, d.h. durch das ökonometrische Modell "erklärt" wird. 10 % der Varianz von y werden in diesem Fall nicht durch die Regression erklärt, was dem Anteil der Residualvarianz an der Gesamtstreuung der endogenen Variablen entspricht. Anhand der Streuungszerlegung (2.1.43) lässt sich verifizieren, dass der Determinationskoeffizient unter Verwendung der Residualvarianz $s_{\hat{u}}^2$ gleichwertig aus

$$(2.1.45) \qquad R^2 = 1 - \frac{s_{\hat{u}}^2}{s_y^2}$$

bestimmt werden kann. Eine Berechnungsformel für das Bestimmtheitsmaß ist unter Berücksichtigung der Definitionen der Varianzen von y und $\hat{y}$ nach Multiplikation mit n durch

$$(2.1.46) \qquad R^2 = \frac{\hat{\mathbf{y}}'\hat{\mathbf{y}} - n \cdot \bar{y}^2}{\mathbf{y}'\mathbf{y} - n \cdot \bar{y}^2} = \frac{n\hat{\mathbf{y}}'\hat{\mathbf{y}} - \left(\sum y_t\right)^2}{n\mathbf{y}'\mathbf{y} - \left(\sum y_t\right)^2}$$

gegeben. Ohne explizite Verwendung des Vektors $\hat{\mathbf{y}}$ der Regressionswerte lässt sich das Bestimmtheitsmaß mit dem OLS-Schätzer $\hat{\boldsymbol{\beta}}$ alternativ aus

$$(2.1.47) \qquad R^2 = \frac{\hat{\boldsymbol{\beta}}\mathbf{X}'\mathbf{y} - n \cdot \bar{y}^2}{\mathbf{y}'\mathbf{y} - n \cdot \bar{y}^2} = \frac{n\hat{\boldsymbol{\beta}}'\mathbf{X}'\mathbf{y} - \left(\sum y_t\right)^2}{n\mathbf{y}'\mathbf{y} \quad \left(\sum y_t\right)^2}$$

bestimmen [26].

Beispiel 2.1.3: Gesucht ist der Anteil der Varianz des Privaten Verbrauchs, der auf die Streuung des verfügbaren Einkommens zurückgeführt werden kann. Um hierüber eine Aussage machen zu können, wird das Bestimmtheitsmaß für die makroökonomische Konsumfunktion für den Stützbereich von 1974 bis 1992 unter Verwendung der Berechnungsformel (2.1.47) ermittelt. Es ist

$$\hat{\boldsymbol{\beta}}' = [37{,}324603 \quad 0{,}8642164],$$

$$\mathbf{X}'\mathbf{y} = \begin{bmatrix} \sum y_t \\ \sum x_t y_t \end{bmatrix} = \begin{bmatrix} 19866{,}93 \\ 23512473{,}04 \end{bmatrix}$$

und

$$\mathbf{y}'\mathbf{y} = \sum y_t^2 = 21070671{,}2 \ ,$$

woraus man

$$\hat{\mathbf{y}}'\hat{\mathbf{y}} = \hat{\boldsymbol{\beta}}'\mathbf{X}'\mathbf{y} = 21061390{,}1$$

---

26 Diese Berechnungsformel ergibt sich, indem man in dem Skalarprodukt $\hat{\mathbf{y}}'\hat{\mathbf{y}}$ die Beziehungen $\hat{\mathbf{y}}' = (\mathbf{X}\hat{\boldsymbol{\beta}})'$ und $\hat{\mathbf{y}} = \mathbf{y} - \hat{\mathbf{u}}$ verwendet:
$\hat{\mathbf{y}}'\hat{\mathbf{y}} = (\mathbf{X}\hat{\boldsymbol{\beta}})'(\mathbf{y} - \hat{\mathbf{u}}) = \hat{\boldsymbol{\beta}}'\mathbf{X}'\mathbf{y} - \hat{\boldsymbol{\beta}}'\mathbf{X}'\hat{\mathbf{u}} = \hat{\boldsymbol{\beta}}'\mathbf{X}'\mathbf{y}$ wegen (2.1.42).

erhält. Mit n=19 und $\bar{y} = 1045{,}6$ ergibt sich damit ein Bestimmtheitsmaß in Höhe von

$$R^2 = \frac{19 \cdot 21061390{,}1 - 19866{,}93^2}{19 \cdot 21070671{,}2 - 19866{,}93^2} = \frac{5471504{,}28}{5647845{,}18} = 0{,}969 \ ,$$

was bedeutet, dass 96,9 % der Streuung des Privaten Konsums durch die Regression "erklärt" wird. ♦

Bei der einfachen Regression entspricht das Bestimmtheitsmaß dem Quadrat des Korrelationskoeffizienten r_{yx} zwischen der endogenen Variablen y und der exogenen Variablen x:

(2.1.48) $\quad R^2 = r_{yx}^2 \ .$

Diese Beziehung lässt sich zeigen, indem man die Varianz $s_{\hat{y}}^2$ der Regressionswerte in Abhängigkeit von der Varianz s_x^2 des Regressors x darstellt: [27]

$$s_{\hat{y}}^2 = \hat{\beta}_2^2 \cdot s_x^2 \ .$$

Unter Berücksichtigung der Darstellung von $\hat{\beta}_2$ in der Form (2.1.21) als Verhältnis der Kovarianz s_{yx} zwischen y und x und der Varianz s_x^2 von x erhält man für den Determinationskoeffizienten den Ausdruck

$$R^2 = \frac{\hat{\beta}_2^2 \cdot s_x^2}{s_y^2} = \frac{\left(s_{xy}/s_x^2\right)^2 \cdot s_x^2}{s_y^2} = \frac{s_{xy}^2}{s_x^2 \cdot s_y^2} \ ,$$

was genau dem Quadrat des Korrelationskoeffizienten

$$r_{yx} = \frac{s_{xy}}{s_x s_y}$$

entspricht. Anders ausgedrückt gibt die Wurzel des Bestimmtheitsmaßes bei der einfachen Regression den Korrelationskoeffizienten zwischen dem Regressanden y und dem Regressor x bis auf das Vorzeichen wieder:

(2.1.49) $\quad \left|r_{yx}\right| = \sqrt{R^2} \ .$

Damit ist eine Verallgemeinerung bei der multiplen Regression angezeigt. Die Wurzel des Bestimmtheitsmaßes lässt sich auch hier als Korrelationskoeffizient interpretieren.

---

27 Dahinter steht die Eigenschaft von Varianzen bei Lineartransformationen. Zum Beweis siehe Eckey, Kosfeld und Dreger (2000), S. 178.

Sie gibt genauer die Korrelation zwischen dem Regressanden y und den Regressionswerten $\hat{y}$ an. Da $\hat{y}$ jedoch aus einer Linearkombination der Regressoren $x_1, x_2, \ldots, x_k$ hervorgeht, spricht man auch von einem **multiplen Korrelationskoeffizienten**. Das Bestimmtheitsmaß ist dann das Quadrat des multiplen Korrelationskoeffizienten $r_{yx_{1,2,\ldots,k}}$ zwischen der endogenen Variablen y und den exogenen Variablen $x_1, x_2, \ldots, x_k$:

$$(2.1.50) \qquad R^2 = r_{y\hat{y}}^2 = r_{yx_{1,2,\ldots k}}^2 .$$

Das Vorzeichen des multiplen Korrelationskoeffizienten bleibt hier erst recht unbestimmt, da positive und negative Einflüsse der Regressoren gleichzeitig auftreten können.

Obwohl der Determinationskoeffizient anschaulich interpretierbar ist, enthält er bestimmte Nachteile, die seinen Wert als Maß für die Güte der Anpassung einschränken. Ein Nachteil resultiert daraus, dass die Freiheitsgrade der Quadratsummen unberücksichtigt bleiben, was dazu führt, dass das Bestimmtheitsmaß bei Aufnahme eines zusätzlichen Regressors niemals sinken kann. Im Prinzip könnte man den Determinationskoeffizienten somit durch Aufnahme weiterer Regressoren, die nicht notwendig von ökonomischer Relevanz sein müssen, vergrößern, ohne tatsächlich eine bessere empirische Fundierung ökonomischer Hypothesen erreicht zu haben. Aus diesem Grund ist streng genommen ein Vergleich der Güte der Anpassung alternativer ökonometrischer Modelle nur bei gleicher Anzahl von Regressoren zulässig. Auf jeden Fall ist bei unterschiedlicher Anzahl von Regressoren dieser Sachverhalt in eine Bewertung einzubeziehen.

Man kann nun den Determinationskoeffizienten durch Berücksichtigung der Freiheitsgrade bereinigen, wozu wir von der Definition (2.1.45) ausgehen. Da die Residualvarianz $s_{\hat{u}}^2$ nun n-k und die Varianz s_y^2 der endogenen Variablen n-1 Freiheitsgrade besitzen, ist das korrigierte Bestimmtheitsmaß durch

$$(2.1.51) \qquad \bar{R}^2 = 1 - \frac{\frac{1}{n-k}\hat{\mathbf{u}}'\hat{\mathbf{u}}}{\frac{1}{n-1}\left(\mathbf{y}'\mathbf{y} - n\bar{y}^2\right)}$$

gegeben. In Abhängigkeit von R^2 erhält man das **korrigierte Bestimmtheitsmaß** in der Form

$$(2.1.52) \qquad \bar{R}^2 = 1 - \frac{n-1}{n-k}\left(1 - R^2\right).$$

Bei großem Stichprobenumfang im Vergleich zur Anzahl der Regressoren geht der Faktor (n-1)/(n-k) gegen Eins, so dass $\overline{R}^2$ gut mit R^2 übereinstimmt. Allgemein ist $\overline{R}^2$ jedoch stets kleiner als R^2. Das bereinigte Bestimmtheitsmaß braucht bei einer Aufnahme zusätzlicher Regressoren nicht notwendig zu steigen. Vor allem wenn auf einer frühen Stufe ein Regressor nur einen geringfügigen Beitrag zur Erklärung der endogenen Variablen leistet, kann $\overline{R}^2$ im Extremfall sogar negativ werden. Abgesehen davon bleibt die Interpretation dieses Maßes als Anteil der durch die Regression erklärte Varianz der abhängigen Variablen im wesentlichen erhalten. Vorteilhaft ist, dass alternative ökonometrische Modelle mit unterschiedlicher Anzahl von Regressoren besser miteinander verglichen werden können.

Bei Anwendungen nimmt das Bestimmtheitsmaß oft eine dominierende Rolle bei der Modellbewertung ein, die allerdings äußerst kritisch zu beurteilen ist. Sicher ist ein hohes Bestimmtheitsmaß bei einem ökonometrischen Modell vorteilhaft und wünschenswert, da es die Stringenz eines ökonomischen Zusammenhangs unterstreicht. Es kommt jedoch dabei entscheidend darauf an, ob die einbezogenen Regressoren auch separat einen bedeutsamen Einfluss auf die endogene Variable besitzen, was mit Signifikanztests der Regressionskoeffizienten beurteilt werden kann. Außerdem kann eine ökonomische Hypothese durchaus bei einem nicht so hohen Bestimmtheitsmaß eine empirische Bestätigung finden, wenn sich z.B. alle einbezogenen Regressoren als signifikant erweisen. Das Bestimmtheitsmaß ist im allgemeinen schon bei recht niedrigen Werten in seiner Interpretation als Zufallsvariable gegen Null gesichert, was bedeutet, dass eine Erklärung durch die exogenen Variablen gegeben ist. Wie der Korrelationskoeffizient darf das Bestimmtheitsmaß keinesfalls ohne weiteres kausal interpretiert werden.

Ein besonderes Problem ergibt sich bei ökonomischen Zeitreihen, die zum überwiegenden Teil trendbehaftet sind. Ein hohes Bestimmtheitsmaß ergibt sich dann oft schon allein aufgrund eines Trends, der einen Gleichlauf der endogenen Variablen mit einer oder mehrerer exogenen Variablen erzeugt. Gelegentlich wird daher versucht, durch Bildung von Differenzen oder Wachstumsraten den Trend zu eliminieren. Jedoch bleibt fraglich, ob man damit tatsächlich die relevanten Variablen für ein ökonometrisches Modell erhält, weil der eigentlich interessierende Niveauzusammenhang zwischen den ökonomischen Größen bei einer solchen Strategie verloren geht.[28]

---

[28] Ökonometrische Verfahren, die speziell auf diese Problematik abstellen, heißen Kointegrationstechniken. Sie werden im Abschnitt 2.9 erörtert.

Aufgaben

(2.1.1) Welche Annahmen liegen dem klassischen multiplen Regressionsmodell zugrunde?

(2.1.2) Wir haben hier die erklärenden Variablen als exogen betrachtet, so dass stets vorgegebene, fixe Werte dieser Größen vorliegen. Zeigen Sie auf, welche Modifikation der Modellannahmen im Fall stochastischer x-Variablen vorgenommen werden müsste!

(2.1.3) Leiten Sie die Kleinst-Quadrate-Schätzer $\hat{\beta}_1$ und $\hat{\beta}_2$ für die Regressionskoeffizienten β_1 und β_2 ohne Verwendung des Matrixkalküls her!

(2.1.4) In einer Energienachfragefunktion soll die Nachfrage nach Erdgas (GASV) in Abhängigkeit vom verfügbaren Einkommen (VEINKR) erklärt werden ($\hat{=}$Energienachfragemodell I). Ermitteln Sie die OLS-Schätzer für β_1 und β_2 einer linearen Regression von GASV auf VEINKR (Daten s. Anhang A II)!

(2.1.5) Die Nachfrage nach Erdgas soll durch die auf den Preisindex des Privaten Verbrauchs bezogenen Preise für Erdgas (GASPR) und Fernwärme (FERNWPR) durch eine lineare Nachfragefunktion erklärt werden ($\hat{=}$Energienachfragemodell II). Bestimmen Sie die OLS-Schätzer der Nachfragefunktion nach Erdgas (Daten s. Anhang A II)!

Hinweis: Die Inverse der Produktmatrix **X'X** lautet:

$$(\mathbf{X'X})^{-1} = \begin{bmatrix} 18{,}48237 & 5{,}069422 & -22{,}42939 \\ 5{,}069422 & 7{,}154167 & -11{,}31260 \\ -22{,}42939 & -11{,}31260 & 31{,}89869 \end{bmatrix}$$

(2.1.6) Was versteht man unter einem BLUE-Schätzer?

(2.1.7) Zeigen Sie, dass der OLS-Schätzer $\hat{\beta}_2$ einer einfachen Regression ein erwartungstreuer Schätzer für β_2 ist!

(2.1.8) Bestimmen Sie die Varianz des OLS-Schätzers $\hat{\beta}_2$ einer einfachen Regression und weisen Sie seine Effizienzeigenschaft innerhalb der Klasse der linearen Schätzfunktionen nach!

(2.1.9) Erläutern Sie verbal die Konsistenzeigenschaft! Welchen Stellenwert würden Sie dieser Schätzeigenschaft in der angewandten Ökonometrie in Abhängigkeit von der Datenart zubilligen?

(2.1.10) Zeigen Sie die Gültigkeit der Streuungszerlegung (2.1.43) für das einfache Regressionsmodell ohne Verwendung des Matrixkalküls auf!

(2.1.11) Berechnen Sie den Determinationskoeffizienten für das ökonometrisch geschätzte Energiemodell I [s. Aufgabe (2.1.4)] und interpretieren Sie ihn!

(2.1.12) Erläutern Sie die beiden unterschiedlichen Interpretationsmöglichkeiten des Determinationskoeffizenten!

(2.1.13) Welche Rolle könnte der korrigierte Determinationskoeffizient bei der Modellauswahl einnehmen?

2.2 Maximum-Likelihood-Methode und Inferenzstatistik

2.2.1 Die Maximum-Likelihood-Methode

Die Schätzung des Parametervektors $\boldsymbol{\beta}$ im multiplen Regressionsmodell erfolgte mit der gewöhnlichen Methode der kleinsten Quadrate (OLS-Methode), ohne dass eine Annahme über den Verteilungstyp der Störvariablen u_t erforderlich gewesen ist. Inferenzstatistische Konzepte, die über eine Punktschätzung von $\boldsymbol{\beta}$ hinausgehen, gehen jedoch in der Regel von einer Normalverteilung der Störvariablen aus, die zumindest approximativ gegeben sein sollte. So werden insbesondere Konfidenzintervalle und Signifikanztests für die Regressionskoeffizienten auf der Grundlage einer Normalverteilung der Störvariablen konstruiert. Zum Zwecke einer über die Punktschätzung hinausgehenden Inferenzstatistik im multiplen Regressionsmodell setzen wir aus diesem Grund neben den Annahmen (2.1.6) und (2.1.7),

$$E(\mathbf{u}) = \mathbf{0} \quad \text{und} \quad E(\mathbf{uu'}) = \sigma^2\mathbf{I},$$

über die Störvariable zusätzlich eine Normalverteilung voraus:

(2.2.1) $$\mathbf{u} \sim N(\mathbf{0}, \sigma^2\mathbf{I}).$$

Die Annahme (2.2.1) besagt, dass der Vektor $\mathbf{u}$ der Störvariablen normalverteilt ist mit dem Erwartungswertvektor $\mathbf{0}$ und der Kovarianzmatrix $\sigma^2\mathbf{I}$.

Die Dichtefunktion f der Störvariablen u_t hat somit in jeder Periode t die Form

(2.2.2) $$f_t(u_t;0,\sigma^2) = \frac{1}{\sqrt{2\pi}\sigma}\exp\left(-\frac{1}{2\sigma^2}u_t^2\right).$$ [29]

Da die Kovarianzmatrix Cov($\mathbf{u}$) eine Diagonalmatrix ist, sind die Störgrößen u_t unkorreliert, was bei einer Normalverteilung zugleich eine stochastische Unabhängigkeit impliziert. Ihre gemeinsame Dichtefunktion f lässt sich daher als Produkt der marginalen Dichtefunktionen f_t darstellen:

(2.2.3) $$f(\mathbf{u};\mathbf{0},\sigma^2\mathbf{I}) = \prod_{t=1}^{n} f_t(u_t;0,\sigma^2).$$

---

[29] Der Ausdruck exp(z) gibt die e-Funktion ez wieder, wobei e die Eulersche Zahl ist (e=2,718 ...).

Unter Verwendung von (2.2.2) erhält man nach geeigneter Zusammenfassung der Terme für die gemeinsame Dichtefunktion

$$f(\mathbf{u};\mathbf{0},\sigma^2\mathbf{I}) = \frac{1}{(2\pi)^{n/2}\sigma^n}\exp\left(-\frac{1}{2\sigma^2}\Sigma u_t^2\right)$$

oder wegen $\Sigma u_t^2 = \mathbf{u}'\mathbf{u}$

$$(2.2.4) \qquad f(\mathbf{u};\mathbf{0},\sigma^2\mathbf{I}) = \frac{1}{(2\pi)^{n/2}\sigma^n}\exp\left(-\frac{1}{2\sigma^2}\mathbf{u}'\mathbf{u}\right).$$

Die Maximum-Likelihood-Methode (ML-Methode) geht bei der Schätzung der unbekannten Parameter im multiplen Regressionsmodell von der gemeinsamen Dichtefunktion der Störvariablen u_t aus. Im Gegensatz zur OLS-Methode setzt die ML-Methode somit die Kenntnis eines Verteilungstyps voraus. Hier handelt es sich um die Normalverteilung, die sich für die Störvariable u_t durch den Zentralen Grenzwertsatz begründen lässt. Danach ist die Summe von unabhängigen und identisch verteilten Zufallsvariablen bei großen Stichproben unter sehr allgemeinen Bedingungen approximativ normalverteilt. Wenn das multiple Regressionsmodell aber korrekt spezifiziert ist, umfassen die exogenen Variablen x_j alle wesentlichen Einflussgrößen der endogenen Variablen y. Die Störvariable u enthält dann nur noch eine Vielzahl von unsystematischen Einflüssen, deren Effekte sich aufgrund der Annahme (2.1.6) gegenseitig ausgleichen. Die Vorstellung unabhängiger Störgrößen u_t steht bereits hinter der Annahme (2.1.7). Allerdings sollte die Normalverteilungsannahme im Zweifel überprüft werden, wozu verschiedene Testverfahren verwendet werden können. Wenn jedoch eine Normalverteilung der Störvariablen u_t zu inferenzstatistischen Zwecken ohnehin vorausgesetzt werden muss, dann bietet es sich auch an, zur Schätzung der Parameter des multiplen Regressionsmodells eine Methode in Betracht zu ziehen, die von diesem Verteilungstyp explizit Gebrauch macht. Der Vorteil liegt zum einen darin, dass für die Maximum-Likelihood-Methode Güteeigenschaften bekannt sind, die unabhängig von der Problemstellung Gültigkeit besitzen. Zum anderen lässt sich mit der ML-Methode zusätzlich zum Parametervektor $\boldsymbol{\beta}$ die Varianz σ^2 der Störvariablen u schätzen, was mit der OLS-Methode nicht möglich ist.

Hinzu kommt, dass das Schätzprinzip der Maximum-Likelihood-Methode trotz seiner wahrscheinlichkeitstheoretischen Fundierung überaus einleuchtend und anschaulich ist. Nach der Maximum-Likelihood-Methode ergeben sich nämlich unter allen in Betracht kommenden Werten der Parameter diejenigen als Schätzer, unter denen die gegebene

Stichprobe die größtmögliche Wahrscheinlichkeit (Wahrscheinlichkeitsdichte) besitzt. Dieses Schätzprinzip wird realisiert, indem man von einer Likelihood-Funktion L ausgeht, bei der die Parameter als variabel und die Variablenwerte (Merkmalswerte) als gegeben angesehen werden, was der Situation nach Ziehen einer Stichprobe entspricht. Für vorgegebene Parameterwerte entspricht dagegen die Likelihood-Funktion der Wahrscheinlichkeitsfunktion (Dichtefunktion), bei der die Parameter als konstant und die Merkmalswerte als veränderlich betrachtet werden.

Im folgenden geht es darum, bei gegebenen Werten der exogenen und endogenen Variablen die Schätzer für $\boldsymbol{\beta}$ und σ^2 zu finden, die die größte Wahrscheinlichkeitsdichte haben. Mit

$$\mathbf{u} = \mathbf{y} - \mathbf{X}\boldsymbol{\beta}$$

lässt sich die Likelihood-Funktion L in der Form

$$\text{(2.2.5)} \qquad L(\boldsymbol{\beta},\sigma^2) = \frac{1}{(2\pi)^{n/2}\sigma^n}\exp\left[-\frac{1}{2\sigma^2}(\mathbf{y}-\mathbf{X}\boldsymbol{\beta})'(\mathbf{y}-\mathbf{X}\boldsymbol{\beta})\right]$$

schreiben, die nach dem ML-Prinzip zu maximieren ist, da die Maximum-Likelihood-Schätzer $\hat{\boldsymbol{\beta}}_{ML}$ und $\hat{\sigma}^2_{ML}$ die Bedingung

$$\text{(2.2.6)} \qquad L\left(\boldsymbol{\beta}_{ML},\hat{\sigma}^2_{ML}\right) = \underset{\boldsymbol{\beta},\sigma^2}{\text{Max}}\, L\left(\boldsymbol{\beta},\sigma^2\right)$$

erfüllen müssen. Da die Extremwerte einer Funktion von einer monotonen Transformation nicht beeinflusst werden, können wir die ML-Schätzer für $\boldsymbol{\beta}$ und σ^2 gleichermaßen aus der logarithmierten Likelihood-Funktion

$$\text{(2.2.7)} \qquad \ln L\left(\boldsymbol{\beta},\sigma^2\right) = -\frac{n}{2}\ln(2\pi) - n\ln\sigma - \frac{1}{2\sigma^2}(\mathbf{y}-\mathbf{X}\boldsymbol{\beta})'(\mathbf{y}-\mathbf{X}\boldsymbol{\beta})$$

bestimmen, was rechentechnisch einfacher ist. Da $\boldsymbol{\beta}$ allein im letzten Term auftritt, der ein negatives Vorzeichen besitzt, ist eine Maximierung der logarithmierten Likelihood-Funktion in bezug auf $\boldsymbol{\beta}$ offenbar gleichwertig mit einer Minimierung des Ausdrucks

$$Q = \mathbf{u}'\mathbf{u} = (\mathbf{y}-\mathbf{X}\boldsymbol{\beta})'(\mathbf{y}-\mathbf{X}\boldsymbol{\beta}) \ .$$

Es handelt sich dabei um eine Minimierung der Summe der quadrierten Modellabweichungen u_t^2, was genau bei der OLS-Methode erfolgt ist. Der ML-Schätzer $\hat{\boldsymbol{\beta}}_{ML}$ stimmt daher mit dem OLS-Schätzer $\hat{\boldsymbol{\beta}}$ für den Parametervektor $\boldsymbol{\beta}$ überein:

$$\text{(2.2.8)} \qquad \hat{\boldsymbol{\beta}}_{ML} = \hat{\boldsymbol{\beta}} = (\mathbf{X}'\mathbf{X})^{-1}\mathbf{X}'\mathbf{y}$$

Das Gauß-Markow-Theorem ist damit natürlich auch für den ML-Schätzer $\hat{\boldsymbol{\beta}}_{ML}$ gültig. Da für die Störvariable u jedoch eine Normalverteilung vorausgesetzt worden ist, entfällt die Restriktion auf die Klasse der linearen Schätzer für $\boldsymbol{\beta}$. $\hat{\boldsymbol{\beta}}_{ML}$ hat unter allen erwartungstreuen Schätzern die kleinste Varianz, so dass er der beste erwartungstreue Schätzer für $\boldsymbol{\beta}$, d.h. effizient, ist [30]. Die Konsistenzeigenschaft trifft natürlich auch auf $\hat{\boldsymbol{\beta}}_{ML}$ zu.

Um einen ML-Schätzer für die Varianz σ^2 der Störvariablen zu erhalten, wird die logarithmierte Likelihood-Funktion (2.2.7) partiell nach σ^2 differenziert und gleich Null gesetzt:

$$\frac{\partial \ln L(\boldsymbol{\beta},\sigma^2)}{\partial\sigma^2} = -\frac{n}{2\sigma^2} + \frac{1}{2\sigma^4}\cdot(\mathbf{y}-\mathbf{X}\boldsymbol{\beta})'\cdot(\mathbf{y}-\mathbf{X}\boldsymbol{\beta}) = 0 \ .$$

Aus dieser notwendigen Bedingung für ein Maximum von ln L bezüglich σ^2 erhält man durch Umformung

$$n = \frac{1}{\sigma^2}(\mathbf{y}-\mathbf{X}\boldsymbol{\beta})'(\mathbf{y}-\mathbf{X}\boldsymbol{\beta}) ,$$

so dass sich unter Verwendung des ML-Schätzers $\hat{\boldsymbol{\beta}}_{ML}$ für den unbekannten Parametervektor $\boldsymbol{\beta}$

$$\hat{\sigma}^2_{ML} = \frac{1}{n}\left(\mathbf{y}-\mathbf{X}\hat{\beta}_{ML}\right)'\left(\mathbf{y}-\mathbf{X}\hat{\beta}_{ML}\right)$$

ergibt. Wegen $\hat{\boldsymbol{\beta}} = \hat{\boldsymbol{\beta}}_{ML}$ sind die Komponenten von $\mathbf{y}-\mathbf{X}\hat{\boldsymbol{\beta}}_{ML}$ mit den OLS-Residuen $\hat{u}_t$ identisch,

$$\hat{\mathbf{u}} = \mathbf{y} - \mathbf{X}\hat{\boldsymbol{\beta}}_{ML} ,$$

so dass der ML-Schätzer $\hat{\sigma}^2_{ML}$ für die Störvarianz

(2.2.9) $$\hat{\sigma}^2_{ML} = \frac{1}{n}\hat{\mathbf{u}}'\hat{\mathbf{u}} = \frac{1}{n}\sum_{t=1}^{n}\hat{u}_t^2$$

lautet. Danach ergibt sich der Maximum-Likelihood-Schätzer für σ^2 als ungewogenes arithmetisches Mittel der quadrierten OLS-Residuen (= ML-Residuen) $\hat{u}_t$.

Wir werden allerdings den ML-Schätzer $\hat{\sigma}^2_{ML}$ nicht unmodifiziert für inferenzstatistische Zwecke im multiplen Regressionsmodell verwenden. Denn $\hat{\sigma}^2_{ML}$ besitzt

30 Siehe hierzu Fomby, Hill und Johnson (1984), S. 32ff.

zwar asymptotisch wünschenswerte Eigenschaften wie asymptotische Erwartungstreue, Konsistenz und asymptotische Effizienz, die bei großen Stichproben von Relevanz sind [31], jedoch ist er bei kleinen Beobachtungsumfängen nicht erwartungstreu. Die Modifikation wird also darauf hinauslaufen, einen erwartungstreuen Schätzer für die Störvarianz σ^2 zu erhalten.

2.2.2 Erwartungstreue Schätzung der Störvarianz

Eine erwartungstreue Schätzung der Störvarianz ist nicht allein bei der Beurteilung der Modellanpassung von Relevanz. Sie spielt ebenfalls bei der Konstruktion von Konfidenzintervallen und Hypothesentests für die Regressionskoeffizienten eine bedeutende Rolle. Ohne sie ist keine unverzerrte Schätzung der Varianz der Regressionskoeffizienten $\hat{\beta}_j$ gegeben.

Wie sich zeigen wird, muss bei einer erwartungstreuen Schätzung von σ^2 die Anzahl der Freiheitsgrade des Schätzers in Betracht gezogen werden. Ein Freiheitsgrad geht durch die Restriktion verloren, dass die Residuen $\hat{u}_t$ im Mittel gleich Null sein müssen. Außerdem müssen die Residuen $\hat{u}_t$ mit jedem der k-1 Regressoren unkorreliert sein. Dies bedeutet, dass von den n Residuen $\hat{u}_t$ nur noch n-k "frei wählbar" sind, da sie insgesamt k Restriktionen genügen müssen, die sich aus dem System (2.1.24) ergeben. Bei der Schätzung von σ^2 bestehen somit nur n-k Freiheitsgrade. Man gelangt dann zu einem erwartungstreuen Schätzer $\hat{\sigma}^2$ für die Störvarianz, indem man den Faktor $\frac{1}{n}$ bei dem ML-Schätzer durch den Faktor $\frac{1}{n-k}$ ersetzt:

$$\text{(2.2.10)} \qquad \hat{\sigma}^2 = \frac{1}{n-k}\hat{\mathbf{u}}'\hat{\mathbf{u}} = \frac{1}{n-k}\sum_{t=1}^{n}\hat{u}_t^2 \,.$$

Bei dem erwartungstreuen Schätzer $\hat{\sigma}^2$ wird die Summe der Residualquadrate $\hat{u}_t$ nicht durch die Anzahl n der Residuen, sondern durch die Anzahl n-k der Freiheitsgrade der Schätzung geteilt.

31 Maximum-Likelihood-Schätzer besitzen unter allgemeinen Regularitätsbedingungen stets diese asymptotisch wünschenswerte Eigenschaften. Siehe hierzu z.B. Fisz (1976), S. 563ff.

⌈ *Der Beweis der Erwartungstreue von* $\hat{\sigma}^2$,

(2.2.11) $E(\hat{\sigma}^2) = \sigma^2$,

kann unter Verwendung einiger Regeln der linearen Algebra geführt werden. Setzt man den OLS-Schätzer $\hat{\boldsymbol{\beta}}$ *in die Beziehung* $\hat{\boldsymbol{u}} = \boldsymbol{y} - \boldsymbol{X}\hat{\boldsymbol{\beta}}$ *ein, so erhält man für den Residualvektor* $\hat{\boldsymbol{u}}$ *den Ausdruck*

$$\hat{\boldsymbol{u}} = \boldsymbol{y} - \boldsymbol{X}(\boldsymbol{X}'\boldsymbol{X})^{-1}\boldsymbol{X}'\boldsymbol{y} \ ,$$

der nach Ausklammern von $\boldsymbol{y}$ *in*

$$\hat{\boldsymbol{u}} = \left[\boldsymbol{I} - \boldsymbol{X}(\boldsymbol{X}'\boldsymbol{X})^{-1}\boldsymbol{X}'\right]\boldsymbol{y}$$

übergeht. Unter Verwendung der $n \times n$*-Matrix* $\boldsymbol{M}$,

(2.2.12) $\boldsymbol{M} = \boldsymbol{I} - \boldsymbol{X}(\boldsymbol{X}'\boldsymbol{X})^{-1}\boldsymbol{X}'$,

erhält man $\hat{\boldsymbol{u}}$ *in der Form,*

(2.2.13) $\hat{\boldsymbol{u}} = \boldsymbol{M}\boldsymbol{y}$,

woraus ersichtlich ist, dass die Residuen $\hat{u}_t$ *eine Linearkombination der endogenen Variablen* $y_1, y_2, ..., y_n$ *sind. Gleichermaßen lassen sich die Residuen* $\hat{u}_t$ *jedoch auch als Linearkombination der Störvariablen* $u_1, u_2, ..., u_n$ *darstellen. Denn wenn man das multiple Regressionsmodell (2.1.5) für* $\boldsymbol{y}$ *in (2.2.13) einsetzt, dann folgt wegen*

$$\boldsymbol{M}\boldsymbol{X} = [\boldsymbol{I} - \boldsymbol{X}(\boldsymbol{X}'\boldsymbol{X})^{-1}\boldsymbol{X}']\boldsymbol{X} = \boldsymbol{0}$$

(2.2.14) $\hat{\boldsymbol{u}} = \boldsymbol{M}\boldsymbol{u}$.

Die Matrix $\boldsymbol{M}$ *hat die beiden Eigenschaften*

(2.2.15) $\boldsymbol{M}' = \boldsymbol{M}$ *und* $\boldsymbol{M}^2 = \boldsymbol{M} \cdot \boldsymbol{M} = \boldsymbol{M}$.

Erstere Eigenschaft gibt die Symmetrie der Matrix $\boldsymbol{M}$ *wieder, die durch die Identität mit ihrer Transponierten gekennzeichnet ist:*

$$\boldsymbol{M}' = [\boldsymbol{I} - \boldsymbol{X}(\boldsymbol{X}'\boldsymbol{X})^{-1}\boldsymbol{X}']' = \boldsymbol{I}' - \boldsymbol{X}(\boldsymbol{X}'\boldsymbol{X})^{-1}\boldsymbol{X}' = \boldsymbol{I} - \boldsymbol{X}(\boldsymbol{X}'\boldsymbol{X})^{-1}\boldsymbol{X}' = \boldsymbol{M} \ .$$

Letztere Eigenschaft besagt, dass das Produkt der Matrix $\boldsymbol{M}$ *mit sich selbst die Ausgangsmatrix* M *unverändert lässt:*

$$\begin{aligned}
M^2 &= M \cdot M = \left[I - X(X'X)^{-1}X'\right]\left[I - X(X'X)^{-1}X'\right] \\
&= I - X(X'X)^{-1}X' - X(X'X)^{-1}X' + X(X'X)^{-1}X'X(X'X)^{-1}X' \qquad (2.2.16)\\
&= I - 2 \cdot X(X'X)^{-1}X' + X(X'X)^{-1}X' = I - X(X'X)^{-1}X' = M
\end{aligned}$$

Eine Matrix, die diese Eigenschaft besitzt, heißt idempotent.

Damit können wir die Summe der Residuenquadrate in der Form

$$\sum_{t=1}^{n} \hat{u}_t^2 = \hat{u}'\hat{u} = (Mu)'Mu = u'M'Mu = u'Mu$$

schreiben. Nun machen wir von dem Konzept der Spur (trace) tr einer Matrix Gebrauch [32]*, das für die weiteren Betrachtungen benötigt wird. Zunächst einmal gilt*

$$\hat{u}'\hat{u} = u'Mu = tr(u'Mu)\ ,$$

da die Spur eines Skalars gleich dem Skalar selbst ist. Die Spur eines Matrixprodukts bleibt unverändert, wenn die Reihenfolge der Produktbildung vertauscht wird, sofern nur die Multiplikation der Matrizen von ihrer Ordnung her möglich ist [33]*. Mithin ist die Spur der quadratischen Form* $u'Mu$ *mit der Spur der Matrix* Muu' *identisch:*

$$\hat{u}'\hat{u} = tr(u'Mu) = tr(Muu')$$

Wir bilden nun den Erwartungswert von $\hat{u}'\hat{u}$ *,*

$$E(\hat{u}'\hat{u}) = E[tr(Muu')]\ ,$$

der sich unter Berücksichtigung der Vertauschbarkeit der Erwartungswert- und Spurbildung in der Form

$$E(\hat{u}'\hat{u}) = tr[M \cdot E(uu')] = tr[M \cdot E(Muu')]$$

darstellen lässt [34]*, so dass man mit der Annahme (2.1.7)*

$$E(\hat{u}'\hat{u}) = \sigma^2 tr(M)$$

erhält. Da die Spur der Differenz zweier Matrizen separat berechnet werden kann, gilt weiter

---

32 Die Spur einer quadratischen Matrix ist allgemein als Summe ihrer Hauptdiagonalelemente definiert.

33 Bei der Matrix **A**, **B** und **C** gilt tr(**ABC**)=tr(**ACB**)=...=tr(**CBA**), falls die entsprechenden Matrixprodukte definiert sind.

34 Aus diesem Grund bezeichnet man den Erwartungswert E und die Spur tr auch als lineare Operatoren.

$$tr(\boldsymbol{M}) = tr(\boldsymbol{I}) - tr\left[\boldsymbol{X}(\boldsymbol{X}'\boldsymbol{X})^{-1}\boldsymbol{X}'\right]$$

*mit der n×n-Einheitsmatrix **I**. Die Spur von **I** ist gleich n,*

$$tr(\boldsymbol{I}) = n\,,$$

und die Spur von $\boldsymbol{X}(\boldsymbol{X}'\boldsymbol{X})^{-1}\boldsymbol{X}'$ *ist gleich k,*

$$tr\left[\boldsymbol{X}(\boldsymbol{X}'\boldsymbol{X})^{-1}\boldsymbol{X}'\right] = k\,,$$

*wenn man aufgrund der Rangannahme (2.1.16) über die Beobachtungsmatrix **X** für das Matrixprodukt* $\boldsymbol{X}(\boldsymbol{X}'\boldsymbol{X})^{-1}\boldsymbol{X}'$ *denselben Rang voraussetzt. Damit erhält man*

$$E(\hat{\boldsymbol{u}}'\hat{\boldsymbol{u}}) = \sigma^2(n-k)\,,$$

womit gezeigt ist, dass der Schätzer (2.2.10) für σ^2 *erwartungstreu ist:*

$$E\left(\frac{\hat{\boldsymbol{u}}'\hat{\boldsymbol{u}}}{n-k}\right) = \sigma^2\,.$$

Der Schätzer $\hat{\sigma}^2$ *für die Varianz* σ^2 *ermöglicht es uns nun, Konfidenzintervalle für die geschätzten Regressionskoeffizienten zu berechnen und Signifikanztests durchzuführen.* ┘*

Beispiel 2.2. 1: Die Schätzung der Varianz σ^2 der Störvariablen soll hier für die makroökonomische Konsumfunktion

$$\hat{C}_t = 37{,}317 + 0{,}864 \cdot Y_t$$

erfolgen. Hierzu wird eine Arbeitstabelle angelegt, in der die zur Berechnung des Schätzers

$$\hat{\sigma}^2 = \frac{\sum \hat{u}_t^2}{n-k} = \frac{\sum (C_t - \hat{C}_t)^2}{n-k}$$

benötigten Größen berechnet werden. $\hat{C}_t$ ist der Regressionswert des privaten Verbrauchs in der Periode t, der z.B. für 1974

$$\hat{C}_1 = 37{,}317 + 0{,}864 \cdot 962{,}72 = 869{,}1$$

* Die kursiv geschriebenen Textteile stellen mathematische Beweise dar, die vom methodisch nicht so interessierten Leser übergangen werden können.

lautet. Auf diese Weise lassen sich die weiteren Regressionswerte berechnen, die in die Arbeitstabelle übernommen werden:

t	Y_t^v	C_t	$\hat{C}_t$	$C_t - \hat{C}_t$	$(C_t - \hat{C}_t)^2$
1	962,72	837,60	869,11	-31,51	992,88
2	989,56	863,82	892,30	-28,48	811,11
3	1017,68	897,32	916,59	-19,27	371,33
4	1046,38	937,80	941,39	-3,59	12,89
5	1093,39	971,48	982,01	-10,53	110,88
6	1130,98	1003,06	1014,48	-11,42	130,42
7	1118,86	1015,57	1004,01	11,56	133,63
8	1096,80	1007,92	984,95	22,97	527,62
9	1078,10	992,55	968,80	23,75	564,06
10	1086,06	1005,92	975,67	30,25	915,06
11	1100,16	1021,68	987,86	33,82	1143,79
12	1119,93	1036,53	1004,94	31,59	997,93
13	1205,44	1072,01	1078,82	-6,81	46,38
14	1239,32	1106,88	1108,09	-1,21	1,46
15	1299,72	1137,00	1160,28	-23,28	541,96
16	1323,60	1167,37	1180,91	-13,54	183,33
17	1420,53	1230,68	1264,65	-33,97	1153,96
18	1417,17	1274,63	1261,75	12,88	165,89
19	1421,38	1287,11	1265,39	21,72	471,76
Σ					9276,34

Die Summe der Abweichungsquadrate beträgt also 9276,34. Mit n=19 und k=2 erhält man hiermit den erwartungstreuen Schätzer

$$\hat{\sigma}^2 = \frac{9276,34}{19-2} = 545,667$$

für die Störvarianz σ^2. Der Standardfehler der Schätzung lautet demzufolge

$$\hat{\sigma} = \sqrt{545,667} = 23,360 \ .$$

♦

2.2.3 Signifikanztest für die Regressionskoeffizienten

Wenn das multiple Regressionsmodell (2.1.5) mit der ökonomischen Theorie im Einklang steht, ist zu erwarten, dass die exogenen Variablen x_j einen Einfluss in einer bestimmten Richtung auf die endogene Variable y zeigen. So würden z.B. Zweifel an der Spezifikation einer Investitionsfunktion auftreten, in der der Zinssatz ein positives Vorzeichen aufweisen würde. Bei einer Konsumfunktion kommt dagegen aufgrund der ökonomischen Theorie allein ein positives Vorzeichen der marginalen Konsumneigung in Betracht. In einem ökonometrischen Modell müssen die Schätzer der Regressionskoeffizienten auf jeden Fall das theoretisch erwartete Vorzeichen aufweisen, damit eine ökonomische Hypothese eine empirische Bestätigung finden kann.

Allerdings handelt es sich dabei erst um eine unabdingbare Voraussetzung für eine empirisch gehaltvolle ökonomische Theorie. Es ist zusätzlich zu prüfen, ob die Einflussgrößen überhaupt eine Relevanz für die Erklärung der endogenen Variablen besitzen. Der Schätzer eines Regressionskoeffizienten einer erklärenden Variablen kann nämlich durchaus das theoretisch erwartete Vorzeichen besitzen, ohne dass ihr Einfluss auf die endogene Variable notwendig substantiell sein muss. Denn der geschätzte Regressionskoeffizient zeigt möglicherweise zufallsbedingt in der gegebenen Stichprobe ein negatives Vorzeichen, während er bei einer anderen Stichprobe ein positives Vorzeichen annehmen würde. Einen signifikanten Einfluss einer exogenen Variablen wird man unterstellen können, wenn mit großer Wahrscheinlichkeit sichergestellt werden kann, dass die Richtung des Einflusses, die durch ihren Regressionskoeffizienten angezeigt wird, nicht als Zufallsergebnis angesehen werden kann. Aus diesem Grund ist die Nullhypothese

(2.2.16) $H_0 : \beta_j = 0$,

die von einem fehlenden Einfluss einer exogenen Variablen x_j auf die endogene Variable y ausgeht, statistisch zu testen. Erst wenn die Nullhypothese widerlegt werden kann, ist empirisch die Relevanz der exogenen Variablen zur Erklärung der endogenen Variablen erhärtet. Eine Prüfung der Nullhypothese in dieser Art und Weise heißt **Signifikanztest**.

Unter der Nullhypothese (2.2.16) ist der Schätzvektor $\hat{\boldsymbol{\beta}}$ aufgrund der Normalverteilung der Störvariablen u normalverteilt mit dem Erwartungswertvektor **0** und der Kovarianzmatrix $\sigma^2(\mathbf{X}'\mathbf{X})^{-1}$:

(2.2.17) $\hat{\boldsymbol{\beta}} \sim N(\mathbf{0}, \sigma^2(\mathbf{X}'\mathbf{X})^{-1})$

Die Varianzen der Regressionskoeffizienten $\hat{\beta}_j$ sind daher durch

$$Var(\hat{\beta}_j) = \sigma^2 \cdot x^{jj}$$

gegeben, wobei die Größen x^{jj} die Hauptdiagonalelemente der Inversen $(\mathbf{X}'\mathbf{X})^{-1}$ bezeichnen. Man erhält Schätzer dieser Größen, indem man die unbekannte Störvarianz σ^2 durch den Schätzer $\hat{\sigma}^2$ aus (2.2.10) ersetzt:

(2.2.18) $$\hat{Var}(\hat{\beta}_j) = \hat{\sigma}^2 \cdot x^{jj} = \frac{\hat{\mathbf{u}}'\hat{\mathbf{u}}}{n-k} \cdot x^{jj}.$$

Da $\hat{\sigma}^2$ erwartungstreu ist, werden die Varianzen $\hat{Var}(\hat{\beta}_j)$ mit (2.2.18) selbst ebenfalls unverzerrt geschätzt. Im Spezialfall einer einfachen Regression erhält man als Schätzer für die Varianzen von $\hat{\beta}_1$ und $\hat{\beta}_2$

$$\hat{Var}(\hat{\beta}_1) = \hat{\sigma}^2 \frac{\sum x_t^2}{n\sum x_t^2 - (\sum x_t)^2}$$

und

$$\hat{Var}(\hat{\beta}_2) = \hat{\sigma}^2 \frac{n}{n\sum x_t^2 - (\sum x_t)^2}.$$

Die Prüfgröße des Signifikanztests

(2.2.19) $$t = \frac{\hat{\beta}_j}{\hat{\sigma}\sqrt{x^{jj}}}$$

ist t-verteilt mit n-k Freiheitsgraden. Bei einem zweiseitigen Test wird die Nullhypothese (2.2.16) bei einem Signifikanzniveau von α verworfen, wenn der absolute Wert der Prüfgröße t das $(1-\alpha/2)$-Quantil $t_{n-k;1-\alpha/2}$ der t-Verteilung mit n-k Freiheitsgraden übersteigt:

$$|t| > t_{n-k;1-\alpha/2} \rightarrow H_0 \text{ ablehnen.}$$

Bei einem Signifikanzniveau von 5 % hätte ein Wert der Prüfgröße, der in den Ablehnungsbereich $\overline{K}_\alpha = \overline{K}^1_{\alpha/2} \cup \overline{K}^2_{\alpha/2}$ fällt (Abbildung 2.2. 1), unter der Nullhypothese eine Wahrscheinlichkeit von 5 % oder weniger. Eine derart geringe Irrtumswahrscheinlichkeit wird bei der Ablehnung der Nullhypothese in Kauf genommen. Während geringe Abweichungen der Nullhypothese als zufallsbedingt interpretiert werden, kommt der Zufall bei größer werdenden Abweichungen als Ursache immer weniger in Betracht. Ab einer bestimmten Größe der Abweichung wird der Unterschied daher substanziell interpretiert.

Abbildung 2.2. 1: Annahme- und Ablehnungsbereiche bei dem zweiseitigen Signifikanztest

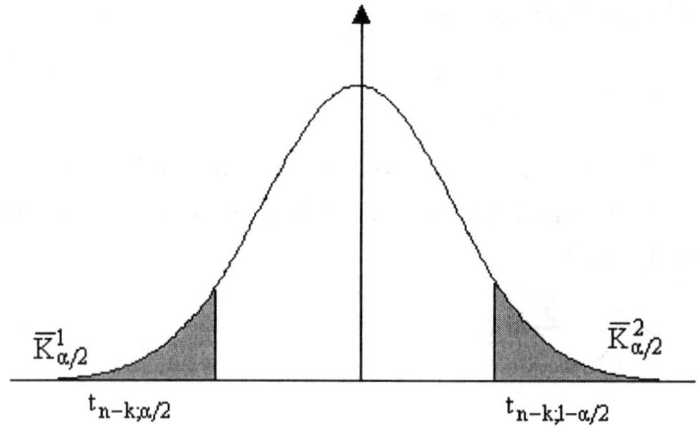

Sofern die ökonomische Theorie eine bestimmte Richtung des Einflusses vorgibt, lässt sich ein einseitiger Signifikanztest durchführen. Bei einem rechtsseitigen Test wird die Nullhypothese (2.2.16) abgelehnt, wenn die Ungleichung $t > t_{n-k;1-\alpha}$ erfüllt ist,

$$t > t_{n-k;1-\alpha} \rightarrow H_0 \text{ ablehnen,}$$

und bei einem linksseitigen Test ist eine Signifikanz im Falle von $t < t_{n-k;1-\alpha}$ gegeben:

$$t < t_{1-\alpha;n-k} \rightarrow H_0 \text{ ablehnen .}$$

Ein zweiseitiger Signifikanztest gibt unter dieser Voraussetzung ein strengeres Kriterium für die Bewertung einer ökonomischen Beziehung vor als ein einseitiger Signifikanztest.

Beispiel 2.2. 2: Für die makroökonomische Konsumfunktion haben wir für den Zeitraum von 1974 bis 1992 die OLS-Schätzer $\hat{\beta}_1 = 37{,}317$ und $\hat{\beta}_2 = 0{,}864$ ermittelt. Unter der Voraussetzung einer normalverteilten Störvariablen u sind dies zugleich die ML-Schätzer. Für einen Signifikanztest der Regressionskoeffizienten benötigen wir zusätzlich ihre Varianzen. Mit dem Schätzer $\hat{\sigma}^2 = 545{,}667$ für die Störvarianz sowie den Größen n=19, $\sum x_t = 22167{,}78$ und $\sum x_t^2 = 26249285{,}1$ erhält man

$$\hat{Var}(\hat{\beta}_1) = \hat{\sigma}^2 \cdot \frac{\sum x_t^2}{n\sum x_t^2 - (\sum x_t)^2}$$
$$= 545{,}667 \cdot \frac{26249285{,}11}{19 \cdot 26249285{,}11 - 22167{,}78^2}$$
$$= 545{,}667 \cdot 3{,}5583 = 1955{,}125$$

und

$$\hat{Var}(\hat{\beta}_2) = \hat{\sigma}^2 \cdot \frac{n}{n\sum x_t^2 - (\sum x_t)^2}$$
$$= 545{,}667 \cdot \frac{19}{19 \cdot 26249285{,}11 - 22167{,}78^2}$$
$$= 545{,}667 \cdot 2{,}5935 \cdot 10^{-6}$$
$$= 0{,}001415$$

Damit ergeben sich für die geschätzten Regressionskoeffizienten die t-Werte

$$t(\hat{\beta}_1) = \frac{\hat{\beta}_1}{\sqrt{\hat{Var}(\hat{\beta}_1)}} = \frac{37{,}317}{\sqrt{1955{,}125}} = 0{,}844$$

und

$$t(\hat{\beta}_2) = \frac{\hat{\beta}_2}{\sqrt{\hat{Var}(\hat{\beta}_2)}} = \frac{0{,}864}{\sqrt{0{,}001415}} = 22{,}969\,.$$

Bei einem zweiseitigen Test auf dem 5 %-Signifikanzniveau beträgt der kritische Wert $t_{17;0,975}$ der t-Verteilung mit 17 Freiheitsgraden 2,110. Wegen

$$\left|t(\hat{\beta}_1)\right| = 0{,}844 < t_{17;0,975} = 2{,}110$$

ist das absolute Glied $\hat{\beta}_1$ nicht signifikant von Null verschieden, wohingegen das Steigungsmaß $\hat{\beta}_2$ wegen

$$\left|t(\hat{\beta}_2)\right| = 22{,}969 > t_{17;0,975} = 2{,}110$$

signifikant ist. Der Regressionskoeffizient $\hat{\beta}_2$ ist sogar als hochsignifikant zu bezeichnen, da sein t-Wert auch bereits die kritische Grenze eines Signifikanztests auf dem 1 %-Niveau ($t_{17;0,995}$=2,898) übersteigt. ♦

Bei bestimmten Problemstellungen ist nicht nur von Interesse, ob eine Einflussgröße überhaupt eine substantielle Wirkung auf eine zu erklärende Variable hat. Vielmehr möchte man wissen, ob die empirischen Daten mit einer Hypothese

(2.2.20) $$H_0: \beta_j = c, \quad c \neq 0,$$

vereinbar sind. Wenn man z.B. für eine bestimmte Region oder Bevölkerungsgruppe eine marginale Konsumquote von 0,8 ermittelt hat, so mag interessieren, ob diese Konsumneigung auch in einer anderen Region oder Bevölkerungsgruppe Gültigkeit besitzt. Zur Einschätzung des Effekts von Investitionsmaßnahmen kann es entscheidungsrelevant sein zu wissen, ob von einer bestimmten Höhe des Investitionsmultiplikators ausgegangen werden kann. Bei der Schätzung einer Geldnachfragefunktion stellt sich die Frage, ob die Hypothese einer Einkommenselastizität von Eins Gültigkeit besitzt. Zur Prüfung der Nullhypothese kann der erörterte t-Test unter Verwendung der modifizierten Prüfgröße

(2.2.21) $$t(\hat{\beta}_j) = \frac{\hat{\beta}_j - c}{\hat{\sigma}\sqrt{x^{jj}}}$$

in ansonsten unveränderter Form herangezogen werden.

Beispiel 2.2. 3: Bei der Geldnachfragefunktion interessiert nicht allein, ob die erklärenden Variablen Einkommen und Zinssatz einen statistisch gesicherten Einfluss auf die Geldnachfrage ausüben. Zusätzlich ist für die Geldpolitik von Bedeutung, inwieweit sich Größenvorteile oder -nachteile bei der Geldhaltung einstellen. Wenn von Größenvorteilen im Sinne einer rationelleren Geldhaltung ausgegangen werden kann, müsste die Einkommenselastizität der Geldnachfrage signifikant kleiner als Eins sein. Umgekehrt treten diseconomies of scale auf, wenn die Einkommenselastizität signifikant größer als Eins ist. Ein Signifikanztest der Einkommenselastizität auf Eins gibt somit Aufschluss darüber, ob die durch den Schätzer der entsprechenden Regressionskoeffizienten angezeigten Größenvorteile oder -nachteile tatsächlich substantiell interpretiert werden können.

Zunächst soll jedoch die Signifikanz der Einflussgrößen überhaupt geprüft werden. Hier benötigen wir die Varianzen der Regressionskoeffizienten $\hat{\beta}_1, \hat{\beta}_2$ und $\hat{\beta}_3$. Bei einer Residualquadratsumme von

$$\sum \hat{u}_t^2 = \hat{\mathbf{u}}'\hat{\mathbf{u}} = 0{,}014855$$

erhält man mit n=20 und k=3 den erwartungstreuen Schätzer $\hat{\sigma}^2$ der Störvarianz σ^2 aus

$$\hat{\sigma}^2 = \frac{1}{n-k}\hat{\mathbf{u}}'\hat{\mathbf{u}} = \frac{0{,}014855}{20-3} = 0{,}000874 \; .$$

Unter Verwendung der Diagonalelemente

$$x^{11}=218{,}194 \; , \; x^{22}=3{,}770 \text{ und } x^{33}=0{,}409$$

lassen sich die erwartungstreuen Schätzer für die Varianzen der geschätzten Regressionskoeffizienten berechnen:

$$\hat{Var}(\hat{\beta}_1) = \hat{\sigma}^2 \cdot x^{11} = 0{,}000874 \cdot 218{,}194 = 0{,}190702 \; ,$$

$$\hat{Var}(\hat{\beta}_2) = \hat{\sigma}^2 \cdot x^{22} = 0{,}000874 \cdot 3{,}770 = 0{,}003295$$

und

$$\hat{Var}(\hat{\beta}_3) = \hat{\sigma}^2 \cdot x^{33} = 0{,}000874 \cdot 0{,}409 = 0{,}000357 \; .$$

Damit erhält man die Prüfgrößen für die Signifikanztests der geschätzten Regressionskoeffizienten auf Null:

$$\text{für } \hat{\beta}_1: \quad t = \frac{\hat{\beta}_1}{\sqrt{\hat{Var}(\hat{\beta}_1)}} = \frac{-4{,}806}{\sqrt{0{,}190702}} = -11{,}00 \; ,$$

$$\text{für } \hat{\beta}_2: \quad t = \frac{\hat{b}_2}{\sqrt{\hat{Var}(\hat{b}_2)}} = \frac{1{,}432}{\sqrt{0{,}003295}} = 24{,}947 \; ,$$

$$\text{für } \hat{\beta}_3: \quad t = \frac{\hat{\beta}_3}{\sqrt{\hat{Var}(\hat{\beta}_3)}} = \frac{-0{,}076}{\sqrt{0{,}000357}} = -4{,}022 \; .$$

Alle Regressionskoeffizienten sind auf einem Signifikanzniveau von 5% statistisch gesichert, da ihre t-Werte absolut größer sind als der kritische Wert $t_{17;0,975}$=2,110 eines zweiseitigen Tests.

Bei einem Test der Einkommenselastizität auf Eins,

$$H_0 : \beta_2 = 1 ,$$

lautet die Prüfgröße

$$t = \frac{\hat{\beta}_2 - 1}{\sqrt{\hat{Var}(\hat{\beta}_2)}} = \frac{1{,}432 - 1}{\sqrt{0{,}003295}} = 7{,}526 .$$

Die Nullhypothese ist bei einem zweiseitigen Signifikanztest ($t_{0,975;17}$=2,110) und erst recht bei einem einseitigen (rechtsseitigen) Signifikanztest ($t_{0,95;17}$=1,740) zu verwerfen. Was die Geldmenge M_1 betrifft, so ist innerhalb des Beobachtungszeitraums von 1970 bis 1989 somit tatsächlich von "diseconomies of scale" der Geldhaltung auszugehen. Die Aufdeckung der Ursachen hierfür muss einer monetären Analyse vorbehalten bleiben. ♦

In den beiden vorgestellten Tests sind die Regressionskoeffizienten separat betrachtet worden. Ökonometrische Studien haben jedoch gleichermaßen gemeinsame Effekte von Einflussgrößen aufzudecken. So ist z.B. bei einer Cobb-Douglas-Produktionsfunktion

$$y_t = \beta_1 \cdot L_t^{\beta_2} \cdot K_t^{\beta_3} \cdot e^{u_t} ,$$

in der der Output y von den Produktionsfaktoren Arbeit L und Kapital K abhängig ist, bei bestimmten Anwendungen von Interesse, ob sie homogen vom Grade 1 ist. In diesem Fall müssen die aus der linearisierten Produktionsfunktion

$$\ln y_t = \ln \beta_1 + \beta_2 \cdot \ln L_t + \beta_3 \cdot \ln K_t + u_t$$

gewonnenen Schätzer $\hat{\beta}_2$ und $\hat{\beta}_3$ der Produktionselastizitäten mit der Hypothese

$$H_0 : \beta_2 + \beta_3 = 1$$

im Einklang stehen. Es handelt sich hierbei somit um einen Test über eine Linearkombination der Regressionskoeffizienten:

(2.2.22) $$c_1\beta_1 + c_2\beta_2 + ... + c_k\beta_k = \mathbf{c}'\beta$$

mit

$$\mathbf{c}' = (c_1\ c_2 ... c_k) .$$

Die Nullhypothese dieses Tests lautet allgemein

(2.2.23) $H_0: \mathbf{c}'\beta = c$,

wobei c ein fester Wert ist. Bei dem Test der Cobb-Douglas-Produktionsfunktion auf lineare Homogenität lautet z.B. der Koeffizientenvektor **c** der Linearkombination $\mathbf{c}' = (0 \;\; 1 \;\; 1)$, und die Konstante c nimmt den Wert 1 an. Die Prüfgröße

(2.2.24) $$t = \frac{\mathbf{c}'\hat{\beta} - c}{\hat{\sigma}\sqrt{\mathbf{c}'(\mathbf{X}'\mathbf{X})^{-1}\mathbf{c}}}$$

des Tests ist t-verteilt mit n-k Freiheitsgraden.

2.2.4 Konfidenzintervalle für die Regressionskoeffizienten

Die Methode der kleinsten Quadrate und die Maximum-Likelihood-Methode liefern zunächst einmal Punktschätzer für die Regressionskoeffizienten. Ob sie tatsächlich bedeutungsvoll sind, lässt sich mit einem Signifikanztest herausfinden. Wenn jedoch z.B. die Wirkung wirtschaftspolitischer Maßnahmen aufgrund eines ökonometrischen Modells eingeschätzt werden soll, ist es zudem wichtig, Kenntnisse über den Bereich zu erhalten, in dem der "wahre" Regressionskoeffizient mit einer großen Wahrscheinlichkeit liegen wird. Dieser Bereich, der durch eine Intervallschätzung ermittelt werden kann, heißt **Konfidenzintervall**.

Bei der Konstruktion eines Konfidenzintervalls für den unbekannten Regressionskoeffizienten β_j gehen wir von der standardisierten Größe

$$t = \frac{\hat{\beta}_j - \beta_j}{\sqrt{\hat{Var}(\hat{\beta}_j)}} = \frac{\hat{\beta}_j - \beta_j}{\hat{\sigma}\sqrt{x^{jj}}} \tag{2.2.25}$$

aus, die t-verteilt ist mit n-k Freiheitsgraden. Der t-Wert kann dabei als standardisierter Regressionskoeffizient $\hat{\beta}_j$ interpretiert werden. Die Wahrscheinlichkeit, dass der standardisierte Regressionskoeffizient in einem symmetrischen Intervall um seinen Erwartungswert 0 liegt, ist durch

$$P\left(-t_{n-k;1-\alpha/2} \le t \le t_{n-k;1-\alpha/2}\right) = 1-\alpha$$

gegeben. Setzt man hierin (2.2.25) ein, so erhält man

$$P\left(-t_{n-k;1-\alpha/2} \le \frac{\hat{\beta}_j - \beta_j}{\hat{\sigma}\sqrt{x^{jj}}} \le t_{n-k;1-\alpha/2}\right) = 1-\alpha$$

und nach weiterer Umformung

$$P\left(\hat{\beta}_j - t_{n-k;1-\alpha/2}\cdot\hat{\sigma}\sqrt{x^{jj}} \le \beta_j \le \hat{\beta}_j + t_{n-k;1-\alpha/2}\cdot\hat{\sigma}\sqrt{x^{jj}}\right) = 1-\alpha \ . \tag{2.2.26}$$

Gleichung (2.2.26) gibt das Konfidenzintervall für β_j zum Konfidenzniveau 1-α an. Bei Normalverteilung der Störvariablen u liegt der unbekannte Regressionskoeffizient β_j mit einer Wahrscheinlichkeit von 1-α in dem Intervall

$$\hat{\beta}_j \pm t_{n-k;1-\alpha/2}\cdot\hat{\sigma}\sqrt{x^{jj}} \ .$$

Das Konfidenzintervall gibt aber aufgrund seiner Robustheit auch eine brauchbare Auskunft über die Lokalisation des Regressionskoeffizienten, wenn die Verteilung der Störvariablen u Abweichungen von der Normalverteilungsannahme aufweist.

Unter Verwendung der Schätzer für die Varianzen der Regressionskoeffizienten $\hat{\beta}_1$ und $\hat{\beta}_2$ erhält man für die einfache Regression die Konfidenzintervalle

$$\hat{\beta}_1 \pm t_{n-2;1-\alpha/2} \cdot \hat{\sigma} \cdot \sqrt{\frac{\sum x_t^2}{n\sum x_t^2 - \left(\sum x_t\right)^2}}$$

und

$$\hat{\beta}_2 \pm t_{n-2;1-\alpha/2} \cdot \hat{\sigma} \cdot \sqrt{\frac{n}{n\sum x_t^2 - \left(\sum x_t\right)^2}}$$

zum Konfidenzniveau 1-α. Die (1-α)-Quantile $t_{n-2;1-\alpha/2}$ beziehen sich hier auf eine t-Verteilung mit n-2 Freiheitsgraden.

Beispiel 2.2. 4: Als Punktschätzer für die marginale Konsumquote c_1 der makroökonomischen Konsumfunktion ist der Wert 0,864 ermittelt worden. Dieser Wert ist als Realisation einer Zufallsvariablen zu interpretieren, die sich aus den Stichprobendaten des Einkommens und Konsums im Zeitraum von 1974 bis 1992 ergibt. Für die Beurteilung wirtschaftspolitischer Maßnahmen ist jedoch gleichwohl von Interesse, in welchem Bereich die marginale Konsumquote mit einem hohen Vertrauensniveau liegen wird. Auf diese Weise kann z.B. versucht werden, wirtschaftliche Entwicklungstendenzen unter günstigen und ungünstigen Bedingungen einzuschätzen.

Die Punktschätzung für die marginale Konsumquote ist dann durch ein Konfidenzintervall zu ergänzen. Bei einem Konfidenzniveau von 95 % ist es durch

$$\hat{c}_1 \pm t_{n-2;0,975} \cdot \hat{\sigma} \cdot \sqrt{\frac{n}{n\sum x_t^2 - \left(\sum x_t\right)^2}}$$

gegeben. Bekannt sind die Größen, die zur Berechnung der Standardabweichung von c_1 benötigt werden:

$$\hat{\sigma} = 23{,}360\,, \quad n = 19\,, \quad \sum x_t^2 = 26249285{,}11\,, \quad \sum x_t = 22167{,}78\,.$$

Unter Verwendung des 0,975-Quantils $t_{17;0,975}$ =2,110 der t-Verteilung mit 17 Freiheitsgraden erhält man damit das Konfidenzintervall

$$\left[0{,}864-2{,}110\cdot 23{,}360\cdot\sqrt{\frac{19}{19\cdot 26249285{,}11-22167{,}78^2}};0{,}864+2{,}110\cdot 23{,}360\cdot\sqrt{\frac{19}{19\cdot 26249285{,}11-22167{,}78^2}}\right]$$

$$=[0{,}864-2{,}110\cdot 0{,}0376;0{,}864+2{,}110\cdot 0{,}0376]=[0{,}785;0{,}943]$$

für die marginale Konsumquote zum Konfidenzniveau 95 %. ♦

Beispiel 2.2. 5: In der Geldpolitik werden zu verschiedenen Zwecken Bereiche für die Größenordnung monetärer Variablen verwendet. Hier soll eine Intervallschätzung der Einkommens- und Zinselastizität der Geldnachfrage vorgenommen werden. Die 95%-Konfidenzintervalle für die Einkommens- und Zinselastizität lauten

$$\hat{\beta}_2 \pm t_{0,975;n-3}\cdot\sqrt{\hat{VAR}(\hat{\beta}_2)}$$

und

$$\hat{\beta}_3 \pm t_{0,975;n-3}\cdot\sqrt{\hat{VAR}(\hat{\beta}_3)}\,.$$

Das 0,975-Quantil der t-Verteilung mit 17 Freiheitsgraden, die sich aus dem Stichprobenumfang von n=20 ergeben, beträgt 2,110. Mit den Schätzern

$$\hat{\beta}_2=1{,}432 \quad \text{und} \quad \hat{\beta}_3=-0{,}076$$

und den Standardabweichungen

$$\sqrt{\hat{VAR}(\hat{\beta}_2)}=0{,}057 \quad \text{und} \quad \sqrt{\hat{VAR}(\hat{\beta}_3)}=0{,}019$$

erhält man für die Einkommenselastizität das Konfidenzintervall

$$[1{,}432-2{,}110\cdot 0{,}057;\quad 1{,}432+2{,}110\cdot 0{,}057]=[1{,}312;\quad 1{,}501]$$

und für die Zinselastizität das Konfidenzintervall

$$[-0{,}076-2{,}110\cdot 0{,}019;\quad -0{,}076+2{,}110\cdot 0{,}019]=[-0{,}116;\quad -0{,}036]\,.$$

Beide Konfidenzintervalle haben ein Vertrauensniveau von 95 %. ♦

Während bei Signifikanztests die Irrtumswahrscheinlichkeit α geeignet festzulegen ist, setzt die Bestimmung von Konfidenzintervallen eine geeignete Wahl des Konfidenzniveaus $1-\alpha$ voraus. Dabei ist zu beachten, dass eine größere Vertrauenswahrscheinlichkeit bei gegebenem Stichprobenumfang n stets zu Lasten der Genauigkeit geht, d.h. mit einem breiteren Konfidenzintervall verbunden ist. In der Mehrzahl der Anwendungen wird ein Konfidenzniveau von 0,95 gewählt, womit eine 95%ige Sicherheit gegeben ist, dass das Konfidenzintervall den unbekannten Regressionskoeffizienten β_j überdeckt. Wenn eine höhere Präzision erforderlich ist, müsste die Vertrauenswahrscheinlichkeit gesenkt werden. Eine Wahrscheinlichkeitsaussage über die Lokalisation von β_j könnte dann z.B. auf einem Konfidenzniveau von 0,90 erfolgen. Dagegen kann die Gefahr, dass das Konfidenzintervall den unbekannten Parameter β_j nicht überdeckt, vermindert werden, indem das Konfidenzniveau z.B. auf 0,99 erhöht wird. In diesem Fall ist nur mit 1%iger Wahrscheinlichkeit damit zu rechnen, dass der Regressionskoeffizient β_j außerhalb des Konfidenzintervalls liegt.

Im Vergleich zu einem Signifikanztest der Hypothese $H_0: \beta_j = 0$ vermittelt das Konfidenzintervall mehr Informationen über einen Regressionskoeffizienten. Wenn die Irrtumswahrscheinlichkeit α mit dem Konfidenzniveau $1-\alpha$ konform ist, lässt sich das Ergebnis eines zweiseitigen Signifikanztests auch aus dem konkreten Konfidenzintervall erkennen. Ein Konfidenzintervall, das z.B. den Wert Null überdeckt, gibt an, dass der Regressionskoeffizient nicht signifikant, d.h. nicht gegen Null gesichert, ist. Sofern das Konfidenzintervall den Wert Null nicht überdeckt, führt der Signifikanztest zu einer Ablehnung der Nullhypothese, die $\beta_j = 0$ unterstellt. Im Unterschied zu Signifikanztests werden Konfidenzintervalle immer dort verwendet, wo konkrete Wahrscheinlichkeitsbereiche für die unbekannten Regressionskoeffizienten gefragt sind.

2.2.5 Varianzanalyse und Signifikanz des Gesamtzusammenhangs

Der Determinationskoeffizient ist ein Maß für die Güte der Anpassung, das hauptsächlich deskriptiv interpretiert wird. Jedoch sind die hierin eingehenden Quadratsummen Zufallsvariablen, die eine varianzanalytische Prüfung zulassen. Bei einer Varianzanalyse (Analysis of Variance = ANOVA) eines ökonometrischen Modells wird die Summe der quadrierten Abweichungen der Werte der endogenen Variablen y von ihrem Mittel $\bar{y}$ in die durch die Regression "erklärte" Quadratsumme und die Abweichungsquadratsumme der Residuen aufgeteilt. In einer ANOVA-Tabelle, die die Grundlage eines Signifikanztests über den Gesamtzusammenhang ist, werden zusätzlich die Freiheitsgrade und die mittleren quadratischen Abweichungen ausgewiesen.

Übersicht 2.2 1: ANOVA-Tabelle für eine Regressionsanalyse

Quelle der Streuung	Summe der Abweichungsquadrate	Freiheitsgrade	Mittlere Abweichungsquadratsumme
Regression (erklärt)	$\sum(\hat{y}_t - \bar{y})^2 = \hat{\mathbf{y}}'\hat{\mathbf{y}} - n\bar{y}^2 = \hat{\boldsymbol{\beta}}'\mathbf{X}'\mathbf{y} - n\bar{y}^2$	k-1	$(\hat{\boldsymbol{\beta}}'\mathbf{X}'\mathbf{y} - n\bar{y}^2)/(k-1)$
Residuen (unerklärt)	$\sum \hat{u}_t^2 = \hat{\mathbf{u}}'\hat{\mathbf{u}}$	n-k	$\hat{\mathbf{u}}'\hat{\mathbf{u}}/(n-k)$
gesamt	$\sum(y_t - \bar{y})^2 = \mathbf{y}'\mathbf{y} - n\bar{y}^2$	n-1	

Wenn kein systematischer Zusammenhang zwischen der endogenen Variablen y und den Regressoren (ohne Scheinvariable) $x_2, x_3, \dots, x_k$ besteht, müssen die "wahren" Regressionskoeffizienten für diese Variablen gleich Null sein. Die Nullhypothese für einen Test des Gesamtzusammenhangs ist somit durch

(2.2.27) $$H_0\colon \beta_2 = \beta_3 = \dots = \beta_k = 0$$

gegeben. Unter der Nullhypothese ist die Prüfgröße aus (2.1.46),

(2.2.28) $$F = \frac{(\hat{\boldsymbol{\beta}}'\mathbf{X}'\mathbf{y} - n\bar{y}^2)/(k-1)}{\hat{\mathbf{u}}'\hat{\mathbf{u}}/(n-k)},$$

des Signifikanztests F-verteilt mit k-1 und n-k Freiheitsgraden [35]. Sie besteht aus dem Verhältnis der durch die Regression "erklärten" Streuung zur Residualstreuung, wobei die Streuungsmaße in Form der mittleren Abweichungsquadratsummen unter Berücksichtigung der Freiheitsgrade gebildet worden sind. Damit die Nullhypothese abgelehnt werden kann, d.h. der Gesamtzusammenhang als statistisch gesichert angesehen werden kann, muss die durch die Regression "erklärte" Streuung groß sein im Vergleich zur Residualstreuung. Genauer wird die Nullhypothese auf dem Signifikanzniveau α verworfen, wenn die Prüfgröße F das (1-α)-Quantil $F_{k-1;n-k;1-\alpha}$ der F-Verteilung mit k-1 und n-k Freiheitsgraden übersteigt:

$$F > F_{k-1;n-k;1-\alpha} \rightarrow H_0 \text{ ablehnen.}$$

---

35 Bei Normalverteilung der Störgröße u sind die Quadratsummen $\hat{\mathbf{y}}'\hat{\mathbf{y}} - n\bar{y}^2$ und $\hat{\mathbf{u}}'\hat{\mathbf{u}}$ unabhängig χ^2-verteilt mit k-1 bzw. n-k Freiheitsgraden. Das Verhältnis zweier χ^2-verteilter Größen ist F-verteilt mit der entsprechenden Anzahl von Freiheitsgraden. Vgl. Mood et al. (1974), S. 247.

In diesem Fall können bei einer Irrtumswahrscheinlichkeit α nicht mehr alle Regressoren als irrelevant angesehen werden. Der F-Test, der in Abbildung 2.2. 2 für ein Signifikanzniveau von α=0,05 wiedergegeben wird, ist demzufolge stets ein einseitiger Test.

Abbildung 2.2. 2: Annahme- und Ablehnungsbereich des F-Tests

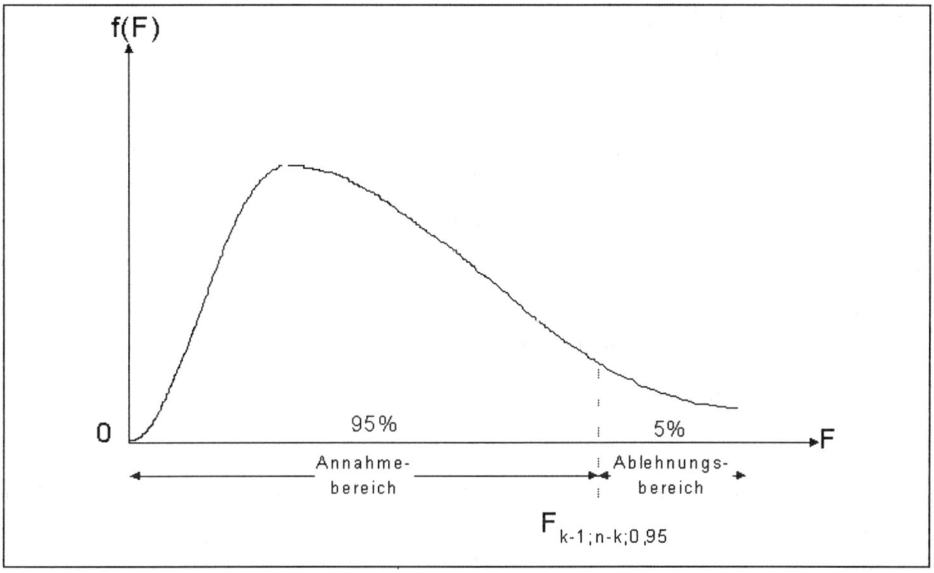

Sofern der Determinationskoeffizient bekannt ist, lässt sich die Prüfgröße gleichwertig in der Form

$$(2.2.29) \qquad F = \frac{R^2/(k-1)}{(1-R^2)/(n-k)}$$

berechnen. Gleichung (2.2.29) ergibt sich unmittelbar durch Erweitern von (2.2.28) um den Faktor $1/(\mathbf{y}'\mathbf{y} - n\bar{y}^2)$, wie aus der Definition des Bestimmtheitsmaßes hervorgeht.

Beispiel 2.2. 6: Bei der ökonometrischen Analyse der gesamtwirtschaftlichen Konsumfunktion für die Bundesrepublik Deutschland im Stützzeitraum von 1974 bis 1992 ergibt sich folgende ANOVA-Tabelle:

Quelle der Streuung	Summe der Abweichungsquadrate	Freiheits-grade	Mittlere Abweichungs-quadratsumme
Regression (erklärt)	289082,3	1	289082,3
Residuen (unerklärt)	9276,3	17	545,7
gesamt	293119,4	18	

Aus ihr lässt sich die Prüfgröße gemäß (2.2.28) berechnen:

$$F = \frac{289082{,}3}{545{,}7} = 529{,}7\ .$$

Bei einem Signifikanztest auf dem 5 %-Signifikanzniveau ist dieser Wert mit dem 0,95-Quantil $F_{1;17;0,95}$=4,45 und auf dem 1 %-Signifikanzniveau mit dem 0,99-Quantil $F_{1;17,0,99}$=8,40 zu vergleichen. In beiden Fällen übersteigt der empirische F-Wert den kritischen Wert, so dass der durch die Konsumfunktion postulierte Zusammenhang statistisch gesichert ist. Alternativ hat man die Prüfgröße unter Verwendung des Determinationskoeffizienten R^2=0,969 bestimmen können:

$$F = \frac{0{,}969/1}{(1-0{,}969)/17} = 531{,}4\ .$$

Die beiden Formeln (2.2.28) und (2.2.29) führen bis auf Rundungsungenauigkeiten zum selben Ergebnis. ♦

Man beachte, dass der F-Test Auskunft darüber gibt, ob der in einer Regressionsgleichung spezifizierte Zusammenhang zwischen den exogenen Variablen und der endogenen Variablen überhaupt statistisch gesichert ist. Der Erklärungsgehalt braucht bei einer Signifikanz des Tests keinesfalls besonders hoch zu sein. Die Forderung eines großen Wertes des Determinationskoeffizienten im deskriptiven Sinne stellt oft höhere Anforderungen an ein ökonometrisches Modell. Insbesondere bei neueren Entwicklungen in der ökonomischen Theorie, z.B. in der Finanzmarkttheorie und in der empirischen Kapitalmarktforschung, kommt jedoch dem Auffinden überhaupt statistisch gesicherter Beziehungen durchaus ein hoher Stellenwert zu.

Beispiel 2.2. 7: Bei einem Kapitalmarktmodell mit drei exogenen Variablen (einschl. der Scheinvariablen) beträgt der Determinationskoeffizient 0,303. Das Regressionsmodell ist aus 16 verbundenen Beobachtungen geschätzt worden. Es stellt sich nun die Frage, ob die exogenen Variablen insgesamt einen Einfluss auf die endogene Variable besitzen oder aber substantiell bedeutungslos sind.

Aufschluss hierüber kann ein F-Test auf Signifikanz des Determinationskoeffizienten vermitteln. Bei einem Signifikanzniveau von 5 % ist die Prüfgröße

$$F = \frac{R^2/(k-1)}{(1-R^2)/(n-k)} = \frac{0{,}303/(3-1)}{(1-0{,}303)/(16-3)} = 2{,}826$$

mit dem 0,95-Quantil $F_{0,95;3;15}$ der F-Verteilung mit 3 und 16 Freiheitsgraden zu vergleichen. Wegen

$$F = 2{,}826 < F_{0,95;3;15} = 3{,}287$$

kann die Nullhypothese (2.2.27) nicht verworfen werden, d.h. der Einfluss der exogenen Variablen auf die endogene Variable des Kapitalmarktmodells ist nicht statistisch gesichert. ♦

Aufgaben:

2.2.1 Erläutern Sie die Ratio der Maximum-Likelihood-Methode!

2.2.2 Bestimmen Sie den Maximum-Likelihood-Schätzer für den Parameter λ der Zufallsvariable X, die die Wahrscheinlichkeitsfunktion

$$f(x|\lambda) = (\lambda^x/x!) \cdot e^{-\lambda}$$

(Poissonverteilung) besitzt!

2.2.3 Testen Sie die OLS-Schätzer $\hat{\beta}_1$ und $\hat{\beta}_2$ des Energiemodells I (s. Aufgabe 2.1.4) auf Signifikanz (α=0,05) und ermitteln Sie die zu einem Konfidenzniveau von 95% zugehörigen Konfidenzintervalle!

2.2.4 Wie groß ist der Standardfehler der Regression von GASV auf VEINKR (Energiemodell I, s. Aufgabe 2.1.4)?

2.2.5 Geben Sie für das Energiemodell I (s. Aufgabe 2.1.4) die beiden Residuen für das erste und letzte Jahr des Stützbereichs an! Welche Aussage über die Güte der Anpassung an den Rändern lässt sich aus ihnen gewinnen?

2.2.6 Interpretieren Sie die im Aufgabe 2.1.5 für das Energiemodell II durchgeführte Modellschätzung unter Berücksichtigung der Informationen über die Varianzen $s^2(\hat{\beta}_2) = 6{,}071$ und $s^2(\hat{\beta}_3) = 27{,}082$ der Regressionskoeffizienten $\hat{\beta}_2$ und $\hat{\beta}_3$!

2.2.7 Zeigen Sie für das Energiemodell II (s. Aufgabe 2.1.5) die Streuungszerlegung in Form einer ANOVA-Tabelle auf! Testen Sie die Nullhypothese $H_0{:}\beta_2 = \beta_3 = 0$ und interpretieren Sie das Testergebnis (α=0,01)!

2.3 Multikollinearität

2.3.1 Begriff der Multikollinearität

Ökonomische Daten, die für die exogenen Variablen in einem Regressionsmodell verwendet werden, können nicht in einer für die ökonometrische Analyse adäquaten Form ausgewählt werden. Im Gegensatz zu den Naturwissenschaften, in denen der Experimentator die Werte der unabhängigen Variablen fixieren und ihren Einfluss auf die abhängige Variable studieren kann, müssen in den Wirtschaftswissenschaften in der Regel die unabhängigen und abhängigen Variablen beobachtet werden. Dadurch wird eine Messung des isolierten Einflusses einer Einflussgröße auf die zu erklärende Variable erschwert, da die exogenen Variablen häufig miteinander korreliert sind. In diesem Fall kann der Einfluss einer exogenen Variablen zumindest zum Teil durch einen anderen Regressor mit erfasst werden. Der Regressionskoeffizient dieser Variablen wird in einer multiplen Regression mit beiden Regressoren dann aber geringer sein als in einer einfachen Regression mit ersterer Einflussgröße. Tatsächlich wird der Gesamteinfluss der beiden korrelierten Regressoren bei einer Schätzung mit der gewöhnlichen Methode der kleinsten Quadrate korrekt erfasst. Die Zurechenbarkeit des Gesamteinflusses der beiden exogenen Variablen auf die endogene Variable wird jedoch verwischt.

Multikollinearität bedeutet nun eine gewisse Form der Abhängigkeit zwischen den exogenen Variablen. Eine exakte lineare Abhängigkeit zwischen den Regressoren würde dazu führen, dass der Rang der Beobachtungsmatrix **X** kleiner als k wird, so dass die Annahme (2.1.16) verletzt ist. In diesem Extremfall würde der OLS-Schätzer $\hat{\boldsymbol{\beta}}$ nicht mehr bestimmbar sein. Angenommen, das ökonometrische Modell lautet

(2.3.1) $$y_t = \beta_1 x_{1t} + \beta_2 x_{2t} + \beta_3 x_{3t} + u_t$$

mit der Scheinvariablen $x_{1t}=1$ und den beiden Einflussgrößen x_2 und x_3. Wenn nun die beiden Regressoren x_2 und x_3 exakt linear miteinander verknüpft sind,

(2.3.2) $$x_{3t} = \gamma x_{2t}\ ,$$

dann sind die Koeffizienten β_1, β_2 und β_3 nicht mehr eindeutig bestimmbar, da die Inverse der Produktionsmatrix **X'X** nicht existiert. Da jedoch ein perfekter Zusammenhang zwischen x_2 und x_3 vorliegt, d.h. der Korrelationskoeffizient r_{23} gleich Eins ist, reicht es aus, eine der beiden exogenen Variablen zur Erklärung von y heranzuziehen. Substituiert man (2.3.2) in (2.3.1), so erhält man die neue Regressionsgleichung

(2.3.3) $$y_t = \beta_1 x_{1t} + (\beta_2 + \gamma\beta_3)x_{2t} + u_t \ ,$$

die nun ohne weiteres mit der OLS-Methode geschätzt werden kann. Dabei kann jedoch nur der Gesamteinfluß $\beta_2 + \gamma\beta_3$ der beiden Einflußgrößen x_2 und x_3 ermittelt werden. Er kann nicht in die Einzeleinflüsse β_2 und β_3 separiert werden, so dass man diese beiden Parameter als nicht identifizierbar bezeichnet. Schätztechnisch bedeutet dies, dass an Stelle einer Regressionsebene nur eine Regressionsgerade im dreidimensionalen Raum bestimmt werden kann. Wenn zwischen den beiden Regressoren x_2 und x_3 anstelle von (2.3.2) eine lineare Abhängigkeit der Form

(2.3.4) $$x_{3t} = \delta + \gamma \cdot x_{2t}$$

bestehen würde, dann würde die schätzbare Regressionsgleichung

(2.3.5) $$y_t = (\beta_1 + \delta\beta_3)x_{1t} + (\beta_2 + \gamma\beta_3)x_{2t} + u_t$$

lauten. In diesem Fall wäre auch der Achsenabschnitt β_1 nicht mehr identifizierbar.

Exakte lineare Abhängigkeiten zwischen den Regressoren können sich bei ökonometrischen Modellen z.B. aufgrund einer definitorischen Beziehung ergeben. Wenn man in einem Regressionsmodell z.B. als exogene Variablen das Gesamteinkommen Y, das Lohn- und Gehaltseinkommen L, die Gewinne G und das Transfereinkommen Tr verwendet, dann liegt aufgrund der Definitionsgleichung

$$Y_t = L_t + G_t + Tr_t$$

(exakte) Multikollinearität vor. Allerdings ist ein derartiges ökonometrisches Modell auch als fehlspezifiziert anzusehen, da das Einkommen praktisch doppelt verwendet wird, um die endogene Variable zu erklären. Ebenso kann eine fehlerhafte Definition von Dummy-Variablen z.B. zur Erfassung der Saisonkomponente Multikollinearität hervorrufen, wenn einige Spalten der Beobachtungsmatrix **X** dadurch linear voneinander abhängig werden, was später ausführlicher diskutiert wird. In diesen Fällen ist die Produktmatrix **X'X** nicht invertierbar, so dass der OLS-Schätzer $\hat{\boldsymbol{\beta}}$ nicht existiert. Diese Form der Multikollinearität ist jedoch fast immer durch eine sorgfältige Modellierung vermeidbar.

Denn exakte lineare Abhängigkeiten zwischen ökonomischen Variablen können ansonsten in der ökonometrischen Praxis vernachlässigt werden. Ökonomische Variablen sind häufig durchaus hoch, jedoch nicht perfekt miteinander korreliert. Der OLS-Schätzer $\hat{\boldsymbol{\beta}}$ ist dann zwar berechenbar, doch das Zurechenbarkeitsproblem verursacht Probleme bei der Interpretation einer ökonometrischen Analyse. Das Schätzproblem lässt sich graphisch für den Fall des Regressionsmodells (2.3.1) veranschaulichen, wenn man eine hohe Korrelation zwischen den beiden Regressoren x_2 und x_3 unterstellt. Anstatt der exakten linearen Abhängigkeit (2.3.4) liegt zwischen ihnen dann eine stochastische lineare Abhängigkeit der Form

(2.3.6) $$x_{3t} = \delta + \gamma \cdot x_{2t} + v_t$$

vor, wobei v eine Störgröße bezeichnet. Die Projektionen der Beobachtungen (y_t, x_{2t}, x_{3t}) gruppieren sich in der x_2, x_3-Ebene eng um die Gerade

(2.3.7) $$x_{3t} = \delta + \gamma \cdot x_{2t} \ .$$

Abbildung 2.3. 1: Annahme- und Ablehnungsbereich des F-Tests

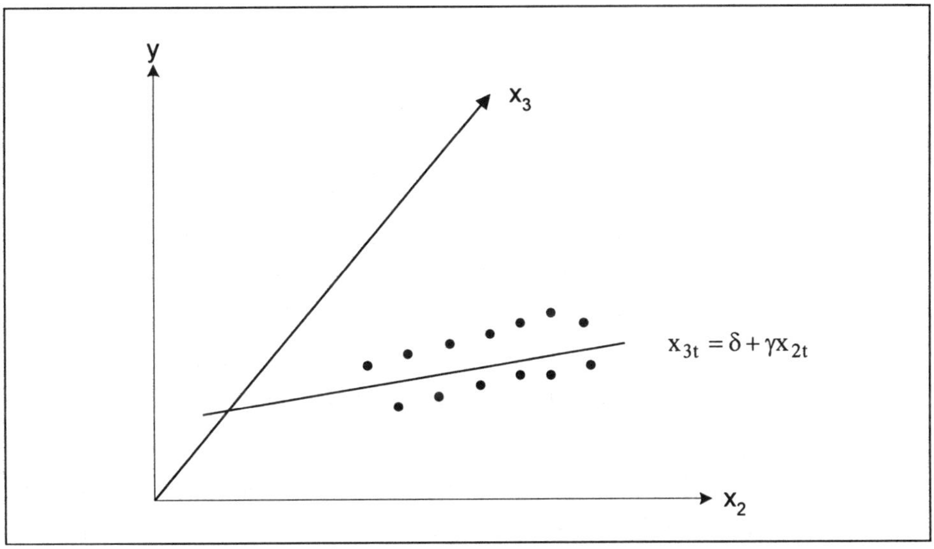

Dadurch wird die Schätzung der Regressionsebene in dem von den Variablen y, x_2 und x_3 aufgespannten Raum unsicher. Denn mit zunehmender Nähe der Projektionen der Beobachtungswerte zur Geraden (2.3.7) geht die Regressionsebene, die sich der dreidimensionalen Punktewolke optimal anpasst, immer mehr in eine Regressionsgerade im dreidimensionalen Raum über. Wenn alle projizierten Beobachtungen auf der

Geraden (2.3.7) liegen, ist die Lage der Regressionsebene vollkommen unbestimmt. In diesem Fall der exakten Multikollinearität existiert statt einer Regressionsebene E_i nur noch die Regressionsgerade G. Je mehr die projizierten Beobachtungen dagegen in der x_2, x_3-Ebene streuen, um so breiter ist die Basis zur Bestimmung einer Regressionsebene im dreidimensionalen Raum. Bei einer breiten Streuung der x_2- und x_3-Werte besteht aber eine Tendenz zur Unabhängigkeit beider Variablen.

Damit ist graphisch aufgezeigt, dass die Multikollinearität ein Problem ist, das bei linearen Abhängigkeiten zwischen den exogenen Variablen auftritt. Es handelt sich somit nicht um ein Problem bei der Spezifikation eines ökonometrischen Modells, sondern um ein Datenproblem. Wenn in zwei oder mehreren exogenen Variablen z.B. ein Trend wirksam ist, muss mit Multikollinearität gerechnet werden. Da viele ökonomische Variablen trendbehaftet sind, ist Multikollinearität bei einer multiplen Regression häufig vorzufinden. Um mit diesem Problem besser vertraut zu werden, befassen wir uns zunächst einmal mit den unmittelbaren Auswirkungen der Multikollinearität bei der Schätzung von ökonometrischen Modellen.

2.3.2 Auswirkungen der Multikollinearität

Bei Multikollinearität, die aus statistischen Abhängigkeiten zwischen den exogenen Variablen resultiert, lässt sich der OLS-Schätzer $\hat{\boldsymbol{\beta}}$ weiterhin berechnen. Jedoch liegt die Determinante $|\mathbf{X'X}|$, die zur Bestimmung der Inversen $(\mathbf{X'X})^{-1}$ benötigt wird, dann nahe bei Null, so dass starke Rundungsfehler dadurch auftreten können, dass die Produktmatrix **X'X** fast singulär ist. Als Folge könnten sich die geschätzten Regressionskoeffizienten schon bei geringfügigen Veränderungen der Datenbasis beträchtlich verändern.

Dass die Regressionskoeffizienten $\hat{\beta}_j$ bei Multikollinearität unsicherer werden, lässt sich aus der Kovarianzmatrix des OLS-Schätzers $\hat{\boldsymbol{\beta}}$ entnehmen, die entscheidend durch die Inverse $(\mathbf{X'X})^{-1}$ determiniert ist. Wir wollen dies an Hand des Regressionsmodells (2.3.1) aufzeigen, das wir der Einfachheit halber für die Abweichungen der Beobachtungswerte von ihren Mittelwerten formulieren:

(2.3.8) $\quad \tilde{y}_t = \beta_2 \tilde{x}_{2t} + \beta_3 \tilde{x}_{3t} + u_t$

mit

$$\tilde{y}_t = y_t - \bar{y}, \tilde{x}_{2t} = x_{2t} - \bar{x}_2 \text{ und } \tilde{x}_{3t} = x_{3t} - \bar{x}_3 \ .$$

Vorteilhaft ist hier, dass das absolute Glied β_1, das für die Multikollinearität ohne Bedeutung ist, entfällt, so dass sich mit der n×2 Beobachtungsmatrix

$$\tilde{\mathbf{X}} = \begin{bmatrix} \tilde{x}_{21} & \tilde{x}_{31} \\ x_{22} & x_{32} \\ \vdots & \vdots \\ \tilde{x}_{2n} & \tilde{x}_{3n} \end{bmatrix}$$

die 2×2 Produktmatrix

$$\tilde{\mathbf{X}}'\tilde{\mathbf{X}} = \begin{bmatrix} \sum \tilde{x}_{2t}^2 & \sum \tilde{x}_{2t}\tilde{x}_{3t} \\ \sum \tilde{x}_{2t}\tilde{x}_{3t} & \sum \tilde{x}_{3t}^2 \end{bmatrix}$$

ergibt, die leicht zu invertieren ist. Unter Verwendung der Determinante

$$\left|\tilde{\mathbf{X}}'\tilde{\mathbf{X}}\right| = \sum \tilde{x}_{2t}^2 \sum \tilde{x}_{3t}^2 - \left(\sum \tilde{x}_{2t}\tilde{x}_{3t}\right)^2$$

und der adjungierten Matrix

$$\left(\tilde{\mathbf{X}}'\tilde{\mathbf{X}}\right)^{adj} = \begin{bmatrix} \sum \tilde{x}_{3t}^2 & -\sum \tilde{x}_{2t}\tilde{x}_{3t} \\ -\sum \tilde{x}_{2t}\tilde{x}_{3t} & \sum \tilde{x}_{2t}^2 \end{bmatrix}$$

erhält man für den OLS-Schätzer

$$\hat{\boldsymbol{\beta}} = \left(\tilde{\mathbf{X}}'\tilde{\mathbf{X}}\right)^{-1}\tilde{\mathbf{X}}\tilde{\mathbf{y}} \quad \text{mit } \tilde{\mathbf{y}} = \left(\tilde{y}_1 \tilde{y}_2 \ldots \tilde{y}_n\right)$$

die Kovarianzmatrix

$$\text{(2.3.9)} \qquad \text{Var}\left(\hat{\boldsymbol{\beta}}\right) = \sigma^2\left(\tilde{\mathbf{X}}'\tilde{\mathbf{X}}\right)^{-1} = \frac{\sigma^2}{\sum \tilde{x}_{2t}^2 \sum \tilde{x}_{3t}^2 - \left(\sum \tilde{x}_{2t}\tilde{x}_{3t}\right)^2}\begin{bmatrix} \sum \tilde{x}_{3t}^2 & -\sum \tilde{x}_{2t}\tilde{x}_{3t} \\ -\sum \tilde{x}_{2t}\tilde{x}_{3t} & \sum \tilde{x}_{2t}^2 \end{bmatrix}.$$

Die Varianzen von $\hat{\beta}_2$ und $\hat{\beta}_3$ lauten folglich

$$\text{Var}\left(\hat{\beta}_2\right) = \frac{\sigma^2 \sum \tilde{x}_{3t}^2}{\sum \tilde{x}_{2t}^2 \sum \tilde{x}_{3t}^2 - \left(\sum \tilde{x}_{2t}\tilde{x}_{3t}\right)^2}$$

und

$$\mathrm{Var}(\hat{\beta}_3) = \frac{\sigma^2 \sum \tilde{x}_{2t}^2}{\sum \tilde{x}_{2t}^2 \sum \tilde{x}_{3t}^2 - \left(\sum \tilde{x}_{2t}\tilde{x}_{3t}\right)^2} .$$

Man erhält eine geeignete Interpretation der Multikollinearität, wenn man hierin den Korrelationskoeffizienten r_{23} zwischen x_2 und x_3 einführt, der durch

$$r_{23} = \frac{\sum \tilde{x}_{2t}\tilde{x}_{3t}}{\sqrt{\sum \tilde{x}_{2t}^2 \sum \tilde{x}_{3t}^2}}$$

definiert ist. Nach Quadrierung ergibt sich hieraus

$$\text{(2.3.10)} \qquad \left(\sum \tilde{x}_{2t}\tilde{x}_{3t}\right)^2 = r_{23}^2\left(\sum \tilde{x}_{2t}^2 \sum \tilde{x}_{3t}^2\right),$$

so dass die Varianzen von $\hat{\boldsymbol{\beta}}_2$ und $\hat{\boldsymbol{\beta}}_3$ in der Form

$$\text{(2.3.11)} \qquad \mathrm{Var}(\hat{\beta}_2) = \frac{\sigma^2 \sum \tilde{x}_{3t}^2}{\left(1 - r_{23}^2\right)\sum \tilde{x}_{2t}^2 \sum \tilde{x}_{3t}^2}$$

und

$$\text{(2.3.12)} \qquad \mathrm{Var}(\hat{\beta}_3) = \frac{\sigma^2 \sum \tilde{x}_{2t}^2}{\left(1 - r_{23}^2\right)\sum \tilde{x}_{2t}^2 \sum \tilde{x}_{3t}^2}$$

darstellbar sind. Bei multikollinearen Regressoren x_2 und x_3 geht r_{23} tendenziell gegen Eins, was die Nenner von (2.3.11) und (2.3.12) klein werden lässt. Multikollinearität führt mithin zu hohen Varianzen der geschätzten Regressionskoeffizienten, deren Ausprägungen umso unsicherer werden. Eine Signifikanz der Regressionskoeffizienten lässt sich daher schwieriger ermitteln. Der Gesamtzusammenhang kann statistisch gesichert sein, obwohl die einzelnen Regressionskoeffizienten insignifikant sind.

Aus der Kovarianzmatrix (2.3.9) lässt sich ebenso der Zusammenhang zwischen den beiden Schätzern $\hat{\beta}_2$ und $\hat{\beta}_3$ ausfindig machen. Unter Verwendung von (2.3.10) erhält man für die Kovarianz zwischen $\hat{\beta}_2$ und $\hat{\beta}_3$ den Ausdruck

$$\mathrm{Cov}(\hat{\beta}_2, \hat{\beta}_3) = \frac{-\sigma^2 \sum \tilde{x}_{2t}\tilde{x}_{3t}}{\left(1 - r_{23}^2\right)\sum \tilde{x}_{2t}^2 \sum \tilde{x}_{3t}^2} ,$$

der anzeigt, dass die Regressionskoeffizienten $\hat{\beta}_2$ und $\hat{\beta}_3$ bei Multikollinearität negativ korreliert sind. Dies ergibt sich daraus, dass das Kreuzprodukt $\sum \tilde{x}_{2t}\tilde{x}_{3t}$, das die Richtung des Zusammenhangs zwischen x_2 und x_3 angibt, bei Multikollinearität ein positives

Vorzeichen haben muss. Genauer lässt sich zeigen, dass die Korrelation zwischen $\hat{\beta}_2$ und $\hat{\beta}_3$ bei umgekehrten Vorzeichen absolut so hoch ist wie die Korrelation zwischen x_2 und x_3:

$$r_{\hat{\beta}_2,\hat{\beta}_3} = -r_{23} \ .$$

Das bedeutet, dass eine Überschätzung von $\hat{\beta}_2$ mit einer Unterschätzung von $\hat{\beta}_3$ einhergeht und umgekehrt. Hieran wird noch einmal die Schwierigkeit einer Separierung des Gesamteinflusses der beiden exogenen Variablen x_2 und x_3 verdeutlicht.

Was hier beispielhaft anhand zweier exogener Variablen aufgezeigt worden ist, gilt im Prinzip auch bei mehr als zwei Einflußgrößen. Damit kann das Problem der Multikollinearität allgemein gravierende Auswirkungen bei einer ökonometrischen Analyse haben. Eine Einschätzung des Einflusses einer bestimmten exogenen Variablen wird mit zunehmender Ausgeprägtheit der Multikollinearität immer unsicherer. Dies ist insbesondere unbefriedigend, wenn der empirische Gehalt einer ökonomischen Hypothese oder die Wirkungen wirtschaftspolitischer Maßnahmen untersucht werden sollen. Weniger gravierend ist das Multikollinearitätsproblem dagegen bei einer Wirtschaftsprognose, wenn die Beziehungen zwischen den exogenen Größen im Prognosezeitraum weitgehend erhalten bleibt.

2.3.3 Aufdeckung von Multikollinearität

Zur Aufdeckung von Multikollinearität gibt es verschiedene Techniken, die von einer einfachen Korrelationsanalyse der exogenen Variablen bis hin zu einer Hauptkomponentenanalyse (principal components) reichen [36]. Wir beschränken uns hier auf die Darstellung einiger einfacherer Techniken, da letzteres Verfahren Kenntnisse der multivariaten Statistik voraussetzt. Wie die Hauptkomponentenanalyse zur Aufdeckung der Anwesenheit und Form von Multikollinearität eingesetzt werden kann, wird in fortgeschrittenen ökonometrischen Lehrbüchern aufgezeigt [37].

---

36 Ein Verfahren zur Aufdeckung von Multikollinearität ist erstmals in Form einer "Büschelkartenanalyse" (confluence analysis) von Frisch (1934) entwickelt worden, das jedoch recht aufwendig und von subjektiven Urteilen abhängig ist. Vgl. hierzu Menges (1961), S. 146-154.

37 S. z.B. Fomby, Hill und Johnson (1988), S. 293-296.

Wenn ein Regressionsmodell zwei Regressoren (außer der Scheinvariablen) x_2 und x_3 enthält, reicht eine **einfache Korrelationsanalyse** aus. Multikollinearität wird dann durch einen hohen Korrelationskoeffizienten r_{23} angezeigt. Als Faustregel kann hierbei ein Korrelationskoeffizient von 0,8 und größer gelten. Nun könnte man bei mehr als zwei exogenen Variablen entsprechend alle paarweisen Korrelationskoeffizienten $r_{23}, r_{24},..., r_{k-1,k}$ zur Beurteilung der Multikollinearität heranziehen. Mit dieser Methode lassen sich jedoch nur paarweise Abhängigkeiten aufdecken, nicht jedoch wechselseitige Beziehungen bei Beteiligung mehrerer Einflußgrößen. So könnte sich z.B. im Falle von drei exogenen Variablen durchaus Multikollinearität aus einer wechselseitigen Abhängigkeit aller drei Regressoren ergeben, obwohl die paarweisen Korrelationskoeffizienten niedrig sind. Außerdem lässt sich allgemein durch eine einfache Korrelationsanalyse nicht die Auswirkung der Multikollinearität auf die Genauigkeit der Regressionskoeffizient einschätzen.

Die **einfache Korrelationsanalyse** wird **erweitert**, wenn man bei der Beurteilung der Multikollinearität den multiplen Korrelationskoeffizienten $R_{yx_{2,...,k}}$ mit einbezieht. Nach Klein[38] wird die Multikollinearität zu einem Problem, wenn die Korrelation r_{ij} zwischen zwei Regressoren x_i und x_j, $i \neq j$, den multiplen Korrelationskoeffizienten $R_{yx_{2,...,k}}$ übersteigt:

$$r_{ij} > R_{yx_{2,...,k}}, \quad i,j = 2,3,\ldots k, \quad i \neq j\ .$$

Die Einschränkungen, die gegenüber der einfachen Korrelationsanalyse gemacht worden sind, werden dadurch jedoch nicht aufgehoben. Allein die Beurteilung der kritischen Grenze der Korrelationskoeffizienten, von der ab die Multikollinearität als wirksam angesehen wird, ist bei diesem Verfahren objektiviert worden.

Als Diagnosemaß zur Entdeckung von Multikollinearität wird gelegentlich die **Determinante der Korrelationsmatrix R** der exogenen Variablen verwendet. Die Korrelationsmatrix **R** ist regulär, wenn die Datenmatrix **X** vollen Rang hat. Ansonsten wird **R** singulär, so dass ihre Determinante gleich Null ist. Wenn exogene Variablen nun stark korreliert sind, besteht zwischen zwei oder mehreren Spalten von **X** näherungsweise eine lineare Beziehung, was zur Folge hat, dass die Korrelationsmatrix **R** fast singulär wird. Bei Multikollinearität wird die Determinante von **R** mithin einen Wert nahe bei Null annehmen:

---

[38] Klein (1969), S. 101.

(2.3.13) $|\mathbf{R}| \approx 0$.

Die Beurteilung wird jedoch dadurch erschwert, dass es keinen objektiven kritischen Wert für $|\mathbf{R}|$ gibt, von dem ab die Multikollinearität als gravierend eingeschätzt werden kann. Darüber hinaus ist zu beachten, dass es sich hierbei um ein globales Maß handelt, das keinerlei Einsicht über die Art der Multikollinearität vermittelt. Insofern hat dieses Diagnosemaß hauptsächlich eine Funktion als "overall"-Kriterium, das als Ausgangspunkt einer detaillierteren Analyse der Multikollinearität dienen kann.

Das **Verfahren der Hilfsregressionen** vermittelt bessere Einsichten in die Art der Multikollinearität, was jedoch durch einen größeren Aufwand erkauft werden muss (vgl. hierzu Farrar und Glauber [39]. Es besteht darin, dass für jede der k-1 (echten) exogenen Variablen eine Regression auf die verbleibenden k-2 Regressoren durchgeführt wird:

$$\begin{array}{lllllll} \hat{x}_{2t} & = & \beta_1^2 x_{1t} & +\beta_3^2 x_{3t} & +\cdots & +\beta_k^2 x_{kt} \\ \hat{x}_{3t} & = & \beta_1^3 x_{1t} & +\beta_2^3 x_{2t} & +\cdots & +\beta_k^3 x_{kt} \\ \vdots & \vdots & \vdots & \vdots & \ddots & \vdots \\ \hat{x}_{kt} & = & \beta_1^k x_{1t} & +\beta_2^k x_{2t} & +\cdots & +\beta_{k-1}^k x_{k-1,t} \, . \end{array}$$

Für jede dieser Hilfsregressionen wird ein Bestimmtheitsmaß R_j^2 berechnet, bei dem der Index j angibt, dass x_j als abhängige Variable fungiert. Rein deskriptiv betrachtet weist ein hohes R_j^2 eine lineare statistische Abhängigkeit der Variablen x_j mit den übrigen Regressoren aus. Die Beziehungen zwischen den exogenen Variablen können jedoch zusätzlich mit einem F-Test überprüft werden, dessen Prüfgröße

(2.3.14) $$F_j = \frac{R_j^2/(k-2)}{(1-R_j^2)/(n-k+1)}, j = 2,3,\ldots,k \ ,$$

lautet. Gegenüber dem F-Test über den Gesamtzusammenhang eines ökonometrischen Modells sind die Größen R^2 durch R_j^2 und k durch k-1 ersetzt worden. Ein signifikanter linearer Zusammenhang zwischen x_j und den übrigen exogenen Variablen wird bei einem Signifikanzniveau α durch die Ungleichung

$$F_j > F_{k-2;n-k+1;1-\alpha}$$

angezeigt, bei der $F_{k-2;n-k+1;1-\alpha}$ das (1-α) Quantil der F-Verteilung mit k-2 und n-k+1 Freiheitsgraden ist. Die Hilfsregressionen können in gleicher Form für Teilmengen der

---

39 Farrar und Glauber (1967), S. 92–107.

exogenen Variablen durchgeführt werden, wozu entsprechende Modifikationen des Tests vorzunehmen sind.

Sofern sich bei den F-Tests keine Signifikanz der R_j^2 zeigt, wird die Hypothese einer linearen statistischen Unabhängigkeit der exogenen Variablen angenommen, was bedeutet, dass keine Multikollinearität vorliegt. Die Bestimmtheitsmaße R_j^2 nehmen dann durchweg niedrige Werte an. Wenn ein R_j^2 signifikant ist, wird damit zugleich eine Einsicht darüber vermittelt, durch welche Variablen die Multikollinearität hervorgerufen wird. Dies kann bei Maßnahmen zur Beseitigung der Multikollinearität von Bedeutung sein. Farrar und Glauber [40] beabsichtigen allgemein, durch diese Tests die Datenbasis einzugrenzen, durch die die Multikollinearität hervorgerufen wird. Jedoch ist zu beachten, dass es bei ökonomischen Variablen häufig zumindest einige signifikante F-Werte geben wird. Dann unterliegen die Hilfsregressionen jedoch selbst der Multikollinearität, wodurch es schwierig wird, die spezifischen Abhängigkeiten zwischen den exogenen Variablen herauszufiltern.

Bei einer deskriptiven Ausrichtung des Verfahrens der Hilfsregressionen kann man sich auf eine Betrachtung der Größenordnung der Bestimmtheitsmaße R_j^2 beschränken. Fehlende Multikollinearität wird dann durch durchweg niedrige Werte der Bestimmtheitsmaße angezeigt, was der empirische Forscher selbst zu beurteilen hat. Signifikanz des F-Tests ist dann als hoher Wert eines R_j^2 zu verstehen.

2.3.4 Überwindung von Multikollinearität

Wenn ein ökonometrisches Modell mit Multikollinearität behaftet ist, stellt sich für den empirischen Forscher die Frage, wie diesem Problem am besten Rechnung getragen werden kann. Während das Multikollinearitätsproblem für Prognosezwecke eventuell nicht berücksichtigt werden braucht, ist es bei anderen ökonometrischen Analysen häufig wünschenswert, es auszuschalten oder zumindest zu vermindern. Bei Querschnittsanalysen lässt sich das Problem unter Umständen dadurch lösen, dass die Datenbasis erweitert wird. Voraussetzung hierfür ist jedoch, dass die Beobachtungswerte der exogenen Variablen zusätzlich einbezogener statistischer Einheiten einen breiteren Streubereich aufweisen als das vorhandene Datenmaterial. Die Möglichkeit einer **Er-**

40 Farrar und Glauber (1967), S. 92ff.

weiterung der Datenbasis ist bei Zeitreihendaten dagegen häufig nicht gegeben. Zwar könnten möglicherweise zusätzliche Daten aus der weiter zurückliegenden Vergangenheit beschafft werden. Doch ist in diesem Fall die Gefahr eines Strukturbruchs zu berücksichtigen, der eine einheitliche Behandlung des Datenmaterials verhindert.

Wenn sich die Datenbasis nicht auf diese Weise erweitern lässt, könnte es jedoch möglich sein, **externe Informationen** in das ökonometrische Modell zu integrieren, die die Multikollinearität beseitigen könnten. Angenommen, es wird die Nachfrage nach einer Gütergruppe in Abhängigkeit von den Konsumausgaben und dem Preisniveau unter Verwendung von Zeitreihendaten ökonometrisch untersucht. Da die Konsumausgaben häufig mit dem Preisniveau korreliert sein werden, ist mit Multikollinearität zu rechnen. Wenn nun die Größenordnung des Einflusses der Konsumausgaben auf die Nachfrage der Gütergruppe z.B. aus einer Querschnittserhebung bekannt ist, stellt sich die Frage, inwieweit der Regressionskoeffizient dieser exogenen Variablen bei der Schätzung der Nachfragefunktion berücksichtigt werden kann. Falls sich dies als sinnvoll erweisen sollte, wäre die Multikollinearität beseitigt, da nur noch der Einfluss des Preisniveaus auf die Güternachfrage geschätzt zu werden bräuchte. Allerdings ist eine Verknüpfung von Querschnitts- und Zeitreihendaten nicht nur aufgrund des Aggregationsproblems problematisch. Denn möglicherweise wird ein langfristiger Reaktionskoeffizient benötigt, während der vorliegende Regressionskoeffizient eine kurzfristige Wirkung wiedergibt. Aus der ökonomischen Theorie selbst werden sich dagegen nur in Ausnahmefällen Aussagen über die Größenordnung eines Parameters ableiten lassen.

Im Regelfall wird man die Multikollinearität nicht durch eine Erweiterung der Datenbasis oder die Verwendung externer Informationen vermindern können. Man ist dann auf Bereinigungsverfahren angewiesen, die auf die vorhandene Datenbasis anzuwenden sind. Die Vorschläge reichen hier von einer Variablenunterdrückung bis hin zu einer Hauptkomponentenregression. Wir werden hier vor allem das Verfahren der Differenzenbildung und ein Bereinigungsverfahren von Frisch und Waugh [41] vorstellen. Die Hauptkomponentenregression (principal components regression) erfordert Kenntnisse der multivariaten Statistik, die hier nicht behandelt werden, so dass auf eine Diskussion dieses Verfahrens verzichtet wird. Sie ist z.B. in der "Advanced Econometrics Methods" von Fomby, Hill und Johnson [42] vorzufinden.

41 Frisch und Waugh (1933).

42 Fomby, Hill und Johnson (1988).

Das **Verfahren der Variablenunterdrückung** versucht, das Multikollinearitätsproblem dadurch zu lösen, indem eine oder mehrere hochkorrelierende Variablen aus dem Regressionsmodell ausgeschlossen werden. Wenn z.B. zwei Variablen hoch korreliert sind, erfasst eine der beiden Variablen zugleich den größten Teil des Einflusses der anderen Variablen, so dass der "Erklärungsgehalt" bei der Unterdrückung einer Variablen im großen und ganzen erhalten bleibt. Die Multikollinearität wird dadurch nicht nur vermindert, sondern sogar völlig ausgeschaltet. Gleichwohl geht damit ein unerwünschter Effekt einher. Wenn das ökonometrische Modell ursprünglich korrekt war, ist es nun fehlspezifiziert. Die unterdrückte exogene Variable ist in der Störvariablen enthalten, die nun mit dem verbleibenden Regressor korreliert ist. Der Erwartungswert der Störvariablen kann zudem nicht mehr unbedingt als Null angenommen werden, denn er kann ebenfalls einen systematischen Fehler enthalten. Die Optimalitätseigenschaften der OLS-Methode gehen dadurch verloren. Auf keinen Fall kann durch Variablenunterdrückung aber das Ziel einer Separierung des Einflusses der exogenen Variablen erreicht werden.

Beim **Verfahren der Differenzbildung** wird davon ausgegangen, dass die Multikollinearität in ökonometrischen Modellen durch einen Trend in den exogenen Variablen auftritt. Wenn man näherungsweise einen linearen Trend unterstellen kann, ist seine Ausschaltung durch eine einfach Differenzenbildung gegeben. Bei zwei exogenen Variablen (ohne Scheinvariable) lautet die Regressionsgleichung für die Periode t

$$y_t = \beta_1 + \beta_2 x_{2t} + \beta_3 x_{3t} + u_t \ .$$

Subtrahiert man hiervon die Regressionsgleichung für die Vorperiode t-1,

$$y_{t-1} = \beta_1 + \beta_2 x_{2,t-1} + \beta_3 x_{3,t-1} + u_{t-1} \ ,$$

so erhält man das Regressionsmodell

$$\text{(2.3.15)} \qquad \Delta y_t = \beta_2 \Delta x_{2t} + \beta_3 \Delta x_{3t} + \Delta u_t \ ,$$

wobei z.B. $\Delta y_t = y_t - y_{t-1}$ bedeutet. In dem Maße, wie es gelingt, den Trend aus den exogenen Variablen x_2 und x_3 auszuschalten, vermindert sich die Multikollinearität gegenüber dem ursprünglichen Modell mit den Niveauvariablen. Gleichung (2.3.15) bezeichnet man als homogenes Regressionsmodell, da die Scheinvariable x_1 eliminiert ist. Ein absolutes Glied würde nur dann erhalten bleiben, wenn eine exogene Variable in dem ursprünglichen Modell eine Trendvariable wäre. Dann würde die Einführung eines absoluten Gliedes in (2.3.15) bei einer ökonometrischen Schätzung den Trendeinfluss in dem ursprünglichen Regressionsmodell messen.

Allerdings ist das Verfahren der Differenzenbildung nicht unproblematisch. Zunächst einmal lässt sich eine Verminderung der Multikollinearität allein bei einem näherungsweisen linearen Trend in den exogenen Variablen theoretisch begründen. Darüber hinaus gibt es keine Gewähr, dass eine Ausschaltung der Multikollinearität durch dieses Verfahren die Unsicherheit der Parameterschätzung vermindert. Denn durch die Differenzenbildung wird der Streubereich der exogenen Variablen erheblich eingeschränkt, was zu einer Vergrößerung der Varianzen der geschätzten Regressionskoeffizienten führt. Dadurch kann es dazu kommen, dass sich der Einfluss einer exogenen Variablen auf die endogene Variablen als nicht signifikant erweist, obwohl sie tatsächlich vielleicht bedeutsam ist. Außerdem sind die Störvariablen Δu_t autokorreliert, wenn die Störvariablen u_t die klassischen Eigenschaften aus (2.1.7) erfüllen. Der OLS Schätzer hat dann nicht mehr die BLUE-Eigenschaft.

Aufgaben

2.3.1 Worin besteht das Problem der Multikollinearität?

2.3.2 Welche Interpretationsprobleme ergeben sich im Falle von Multikollinearität bei ökonometrischen Modellschätzungen?

2.3.3 Nennen Sie Verfahren zur Aufdeckung von Multikollinearität.

2.3.4 Welche Probleme bringen die Verfahren der Variablenunterdrückung und Differenzenbildung zur Überwindung von Multikollinearität mit sich?

2.3.5 Beurteilen Sie das Ausmaß der Multikollinearität anhand einer erweiterten einfachen Korrelationsanalyse und der Determinante der Korrelationsmatrix der exogenen Variablen für das Energiemodell III (Nachfrage nach Erdgas (GASV) in Abhängigkeit von den Preisen für Erdgas (GASPR) und Fernwärme (FERNWPR) sowie dem verfügbaren Einkommen (VEINKR), Daten s. Anhang AII)!

2.3.6 Führen Sie für das Energiemodell III (s. Aufgabe 2.3.5) das Verfahren zu Hilfsregressionen zur Aufdeckung von Multikollinearität durch!

2.4 Heteroskedastizität und Autokorrelation

2.4.1 Form und Auswirkungen der Modelldefekte

Nun werden mit der Heteroskedastizität und der Autokorrelation diejenigen Modelldefekte diskutiert, die sich beide auf die Varianz-Kovarianz-Matrix der Störterme beziehen. In den bisher verwendeten Regressionsmodellen wurde stets die Annahme

$$(2.4.1) \qquad E(\mathbf{uu}') = \sigma^2 \mathbf{I}$$

einer skalaren Varianz-Kovarianz-Matrix unterstellt, die bei einer näheren Betrachtung zwei unterschiedliche Implikationen beinhaltet: Erstens haben die Störterme eine konstante und endliche Varianz, d.h. sie sind homoskedastisch. Diese Hypothese ist jedoch insbesondere bei der Analyse von zeitabhängigen Daten nicht unproblematisch. Folgen etwa die exogenen Variablen einem aufsteigenden Trend, dann kann auch eine im Zeitablauf steigende Störgrößenvarianz vorliegen. Sofern allgemeiner zugelassen wird, dass sich die Varianzen der Störterme unterschiedlicher Beobachtungspunkte voneinander unterscheiden, spricht man von **Heteroskedastizität**. In diesem Fall ist die Varianz-Kovarianz-Matrix der Störterme durch

$$(2.4.2) \qquad E(\mathbf{uu}') = \begin{bmatrix} \sigma_1^2 & 0 & \cdots & 0 \\ 0 & \sigma_2^2 & \cdots & 0 \\ \vdots & \vdots & \ddots & \vdots \\ 0 & 0 & \cdots & \sigma_n^2 \end{bmatrix}$$

gegeben. Die Matrix $E(\mathbf{uu}')$ ist somit eine $n \times n$ Diagonalmatrix, deren Hauptdiagonalelemente σ_t^2 die Varianz des Störterms bezeichnet, der bei der t-ten Beobachtung auftritt. Bei Heteroskedastizität gilt allgemein $\sigma_t^2 \neq \sigma_s^2$ für $t \neq s$, so dass sich die Varianzen der Störterme unterschiedlicher Beobachtungen voneinander unterscheiden. Somit sind in der Varianz-Kovarianz-Matrix (2.4.2) n Parameter unbekannt. Zusammen mit den k Parametern im Vektor $\boldsymbol{\beta}$ der Regressionskoeffizienten wären daher in einem allgemeineren Modell insgesamt k+n Parameter zu schätzen, was bei n Beobachtungen jedoch an den fehlenden Freiheitsgraden der Schätzung scheitern muss.

Die zweite Implikation der Annahme einer skalaren Kovarianzmatrix (2.4.1) ist, dass sich Störterme unterschiedlicher Beobachtungen nicht beeinflussen, also unkorreliert sind. In den bisher diskutierten Regressionsmodellen wurde somit die Abwesenheit einer Autokorrelationsstruktur unterstellt. Diese Hypothese ist etwa bei konjunkturellen Daten kritisch, wenn durch den Regressionsansatz eine lineare Beziehung zwischen der endogenen und den exogenen Variablen unterstellt wird. Allgemein können sich autokorrelierte Störterme jedoch auch dann ergeben, wenn im zugrunde gelegten Regressionsmodell relevante Erklärungsvariablen nicht berücksichtigt werden, z.B. um dem Problem der Multikollinearität zu entgehen oder um die Anzahl der Freiheitsgrade bei der Schätzung nicht zu reduzieren. Sofern die Realisationen der ausgeschlossenen Variablen in der Beobachtungsperiode variieren, was speziell bei zeitabhängigen Daten nahezu stets der Fall sein dürfte, wird eine signifikante Korrelation der Störterme unterschiedlicher Zeiteinheiten hervorgerufen.

Bei autokorrelierten Störtermen ist die Varianz-Kovarianz-Matrix anstelle von (2.4.1) durch

$$(2.4.3)\qquad E(\mathbf{uu'}) = \begin{bmatrix} \sigma^2 & \sigma_{12} & \cdots & \sigma_{1n} \\ \sigma_{21} & \sigma^2 & \cdots & \sigma_{2n} \\ \vdots & \vdots & \ddots & \vdots \\ \sigma_{n1} & \sigma_{n2} & \cdots & \sigma^2 \end{bmatrix}$$

gegeben. In (2.4.3) wurde erneut die Annahme der Homoskedastizität vorausgesetzt, so dass die Diagonalelemente der Matrix identisch sind. Diese Vorgehensweise wird hier deshalb gewählt, um die beiden unabhängigen Modelldefekte separat analysieren zu können.

Das Nebendiagonalelement $\sigma_{ts} = E(u_t \cdot u_s), t \neq s, t, s = 1, 2, \ldots, n$, der Varianz-Kovarianz-Matrix (2.4.3) bezeichnet die Autokovarianz zwischen den Störtermen der t-ten und der s-ten Beobachtung. Die Autokovarianzen sind bei Vorliegen einer Autokorrelationsstruktur im allgemeinen verschieden. Jede der n Zeilen der Kovarianzmatrix enthält somit n-1 unterschiedliche Autokovarianzen. Da die Matrix außerdem symmetrisch ist $(\sigma_{ts} = \sigma_{st})$, sind zusätzlich zu den k+1 Parametern im multiplen Regressionsmodell (k Parameter im Vektor $\boldsymbol{\beta}$ sowie die Störvarianz σ^2) n(n-1)/2 Autokovarianzen σ_{ts} zu schätzen. Wie im Fall der Heteroskedastizität ist bei **Autokorrelation** eine Schätzung des allgemeineren Modells ohne weitere Annahmen aufgrund der fehlenden Freiheitsgrade nicht möglich.

Der übliche Ausweg aus dieser Situation besteht darin, die beiden Modelldefekte bei der Modellschätzung restringiert zu berücksichtigen, d.h. die Form der Autokorrelation und/oder Heteroskedastizität exogen vorzugeben, um so die Anzahl der unbekannten Parameter zu reduzieren. Dabei empfiehlt es sich, vorab statistische Tests auf Heteroskedastizität und Autokorrelation durchzuführen, um Hinweise auf die Art und Form des Modelldefektes zu erhalten. Abhängig von den Ergebnissen dieser Tests lässt sich dann die Varianz-Kovarianz-Matrix der Störterme spezifizieren, die in einem verallgemeinerten multiplen Regressionsmodell bei der Schätzung der Regressionskoeffizienten berücksichtigt wird.

Für den Fall der Heteroskedastizität soll hier einmal gezeigt werden, welche Auswirkungen dieser Modelleffekt auf die Schätzeigenschaften des Kleinst-Quadrate-Schätzers $\hat{\boldsymbol{\beta}}$ in unmodifizierter Form nach sich ziehen würde. Der Anschaulichkeit halber gehen wir hierzu vom einfachen Regressionsmodell

$$y_t = \beta_1 + \beta_2 x_t + u_t$$

aus und beschränken uns auf den OLS-Schätzer $\hat{\beta}_2$, der sich wegen (2.1.21) in der Form

$$\text{(2.4.4)} \qquad \hat{\beta}_2 = \frac{s_{xy}}{s_x^2} = \frac{\sum(x_t - \bar{x})(y_t - \bar{y})}{\sum(x_t - \bar{x})^2}$$

darstellen lässt. Gleichung (2.4.4) lässt sich unter Verwendung von (2.1.17) zu

$$\text{(2.4.5)} \qquad \hat{\beta}_2 = \frac{\sum(x_t - \bar{x})y_t}{\sum(x_t - \bar{x})^2} = \beta_2 + \frac{\sum(x_t - \bar{x})}{\sum(x_t - \bar{x})^2} \cdot u_t$$

vereinfachen, woraus für den Erwartungswert

$$E(\hat{\beta}_2) = E\left[\beta_2 + \frac{\sum(x_t - \bar{x})}{\sum(x_t - \bar{x})^2} \cdot u_t\right] = \beta_2 + \frac{\sum(x_t - \bar{x})}{\sum(x_t - \bar{x})^2} \cdot E(u_t)$$

und mit der Annahme (2.1.2), $E(u_t) = 0$,

$$E(\hat{\beta}_2) = \beta_2$$

folgt. Hierbei ist von der Eigenschaft vorgegebener fester x-Werte Gebrauch gemacht worden. Wie sich zeigt, ist der OLS-Schätzer für β_2 erwartungstreu unabhängig davon, ob die Störvariable u_t homoskedastisch oder heteroskedastisch ist.

Dies trifft jedoch für die Varianz von $\hat{\beta}_2$ nicht zu. Im Gegenteil kann die Verzerrung hier beträchtlich sein. Unter Verwendung von (2.4.5) erhält man

$$\mathrm{Var}\left(\hat{\beta}_2\right) = \mathrm{Var}\left[\beta_2 + \frac{\sum (x_t - \bar{x})}{\sum (x_t - \bar{x})^2} \cdot u_t\right] = \mathrm{Var}\left[\frac{\sum (x_t - \bar{x})}{\sum (x_t - \bar{x})^2} \cdot u_t\right],$$

da β_2 als additive Konstante mit einer Varianz von Null vernachlässigt werden kann. Während man bei einer homoskedastischen Störvariablen u_t den gesamten Bruch wegen $\mathrm{Var}(u_t) = \sigma^2$ herausziehen kann,

$$\text{(2.4.6)} \qquad \mathrm{Var}\left(\hat{\beta}_2\right) = \frac{\sum (x_t - \bar{x})^2}{\left[\sum (x_t - \bar{x})^2\right]^2} \cdot \mathrm{Var}(u_t) = \frac{1}{\sum (x_t - \bar{x})^2} \cdot \sigma^2$$

ist dies bei einer heteroskedastischen Störvariablen u_t wegen $\mathrm{Var}(u_t) = \sigma_t^2$ nicht möglich. Hierfür erhält man

$$\text{(2.4.7)} \qquad \mathrm{Var}\left(\hat{\beta}_2\right) = \frac{\sum (x_t - \bar{x})^2}{\left[\sum (x_t - \bar{x})^2\right]^2} \cdot \mathrm{Var}(u_t) = \frac{\sum (x_t - \bar{x})^2 \cdot \sigma_t^2}{\left[\sum (x_t - \bar{x})^2\right]^2},$$

was für $\sigma_t^2 \neq \sigma_s^2,\ t \neq s$, die Problematik der OLS-Schätzung bei Heteroskedastizität transparent werden lässt. Im Falle einer heteroskedastischen Störvariablen u_t ist die Varianz von $\hat{\beta}_2$ durch (2.4.7) gegeben. Gleichwohl wird im Falle einer OLS-Schätzung (2.4.6) zur Bestimmung eines Varianzschätzers für $\hat{\beta}_2$ herangezogen. Sofern jedoch $\sigma_t^2 \neq \sigma_s^2$ für $t \neq s$ gilt, differieren die in (2.4.6) und (2.4.7) wiedergegebenen Varianzen voneinander, so dass auf der Basis von (2.4.6) ein verzerrter Varianzschätzer für $\hat{\beta}_2$ resultiert. Damit ist aber zugleich auch die t-Statistik als Prüfgröße des Signifikanztests für $\hat{\beta}_2$ verzerrt. Die Anwendung des t-Tests in der üblichen Form vermittelt daher nicht mehr notwendig zuverlässige Aussagen über die Signifikanz einer Einflussgröße.

2.4.2 Tests auf Heteroskedastizität

2.4.2.1 Goldfeld-Quandt-Test

Mit dem Goldfeld-Quandt-Test [43] stellen wir hier ein eher traditionelles Verfahren zur Überprüfung der Nullhypothese homoskedastischer Störterme vor, das sich jedoch in der Praxis großer Beliebtheit erfreut. Für die Störgrößen gelten die bereits diskutierten Annahmen,

(2.4.8) $E(u_t) = 0, \quad t = 1,\ldots,n$

(2.4.9) $E(u_t u_s) = 0, \quad t \neq s, \quad t = 1,\ldots,n$

d.h., die Störterme haben einen Erwartungswert von 0 und sind nicht miteinander korreliert. Um später die Verteilung der Prüfgröße unter der Nullhypothese ableiten zu können, wird ferner von normalverteilten Störtermen ausgegangen.

Die Grundidee des Tests besteht darin, dass sich die Varianz der Störterme von den Regressoren abhängig entwickelt. Genauer wird angenommen, dass die j-te exogene Variable, $j = 2,\ldots,k$, die Störtermvarianz derart beeinflusst, dass bei steigenden Werten dieser Variablen auch die Varianz der Störterme wächst. Um diese Hypothese in einen statistischen Test umzusetzen, werden in einem ersten Schritt die vorliegenden n Beobachtungen derart umgruppiert, dass ihre neue Reihenfolge den aufsteigenden Werten des j-ten Regressors entspricht. Dabei empfiehlt es sich, in der Mitte der geordneten Stichprobe c Beobachtungen wegzulassen, weil dadurch die Trennschärfe des Testverfahrens erhöht werden kann. Man erhält somit zwei Stichproben, die jeweils $(n-c)/2$ Beobachtungen umfassen. Der Goldfeld-Quandt-Test überprüft nun, ob sich die Varianzen der Störterme in den beiden Stichproben, also σ_1^2 und σ_2^2, signifikant voneinander unterscheiden. Innerhalb jeder Stichprobe gilt dabei weiterhin die Annahme der Homoskedastizität, so dass nur Störterme unterschiedlicher Stichproben heteroskedastisch sein können ($\sigma_1^2 \neq \sigma_2^2$). Damit wird nun auch genauer deutlich, warum bei der Konstruktion der Stichproben c Beobachtungen unberücksichtigt geblieben sind: Sofern die Störtermvarianz tatsächlich mit steigenden Werten des j-ten Regressors zunimmt, haben die Störterme der mittleren c Beobachtungen eine Varianz, die größenmäßig zwischen den Varianzen σ_1^2 und σ_2^2 in den beiden Stichproben liegt. Die Einbeziehung der c Beobachtungen würde also dazu führen, dass sich eventuell

43 Siehe hierzu Goldfeld, Quandt (1965).

vorhandene Unterschiede zwischen σ_1^2 und σ_2^2 tendenziell verringern, so dass sich die Nullhypothese homoskedastischer Störterme nur schwer verwerfen lässt.

In jeder der beiden Stichproben wird nun eine Regression

(2.4.10) $\mathbf{y}_i = \mathbf{X}_i\boldsymbol{\beta}_i + \mathbf{u}_i, \quad i = 1,2$

nach der OLS-Methode durchgeführt, wobei der Index i die jeweilige Stichprobe bezeichnet. Neben der Ungleichung $(n-c)/2 > k$ muss dabei natürlich auch die Rangbedingung $rg(\mathbf{X}_i) = k$ erfüllt sein. Aus den geschätzten Regressionen lassen sich dann die OLS-Residuen wie üblich durch

(2.4.11) $\hat{\mathbf{u}}_i = \mathbf{y}_i - \mathbf{X}_i \cdot \hat{\boldsymbol{\beta}}_i \quad i = 1,2$

berechnen. Für den Goldfeld-Quandt-Test ist nun der Wert der Teststatistik

(2.4.12) $GQ = \hat{\mathbf{u}}_2'\hat{\mathbf{u}}_2 / \hat{\mathbf{u}}_1'\hat{\mathbf{u}}_1$

zu bestimmen, also der Quotient der Residuenquadratsummen, die sich aus den getrennt durchgeführten OLS-Schätzungen ergeben. Da die Schätzung der Varianz der Störterme in der i-ten Stichprobe mit

(2.4.13) $\hat{\sigma}_i^2 = \hat{\mathbf{u}}_i'\hat{\mathbf{u}}_i / [(n\text{-}c)/2]\text{-}k, \quad i = 1,2$

erfolgt, lässt sich die Teststatistik (2.4.12) alternativ als

(2.4.14) $GQ = \hat{\sigma}_2^2 / \hat{\sigma}_1^2$

schreiben. Aus dieser Formulierung folgt unmittelbar, dass die Größe GQ zum Test der Nullhypothese homoskedastischer Störterme,

(2.4.15) $H_0: \sigma_1^2 = \sigma_2^2 = \sigma^2$

eingesetzt werden kann. Da ein Anstieg der Varianz der Störterme mit wachsenden Werten des j-ten Regressors vermutet wird und die zweite Stichprobe qua Konstruktion die hohen Werte dieses Regressors enthält, ist die Gegenhypothese durch

(2.4.16) $H_1: \sigma_1^2 < \sigma_2^2$

gegeben. Bei dieser Form der Heteroskedastizität wird die Prüfgröße GQ eher hohe Werte annehmen. Wird umgekehrt unterstellt, dass die Varianz der Störterme mit steigenden Werten des j-ten Regressors sinkt, wird die Gegenhypothese als

(2.4.17) $H_1: \sigma_1^2 > \sigma_2^2$

spezifiziert. Um auch hier zu gewährleisten, dass die Prüfgröße bei Heteroskedastizität hohe Werte annimmt, wird anstelle von GQ die inverse Teststatistik 1/GQ berechnet. In jedem Fall wird jedoch nur getestet, ob Störterme unterschiedlicher Stichproben heteroskedastisch sind.

Die Nullhypothese homoskedastischer Störterme wird abgelehnt, wenn die Prüfgröße GQ (bzw. 1/GQ) zu große Werte annimmt. Um genauer beurteilen zu können, wann dabei die Werte der Teststatistik so gravierend sind, dass die Nullhypothese verworfen werden muss, ist noch die Verteilung der Testgröße unter H_0 zu spezifizieren. Aus der Darstellung des multiplen Regressionsmodells ist bekannt, dass die durch die Störtermvarianz dividierte Quadratsumme der OLS-Residuen

$$\hat{\mathbf{u}}'\hat{\mathbf{u}}/\sigma^2$$

bei normalverteilten Störtermen χ^2-verteilt ist mit n–k Freiheitsgraden. Analog sind hier

$$\hat{\mathbf{u}}_1'\hat{\mathbf{u}}_1/\sigma^2 \quad \text{und} \quad \hat{\mathbf{u}}_2'\hat{\mathbf{u}}_2/\sigma^2$$

jeweils χ^2-verteilt mit $[(n-c)/2]-k$ Freiheitsgraden. Die Quadratsummen sind dabei unabhängig voneinander χ^2-verteilt, weil sie aus zwei getrennt durchgeführten Regressionen entstammen. Sofern nun zwei unabhängig voneinander χ^2-verteilte Zufallsvariablen zunächst durch ihre Freiheitsgrade und dann durch einander dividiert werden, ist der Quotient F-verteilt mit den Freiheitsgraden der beiden χ^2-verteilten Zufallsvariablen. [44] Hier entspricht der Quotient genau der Prüfgröße GQ,

$$GQ = \frac{\hat{\mathbf{u}}_2'\hat{\mathbf{u}}_2/\sigma^2/[(n-c)/2]-k}{\hat{\mathbf{u}}_1'\hat{\mathbf{u}}_1/\sigma^2/[(n-c)/2]-k} = \frac{\hat{\mathbf{u}}_2'\hat{\mathbf{u}}_2}{\hat{\mathbf{u}}_1'\hat{\mathbf{u}}_1} \quad ,$$

die damit F-verteilt mit $[(n-c)/2]-k$ und $(n-c)/2-k$ Freiheitsgraden ist. Sofern danach der Wert der Goldfeld-Quandt-Statistik den kritischen Wert der F-Verteilung bei diesen Freiheitsgraden übersteigt, ist die Nullhypothese mit der gewählten Irrtumswahrscheinlichkeit abzulehnen.

Problematisch für das Testverfahren erscheint zunächst die Wahl des j-ten Regressors, nach dessen Werten die Beobachtungen im ersten Schritt geordnet werden. Dieser Nachteil stellt angesichts der heutigen Verfügbarkeit ökonometrischer Programmpakete auf den EDV-Anlagen jedoch keine echte Beschränkung mehr dar. Sofern in der An-

---

44 Siehe hierzu Eckey, Kosfeld und Dreger (2000), S. 509ff.

wendung nicht eindeutig klar ist, welcher der k Regressoren die Varianz der Störterme determiniert, kann der Goldfeld-Quandt-Test relativ schnell für alternative Regressoren berechnet werden. Das Testverfahren ist darüber hinaus auch dann anwendbar, wenn der Vektor der Regressionskoeffizienten in den beiden Stichproben nicht identisch ist, also z.B. Strukturbrüche im Untersuchungszeitraum aufgetreten sind.

Kritisch muss jedoch angemerkt werden, dass der vorgestellte Test extrem konservativ ist, in vielen Fällen also die Nullhypothese homoskedastischer Störterme eindeutig bevorzugt. Diese Aussage hängt mit den c Beobachtungen zusammen, die in der Mitte der geordneten Stichprobe weggelassen werden. Genauer werden bei zu kleinen Werten von c die Unterschiede zwischen den Residuenquadratsummen $\hat{\mathbf{u}}_1'\hat{\mathbf{u}}_1$ und $\hat{\mathbf{u}}_2'\hat{\mathbf{u}}_2$ eher geringer, so dass sich insgesamt kleinere Werte der GQ-Statistik ergeben. Werden dagegen zu viele Beobachtungen weggelassen, hat man für den Test eine kleinere Anzahl von Freiheitsgraden zur Verfügung. Da sinkende Freiheitsgrade jedoch mit wachsenden kritischen Werten der F-Verteilung einhergehen, kann auch in diesem Fall die Nullhypothese nur schwer verworfen werden. Aus diesem Grund ist der Einsatz alternativer Testverfahren zur Aufdeckung möglicher Heteroskedastizität in Erwägung zu ziehen.

Beispiel 2.4. 1: Bei der Anwendung des Goldfeld-Quandt-Tests auf die Geldnachfragefunktion (2.1.23) setzen wir c=2, so dass die beiden mittleren Beobachtungen ausgeschlossen werden. Aufgrund der hohen Korrelation zwischen der Geldmenge und des Bruttosozialprodukts (r=0,978 für die realen Größen auf einer logarithmischen Skala) bietet es sich an, die Beobachtungen unter Verwendung des Regressors $\ln y_t$ in aufsteigender Reihenfolge zu ordnen. Die beiden Stichproben der „kleineren" und „größeren" Werte sind dann wie folgt abgegrenzt:

1. Stichprobe		2. Stichprobe	
$\ln y_t$	Jahr	$\ln y_t$	Jahr
7,187506	1970	7,458071	1980
7,217517	1971	7,459166	1981
7,260031	1972	7,466456	1983
7,307270	1973	7,496653	1984
7,307806	1974	7,514527	1985
7,295056	1975	7,536044	1986
7,349038	1976	7,550819	1987
7,374253	1977	7,586702	1988
7,408167	1978	7,624033	1989

Die 1. Stichprobe umfasst damit den Zeitraum von 1970 bis 1978; die 2. Stichprobe enthält die Beobachtungen der Jahre 1980 und 1982 sowie des Zeitraums von 1983 bis 1989. In den Jahren 1979 und 1981 nimmt der Regressor $\ln y_t$ die Werte 7,447693 bzw. 7,448042 an, die genau zwischen den beiden Gruppierungen liegen und daher ausgeschlossen werden.

Eine OLS-Schätzung der Geldnachfragefunktion (2.1.23) mit der 1. Stichprobe ergibt

$$\ln \hat{m}_t = -2{,}501 + 1{,}123 \cdot \ln y_t - 0{,}099 \cdot \ln r_t\,,$$
$$R_1^2 = 0{,}956, \quad \hat{\mathbf{u}}_1'\hat{\mathbf{u}}_1 = 0{,}004482,$$

während die 2. Stichprobe die Schätzergebnisse

$$\ln \hat{m}_t = -9{,}130 + 2{,}001 \cdot \ln y_t - 0{,}053 \cdot \ln r_t\,,$$
$$R_2^2 = 0{,}989, \quad \hat{\mathbf{u}}_2'\hat{\mathbf{u}}_2 = 0{,}001189$$

hervorbringt. Da die Quadratsumme der Residuen in der 1. Stichprobe diejenige der 2. Stichprobe übersteigt, wird die Teststatistik des Goldfeld-Quandt-Tests in der Form

$$1/GQ = \hat{\mathbf{u}}_1'\hat{\mathbf{u}}_1 / \hat{\mathbf{u}}_2'\hat{\mathbf{u}}_2 = 0{,}004482/0{,}001189 = 3{,}770$$

gebildet. Die F-verteilte Prüfgröße $1/GQ$ hat im Zähler und Nenner $(n-c)/2-k=(20-2)/2-2=7$ Freiheitsgrade. Hiermit würde sich bei einem Signifikanzniveau von 5 % ein kritischer Wert von $F_{7;7;0,95}=3{,}79$ ergeben, der die Prüfgröße knapp übersteigt. Auf dem 5%-Signifikanzniveau kann die Nullhypothese der Homoskedastizität der Störgröße der Geldnachfragefunktion auf der Basis des Goldfeld-Quandt-Tests nicht abgelehnt werden. ♦

2.4.2.2 Breusch-Pagan-Test

Eine Alternative zum Goldfeld-Quandt-Test bietet der Breusch-Pagan-Test.[45] Er unterstellt, dass sich die Varianzen der Störvariablen u_t des multiplen Regressionsmodells

(2.4.18) $$y_t = \mathbf{x}_t'\boldsymbol{\beta} + u_t$$

unter der Alternativhypothese H_1 als Funktion der beobachtbaren Variablen $z_2, z_3, \ldots, z_p$ in der Form

(2.4.19) $$\sigma_t^2 = h(\alpha_0 + \alpha_1 \cdot z_2 + \ldots + \alpha_p \cdot z_p)$$

oder mit

$$\boldsymbol{\alpha}' = (\alpha_0 \quad \alpha_1 \quad \cdots \quad \alpha_p)$$

und

$$\mathbf{z}' = (z_1 = 1 \quad z_2 \quad \cdots \quad z_p)$$

(2.4.20) $$\sigma_t^2 = h(\mathbf{z}_t'\boldsymbol{\alpha})$$

darstellen lassen. Die Funktion h braucht hierbei nicht näher spezifiziert zu werden. Mit dem Ansatz lassen sich somit verschiedene Fälle möglicher Heteroskedastizität wie z.B.

$$\sigma_t^2 = \exp(\mathbf{z}_t'\boldsymbol{\alpha}) \quad \text{oder} \quad \sigma_t^2 = (\mathbf{z}_t'\boldsymbol{\alpha})^2$$

abdecken. Dabei kann die Varianz der Störterme über den gesamten Zeitraum variieren. Gefordert wird allerdings, dass diese Variation vollständig auf die Variablen $z_2, z_3, \ldots, z_p$ zurückführbar ist. Für p=2 ist die Varianz der Störvariablen u_t allein von der Variablen z_2 abhängig.

Getestet wird die Nullhypothese H_0 der Homoskedastizität, unter der die Koeffizienten $\alpha_2, \alpha_3, \ldots, \alpha_p$ gleich Null sein müssen:

(2.4.21) $$H_0 : \alpha_2 = \alpha_3 = \ldots = \alpha_p = 0\ .$$

In diesem Fall gilt $\sigma_t^2 = \sigma^2$ für alle t=1,2,…,n. Formal läßt sich der Breusch-Pagan-Test als Lagrange-Multiplier-Test (LM-Test) betrachten, da das restringierte Regressionsmodell unter der Nullhypothese mit dem unrestringierten Regressionsmodell unter der Alternativhypothese auf der Basis einer Maximum-Likelihood-Schätzung ver-

---

45 Breusch und Pagan (1980).

glichen wird. [46] Speziell werden den k+p zu schätzenden Parametern in $\boldsymbol{\alpha}$ und $\boldsymbol{\beta}$ unter H_0 p-1 Restriktionen auferlegt, die durch (2.4.21) gegeben sind.

Praktisch lässt sich der Breusch-Pagan-Test wie folgt durchführen. Das Regressionsmodell (2.4.18) wird zunächst OLS-geschätzt, woraus die Residuen $\hat{u}_1, \hat{u}_2, \ldots, \hat{u}_n$ hervorgehen. Unter Verwendung des Maximum-Likelihood-Schätzer (ML Schätzer) der Störvarianz

$$\hat{\sigma}^2_{ML} = \sum_{t=1}^{n} \hat{u}_t^2 / n$$

werden die Größen $\hat{u}_t^2 / \hat{\sigma}^2$ konstruiert, die die abhängige Variable der Hilfsregression

$$\text{(2.4.22)} \qquad \hat{u}_t^2 / \hat{\sigma}^2_{ML} = \mathbf{z}_t' \boldsymbol{\alpha} + v_t$$

bilden, in der v_t die Störgröße bezeichnet. Nach Durchführung der Hilfsregression (2.4.22) lässt sich die durch die Regression erklärte Summe der Abweichungsquadrate der abhängigen Variablen (SS_E) als Differenz der gesamten Abweichungsquadratsumme (SS_T) und der Summe der quadrierten Residuen (SS_R) bestimmen:

$$SS_E = SS_T - SS_R .$$

Es lässt sich zeigen, dass die halbe Differenzgröße,

$$BP_1 = \frac{1}{2} SS_E ,$$

bei einer Normalverteilung der Störgröße u_t unter der Nullhypothese asymptotisch χ^2-verteilt ist mit p–1 Freiheitsgraden:

$$BP_1 \overset{a}{\sim} \chi_{p-1} .$$

Die Nullhypothese (2.4.21) der Homoskedastizität ist daher auf einem Signifikanzniveau zu verwerfen, wenn die Prüfgröße BP das (1-α)-Quantil einer χ^2-Verteilung mit p–1 Freiheitsgraden übersteigt. Dieser Fall wird um so eher eintreten, je stärker die gewählten z-Variablen geeignet sind, vorhandene Variationen in den quadrierten OLS-Residuen zu erklären.

Asymptotisch äquivalent ist der Test unter Verwendung der Prüfgröße

46 Zum Konstruktionsprinzip des Lagrange-Multiplier-Tests (LM-Test) siehe z.B. Darnell (1994), S. 215ff.

$$BP_2 = n \cdot R^2,$$

in der sich das Bestimmtheitsmaß R^2 aus einer Regression der quadrierten OLS-Residuen $\hat{u}_t^2$ auf $z_1, z_2, \ldots, z_p$ ergibt

$$BP_2 \overset{a}{\sim} \chi_{p-1} \ .$$

Hierbei ist die Normalverteilungsannahme entbehrlich. Darnell weist allerdings darauf hin, dass der Test die Nullhypothese bei endlichen Stichproben die Nullhypothese der Homoskedastizität zu oft verwirft.[47] Der Fehler 1. Art ist mithin größer als es das vorgegebene Signifikanzniveau α indiziert.

Beispiel 2.4. 2: Alternativ zum Goldfeld-Quandt-Test soll hier die Homoskedastizität der Störgröße mit dem Breusch-Pagan-Test geprüft werden. Hierbei wird unterstellt, dass die Störvarianz unter der Alternativhypothese der Heteroskedastizität, σ_t^2, allein eine Funktion des (logarithmierten) realen Bruttosozialprodukts ln y_t ist:

$$\sigma_t^2 = h(\alpha_0 + \alpha_1 \cdot \ln y_t) \ .$$

Die logarithmierte Form von y ist hier in Übereinstimmung mit der Geldnachfragefunktion (2.1.23) gewählt worden.

Zur Bestimmung des ML-Schätzers $\hat{\sigma}_{ML}^2$ für die Varianz σ^2 der Störvariablen ut des ökonometrischen Geldnachfragemodells (2.1.23) übernehmen wir die in Beispiel 2.2.3 ermittelte Residualquadratsumme

$$\sum \hat{u}_t^2 = \hat{\mathbf{u}}'\hat{\mathbf{u}} = 0{,}014855 \ ,$$

mit der sich

$$\hat{\sigma}_{ML}^2 = \frac{\hat{\mathbf{u}}'\hat{\mathbf{u}}}{\mathbf{n}} = \frac{0{,}014855}{20} = 0{,}00074275$$

ergibt. Hiermit lassen sich die Größen $\hat{u}_t^2 / \hat{\sigma}_{ML}^2$ berechnen, die auf ln y_t regressiert werden. Aus der OLS-Schätzung

$$\widehat{\left(\hat{u}_t^2 / \hat{\sigma}_{ML}^2\right)} = \underset{(-0{,}766)}{-13{,}490} + \underset{(0{,}823)}{1{,}954} \cdot \ln y_t$$

---

47 Darnell (1994), S. 178.

lässt sich die Residualquadratsumme

$$SS_R=29{,}41327$$

ermitteln. Mit der Abweichungsquadratsumme der abhängigen Variablen $\hat{u}_t^2/\hat{\sigma}_{ML}^2$ von

$$SS_T=30{,}51990$$

erhält man eine durch die Hilfsregression erklärte Summe der Abweichungsquadrate in Höhe von

$$SS_E=SS_T-SS_R=1{,}1066\,.$$

Die Prüfgröße BP_1 des Breusch-Pagan-Tests nimmt mithin den Wert

$$BP_1=\frac{1}{2}SS_E=0{,}55332$$

an, der bei einem Signifikanzniveau von 5% mit den 95%-Quantil einer χ^2-Verteilung mit 1 Freiheitsgrad zu vergleichen ist. Wegen

$$(BP_1=0{,}553)<(\chi^2_{1;0,95}=3{,}84)$$

kann die Nullhypothese homoskedastischer Störterme der Geldnachfragefunktion nicht verworfen werden. ♦

2.4.2.3 White-Test

Ein weiterer Test auf Heteroskedastizität ist durch das Verfahren von White [48] gegeben, das auf einem Vergleich der geschätzten Varianz-Kovarianzmatrizen des OLS-Schätzers für den Parametervektor $\boldsymbol{\beta}$ beruht. Dabei wird die Kovarianzmatrix des klassischen Modells, die nur bei homoskedastischen Störprozessen konsistent ist, einer Schätzung gegenübergestellt, die sowohl bei hetero- als auch bei homoskedastischen Störtermen konsistent ist. Der Test wird implementiert, in dem die Residuen des ursprünglichen Modells quadriert und anschließend gemäß

48 White (1980).

(2.4.23) $$\hat{u}_t^2 = \alpha_0 + \sum_{i=1}^{k} \alpha_i x_{ti} + \sum_{i=1}^{k}\sum_{j=1}^{k} \alpha_{ij} x_{ti} x_{tj}$$

auf die k ursprünglichen Regressoren, ihre Quadrate und ihre Kreuzprodukte regressiert werden. Die Prüfgröße ergibt sich aus dem Produkt aus dem unkorrigierten Bestimmtheitsmaß der Hilfsregression und der Anzahl der Beobachtungen:

$$W = n \cdot R^2 .$$

Die Teststatistik ist unter der Nullhypothese homoskedastischer Störterme asymptotisch χ^2-verteilt, wobei die Zahl der Freiheitsgrade der Anzahl der Regressoren in Gleichung (2.4.23) ohne Berücksichtigung der Konstanten entspricht. Bei einer großen Anzahl von Regressoren kann der White-Test unter Vernachlässigung der Kreuzprodukte durchgeführt werden.

Beispiel 2.4. 3: Mit dem White-Test soll überprüft werden, ob die Residuen der Geldnachfragefunktion heteroskedastisch sind. Dazu werden die quadrierten Residuen auf die ursprünglichen Regressoren, ihre Quadrate und ihre Kreuzprodukte regressiert. Geschätzt wird also die Hilfsregression

$$\hat{u}_t^2 = \alpha_0 + \alpha_1 \ln y_t + \alpha_2 \ln r_t + \alpha_3 (\ln y_t)^2 + \alpha_4 (\ln r_t)^2 + \alpha_5 \ln y_t \ln r_t ,$$

für die sich ein Bestimmtheitsmaß von 0,442 ergibt. Bei 20 Beobachtungen resultiert ein Wert der Prüfgröße von 8,84, der unterhalb des kritischen Werts der Chi-Quadrat-Verteilung $\chi^2_{5;0,95}$ von 11,1 liegt. Bei einem Signifikanzniveau von 5% ergibt sich mithin keine Evidenz für heteroskedastische Störterme. ♦

2.4.3 Tests auf Autokorrelation

2.4.3.1 Durbin-Watson-Test

Bei Vorliegen einer Autokorrelation sind Störterme unterschiedlicher Beobachtungen linear abhängig. Der Autokorrelationskoeffizient j-ter Ordnung für die unbekannten und homoskedastischen Störterme ist mit

(2.4.24) $\rho_j = Cov(u_t, u_{t-j}) / Var(u_t) = \sigma_{t,t-j} / \sigma^2$, $j = 1,2,...$

definiert. Er ergibt sich also, indem die Autokovarianz zwischen Störtermen, die im Beobachtungszeitraum j Perioden voneinander entfernt sind, durch die konstante Störtermvarianz dividiert wird. Mit der Annahme $E(u_t) = 0$ für $t = 1,\ldots,n$ lässt sich ρ_j einfacher durch

(2.4.25) $\rho_j = E(u_t \cdot u_{t-j}) / E(u_t^2)$, $j = 1,2,\ldots$

angeben. Sofern die Störterme unkorreliert sind, gilt $E(u_t \cdot u_{t-j}) = 0$, so dass man für die Autokorrelationskoeffizienten in diesem Fall

(2.4.26) $\rho_j = 0$, $j = 1,2,\ldots$

erhält. Anderenfalls heißen die Störterme autokorreliert.

Da die Störvariable eine nicht beobachtbare Größe ist, sind die theoretischen Autokorrelationskoeffizienten ρ_j allerdings im allgemeinen unbekannt. Bei einem Test auf Autokorrelation werden in die empirischen Autokorrelationskoeffizienten der OLS-Residuen

(2.4.27) $\hat{\rho}_j = \sum_{t=j+1}^{n} (\hat{u}_t \cdot \hat{u}_{t-j}) \;/\; \sum_{t=1}^{n} \hat{u}_t^2$, $j = 1,2,..$,

die sich als Quotient aus der empirischen Autokovarianz und der im Beobachtungszeitraum identischen Varianz ergeben, herangezogen. Ein signifikanter Unterschied der $\hat{\rho}_j$ vom Wert 0 ist dann als Indiz für autokorrelierte Störterme zu werten. Auf diesem Prinzip basieren die im folgenden darzustellenden Tests auf Autokorrelation.

Ein möglicher Ansatz zur Modellierung von Autokorrelation ist durch einen sogenannten autoregressiven Prozess erster Ordnung (Markov-Prozess)

(2.4.28) $u_t = \phi u_{t-1} + v_t\,,\quad |\phi| < 1\,,\quad t = 2,\ldots,n$

gegeben. Da der Störterm u_{t-1} der vergangenen Periode den Störterm u_t der gegenwärtigen Periode beeinflusst, spricht man hier von einer Autokorrelation erster Ordnung. Die Bedeutung der Annahme, dass der Parameter ϕ betragsmäßig kleiner als 1 ist, wird später verständlicher. Hier sei zunächst nur angemerkt, dass $|\phi| < 1$ eine endliche, konstante Varianz der u_t garantiert.

Die Größen v_t bezeichnen die Störterme in der Beziehung (2.4.28), für die die klassischen Annahmen

(2.4.29) $E(v_t) = 0 \quad \text{für } t = 2,\ldots,n$

(2.4.30) $E(v_t \cdot v_s) = \begin{cases} \sigma_v^2 & \text{für } t = s \\ 0 & \text{sonst} \end{cases}$

gelten soll. Die Störgrößen v_t haben danach einen Erwartungswert von 0, sind homoskedastisch mit einer Varianz von σ_v^2 und darüber hinaus nicht miteinander korreliert.

Falls der Parameter ϕ in (2.4.28) positiv ist, genauer zwischen 0 und 1 liegt, besteht eine positive Autokorrelation erster Ordnung. Störterme aufeinanderfolgender Beobachtungszeitpunkte haben dann tendenziell des gleiche Vorzeichen. Bei $-1<\phi<0$ spricht man dagegen von negativer Autokorrelation erster Ordnung, so dass Störterme benachbarter Perioden wechselnde Vorzeichen aufweisen. Werden nun die nicht beobachtbaren Störterme in (2.4.28) durch die OLS-Residuen ersetzt, hat man

(2.4.31) $\hat{u}_t = \phi \hat{u}_{t-1} + v_t\,,\quad |\phi| < 1$

und damit eine Beziehung, aus der der Parameter ϕ geschätzt werden kann. Durch Anwendung der OLS-Methode ergibt sich für ϕ der Schätzer

$$\hat{\phi} = \frac{\frac{1}{n-1}\sum_{t=2}^{n} \hat{u}_t \hat{u}_{t-1} - \bar{\hat{u}}_0 \bar{\hat{u}}_1}{\frac{1}{n-1}\sum_{t=2}^{n} \hat{u}_{t-1}^2 - \bar{\hat{u}}_1^2}$$

mit $\bar{\hat{u}}_0 = \frac{1}{n-1}\sum_{t=2}^{n} \hat{u}_t$ und $\bar{\hat{u}}_1 = \frac{1}{n-1}\sum_{t=2}^{n} \hat{u}_{t-1}$

Wegen

$$\bar{\hat{u}}_0 \approx \bar{\hat{u}}_1 \approx 0$$

und

$$\sum_{t=2}^{n} \hat{u}_{t-1}^2 = \sum_{t=1}^{n-1} \hat{u}_t^2 \approx \sum_{t=2}^{n} \hat{u}_t^2$$

erhält man

$$(2.4.32) \qquad \hat{\phi} \approx \frac{\sum_{t=2}^{n} \hat{u}_t \hat{u}_{t-1}}{\sum_{t=1}^{n} \hat{u}_t^2}$$

was der Definition (2.4.27) des empirischen Autokorrelationskoeffizienten erster Ordnung, $\hat{\rho}_1$, entspricht.

Äquivalent zur Nullhypothese fehlender Autokorrelation erster Ordnung (ρ_1=0) ist daher die Formulierung

$$(2.4.33) \qquad H_0 : \phi = 0 .$$

Sofern die Nullhypothese zutrifft, folgt aus dem Ansatz (2.4.28), dass $u_t = v_t$ ist, so dass die Störterme u_t die klassischen Eigenschaften im multiplen Regressionsmodell erfüllen.

Für den **Test auf Autokorrelation erster Ordnung** wird hier zunächst der Durbin-Watson-Test [49] vorgestellt, der inzwischen zum Standardinstrumentarium der Ökonometrie gehört. Die als Durbin-Watson-Statistik DW bekannte Prüfgröße basiert auf den OLS-Residuen und ist durch

$$(2.4.34) \qquad DW = \sum_{t=2}^{n} (\hat{u}_t - \hat{u}_{t-1})^2 \Big/ \sum_{t=1}^{n} \hat{u}_t^2$$

gegeben. Da im Zähler und Nenner jeweils quadrierte Summanden stehen, ist die Durbin-Watson-Statistik stets nicht negativ (DW≥0). Der Zähler in (2.4.34) lässt sich noch umformen, was sich insbesondere im Hinblick auf die Interpretation der Testgröße empfiehlt. Durch Auflösen des Binoms erhält man zunächst

$$\sum_{t=2}^{n} (\hat{u}_t - \hat{u}_{t-1})^2 = \sum_{t=2}^{n} \left(\hat{u}_t^2 - 2\hat{u}_t \hat{u}_{t-1} + \hat{u}_{t-1}^2\right) = \sum_{t=2}^{n} \hat{u}_t^2 + \sum_{t=2}^{n} \hat{u}_{t-1}^2 - 2\sum_{t=2}^{n} \hat{u}_t \hat{u}_{t-1} .$$

Sofern die Anzahl der Beobachtungen n groß genug ist, gelten die Approximationen

49 Durbin und Watson (1950, 1951).

$$\sum_{t=2}^{n}\hat{u}_t^2 \approx \sum_{t=2}^{n}\hat{u}_{t-1}^2 \approx \sum_{t=1}^{n}\hat{u}_t^2 \,,$$

so dass sich

$$\sum_{t=2}^{n}(\hat{u}_t - \hat{u}_{t-1})^2 \approx 2\sum_{t=1}^{n}\hat{u}_t^2 - 2\sum_{t=2}^{n}\hat{u}_t\hat{u}_{t-1}$$

ergibt. Durch Einsetzen dieser Beziehung in (2.4.34) erhält man

$$DW \approx \left(2\sum_{t=1}^{n}\hat{u}_t^2 - 2\sum_{t=2}^{n}\hat{u}_t\hat{u}_{t-1}\right) \Big/ \sum_{t=1}^{n}\hat{u}_t^2 = 2\left(1 - \frac{\sum_{t=2}^{n}\hat{u}_t\hat{u}_{t-1}}{\sum_{t=1}^{n}\hat{u}_t^2}\right)$$

und unter Berücksichtigung von (2.4.32) schließlich

(2.4.35) $\quad DW \approx 2(1-\hat{\rho}_1)$.

Damit ist der Zusammenhang zwischen der Durbin-Watson-Statistik und dem empirischen Autokorrelationskoeffizienten erster Ordnung der Residuen, $\hat{\rho}_1$, hergestellt. Wegen $|\hat{\rho}_1| < 1$ nimmt die Durbin-Watson-Statistik stets Werte im Intervall (0, 4) an.

Bei Abwesenheit einer Autokorrelation erster Ordnung $(\rho_1 = 0)$werden der empirische Autokorrelationskoeffizient ρ_1 und mithin der OLS-Schätzer $\hat{\phi}$ in der Nähe von 0 liegen, so dass die Durbin-Watson-Statistik in diesem Fall Werte annimmt, die sich nicht wesentlich vom theoretischen Wert 2 unterscheiden. Im Grenzfall einer perfekt positiven Autokorrelation erster Ordnung $(\rho_1 = 1)$, wird der berechnete Wert der DW-Statistik dagegen approximativ gleich 0 sein, während sich bei perfekt negativer Autokorrelation erster Ordnung $(\rho_1 = -1)$ wegen (2.4.35) ein Wert von 4 ergibt.

Was im Rahmen des Durbin-Watson-Tests noch zu tun bleibt, ist, die An- und Ablehnbereiche für die Hypothese $H_0 : \rho_1 = 0$ genauer festzulegen, mithin die Verteilung der Prüfgröße zu spezifizieren. Dazu wird vorausgesetzt, dass die Störvariablen u_t unter der Nullhypothese unabhängige, identisch normalverteilte Zufallsvariablen sind. Die erklärenden Variablen sind dagegen feste gegebene Größen. Die Verteilung der Durbin-Watson-Statistik hängt bei unterstellter Gültigkeit der Nullhypothese jedoch entscheidend von der Beobachtungsmatrix der Regressoren **X** ab. Sie wird nicht nur von der Anzahl der exogenen Variablen und vom Stichprobenumfang, sondern auch von den realisierten Variablenwerten beeinflusst, so dass sich für jede Anwendung eine andere Verteilung ergibt. Um dieses Problem zu vermeiden, wird eine unter den angegebenen

Voraussetzungen universell einsetzbare Verteilung angegeben. Sie ist jedoch mit dem Nachteil einer gewissen Unschärfe bei der Tabellierung der kritischen Werte verbunden, da diese unabhängig von den Variableninhalten festgelegt werden müssen. Daher ergeben sich Unbestimmtheitsbereiche, die zwischen einem unteren und einem oberen kritischen Wert (d_u und d_o) liegen. Die für die Testentscheidung relevanten Bereiche der Durbin-Watson-Statistik lassen sich genauer auf einer Skala anordnen:

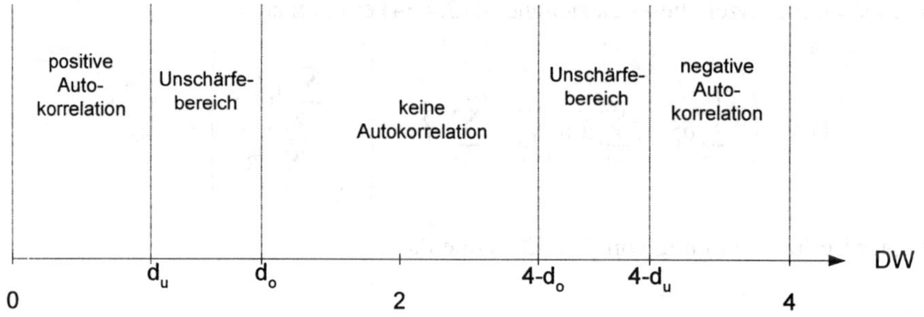

Die Nullhypothese fehlender Autokorrelation erster Ordnung lässt sich danach nicht verwerfen, wenn der berechnete Wert der Durbin-Watson-Statistik im Intervall $(d_o,4\text{-}d_o)$ liegt. Sofern die Prüfgröße Werte im Intervall $[0,d_u)$ annimmt, besteht eine positive, bei Werten im Intervall $[4\text{-}d_u,4)$ eine negative Autokorrelation erster Ordnung. In den Unschärfebereichen $[d_u, d_o]$ und $[4\text{-}d_o, 4\text{-}d_u)$ lässt sich dagegen keine Entscheidung treffen. Die kritischen Werte d_u und d_o sind in Abhängigkeit von der Anzahl der Beobachtungen und der exogenen Variablen sowie von der gewählten Irrtumswahrscheinlichkeit α (α=0,05 oder α=0,01) im Anhang tabelliert.

Beispiel 2.4. 4: Der Durbin-Watson-Test soll unter Verwendung der Konsumfunktion (2.1.22 a) illustriert werden. Damit lässt sich beurteilen, ob die Annahme einer fehlenden Autokorrelation der Störvariablen der Konsumfunktion berechtigt ist. Genauer wird die Störvariable u_t mit dem Durbin-Watson-Test auf Autokorrelation erster Ordnung getestet. Als Prüfgröße dieses Tests wird die Durbin-Watson-Statistik DW unter Verwendung der OLS-Residuen $\hat{u}_t$ bestimmt. Die hierzu benötigten Abweichungsquadratsummen werden in der folgenden Arbeitstabelle berechnet:

t	$\hat{u}_t$	$\hat{u}_{t-1}$	$\hat{u}_t^2$	$(\hat{u}_t - \hat{u}_{t-1})^2$
1	–31,72180	–	1006,2720	–
2	–28,69755	–31,72180	823,5494	9,14607
3	–19,49951	–28,69755	380,2308	84,60397
4	–3,82272	–19,49951	14,6132	245,76180
5	–10,76985	3,82272	115,9897	48,26270
6	–11,67601	–10,76985	136,3291	0,82111
7	11,30838	–11,67601	127,8795	528,28200
8	22,72315	11,30838	516,3413	130,29690
9	23,51412	22,72315	552,9139	0,625642
10	30,00490	23,51412	900,2942	41,13026
11	33,57936	30,00490	1127,5730	12,77671
12	31,34366	33,57936	982,4251	4,99833
13	–7,07607	31,34366	50,0708	1476,07600
14	–1,48596	–7,07607	2,2081	31,24939
15	–23,56504	–1,48596	555,3112	487,48600
16	–13,83269	–23,56504	191,3434	94,71860
17	–34,29186	–13,83269	1175,9310	418,57730
18	12,56193	–34,29186	157,8022	2195,27800
19	21,40355	12,56193	458,1121	78,17424
Σ			9275,1910	5889,26500

Die Durbin-Watson-Statistik nimmt somit den Wert

$$DW = \frac{\sum_{t=2}^{19} (\hat{u}_t - \hat{u}_{t-1})^2}{\sum_{t=1}^{19} \hat{u}_t^2} = \frac{5889,265}{9275,191} = 0,635$$

an. Die kritischen Werte des Durbin-Watson-Testes für ein Signifikanzniveau von 5 % bei einem Stichprobenumfang von n=19 und k=2 Regressoren (einschl. der Scheinvariablen) gehen aus der folgenden Skizze hervor:

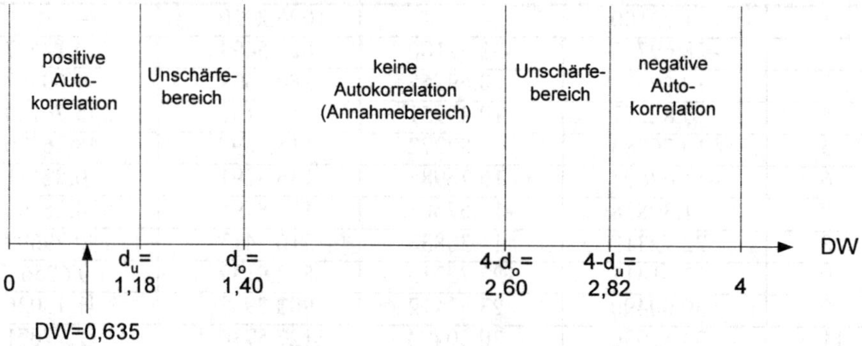

In unserem Beispiel fällt die Durbin-Watson-Statistik DW in den linken Bereich,

$$DW = 0{,}635 \leftarrow [0; d_u = 1{,}18]\,,$$

was bedeutet, dass aus dem Testergebnis auf eine Autokorrelation der OLS-Residuen der Keynes'schen Konsumfunktion geschlossen werden kann. Der Durbin-Watson-Test indizierte, dass der private Konsum trotz des hohen Erklärungsgehalts nicht allein auf das verfügbare Einkommen zurückzuführen ist. In den OLS-Residuen bleibt eine systematische Variation bestehen, die auf zusätzliche ökonomische Einflüsse hinweisen, die z.B. durch Klimaindikatoren erfasst werden könnten. [50] ♦

2.4.3.2 Breusch-Godfrey-Test und Ljung-Box-Test

Ein Test auf Autokorrelation nicht nur erster, sondern beliebiger Ordnung ist z.B. der Breusch-Godfrey-Test [51]. Der Test ist auch bei stochastischen Regressoren einsetzbar. Ausgangspunkt ist das Modell

(2.4.36) $$y_t - \gamma_1 y_{t-1} - \gamma_2 y_{t-2} - \cdots - \gamma_m y_{t-m} = \mathbf{x}_t'\beta + u_t$$

(2.4.37) $$u_t - \alpha_1 u_{t-1} - \alpha_2 u_{t-2} - \cdots - \alpha_p u_{t-p} = v_t$$

[50] Zur Operationalisierung von Klimaindikatoren in Form eines Konsumklimaindex und ihrer Verwendung in einer makroökonomischen Konsumfunktion siehe Kosfeld (1996).

[51] Breusch (1978); Godfrey (1978).

in dem v_t die Eigenschaften eines reinen Zufallsprozesses erfüllt. Zusätzlich zu den k nicht-stochastischen Erklärungsgrößen in (2.4.36) können m stochastische Regressoren herangezogen werden, die durch verzögerte endogene Variablen gegeben sind. Die Störterme sind autokorreliert, wobei die Autokorrelationsstruktur mit (2.4.37) speziell durch einen sogenannten autoregressiven Prozess der Ordnung p erfasst wird. In der Nullhypothese wird die Abwesenheit von Autokorrelation der Ordnung p unterstellt. Dies impliziert die Geltung der Parameterrestriktionen $\alpha_1 = \ldots = \alpha_p = 0$. Dann gilt u_t=v_t, so das die Störvariablen in (2.4.36) die Eigenschaften eines reinen Zufallsprozesses erfüllen.

Die Teststatistik basiert auf dem allgemeinen Lagrange-Multiplier-Prinzip, das nur eine Schätzung des restringierten Modells erforderlich macht. Letztlich lässt sich daraus jedoch eine relativ einfache Teststatistik ableiten. Danach wird im Anschluss an die Schätzung des Modells (2.4.36) die Regression

(2.4.38) $$\hat{u}_t = \mathbf{z}_t'\delta + \alpha_1 \hat{u}_{t-1} + \ldots + \alpha_p \hat{u}_{t-p}$$

durchgeführt, in der die Residuen aus Modell (2.4.36) mit den ursprünglichen stochastischen und nicht-stochastischen Regressoren erklärt werden, die im Vektor **z** zusammengefasst sind. Außerdem werden die vergangenen Residuen bis zum Lag p einbezogen. Die Teststatistik basiert auf dem unkorrigierten Bestimmtheitsmaß der Regression (2.4.38), das mit der Anzahl der Beobachtungen multipliziert wird. Die Prüfgröße

(2.4.39) $$BG = n \cdot R^2$$

ist unter der Nullhypothese fehlender Autokorrelation p-ter Ordnung asymptotisch Chi-quadrat verteilt mit p Freiheitsgraden.

Der Breusch-Godfrey-Test ist analog einsetzbar, wenn die Autokorrelationsstruktur nicht durch einen autoregressiven Prozess p-ter Ordnung, sondern durch einen sogenannten Moving-Average-Prozeß der Ordnung q beschreibbar ist. In diesem Fall wird anstelle von (2.4.37) die Spezifikation

(2.4.40) $$u_t = v_t - \lambda_1 v_{t-1} - \lambda_2 v_{t-2} - \cdots - \lambda_q v_q$$

unterstellt. Dagegen ist bei Störtermen, die über einen autoregressiven Moving-Average-Prozeß der Ordnung p und q korreliert sind,

(2.4.41) $u_t - \alpha_1 u_{t-1} - \alpha_2 u_{t-2} - \cdots - \alpha_p u_{t-p} \cdots = v_t - \lambda_1 v_{t-1} - \lambda_2 v_{t-2} - \cdots - \lambda_q v_{t-q}$

der Ljung-Box-Test anwendbar. [52] Beim Test auf Autokorrelation der Ordnung $k = \max\{\rho, q\}$ wird die Prüfgröße

(2.4.42) $$Q_k = n \sum_{j=1}^{k} \frac{n+2}{n-j} r_j^2$$

verwendet, die auf den empirischen Autokorrelationskoeffizienten r_j der Residuen des Modells (2.4.36) basiert. Die Prüfgröße ist unter der Nullhypothese fehlender Autokorrelation k-ter Ordnung Chi-quadrat verteilt mit k Freiheitsgraden. Die Q-Statistik kann analog bei autoregressiven oder Moving-Average-Störprozessen eingesetzt werden. Bei einer Ablehnung der Nullhypothese ist allerdings nicht klar, über welche Art des Prozesses sich die Autokorrelation vollzieht.

Beispiel 2.4. 5: Die Nullhypothese der Abwesenheit einer Autokorrelation erster Ordnung der Störgröße der Keynes'schen Konsumfunktion soll hier mit dem Breusch-Godfrey-Test untersucht werden. Dazu wird die Hilfsregression

$$\hat{u}_t = \alpha_0 + \alpha_1 \hat{u}_{t-1} + \alpha_2 \ln y_t + \alpha_3 \ln r_t$$

durchgeführt, die ein Bestimmtheitsmaß von 0,390 aufweist. Bei 19 Beobachtungen ergibt sich ein Wert der Prüfstatistik BG von 7,410, der nicht nur das 95%-Quantil $\chi^2_{1;0,95} = 3{,}84$, sondern ebenfalls das 99%-Quantil $\chi^2_{1;0,99} = 6{,}63$ überschreitet. Der Breusch-Godfrey-Test bestätigt damit das Ergebnis des Durbin-Watson-Tests einer Autokorrelation erster Ordnung der Störgröße der Keynes'schen Konsumfunktion. ♦

52 Ljung und Box (1978).

2.4.4 Verallgemeinerte Methode der kleinsten Quadrate (Generalized Least Squares)

2.4.4.1 GLS-Schätzung bei bekannter Kovarianzmatrix der Störterme

Bei einer Anwendung der verallgemeinerten Methode der kleinsten Quadrate (generalized least squares, GLS) [53] gehen wir von der Form

$$\text{Cov}(\mathbf{u}) = \sigma^2 \mathbf{\Omega}$$

der Kovarianzmatrix der Störterme aus. Um die Grundstruktur des verallgemeinerten Kleinst-Quadrate-Schätzers im linearen Regressionsmodell transparenter zu machen, wird hier zunächst einmal unterstellt, dass die n×n-Matrix $\mathbf{\Omega}$ bekannt ist.

Wenn $\mathbf{\Omega}$ symmetrisch und positiv definit ist [54], gilt dies ebenfalls für ihre Inverse $\mathbf{\Omega}^{-1}$, die sich dann wie folgt faktorisieren lässt:

(2.4.43) $$\mathbf{\Omega}^{-1} = \mathbf{T}'\mathbf{T}$$

T ist darin eine reguläre Matrix der Ordnung n. Wird nun das ökonometrische Modell

$$\mathbf{y} = \mathbf{X}\boldsymbol{\beta} + \mathbf{u}$$

von links mit der Matrix **T**, die zunächst als bekannt unterstellt wird, multipliziert, folgt

(2.4.44) $$\mathbf{Ty} = \mathbf{TX}\boldsymbol{\beta} + \mathbf{Tu} \ ,$$

woraus man mit den Definitionen

(2.4.45) $$\mathbf{Ty} = \mathbf{y}^*, \quad \mathbf{TX} = \mathbf{X}^* \quad \text{und} \quad \mathbf{Tu} = \mathbf{u}^*$$

das transformierte Regressionsmodell

(2.4.46) $$\mathbf{y}^* = \mathbf{X}^*\boldsymbol{\beta} + \mathbf{u}^*$$

erhält. In dem Modell (2.4.46) erfüllen die Störvariablen erneut die klassischen Eigenschaften

(2.4.47) $$\text{E}(\mathbf{u}^*) = \mathbf{0}$$

---

53 Die verallgemeinerte Methode der kleinsten Quadrate geht auf Aitken (1935) zurück.

54 Eine n×n-Matrix **A** ist positiv definit, wenn ihre quadratische Form positiv ist, d.h., wenn für alle n×1-Vektoren $\mathbf{x} \neq \mathbf{0}$ ist, muss $\mathbf{x}'\mathbf{Ax} > 0$ gelten.

(2.4.48) $\quad E\left(\mathbf{u}^*\mathbf{u}^{*\prime}\right)=\sigma^2\mathbf{I}$,

was leicht gezeigt werden kann. Dass der Erwartungswert der transformierten Störgröße **u*** in jeder Beobachtungsperiode gleich Null ist, ergibt sich aus

$$E\left(\mathbf{u}^*\right)=E(\mathbf{Tu})=\mathbf{T}E(\mathbf{u})=\mathbf{0} \ .$$

Die Linearität des Erwartungsoperators kann hier ausgenutzt werden, weil die Matrix **T** als bekannt vorausgesetzt wird, also keine stochastischen Größen enthält. Die Kovarianzmatrix, die unter Berücksichtigung von (2.4.47) durch

$$\text{Cov}\left(\mathbf{u}^*\right)=E\left(\mathbf{u}^*\mathbf{u}^{*\prime}\right)$$

gegeben ist, hat wegen **u*=Tu** die Form

$$\text{Cov}\left(\mathbf{u}^*\right)=E(\mathbf{Tu}(\mathbf{Tu})')=E(\mathbf{Tuu'T})=\mathbf{T}E(\mathbf{uu'})\mathbf{T} \ .$$

Da die Varianz-Kovarianz-Matrix der originären Störgröße **u** durch $\sigma^2\mathbf{\Omega}$ gegeben ist, folgt

$$\text{Cov}(\mathbf{u}^*)=\mathbf{T}\sigma^2\mathbf{\Omega T'}=\sigma^2\cdot\mathbf{T\Omega T'} .$$

Wegen (2.4.43) gilt nun[55]

$$\mathbf{\Omega}=(\mathbf{T'T})^{-1}=\mathbf{T}^{-1}(\mathbf{T'})^{-1}$$

womit man

$$\text{Cov}(\mathbf{u}^*)=\sigma^2\mathbf{TT}^{-1}(\mathbf{T'})^{-1}\mathbf{T'}$$

erhält. Wegen

$$\mathbf{TT}^{-1}=\mathbf{I} \quad \text{und} \quad (\mathbf{T'})^{-1}\mathbf{T'}=\mathbf{I}$$

ergibt sich schließlich

$$\text{Cov}(\mathbf{u}^*)=\sigma^2\mathbf{I} \ .$$

Wie man sieht, wird die Matrix **T** so festgelegt, dass $\mathbf{T\Omega T'}=\mathbf{I}$ gilt. Damit ist gezeigt, dass die transformierte Störgröße **u*** die klassischen Eigenschaften besitzt.

Folglich lässt sich der Parametervektor $\boldsymbol{\beta}$ im transformierten Modell (2.4.46) durch die OLS-Methode schätzen. Es handelt sich dabei dann jedoch um einen verallgemeinerten Kleinst-Quadrate-Schätzer (generalized least squares=GLS), der von der Form

---

55 Die Berechnung der Inversen erfolgt nach der Regel $(\mathbf{AB})^{-1}=\mathbf{B}^{-1}\mathbf{A}^{-1}$.

(2.4.49) $$\hat{\boldsymbol{\beta}}_{GLS} = \left(\mathbf{X}^{*\prime}\mathbf{X}^{*}\right)^{-1}\mathbf{X}^{*\prime}\mathbf{y}^{*}$$

ist. Da die **X***-Matrix nur feste Größen enthält, ist er linear in den transformierten Werten der endogenen Variablen.

Bei der Bestimmung des GLS-Schätzers $\hat{\boldsymbol{\beta}}_{GLS}$ braucht jedoch keinesfalls auf die Transformationsmatrix **T** zurückgegriffen werden. Vielmehr lässt er sich unmittelbar aus

(2.4.50) $$\hat{\boldsymbol{\beta}}_{GLS} = \left(\mathbf{X}'\boldsymbol{\Omega}^{-1}\mathbf{X}\right)^{-1}\mathbf{X}'\boldsymbol{\Omega}^{-1}\mathbf{y}$$

bestimmen, worin allein die Inverse der bis auf den Skalar σ^2 gegebenen Kovarianzmatrix $\boldsymbol{\Omega}$ eingeht. Die Gestalt des GLS-Schätzers (2.4.50) erhält man durch Anwendung elementarer Matrizenoperationen aus der Schätzfunktion (2.4.49):

$$\begin{aligned}\hat{\boldsymbol{\beta}}_{GLS} &= \left(\mathbf{X}^{*\prime}\mathbf{X}^{*}\right)^{-1}\mathbf{X}^{*\prime}\mathbf{y}^{*} = [(\mathbf{TX})'(\mathbf{TX})]^{-1}(\mathbf{TX})'\mathbf{Ty} \\ &= (\mathbf{X}'\mathbf{T}'\mathbf{TX})^{-1}\mathbf{X}'\mathbf{T}'\mathbf{Ty} = \left(\mathbf{X}'\boldsymbol{\Omega}^{-1}\mathbf{X}\right)^{-1}\mathbf{X}'\boldsymbol{\Omega}^{-1}\mathbf{y}\,.\end{aligned}$$

Für inferenzstatistische Auswertungen benötigt man noch die Kovarianzmatrix von $\hat{\boldsymbol{\beta}}_{GLS}$. Ausgangspunkt ist dabei die analog zum klassischen multiplen Regressionsmodell geltende Beziehung,

$$\mathrm{Cov}\left(\hat{\boldsymbol{\beta}}_{GLS}\right) = \sigma^2\left(\mathbf{X}^{*\prime}\mathbf{X}^{*}\right)^{-1},$$

für die transformierten Modellvariablen. Setzt man hierin **TX** für $\mathbf{X}^*$ ein, so erhält man

$$\mathrm{Cov}\left(\hat{\boldsymbol{\beta}}_{GLS}\right) = \sigma^2\left(\mathbf{X}'\boldsymbol{\Omega}^{-1}\mathbf{X}\right)^{-1},$$

worin der Parameter σ^2 allerdings unbekannt ist. Er kann jedoch im verallgemeinerten Regressionsmodell analog wie beim klassischen Regressionsmodell durch

$$\hat{\sigma}^2_{GLS} = \frac{\hat{\mathbf{u}}^{*\prime}\hat{\mathbf{u}}^{*}}{n-k}$$

erwartungstreu geschätzt werden. Die Größen $\hat{\mathbf{u}}^*$, die durch

$$\hat{\mathbf{u}}^* = \mathbf{y}^* - \mathbf{X}^*\hat{\boldsymbol{\beta}}_{GLS}$$

gegeben sind, heißen GLS-Residuen. Der GLS-Schätzer für σ^2 ergibt sich mithin aus

$$\hat{\sigma}^2_{GLS} = \frac{\left(\mathbf{y}^* - \mathbf{X}^*\hat{\boldsymbol{\beta}}_{GLS}\right)'\left(\mathbf{y}^* - \mathbf{X}^*\hat{\boldsymbol{\beta}}_{GLS}\right)}{n-k}$$

$$= \frac{\left(\mathbf{Ty} - \mathbf{TX}\hat{\boldsymbol{\beta}}_{GLS}\right)'\left(\mathbf{Ty} - \mathbf{TX}\hat{\boldsymbol{\beta}}_{GLS}\right)}{n-k}$$

$$= \frac{\left(\mathbf{y} - \mathbf{X}\hat{\boldsymbol{\beta}}_{GLS}\right)'\mathbf{T}'\mathbf{T}\left(\mathbf{y} - \mathbf{X}\hat{\boldsymbol{\beta}}_{GLS}\right)}{n-k},$$

woraus sich wegen $\mathbf{T}'\mathbf{T} = \boldsymbol{\Omega}^{-1}$

$$\hat{\sigma}^2_{GLS} = \frac{\left(\mathbf{y} - \mathbf{X}\hat{\boldsymbol{\beta}}_{GLS}\right)'\boldsymbol{\Omega}^{-1}\left(\mathbf{y} - \mathbf{X}\hat{\boldsymbol{\beta}}_{GLS}\right)}{n-k}$$

folgt. Damit wird klar, dass die Transformationsmatrix $\mathbf{T}$ bei der GLS-Schätzung selbst nicht bestimmt zu werden braucht. Vielmehr hat sie die Funktion einer Hilfsgröße. Die GLS-Schätzung kann daher unter Verwendung der originären Beobachtungswerte durchgeführt werden, die hierzu nicht transformiert zu werden brauchen. In der ökonometrischen Praxis ist jedoch zusätzlich die Kovarianzmatrix $\boldsymbol{\Omega}$ zu schätzen, womit wir uns nun beschäftigen wollen.

2.4.4.2 GLS-Schätzung bei unbekannter Kovarianzmatrix der Störterme

Bei empirischen Anwendungen ist die $\boldsymbol{\Omega}$-Matrix im allgemeinen unbekannt. Damit ist vor der GLS-Schätzung des Modells ein konsistenter Schätzer $\hat{\boldsymbol{\Omega}}$ zu entwickeln. Hat man $\hat{\boldsymbol{\Omega}}$ gefunden, sind alle interessierenden Größen durch

(2.4.51) $\hat{\boldsymbol{\beta}}_{GLS} = \left(\mathbf{X}'\hat{\boldsymbol{\Omega}}^{-1}\mathbf{X}\right)^{-1}\mathbf{X}'\hat{\boldsymbol{\Omega}}^{-1}\mathbf{y}$,

(2.4.52) $\text{Cov}\left(\hat{\boldsymbol{\beta}}_{GLS}\right) = \sigma^2_{GLS}\left(\mathbf{X}'\hat{\boldsymbol{\Omega}}^{-1}\mathbf{X}\right)^{-1}$ und

(2.4.53) $\sigma^2_{GLS} = \dfrac{\left(\mathbf{y} - \mathbf{X}\hat{\boldsymbol{\beta}}_{GLS}\right)'\hat{\boldsymbol{\Omega}}^{-1}\left(\mathbf{y} - \mathbf{X}\hat{\boldsymbol{\beta}}_{GLS}\right)}{n-k}$

berechenbar. Erst mit den Gleichungen (2.4.51), (2.4.52) und (2.4.53) ist die GLS-Schätzung durchführbar (flexible GLS estimators). Als Konsequenz einer unbekannten Matrix $\boldsymbol{\Omega}$ ergibt sich zunächst, dass $\hat{\boldsymbol{\beta}}_{GLS}$ kein linearer Schätzer mehr ist. Da $\hat{\boldsymbol{\Omega}}$ im allgemeinen eine Zufallsgröße ist, sind auch die Gewichte der Linearkombination Zufallsvariablen. Aus dem gleichen Grund existiert nun ein Erwartungswert von $\hat{\boldsymbol{\Omega}}$, so dass $\hat{\boldsymbol{\beta}}_{GLS}$ auch die Eigenschaft der Unverzerrtheit verliert. Allgemein bleibt so lediglich die Güteeigenschaft der Konsistenz erhalten.

Die $\boldsymbol{\Omega}$-Matrix enthält bei Heteroskedastizität und Autokorrelation bis zu $n(n-1)/2$ verschiedene Parameter, was bereits oben angedeutet wurde. Bei nur n Beobachtungen lässt sich $\boldsymbol{\Omega}$ aufgrund der fehlenden Freiheitsgrade nicht schätzen. Daher ist hier zu versuchen, durch die Anwendung von Autokorrelations- und Heteroskedastizitätstests die Struktur der Kovarianzmatrix der Störterme aufzudecken, um so die Anzahl der zu schätzenden Parameter zu reduzieren. Das bedeutet auf der anderen Seite, dass kein allgemeines Verfahren zur Schätzung der $\boldsymbol{\Omega}$-Matrix angegeben werden kann. Vielmehr wird man sich von der konkreten Form des Modelldefektes leiten lassen, um so einen Schätzer für $\boldsymbol{\Omega}$ zu erhalten. Die anzuwendende Vorgehensweise wird daher im folgenden separat für Autokorrelation und Heteroskedastizität diskutiert.

2.4.4.2.1 Kovarianzmatrix bei Heteroskedastizität

Bei Heteroskedastizität, aber fehlender Autokorrelation ist Var(u) allgemein durch

$$\mathrm{Var}(\mathbf{u}) = \begin{pmatrix} \sigma_1^2 & 0 & \cdots & 0 \\ 0 & \sigma_2^2 & \cdots & 0 \\ \vdots & \vdots & \ddots & \vdots \\ 0 & 0 & \cdots & \sigma_n^2 \end{pmatrix}$$

gegeben. Es handelt sich um eine Diagonalmatrix, deren Diagonalelemente sich allgemein voneinander unterscheiden.

Ansatz 1

Das Modell wird nun unter Umständen schätzbar, wenn einige der Varianzen σ_t^2, $t = 1,\ldots,n$, identisch sind. Sofern nur m Varianzen verschieden sind, m<n, hat man

$$\mathrm{Var}(\mathbf{u}) = \begin{pmatrix} \sigma_1^2 & 0 & \cdots & \cdots & 0 \\ 0 & \sigma_1^2 & \cdots & \cdots & \vdots \\ \vdots & \vdots & \ddots & \ddots & \vdots \\ \vdots & \vdots & \ddots & \sigma_m^2 & 0 \\ 0 & 0 & \cdots & 0 & \sigma_m^2 \end{pmatrix},$$

wobei für m=2 der Goldfeld-Quandt-Test Hinweise auf eine derartige Spezifikation liefern kann. Dieser Ansatz zur Parameterreduktion lässt sich z.B. bei Zeitreihendaten begründen, wenn die Varianz der Störterme etwa bei wachsenden Werten der erklärenden Variablen steigt, in bestimmten Teilintervallen des Beobachtungszeitraums jedoch näherungsweise konstant ist. Die m verschiedenen Varianzen sind unter der vorgeschlagenen Strategie aus den Residuenquadratsummen von m separat durchgeführten Regressionen zu ermitteln, wodurch sich ein Schätzer für die unbekannte $\boldsymbol{\Omega}$-Matrix ergibt. Ein klarer Nachteil dieses Verfahrens besteht allerdings darin, dass relativ große Beobachtungsumfänge benötigt werden. So muss in jeder der m Regressionen die Anzahl der Beobachtungen den Wert k+1 übersteigen, damit die Durchführung der Schätzung gewährleistet ist. Dieser Einwand macht die Strategie nur für relativ kleine Werte von m, etwa m=2, praktikabel.

Ansatz 2

Alternativ lässt sich z.B. ein Modell zur Bestimmung der n Varianzen σ_t^2 formulieren. Ein derartiger Ansatz ist in

(2.4.54) $$\sigma_t^2 = \sigma^2 z_t^\delta, \quad t = 1,\dots,n$$

gegeben. Die z_t sind darin die n Beobachtungen eines Regressors oder alternativ eine Linearkombination der Werte mehrerer Variablen, in jedem Fall aber exogen gegeben. Damit sind nur noch die Parameter σ^2 und δ unbekannt. Da die Störtermvarianzen jedoch nicht-negativ sein müssen und $z_t \lessgtr 0$ ist, wird hier δ=2 gesetzt. Dann ist in der Spezifikation

(2.4.55) $$\sigma_t^2 = \sigma^2 z_t^2, \quad t = 1,\dots n$$

nur noch σ^2 zu bestimmen. Die Validität dieses Ansatzes kann empirisch etwa mit dem Breusch-Pagan-Test auf Heteroskedastizität überprüft werden. Unter der Annahme (2.4.55) ist die Kovarianzmatrix der Störvariablen Cov(u) durch

$$\mathrm{Cov}(\mathbf{u}) = \sigma^2 \boldsymbol{\Omega} = \begin{pmatrix} \sigma^2 z_1^2 & 0 & \cdots & 0 \\ 0 & \sigma^2 z_2^2 & \cdots & 0 \\ \vdots & \vdots & \ddots & \vdots \\ 0 & \cdots & \cdots & \sigma^2 z_n^2 \end{pmatrix} = \sigma^2 \cdot \begin{pmatrix} z_1^2 & 0 & \cdots & 0 \\ 0 & z_2^2 & \cdots & 0 \\ \vdots & \vdots & \ddots & \vdots \\ 0 & 0 & \cdots & z_n^2 \end{pmatrix}$$

gegeben. Als Schätzer für die $\mathbf{\Omega}$-Matrix lässt sich in diesem Fall einfach

$$\hat{\mathbf{\Omega}} = \begin{pmatrix} z_1^2 & 0 & \cdots & 0 \\ 0 & z_2^2 & \cdots & 0 \\ \vdots & \vdots & \ddots & \vdots \\ 0 & 0 & \cdots & z_n^2 \end{pmatrix}$$

verwenden, wozu nur exogen vorliegende Größen benötigt werden.

Hieraus kann auf einfache Art und Weise die Transformationsmatrix T bestimmt werden. Da die Inverse von $\mathbf{\Omega}$ und damit hier auch

$$\hat{\mathbf{\Omega}}^{-1} = \begin{pmatrix} 1/z_1^2 & 0 & \cdots & 0 \\ 0 & 1/z_2^2 & \cdots & 0 \\ \vdots & \vdots & \ddots & \vdots \\ 0 & 0 & \cdots & 1/z_n^2 \end{pmatrix}$$

aufgrund von (2.4.43) durch die Produktmatrix T'T gegeben ist, folgt unmittelbar

$$\mathbf{T} = \begin{pmatrix} 1/z_1 & 0 & \cdots & 0 \\ 0 & 1/z_2 & \cdots & 0 \\ \vdots & \vdots & \ddots & \vdots \\ 0 & 0 & \cdots & 1/z_n \end{pmatrix}.$$

Sofern die z-Werte durch die Beobachtungen einer einzigen exogenen Variablen z.B. x_2 gegeben sind, spezifiziert sich die Transformationsmatrix T zu

$$\mathbf{T} = \begin{pmatrix} 1/x_{21} & 0 & \cdots & 0 \\ 0 & 1/x_{22} & \cdots & 0 \\ \vdots & \vdots & \ddots & \vdots \\ 0 & 0 & \cdots & 1/x_{2n} \end{pmatrix}.$$

Man erhält dann einen GLS-Schätzer für $\boldsymbol{\beta}$, indem man die Variablen der Modellgleichung

$$y_t = \beta_1 + \beta_2 x_{2t} + \beta_3 x_{3t} + \ldots + \beta_k x_{kt} + u_t$$

mit den inversen Beobachtungswerten $1/x_{2t}$ multipliziert und das transformierte Modell

$$(2.4.56)\quad \begin{array}{ccccccc} \dfrac{y_t}{x_{2t}} = & \beta_1 \dfrac{1}{x_{2t}} + & \beta_2 & + \beta_3 \dfrac{x_{3t}}{x_{2t}} + \ldots + & \beta_k \dfrac{x_{kt}}{x_{2t}} & + & \dfrac{u_t}{x_{2t}} \\ \uparrow & \uparrow & \uparrow & \uparrow & \uparrow & & \uparrow \\ y_t^* & x_{1t} & x_{2t}^* = 1 & x_{3t}^* & x_{kt}^* & & u_t^* \end{array}$$

mit der OLS-Methode schätzt. Dass die transformierte Störvariable u_t^* tatsächlich homoskedastisch ist, lässt sich nun leicht zeigen. Aufgrund von (2.4.56) ist die Varianz von u_t^* durch

$$\mathrm{Var}(u_t^*) = \mathrm{Var}\left(\frac{u_t}{x_{2t}}\right) = \frac{1}{x_{2t}^2}\mathrm{Var}(u_{2t}) = \frac{1}{x_{2t}^2}\sigma^2 z_t^2$$

gegeben, so dass man mit $z_t = x_{t2}$

$$\mathrm{Var}(u_t^*) = \sigma^2$$

erhält.

Die Heteroskedastizität wird nach dieser Verfahrensweise mithin durch eine Gewichtung der Modellvariablen beseitigt. Die Gewichte sind hierbei allgemein durch den Faktor $1/z_t$ gegeben. Eine Schätzung des Parametervektors $\boldsymbol{\beta}$ unter Verwendung der transformierten Modellvariablen

$$y_t^* = \frac{y_t}{z_t},\quad x_{1t}^* = \frac{x_{1t}}{z_t},\quad x_{2t}^* = \frac{x_{2t}}{z_t},\quad \ldots,\quad x_{kt}^* = \frac{x_{kt}}{z_t},\quad u_t^* = \frac{u_t}{z_t}$$

mit der OLS-Methode wird aus diesem Grund auch als **gewichtete Kleinst-Quadrate-Schätzung** (weighted least-squares (WLS)) bezeichnet, die eine spezielle Variante der GLS-Schätzung darstellt.

Beispiel 2.4. 5: Wie der Goldfeld-Quandt-Test gezeigt hat, ist im Beobachtungszeitraum 1970–1989 von heteroskedastischen Störtermen der Geldnachfragefunktion (2.1.23) auszugehen. Die OLS-Schätzung der Geldnachfragefunktion

$$\widehat{\ln m_t} = \underset{(-10{,}900)}{-4{,}741} + \underset{(24{,}903)}{1{,}424} \cdot \ln y_t - \underset{(-4{,}076)}{0{,}077} \cdot \ln r_t,\ R^2 = 0{,}978,$$

ist daher unter inferenzstatistischen Aspekten kritisch zu hinterfragen. Da wir bereits die Heteroskedastizität aufgrund einer Klassierung der Beobachtungen des Regressors $\ln y_t$ aufgedeckt haben, spezifizieren wir die Störvarianz σ_t^2 im Ansatz 2 in der Form

$$\sigma_t^2 = \sigma^2 \cdot (\ln y_t)^2,$$

so dass das Regressionsmodell der gewichteten Methode der kleinsten Quadrate (WLS-Methode) als Spezialfall der GLS-Methode

$$(2.4.57) \qquad \left(\frac{\widehat{\ln m_t}}{\ln y_t}\right) = \beta_1 \cdot \frac{1}{\ln y_t} + \beta_2 + \beta_3 \cdot \frac{\ln r_t}{\ln y_t} + u_t^*$$

mit $u_t^* = u_t / \ln y_t$ lautet. OLS-Schätzung des ökonometrischen Modells (2.4.56) für den GLS-Schätzer

$$\hat{\beta}_{1,GLS} = -4{,}071 \quad (t = -10{,}882)$$
$$\hat{\beta}_{2,GLS} = 1{,}418 \quad (t = 24{,}974)$$

und

$$\hat{\beta}_{3,GLS} = -0{,}077 \quad (t = -4{,}106),$$

deren Inferenzstatistik valide ist. In unserer speziellen Anwendung weichen die GLS-Schätzer allerdings nur geringfügig von den originären OLS-Schätzern ab, so dass sich hier im Hinblick auf die Interpretation der ökonometrischen Schätzergebnisse im Kern keine Unterschiede ergeben.

Zu beachten ist allerdings, dass der Determinationskoeffizient der OLS-Schätzung von $R^2_{OLS} = 0{,}978$ nicht unmittelbar mit dem Bestimmtheitsmaß der WLS-Schätzung (2.4.57) von $R^2_{GLS*} = 0{,}918$ [56] vergleichbar ist, da sich letzteres auf die transformierten Variablen bezieht. Man erhält ein vergleichbares Bestimmtheitsmaß der $\widehat{\ln m}_{t,GLS}$-Schätzung, indem man GLS-Regressionswerte unter Verwendung der GLS-Schätzer für die Regressionskoeffizienten ermittelt und die sich daraus ergebende Varianz der Regressionswerte auf die Gesamtvarianz der abhängigen Variablen bezieht.

So ergibt sich z.B. der GLS-Regressionswert $\widehat{\ln m}_{t,GLS}$ unter Verwendung der auf sechs Dezimalstellen exakten GLS-Koeffizientenschätzer

$$\widehat{\ln m}_{t,GLS} = -4{,}070680 + 1{,}418280 \cdot \ln y_1 - 0{,}077200 \cdot \ln r_1$$
$$= 5{,}320150.$$

56 Der Stern (*) soll darauf hinweisen, dass das Bestimmtheitsmaß aus den transformierten Beobachtungswerten resultiert.

Führt man die entsprechenden Berechnungen für den Stützzeitraum der Regression durch, dann erhält man die Zeitreihe der Regressionswerte $\ln \hat{m}_{t,GLS}$:

t	1	2	3	4	5	6
$\ln \hat{m}_{t,GLS}$	5,320150	5,383918	5,462940	5,470343	5,486850	5,522122
t	7	8	9	10	11	12
$\ln \hat{m}_{t,GLS}$	5,610610	5,644223	5,705171	5,715505	5,702828	5,685965
t	13	14	15	16	17	18
$\ln \hat{m}_{t,GLS}$	5,694138	5,753404	5,793477	5,826263	5,869060	5,900896
t	19	20				
$\ln \hat{m}_{t,GLS}$	5,946245	5,960796				

Während die Varianz $s^2_{\ln m}$ der logarithmierten Geldmenge 0,033568 beträgt, nimmt die Varianz $s^2_{\ln \hat{m},GLS}$ den Wert 0,032604 an. Mithin lautet das Bestimmtheitsmaß der GLS-Schätzung für die Variablen auf originären Messniveau

$$R^2_{GLS} = \frac{s^2_{\ln m}}{s^2_{\ln \hat{m},GLS}} = \frac{0,032604}{0,033568} = 0,971 \ ,$$

so dass die Güte der Anpassung der GLS-geschätzten Geldnachfragefunktion hier gegenüber R^2_{GLS*} nicht merklich reduziert wird.

2.4.4.2.2 Kovarianzmatrix bei Autokorrelation

Wenn die Einflussgrößen eines ökonometrischen Eingleichungsmodells die endogene Variable nur unzureichend erklären können, folgt die Störgröße keinem White-Noise-Prozess, da sie die unerklärten systematischen Variationen „auffängt". Man spricht dann von einer autokorrelierten Störgröße, die bei einer Nichtberücksichtigung zum Fall der Heteroskedastizität vergleichbare inferenzstatistische Konsequenzen hat. Autokorrelation der Störgröße deutet auf eine Fehlspezifikation des ökonometrischen Modells hin, die sich durch eine Einbeziehung geeigneter Einflussgrößen beheben ließe, was wo immer möglich unter wirtschaftstheoretischen Aspekten anzustreben sein sollte. Hier wird als Alternative eine Beseitigung der Autokorrelation unter Verwendung schätztechnischer Modifikationen aufgezeigt. Dabei konzentrieren wir uns auf eine Untersuchung der Autokorrelation erster Ordnung, die sich speziell durch den autoregressiven (AR)-Prozess

(2.4.58) $u_t = \phi u_{t-1} + v_t, |\phi| < 1$

ergibt (Markov-Prozess). Die Störterme der Beziehung sind die v_t, für die die klassischen Annahmen (2.1.6) und (2.1.7) gelten. Im Spezialfall $\phi=0$ folgt $u_t=v_t$ und somit die Abwesenheit der hypothetischen Autokorrelationsstruktur.

Für die Berechnung der Momente des Prozesses u_t empfiehlt sich bei $\phi\neq0$ von einer zu (2.4.51) äquivalenten Darstellung auszugehen, die im Folgenden zunächst abgeleitet wird. Wird (2.4.51) um eine Periode in die Vergangenheit geschoben, ergibt sich

$$u_{t-1} = \phi u_{t-2} + v_{t-1} \quad ,$$

so dass nach Einsetzen

$$u_t = \phi^2 u_{t-2} + \phi v_{t-1} + v_t$$

folgt. Es gilt nun analog

$$u_{t-2} = \phi u_{t-3} + v_{t-2} \, ,$$

so dass man nach erneuter Substitution

$$u_t = \phi^3 u_{t-3} + \phi^2 v_{t-2} + \phi v_{t-1} + v_t$$

erhält. Allgemein folgt damit nach i Ersetzungen

(2.4.59) $u_t = \phi^{i+1} u_{t-i-1} + \phi^i v_{t-i} + \ldots + \phi v_{t-1} + v_t$.

Da annahmegemäß $|\phi|<1$ ist, geht bei $i\to\infty$ der Ausdruck $\phi^{i+1}u_{t-i-1}$ gegen 0, so dass u_t allein als Funktion von v_t und unendlicher Verzögerungen dieses Prozesses darstellbar ist:

$$u_t = v_t + \phi v_{t-1} + \phi^2 v_{t-2} + \ldots$$

oder

(2.4.60) $u_t = \sum_{i=0}^{\infty} \phi^i v_{t-i}$.

Somit sind die autokorrelierten Größen u_t wegen $|\phi|<1$ auf zwei äquivalente Weisen darstellbar: zum einen über (2.4.58) als autoregressiver Prozess erster Ordnung, d.h. durch ein AR(1)-Modell. Zweitens nach (2.4.60) durch einen Moving-Average-Prozess unendlicher Ordnung, MA(∞)-Modell, der allgemein als Linearkombination von White-Noise-Größen [57] definiert ist. Die Gewichte der Linearkombination werden hier durch die unbekannten Parameter ϕ^i angegeben. Man spricht in diesem Zusammenhang auch von der Invertierbarkeit des AR-Prozesses: mit $|\phi|<1$ lässt sich der AR(1)-Prozess (2.4.58) als MA(∞)-Prozess schreiben und ist daher invertierbar.

Die Momente der u_t werden nun aus der Darstellung (2.4.60) abgeleitet. Für den Erwartungswert erhält man

$$E(u_t) = E\left(\sum_{i=0}^{\infty} \phi^i v_{t-i}\right) = \sum_{i=0}^{\infty} \phi^i E(v_{t-i}) \ .$$

Der Erwartungswert der v_t ist jedoch wegen (2.1.6) gleich 0, so dass

$$E(u_t) = 0, \quad t = 1, \ldots, n \tag{2.4.61}$$

folgt. Damit ist die Varianz der u_t gleich $E(u_t^2)$. Aufgrund von (2.4.60) erhält man

$$\mathrm{Var}(u_t) = E\left[\left(\sum_{i=0}^{\infty} \phi^i v_{t-i}\right)^2\right] = E\left[\sum_{i=0}^{\infty} (\phi^i)^2 (v_{t-i})^2 + \sum_{i \neq j}\sum \phi^i \phi^j v_{t-i} v_{t-j}\right]$$

wobei im zweiten Ausdruck die Produkte der v_t mit ungleichem Index stehen. Wegen der Linearität des Erwartungsoperators folgt nun

$$\mathrm{Var}(u_t) = \sum_{i=0}^{\infty} \phi^{2i} E(v_{t-i}^2) + \sum_{i \neq j}\sum \phi^i \phi^j E(v_{t-i} v_{t-j}) \ .$$

Da die v_t die klassischen Eigenschaften erfüllen, also insbesondere aufgrund von (2.4.30) homoskedastisch mit der Varianz σ_v^2 und unkorreliert sind, hat man

$$\mathrm{Var}(u_t) = \sum_{i=0}^{\infty} \phi^{2i} \sigma_v^2 = \sigma_v^2 \sum_{i=0}^{\infty} \phi^{2i} = \sigma_v^2 (1 + \phi^2 + \phi^4 + \ldots) \ .$$

In der Klammer steht nun eine unendliche geometrische Reihe mit dem Quotienten ϕ^2. Da $|\phi|<1$ ist, ist $\phi^2<1$, so dass der Grenzwert dieser Reihe existiert und gleich $1/(1-\phi^2)$ ist. Damit ergibt sich

$$\mathrm{Var}(u_t) = \frac{\sigma_v^2}{1-\phi^2}; t = 1, \ldots, n \ , \tag{2.4.62}$$

[57] Eine Zufallsvariable folgt einem White-Noise-Prozess (reiner Zufallsprozess), wenn sie bei konstantem Erwartungswert und konstanter Varianz frei von Autokorrelation ist.

so dass die u_t homoskedastisch sind. Man sieht, dass die Annahme $|\phi|<1$ hier eine endliche Varianz impliziert. Ohne diese Annahme wäre die Varianz unendlich, würde also nicht existieren.

Die Autokovarianzen der u_t berechnen sich wegen (2.4.61) durch $Cov(u_t, u_{t-j}) = E(u_t \; u_{t-j})$. Damit erhält man z.B. für die Autokovarianz zwischen den Störtermen im verallgemeinerten Modell, die im Beobachtungszeitraum unmittelbar aufeinander folgen

$$Cov(u_t, u_{t-1}) = E(u_t u_{t-1}) .$$

Durch Einsetzen von (2.4.60) ergibt sich daraus

$$\begin{aligned} Cov(u_t, u_{t-1}) &= E\left[\left(\sum_{i=0}^{\infty}\phi^i v_{t-i}\right)\left(\sum_{i=1}^{\infty}\phi^i v_{t-i}\right)\right] \\ &= E\left[\left[v_t + \phi\left(v_{t-1} + \phi^2 v_{t-2} + ...\right)\right]\left(v_{t-1} + \phi v_{t-2} + ...\right)^2\right] \\ &= E\left[v_t + \phi\left(v_{t-1} + \phi v_{t-2} + ...\right)\left(v_{t-1} + \phi v_{t-2} + ...\right)\right] \\ &= E\left[v_t\left(v_{t-1} + \phi v_{t-2} + ...\right) + \phi\left(v_{t-1} + \phi v_{t-2} + ...\right)^2\right] \\ &= E\left[v_t\left(v_{t-1} + \phi v_{t-2} + ...\right)\right] + \phi E\left[\left(v_{t-1} + \phi v_{t-2} + ...\right)^2\right]. \end{aligned}$$

Offensichtlich ist $E\left[v_t\left(v_{t-1} + \phi v_{t-2} + ...\right)\right] = 0$, was nach Ausmultiplizieren und der Berechnung des Erwartungswerts für die Terme $v_t v_s$, $s \neq t$, unmittelbar aus (2.4.30) folgt. Damit erhält man

$$Cov(u_t, u_{t-1}) = \phi E\left[\left(v_{t-1} + \phi v_{t-2} + ...\right)^2\right] = \phi E\left(\sum_{i=0}^{\infty}\phi^i v_{t-i-1}\right)^2 .$$

Wird die Quadrierung durchgeführt und der Erwartungsoperator angewendet, sind alle $E(v_t \cdot v_s)$ mit $t \neq s$ gleich 0, da die v_t wegen (2.4.30) unkorreliert sind. Damit ergibt sich

$$Cov(u_t, u_{t-1}) = \phi \sum_{i=0}^{\infty} \phi^{2i} E\left(v_{t-i-1}^2\right) .$$

Wegen (2.1.7) ist nun $E\left(v_t^2\right) = \sigma_v^2$ für alle t, so dass

$$Cov(u_t, u_{t-1}) = \phi \sum_{i=0}^{\infty} \phi^{2i} \sigma_v^2 = \phi \sigma_v^2 \sum_{i=0}^{\infty} \phi^{2i}$$

folgt. Analog zur Herleitung von (2.4.62) erhält man daraus

$$\text{(2.4.63)} \qquad Cov(u_t, u_{t-1}) = \phi \cdot \frac{\sigma_v^2}{1-\phi^2} = \phi Var(u_t) .$$

In (2.4.63) ist die Autokovarianz zwischen Störtermen unmittelbar benachbarter Beobachtungen im verallgemeinerten Modell gegeben. Wird dagegen die Autokovarianz zwischen den Störvariablen berechnet, die im Beobachtungszeitraum genau j Perioden voneinander entfernt sind, ergibt sich analog

$$\text{(2.4.64)} \qquad \mathrm{Cov}\left(u_t, u_{t-j}\right) = \phi^j \cdot \frac{\sigma_v^2}{1-\phi^2} = \phi^j \mathrm{Var}\left(u_t\right) .$$

Da $|\phi| < 1$ ist, nimmt somit die Kovarianz und daher auch die Korrelation zwischen den Störvariablen mit wachsender Laglänge j ab. Der betragsmäßig größte Autokorrelationskoeffizient

$$\text{(2.4.65)} \qquad \rho_j = \mathrm{Cov}\left(u_t, u_{t-j}\right) / \mathrm{Var}\left(u_t\right) = \rho^j; \quad j = 1,2,...$$

ergibt sich also für die Störterme, die unmittelbar aufeinander folgen. Je größer der Parameter ϕ ist, d.h. je näher er betragsmäßig an 1 liegt, desto schwächer ist wegen (2.4.65) die Abnahme der Autokorrelationskoeffizienten, wenn die Länge des Lags j erhöht wird.

Für die im folgenden zu diskutierenden Schätzstrategie im verallgemeinerten Modell bei Autokorrelation erster Ordnung wird nun $\mathrm{Var}(u_t) = \sigma_v^2 / (1-\phi^2) = \sigma^2$ gesetzt. Dann folgt für die Varianz-Kovarianz-Matrix der Störterme unter Beachtung von Gleichung (2.4.64)

$$\mathrm{Cov}(\mathbf{u}) = \sigma^2 \boldsymbol{\Omega} = \begin{pmatrix} \sigma^2 & \phi\sigma^2 & \cdots & \phi^{n-1}\sigma^2 \\ \phi\sigma^2 & \sigma^2 & \cdots & \phi^{n-2}\sigma^2 \\ \vdots & \vdots & \ddots & \vdots \\ \phi^{n-1}\sigma^2 & \phi^{n-2}\sigma^2 & \cdots & \sigma^2 \end{pmatrix} = \sigma^2 \cdot \begin{pmatrix} 1 & \phi & \cdots & \phi^{n-1} \\ \phi & 1 & \cdots & \phi^{n-2} \\ \vdots & \vdots & \ddots & \vdots \\ \phi^{n-1} & \phi^{n-2} & \cdots & 1 \end{pmatrix}$$

so dass zur Bestimmung der $\boldsymbol{\Omega}$-Matrix lediglich der unbekannte Parameter ϕ zu berechnen ist. Damit lässt sich nun ein Algorithmus angeben, der unmittelbar zu den GLS-Schätzern $\hat{\boldsymbol{\beta}}_{GLS}$ führt.

Im ersten Schritt ist $\boldsymbol{\beta}$ im Modell

$$\text{(2.4.66)} \qquad y_t = \mathbf{x}_t' \boldsymbol{\beta} + u_t$$

mit

$$\text{(2.4.67)} \qquad u_t = \phi u_{t-1} + v_t ,$$

in dem $\mathbf{x}_t'$ als Zeilenvektor die t-te Beobachtung der k exogenen Variablen enthält, nach OLS zu schätzen. Aus $y_t - \mathbf{x}_t'\hat{\boldsymbol{\beta}} = \hat{u}_t$ lassen sich die Residuen berechnen, die im zweiten Schritt in (2.4.67) für die unbekannten Störterme einzusetzen sind. Durch erneute Anwendung der OLS-Methode lässt sich so ein Schätzer $\hat{\phi}$ ableiten.

Alternativ kann auf dieser zweiten Stufe natürlich auch die Durbin-Watson-Statistik der Regression (2.4.66) berechnet werden. Aus dem ermittelten Wert DW dieser Größe ergibt sich sofort ein Schätzer für ϕ, da bekanntlich $DW \approx 2(1-\hat{\phi})$ und daher $\hat{\phi} = 1 - DW/2$ gelten muss.

Im dritten Schritt ist mit $\hat{\phi}$ die $\hat{\boldsymbol{\Omega}}$-Matrix abzuleiten, die aufgrund der bisherigen Überlegungen hier als

$$\hat{\boldsymbol{\Omega}} = \begin{pmatrix} 1 & \hat{\phi} & \cdots & \hat{\phi}^{n-1} \\ \hat{\phi} & 1 & \cdots & \hat{\phi}^{n-2} \\ \vdots & \vdots & \ddots & \vdots \\ \hat{\phi}^{n-1} & \hat{\phi}^{n-2} & \cdots & 1 \end{pmatrix}$$

gegeben ist. Durch Invertierung ergibt sich daraus $\hat{\boldsymbol{\Omega}}^{-1}$. Viertens berechnet sich der GLS-Schätzer $\hat{\boldsymbol{\beta}}_{GLS}$ dann aus der Beziehung (2.4.51)

$$\hat{\boldsymbol{\beta}}_{GLS} = \left(\mathbf{X}'\hat{\boldsymbol{\Omega}}^{-1}\mathbf{X}\right)^{-1}\mathbf{X}'\hat{\boldsymbol{\Omega}}^{-1}\mathbf{y} \ ,$$

in der nun alle Größen gegeben sind. Analog erhält man mit (2.4.51)

$$\widehat{\mathrm{Cov}}\left(\hat{\boldsymbol{\beta}}_{GLS}\right) = \sigma^2\left(\mathbf{X}'\hat{\boldsymbol{\Omega}}^{-1}\mathbf{X}\right)^{-1}$$

die Varianz-Kovarianz-Matrix des GLS-Schätzers, in der noch der Parameter

$$\sigma^2 = \mathrm{Var}(u_t) = \sigma_v^2 / \left(1 - \phi^2\right)$$

unbekannt ist. Man erhält einen Schätzer für σ^2 aus der Beziehung (2.4.52)

$$\hat{\sigma}^2_{GLS} = \hat{\mathbf{u}}'\hat{\boldsymbol{\Omega}}^{-1}\,\hat{\mathbf{u}}/(n-k)$$

oder alternativ durch

$$\text{(2.4.68)} \qquad \hat{\sigma}^2_{GLS} = \hat{\sigma}_v^2 / \left(1 - \hat{\phi}^2\right)$$

wobei $\hat{\phi}$ der OLS-Schätzer für ϕ und $\hat{\sigma}_v^2$ die geschätzte Varianz der Störgrößen v_t in der Beziehung (2.4.60) ist, die sich analog zu (2.2.10) ergibt. Damit lässt sich die Kovarianzmatrix der GLS-Schätzer berechnen, auf deren Grundlage die üblichen Parametertests wieder durchführbar sind.

2.4.4.2.3 Alternative Strategien bei autokorrelierten Störtermen

Im Folgenden werden hier einige Strategien angegeben, die eine Schätzung der $\mathbf{\Omega}$-Matrix nicht benötigen und daher einfacher handhabbar sind. Ausgangspunkt ist jeweils das Modell

$$y_t = \mathbf{x}_t'\boldsymbol{\beta} + u_t$$

mit

$$u_t = \phi u_{t-1} + v_t \,,$$

in dem $\mathbf{x}_t'$ als (1×k)-Vektor die t-te Beobachtung der k exogenen Größen enthält. Wird die Beziehung für y_t um eine Periode verzögert und mit $\phi \neq 0$ multipliziert, hat man

$$\phi y_{t-1} = \phi\left(\mathbf{x}_{t-1}'\boldsymbol{\beta}\right) + \phi u_{t-1} \,.$$

Durch Subtraktion vom Ausgangsmodell ergibt sich

$$y_t - \phi y_{t-1} = \mathbf{x}_t'\boldsymbol{\beta} - \phi \mathbf{x}_{t-1}'\boldsymbol{\beta} + u_t - \phi u_{t-1}$$

oder

$$y_t - \phi y_{t-1} = \left(\mathbf{x}_t' - \phi \mathbf{x}_{t-1}'\right)\boldsymbol{\beta} + v_t \tag{2.4.69}$$

und damit ein Regressionsansatz, in dem die Störgrößen die klassischen Eigenschaften erfüllen. Gleichung (2.4.69) kann daher durch Anwendung der OLS-Methode geschätzt werden, wenn der Parameter ϕ bekannt ist.

Da ϕ unbekannt ist, muss vorab ein Schätzer $\hat{\phi}$ entwickelt werden, der dann in (2.4.69) einzusetzen ist. Hierfür existieren nun verschiedene Alternativen. Nach der **Methode von Cochran und Orcutt** [58] ist im ersten Schritt das Modell

$$y_t = \mathbf{x}_t'\boldsymbol{\beta} + u_t$$

58 Cochran und Orcutt (1949).

durch OLS zu schätzen, woraus man die Residuen $\hat{u}_t$ erhält. Mit diesen kann dann aus der Regression

$$\hat{u}_t = \phi \hat{u}_{t-1} + v_t$$

ein Schätzer für $\hat{\phi}$ entwickelt werden, der dann in (2.4.69) zu verwenden ist, so dass abschließend

$$(2.4.70) \qquad y_t - \hat{\phi} y_{t-1} = \left(\mathbf{x}_t' - \hat{\phi} \mathbf{x}_{t-1}'\right)\boldsymbol{\beta} + v_t$$

nur noch nach OLS zu schätzen ist. Man sieht, dass das Cochran-Orcutt-Verfahren mit den im letzten Abschnitt diskutierten ersten beiden Stufen im GLS-Algorithmus identisch ist.

Alternativ ist der **Ansatz von Hildreth und Lu** [59]. Wie bei der Cochran-Orcutt-Methode ist hier im ersten Schritt das Modell $y_t = \mathbf{x}_t'\boldsymbol{\beta} + u_t$ nach OLS zu schätzen. Mit der Durbin-Watson-Statistik erhält man dann Rückschlüsse auf die Art der möglichen Autokorrelation erster Ordnung.

Bei positiver Autokorrelation ist $0<\phi\leq 1$. Für jeden ϕ-Wert, z.B. ϕ=0,1, ϕ=0,2, ..., ϕ=0,9, ϕ=1,0 wird nun $\boldsymbol{\beta}$ im Modell (2.4.69) nach OLS geschätzt und der Wert für ϕ angenommen, bei dem die Residuenquadratsumme $\sum \hat{v}_t^2$ minimal wird. Daraus ergeben sich die mit dieser Methode gefundenen Regressionsparameter.

Als **weitere mögliche Alternative** lässt sich der Störprozess auch direkt in den Regressionsansatz einsetzen. Dann folgt mit

$$(2.4.71) \qquad y_t = \mathbf{x}_t'\boldsymbol{\beta} + \phi \hat{u}_{t-1} + v_t$$

ein Modell, in dem $\hat{u}_{t-1}$ als erklärende Variable behandelt wird [60]. Da für die v_t die klassischen Eigenschaften gelten, ist die OLS-Methode auch hier anwendbar. Zu beachten ist jedoch, dass stets eine Schätzung des Modells $y_t = \mathbf{x}_t'\boldsymbol{\beta} + u_t$ erforderlich ist, da sich nur auf diese Weise die Residuen $\hat{u}_t$ und somit die Werte des Regressors $\hat{u}_{t-1}$ erhalten lassen.

59 Hildreth und Lu (1960).

60 Der Regressor u_{t-1} ist mit dem Störprozess unkorreliert, $E(u_{t-1} \cdot v_t)=0$, weil die Störgröße v_t erst in Periode t auftreten kann. Einen formalen Beweis kann man ableiten, indem die Korrelation berechnet wird, wobei u_{t-1} zunächst in die MA(∞)-Darstellung zu transformieren ist.

Beispiel 2.4. 6: Die Autokorrelation der Störterme der Keynes'schen Konsumfunktion weist auf systematische Fluktuationen des privaten Verbrauchs hin, die nicht durch die absolute Einkommenshypothese erklärt werden können. Zusätzliche erklärende Variablen und/oder alternative Einkommenskonzepte könnten hier gegebenenfalls Verbesserungen nach sich ziehen. Sofern die Keynes'sche Konsumfunktion Gegenstand der ökonomischen Analyse bleiben soll, kann alternativ mittels ökonometrischer Verfahren versucht werden, die Autokorrelation der Störgröße zu bereinigen. Hier wird die Bereinigung der Autokorrelation mittels der Cochran-Orcutt-Methode vorgestellt.

Hierzu werden die Residuen $\hat{u}_t$ der OLS-geschätzten Konsumfunktion

$$\hat{C}_t = \underset{(0,844)}{37,317} + \underset{(22,974)}{0,864} \cdot Y_t^v,$$

$$R^2 = 0,969, \quad DW = 0,635,$$

auf ihre um eine Periode verzögerten Werte $\hat{u}_{t-1}$ regressiert:

$$\hat{\hat{u}}_t = \underset{(3,580)}{0,635} \cdot \hat{u}_{t-1},$$

$$R^2 = 0,462, \quad DW = 1,979.$$

Man erhält hieraus einen OLS-Schätzer für den autoregressiven Parameter ϕ, der zugleich ein Schätzer für den Autokorrelationskoeffizienten 1. Ordnung, ρ_1, ist:

$$\hat{\rho}_1 = \hat{\phi} = 0,635 .$$

Unter Verwendung dieses Schätzers lassen sich die verallgemeinerten Differenzen

$$C_t^* = C_t - 0,635 \cdot C_{t-1}$$

und

$$Y_t^{*v} = Y_t^v - 0,635 \cdot Y_t^v$$

der Modellvariablen C_t und Y_t^v bilden. Eine OLS-Schätzung der verallgemeinerten Differenzengleichung

$$\hat{C}_t^* = \beta_1 \cdot (1 - 0,635) + \beta_2 \cdot Y_t^{*v}$$

ergibt dann die GLS-Schätzer

$$\hat{\beta}_1^* = \hat{\beta}_1 \cdot (1 - 0,635) = 59,285 \quad (t = 2,081)$$

und

$$\hat{\beta}_2^* = \hat{\beta}_2 = 0{,}768 \quad (t = 12{,}127)$$

nach der Cochran-Orcutt-Strategie. Während die marginale Konsumquote unmittelbar mit dem Schätzer $\hat{\beta}_2^*$ der transformierten Regressionsgleichung übereinstimmt, ergibt sich der Schätzer für den autonomen Konsum aus der Transformation

$$\hat{\beta}_1 = \hat{\beta}_1^* / (1 - 0{,}635) = 162{,}425 \ .$$

Für den autonomen Konsum (=absolutes Glied) erhält man bei Berücksichtigung der Autokorrelation der Residuen mithin einen erheblich höheren Wert als bei der einfachen LS-Schätzung; dagegen sinkt die marginale Konsumquote (=Steigungsmaß) um knapp 10 Prozentpunkte.

Der Durbin-Watson-Test weist aus, dass mit Hilfe des Cochran-Orcutt-Verfahrens eine Bereinigung der Autokorrelation gelungen ist, da die sich ergebende DW-Statistik von 1,804 nun im Annahmebereich liegt (α=0,05; n=18; k=2):

$$DW = 1{,}804 \in [d_0 = 1{,}39; 4 - d_0 = 2{,}61] \ .$$

Der Determinationskoeffizient $R^2_{GLS^*}$ von 0,902 bezieht sich hier ähnlich wie bei der Anwendung der gewichteten Kleinst-Quadrate-Methode im Falle der Heteroskedastizität allein auf die Güte der Anpassung der verallgemeinerten Differenzengleichung. Hier lässt sich ganz analog wie im Beispiel 2.4.3 ein Determinationskoeffizent R^2_{GLS} für die GLS-geschätzte Konsumfunktion bestimmen, der bei einem Wert von 0,764 allerdings wesentlich von demjenigen der OLS-Schätzung abweicht. ♦

Aufgaben

2.4.1 Was versteht man unter Heteroskedastizität und wodurch kann dieser Modelldefekt verursacht werden?

2.4.2 Welche inferenzstatistischen Konsequenzen ergeben sich für die OLS-Parameterschätzer eines multiplen Regressionsmodells im Falle von Heteroskedastizität?

2.4.3 Erläutern Sie die Grundidee der verallgemeinerten Methode der kleinsten Quadrate (GLS-Methode) zur Beseitigung der Heteroskedastizität!

2.4.4 Testen Sie die Störterme der durch das verfügbare Einkommen erklärten Erdgasnachfragefunktion (≙Energiemodell I, s. Aufgabe 2.1.4) mit Hilfe des Goldfeld-Quandt-Tests auf Heteroskedastizität (α=0,10)!

2.4.5 Lässt sich das in Aufgabe 2.4.4 erhaltene Testergebnis durch den White-Test bestätigen?

2.4.6 Schätzen Sie die in Aufgabe 2.4.4 betrachtete Nachfragefunktion nach Erdgas unter Verwendung der Spezifikation $\sigma_t^2 = \sigma^2 \cdot \text{VEINKR}_t^2$ der Störtermvarianz mit der gewichteten Methode der kleinsten Quadrate (WLS-Methode)!

2.4.7 Wie hoch ist die Güte der Anpassung der originären Erdgasnachfragefunktion bei Verwendung der in Aufgabe 2.4.5 ermittelten WLS-Schätzer?

2.4.8 Welche Problematik ist mit einer Autokorrelation der Störterme eines ökonometrischen Modells verbunden?

2.4.9 Wodurch ist ein Markov-Prozess gekennzeichnet?

2.4.10 Prüfen Sie die Annahme fehlender Autokorrelation der Störterme der Gasnachfragefunktion mit dem Erdgaspreis als erklärender Variable (≙Energiemodell IV, Daten s. Anhang AII) auf der Basis des Durbin-Watson-Tests (α=0,05)!

2.4.11 Bestimmen Sie GLS-Parameterschätzer für die in Aufgabe 2.4.10 überprüfte Nachfragefunktion unter Verwendung der Cochran-Orcutt-Methode! Nehmen Sie Stellung zum Erfolg der GLS-Schätzung im Hinblick auf eine Beseitigung der Autokorrelation (DW=1,445; α=0,05)!

2.5 Ökonometrische Modelle mit verteilten Verzögerungen

2.5.1 Begriff der verteilten Verzögerungen

In der ökonomischen Theorie wird häufig davon ausgegangen, dass die Wirtschaftseinheiten unverzüglich auf veränderte Marktbedingungen reagieren. Die Variablen des Modells beziehen sich dann jeweils auf denselben Zeitpunkt oder Zeitraum, so dass man auch von einem statischen Ansatz spricht. Ein statisches Modell ist dann adäquat, wenn sich die Reaktionen der Wirtschaftseinheiten innerhalb der gewählten Zeiteinheit vollziehen. So kann z.B. bei Jahresdaten ein statisches Modell gerechtfertigt sein, während bei Monats- oder Quartalsdaten das Verhalten der Wirtschaftssubjekte nur durch ein dynamisches Modell erfasst werden kann. Mithin kommt dem zeitlichen Aggregationsgrad eine nicht unbedeutende Rolle bei der Modellkonstruktion zu.

Einer sofortigen Anpassung an unveränderte Marktbedingungen können verschiedenartige Gründe entgegenstehen. So treten z.B. durch die ökonomischen Entscheidungen vorgelagerte Informationsbeschaffung und -verarbeitung Verzögerungen (Lags) auf. Die Wirkung wirtschaftspolitischer Maßnahmen auf bestimmte Zielgrößen tritt nicht unmittelbar ein, da sie eine Reaktion von Individuen oder Institutionen voraussetzt, die unter Umständen ihre Erwartungen über die wirtschaftliche Entwicklung zu modifizieren haben. Verzögerungen können jedoch auch natürliche, technische oder institutionelle Gründe haben. Während natürliche Ursachen vorwiegend in der Landwirtschaft z.B. durch die Zeit von der Saat bis zur Ernte vorzufinden sind, treten technisch bedingte Verzögerungen in der Industrie z.B. durch die erforderliche Produktionszeit zur Herstellung von Gütern auf. Institutionelle Lags entstehen beispielsweise durch vorgegebene Zahlungstermine oder behördlich erlassene Bestimmungen.

Verteilte Verzögerungen (distributed lags) werden sich immer dann ergeben, wenn die Wirtschaftssubjekte mit Zeitverzögerungen verschiedener Länge auf veränderte Bedingungen reagieren. Dies ist im allgemeinen dann gegeben, wenn die Individuen heterogene Erwartungen über die wirtschaftliche Entwicklung haben. Jedoch schließen homogene Erwartungen verteilte Verzögerungen keinesfalls aus. Oftmals bilden sich nämlich die Erwartungen der Wirtschaftseinheiten aus der zeitlichen Entwicklung der Vergangenheitswerte einer Variablen heraus. Ökonomische Verhaltenshypothesen wie die Hypothese der partiellen Anpassung und die Hypothese der adaptiven Erwartung führen zu ganz bestimmten Lag-Modellen. Als Beispiele für eine Verwendung des Modells verteilter Verzögerungen in der ökonomischen Theorie seien hier die Erklärung des Preiserwartungseffekts in der Zinstheorie [61] und die Permanente-Einkommens-Hypothese in der Konsumtheorie [62] genannt. Eines der wichtigsten Anwendungsgebiete von Distributed-Lag-Modellen ist die Erklärung der privaten Investitionstätigkeit in einer Volkswirtschaft [63].

2.5.2 Das allgemeine Modell verteilter Verzögerungen

Das allgemeine Distributed-Lag-Modell geht davon aus, dass eine oder mehrere erklärende Variablen mit unendlich großem Zeithorizont auf die zu erklärende Variable einwirken. Eine lineare Beziehung zwischen der endogenen Variablen y und einer exogenen Variablen x lässt sich dann durch das exogen-dynamische Regressionsmodell

$$(2.5.1) \qquad y_t = \alpha + \beta_0 x_t + \beta_1 x_{t-1} + \beta_2 x_{t-2} + \ldots + u_t$$

wiedergeben, wobei u eine Störvariable mit dem Erwartungswert Null und konstanter Varianz ist. [64] Aufgrund ihrer Abhängigkeit von der Zufallsvariablen u ist die endogene Variable y selbst auch eine stochastische Größe. Dagegen wird die exogene Variable x im allgemeinen als deterministisch betrachtet. Alternativ kann man die x-Werte als Realisationen eines Zufallsprozesses ansehen, der einigen Mindestvoraussetzungen genügen muss. [65]

Die Größen $\alpha, \beta_0, \beta_1, \beta_2, \ldots$ sind festliegende unbekannte Parameter. Während das absolute Glied α ausschließlich schätztechnischen Zwecken dient, beschreibt die Folge (β_i) die Verzögerungsstruktur des Modells. Ihre Glieder, die man auch als Reaktionskoeffizienten bezeichnet, können in zweifacher Weise interpretiert werden:

---

61 Siebke und Willms (1972).

62 Friedman (1957).

63 Koyck (1954); Westerhoff (1976).

64 Im Gegensatz zum endogen-dynamischen Regressionsmodell enthält das exogen-dynamische Regressionsmodell keine zeitlich verzögerten endogenen Variablen. Letzteres lässt sich jedoch formal in ersteres überführen, worauf später noch eingegangen wird.

65 Insbesondere müssen u und x unkorreliert sein, damit die OLS-Methode weiter zu konsistenten Schätzungen führt.

- Zum einen geben die Koeffizienten β_i, $i = 0,1,2,\ldots$, an, welchen Einfluss die Werte der exogenen Variablen x der Perioden $t, t-1, t-2,\ldots$ auf die endogene Variable y in der Periode t haben (Abbildung 2.5. 1).

Abbildung 2.5. 1: Grafische Interpretation der Reaktionskoeffizienten (I)

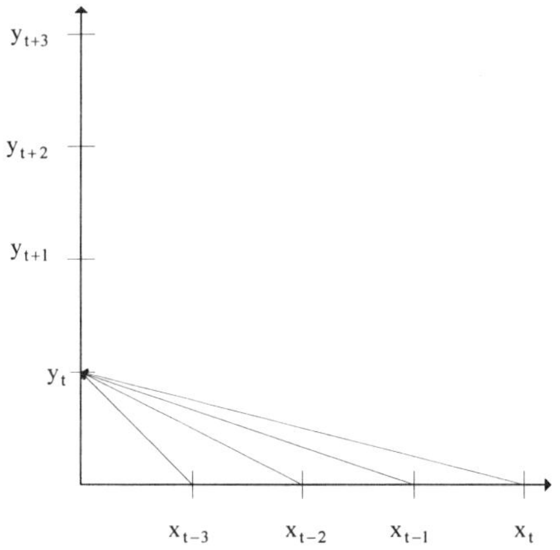

- Zum anderen geben die Koeffizienten β_i an, welchen Einfluss die exogene Variable x z.B. der Periode t auf die Werte der endogenen Variablen y in den Perioden $t, t-1, t-2,\ldots$ ausübt (Abbildung 2.5. 2).

Abbildung 2.5. 2: Grafische Interpretation der Reaktionskoeffizienten (II)

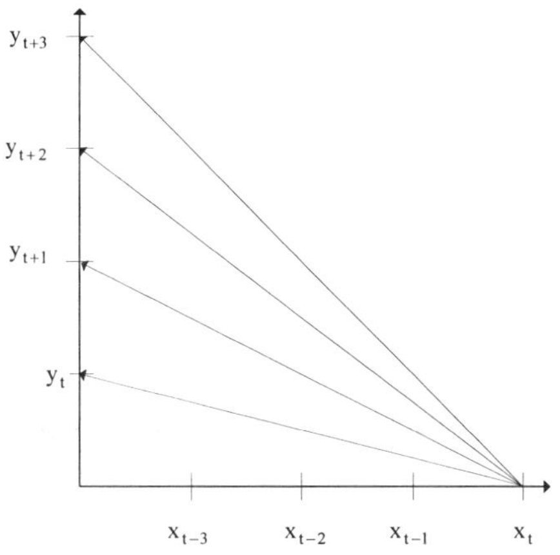

Die Äquivalenz beider Betrachtungsweisen folgt unmittelbar aus der zeitlichen Konstanz der Verzögerungsstruktur.

Um das Distributed-Lag-Modell (2.5.1) einer ökonomischen Analyse zugänglich zu machen, unterwirft man die Reaktionskoeffizienten β_i in der Regel bestimmten Restriktionen. So ist es häufig sinnvoll zu unterstellen, dass alle β_i das gleiche Vorzeichen besitzen:

(2.5.2) $$\beta_i \cdot \beta_j \geq 0\,,\quad i,j = 0,1,2,\ldots\,.$$

Während β_0 die kurzfristige Reaktion (impact multiplier) der endogenen Variablen y_t auf einen Impuls der exogenen Variablen x_t wiedergibt, misst die Reihe

$$\beta_0 + \beta_1 + \beta_2 + \ldots = \sum_{i=0}^{\infty} \beta_i = \beta$$

den gesamten Einfluss (total multiplier) aller x-Werte der Perioden $t, t-1, t-2, \ldots$ auf y_t. Damit der Gesamteinfluss überhaupt messbar ist, fordern wir, dass die Summe der β_i endlich ist:

(2.5.3) $$\left| \sum_{i=0}^{\infty} \beta_i \right| = |\beta| \;<\; \infty\,.$$

Diese Bedingung impliziert, dass die Folge (β_i) für $i \to \infty$ gegen Null konvergiert:

(2.5.4) $$\lim_{i \to \infty} \beta_i = 0\,,$$

was aus ökonomischer Sicht eine recht plausible Restriktion ist, bedeutet sie doch, dass der Einfluss von x auf y bei genügend großem Zeithorizont verschwindend gering wird.

Vielfach interessiert nicht nur die absolute, sondern auch die relative Wirkung der einzelnen x_{t-i}, $i=0,1,2,\ldots$ auf y_t. Man erhält die relativen Verzögerungskoeffizienten w_i, auch Lag-Gewichte genannt, indem man die β_i auf den langfristigen Multiplikator β bezieht:

(2.5.5) $$w_i = \frac{\beta_i}{\beta}\,,\quad i = 0,1,2,\ldots\,.$$

Unter Benutzung von Gleichung (2.5.5) formulieren wir das normierte Verzögerungsmodell

(2.5.6) $$y_t = \alpha + \beta \sum_{i=0}^{\infty} w_i \cdot x_{t-i} + u_t\,.$$

Da die Lag-Gewichte w_i den Bedingungen

(2.5.7) $0 \le w_i \le 1$ und $\sum_{i=0}^{\infty} w_i = 1$

genügen, lässt sich die Verzögerungsstruktur $(w_i; i = 0,1,2,\ldots)$ formal wie eine Wahrscheinlichkeitsverteilung behandeln. An Stelle einer diskreten Zufallsvariablen ξ tritt die Lag-Variable θ, deren Ausprägungen 0,1,2,... die den normierten Reaktionskoeffizienten entsprechenden Lag-Gewichte $w_0, w_1, w_2, \ldots$ zugeordnet werden (Abbildung 2.5. 1). Mithin lässt sich bei der Analyse von Lag-Strukturen ein Teil des Instrumentariums der Wahrscheinlichkeitsrechnung übernehmen. Es sei hier jedoch ausdrücklich darauf hingewiesen, dass der Lag keine stochastische, sondern eine deterministische Größte ist; daher ist die Analogie zwischen einer Wahrscheinlichkeitsverteilung und einer normierten Verzögerungsstruktur auch nur rein formaler Natur.

Abbildung 2.5. 3: Formale Analogie zwischen den Zufallsvariablen ξ und der Lag-Variablen θ

	Zufallsvariable ξ
Wahrscheinlichkeitsverteilung:	$\left\{p_i\,;\; i = 0,1,2,\ldots;\; 0 \le p_i \le 1;\; \sum_{i=0}^{\infty} p_i = 1\right\}$

⇕

	Lag-Variable θ
Normierte Verzögerungsstruktur:	$\left\{w_i\,;\; i = 0,1,2,\ldots\,;\; 0 \le w_i \le 1\,;\; \sum_{i=0}^{\infty} w_i = 1\right\}$

Komplizierte Verzögerungsverteilungen lassen die Einführung des Lag-Operators L als zweckmäßig erscheinen. Seiner Definition

(2.5.8) $x_{t-1} = L \cdot x_t$

entsprechend verschiebt er den Zeitindex einer Variablen um eine Einheit in die Vergangenheit. Als Operator kann L unabhängig von der ihm zugeordneten Variablen wie eine algebraische Größe behandelt werden. Unter Berücksichtigung von (2.5.8) können wir daher schreiben:

$$x_{t-2} = L \cdot x_{t-1} = L(Lx_t) = L^2 x_t$$
$$x_{t-3} = L \cdot x_{t-2} = L(L^2 x_t) = L^3 x_t \; .$$

Definieren wir schließlich noch

$$x_t = L^0 \cdot x_t \; ,$$

wobei L^0 die Ausgangsreihe nicht verändert (neutraler Operator), so gilt allgemein

$$x_{t-i} = L^i \cdot x_t \; , \quad i = 0,1,2,\ldots$$ [66].

Durch Anwendung des Lag-Operators geht das Distributed-Lag-Modell (2.5.6) in die Form

$$\begin{aligned} y_t &= \alpha + \beta\left(w_0 + w_1 L + w_2 L^2 + \ldots\right)x_t + u_t \\ &= \alpha + \beta\left(\sum_{i=0}^{\infty} w_i L^i\right)x_t + u_t \end{aligned}$$

über. Unter Verwendung der Lag-Reihe

$$W(L) = \sum_{i=0}^{\infty} w_i L^i$$

erhalten wir schließlich die kompakte Form

(2.5.9) $$y_t = \alpha + \beta \cdot W(L) \cdot x_t + u_t$$

des allgemeinen Modells verteilter Verzögerungen.

Obwohl die Reaktionskoeffizienten des allgemeinen Distributed-Lag-Modells bestimmten Restriktionen unterworfen sind, ist dieser Ansatz einer Schätzung noch nicht unmittelbar zugänglich. Im Wesentlichen treten folgende Probleme auf:

- Einer unendlichen Anzahl von zu schätzenden Parameter steht nur ein endlicher Stichprobenumfang gegenüber. Um überhaupt eine Schätzung vornehmen zu können, dürfte nur eine endliche Zahl zeitlich verzögerter exogener Variablen in die Regressionsgleichung einbezogen werden. Aufgrund unserer weitgehenden Unkenntnis über den zeitlichen Ablauf ökonomischer Prozesse ist es aber schwierig festzulegen, von welcher Verzögerungslänge an der Einfluss der x-Werte auf die endogene Variable vernachlässigbar gering ist.
- Selbst wenn obiges Problem befriedigend gelöst werden kann, so besteht die Gefahr, dass die bei ökonomischen Zeitreihen häufig recht starke Korrelation auf-

66 L^i verschiebt somit die Zeitreihe (x_t) um i Perioden in die Vergangenheit.

einanderfolgender Werte nicht nur zu einer Beeinträchtigung der Schätzergebnisse führt, sondern sie sogar unbrauchbar werden lässt. Starke Multikollinearität bedingt eine hohe Kovarianz zwischen den Parameterschätzern, was bedeutet, dass eine zufällige Überschätzung eines Parameters mit einer Unterschätzung eines anderen Parameters einhergeht. Außerdem kann die Situation eintreten, dass zwar der Gesamtzusammenhang statistisch gesichert ist, die Einzeleinflüsse jedoch aufgrund erhöhter Varianzen als nicht signifikant erscheinen. Derartig unsichere Schätzergebnisse eignen sich kaum zur Beurteilung ökonomischer Verhaltensweisen.

- Die Einbeziehung zeitverzögerter exogener Variablen in die Regressionsgleichung führt zu einem Verlust an Beobachtungswerten; der damit verbundene Informationsverlust fällt insbesondere bei kurzen Zeitreihen ins Gewicht.

Die Schwierigkeiten bei der Schätzung verteilter Verzögerungen lassen sich durch eine Verminderung der zu schätzenden Parameter reduzieren. Dies erreicht man, in dem man a priori bestimmte Annahmen über die Zeitstruktur des zu untersuchenden Prozesses setzt. Es sind bereits verschiedene Modelle entwickelt worden, die sich bezüglich ihrer Flexibilität teilweise jedoch erheblich unterscheiden. Hier sollen die beiden gebräuchlichsten Verzögerungsstrukturen und die damit zusammenhängenden Schätzmöglichkeiten aufgezeigt werden: das Koyck- und das Almon-Verfahren. Seltener werden dagegen die Pascalsche Lag-Verteilung [67] und die rationale Lag-Verteilung [68] in ökonometrischen Studien verwendet.

2.5.3 Geometrische Lag-Modelle

2.5.3.1 Das Koyck-Modell

Um die dem allgemeinen Distributed-Lag-Modell inhärenten Schätzprobleme zu umgehen, legte Koyck [69] seiner Investitionshypothese erstmals eine geometrisch fallende Lag-Verteilung zugrunde. Trotz ihrer recht restriktiven Struktur hat sie eine große praktische Bedeutung erlangt.

---

67 Solow (1960).

68 Jorgenson (1966).

69 Koyck (1954).

In Analogie zur geometrischen Wahrscheinlichkeitsverteilung errechnen sich die Lag-Gewichte nach der Formel

(2.5.10) $$w_i = (1-\lambda)\lambda^i \,, \quad i = 0,1,2,\ldots \,.$$

Der Parameter λ liegt dabei im Intervall (0,1). Abbildung 2.5. 4 zeigt, dass bei einem niedrigen Wert des Parameters λ die Lag-Verteilung sehr stark abfällt, während sie bei hohem λ relativ flach verläuft.

Abbildung 2.5. 4: Geometrische Lag-Verteilung für alternative Werte des Parameters λ

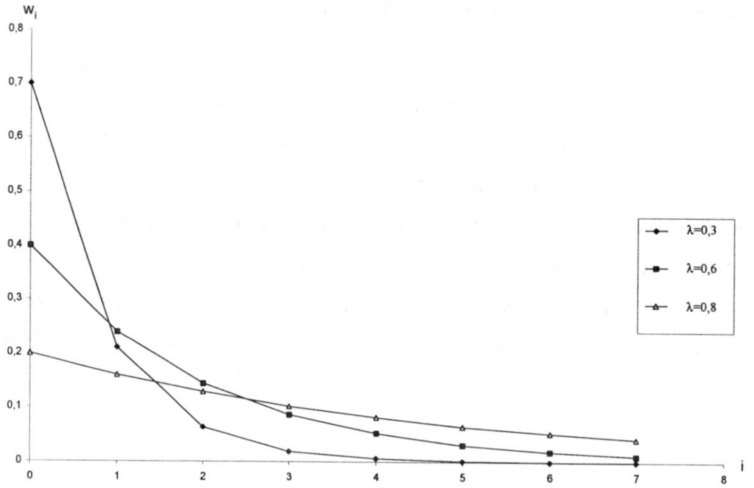

Unter Verwendung der Kenntnisse der geometrischen Wahrscheinlichkeitsverteilung ergibt sich als mittlerer Lag

$$\bar{\theta} = \frac{\lambda}{1-\lambda}$$

und für die Varianz der Lag-Verteilung

$$s_\theta^2 = \frac{\lambda}{(1-\lambda)^2} \,.$$

Wir ersetzen nun die nicht näher spezifizierten Gewichte des allgemeinen normierten Verzögerungsmodells durch (2.5.10) und erhalten die Reaktionsform der geometrischen Lag-Verteilung

$$
\begin{aligned}
y_t &= \alpha + \beta \sum_{i=0}^{\infty} (1-\lambda)\lambda^i \cdot x_{t-i} + u_t \\
&= \alpha + \beta(1-\lambda) \sum_{i=0}^{\infty} \lambda^i \cdot x_{t-i} + u_t
\end{aligned} \qquad (2.5.11)
$$

Unter Anwendung des Lag-Operators L ergibt sich

$$
y_t = \alpha + \beta(1-\lambda)\left(\sum_{i=0}^{\infty} \lambda^i L^i\right) x_t + u_t \,. \qquad (2.5.12)
$$

Der Ausdruck

$$
\sum_{i=0}^{\infty} \lambda^i L^i
$$

stellt eine unendliche geometrische Reihe dar, die in $(1-\lambda L)^{-1}$ umgeformt werden kann [70]:

$$
\sum_{i=0}^{\infty} \lambda^i L^i = \frac{1}{1-\lambda L} \,.
$$

Damit geht (2.5.12) in die finale Form [71]

$$
y_t = \alpha + \frac{\beta(1-\lambda)}{1-\lambda L} \cdot x_t + u_t \qquad (2.5.13)
$$

des geometrischen Lag-Modells über, die sich jedoch noch nicht zur Parameterschätzung eignet. Um ein geeignetes Schätzmodell zu erhalten, multiplizieren wir (2.5.13) mit dem Polynom (1-λL) und bringen die zeitverzögerte endogene Variable y_{t-1} auf die rechte Seite. Die sich dadurch ergebende reduzierte Form, die im Gegensatz zur finalen Form auch zeitlich verzögerte endogene Größen als erklärende Variablen umfassen kann, entspricht dem Ergebnis der Koyck-Transformation:

$$
\begin{aligned}
(1-\lambda L)y_t &= \alpha(1-\lambda L)\cdot 1 + \beta(1-\lambda)\cdot x_t + (1-\lambda L)\cdot u_t \\
y_t - \lambda y_{t-1} &= \alpha(1-\lambda) + \beta(1-\lambda)\cdot x_t + u_t - \lambda u_{t-1} \\
y_t &= \alpha(1-\lambda) + \beta(1-\lambda)\cdot x_t + \lambda y_{t-1} + u_t - \lambda u_{t-1}
\end{aligned}
$$

$$
y_t = \alpha^* + \beta^* x_t + \lambda y_{t-1} + v_t \qquad (2.5.14)
$$

---

70 Allgemein gilt für eine unendliche geometrische Reihe mit $0 < a < 1$: $\sum_{i=0}^{\infty} a^i = \frac{1}{1-a}$.

71 In der finalen Form eines Modells ist die abhängige Variable eine Funktion der exogenen Variablen, des Störterms und etwaiger Anfangswerte der verzögerten endogenen Variablen.

mit

(2.5.15) $\alpha^* = \alpha(1-\lambda)$, $\beta^* = \beta(1-\lambda)$ und $v_t = u_t - \lambda u_{t-1}$.

Der wesentliche Vorteil des Regressionsmodells (2.5.14) liegt zweifellos in der beträchtlichen Verminderung des Ausmaßes der Multikollinearität: x_t und y_{t-1} werden nicht so stark korreliert sein wie die zeitverzögerten Werte der exogenen Variablen. Hinzu kommt, dass die Schätzbasis aufgrund der erhöhten Anzahl der Freiheitsgrade sicherer ist. Da λ bereits als Koeffizient in der reduzierten Form geschätzt wird, bestimmen wir nun noch die beiden übrigen Koeffizienten α und β der strukturellen Form. Aus (2.5.15) erhält man

$$\alpha = \frac{\alpha^*}{1-\lambda} \text{ und } \beta = \frac{\beta^*}{1-\lambda} .$$

Zwar ist im geometrischen Lag-Modell ein Teil der dem allgemeinen Distributed-Lag-Modell inhärenten Schätzschwierigkeiten ausgeräumt. Durch die Transformation der strukturellen in die reduzierte Form entstehen jedoch neue Komplikationen: erstens ist die Störvariable v_t unter sehr allgemeinen Bedingungen autokorreliert; und zweitens besteht zwischen der zeitlich verzögerten endogenen Variablen y_{t-1} und der Zufallsvariablen v_t eine stochastische Beziehung. Damit sind die Annahmen des klassischen Regressionsmodells in zwei Punkten verletzt.

Wir betrachten diese beiden Probleme nun genauer. Da die untransformierte Störvariable u_t mit dem klassischen Regressionsmodell in Verbindung gebracht werden kann, liegt es nahe, sie als unkorreliert zu betrachten. Für die Kovarianz zwischen v_t und v_{t-1} ergibt sich mit (2.5.15)

$$\begin{aligned} \mathrm{Cov}(v_t, v_{t-1}) &= E(v_t, v_{t-1}) = E[(u_t - \lambda u_{t-1})(u_{t-1} - \lambda u_{t-2})] \\ &= E(u_t u_{t-1}) - \lambda E(u_t u_{t-2}) - \lambda E\left(u_{t-1}^2\right) + \lambda^2 E(u_{t-1} u_{t-2}) \\ &= -\lambda E\left(u_{t-1}^2\right) \end{aligned}$$

wegen $E(u_t u_{t-1}) = E(u_t u_{t-2}) = E(u_{t-1} u_{t-2}) = 0$.

Aufgrund der Homoskedastizität erhält man

$$\mathrm{Cov}(v_t, v_{t-1}) = -\lambda\sigma^2 ,$$

was bedeutet, dass die Störgröße v_t des Koyck-Modells (2.5.14) autokorreliert ist. Dadurch würde zwar die Erwartungstreue der Parameterschätzer im Falle einer OLS-

Schätzung unberührt bleiben, jedoch müsste ein Effizienzverlust in Kauf genommen werden.

Im klassischen Regressionsmodell sind die erklärenden Größen als exogene Variablen außerdem von der Störvariablen stochastisch unabhängig, zumindest jedoch unkorreliert. Das Auftreten der zeitlich verzögerten endogenen Variablen y_{t-1} als erklärende Größen führt demgegenüber zu einer Verletzung dieser Bedingung. Unter Vernachlässigung des konstanten Gliedes erhält man unter Verwendung der um eine Periode verzögerten Gleichung (2.5.11) für y_{t-1}

$$\begin{aligned}\mathrm{Cov}(v_t, y_{t-1}) &= E\left[(u_t - \lambda u_{t-1})\left(\beta(1-\lambda)\sum_{i=0}^{\infty}\lambda^i x_{t-i-1} + u_{t-1}\right)\right] \\ &= \beta(1-\lambda)E(u_t x_{t-1}) + \ldots + E(u_t u_{t-1}) - \lambda(1-\lambda)\beta E(u_{t-1}x_{t-1}) - \ldots - \lambda E(u_{t-1})^2\end{aligned}$$

Da u und x unkorreliert sind und auch die Kovarianzen der Störvariablen u_t verschwinden, folgt

$$\mathrm{Cov}(v_t, y_{t-1}) = -\lambda E\left(u_{t-1}^2\right)$$

und aufgrund der Homoskedastizität

$$\mathrm{Cov}(v_t, y_{t-1}) = -\lambda\sigma^2 \;.$$

Die negative Korrelation zwischen v_t und y_{t-1} kommt dadurch zustande, dass sowohl v_t als auch y_{t-1} negativ mit u_{t-1} korreliert sind. Da y_{t-1} aufgrund des autoregressiven Schemas (2.5.14) alle zukünftigen Werte der endogenen Variablen y beeinflusst, gilt allgemein

$$\mathrm{Cov}(v_t, y_{t-i}) \neq 0 \quad \text{für } i \geq 0 \;.$$

Hierdurch entstehen größere Schätzprobleme als bei einer Autokorrelation der Störvariablen. Tatsächlich lässt sich zeigen, dass aufgrund der stochastischen Beziehung zwischen der erklärenden Variablen y_{t-1} und der Störvariablen v_t die Eigenschaft der Erwartungstreue einer OLS-Schätzung verloren geht.

2.5.3.2 Anpassungs- und Erwartungshypothesen

Die Adäquanz der dem geometrischen Lag-Modell zugrunde liegenden Reaktionsform lässt sich nur in Abhängigkeit des jeweils zu untersuchenden Phänomens beurteilen. Es gilt daher, die hinter den Verhaltensweisen der Individuen stehenden ökonomischen Mechanismen aufzudecken. Obwohl Koyck die Annahme geometrisch verteilter Lags nicht näher begründet, kann sie aus den Hypothesen von Nerlove [72] und Cagan [73] über das Verhalten der Wirtschaftssubjekte abgeleitet werden. Nerlove legt dabei den Schwerpunkt auf den Anpassungsmechanismus, wohingegen Cagan die Erwartungsbildung in den Vordergrund stellt.

Die **Hypothese der partiellen Anpassung** (partial adjustment hypothesis) postuliert, dass die laufenden Werte einer unabhängigen Variablen x_t das geplante oder gewünschte Niveau y_t^e der abhängigen Variablen y_t bis auf eine Zufallsabweichung determinieren:

(2.5.16) $$y_t^e = \alpha + \beta x_t + u_t \ .$$

Allerdings stehen einer sofortigen Anpassung an die gleichgewichtige Größe y_t^e Hemmnisse verschiedenster Art entgegen: eine gewisse Trägheit im Verhalten der Wirtschaftseinheiten, Kosten der Anpassung, fehlende Informationen, Restriktionen technischer, finanzieller, rechtlicher und administrativer Art u.a. mehr. Diese Friktionen führen dazu, dass das gewünschte Niveau nicht vollständig in der Planungsperiode erreicht wird. Nur ein bestimmter Anteil jener zur Erreichung des Gleichgewichts erforderlichen Veränderungen wird auch tatsächlich realisiert, d.h. es gilt

(2.5.17) $$y_t - y_{t-1} = \delta\left(y_t^e - y_{t-1}\right), \quad 0 < \delta < 1 \ ,$$

wobei δ der Anpassungskoeffizient ist. Je näher δ bei 1 liegt, um so kürzer ist der Anpassungszeitraum; ein niedrigerer Wert weist auf einen längeren Zeithorizont hin.

Nach Substitution von y_t^e durch (2.5.16) erhält man

(2.5.18) $$y_t - y_{t-1} = \delta\left(\alpha + \beta x_t + u_t - y_{t-1}\right) \ ,$$

so dass sich nach Auflösen nach y_t und geeigneter Zusammenfassung

(2.5.19) $$y_t = \delta\alpha + \delta\beta x_t + (1-\delta) y_{t-1} + \delta u_t \ .$$

---

72 Nerlove (1958).

73 Cagan (1956).

ergibt. Die Ähnlichkeit zwischen Gleichung (2.5.19) und der reduzierten Form des Koyck-Modells ist unverkennbar. Beiden Modellen liegt eine geometrische Verzögerungsstruktur zugrunde [74]. Allerdings weist die aus dem Anpassungsmodell abgeleitete Endgleichung erheblich einfachere stochastische Eigenschaften auf als die reduzierte Form des Koyck-Modells. Unter der Annahme, dass die ursprüngliche Zufallsvariable u_t nicht autokorreliert ist, gilt diese Eigenschaft auch für die transformierte Störgröße δu_t. Ebenso besteht modellmäßig keine stochastische Abhängigkeit zwischen dem Störterm und der zeitlich verzögerten endogenen Variablen y_{t-1}. Sofern das Modell richtig spezifiziert ist, ergibt sich dadurch gegenüber dem Ausgangsmodell der geometrischen Lag-Verteilung eine schätztechnische Vereinfachung. In der Wirtschaftstheorie wird auf der Grundlage des Modells der partiellen Anpassung z.B. die Anpassung des Kapitalstocks auf eine Nachfrageänderung untersucht. Außerdem findet die Hypothese Anwendung in der dynamischen Geldnachfrageanalyse.

Vorstellungen über die zukünftige Entwicklung einer Variablen orientieren sich vielfach an bestimmten Zukunftserwartungen der sie determinierenden Größen. Eine derartige Verhaltensweise lässt sich durch die Funktion

$$(2.5.20) \qquad y_t = \alpha + \beta x_t^e + u_t$$

beschreiben, in der y_t z.B. den Konsum und x_t^e das erwartete Einkommen sein können. Da die Erwartungsgröße x_t^e im allgemeinen nicht beobachtbar ist, [75] benötigt man eine Hypothese über die Erwartungsbildung der Wirtschaftssubjekte. Das **Modell der adaptiven Erwartungen** (adaptive expectations model) geht davon aus, dass die Individuen ihre bisherigen Zukunftserwartungen korrigieren, sofern sie eine Diskrepanz zwischen dem realisierten und von ihnen erwarteten Wert einer Größe feststellen. Allerdings werden Irrtümer in der Vorperiode nicht in vollem Umfang in die Erwartungsbildung eingehen, so dass die Erwartungshypothese die Form

$$(2.5.21) \qquad x_t^e - x_{t-1}^e = \gamma\left(x_{t-1} - x_{t-1}^e\right), \quad 0 < \gamma < 1$$

annimmt. Der Erwartungskoeffizient γ gibt dabei an, in welchem Ausmaß Fehleinschätzung der Vergangenheit in die Antizipationen der Wirtschaftseinheiten eingehen. In dem einen Grenzfall, $\gamma=0$, schlägt sich eine Fehleinschätzung überhaupt nicht in den

74 Vgl. Graab (1974), S. 13.

75 Es gibt allerdings auch Versuche, Plan- und Erwartungsgrößen direkt durch Befragung zu ermitteln. Derartige Erhebungen wurden aber bisher in ökonometrischen Modellen kaum berücksichtigt.

Zukunftserwartungen nieder; im anderen der hier ausgeschlossenen Grenzfälle, γ=1, erfolgt eine vollständige Erwartungskorrektur.

Um die Hypothese der adaptiven Erwartungen einer Schätzung zugänglich zu machen, müssen wir x_t^e in Gleichung (2.5.21) durch eine Funktion beobachtbarer Größen ersetzen. Durch Addition von γx_t^e auf beiden Seiten der Gleichung (2.5.21) ergibt sich

$$x_t^e - (1-\gamma)x_{t-1}^e = \gamma x_t$$

und nach Auflösen nach der Erwartungsgröße x_t^e

$$x_t^e = (1-\gamma)x_{t-1}^e + \gamma x_t \ .$$

Substituiert man nun hierin sukzessive die verzögerte Erwartungsgröße auf der rechten Seite, so erhält man schließlich die Beziehung

(2.5.22) $$x_t^e = \gamma \sum_{i=0}^{\infty} (1-\gamma)^i x_{t-i} \ ,$$

in der die aktuelle Erwartungsgröße x_t^e vollständig auf die realisierten Werte der exogenen Variablen x zurückgeführt worden ist. Mit (2.5.22) geht (2.5.20) in

(2.5.23) $$y_t = \alpha + \beta \cdot \gamma \sum_{i=0}^{\infty} (1-\gamma)^i \cdot x_{t-i} + u_t$$

über, die der Reaktionsform (2.5.11) der geometrischen Lag-Verteilung entspricht. Folglich lässt sich die Koyck-Transformation anwenden, die darin besteht, dass man die um eine Periode verzögerte und mit (1-γ) multiplizierte Gleichung (2.5.23),

$$(1-\gamma)y_{t-1} = (1-\gamma)\alpha + \beta\gamma \sum_{i=0}^{\infty} (1-\gamma)^{i+1} x_{t-i-1} + (1-\gamma)u_t \ ,$$

von dieser subtrahiert:

$$y_t - (1-\gamma)y_{t-1} = \gamma\alpha + \gamma\beta x_t + u_t - (1-\gamma)u_{t-1} \ .$$

Durch Umformung ergibt sich schließlich

(2.5.24) $$y_t = \alpha\gamma + \beta\gamma x_t + (1-\gamma)y_{t-1} + [u_t - (1-\gamma)u_{t-1}] \ .$$

Ein Vergleich der reduzierten Formen beider Hypothesen zeigt, dass unterschiedliche Modellansätze zur gleichen dynamischen Regressionsgleichung führen können. Dadurch ergibt sich ein Identifikationsproblem. In der Regel gibt es keine Möglichkeit, zwischen beiden Hypothesen empirisch zu unterscheiden. Den Störtermen der Endgleichungen (2.5.19) und (2.5.24) liegen dagegen unterschiedliche stochastische Eigenschaften zugrunde. Ebenso wie im Koyck-Modell ist der Störterm in Gleichung (2.5.24) autokorreliert und nicht mehr von der erklärenden Variablen y_{t-1} unabhängig. Die dem Koyck-Modell anhaftenden Schätzprobleme treten daher auch bei dieser Hypothese in unveränderter Form auf.

2.5.3.3 Die OLS-Methode und ihre Schätzeigenschaften

Aufgrund eines Stichprobenergebnisses gibt es keine Möglichkeit, zwischen den drei differierenden Modellansätzen zu differenzieren, die zu der dynamischen Regressionsgleichung

$$(2.5.25) \qquad y_t = \beta_0 + \beta_1 x_t + \beta_2 y_{t-1} + v_t \,, \quad t = 1,2,...,n$$

führen. Wenn man bei einer Schätzung unmittelbar das dynamische Regressionsmodell (2.5.25) zugrunde legt oder die Hypothese der partiellen Anpassung unterstellt, könnte man wie bei einer multiplen Regression allgemein a priori von einer unkorrelierten Störvariablen v_t ausgehen. Dann würde sich ein Schätzproblem allein durch das Auftreten der endogenen verzögerten Variablen y_{t-1} ergeben. Bei dem Koyck-Modell und der Hypothese der adaptiven Erwartungen ist dagegen auf jeden Fall zunächst einmal eine Autokorrelation der Störgröße zu unterstellen, was bei der Schätzung zusätzlich zu berücksichtigen ist.

Zum Zweck einer Diskussion der Eigenschaften von Schätzern der Parameter des dynamischen Regressionsmodells (2.5.25) gehen wir von der kompakten Darstellung

$$(2.5.26) \qquad \mathbf{y} = \mathbf{X}\boldsymbol{\beta} + \mathbf{v}$$

mit

$$\mathbf{y} = (y_1, y_2, \ldots, y_n)', \quad \boldsymbol{\beta} = (\beta_0, \beta_1, \beta_2)', \quad \mathbf{v} = (v_1, v_2, \ldots, v_n)'$$

und

$$\mathbf{X} = \begin{bmatrix} 1 & x_1 & y_0 \\ 1 & x_2 & y_1 \\ \vdots & \vdots & \vdots \\ 1 & x_n & y_{n-1} \end{bmatrix}$$

aus. $\mathbf{y}_t$ ist darin ein n×1-Vektor der endogenen Variablen, $\boldsymbol{\beta}$ ein 3×1-Parameter Vektor und $\mathbf{v}$ ein n×1 Vektor der Störvariablen. In der n×3-Matrix der prädeterminierten Variablen gibt y_0 einen Anfangswert an, der gleich dem Beobachtungswert der endogenen Variablen in der Periode vor Beginn des Stützbereichs gesetzt werden kann.

Es geht nun um die Eigenschaften des OLS-Schätzers

$$\hat{\boldsymbol{\beta}} = (\mathbf{X'X})^{-1}\mathbf{X'y}, \tag{2.5.27}$$

der allgemein für ein multiples Regressionsmodell bestimmt worden ist. Nach Einsetzen von (2.5.26) für $\mathbf{y}$ lässt sich $\boldsymbol{\beta}$ in der Form

$$\hat{\boldsymbol{\beta}} = \boldsymbol{\beta} + (\mathbf{X'X})^{-1}\mathbf{X'v} \tag{2.5.28}$$

schreiben, so dass man nach Bildung des Erwartungswerts

$$E(\hat{\boldsymbol{\beta}}) = \boldsymbol{\beta} + E[(\mathbf{X'X})^{-1}\mathbf{X'v}]. \tag{2.5.29}$$

erhält. Wie (2.5.29) zeigt, ist $\boldsymbol{\beta}$ nur dann ein erwartungstreuer Schätzer für den Parametervektor $\boldsymbol{\beta}$, wenn der Term $E[\mathbf{X'X})^{-1}\mathbf{X'v}]$ verschwindet. Wenn man den einfachsten Fall einer unkorrelierten Störvariablen v_t unterstellt, besteht zwischen den Komponenten von $\mathbf{X'}$ und $\mathbf{v}$ keine Korrelation, da die jeweils aktuelle Zufallsvariable v_t nicht nur von allen vergangenen und zukünftigen Werten der exogenen Variablen x, sondern auch von den Werten der zeitlich verzögerten Variablen y_{t-j} für alle $j \geq 1$ stochastisch unabhängig ist. Jedoch enthält die Inverse $(\mathbf{X'X})^{-1}$ mit Ausnahme von y_n alle Stichprobenwerte der endogenen Variablen y, so dass $(\mathbf{X'X})^{-1}$ und $\mathbf{X'v}$ auf komplexe Weise voneinander abhängen.

Um diesen Zusammenhang zu verdeutlichen, unterdrücken wir die exogene Variable und die Scheinvariable. Der Erwartungswert des Vektors $(\mathbf{X'X})^{-1}\mathbf{X'v}$ geht dann in den Ausdruck

$$E\left[\frac{\sum_{t=1}^{n} y_{t-1}v_t}{\sum_{t=1}^{n} y_{t-1}^2}\right]$$

über. Während v_t und y_{t-1} im Zähler paarweise unkorreliert sind, beeinflusst die Zufallsvariable v_t die einzelnen Summanden des Nennerterms. Und zwar existieren folgende Wirkungsketten:

$$\begin{array}{lllllllll} v_1 & \rightarrow & y_1^2 & \rightarrow & y_2^2 & \rightarrow & \cdots & \rightarrow & y_{n-1}^2 \\ v_2 & & & \rightarrow & y_2^2 & \rightarrow & \cdots & \rightarrow & y_{n-1}^2 \\ \vdots & & & & & & & & \vdots \\ v_{n-1} & & & & & & & \rightarrow & y_{n-1}^2 \end{array}$$

Nur der Anfangswert y_0 kann als von der Störgröße v_t unabhängig angesehen werden.

Aufgrund der stochastischen Abhängigkeiten darf $E[(\mathbf{X'X})^{-1}\mathbf{X'v})]$ nicht in den Erwartungswert der Inversen $(\mathbf{X'X})^{-1}$ und den Erwartungswert des Vektors $\mathbf{X'v}$ aufgespalten werden, so dass im allgemeinen

$$E\left[(\mathbf{X'X})^{-1}\mathbf{X'v}\right] \neq 0$$

und damit auch

$$E\left(\hat{\beta}\right) \neq \beta$$

gilt.

Hurwicz [76] untersuchte erstmals analytisch das Ausmaß der Verzerrung des OLS-Schätzers für ein dynamisches Regressionsmodell. Er fand heraus, dass die OLS-Methode die Parameter der Grundgesamtheit dem Betrag nach systematisch unterschätzt. In dem einfachen Fall

$$y_t = \beta y_{t-1} + v_t$$

beträgt der Bias für genügend großes n

(2.5.30) $$E\left(\hat{\beta}\right) - \beta \approx -\frac{2\beta}{n} .$$

Allerdings verschwindet der Bias, wenn n über alle Grenzen hinaus wächst. $\hat{\beta}$ ist damit zumindest ein asymptotisch erwartungstreuer Schätzer für β .

Wie sich zeigen lässt, ist der OLS-Schätzer $\hat{\boldsymbol{\beta}}$ nur dann ein konsistenter Schätzer für den Parametervektor $\boldsymbol{\beta}$, wenn die Störvariable v_t unkorreliert ist. Bei einer Autokorrelation der Störvariablen v_t geht die Konsistenzeigenschaft dagegen verloren. Um die Konsistenz des OLS-Schätzvektors $\hat{\boldsymbol{\beta}}$ bei unkorrelierten Störvariablen nachzuweisen, muss gezeigt werden, dass die Schätzer der Regressionskoeffizienten für $n \rightarrow \infty$ mit Wahrscheinlichkeit gegen die "wahren" Parameter konvergieren, d.h. dass

[76] Hurwicz (1950).

$$\lim_{n\to\infty} P\left(\left|\hat{\boldsymbol{\beta}} - \boldsymbol{\beta}\right| < \varepsilon\right) = 1, \quad \boldsymbol{\varepsilon} > \mathbf{0}$$

oder kürzer

$$\operatorname*{plim}_{n\to\infty} \hat{\boldsymbol{\beta}} = \boldsymbol{\beta}$$

gilt. Bei der Beweisführung kommt der Beziehung

$$\text{(2.5.31)} \qquad \operatorname*{plim}_{n\to\infty} \frac{1}{n}\mathbf{X'v} = \mathbf{0}$$

eine entscheidende Bedeutung zu. (2.5.31) ist genau dann erfüllt, wenn die Bedingungen

$$\text{(2.5.32)} \qquad \lim_{n\to\infty} E\left(\frac{1}{n}\mathbf{X'v}\right) = \mathbf{0}$$

und

$$\text{(2.5.33)} \qquad \lim_{n\to\infty} \operatorname{Cov}\left(\frac{1}{n}\mathbf{X'v}\right) = \mathbf{0}$$

gelten, d.h. mit $n\to\infty$ müssen der Erwartungswert von $1/n \cdot \mathbf{X'v}$ gegen den k×1-Nullvektor $\mathbf{0}$ und die Kovarianzmatrix von $1/n \cdot \mathbf{X'v}$ gegen die k×k-Nullmatrix streben. Wie bei der Untersuchung der Erwartungstreue des Schätzvektors $\hat{\boldsymbol{\beta}}$ bereits gezeigt wurde, gilt aufgrund der Unkorreliertheit zwischen v_t und y_{t+s}, $s\neq 0$, die Beziehung

$$\text{(2.5.34)} \qquad E\left(\frac{1}{n}\mathbf{X'v}\right) = \mathbf{0}$$

und damit erst recht (2.5.32). Um die Gültigkeit von (2.5.33) zu zeigen, bilden wir zunächst die Kovarianzmatrix von $1/\sqrt{n} \cdot \mathbf{X'v}$:

$$\operatorname{Cov}\left(\frac{1}{\sqrt{n}}\mathbf{X'v}\right) = E\left(\frac{1}{\sqrt{n}}\mathbf{X'vv'X}\frac{1}{\sqrt{n}}\right).$$

Wegen (2.5.34) können wir den Term

$$E\left(\frac{1}{\sqrt{n}}\mathbf{X'vv'X}\frac{1}{\sqrt{n}}\right)$$

aufspalten, so dass man

$$\operatorname{Cov}\left(\frac{1}{\sqrt{n}}\mathbf{X'v}\right) = E(\mathbf{vv'}) \cdot E\left(\frac{1}{n}\mathbf{X'X}\right)$$

erhält. Aufgrund der fehlenden Autokorrelation der Störterme gilt

$$E(\mathbf{vv}') = \sigma_v^2 \mathbf{I} \ ,$$

womit

$$\mathrm{Cov}\left(\frac{1}{\sqrt{n}}\mathbf{X}'\mathbf{v}\right) = \sigma_v^2 E\left(\frac{1}{n}\mathbf{X}'\mathbf{X}\right)$$

folgt. Wir nehmen nun an, dass der Erwartungswert der Momentenmatrix $1/n \cdot \mathbf{X}'\mathbf{X}$ in der Grenze $n \to \infty$ existiert und mit dem Wahrscheinlichkeitslimes identisch ist:

$$\text{(2.5.35)} \qquad \lim_{n\to\infty} E\left(\frac{1}{n}\mathbf{X}'\mathbf{X}\right) = \operatorname*{p\,lim}_{n\to\infty}\left(\frac{1}{n}\mathbf{X}'\mathbf{X}\right) = \mathbf{Q} \ ,$$

wobei $\mathbf{Q}$ eine reguläre $k \times k$-Matrix ist. Dadurch ergibt sich

$$\lim_{n\to\infty} \mathrm{Cov}\left(\frac{1}{\sqrt{n}}\mathbf{X}'\mathbf{v}\right) = \sigma_v^2 \mathbf{Q} \ ,$$

so dass für die Kovarianzmatrix von $1/n \cdot \mathbf{X}'\mathbf{v}$

$$\lim_{n\to\infty} \mathrm{Cov}\left(\frac{1}{n}\mathbf{X}'\mathbf{v}\right) = \lim_{n\to\infty} \mathrm{Cov}\left(\frac{1}{\sqrt{n}}\mathbf{X}'\mathbf{v}\right) \cdot \lim_{n\to\infty}\left(\frac{1}{\sqrt{n}}\right) = \sigma_v^2 \mathbf{Q} \cdot \mathbf{0} = \mathbf{0}$$

folgt.

Damit lässt sich nun die Konsistenz des OLS-Schätzers $\hat{\boldsymbol{\beta}}$ bei unkorrelierten Störvariablen beweisen. Durch Anwendung des Wahrscheinlichkeitslimes auf (2.5.29) erhält man

$$\begin{aligned} \operatorname*{p\,lim}_{n\to\infty} \hat{\boldsymbol{\beta}} &= \operatorname*{p\,lim}_{n\to\infty}\left[\boldsymbol{\beta} + (\mathbf{X}'\mathbf{X})^{-1}\mathbf{X}'\mathbf{v}\right] \\ &= \boldsymbol{\beta} + \operatorname*{p\,lim}_{n\to\infty}\left[(\mathbf{X}'\mathbf{X})^{-1}\mathbf{X}'\mathbf{v}\right] \end{aligned} .$$

Aus dem Theorem von Slutzky folgt [77]

$$\operatorname*{p\,lim}_{n\to\infty} \hat{\boldsymbol{\beta}} = \boldsymbol{\beta} + \operatorname*{p\,lim}_{n\to\infty}\left(\frac{1}{n}\mathbf{X}'\mathbf{X}\right)^{-1} \operatorname*{p\,lim}_{n\to\infty}\left(\frac{1}{n}\mathbf{X}'\mathbf{v}\right)$$

und wegen (2.5.31) und (2.5.35) schließlich

[77] Das Theorem von Slutzky behandelt Funktionszusammenhänge zwischen den Wahrscheinlichkeitslimetes von Zufallsvariablen. Allgemein gilt
plim $(\mathbf{X} \pm \mathbf{Y})$=plim $\mathbf{X} \pm$ plim $\mathbf{Y}$ und
plim $(\mathbf{XY})$=plim $\mathbf{X} \cdot$ plim $\mathbf{Y}$,
sofern die stochastischen Matrizen $\mathbf{X}$ und $\mathbf{Y}$ entsprechend dimensioniert sind. S. hierzu Schönfeld (1969), S. 179.

$$\underset{n\to\infty}{\text{p}\lim}\,\hat{\boldsymbol{\beta}} = \boldsymbol{\beta} + \mathbf{Q}^{-1} \cdot \mathbf{0} = \boldsymbol{\beta} \ .$$

Weiterhin ist die OLS-Schätzung asymptotisch effizient,[78] d.h., es gibt keinen anderen konsistenten Schätzvektor für $\boldsymbol{\beta}$, dessen asymptotische Varianz geringer ist als die des OLS-Schätzers $\hat{\boldsymbol{\beta}}$. Außerdem zeigt sich die OLS-Methode in Simulationsstudien auch bei kleinen Stichproben anderen Schätzverfahren als überlegen,[79] so dass sie als eine praktikable Schätzmethode für dynamische Regressionsmodelle bei unkorrelierten Störvariablen angesehen werden kann.

Bei autokorrelierten Störvariablen ist dagegen nicht einmal die Mindestforderung der Konsistenz gesichert. Die fehlende Konsistenz des OLS-Schätzers resultiert aus der kontemporären Abhängigkeit der verzögerten endogenen Variablen und der Störvariablen. Einerseits beeinflusst die Störvariable u_{t-1} v_t, andererseits aber auch y_{t-1}, so dass die Kovarianz zwischen v_t und y_{t-1} im allgemeinen einen von Null verschiedenen Wert annimmt.

Um die Inkonsistenz der OLS-Schätzung bei autokorrelierten Störvariablen zu zeigen, ersetzen wir den Störvektor $\mathbf{v}$ in (2.5.28) durch $\mathbf{u}$-$\lambda\mathbf{u}_{-1}$, wobei der Zeitindex der Komponenten von $\mathbf{u}_{-1}$ im Vergleich zu $\mathbf{u}$ um eine Einheit in die Vergangenheit verschoben ist. Es ergibt sich

$$\begin{aligned}\hat{\boldsymbol{\beta}} &= \boldsymbol{\beta} + (\mathbf{X}'\mathbf{X})^{-1}\mathbf{X}'(\mathbf{u} - \lambda\mathbf{u}_{-1}) \\ &= \boldsymbol{\beta} + (\mathbf{X}'\mathbf{X})^{-1}\mathbf{X}'\mathbf{u} - \lambda(\mathbf{X}'\mathbf{X})^{-1}\mathbf{X}'\mathbf{u}_{-1} \ .\end{aligned}$$

Nach Anwendung des Wahrscheinlichkeitslimes erhalten wir

$$\begin{aligned}\underset{n\to\infty}{\text{p}\lim}\,\hat{\boldsymbol{\beta}} &= \underset{n\to\infty}{\text{p}\lim}\left[\boldsymbol{\beta} + (\mathbf{X}'\mathbf{X})^{-1}\mathbf{X}'\mathbf{u} - \lambda(\mathbf{X}'\mathbf{X})^{-1}\mathbf{X}'\mathbf{u}_{-1}\right] \\ &= \boldsymbol{\beta} + \underset{n\to\infty}{\text{p}\lim}\left[(\mathbf{X}'\mathbf{X})^{-1}\mathbf{X}'\mathbf{u} - \lambda(\mathbf{X}'\mathbf{X})^{-1}\mathbf{X}'\mathbf{u}_{-1}\right]\end{aligned}$$

und aus dem Theorem von Slutzky folgt

$$\underset{n\to\infty}{\text{p}\lim}\,\hat{\boldsymbol{\beta}} = \boldsymbol{\beta} + \underset{n\to\infty}{\text{p}\lim}(\mathbf{X}'\mathbf{X})^{-1}\mathbf{X}'\mathbf{u} - \lambda\,\underset{n\to\infty}{\text{p}\lim}(\mathbf{X}'\mathbf{X})^{-1}\mathbf{X}'\mathbf{u}_{-1} \ .$$

Da die untransformierte Störvariable u unkorreliert ist, gilt gemäß (2.5.31)

$$\underset{n\to\infty}{\text{p}\lim}(\mathbf{X}'\mathbf{X})^{-1}\mathbf{X}'\mathbf{u} = \mathbf{0}$$

---

[78] Vgl. Johnston (1972), S. 305.

[79] Copas (1966).

und daher

(2.5.36) $$\underset{n\to\infty}{\text{p}\lim}\hat{\boldsymbol{\beta}} = \boldsymbol{\beta} - \lambda \cdot \underset{n\to\infty}{\text{p}\lim}(\mathbf{X'X})^{-1}\mathbf{X'u}_{-1} \ .$$

Da die Komponenten der Matrizen $(\mathbf{X'X})^{-1}$ und $\mathbf{X}'$ mit denen des verzögerten Störvektors $\mathbf{u}_{-1}$ in stochastischer Beziehung stehen, strebt der Ausdruck $(\mathbf{X'X})^{-1}\mathbf{X'u}_{-1}$ nicht mit Wahrscheinlichkeit gegen den Nullvektor **0**, was dazu führt, dass

$$\underset{n\to\infty}{\text{p}\lim}\hat{\boldsymbol{\beta}} \neq \boldsymbol{\beta}$$

ist. [80] Die Konsistenzeigenschaft geht bei der OLS-Methode somit bei einer Autokorrelation der Störvariablen verloren. In dieser Situation sind alternative Schätzverfahren wie z.B. die verallgemeinerte Methode der kleinsten Quadrate (GLS-Methode) oder die Methode der Instrumentvariablen (IV-Methode) in Betracht zu ziehen, die zumindest die Konsistenz der Schätzung sichern. [81]

2.5.3.4 Der Durbin-h-Test

Bei ökonometrischen Modellen mit zeitlich verzögerten endogenen Variablen als Regressoren lassen sich mit der OLS-Methode keine erwartungstreuen Schätzer bestimmen. Der OLS-Schätzer für den Parametervektor $\boldsymbol{\beta}$ ist jedoch zumindest konsistent, wenn die Störgröße nicht autokorreliert ist. Bei einer Autokorrelation der Störgröße verschwindet die Verzerrung dagegen nicht einmal mit über alle Grenzen wachsendem Stichprobenumfang, so dass die OLS-Schätzung inkonsistent ist.

Unter diesem Aspekt kommt einer Prüfung der Residuen auf Autokorrelation eine besondere Bedeutung zu. Allerdings ist der Durbin-Watson-Test hier nicht anwendbar, da die Durbin-Watson-Statistik DW bei zeitlich verzögerten endogenen Variablen als

---

80 Nur in dem unwahrscheinlichen Fall, dass λ genau mit dem Autokorrelationskoeffizienten erster Ordnung der Residuen, ρ, übereinstimmt, würde die Konsistenz gesichert sein.

81 Da die GLS-Methode bereits vorgestellt worden ist, können wir uns hier auf eine Präsentation der Methode der Instrumentvariablen beschränken. Bei der Anwendung der GLS-Methode auf dynamische Regressionsmodelle muss der autoregressive Parameter λ geeignet geschätzt werden, was am besten im Rahmen einer "Gittersuche" (grid search) erfolgt, da dann die Konsistenz des GLS-Schätzers gesichert ist. Danach wird derjenige Wert im Intervall (0, 1) als Schätzwert für λ verwendet, der die Summe der gewogenen Abweichungsquadrate $\mathbf{v}\boldsymbol{\Omega}^{-1}\mathbf{v}$ minimiert. Vgl. Johnston (1972), S. 315.

Regressoren systematisch gegen den Wert 2 verzerrt ist. Der Durbin-Watson-Test tendiert also dahin, die Nullhypothese einer fehlenden Autokorrelation zu bevorzugen, selbst wenn bestimmte Indizien dagegen sprechen. Durbin [82] hat jedoch einen Autokorrelationstest für das dynamische Regressionsmodell

$$y_t = \beta_1 + \beta_2 x_t + \beta_3 y_{t-1} + u_t \tag{2.5.37}$$

entwickelt, der als **Durbin-h-Test** bekannt geworden ist. Die Prüfgröße des Tests, die Durbin-h-Statistik genannt wird, ist durch

$$h = \hat{\rho}\sqrt{\frac{n}{1 - n\left[\hat{\operatorname{Var}}(\hat{\beta}_3)\right]}} \tag{2.5.38}$$

gegeben, in der $\hat{\rho}$ der geschätzte Autokorrelationskoeffizient erster Ordnung und $\hat{\operatorname{Var}}(\hat{\beta}_3)$ die geschätzte Varianz des Regressionskoeffizienten der zeitlich verzögerten endogenen Variablen y_{t-1} ist. Bei ökonometrischen Analysen lässt sich die Prüfgröße h durch Kenntnis der Durbin-Watson-Statistik DW unter Berücksichtigung der Beziehung

$$DW \approx 2(1 - \hat{\rho})$$

bestimmen:

$$h = \left(1 - \frac{DW}{2}\right) \cdot \sqrt{\frac{n}{1 - n\left[\hat{\operatorname{Var}}(\hat{\beta}_3)\right]}} \,. \tag{2.5.39}$$

Unter der Nullhypothese

$$H_0 : \rho = 0$$

ist die Durbin-h-Statistik für große Stichproben standardnormalverteilt. Der Durbin-h-Test, mit dem die Autokorrelation erster Ordnung der Störgröße überprüft wird, lässt sich somit unter Verwendung der Standardtabelle der Normalverteilung durchführen. Die Testprozedur bleibt unverändert, wenn in der dynamischen Regressionsgleichung mehrere exogene Variablen oder zusätzliche zeitliche Verzögerungen der endogenen Variablen auftreten.

Vorausgesetzt werden muss bei der Anwendung des Durbin-h-Tests in dieser Form, dass die n-fache geschätzte Varianz des Regressionskoeffizienten von y_{t-1} kleiner als

---

[82] Durbin (1970).

Eins ist. Ansonsten wäre die Prüfgröße h nicht definiert. In dieser Situation empfiehlt Durbin, die Regressionsgleichung

$$\hat{u}_t = \beta_1^* + \beta_2^* x_t + \beta_3^* y_{t-1} + \beta_4^* \hat{u}_{t-1} + v_t$$

mit der gewöhnlichen Methode der kleinsten Quadrate zu schätzen. Die Größen $\hat{u}_t$ sind darin die OLS-Residuen des dynamischen Regressionsmodells (2.5.37). Der Autokorrelationstest ist in diesem Fall mit dem t-Test des Regressionskoeffizienten β_4^* der zeitlich verzögerten Residualgröße $\hat{u}_{t-1}$ identisch. Bei einer Signifikanz des Regressionskoeffizienten β_4^* kann auf eine Autokorrelation erster Ordnung der Residuen geschlossen werden. Die Nullhypothese einer fehlenden Autokorrelation wird dagegen beibehalten, wenn sich der Regressionskoeffizient β_4^* als nichtsignifikant erweist.

2.5.3.5 Ein Beispiel

Eine Untersuchung der dynamischen Struktur der Geldnachfragefunktion ist erstmals von Goldfeld [83] auf der Grundlage der Hypothese der partiellen Anpassung für die US-amerikanische Volkswirtschaft durchgeführt worden. Danach wird die Lücke für die zwischen der gewünschten Geldhaltung m_t^* in der aktuellen Periode und der realisierten Geldhaltung m_{t-1} der Vorperiode z.B. aufgrund von Anpassungskosten nicht sofort vollständig geschlossen. Bei Verwendung der ökonomischen Variablen in logarithmierter Form lautet die Hypothese der partiellen Anpassung der Geldhaltung

$$\ln m_t - \ln m_{t-1} = \delta(\ln m_t^* - \ln m_{t-1}),$$

in der δ einen Anpassungskoeffizienten bezeichnet, der zwischen Null und Eins liegt. Wenn die gewünschte Geldnachfrage nun von dem Aktivitätsniveau und den Opportunitätskosten der Geldhaltung abhängt,

$$\ln m_t^* = \beta_1 + \beta_2 \ln y_t + \beta_3 \ln r_t + u_t ,$$

dann erhält man die Geldnachfragefunktion,

$$\text{(2.5.40)} \quad \ln m_t = \delta\beta_1 + \delta\beta_2 \ln y_t + \delta\beta_3 \ln r_t + (1-\delta)\ln m_{t-1} + u_t ,$$

---

[83] Goldfeld (1973).

in der die Geldmenge in verzögerter Form als erklärende Variable auftritt. Das Aktivitätsniveau wird hier z.B. durch das Bruttosozialprodukt y gemessen; die Opportunitätskosten werden durch einen repräsentativen Zinssatz r erfasst. Sofern die Wirtschaftseinheiten keiner Geldillusion unterliegen, sind das Bruttosozialprodukt und die Geldmenge als reale Größen in die Geldnachfragefunktion einzubeziehen.

Bei einer ökonometrischen Schätzung der dynamischen Geldnachfragefunktion (2.5.40) für die Bundesrepublik Deutschland verwenden wir Quartalsdaten für den Zeitraum von 1960/I bis 1990/II. Die Geldmenge ist in der Abgrenzung M1 verwendet worden, die das Bargeld und die Sichtguthaben der Nichtbanken umfasst. Das Aktivitätsniveau wird durch das Bruttosozialprodukt gemessen, und die Opportunitätskosten werden durch den Geldmarktzinssatz (Dreimonatsgeld) erfasst. Die beiden Niveaugrößen Geldmenge und Bruttosozialprodukt werden mit dem Preisindex des Bruttosozialproduktes deflationiert, d.h., sie gehen als reale Größen in die Geldnachfragefunktion ein. Alle ökonomischen Variablen werden wie üblich bei der Geldnachfrageanalyse logarithmiert. Die Daten sind den Monatsberichten der Deutschen Bundesbank entnommen.

Die ökonometrische Schätzung der Geldnachfragefunktion (2.5.40) erbrachte folgendes Ergebnis (t-Werte in Klammern):

$$\ln \hat{m}_t = \underset{(-5{,}595)}{-0{,}304} \; \underset{(8{,}787)}{+0{,}305 \ln y_t} \; \underset{(-7{,}413)}{-0{,}044 \ln r_t} \; \underset{(24{,}695)}{+0{,}743 \ln m_{t-1}}$$

$$R^2 = 0{,}994,\ \overline{R}^2 = 0{,}994,\ F = 6729{,}284,\ DW = 2{,}254742\,.$$

Die Einflussgrößen "erklären" insgesamt 99,4 % der Geldmengenstreuung. Der Gesamtzusammenhang ist hochsignifikant. Da die Geldnachfragefunktion eine zeitlich verzögerte endogene Variable als Einflussgröße enthält, ist der Durbin-Watson-Test zum Zwecke einer Überprüfung der Autokorrelation der Störvariablen nicht anwendbar.

Abbildung 2.5. 5: Geldnachfragefunktion mit Koyck-Lag

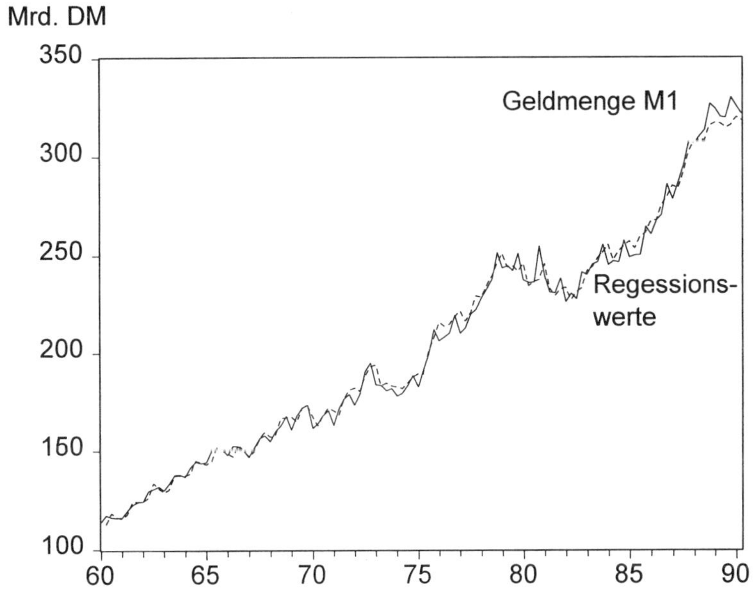

Jedoch lässt sich mit Hilfe der Durbin-Watson-Statistik die Durbin-h-Statistik bestimmen. Hierzu wird zusätzlich die Varianz des geschätzten Regressionskoeffizienten $\hat{\beta}_4$ der zeitlich verzögerten endogenen Variablen $\ln m_{t-1}$ benötigt:

$$\mathrm{Var}\left(\hat{\beta}_4\right) = 0{,}0300784^2 = 0{,}00090471 \ .$$

Bei einem Stichprobenumfang von n=121 erhält man dann

$$h = \left(1 - \frac{2{,}254742}{2}\right)\sqrt{\frac{121}{1 - 121 \cdot 0{,}00090471}} = -1{,}4847 \ .$$

Bei einem Signifikanzniveau von 5 % lautet der kritische Wert $|z_{9,975}| = 1{,}96$, so dass die Nullhypothese einer fehlenden Autokorrelation nicht widerlegt werden kann.

Außerdem sind alle Regressionskoeffizienten auch auf dem 1 %-Signifikanzniveau statistisch gesichert. Sie haben bezüglich der ökonomischen Einflussgrößen durchweg das erwartete Vorzeichen. Die kurz- und langfristigen Einkommens- und Zinselastizitäten gehen aus folgender Tabelle hervor:

		Elastizität (ε)	
		Einkommenselastizität	Zinselastizität
Fristigkeit	kurzfristig	0,305	–0,044
	langfristig	1,187	–0,171

Die kurzfristigen Einkommens- und Zinselastizitäten von 0,305 und –0,044 entsprechen den geschätzten Regressionskoeffizienten der beiden ökonomischen Variablen. Dagegen ergeben sich die langfristigen Einkommens- und Zinselastizitäten unter Bezug auf den Anpassungskoeffizienten δ von 0,257, der sich unmittelbar aus dem Regressionskoeffizienten der verzögerten Geldmenge ergibt:

$$\varepsilon_{y,M} = \frac{0{,}305}{1-0{,}743} = 1{,}187 \quad \text{und} \quad \varepsilon_{r,M} = \frac{-0{,}044}{1-0{,}743} = -0{,}171 \ .$$

Die langfristigen Einkommens- und Zinselastizitäten lauten somit 1,187 und –0,171. Sie ergeben sich nach vollständiger Anpassung der Geldhaltung an das gewünschte Niveau. Wegen

$$\tilde{l}_{0,5} = \frac{\ln(1-0{,}5)}{\ln 0{,}743} = 2{,}33$$

und

$$\tilde{l}_{0,9} = \frac{\ln(1-0{,}9)}{\ln 0{,}743} = 7{,}75$$

hat sich die Anpassung allerdings zu 50 % bereits nach 2,3 Quartalen und zu 90 % nach 7,8 Quartalen vollzogen. [84] Der mittlere Anpassungslag ist mit

$$\mu = \frac{0{,}743}{1-0{,}743} = 2{,}89$$

um gut ein halbes Quartal länger als der Medianlag.

84 Allgemein sind die Lag-Quantile $\tilde{l}_p$, $0 < p < 1$, durch $\tilde{l}_p = [\ln(1-p)]/[\ln(1-\delta)]$ gegeben. Vgl. Harvey (1981), S. 233 f.

2.5.3.6 Die Methode der Instrumentvariablen (IV-Methode)

Als Alternative zur verallgemeinerten Methode der kleinsten Quadrate (GLS-Methode) kommt zur Schätzung dynamischer Regressionsmodelle bei Autokorrelation der Störvariablen die Methode der Instrumentvariablen in Betracht. Ihr Prinzip besteht darin, die zwischen der zeitlich verzögerten endogenen Variablen und der Störvariablen auftretende Korrelation zumindest asymptotisch zu eliminieren, indem erstere durch geeignete Instrumente ersetzt werden. Dabei müssen als Instrumente Größen gewählt werden, die mit der zeitlich verzögerten endogenen Variablen in einem engen Zusammenhang stehen, ohne jedoch mit der Störvariablen korreliert zu sein.

Bei dem dynamischen Regressionsmodell

$$y_t = \beta_1 + \beta_2 x_t + \beta_3 y_{t-1} + v_t$$

ist die Matrix **Z** der Instrumentvariablen wie die Beobachtungsmatrix **X** von der Dimension n×3. Während die exogene Variable x als Instrument für sich selbst verwendet werden kann, ist für die zeitlich verzögerte endogene Variable eine geeignete Instrumentvariable zu finden. Allgemein fordern wir, dass die Matrix **Z** der Instrumentvariablen so gewählt wird, dass sie die Eigenschaften

$$\text{(2.5.41)} \qquad \underset{n\to\infty}{\text{plim}} \frac{1}{n} \mathbf{Z}'\mathbf{v} = \mathbf{0}$$

und

$$\text{(2.5.42)} \qquad \underset{n\to\infty}{\text{plim}} \frac{1}{n} \mathbf{Z}'\mathbf{X} = \mathbf{Q}_{ZX}, \mathbf{Q}_{ZX} \quad \text{regulär}$$

erfüllt. Damit wird sichergestellt, dass die Instrumentvariablen bei großen Stichproben mit der Störvariablen unkorreliert sind. Außerdem wird gefordert, dass die Momentenmatrix Q_{ZX} zwischen den Instrumentvariablen und Regressoren des dynamischen Regressionsmodells asymptotisch existiert und nichtsingulär ist. Wenn man nun das dynamische Regressionsmodell

$$\text{(2.5.43)} \qquad \mathbf{y} = \mathbf{X}\boldsymbol{\beta} + \mathbf{v}$$

nicht mit der Transponierten der Beobachtungsmatrix **X** wie bei der OLS-Methode, sondern mit der Transponierten der Matrix **Z** der Instrumentvariablen multipliziert, dann erhält man das System

$$\mathbf{Z}'\mathbf{y} = \mathbf{Z}'\mathbf{X}\boldsymbol{\beta} + \mathbf{Z}'\mathbf{v} \ ,$$

das mit dem Normalgleichungssystem (2.1.14) vergleichbar ist. Der **Instrumentvariablen-Schätzer** (IV-Schätzer) $\hat{\boldsymbol{\beta}}_{IV}$ für $\boldsymbol{\beta}$ ergibt sich dann durch Invertierung der Produktmatrix **Z'X** unter Vernachlässigung desjenigen Terms, der von der Störvariablen abhängig ist:

(2.5.44) $$\hat{\boldsymbol{\beta}}_{IV} = (\mathbf{Z}'\mathbf{X})^{-1}\mathbf{Z}'\mathbf{y}$$

Wie sich zeigen lässt, ist $\hat{\boldsymbol{\beta}}_{IV}$ unter den Bedingungen (2.5.41) und (2.5.42) ein konsistenter Schätzer für den Parametervektor $\boldsymbol{\beta}$. Substituiert man das dynamische Regressionsmodell (2.5.43) in (2.5.44), so erhält man

$$\hat{\boldsymbol{\beta}}_{IV} = (\mathbf{Z}'\mathbf{X})^{-1}\mathbf{Z}'(\mathbf{X}\boldsymbol{\beta} + \mathbf{v}) = \boldsymbol{\beta} + (\mathbf{Z}'\mathbf{X})^{-1}\mathbf{Z}'\mathbf{v}\ .$$

Die Anwendung des Wahrscheinlichkeitslimes führt zu

$$\begin{aligned} \underset{n\to\infty}{\text{p}\lim}\,\hat{\boldsymbol{\beta}}_{IV} &= \underset{n\to\infty}{\text{p}\lim}\left[\boldsymbol{\beta} + \left(\frac{1}{n}\mathbf{Z}'\mathbf{X}\right)^{-1}\cdot\frac{1}{n}\mathbf{Z}'\mathbf{v}\right] \\ &= \boldsymbol{\beta} + \underset{n\to\infty}{\text{p}\lim}\left[\frac{1}{n}(\mathbf{Z}'\mathbf{X})^{-1}\cdot\frac{1}{n}\mathbf{Z}'\mathbf{v}\right] \end{aligned},$$

was aufgrund des Slutzky-Theorems in

$$\underset{n\to\infty}{\text{p}\lim}\,\hat{\boldsymbol{\beta}}_{IV} = \boldsymbol{\beta} + \underset{n\to\infty}{\text{p}\lim}\left[\frac{1}{n}(\mathbf{Z}'\mathbf{X})^{-1}\right]\cdot\underset{n\to\infty}{\text{p}\lim}\left(\frac{1}{n}\mathbf{Z}'\mathbf{v}\right)$$

übergeht. Unter Verwendung der Bedingungen (2.5.41) und (2.5.42) erhält man schließlich

$$\underset{n\to\infty}{\text{p}\lim}\,\hat{\boldsymbol{\beta}}_{IV} = \boldsymbol{\beta} + \mathbf{Q}_{ZX}^{-1}\cdot\mathbf{0} = \boldsymbol{\beta}\ ,$$

womit die Konsistenz von $\hat{\boldsymbol{\beta}}_{IV}$ bewiesen ist.

Es ist jedoch schwierig, Variablen zu finden, die die Beziehung zwischen den zu ersetzenden zeitlich verzögerten endogenen Variablen adäquat wiedergeben. Bei unserem Schätzmodell liegt es nahe, x_{t-1} als Instrument für y_{t-1} zu verwenden. Insbesondere bei mehreren Variablen besteht außerdem die Möglichkeit, an Stelle von x_{t-1} die zeitlich verzögerten Regressionswerte $\hat{y}_{t-1}$ aus einer OLS-Schätzung als Instrumentvariable für y_{t-1} zu benutzen. $\hat{y}_{t-1}$ hat die Eigenschaft, stark mit y_{t-1} korreliert, aber symptotisch mit der Störvariablen unkorreliert zu sein. Als Schätzwert involviert $\hat{y}_{t-1}$ jedoch Zufallsschwankungen, die verhindern, dass der Small-Sample-Bias verschwindet. Bei k exogenen Variablen $x_1, x_2, \ldots, x_k$ ist das Instrument $\hat{y}_{t-1}$ durch

$$\hat{y}_{t-1} = \hat{\beta}_0^* + \hat{\beta}_1^* x_{1,t-1} + \hat{\beta}_2^* x_{2,t-1} + \ldots + \hat{\beta}_k^* x_{k,t-1}$$

gegeben. Mit den in der 1. Stufe ermittelten Regressionswerten $\hat{y}_{t-1}$ erfolgt eine Parameterschätzung der dynamischen Regressionsgleichung

$$y_t = \beta_1 + \beta_2 x_t + \beta_3 \hat{y}_{t-1} + v_t$$

in der 2. Stufe. Diese Vorgehensweise entspricht dem Prinzip der zweistufigen Methode der kleinsten Quadrate. Für k=1 sind die Schätzer der Instrumente x_{t-1} und $\hat{y}_{t-1}$ identisch. Allerdings lässt sich zeigen, dass letztere Schätzfunktion für k>1 eine höhere Effizienz aufweist, da die Stärke des Zusammenhangs zwischen $\hat{y}_{t-1}$ und y_{t-1} zunimmt. In der einfachen Beziehung

$$y_t = \beta y_{t-1} + v_t$$

beträgt die Varianz von $\hat{\beta}$

$$\mathrm{Var}(\hat{\beta}) = \sigma^2 \frac{1}{\sum \hat{y}_{t-1} y_{t-1}} \quad ,$$

woran deutlich wird, dass die IV-Schätzung um so unsicherer wird, je schwächer die Instrumentvariable mit der zu ersetzenden zeitlich verzögerten endogenen Variable korreliert ist. Im Extremfall, wenn $\sum \hat{y}_{t-1} y_{t-1} = 0$ ist, strebt $\mathrm{Var}(\hat{\beta})$ gegen unendlich. Wie Simulationsstudien jedoch ergeben haben, nimmt der Erklärungswert für k>2 meist nur noch geringfügig zu. [85]

Der Vorteil der IV-Methode liegt in der Einfachheit und anschaulichen Interpretationsmöglichkeit. Außerdem sind keine Annahmen über den zugrunde liegenden Störprozess erforderlich. Simulationsstudien haben jedoch gezeigt, dass die Varianzen der IV-Schätzungen bei kleinem und mittlerem Stichprobenumfang häufig recht groß sind, so dass mit Effizienzverlusten gerechnet werden muss [86].

---

85 Vgl. Graab (1974), S. 31.

86 Vgl. Schönfeld (1971), S. 92.

2.5.4 Das Almon-Verfahren

In einer Untersuchung der Verzögerungsstruktur zwischen Kapitalzuweisungen und Investitionsausgaben hat Almon [87] ein flexibles Verfahren zur Schätzung von Distributed-Lag-Modellen vorgestellt, das in der angewandten Ökonometrie eine große Bedeutung erlangt hat. Bei diesem Verfahren wird vorausgesetzt, dass der Einfluss der unabhängigen Variablen x auf die abhängige Variable y nicht unbegrenzt ist, sondern nach s Perioden verschwindet:

(2.5.45) $$y_t = \alpha + \beta_0 x_t + \beta_1 x_{t-1} + \ldots + \beta_s x_{t-s} + u_t \,.$$

Da der Gesamtlag von s Perioden vor allem bei unterjährigen Daten im allgemeinen recht groß sein wird, ist eine direkte Schätzung von (2.5.45) aufgrund des Multikollinearitätsproblems zu umgehen. Im Almon-Verfahren werden die Reaktionskoeffizienten β_i daher durch ein Lag-Polynom r-ten Grades, r<s, approximiert [88]:

(2.5.46) $$\beta_i = a_0 + a_1 \cdot i + a_2 \cdot i^2 + \ldots + a_r \cdot i^r \,, \quad i = 0,1,2,\ldots,s \,.$$

Aufgrund dieser Darstellung spricht man beim Almon-Verfahren auch von einer polynominalen Lag-Verteilung. Vorteile gegenüber dem direkten Ansatz ergeben sich nur dann, wenn der Polynomgrad r wesentlich kleiner als der Gesamtlag s ist.

Direkt geschätzt werden nicht die Reaktionskoeffizienten $\beta_i, i = 0,1,2,\ldots,s$, sondern die Lag-Koeffizienten $a_k, k = 0,1,2,\ldots,r$. Substituiert man (2.5.46) aus diesem Grund in das Distributed-Lag-Modell (2.5.45), so erhält man

$$y_t = \alpha + a_0 x_t + \left(a_0 + \sum_{k=1}^{r} a_k\right) x_{t-1} + \left(a_0 + \sum_{k=1}^{r} 2^k a_k\right) x_{t-2} + \ldots + \left(a_0 + \sum_{k=1}^{r} s^k a_k\right) x_{t-s} + u_t$$

und nach geeigneter Umstellung

$$y_t = \alpha + a_0 \sum_{i=0}^{s} x_{t-i} + \sum_{i=1}^{s}\sum_{k=1}^{r} i^k a_k x_{t-i} + u_t$$

(2.5.47) $$= \alpha + a_0 \sum_{i=0}^{s} x_{t-i} + \sum_{k=1}^{r} a_k \sum_{i=1}^{s} i^k x_{t-i} + u_t$$

$$= \alpha + a_0 \sum_{i=0}^{s} x_{t-i} + a_1 \sum_{i=1}^{s} i\, x_{t-i} + a_2 \sum_{i=1}^{s} i^2\, x_{t-i} + \ldots + a_r \sum_{i=1}^{s} i^r x_{t-i} + u_t$$

87 Almon (1965).

88 Grundlage für diese Formel ist ein Theorem von Weierstrass, nachdem jede stetige Funktion innerhalb eines geschlossenen Intervalls mit beliebiger Genauigkeit approximiert werden kann.

Die r+1 Größen

$$z_{0t} = \sum_{i=0}^{s} x_{t-i},\ z_{1t} = \sum_{i=0}^{s} i\, x_{t-i},\ z_{2t} = \sum_{i=0}^{s} i^2\, x_{t-i},\ \ldots,\ z_{rt} = \sum_{i=0}^{s} i^r\, x_{t-i}$$

sind nun die unabhängigen Variablen im polynomialen Lag-Modell,

(2.5.48) $$y_t = \alpha + a_0 z_{0t} + a_1 z_{1t} + a_2 z_{2t} + \ldots + a_r z_{rt} + u_t\ ,$$

das mit der OLS-Methode geschätzt werden kann. Wenn OLS-Schätzwerte für die Lag-Koeffizienten $a_0, a_1, \ldots, a_r$ vorliegen, können die Reaktionskoeffizienten β_i über die Beziehung (2.5.46) berechnet werden.

Um die Reaktionskoeffizienten β_i auf Signifikanz testen zu können, wird die Kovarianzmatrix der Lag-Koeffizienten a_k benötigt. Aus diesem Grund bietet sich die Verwendung der Matrizennotation für das Almon-Verfahren an. Das Distributed-Lag-Modell mit einem Gesamtlag von s lautet dann

(2.5.49) $$\mathbf{y} = \alpha\mathbf{e} + \mathbf{X}\boldsymbol{\beta} + \mathbf{u}$$

mit

$$\begin{aligned}
\mathbf{e} &= (1 \quad 1 \quad \cdots \quad 1)',\\
\mathbf{y} &= (y_1 \quad y_2 \quad \cdots \quad y_n)',\\
\boldsymbol{\beta} &= (\alpha \quad \beta_0 \quad \beta_1 \quad \cdots \quad \beta_s)',\\
\mathbf{u} &= (u_1 \quad u_2 \quad \cdots \quad u_n)',
\end{aligned}$$

und

$$\mathbf{X} = \begin{bmatrix} x_1 & x_0 & x_{-1} & \cdots & x_{1-s} \\ x_2 & x_1 & x_0 & \cdots & x_{2-s} \\ \vdots & \vdots & \vdots & \ddots & \vdots \\ x_n & x_{n-1} & x_{n-2} & \cdots & x_{n-s} \end{bmatrix}.$$

Der Vektor der Reaktionskoeffizienten $\boldsymbol{\beta}$ lässt sich unter Beachtung von (2.5.46) in der Form

(2.5.50) $$\boldsymbol{\beta} = \mathbf{H} \cdot \mathbf{a}$$

mit

$$\mathbf{H} = \begin{bmatrix} 1 & 0 & 0 & \cdots & 0 \\ 1 & 1 & 1 & \cdots & 1 \\ 1 & 2^1 & 2^2 & \cdots & 2^r \\ \vdots & \vdots & \vdots & \ddots & \vdots \\ 1 & s^1 & s^2 & \cdots & s^r \end{bmatrix}$$

und $\mathbf{a} = (a_0\ a_1\ \ldots\ a_r)'$

darstellen. Substituiert man nun $\boldsymbol{\beta}$ in (2.5.49) durch (2.5.50), so ergibt sich

$$\begin{aligned}\mathbf{y} &= \alpha\mathbf{e} + \mathbf{X}(\mathbf{H}\mathbf{a}) + \mathbf{u} \\ &= \alpha\mathbf{e} + (\mathbf{X}\mathbf{H})\mathbf{a} + \mathbf{u}\end{aligned}$$

und mit

$$\mathbf{Z} = \mathbf{X}\mathbf{H}$$

schließlich die Schätzgleichung

(2.5.51) $$\mathbf{y} = \alpha\mathbf{e} + \mathbf{Z}\mathbf{a} + \mathbf{u}$$

des Almon-Verfahrens.

Der OLS-Schätzer für den Vektor **a** der Lag-Koeffizienten lautet

$$\hat{\mathbf{a}} = (\mathbf{Z}'\mathbf{Z})^{-1}\mathbf{Z}'\mathbf{y}\ ,$$

so dass der OLS-Schätzer für $\boldsymbol{\beta}$ von der Form

(2.5.52) $$\hat{\boldsymbol{\beta}} = \mathbf{H}\hat{\mathbf{a}} = \mathbf{H}(\mathbf{Z}'\mathbf{Z})^{-1}\mathbf{Z}'\mathbf{y}$$

ist. Die Kovarianzmatrix von $\hat{\mathbf{a}}$ ist durch

(2.5.53) $$\mathrm{Cov}(\hat{\mathbf{a}}) = \sigma_u^2(\mathbf{Z}'\mathbf{Z})^{-1}$$

gegeben. Zur Bestimmung der Varianzen der Reaktionskoeffizienten ist zu beachten, dass die β_i lineare Funktionen der Lag-Koeffizienten a_k sind, die sich in der Form

$$\beta_i = \mathbf{h}_i'\mathbf{a}\,, \quad i = 0,1,2,\ldots,s$$

darstellen lassen mit h_i als (i+1)-ter Zeile von **H**. Mithin erhält man

$$\mathrm{Var}(\hat{\beta}_i) = \mathrm{Var}(\mathbf{h}_i'\hat{\mathbf{a}}) = \mathbf{h}'_i\ \mathrm{Var}(\hat{\mathbf{a}})\mathbf{h}_i$$

und unter Berücksichtigung von (2.5.53) schließlich

(2.5.54) $$\mathrm{Var}(\hat{\boldsymbol{\beta}}_i) = \sigma_u^2\mathbf{h}_i'(\mathbf{Z}'\mathbf{Z})^{-1}\mathbf{h}_i\ .$$

Unter Verwendung dieser Beziehung lassen sich die Reaktionskoeffizienten mit dem bekannten t-Test auf Signifikanz überprüfen.

Bei der Anwendung der Almon-Schätztechnik ist es erforderlich, sowohl die Länge der Verzögerung als auch den Grad des Lag-Polynoms festzulegen. Da die ökonomische Theorie hierüber kaum eine Aussage machen kann, sind in der Regel hierzu statistische Kriterien heranzuziehen. Wegen der schnell zunehmenden Multikollinearität kommt als Näherungsfunktion ein Polynom höheren als dritten oder vierten Grades wohl kaum in Betracht. Man kann daher unterschiedliche Verzögerungslängen für alternative Polynomgrade vorgeben und die Wahl an Hand des korrigierten Bestimmtheitsmaßes unter Berücksichtigung der Signifikanz der Reaktionskoeffizienten treffen. Vom Untersuchungsgegenstand aus betrachtet ist es entscheidend, ob die ermittelten Reaktionskoeffizienten die theoretisch erwartete Verzögerungsstruktur widerspiegeln. So müssen insbesondere alle β_l-Koeffizienten das gleiche Vorzeichen besitzen und der Summenkoeffizient darf häufig nicht den Wert Eins überschreiben. Gerade die Flexibilität des Almon-Modells ermöglicht es dem Forscher, ohne zu viel restriktive Vorgaben dynamische Hypothesen einem empirischen Test zu unterziehen.

Aufgaben

2.5.1 Erläutern Sie den Begriff der verteilten Verzögerung anhand der Investitionstätigkeit der Bauwirtschaft!

2.5.2 Was versteht man unter einem exogen-dynamischen Regressionsmodell und welche Schätzprobleme birgt es?

2.5.3 Skizzieren Sie anhand des in Aufgabe 2.5.1 genannten Beispiels den Unterschied zwischen dem „impact multiplier“ und „total multiplier“!

2.5.4 Geben Sie die Lag-Polynom-Darstellung des Modells

$y_t = \alpha + \beta_0 x_t + \beta_1 x_{t-1} + \beta_2 x_{t-2} + \beta_3 x_{t-3} + u_t$ an!

2.5.5 Wie lässt sich die Koyck-Transformation eines exogen-dynmamischen Regressionsmodells in ein endogen-dynamisches Regressionsmodell der Form $y_t = \beta_0 + \beta_1 x_t + \beta_2 y_{t-1} + v_t$ inhaltlich klären?

2.5.6 Zeigen Sie, wie sich die Habit-Persistence-Hypothese

$$C_t = \beta_0 + \beta_1 y_t + \beta_2 C_{t-1} + v_t$$

aus der Hypothese der partiellen Anpassung ableiten lässt!

2.5.7 Schätzen Sie die in Aufgabe 2.5.6 wiedergegebene Habit-Persistence-Hypothese (Daten s. Beispiel 2.1.1) unter Verwendung der OLS-Methode! Welche Folgerungen hinsichtlich der Schätzeigenschaften lassen sich aus dem Durbin-h-Test ziehen?

2.5.8 Wie groß sind die kurz- und langfristigen Einkommenselastizitäten des privaten Konsums auf der Basis der partiellen Anpassungshypothese unter Verwendung der in Aufgabe 2.5.7 ermittelten Schätzergebnisse?

2.5.9 Bestimmen Sie für die in Aufgabe 2.5.7 ökonometrisch geschätzte Konsumfunktion der Medianlag und mittleren Anpassungslag (Interpretation)!

2.5.10 Welche Grundidee einer ökonometrischen Schätzung von Distributed-Lag-Modellen steht hinter dem Almon-Verfahren?

2.6 Modelle mit qualitativen Variablen

2.6.1 Vorbemerkungen

Ökonomische Variablen sind in ihrer überwiegenden Mehrzahl quantitativ, so dass bei den ökonometrischen Modellen zunächst einmal auf diese Variablenart abgestellt worden ist. Aus verschiedenen Gründen haben jedoch **Regressionsmodelle mit qualitativen Variablen** in der Ökonometrie einen festen Stellenwert. Als exogene Variablen kommen qualitative Größen einerseits dann in Betracht, wenn in ökonomischer Hinsicht Verhaltensunterschiede zwischen verschiedenen Personengruppen zu erwarten sind. So ist z.B. ein unterschiedliches Konsum- und Sparverhalten in den verschiedenen sozialen Schichten der Bevölkerung bekannt. Bei bestimmten Produkten ist z.B. mit einem unterschiedlichen Kaufverhalten von Frauen und Männern zu rechnen. **Qualitative Regressoren**, die bei einer ökonometrischen Analyse berücksichtigt werden müssten, sind hier die soziale Schicht und das Geschlecht. Diese Art von qualitativen Variablen, die man als Dummy-Variablen bezeichnet, kommen in der Regel nur bei Querschnittsanalysen vor. Bei unterjährigen Zeitreihendaten sind dagegen gelegentlich saisonale Einflüsse durch Dummy-Variablen zu modellieren.

Mit einem **Strukturbruchtest** kann überprüft werden, ob das ökonometrische Modell im gesamten Beobachtungszeitraum dieselbe Struktur besitzt. Nach bestimmten wirtschaftlichen Ereignissen wie z.B. einem Ölpreisschock oder dem Aufkommen von Finanzinnovationen kann sich das Verhalten der Wirtschaftssubjekte grundlegend ändern, so dass sich eine Unterteilung des Beobachtungszeitraumes als erforderlich erweist. Die Einordnung von Strukturbruchtests unter dieser Rubrik ergibt sich daraus, dass er prinzipiell in Form einer Dummy-Variablen in einem ökonometrischen Modell berücksichtigt werden kann.

Während qualitative Regressoren durch ein entsprechendes "Design" der Beobachtungsmatrix **X** in ein multiples Regressionsmodell einbezogen werden können, sieht die Situation bei einer **qualitativen endogenen Variablen** völlig anders aus. Wenn z.B. die Kaufwahrscheinlichkeit für ein Produkt in Abhängigkeit bestimmter Einflussgrößen erklärt werden soll, liegt eine qualitative abhängige Variable vor, die bei einem Kauf des Produkts durch eine Person oder einen Haushalt den Wert Eins und bei einem Nicht-Kauf den Wert Null annimmt. Eine ökonometrische Analyse basiert hier auf sog.

Logit- oder Probitmodellen, da die Schätzung von Anteilswerten Probleme aufwirft. Wie sich zeigen wird, können die klassischen Annahmen des multiplen Regressionsmodells bei ökonometrischen Modellen mit einer qualitativen abhängigen Variablen nicht mehr vorausgesetzt werden.

2.6.2 Qualitative Regressoren

Obwohl ökonomische Variablen, die zur Erklärung eines Tatbestandes in Betracht kommen, überwiegend quantitative Größen sind, liegt bei bestimmten Phänomenen ein qualitativer Einfluss vor. Wir wollen die Behandlung derartiger qualitativer Einflüsse anhand einer einfachen Nachfragefunktion aufzeigen, bei der die Nachfrage q_t nach einer bestimmten Güterart in Abhängigkeit von den Gesamtausgaben x_t modelliert wird:

(2.6.1) $$q_t = \beta_0 + \beta_1 x_t + u_t \ .$$

Die Störvariable u_t soll darin den klassischen Annahmen des Regressionsmodells genügen. Eine Vernachlässigung des Preises der betrachteten Güterart und der Preise konkurrierender Güter ist z.B. bei einer Querschnittsanalyse immer dann zulässig, wenn die Preise innerhalb der Erhebungsperiode im wesentlichen konstant bleiben. Je nach der Güterart kann jedoch ein Einfluss des Geschlechts auf die Nachfrage vorliegen. So ist z.B. bei Kosmetikartikeln zwischen weiblichen und männlichen Personen ein unterschiedliches Nachfrageverhalten zu erwarten.

Wie kann nun der Einfluss der qualitativen Variablen Geschlecht in der Nachfrageanalyse berücksichtigt werden? Wir definieren hierzu eine Dummy-Variable g_t, die den Wert 1 bei einer weiblichen und den Wert 0 bei einer männlichen Erhebungseinheit t annimmt:

$$g_t = \begin{cases} 1, & \text{falls Frau} \\ 0, & \text{falls Mann.} \end{cases}$$

Die Nachfragefunktion (2.6.1) lautet dann bei einer Erweiterung um den qualitativen Regressor Geschlecht

(2.6.2) $$q_t = \beta_0 + \beta_1 x_t + \beta_2 g_t + u_t \ .$$

Bei acht Erhebungseinheiten mit der Reihenfolge 2x weiblich, 1x männlich, 1x weiblich, 3x männlich, 1x weiblich beim Merkmal Geschlecht hätte die Beobachtungsmatrix **X** folgende Gestalt:

$$\mathbf{X} = \begin{bmatrix} 1 & x_1 & 1 \\ 1 & x_2 & 1 \\ 1 & x_3 & 0 \\ 1 & x_4 & 1 \\ 1 & x_5 & 0 \\ 1 & x_6 & 0 \\ 1 & x_7 & 0 \\ 1 & x_8 & 1 \end{bmatrix}$$

Es ergibt sich somit ein ganz bestimmter Aufbau oder Design der Beobachtungsmatrix **X**, so dass man sie bei der Einbeziehung qualitativer Variablen gelegentlich auch als Designmatrix bezeichnet. [89]

Eine Interpretation des Einflusses des qualitativen Regressors Geschlecht erhält man, indem man die Nachfragefunktion (2.6.2) getrennt für männliche und weibliche Personen betrachtet:

für männliche Personen: $q_t = \beta_0 + \beta_1 x_t + u_t$

für weibliche Personen: $q_t = (\beta_0 + \beta_2) + \beta_1 x_t + u_t$.

Die Einbeziehung der qualitativen Variablen Geschlecht bewirkt eine Parallelverschiebung der Nachfragefunktion (N), was in Abbildung 2.6. 1 für den Fall $\beta_2 > 0$ dargestellt worden ist. Die Dummy-Variable misst in diesem Fall die bei gegebenen Gesamtausgaben größere Nachfrage der Frauen im Vergleich zu Männern nach der betrachteten Güterart.

89 Der Begriff der Designmatrix, der aus der kategorialen Datenanalyse (Varianzanalyse, kategoriale Regressionsanalyse) stammt, wird jedoch in der Ökonometrie weniger häufig verwendet, da in ökonometrischen Modellen in der Regel nicht ausschließlich qualitative Regressoren verwendet werden.

Abbildung 2.6. 1: Verschiebung der Nachfragefunktion

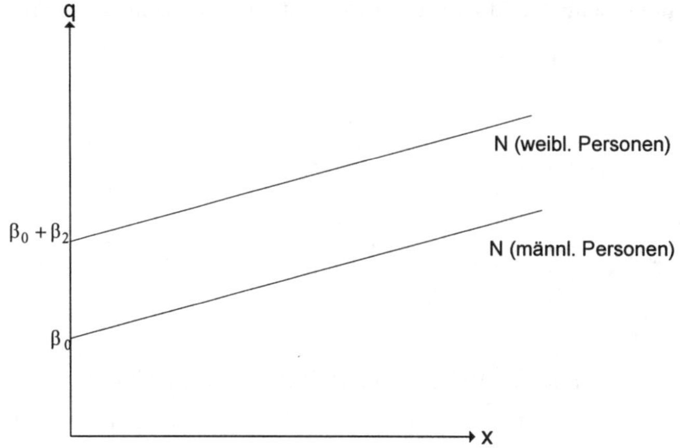

Die Schätzung eines Regressionsmodells mit qualitativen Regressoren kann mit der gewöhnlichen Methode der kleinsten Quadrate erfolgen. Der OLS-Schätzer für β_2 kann mit dem t-Test in der üblichen Form auf Signifikanz geprüft werden. Ein signifikantes Testergebnis bedeutet z.B. im Falle der Nachfragefunktion, dass ein unterschiedliches Nachfrageverhalten zwischen Frauen und Männern in bezug auf die betrachtete Güterart statistisch gesichert ist. Zu beachten ist allerdings, dass die Nachfragefunktion (2.6.2) implizit die Hypothese einer gleichen marginalen Konsumneigung enthält, da der Regressionskoeffizient β_1 in beiden Personengruppen als gleich angesehen wird. Mit dem ökonometrischen Modell (2.6.2) lässt sich allein die Relevanz einer Parallelverschiebung der Nachfragefunktion überprüfen.

Gegenüber einer separaten Schätzung der Nachfragefunktion für beide Personengruppen hat der Dummy-Variablenansatz den Vorteil einer größeren Anzahl von Freiheitsgraden, die die Schätzer zuverlässiger werden lassen. Die Möglichkeit einer unterschiedlichen marginalen Konsumneigung kann durch das ökonometrische Modell

(2.6.3) $$q_t = \beta_0 + \beta_1 x_t + \beta_2 x_t g_t + u_t$$

erfasst werden. In diesem Fall, der in Abbildung 2.6. 2 für $\beta_2 > 0$ dargestellt worden ist, gibt β_2 die höhere oder geringere marginale Konsumneigung der weiblichen gegenüber den männlichen Nachfragern wieder:

für männliche Personen: $q_t = \beta_0 + \beta_1 x_t + u_t$

für weibliche Personen: $q_t = \beta_0 + (\beta_1 + \beta_2) x_t + u_t$.

Natürlich ist es ebenfalls möglich, beide Verhaltensunterschiede zwischen den Personengruppen in einem ökonometrischen Modell zu erfassen.

Abbildung 2.6. 2: Veränderung der marginalen Konsumneigung

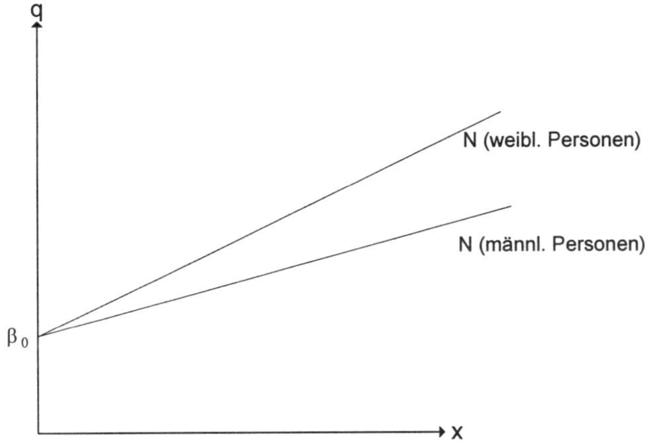

Anhand einer qualitativen Variablen mit drei Ausprägungen wollen wir allgemein die Einbeziehung von qualitativen Regressoren in ökonometrischen Modellen erörtern. Hierzu wird die Nachfrage nach einer Güterart neben den Gesamtausgaben in Abhängigkeit von der sozialen Stellung eines Haushalts betrachtet. Wenn man nun für jede der drei Kategorien der sozialen Stellung (s) eine Dummy-Variable einführen würde, dann lautete die Nachfragefunktion

$$q_t = \beta_0 + \beta_1 x_t + \beta_2 s_{1t} + \beta_3 s_{2t} + \beta_4 s_{3t} + u_t$$

mit

$$s_{ht} = \begin{cases} 1, & \text{falls soziale Stellung h} \\ 0, & \text{sonst} \end{cases}, \quad h = 1,2,3 \ .$$

Damit würde sich z.B. bei 8 Haushalten folgendes Design der Beobachtungsmatrix **X** ergeben:

$$\mathbf{X} = \begin{bmatrix} 1 & x_1 & 0 & 1 & 0 \\ 1 & x_2 & 0 & 0 & 1 \\ 1 & x_3 & 0 & 0 & 1 \\ 1 & x_4 & 1 & 0 & 0 \\ 1 & x_5 & 0 & 1 & 0 \\ 1 & x_6 & 1 & 0 & 0 \\ 1 & x_7 & 1 & 0 & 0 \\ 1 & x_8 & 0 & 1 & 0 \end{bmatrix}$$

Der erste Haushalt liegt hinsichtlich der sozialen Stellung in der zweiten Kategorie, der zweite und dritte Haushalt in der dritten Kategorie, usw. Bei diesem Design ergibt die Summe der drei letzten Spalten genau die erste Spalte:

$$\text{Spalte } 1 = \text{Spalte } 3 + \text{Spalte } 4 + \text{Spalte } 5 \,.$$

Die Spalten der Beobachtungsmatrix, die die Variablenwerte enthalten, sind daher nicht linear unabhängig. Der Rang der Beobachtungsmatrix **X** ist um Eins niedriger als die Anzahl ihrer Spalten, was zur Folge hat, dass die Produktmatrix **X'X** nicht invertierbar ist. Der OLS-Schätzer $\hat{\boldsymbol{\beta}}$ ließe sich bei einem derartigen Design folglich nicht ermitteln.

Aus diesem Grund muss bei der Einbeziehung eines qualitativen Regressors in ein ökonometrisches Modell wie folgt verfahren werden. Bei einem qualitativen Regressor mit h Kategorien dürfen nur h–1 Dummy-Variablen gebildet werden. In unserem Beispiel könnte man z.B. für die Kategorien 2 und 3 der sozialen Stellung jeweils eine Dummy-Variable bilden,

$$s_{2t} = \begin{cases} 1, & \text{falls soziale Stellung 2} \\ 0, & \text{sonst} \end{cases}$$

und

$$s_{3t} = \begin{cases} 1, & \text{falls soziale Stellung 3} \\ 0, & \text{sonst,} \end{cases}$$

womit die Nachfragefunktion

$$q_t = \beta_0 + \beta_1 x_t + \beta_2 s_{2t} + \beta_3 s_{3t} + u_t$$

lautet. Daraus ergibt sich ein Design der Beobachtungsmatrix **X**, das eine Bestimmung des OLS-Schätzers $\hat{\boldsymbol{\beta}}$ der unbekannten Regressionskoeffizienten ermöglicht. Für die betrachteten Haushalte nimmt die Beobachtungsmatrix die Gestalt

$$\mathbf{X} = \begin{bmatrix} 1 & x_1 & 1 & 0 \\ 1 & x_2 & 0 & 1 \\ 1 & x_3 & 0 & 1 \\ 1 & x_4 & 0 & 0 \\ 1 & x_5 & 1 & 0 \\ 1 & x_6 & 0 & 0 \\ 1 & x_7 & 0 & 0 \\ 1 & x_8 & 1 & 0 \end{bmatrix}$$

an, die keine lineare Abhängigkeit zwischen den Spalten der Dummy-Variablen und der Spalte der Scheinvariablen mehr enthält.

Die Interpretation der Koeffizienten β_2 und β_3 geht aus der separaten Darstellung der Nachfragefunktion über die drei Kategorien der sozialen Stellung hervor:

für soziale Stellung 1: $q_t = \beta_0 + \beta_1 x_t + u_t$

für soziale Stellung 2: $q_t = (\beta_0 + \beta_2) + \beta_1 x_t + u_t$

für soziale Stellung 3: $q_t = (\beta_0 + \beta_3) + \beta_1 x_t + u_t$.

Die Regressionskoeffizienten β_2 und β_3 messen also die Mehr- oder Mindernachfrage eines Haushalts in der zweiten bzw. dritten Kategorie der sozialen Stellung gegenüber einem Haushalt in der ersten Kategorie. Die soziale Stellung 1 dient hier somit als Referenzgröße. Alternativ hätte natürlich auch die soziale Stellung 2 oder 3 als Referenzgröße verwendet werden können, was bei der Interpretation entsprechend zu beachten ist.

Dummy-Variablen werden in ökonometrischen Modellen häufig bei unterjährigen Daten verwendet, um saisonale Einflüsse zu berücksichtigen. Prinzipiell erfolgt die Modellierung genauso wie bei den hier betrachteten qualitativen Variablen. Bei Quartalsdaten sind z.B. 3 und bei Monatsdaten 11 Dummy-Variablen zu bilden. Die Regressionskoeffizienten der Dummy-Variablen geben hierbei die saisonalen Ausschläge in den Einheitsperioden gegenüber einem Referenzquartal oder -monat wieder.

2.6.3 Strukturbruchtest

In einer Volkswirtschaft treten von Zeit zu Zeit Ereignisse auf, die ihre Struktur in bestimmter Hinsicht dauerhaft verändern. Nach einem Krieg, einem Ölpreisschock, Basisinnovationen oder einer ordnungspolitischen Grundsatzentscheidung können die wirtschaftlichen Rahmenbedingungen eine neue Orientierung erfahren haben, die nicht ohne Einfluss auf die Strukturparameter eines ökonometrischen Modells zu bleiben braucht. Wenn dies der Fall ist, spricht der Ökonometriker von einem Strukturbruch. Vor dem Strukturbruch in der Periode n_1+1 hatte das ökonometrische Modell

(2.6.4) $$y_t = \sum_{j=1}^{k} \beta_j^1 \cdot x_{jt} + u_t, \quad t = 1,2,\ldots,n_1$$

Gültigkeit; danach hat das Modell die Form

(2.6.5) $$y_t = \sum_{j=1}^{k} \beta_j^2 \cdot x_{jt} + u_t, \quad t = n_1+1, n_1+2,\ldots,n \; .$$

Für den gesamten Beobachtungszeitraum kann das ökonometrische Modell unter Verwendung zweier Dummy-Variablen d_1 und d_2, die dem Strukturbruch Rechnung tragen sollen, wie folgt formuliert werden:

(2.6.6) $$y_t = \sum_{j=1}^{k} \beta_j^1 \cdot x_{jt} \cdot d_{1t} + \sum_{j=1}^{k} \beta_j^2 \cdot x_{jt} \cdot d_{2t} + u_t, \quad t = 1,2,\ldots,n$$

mit

$$d_{1t} = \begin{cases} 1 & \text{für } t=1,2,\ldots,n_1 \\ 0 & \text{für } t=n_1+1,\ n_1+2,\ \ldots,n \end{cases}$$

und

$$d_{2t} = \begin{cases} 0 & \text{für } t=1,2,\ldots,n_1 \\ 1 & \text{für } t=n_1+1,\ n_1+2,\ \ldots,\ n. \end{cases}$$

Auf diese Weise wird der Tatsache Rechnung getragen, dass sich bei einem Strukturbruch alle Regressionskoeffizienten verändern können.

Der Ökonometriker hat nun zu beurteilen, ob ein bestimmtes Ereignis tatsächlich zu einem Strukturbruch geführt hat oder nicht. Es ist also zu testen, ob sich die ökonomischen Randbedingungen in einem Ausmaß geändert haben, das es nicht mehr erlaubt, von einer Konstanz der Strukturparameter des ökonometrischen Modells über den gesamten Beobachtungszeitraum auszugehen. Ein statistischer Test, der eine Aussage über diesen Tatbestand ermöglicht, ist von Chow [90] entwickelt worden.

Bei dem **Chow-Test** sind drei Regressionen durchzuführen. Zum einen werden die Regressionsgleichungen (2.6.4) und (2.6.5) für die Teilperiode vor und nach dem Strukturbruch geschätzt. Hieraus erhält man die beiden Quadratsummen der Residuen in den beiden Teilperioden:

$$\text{vor dem Strukturbruch:} \quad Q_1 = \sum_{t=1}^{n_1} \hat{u}_t^2 \quad \text{mit } n_1 - k \text{ Freiheitsgraden}$$

$$\text{nach dem Strukturbruch:} \quad Q_2 = \sum_{t=n_1+1}^{n} \hat{u}_t^2 \quad \text{mit } n_2 - k \text{ Freiheitsgraden} \; .$$

Außerdem wird die Regressionsgleichung

$$(2.6.7) \qquad y_t = \sum_{j=1}^{k} \beta_j \cdot x_{jt} + u_t, \quad t = 1,2,\ldots,n$$

für die gesamte Beobachtungsperiode geschätzt, die zu folgender Quadratsumme der Residuen führt:

$$Q = \sum_{t=1}^{n} \hat{u}_t^2 \quad \text{mit n-k Freiheitsgraden} \, .$$

Bei einer Stabilität der Strukturparameter im Beobachtungszeitraum ist zu erwarten, dass sich die Modellanpassung nicht entscheidend verbessert, wenn man die beiden Teilperioden vor und nach einem vermuteten Strukturbruch separat betrachtet. Die Quadratsumme Q der Residuen wird dann nicht wesentlich größer sein als die beiden Quadratsummen Q_1 und Q_2 zusammen genommen. Falls sich die Strukturparameter dagegen bedeutsam verändert haben, wird die Residualquadratsumme Q dagegen die beiden Quadratsummen Q_1 und Q_2 merklich übersteigen.

Darin liegt die Ratio des Chow-Tests der Nullhypothese

$$(2.6.8) \qquad H_0: \beta_j^1 = \beta_j^2 \quad \text{für alle } j = 1,2,\ldots,k \; .$$

---

[90] Chow (1960).

Die Prüfgröße des Tests ist durch das Verhältnis der Differenz der Abweichungsquadratsummen $Q-(Q_1+Q_2)$ und der Summe der Abweichungsquadratsummen Q_1+Q_2 nach Division durch die Anzahl der Freiheitsgrade gegeben:

$$(2.6.9) \qquad F=\frac{[Q-(Q_1+Q_2)]\ /\ k}{(Q_1+Q_2)\ /\ (n-2k)}\ .$$

Die Anzahl der Freiheitsgrade der Zähler- und Nennergröße ergibt sich darin aus denen der beteiligten Quadratsummen:

$$(n-k)-[(n_1-k)+(n_2-k)]=k \qquad \text{(für Zählergröße)}$$

und

$$(n_1-k)+(n_2-k)=n-2k \qquad \text{(für Nennergröße)}\ .$$

Auf einem Signifikanzniveau α ist die Nullhypothese abzulehnen, wenn die Prüfgröße F das (1-α)-Quantil $F_{1\text{-}\alpha;k;n\text{-}2k}$ der F-Verteilung mit k und n-2k Freiheitsgraden überschreitet.

$$F > F_{k;n-2k;1-\alpha} \rightarrow H_0 \ \text{ ablehnen}\ .$$

Die Differenz zwischen den Residualquadratsummen für den gesamten Beobachtungszeitraum und den beiden Teilzeiträumen vor und nach dem vermuteten Strukturbruch lässt sich dann nicht mehr als zufällig betrachten. Vielmehr wird sie auf unterschiedliche Strukturparameter in den beiden Teilzeiträumen zurückgeführt. Aufgrund des Testergebnisses ist dann davon auszugehen, dass im Beobachtungszeitraum tatsächlich ein Strukturbruch vorliegt.

Beispiel 2.6. 1: Für 1975 gab die Deutsche Bundesbank erstmals eine Zielvorgabe in Bezug auf die Zentralbankgeldmenge bekannt. Die Zentralbankgeldmenge und später die Geldmenge M3 lösten seitdem die freien Liquiditätsreserven und das Zinsniveau als Indikatoren und Zwischenzeile der Geldpolitik ab. Es stellt sich die Frage, ob die Umorientierung in der Geldpolitik Auswirkungen auf die Geldnachfrage im Sinne eines Strukturbruchs gezeitigt hat, was hier mit Hilfe des Chow-Tests beispielhaft geprüft werden soll.

Ausgangspunkt ist hierbei die in Beispiel 2.1. 2 OLS-geschätzte Geldnachfragfunktion für den gesamten Beobachtungszeitraum von 1970 bis 1989 [91]

91 Das hier präsentierte Schätzergebnis, das mit dem Programm EViews ermittelt worden ist, weicht rundungsbedingt mit den in den Beispielen 2.1.2 und 2.2.3 manuell berechneten Werten geringfügig ab.

$$\ln \hat{m}_t = \underset{(-10{,}900)}{-4{,}741} + \underset{(24{,}903)}{1{,}424} \cdot \ln y_t - \underset{(-4{,}076)}{0{,}077} \cdot \ln r_t\,,$$

$$R^2 = 0{,}978, \quad DW = 1{,}192,$$

für die die Residuenquadratsumme Q den Wert 0,014855 annimmt. Für den Zeitraum von 1970 bis 1974 vor dem zu überprüfenden Strukturbruch führt eine OLS-Schätzung zu der numerisch spezifizierten Geldnachfragefunktion

$$\ln \hat{m}_t = \underset{(-2{,}497)}{-2{,}267} + \underset{(8{,}552)}{1{,}090} \cdot \ln y_t - \underset{(-4{,}327)}{0{,}098} \cdot \ln r_t\,,$$

$$R^2 = 0{,}974, \quad DW = 2{,}932,$$

während sich für den Zeitraum von 1975 bis 1989 die Geldnachfragefunktion

$$\ln \hat{m}_t = \underset{(-8{,}385)}{-5{,}637} + \underset{(17{,}079)}{1{,}544} \cdot \ln y_t - \underset{(-3{,}504)}{0{,}080} \cdot \ln r_t\,,$$

$$R^2 = 0{,}961, \quad DW = 1{,}323,$$

ergibt. Die hiermit verbundenen Residualquadratsummen lauten $Q_1 = 0{,}000321$ und $Q_1 = 0{,}010708$. Mit k=3 und n=20 nimmt die Prüfgröße des Chow-Tests den Wert

$$F = \frac{[Q - (Q_1 + Q_2)]/K}{(Q_1 + Q_2)/(n - 2k)} = \frac{[0{,}014855 - (0{,}00032 + 0{,}10708)]/3}{(0{,}000321 + 0{,}010708)/(20 - 2 \cdot 3)}$$

$$= \frac{0{,}001275}{0{,}000788} = 1{,}631$$

an. Für ein Signifikanzniveau von 5% ist dieser Wert mit dem kritischen Wert

$$F_{3;14;0,95} = 3{,}34$$

einer F-Verteilung mit 3 Freiheitsgraden des Zählers und 14 Freiheitsgraden des Nenners zu vergleichen. Wegen

$$(F = 1{,}631) < (F_{3;14;0,95} = 3{,}34)$$

kann die Nullhypothese $H_0: \beta_j^1 = \beta_j^2$ für j=1,2,3 nicht abgelehnt werden, was bedeutet, dass mit dem Wechsel der geldpolitischen Strategie nicht zugleich auch ein Strukturbruch in Bezug auf das Geldnachfrageverhalten des Publikums nachgewiesen werden kann. ♦

2.6.4 Qualitative abhängige Variablen

2.6.4.1 Qualitative Wahlhandlungsprobleme

Die ökonomische Theorie zielt hauptsächlich darauf ab, das Niveau einer abhängigen Variablen durch eine oder mehrere Einflussgrößen zu erklären. An dieser Zielsetzung hat sich schwerpunktmäßig die Entwicklung ökonometrischer Methoden orientiert. Bei einem Vorliegen qualitativer Regressoren kann das ökonometrische Instrumentarium ohne weiteres übernommen werden, sofern ihre Effekte korrekt in der Beobachtungs- oder Designmatrix **X** berücksichtigt werden. Eine andere Situation ergibt sich, wenn ökonomische Wahlhandlungen zu erklären sind. Wie lässt sich z.B. die Entscheidung eines Individuums, seine Arbeitskraft anzubieten, ökonomisch deuten? Welche Einflussgrößen sind maßgeblich für die Entschluss eines Konsumenten für den Kauf oder Nichtkauf eines Produkts? Wodurch kann die Wahl eines bestimmten Verkehrs- oder Transportmittels ökonomisch erklärt werden? In all diesen Problemstellungen hat die zu erklärende Variable kein metrisches Messniveau, sondern diskrete Ausprägungen. Man spricht dann von **qualitativen Wahlhandlungsmodellen** (qualitative choice models oder quantal choice models), auf die die klassischen ökonometrischen Methoden nicht von vornherein anwendbar sind.

Qualitative Wahlhandlungsmodelle tragen zu einer Mikrofundierung der ökonomischen Theorie bei. Sie setzen in der Regel Mikrodaten voraus, die z.B. aus Unternehmens- und Verbraucherbefragungen stammen können. Die typischen Anwendungen zielen auf eine Querschnittsanalyse der Mikrodaten ab, wenn auch speziellen Fragestellungen durchaus im Rahmen einer Längsschnittanalyse nachgegangen werden kann. Wir stellen hier die binären Wahlhandlungsmodelle vor, bei denen es um die ökonomische Erklärung von zwei Alternativen wie z.B. Kauf oder Nichtkauf geht. Eine Verallgemeinerung bilden die multinomialen Wahlhandlungsmodelle, bei denen die zu erklärende Variable mehr als zwei diskrete Ausprägungen hat. Methodisch treten dadurch jedoch keine zusätzlichen Probleme auf, weshalb auf ihre Behandlung hier verzichtet wird.

2.6.4.2 Lineares Wahrscheinlichkeitsmodell und Logit-Modell

Zum Zwecke einer ökonometrischen Modellierung von Wahlhandlungen betrachten wir eine dichotome abhängige Variable Y, die z.B. bei dem Kauf eines Produkts oder dem Angebot seiner Arbeitskraft den Wert 1 und bei einem Nichtkauf oder fehlender Bereitschaft zu einer Arbeitspartizipation den Wert 0 annimmt. Während die Kaufentscheidung z.B. vom Einkommen, dem Konsumentenzinssatz, dem Geschlecht und der sozialen Stellung beeinflusst werden kann, sind z.B. der Lohnsatz und das Geschlecht maßgebliche Determinanten für eine Entscheidung über die Erwerbstätigkeit einer Person. Allgemein gibt der $k \times 1$-Vektor $\mathbf{x}_t$ die Werte der erklärenden Größen, unter denen sich auch Dummy-Variablen befinden können, für die t-te statistische Einheit wieder. Da z.B. die Kaufentscheidung nicht als deterministisch angesehen werden kann, muss der Tatsache Rechnung getragen werden, dass ein Konsument mit einem hohen Einkommen ein bestimmtes Produkt kauft, wohingegen sich ein anderer Konsument mit einem vergleichbar hohen Einkommen für einen Nichtkauf entscheidet. Wenn das Einkommen jedoch eine substantielle Einflussgröße ist, so muss bei einem nicht inferioren Gut die Kaufwahrscheinlichkeit ceteris paribus mit zunehmendem Einkommen steigen. Bei einem Wahlhandlungsmodell wird die Wahrscheinlichkeit dafür, dass sich ein Wirtschaftssubjekt z.B. für den Kauf eines Produkts oder eine Partizipation am Erwerbsleben entscheidet, durch die Einflussgrößen $x_1, x_2, \ldots, x_k$ erklärt:

$$P(y_t = 1) = p_t = F(\boldsymbol{\beta}'\mathbf{x}_t), t = 1,2,\ldots,n$$

mit

$$\mathbf{x}_t = (x_{1t} \quad x_{2t} \quad \ldots \quad x_{kt})'$$

und

$$\boldsymbol{\beta} = (\beta_1 \quad \beta_2 \quad \ldots \quad \beta_k)' .$$

Der Vektor $\boldsymbol{\beta}$ enthält die unbekannten Parameter des Wahlhandlungsmodells, denen in Abhängigkeit von der Spezifikation der Verteilungsfunktion F eine unterschiedliche Interpretation zukommt. In der Regel ist x_1 eine Scheinvariable (x_{1t}=1 für alle t), so dass der Parameter $\boldsymbol{\beta}_1$ das absolute Glied bezeichnet.

Im einfachsten Wahlhandlungsmodell verändert sich z.B. die Kaufwahrscheinlichkeit linear mit einer Veränderung der Einflussgrößen. Man erhält das **lineare Wahrscheinlichkeitsmodell**, in dem als Basisverteilung eine Gleichverteilung unterstellt wird:

$$p_t = F(\beta_1 \mathbf{x}_t) = \boldsymbol{\beta}'\mathbf{x}_t \ .$$

Die Größe p_t gibt die Wahrscheinlichkeit dafür an, dass ein betrachtetes Ereignis wie z.B. der Kauf eines Produkts realisiert wird. Dann lässt sich p_t jedoch gleichzeitig als Erwartungswert der Zufallsvariablen y_t interpretieren:

(2.6.10) $$E(y_t) = p_t = \boldsymbol{\beta}'\mathbf{x}_t \ .$$

Die Zufallsvariable y_t setzt sich demnach aus der systematischen Komponente p_t und einer Störgröße u_t zusammen, die den möglichen Abweichungen zwischen den beobachteten und erwarteten Wahlhandlungsentscheidungen der Individuen Rechnung trägt:

(2.6.11) $$y_t = p_t + u_t = \boldsymbol{\beta}'\mathbf{x}_t + u_t \ .$$

Da y_t nur die Werte 1 und 0 annehmen kann, folgt u_t einer Zweipunktverteilung, die aus der folgenden Tabelle ersichtlich ist:

y_t	u_t	$P(u_t)$
1	$1-\boldsymbol{\beta}'\mathbf{x}_t$	$\boldsymbol{\beta}'\mathbf{x}_t$
0	$-\boldsymbol{\beta}'\mathbf{x}_t$	$1-\boldsymbol{\beta}'\mathbf{x}_t$

Man erkennt unmittelbar, dass der Erwartungswert von u_t gleich Null ist:

$$E(u_t) = (1-\boldsymbol{\beta}'\mathbf{x}_t)\boldsymbol{\beta}'\mathbf{x}_t - \boldsymbol{\beta}'\mathbf{x}_t(1-\boldsymbol{\beta}'\mathbf{x}_t) = 0 \ .$$

Die Varianz der Störgröße ist damit durch

$$\begin{aligned} Var(u_t) = E(u_t^2) &= (1-\boldsymbol{\beta}'\mathbf{x}_t)^2 \boldsymbol{\beta}\mathbf{x}_t + (\boldsymbol{\beta}'\mathbf{x}_t)^2(1-\boldsymbol{\beta}'\mathbf{x}_t) \\ &= (1-\boldsymbol{\beta}'\mathbf{x}_t)\boldsymbol{\beta}'\mathbf{x}_t[(1-\boldsymbol{\beta}'\mathbf{x}_t)\boldsymbol{\beta}'\mathbf{x}_t] \\ &= (1-\boldsymbol{\beta}'\mathbf{x}_t)\boldsymbol{\beta}'\mathbf{x}_t \end{aligned}$$

gegeben. Aufgrund der Abhängigkeit der Varianz von den Beobachtungen $\mathbf{x}_t$ sind die Störterme u_t heteroskedastisch.

Dass das lineare Wahrscheinlichkeitsmodell Interpretationsprobleme aufwerfen kann, wird bereits daran deutlich, dass z.B. bei einer OLS-Schätzung der Regressionsgleichung (2.6.11) im allgemeinen nicht gewährleistet ist, dass die systematische Komponente im (0, 1)-Intervall liegt. Eine Interpretation als Wahrscheinlichkeit für das betrachtete Ereignis wäre dann nicht mehr ohne weiteres möglich. Eine OLS-Schätzung des linearen Wahrscheinlichkeitsmodells ist allerdings aufgrund der Heteroskedastizität der Störgröße gar nicht adäquat. Im Gegensatz zum multiplen Regressionsmodell bei quantitativen zu erklärenden Variablen weiß man beim linearen Wahrscheinlichkeitsmodell von vornherein, dass die Varianz der Störgröße von den konkreten Werten der exogenen Variablen abhängt. Die Annahme der Homoskedastizität ist beim linearen Wahrscheinlichkeitsmodell damit stets verletzt. Da nicht gesichert ist, dass die systematische Komponente im (0, 1)-Intervall liegt, können sich unter Umständen außerdem negative Schätzwerte für die Varianz der Störgröße ergeben, womit z.B. ein Signifikanztest nicht mehr sinnvoll durchgeführt werden könnte.

Nicht unproblematisch ist außerdem die beim linearen Wahrscheinlichkeitsmodell unterstellte Annahme einer identischen Zunahme der Wahrscheinlichkeit eines Ereignisses auf einen Impuls der exogenen Variablen unabhängig von ihrem realisierten Niveau. Denn man kann sich vorstellen, dass sich z.B. Einkommensveränderungen auf sehr niedrigem oder sehr hohem Niveau anders auf die Kaufwahrscheinlichkeit auswirken als gleichwertige Veränderungen in den mittleren Einkommensbereichen. Eine derartige Situation liegt z.B. oft bei Entscheidungen über den Kauf dauerhafter Gebrauchs- oder Investitionsgüter wie z.B. bei einem PKW-Kauf oder dem Kauf von Wohnungseigentum vor.

In der empirischen Wirtschaftsforschung werden aus diesen Gründen anstelle des linearen Wahrscheinlichkeitsmodells **Probit- und Logit-Modelle** zur Erklärung ökonomischer Wahlhandlungen herangezogen, die durch die Spezifikationen

(2.6.12) $$p_t = F(\boldsymbol{\beta}'\mathbf{x}_t) = \frac{1}{\sqrt{2\pi}} \int_{-\infty}^{\boldsymbol{\beta}'\mathbf{x}_t} e^{-u_t^2/2} du_t \quad \text{(Probit-Modell)}$$

und

(2.6.13) $$p_t = F(\boldsymbol{\beta}'\mathbf{x}_t) = \frac{1}{1+e^{-\boldsymbol{\beta}'\mathbf{x}_t}} = \frac{e^{\boldsymbol{\beta}'\mathbf{x}_t}}{1+e^{\boldsymbol{\beta}'\mathbf{x}_t}} \quad \text{(Logit-Modell)}$$

der Verteilungsfunktion F gegeben sind. Während im Probit-Modell z.B. die Kaufwahrscheinlichkeit durch eine Standard-Normalverteilung gegeben ist, liegt dem Logit-Modell die Verteilungsfunktion einer logistischen Verteilung zugrunde. Die Normalverteilung lässt sich begründen, wenn man für ein Individuum t die unbeobachtbare Indexvariable

$$y_t^* = \boldsymbol{\beta}'\mathbf{x}_t + u_t$$

einführt, die den Grad der Neigung des Individuums z.B. für eine Kaufentscheidung oder Arbeitspartizipation erfasst. Das Individuum wird sich für den Kauf eines Gutes entscheiden,

Abbildung 2.6. 3: Wahrscheinlichkeitsverteilung des Logit-Modells

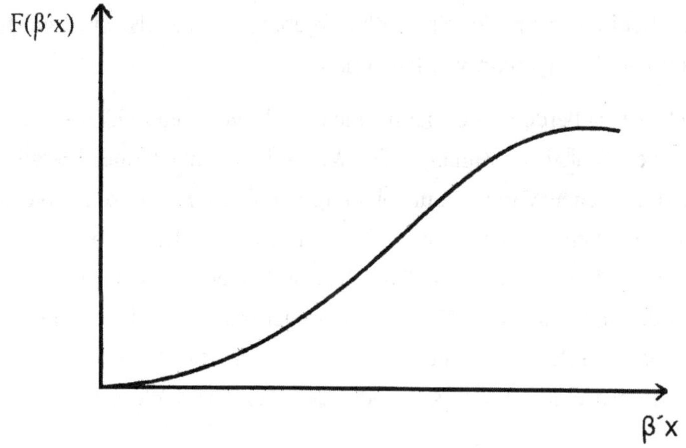

wenn die Indexvariable y_t^* eine bestimmte Schranke überschreitet, bei der der Besitz des Gutes als vorteilhaft angesehen wird [92]. Wenn wir die Schranke ohne Einschränkung der Allgemeinheit gleich Null setzen, dann lässt sich die Beziehung zwischen den unbeobachtbaren Indexvariablen y_t^* und der beobachtbaren abhängigen Variablen y_t durch

$$y_t = 1 \quad \text{falls } y_t^* > 0$$
$$y_t = 0 \quad \text{falls } y_t^* \leq 0$$

wiedergeben. Die Wahrscheinlichkeit, dass sich ein Individuum z.B. für den Kauf eines Produkts oder die Aufnahme einer Erwerbstätigkeit entscheidet, ist dann durch

$$P(y_t^* > 0) = P(\boldsymbol{\beta}'\mathbf{x}_t + u_t > 0) = P(u_t > -\boldsymbol{\beta}'\mathbf{x}_t)$$

und bei einer Symmetrie der Wahrscheinlichkeitsverteilung durch

$$P(y_t^* > 0) = P(u_t < \boldsymbol{\beta}'\mathbf{x}_t) = F(\boldsymbol{\beta}'\mathbf{x}_t)$$

92 Wenn man anstelle der unbeobachtbaren Indexvariablen y_t^* einen Nutzenindex u_t einführt, lässt sich das Wahlhandlungsmodell aus einem nutzentheoretischen Ansatz entwickeln. Da der Nutzen in diesem Kontext als Zufallsvariable aufzufassen ist, ergibt sich das qualitative Wahlhandlungsmodell durch Maximierung des erwarteten Nutzens eines Individuums. Vgl. Judge et al. (1985), S. 753ff.

gegeben. Wenn man sich vorstellt, dass sich die Indexvariable y_t^* aus einer Vielzahl unabhängiger Einflussfaktoren zusammensetzt, kann aufgrund des Zentralen Grenzwertsatzes für F die Verteilungsfunktion einer Normalverteilung zugrundegelegt werden. Ökonomische Wahlhandlungen lassen sich dann auf der Grundlage eines Probit-Modells untersuchen. Allerdings ist die Schätzung eines Probit-Modells recht aufwendig. Da sich die Wahrscheinlichkeitsfunktionen des Probit- und Logit-Modells in ihrer Form entsprechen, wird daher letzterem Modell bei empirischen Untersuchungen häufig der Vorzug geben. Die logistische Wahrscheinlichkeitsverteilung besitzt an den Rändern eine größere Wahrscheinlichkeitsmasse als die Normalverteilung, was vom Standpunkt der robusten Statistik durchaus als vorteilhaft zu bewerten ist. Wenn bei Anwendungen ein größerer Anteil von "outside values" als bei einer Normalverteilung erwartet werden kann, bietet das Logit-Modell eine adäquatere Grundlage zur Analyse von ökonomischen Wahlhandlungen. Aus diesem Grund werden wir das Logit-Modell in den Mittelpunkt unserer weiteren Erörterungen stellen.

Im Gegensatz zum linearen Wahrscheinlichkeitsmodell geben die Koeffizienten β_j beim **Logit-Modell** nicht mehr unmittelbar die Effekte einer Veränderung einer erklärenden Variablen auf die Wahrscheinlichkeit an. Aus der Darstellung

$$\frac{p_t}{1-p_t} = \frac{e^{\boldsymbol{\beta}'\mathbf{x}_t}}{1+e^{\boldsymbol{\beta}'\mathbf{x}_t}} \Big/ \frac{1}{1+e^{\boldsymbol{\beta}'\mathbf{x}_t}} = e^{\boldsymbol{\beta}'\mathbf{x}_t}$$

folgt nach Logarithmierung die Beziehung

$$\text{(2.6.14)} \qquad \ln\frac{p_t}{1-p_t} = \boldsymbol{\beta}'\mathbf{x}_t \ ,$$

aus der ersichtlich ist, dass die Parameter β_j beim Logit-Modell die Impulse auf die sog. "log-odds ratio" $\ln(p_t/1-p_t)$ messen, die aus einer Veränderung der exogenen Größen um eine Einheit resultieren. Die "log-odds ratio" gibt die Chance für eine Realisierung des betrachteten Ereignisses im Vergleich zum Komplementärereignis wieder. Für sie hat sich die Bezeichnung "Logit" eingebürgert. [93]

---

93 Bei ausschließlich qualitativen erklärenden Variablen in Form von Dummy-Variablen wird es im allgemeinen für einen speziellen Designvektor $\mathbf{x}_t$ wiederholte Beobachtungen geben. Wenn man dann die Wahrscheinlichkeit p_t durch den beobachteten Anteilswert $\bar{p}_t$ schätzt, dann lassen sich die Koeffizienten β_j aus der Logitform einer Regressionsgleichung,

$$\ln\frac{\bar{p}_t}{1-\bar{p}_t} = \boldsymbol{\beta}'\mathbf{x}_t + u_t \ ,$$

ökonometrisch schätzen. Aufgrund der Heteroskedastizität der Störvariablen wäre in einer solchen

Die Einflüsse einer Veränderung der erklärenden Variablen auf die Wahrscheinlichkeit des betrachteten Ereignisses lassen sich dagegen durch die partiellen Ableitungen

$$\frac{\partial p_t}{\partial x_{tj}} = \frac{\partial F(\boldsymbol{\beta}'\mathbf{x}_t)}{\partial \mathbf{x}_{tj}} = f(\boldsymbol{\beta}'\mathbf{x}_t)\cdot \beta_j$$

angeben, in der f die Dichtefunktion der Logitverteilung bezeichnet:

$$f(\boldsymbol{\beta}'\mathbf{x}_t) = \frac{e^{\boldsymbol{\beta}'\mathbf{x}_t}}{\left(1+e^{\boldsymbol{\beta}'\mathbf{x}_t}\right)^2}.$$

Durch die Koeffizienten β_j allein ist nur noch die Richtung determiniert, in die sich die Wahrscheinlichkeiten p_t bei bestimmten Impulsen der exogenen Variablen verändern. Das Ausmaß der Veränderung hängt jedoch zusätzlich von der Steilheit der Verteilungsfunktion der Logitverteilung im Punkt $\boldsymbol{\beta}'\mathbf{x}_t$ ab. Je steiler die Verteilungsfunktion beim aktuellen Niveau verläuft, um so größer ist der Effekt einer Veränderung der exogenen Variablen auf die Wahrscheinlichkeit des betrachteten Ereignisses.

2.6.4.3 Maximum-Likelihood-Schätzung des Logit-Modells

Es ist p_t die Wahrscheinlichkeit, dass die Zufallsvariable y_t den Wert 1 annimmt, d.h., dass sich z.B. ein Konsument für den Kauf eines Produkts oder eine Erwerbsperson für die Erwerbstätigkeit entscheidet. Bei Gültigkeit des Logit-Modells ist die Wahrscheinlichkeit p_t durch (2.6.13) gegeben. Da der Vektor $\mathbf{x}_t$ der erklärenden Variablen bei ökonomischen Anwendungen der Wahlhandlungstheorie häufig aus gemischten Variablen, d.h. qualitativen und quantitativen Variablen, besteht, sei davon ausgegangen, dass sich die Beobachtungsvektoren alle voneinander unterscheiden. Unter dieser Bedingung ist die **Maximum-Likelihood-Methode** das adäquate Schätzverfahren.

Da jede Beobachtung y_t als Realisation einer Binomialverteilung mit der Grundwahrscheinlichkeit p_t und einer Wiederholung aufzufassen ist, kann die Likelihoodfunktion L bei Unabhängigkeit der Beobachtungen in der Form

Situation die verallgemeinerte Methode der kleinsten Quadrate (GLS-Methode) ein adäquates Schätzverfahren. S. hierzu z.B. Fomby, Hill und Johnson (1984), S. 344ff.

$$L = \prod_{t=1}^{n} p_t^{y_t}(1-p_t)^{1-y_t} = \prod_{t=1}^{n}\left(\frac{e^{\boldsymbol{\beta}'\mathbf{x}_t}}{1+e^{\boldsymbol{\beta}'\mathbf{x}_t}}\right)^{y_t}\left(1-\frac{e^{\boldsymbol{\beta}'\mathbf{x}_t}}{1+e^{\boldsymbol{\beta}'\mathbf{x}_t}}\right)^{1-y_t}$$

geschrieben werden. Zum Zwecke einer Schätzung des Parametervektors $\boldsymbol{\beta}$ empfiehlt es sich, von der logarithmierten Likelihoodfunktion L* auszugehen, die durch

$$\begin{aligned} L^* &= \sum_{t=1}^{n} y_t \ln p_t + (1-y_t)\ln(1-p_t) \\ &= \sum_{t=1}^{n} y_t \ln\frac{e^{\boldsymbol{\beta}'\mathbf{x}_t}}{1+e^{\boldsymbol{\beta}'\mathbf{x}_t}} + (1-y_t)\ln\frac{1}{1+e^{\boldsymbol{\beta}'\mathbf{x}_t}} \end{aligned}$$

gegeben ist. Man erhält die Bedingungen erster Ordnung für ein Maximum der Likelihoodfunktion, indem man L* nach dem Parametervektor $\boldsymbol{\beta}$ differenziert:

$$\frac{\partial L^*}{\partial \boldsymbol{\beta}} = \sum_{t=1}^{n} \frac{y_t}{p_t}\frac{e^{\boldsymbol{\beta}'\mathbf{x}_t}}{\left(1+e^{\boldsymbol{\beta}'\mathbf{x}_t}\right)^2}\mathbf{x}_t + (1-y_t)\frac{1}{1-p_t}\frac{-e^{\boldsymbol{\beta}'\mathbf{x}_t}}{\left(1+e^{\boldsymbol{\beta}'\mathbf{x}_t}\right)^2}\mathbf{x}_t = \mathbf{0}\ .$$

Nach einigen Umformungen erhält man hieraus

$$\frac{\partial L^*}{\partial \boldsymbol{\beta}} = \sum_{t=1}^{n} (y_t - p_t)\,\mathbf{x}_t = \mathbf{0}$$

so dass der Parametervektor $\boldsymbol{\beta}$ aus dem Gleichungssystem

$$\text{(2.6.15)} \qquad \sum_{t=1}^{n} \cdot [y_t - p_t(\boldsymbol{\beta})]\cdot \mathbf{x}_t = \mathbf{0} \quad \text{mit } p_t(\boldsymbol{\beta}) = \frac{e^{\boldsymbol{\beta}'\mathbf{x}_t}}{1+e^{\boldsymbol{\beta}'\mathbf{x}_t}}$$

bestimmt werden kann. Da (2.6.15) ein nicht-lineares Gleichungssystem in $\boldsymbol{\beta}$ ist, kann der unbekannte Parametervektor allerdings nicht analytisch ermittelt werden. Vielmehr ist ein iteratives Verfahren anzuwenden, das numerisch zuverlässig mit einer hohen Konvergenzgeschwindigkeit arbeitet, d.h. die ML-Lösung nach wenigen Schritten erzeugt. Ein solches Iterationsverfahren ist mit dem Newton-Raphson-Verfahren verfügbar.

Ausgehend von einem Anfangsschätzer $\boldsymbol{\beta}^{(0)}$ wird mit dem Newton-Raphson-Verfahren im m-ten Schritt ein verbesserter Parameterschätzer aus einem iterativen Schema der Form

$$\text{(2.6.16)} \qquad \boldsymbol{\beta}^{(m+1)} = \boldsymbol{\beta}^{(m)} - \left[\left(\frac{\partial^2 \cdot L^*}{\partial\boldsymbol{\beta}\partial\boldsymbol{\beta}'}\bigg|\,\boldsymbol{\beta} = \boldsymbol{\beta}^{(m)}\right)^{-1}\left(\frac{\partial L^*}{\partial \boldsymbol{\beta}}\bigg|\,\boldsymbol{\beta} = \boldsymbol{\beta}^{(m)}\right)\right]$$

ermittelt [94]. Die Iterationsvorschrift (2.6.16) basiert auf einer Taylor-Reihenzerlegung zweiter Ordnung. Für das Logit-Modell sind der Vektor der ersten Ableitungen (= Gradient) und die Matrix der zweiten Ableitungen (= Hesse-Matrix) durch

$$\frac{\partial L^*}{\partial \boldsymbol{\beta}} = \sum_{t=1}^{n} \left[y_t \frac{1}{1+e^{\boldsymbol{\beta}'\mathbf{x}_t}} - (1-y_t) \frac{1}{1+e^{\boldsymbol{\beta}'\mathbf{x}_t}} \right] \cdot \mathbf{x}_t$$

und

$$\frac{\partial L^*}{\partial \boldsymbol{\beta}\boldsymbol{\beta}'} = \sum_{t=1}^{n} \frac{e^{-\boldsymbol{\beta}'\mathbf{x}_t}}{\left(1+e^{-\boldsymbol{\beta}'\mathbf{x}_t}\right)^2} \cdot \mathbf{x}_t \mathbf{x}_t'$$

gegeben [95].

Die Hesse'sche Inverse kann zugleich als Schätzer für die Kovarianzmatrix des ML-Schätzers $\hat{\boldsymbol{\beta}}_{ML}$ verwendet werden. Ihre Diagonalelemente, die die Varianzen der Komponenten von $\hat{\boldsymbol{\beta}}_{ML}$ enthalten, lassen sich für einen Signifikanztest der geschätzten Koeffizienten des Logit-Modells verwenden.

2.6.4.4 Likelihood-Verhältnis-Test und Pseudo-R^2

Die Gültigkeit des Logit-Modells überhaupt lässt sich unter Verwendung eines Likelihood-Verhältnisses überprüfen. Wenn die Nullhypothese

(2.6.17) $\beta_2 = \beta_3 = \ldots = \beta_p = 0$

gültig ist, kann die Wahrscheinlichkeit dafür, dass die Zufallsvariable y den Wert 1 annimmt, dadurch geschätzt werden, dass man die Anzahl n_1 der statistischen Einheiten, die die betrachtete Merkmalsausprägung haben, auf die Anzahl n der Beobachtungen bezieht:

$$\hat{p} = \frac{n_1}{n} \rightarrow p(y=1) = p \ .$$

94 Das Iterationsverfahren wird so lange wiederholt, bis ein Stoppkriterium erfüllt ist. So kann z.B. eine Konvergenz als praktisch gegeben angesehen werden, wenn sich die Veränderungen der Parameterschätzer $\boldsymbol{\beta}^{(m)}$ eine bestimmte Schranke unterschreiten oder sich die Werte der logarithmierten Likelihoodfunktion nicht mehr merklich verändern.

95 Vgl. Fomby, Hill und Johnson (1984), S. 350.

Eine Bedingtheit durch exogene Variablen entfällt dann, da sie keinerlei Erklärungsgehalt besitzen. Unter der Nullhypothese ist die logarithmierte Likelihoodfunktion durch

$$L_0^* = \ln L_0 = n_1 \ln\left(\frac{n_1}{n}\right) + (n - n_1)\ln\left(\frac{n - n_1}{n}\right)$$

gegeben. Während L_0^* als restringierte log-Likelihoodfunktion bezeichnet wird, heißt die unter dem Logit-Modell resultierende logarithmische Likelihoodfunktion L* unrestringiert. Unter der Nullhypothese (2.6.17) folgt die Likelihood-Ratio-Statistik

$$l = -2\left(L_0^* - L^*\right)$$

asymptotisch einer χ^2-Verteilung mit k-1 Freiheitsgraden. Eine Annahme der Nullhypothese impliziert, dass exogenen Variablen $x_2, x_3, ..., x_k$ keinen Einfluss auf die Wahrscheinlichkeit des betrachteten Ereignisses haben, so dass ihre Schätzung allein durch den Anteilswert $\hat{\mathbf{p}}$ gerechtfertigt ist.

Als Maß für die Güte der Anpassung ist ein dem Determinationskoeffizienten vergleichbares Maß entwickelt worden, das aus diesem Grund als Pseudo-R^2 bezeichnet wird:

$$PR^2 = 1 - \frac{L^*}{L_0^*} .$$

Das Pseudo-R^2 kann als Gütemaß verstanden werden, das den Grad der "Unsicherheit" in den Daten misst, der durch das Logit-Modell "erklärt" wird [96]. Sofern p_t stets 1 ist, wenn y_t=1 ist und 0, wenn y_t=0 ist, dann gilt für die unrestringierte log-Likelihoodfunktion L*=ln1=0, d.h. PR^2 erreicht dann seinen maximalen Wert. In diesem Extremfall leisten die erklärenden Variablen eine perfekte Modellanpassung. Offenbar kann diese Situation jedoch nur dann eintreten, wenn $\boldsymbol{\beta}'\mathbf{x}_t$ gegen -∞ oder +∞ geht. Der minimale Wert des Pseudo-R^2 wird genau dann erreicht, wenn die unrestringierte log-Likelihoodfunktion mit der restringierten übereinstimmt, d.h. wenn die exogenen Variablen keinerlei Erklärungsgehalt besitzen. Zwar kann grundsätzlich mit wachsendem PR^2 von einer verbesserten Modellanpassung gesprochen werden, doch besitzen die Werte des Pseudo-R^2 nicht die anschauliche Interpretation, die dem Determinantenkoeffizienten beim multiplen Regressionsmodell zukommt.

96 Vgl. Judge et al. (1980), S. 602ff.

Beispiel 2.6. 2: Der Kauf eines Produkts wird in Abhängigkeit vom Einkommen und Geschlecht eines Konsumenten untersucht. Aus einer Querschnittserhebung hat sich folgende Datenbasis ergeben:

Konsument t	Produktkauf y_t	Einkommen x_{2t}	Geschlecht x_{3t}
1	nein (0)	2500	weibl. (1)
2	ja (1)	3000	männl. (0)
3	ja (1)	3200	männl. (0)
4	ja (1)	3500	männl. (1)
5	nein (0)	2800	weibl. (1)
6	nein (0)	3000	weibl. (1)
7	ja (1)	4000	männl. (0)
8	nein (0)	2200	weibl. (1)
9	ja (1)	3800	männl. (0)
10	nein (0)	2900	weibl. (1)
11	ja (1)	2600	weibl. (1)
12	nein (0)	2400	männl. (0)
13	ja (1)	4200	männl. (0)
14	ja (1)	3700	männl. (0)
15	nein (0)	3300	weibl. (1)
16	ja (1)	4100	weibl. (1)
17	nein (0)	2500	weibl. (1)
18	ja (1)	3900	männl. (0)
19	ja (1)	4400	männl. (0)
20	nein (0)	2000	weibl. (1)
21	nein (0)	3100	weibl. (1)
22	ja (1)	3400	männl. (0)
23	ja (1)	3500	weibl. (1)
24	ja (1)	3800	männl. (0)
25	nein (0)	2200	weibl. (1)

Die qualitativen Variablen Produktkauf und Geschlecht sind Dummy-Variablen, so dass ihre Ausprägungen mit 0 und 1 kodiert werden. Konsument 1, der das Produkt nicht gekauft hat (y_1=0), wird dann durch den Beobachtungsvektor $\mathbf{x}_1' = (0 \quad 2500 \quad 1)$, Konsument 2, der sich für den Kauf des Produkts entschieden hat (y_2=1), hat den Beobachtungsvektor $\mathbf{x}_2' = (1 \quad 3000 \quad 0)$. Die erste Komponente steht dabei stets für die Scheinvariable, die in allen Beobachtungsvektoren den Wert 1 annimmt.

Das Logit-Modell für den Produktkauf (y) in Abhängigkeit vom Einkommen (x_2) und Geschlecht (x_3) lautet

$$p_t = \frac{e^{\boldsymbol{\beta}'\mathbf{x}_t}}{1+e^{\boldsymbol{\beta}'\mathbf{x}_t}} = \frac{1}{1+e^{-\boldsymbol{\beta}'\mathbf{x}_t}}$$

mit

$$\boldsymbol{\beta}' = (\beta_1 \quad \beta_2 \quad \beta_3) \quad \text{und} \quad \mathbf{x}'_t = (1 \quad x_{2t} \quad x_{3t})\,.$$

Da hier keine Wiederholungen vorliegen, erfolgt die Schätzung des Parametervektors $\boldsymbol{\beta}$ mit der Maximum-Likelihood-Methode.

Zum Zwecke der Modellschätzung kann auf ökonometrische Programmsysteme zurückgegriffen werden. Bei dem Programm EViews konvergiert das Verfahren nach 5 Iterationen zu folgender Lösung:

Variable	Regressions-koeffizient	Standard-abweichung	t-Wert	Überschreitungs-wahrscheinlichkeit
Konstante	-11,72644	5,96009	-1,967	0,0619
Einkommen	0,00448	0,00204	2,196	0,0388
Geschlecht	-2,87446	1,83644	-1,565	0,1318

Die Überschreitungswahrscheinlichkeiten geben dabei das tatsächliche Signifikanzniveau an. Man erkennt unmittelbar, dass allein das Einkommen bei einer Irrtumswahrscheinlichkeit von 5 % einen signifikanten Einfluss auf die Kaufentscheidung ausübt. Aus dem negativen Vorzeichen des Regressionskoeffizienten der Variablen Geschlecht geht hervor, dass das Produkt tendenziell eher von Männern als von Frauen gekauft wird. Allerdings ist bei der Interpretation zu beachten, dass der Einfluss des Geschlechts auf den Produktkauf bei einem Signifikanzniveau von 5 % nicht statistisch gesichert ist.

Mit dem Maximum-Likelihood-Schätzer

$$\hat{\boldsymbol{\beta}}'_{ML} = (-11{,}72644 \quad 0{,}00448 \quad -2{,}87446)$$

lässt sich auf der Grundlage von (2.6.13) für jeden Beobachtungsvektor $\mathbf{x}_t$ die Kaufwahrscheinlichkeit p_t ermitteln. So beträgt die Kaufwahrscheinlichkeit für den Konsumenten 1, der sich für den Nichtkauf entschieden hat, aufgrund seiner Merkmalsausprägungen

$$p_1 = \frac{1}{1+\exp(11{,}72644 - 0{,}00448 \cdot 2500 + 2{,}87446)} = 0{,}0323\,.$$

Dagegen ordnet das Modell dem Konsumenten 2, der das Produkt gekauft hat, tatsächlich von vornherein eine hohe Kaufwahrscheinlichkeit zu:

$$p_2 = \frac{1}{1+\exp(11{,}72644 - 0{,}00448 \cdot 3000)} = 0{,}8473 \ .$$

Eine Einkommenserhöhung von z.B. 100 DM würde dann beim Konsumenten 1 zu einer Erhöhung der Kaufwahrscheinlichkeit von

$$\frac{\exp(-11{,}72644 + 0{,}00448 \cdot 2500 - 2{,}87446)}{[1+\exp(-11{,}72644 + 0{,}00448 \cdot 2500 - 2{,}87446)]^2} \cdot 0{,}00448 \cdot 100$$
$$= 0{,}03560 \cdot 0{,}00448 \cdot 100 = 0{,}0159$$

führen, während sich die Kaufwahrscheinlichkeit beim Konsumenten 2 um

$$\frac{\exp(-11{,}72644 + 0{,}00448 \cdot 3000)}{[1+\exp(-11{,}72644 + 0{,}00448 \cdot 3000)]^2} \cdot 0{,}00448 \cdot 100$$
$$= 0{,}12938 \cdot 0{,}00448 \cdot 100 = 0{,}0580$$

erhöhen würde. [97] Die verschiedenen Zuwächse ergeben sich aus der unterschiedlichen Steilheit der Verteilungsfunktion in den betrachteten Punkten, was aus Abbildung 2.6. 4 hervorgeht.

---

97 Da die Steigung der Verteilungsfunktion des Logit-Modells streng genommen nur in einer infinitesimal kleinen Umgebung um das Ausgangseinkommen gilt, können die Veränderungen der Kaufwahrscheinlichkeiten hiermit nur approximativ bestimmt werden.

Abbildung 2.6. 4: Abhängigkeit der Kaufwahrscheinlichkeit vom Einkommen

a) bei Männern

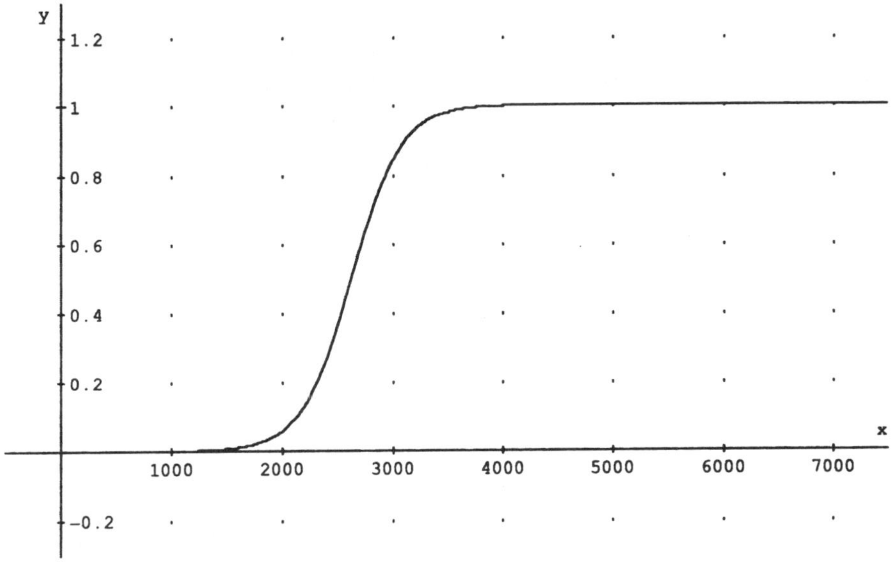

b) bei Frauen

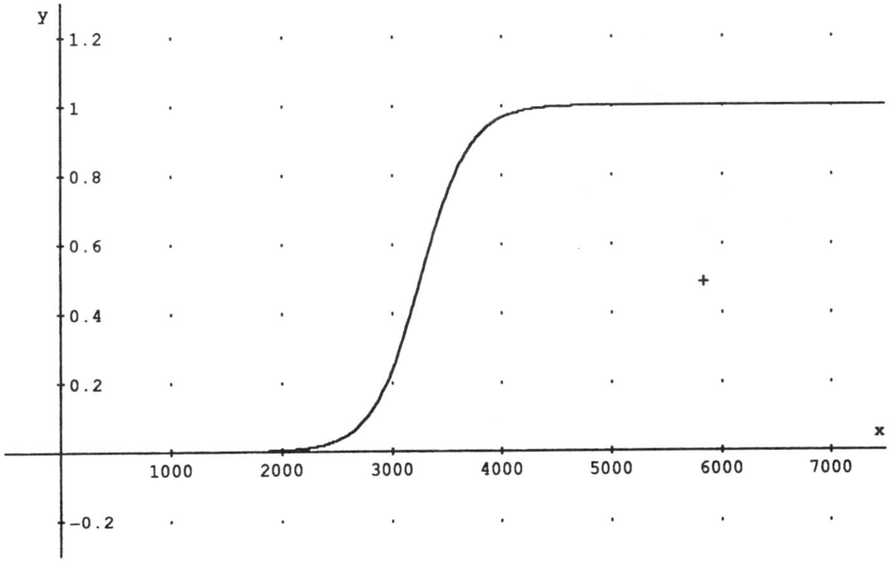

Schließlich wird noch der Wert der unter dem Logit-Modell gültigen logarithmierten Likelihoodfunktion L* ausgewiesen: [98]

$$L^* = -6{,}072 \ .$$

Diese Größe wird für einen Teil des Gesamtzusammenhangs und der Berechnung des Anpassungsmaßes PR^2 benötigt. Hierzu ist außerdem eine Kenntnis des Wertes der logarithmierten Likelihoodfunktion L^*_0 erforderlich. Bei einem Stichprobenumfang von n=25 und einer Käuferzahl von n_1=14 erhält man für L^*_0 einen Wert von

$$L_0^* = 14 \cdot \ln\left(\frac{14}{25}\right) + 11 \cdot \ln\left(\frac{11}{25}\right) = -17{,}148 \ .$$

Die Likelihood-Ratio-Statistik l nimmt damit den Wert

$$l = -2[-17{,}148 - (-6{,}072)] = 22{,}152$$

an. Ein Vergleich mit dem kritischen Wert

$$\chi^2_{0,95;2} = 5{,}99$$

zeigt, dass die Nullhypothese (2.6.17) auf einem Signifikanzniveau von 5 % eindeutig abzulehnen ist, so dass die durch das Logit-Modell hergestellte Beziehung zwischen den Kaufentscheidungen der Konsumenten und dem Einkommen und Geschlecht statistisch gesichert ist.

Für das Anpassungsmaß PR^2 ergibt sich der Wert

$$PR^2 = 1 - \frac{-6{,}072}{-17{,}148} = 0{,}646 \ ,$$

was bedeutet, dass die "Unsicherheit", die in den Daten vorhanden ist, in einem hohen Ausmaß durch das Logit-Modell vermindert werden kann. ♦

---

98 L* entspricht dem unter der Bezeichnung "Log likelihood" von EViews ausgewiesenen Wert.

Aufgaben

2.6.1 Die Produktion y einer Industriebranche lässt sich in einem Quartal auf die um eine Periode verzögerten Auftragseingänge x sowie additiver saisonaler Einflüsse zurückführen. Geben Sie das zugehörige Design der Beobachtungsmatrix **X** für einen Zeitraum von drei Jahren wieder!

2.6.2 Überprüfen Sie mit Hilfe des Chow-Tests, ob der Ölpreisschock 1980 einen Strukturbruch in der Keynes'schen Konsumfunktion (Daten s. Beispiel 2.1.1) verursacht haben könnte!

2.6.3 Interpretieren Sie das Ergebnis einer OLS-Schätzung der Keynes'schen Konsumfunktion (Daten s. Beispiel 2.1.1) unter Verwendung der Dummy-Variablen d_1 (1 für 1974 bis 1979, 0 sonst) und d_2 (1 für 1980 bis 1992, 0 sonst)!

2.6.4 Welche Einwände lassen sich gegen das lineare Wahrscheinlichkeitsmodell bei qualitativen abhängigen Variablen aus ökonometrischer Sicht erheben?

2.6.5 Die Wahl eines Verkehrsmittels V (ÖPNV oder Pkw) für den Weg zur Arbeitsstätte soll auf der Basis eines Logit-Modells in Abhängigkeit von der Entfernung E (in km) und der beruflichen Stellung S (S_1 oder S_2) untersucht werden (Daten s. Anhang A. ...).

a) Geben Sie das Logit-Modell der Verkehrsmittelwahl an und schätzen Sie es mit der Maximum-Likelihood-Methode!

b) Interpretieren Sie die Relevanz der beiden betrachteten Einflussgrößen für die Verkehrsmittelwahl!

c) Um wie viel Prozent würde sich die Wahrscheinlichkeit für die Wahl eines Pkws als Verkehrsmittel für den Weg zur Arbeitsstätte beim Berufstätigen 1 erhöhen, wenn die Entfernung um 2 km ansteigen würde?

d) Wie lässt sich die Güte der Anpassung des Logit-Modells zur Verkehrsmittelwahl quantifizieren?

2.7 Ökonometrische Prognose

2.7.1 Punktprognose

Wirtschaftspolitische Entscheidungen setzen im allgemeinen eine Vorstellung über die zukünftige Entwicklung voraus. Ökonometrische Modelle können hierüber eine Orientierung vermitteln, wenn in ihnen die Strukturzusammenhänge adäquat abgebildet sind. Voraussetzung für eine "gute" Prognose auf der Grundlage eines ökonometrischen Modells ist jedoch eine Stabilität der Strukturparameter im Prognosezeitraum. Bei ökonometrischen Eingleichungsmodellen ist stets eine endogene Variable zu prognostizieren, während bei ökonometrischen Mehrgleichungsmodellen eine Vorhersage der zukünftigen Werte mehrerer endogenen Variablen vorzunehmen ist. Die Werte der exogenen Variablen müssen dabei vorgegeben werden. Am günstigsten ist es natürlich, wenn zur Erklärung zeitverzögerte exogene Variablen herangezogen werden können, deren Beobachtungswerte bereits vorliegen und für die Prognoseerstellung verwendet werden können. Ansonsten müssen sie selbst prognostiziert werden, z.B. unter Anwendung von Verfahren der Zeitreihenanalyse, sofern nicht auf externe Prognosen zurückgegriffen werden kann. Auf jeden Fall wird unterstellt, dass die exogenen Variablen einfacher zu prognostizieren sind als die endogenen Variablen, da der praktische Nutzen einer ökonometrischen Prognose ansonsten zweifelhaft wäre.

Eine ökonometrische Prognose ist in diesem Sinne immer eine bedingte Prognose, da sie von gegebenen Werten der exogenen Variablen ausgeht. Prognosefehler können sich daher nicht allein dadurch ergeben, dass das ökonometrische Modell die Strukturzusammenhänge unzureichend abbildet oder keine hinreichende Stabilität der Strukturparameter im Prognosezeitraum vorliegt. Vielmehr ergeben sie sich zusätzlich aufgrund einer Fehleinschätzung der Entwicklung der exogenen Variablen. Diese Problematik ist stets bei ex ante-Prognosen zu berücksichtigen. Bei ex post-Prognosen ist es dagegen möglich, die Modellstruktur selbst hinsichtlich ihrer Prognoseeignung zu überprüfen, indem man für einen in der Vergangenheit liegenden Prognosezeitraum auf die Beobachtungswerte der exogenen Variablen zurückgreift.

Hier soll die Prognoseerstellung für ein ökonometrischen Eingleichungsmodell erörtert werden. Bei einer Punktprognose wird der voraussichtliche Wert $\hat{y}_{n,h}$ $h = 1,2,...,L$

einer endogenen Variablen y in der Periode n+h unter Berücksichtigung der zur Zeit n gegebenen Informationen ermittelt. Sofern L=1 ist, spricht man von einer Ein-Schritt-Prognose; falls L>1 ist, liegt eine Mehr-Schritt-Prognose vor. Allgemein gibt L die Anzahl der Prognoseperioden an und n+L den Prognosehorizont.

Es seien $\hat{x}_{1,n+h}, \hat{x}_{2,n+h}, \ldots, \hat{x}_{k,n+h}$ Prognosewerte für die exogenen Variablen eines ökonometrischen Eingleichungsmodells, die als gegeben betrachtet werden. Dann ist eine BLU-Prognose von y_{t+h} durch

$$(2.7.1) \qquad \hat{y}_{n,h} = \sum_{j=1}^{k} \hat{\beta}_j \cdot \hat{x}_{j,n+h}$$

gegeben, wobei die Größen $\hat{\boldsymbol{\beta}}_j$ OLS-Schätzer der unbekannten Regressionskoeffizienten $\boldsymbol{\beta}_j$ sind[99]. Vereinbarungsgemäß steht der Regressor x_1 wiederum für die Scheinvariable, so dass $\hat{x}_{1,n+h}$ für alle h gleich Eins ist.

2.7.2 Intervallprognose

Man kann allerdings nicht erwarten, dass der Prognosewert $\hat{\mathbf{y}}_{n,h}$ vollständig mit dem Zeitreihenwert y_{n+h} übereinstimmen wird. Das Prognoseprinzip stellt allein darauf ab, dass die Vorhersagen im Mittel "gut" sind, sofern das ökonometrische Modell keine Spezifikationsfehler enthält. Aus diesem Grund ist es wünschenswert, eine Kenntnis über den Unschärfebereich einer Punktprognose zu erhalten. Die Punktprognose ist dann durch eine Intervallprognose zu ergänzen.

Um das Prognoseintervall für den Wert y_{n+h} der endogenen Variablen zu entwickeln, gehen wir von der Prognosegleichung

$$(2.7.2) \qquad \hat{y}_{n,h} = \mathbf{x}_{n+h}' \cdot \hat{\boldsymbol{\beta}}$$

mit

99 Der Prognosewert $\hat{y}_{n,h}$ ist eine beste lineare unverzerrte Prognose von y_{n+h}. Diese Eigenschaft lässt sich im Prinzip genau so wie beim OLS-Schätzer $\hat{\boldsymbol{\beta}}$ zeigen, so dass hier auf einen Beweis verzichtet wird. Man beachte allerdings, dass durch $\hat{y}_{n,h}$ die zukünftige Realisation einer Zufallsvariablen eingeschätzt wird, während $\hat{\boldsymbol{\beta}}$ ein Schätzer für den unbekannten Parametervektor ist.

$$\mathbf{x}_{n+h} = \left(x_{1,n+h}\, x_{2,n+h} \ldots x_{k,n+h}\right)' ,$$

bei der vorausgesetzt worden ist, dass die exogenen Variablen als gegeben betrachtet werden können. Der h-Schritt-Prognosefehler

$$(2.7.3) \qquad \hat{u}_{n,h} = y_{n+h} - \hat{y}_{n,h}$$

lässt sich dann wegen

$$y_{n+h} = \mathbf{x}'_{n+h} \cdot \boldsymbol{\beta} + u_{n+h}$$

in der Form

$$(2.7.4) \qquad \hat{u}_{n,h} = u_{n+h} - \mathbf{x}'_{n+h}\left(\hat{\boldsymbol{\beta}} - \boldsymbol{\beta}\right)$$

schreiben. Aufgrund von

$$E(u_{n+h}) = 0 \quad \text{und} \quad E(\hat{\boldsymbol{\beta}}) = \boldsymbol{\beta}$$

erhält man einen Erwartungswert des Prognosefehlers $\hat{u}_{n,h}$ von Null,

$$(2.7.5) \qquad E(\hat{u}_{n,h}) = 0 \ ,$$

was bedeutet, dass die Prognose $\hat{y}_{n,h}$ unverzerrt ist [100].

Für die Intervallprognose wird außerdem die Varianz $\hat{u}_{n,h}$ benötigt. Aufgrund der Unabhängigkeit von $\hat{u}_{n,h}$ und $\mathbf{x}'_{n+h}\left(\hat{\boldsymbol{\beta}} - \boldsymbol{\beta}\right)$ erhält man unter Verwendung von (2.7.4)

$$\begin{aligned} Var\left(\hat{u}_{n,h}\right) &= Var\left[u_{n+h} - \mathbf{x}'_{n+h}\left(\beta - \hat{\boldsymbol{\beta}}\right)\right] \\ &= Var\left(u_{n+h}\right) + Var\left[\mathbf{x}'_{n+h}\left(\beta - \hat{\boldsymbol{\beta}}\right)\right. . \\ &= Var\left(u_{n+h}\right) + Var\left(\mathbf{x}'_{n+h}\hat{\boldsymbol{\beta}}\right) \end{aligned}$$

Diese Umformung ist zulässig, weil

$$Var\left[\mathbf{x}'_{n+h}\left(\boldsymbol{\beta} - \hat{\boldsymbol{\beta}}\right)\right] = Var\left(\mathbf{x}'_{n,h}\boldsymbol{\beta} - \mathbf{x}'_{n,h}\hat{\boldsymbol{\beta}}\right) = Var\left(\mathbf{x}'_{n+h}\hat{\boldsymbol{\beta}}\right)$$

ist, da die Elemente von $\mathbf{x}_{n+h}$ und $\boldsymbol{\beta}$ konstante Größen sind. Wenn man voraussetzt, dass die Varianz der Störvariablen in der Prognoseperiode gegenüber dem Beobachtungszeitraum unverändert bleibt, gilt

$$Var(u_{n,h}) = \sigma^2 \ ,$$

---

100 Allgemeiner reicht für die Gültigkeit dieser Eigenschaft aus, dass die Werte der exogenen Variablen in der Prognoseperiode im Mittel korrekt prognostiziert werden.

so dass mit $Var(\hat{\boldsymbol{\beta}}) = \sigma^2 (\mathbf{X'X})^{-1}$ sich für die Varianz des Prognosefehlers $\hat{u}_{n,h}$

$$\begin{aligned} Var(\hat{u}_{n,h}) &= Var(u_{n,h}) + \mathbf{x}_{n,h}' Var(\hat{\boldsymbol{\beta}}) \mathbf{x}_{n,h} \\ &= \sigma^2 + \sigma^2 \cdot \mathbf{x}_{n,h}' (\mathbf{X'X})^{-1} \mathbf{x}_{n,h} \end{aligned}$$

und schließlich

$$(2.7.6) \qquad Var(\hat{u}_{n,h}) = \sigma^2 \left(1 + \mathbf{x}_{n,h}' (\mathbf{X'X})^{-1} \mathbf{x}_{n.h}\right)$$

ergibt [101].

In Anwendungen kann an Stelle der unbekannten Störvarianz σ^2 die erwartungstreue Schätzfunktion $\hat{\sigma}^2$ verwendet werden. Bei einer Normalverteilung der Störvariablen $u_{n,h}$ ist der standardisierte Prognosefehler dann t-verteilt mit n-k Freiheitsgraden. Das Prognoseintervall ist dann durch

$$(2.7.7) \qquad P\left(\begin{array}{l} \hat{y}_{n,h} - t_{1-\alpha/2;n-k} \cdot \sigma\sqrt{1 + \mathbf{x}_{n,h}' (\mathbf{X'X})^{-1} \mathbf{x}_{n,h}} \\ \le y_{n+h} \le \hat{y}_{n,h} + t_{1-\alpha/2;n-k} \cdot \hat{\sigma}\sqrt{1 + \mathbf{x}_{n,h}' (\mathbf{X'X})^{-1} \mathbf{x}_{n,h}} \end{array}\right) = 1 - \alpha$$

gegeben. $t_{1-\alpha/2;n-k}$ ist darin das $(1-\alpha/2)$-Quantil einer t-Verteilung mit n-k Freiheitsgraden. Das Prognoseintervall (2.7.7) besitzt eine Sicherheitswahrscheinlichkeit von $1-\alpha$.

Im Spezialfall einer einfachen Regression hat man

$$\mathbf{x}_{n+h}' = (1 \quad x_{n+h})$$

und

$$(\mathbf{X'X})^{-1} = \begin{bmatrix} \dfrac{n}{n\sum x_t^2 - (\sum x_t)^2} & -\dfrac{\sum x_t}{n\sum x_t^2 - (\sum x_t)^2} \\ -\dfrac{\sum x_t}{n\sum x_t^2 - (\sum x_t)^2} & +\dfrac{\sum x_t^2}{n\sum x_t^2 - (\sum x_t)^2} \end{bmatrix},$$

so dass die quadratische Form in (2.7.6)

---

101 Hierbei ist von der Regel $Var(\mathbf{a'y}) = \mathbf{a}' Var(\mathbf{y})\mathbf{a}$ Gebrauch gemacht worden, wobei **a** ein Koeffizientenvektor und **y** ein Zufallsvektor ist.

$$\mathbf{x}_{n,h}'(\mathbf{X}'\mathbf{X})^{-1}\mathbf{x}_{n,h} = \frac{n - 2\cdot x_{n+h}\sum x_t + x_{n+h}^2\sum x_t^2}{n\sum x_t^2 - \left(\sum x_t\right)^2}$$
$$= \frac{1}{n} + \frac{(x_{n+h} - \bar{x})^2}{\sum (x_t - \bar{x})^2}$$

lautet. Für k=2 ergibt sich somit für die Varianz des Prognosefehlers der Ausdruck

$$\mathrm{Var}(\hat{u}_{n,h}) = \sigma^2\left(1 + \frac{1}{n} + \frac{(x_{n+h} - \bar{x})^2}{\sum (x_t - \bar{x})^2}\right),$$

womit man das Prognoseintervall

$$P\left(\hat{y}_{n,h} - t_{1-\alpha/2;n-k}\cdot\hat{\sigma}\cdot\sqrt{1 + \frac{1}{n} + \frac{(x_{n+h} - \bar{x})^2}{\sum (x_t - \bar{x})^2}}\right.$$
$$\left.\leq y_{n+h} \leq \hat{y}_{n,h} + t_{1-\alpha/2;n-k}\cdot\hat{\sigma}\cdot\sqrt{1 + \frac{1}{n} + \frac{(x_{n+h} - \bar{x})^2}{\sum (x_t - \bar{x})^2}}\right)$$
$$= 1 - \alpha$$

erhält. Daraus ist ersichtlich, dass das Prognoseintervall um so breiter wird, je mehr der Wert x_{n+h} der exogenen Variablen in der Prognoseperiode von seinem Mittelwert abweicht. Wenn die exogene Variable x trendbehaftet ist, ergibt sich somit mit zunehmendem Prognosehorizont h eine größere Ungenauigkeit der Vorhersage. Die typische Gestalt des Prognoseintervalls ist für den Fall der einfachen Regression in Abbildung 2.7. 1 wiedergegeben.

Abbildung 2.7. 1: Prognoseintervall

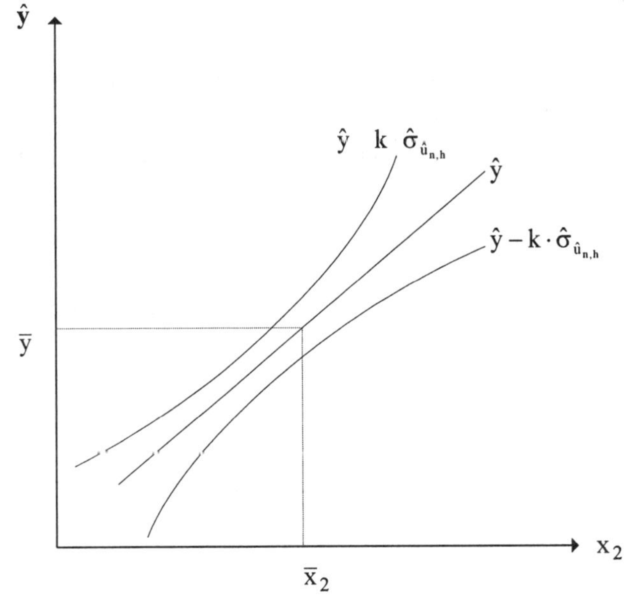

Beispiel 2.7. 1: Um den Privaten Verbrauch auf der Grundlage der makroökonomischen Konsumfunktion

$$\hat{C}_t = C_0 + c_1 \cdot Y_t^v$$

für das Jahr 1993 prognostizieren zu können, ist eine Kenntnis der voraussichtlichen Höhe des realen verfügbaren Einkommens erforderlich. Man könnte hierzu z.B. Prognosen der Wirtschaftsforschungsinstitute über das verfügbare Einkommen in jeweiligen Preisen und den Anstieg der Verbraucherpreise heranziehen. Hier soll das reale verfügbare Einkommen beispielhaft für das Jahr 1993 zeitreihenanalytisch mittels eines Exponentialtrends vorausgeschätzt werden. Man erhält für 1993 damit den Prognosewert 1420,8 Mrd. DM. Mit diesem Prognosewert lässt sich das reale Niveau des Privaten Verbrauchs für 1993 auf der Grundlage der im Stützzeitraum von 1974 bis 1992 geschätzten Konsumfunktion prognostizieren:

$$\hat{C}_{92,1} = 37{,}3 + 0{,}864 \cdot 1420{,}8 = 1264{,}9 \ .$$

Nach dieser Prognose ist im Rezessionsjahr 1993 mit einem Rückgang des Privaten Verbrauchs in konstanten Preisen um etwa 1,7 % zu rechnen.

Hierbei handelt es sich um eine Punktprognose, die aus zeitreihenanalytischen Annahmen über die Entwicklung des verfügbaren Einkommens unter Berücksichtigung der Veränderung der Verbraucherpreise abgeleitet wurde. Die Punktprognose soll hier beispielhaft durch eine Intervallprognose ergänzt werden. Da die Stichprobe 19 Beobachtungen umfasst, ist zur Bestimmung der Intervallgrenzen bei einer Sicherheitswahrscheinlichkeit von 95 % das 0,975-Quantil der t-Verteilung mit 17 Freiheitsgraden zu verwenden:

$$t_{0,975;17} = 2{,}110 .$$

Mit einer Residualquadratsumme von 9274,849 erhält man den erwartungstreuen Schätzer

$$\hat{\sigma}^2 = \frac{9274{,}849}{17} = 545{,}579$$

für die Störvarianz, woraus sich für den Standardfehler der Schätzung der Wert

$$\hat{\sigma} = \sqrt{545{,}579} = 23{,}358$$

ergibt. Außerdem wird noch die Summe der quadrierten Abweichungen des als Regressor fungierenden verfügbaren Einkommens von seinem Mittelwert

$$\overline{Y}^v = \frac{19866{,}93}{19} = 1045{,}63$$

benötigt:

$$\sum \left(Y_t^v - \overline{Y}^v\right)^2 = 297727{,}02 \ .$$

Unter Kenntnis dieser Größen lässt sich das Prognoseintervall für den Privaten Verbrauch bestimmen:

$$\begin{aligned} &1264{,}9 \pm 2{,}110 \cdot 23{,}358 \cdot \sqrt{1 + \frac{1}{19} + \sqrt{\frac{(1420{,}8 - 1045{,}63)^2}{297727{,}02}}} \\ &= 1264{,}9 \pm 2{,}110 \cdot 23{,}358 \cdot \sqrt{1 + \frac{1}{19} + \frac{140752{,}53}{297727{,}02}} \\ &= 1264{,}9 \pm 60{,}9 . \end{aligned}$$

Der praktische Nutzen des Prognoseintervalls wird häufig in Zweifel gezogen, da es im allgemeinen zu breit ist und damit zu viel Spielraum für alternative Entwicklungstendenzen zulässt. Wirtschaftspolitische und unternehmerische Entscheidungsträger wünschen sich außerdem häufig vom Prognostiker die Angabe eines konkreten Prognosewertes, um eine eindeutigere Orientierung zu erhalten. Obwohl das Prognoseintervall gewisse Unsicherheitsgrade widerspiegelt, wird es aus diesen Gründen bei der Veröffentlichung einer Wirtschaftsprognose nur selten ausgewiesen. Hierdurch kann leicht eine größere Präzision einer ökonomischen Prognose suggeriert werden, als sie tatsächlich aufgrund ihres stochastischen Charakters gegeben ist. ♦

2.7.3 Güte der Prognose

Vor der Anwendung eines ökonometrischen Modells zum Zwecke einer ex ante-Prognose sollte die Prognosequalität für einen Zeitraum in der Vergangenheit überprüft werden. Auf der Grundlage von ex post-Prognosen erhält man außerdem Informationen über die Güte konkurrierender Prognoseverfahren. Gleichermaßen bieten ex post-Prognosen eine Möglichkeit zur Beurteilung der Prognoseeignung alternativer ökonometrischer Modelle.

Der Stützzeitraum, für den das ökonometrische Modell geschätzt wird, erstreckt sich über die Perioden 1 bis n. Der ex post-Prognosezeitraum umfasst die Perioden n+1 bis maximal n+L. Für den Zeitraum der ex post-Prognose sind die Werte der exogenen Variablen bekannt. Wenn sie bei der Prognose vorgegeben werden, erhält man eine Einschätzung der Prognoseleistung, die die strukturelle Form des Modells hervorzubringen in der Lage ist. Es kann jedoch zusätzlich sinnvoll sein, eine ex post-Prognose unter Verwendung von Schätzwerten für die exogenen Variablen zu erstellen. Hieraus wird man im allgemeinen eine realistischere Vorstellung über Leistungsfähigkeit des ökonometrischen Modells bei ex ante-Prognosen erhalten, da die Unsicherheit der exogenen Größen berücksichtigt wird.

Man erhält ein Bild über die Prognosegüte, indem man die tatsächlichen und prognostizierten Zeitreihenwerte der endogenen Variablen y im ex post-Prognosezeitraum gemeinsam in einem Zeitreihendiagramm einzeichnet. Darüber hinaus sind Gütekriterien verfügbar, mit denen verschiedene Aspekte der prognostischen Qualität eines ökonometrischen Modells quantitativ erfasst werden können. Als Gütekriterien kommen vor allem Prognosefehlermaße, Vergleichskriterien und Wendepunkt-Fehlermaße in

Betracht. Insbesondere gibt es bei den Prognosefehlermaßen eine Vielzahl von Alternativen. Wir beschränken uns hier auf einige wichtige Gütekriterien, die bei ökonometrischen Prognosen Anwendung finden.

Prognosefehlermaße geben in der Regel einen Durchschnitt der Abweichungen zwischen dem tatsächlichen Zeitreihenwert y_{n+h} und dem Prognosewert $\hat{y}_{n+h-1,}$ in der ex post-Prognoseperiode wieder. [102] In Anlehnung an die Form der Streuungsmaße in der deskriptiven Statistik liegt es nahe, die absoluten oder die quadrierten Abweichungen zwischen y_{n+h} und $\hat{y}_{n+h-1,}$ als Grundelemente bei der Bildung eines Prognosefehlermaßes zu verwenden. Der **mittlere absolute Prognosefehler** (mean absolute error) wird aus den absoluten Abweichungen $\left|y_{n+h} - \hat{y}_{n+h-1,1}\right|$ gebildet,

$$(2.7.8) \qquad MAE = \frac{1}{L}\sum_{h=1}^{L}\left|y_{n+h} - \hat{y}_{n+h-1,1}\right| ,$$

während die Wurzel des **mittleren quadratischen Fehlers** (root mean square error) aus den quadrierten Abweichungen $\left(y_{n+h} - \hat{y}_{n+h-1,1}\right)^2$ zusammensetzt:

$$(2.7.9) \qquad RMSE = \sqrt{\frac{1}{L}\sum_{h=1}^{L}\left(y_{n+h} - \hat{y}_{n+h-1,1}\right)^2} .$$

Beide Maße sind in der Größenordnung vergleichbar, da beim RMSE die Quadrierung der Einzelabweichungen durch das Ziehen der Wurzel aus der Summe der Abweichungsquadrate größenmäßig wieder rückgängig gemacht wird. Allerdings ist zu beachten, dass sich größere Prognosefehler erheblich stärker im RMSE als im MAE niederschlagen. Allgemein ist der mittlere absolute Fehler stets kleiner oder gleich der Wurzel des mittleren quadratischen Fehlers.

Beide Fehlermaße eignen sich für einen Vergleich alternativer Prognoseverfahren für die betrachtete endogene Variable. Häufig kommt es jedoch zusätzlich darauf an, Informationen darüber zu erhalten, ob bestimmte ökonomische Variablen besser prognostizierbar sind als andere. Um hierüber eine Aussage zu erhalten, ist anstelle eines absoluten ein relatives Prognosefehlermaß zu verwenden. Mit den relativen absoluten Fehlern $\left|y_{n+h} - \hat{y}_{n+h-1,1}\right| / y_{n+h}$ ergibt sich der **mittlere absolute prozentuale Prognosefehler** (mean absolute percentage error) in der Form

102 Der Übersichtlichkeit halber beziehen wir uns bei der Darstellung der Prognosefehlermaße auf Ein-Schritt-Prognosen.

(2.7.10) $$\text{(2.7.10)} \quad \text{MAPE} = \frac{1}{L}\sum_{h=1}^{L}\frac{\left|y_{n+h} - \hat{y}_{n+h-1,1}\right|}{y_{n+h}}.$$

Er gibt an, um wie viel Prozent die Prognosen im ex post-Prognosezeitraum von den tatsächlichen Zeitreihenwerten der endogenen Variablen abgewichen sind. Ein entsprechender prozentualer Durchschnitt auf der Grundlage der Wurzel des mittleren quadratischen Fehlers ist durch

$$\text{(2.7.11)} \quad \text{RMSPE} = \sqrt{\frac{1}{L}\sum_{h=1}^{L}\left(\frac{y_{n+h} - \hat{y}_{n+h-1,1}}{y_{n+h}}\right)^2}$$

gegeben.

Als **Vergleichskriterium** hat der **Theil'sche Ungleichheitskoeffizient** U, der durch

$$\text{(2.7.12)} \quad U = \sqrt{\frac{\frac{1}{L}\sum\left(\Delta\hat{y}_{n+h-1,1} - \Delta y_{n+h}\right)^2}{\frac{1}{L}\sum \Delta y_{n+h}^2}}$$

definiert ist, eine große Bedeutung bei der Beurteilung der Prognosegüte eines ökonometrischen Modells erlangt [103]. Die Größen $\Delta\hat{y}_{n+h-1,1}$ und Δy_{n+h} geben darin die prognostizierten und tatsächlichen Veränderungen der endogenen Variablen y in der Prognoseperiode h gegenüber der jeweiligen Ausgangsperiode n+h-1 an:

$$\Delta\hat{y}_{n+h-1,1} = \hat{y}_{n+h-1,1} - y_{n+h}$$

und

$$\Delta y_{n+h} = y_{n+h} - y_{n+h-1}.$$

Der Ungleichheitskoeffizient U ist stets positiv und erreicht die untere Schranke 0, wenn die tatsächliche Veränderung der endogenen Variablen y exakt prognostiziert wird. Je nach Ausmaß einer Fehlprognose kann U beliebig groß werden. Als kritisch ist dabei der Wert 1 des Theil'schen Ungleichheitskoeffizienten anzusehen. Dieser Wert wird nämlich genau dann erreicht, wenn für die Zukunft der Status quo unterstellt wird. Man bezeichnet eine solche Vorhersage, die die Vergangenheit unverändert in die Zukunft projiziert, als "naive Prognose". Wenn eine ökonometrische Prognose die zukünftige Entwicklung der endogenen Variablen besser als eine naive Prognose vor-

103 Theil (1966), S. 26ff. Zu beachten ist, dass Theil selbst seinen Ungleichheitskoeffizienten unterschiedlich definiert (vgl. Theil, 1961, S. 30ff.). In der von uns verwendeten Form (2.7.12) hat der Theil'sche Ungleichheitskoeffizient u.E. die anschaulichste und klarste Interpretierbarkeit.

hersagt, muss der Theil'sche Ungleichheitskoeffizient kleiner als 1 sein. Bei einem Ungleichheitskoeffizienten, der größer als 1 ist, kommt dem ökonometrischen Modell unter prognostischen Aspekten keinerlei Informationsgehalt zu.

Das Quadrat des Zählers des Theil'schen Ungleichheitskoeffizienten lässt sich in drei Komponenten zerlegen, aus denen die Art des Prognosefehlers hervorgeht:

(2.7.13) $$F = \frac{1}{L}\sum\left(\Delta\hat{y}_{n+h-1,1} - \Delta y_{n+h}\right)^2 = B + V + K$$

mit

$$B = \left(\overline{\Delta\hat{y}} - \overline{\Delta y}\right)^2 ,$$

$$V = \left(S^2_{\Delta\hat{y}} - S^2_{\Delta y}\right)^2$$

und

$$K = 2 \cdot \left(1 - r_{\Delta\hat{y},\Delta y}\right) \cdot S_{\Delta\hat{y}} \cdot S_{\Delta y} .$$

Darin bezeichnen $\overline{\Delta\hat{y}}$ und $\overline{\Delta y}$ die Mittelwerte der prognostizierten und tatsächlichen Veränderungen der endogenen Variablen y innerhalb des Prognosezeitraums, $S^2_{\Delta\hat{y}}$ und $S^2_{\Delta y}$ entsprechen den Varianzen und $r_{\Delta\hat{y},\Delta y}$ den Korrelationskoeffizienten. B gibt somit das Ausmaß der Verzerrung (Bias) an, wohingegen V und K den Varianz- und Kovarianzfehler enthalten. Die Anteile der Fehlerkomponenten am gesamten Prognosefehler F sind durch B/F, V/F und K/F gegeben.

Der Biasfehler ist gleich 0, wenn die endogene Variable im Mittel korrekt prognostiziert worden ist. Das Ausmaß der Schwankungen um den Mittelwert spiegelt sich in den beiden anderen Fehlerkomponenten wieder. Wenn zudem die Schwankungen korrekt erfasst werden, nimmt der Varianzfehler den Wert 0 an. Die Prognose enthielte dann keine systematischen Fehler, sondern allein unvermeidbare zufallsbedingte Fehler, die den Kovarianzfehler kennzeichnen. In diesem Sinne könnte man dann von einer optimalen Prognose sprechen.

Ein **Wendepunktfehler** liegt vor, wenn die prognostizierten und tatsächlichen Änderungen $\Delta\hat{y}_{n+h-1,1}$ und Δy_{n+h} ein unterschiedliches Vorzeichen besitzen. Man spricht von einem Wendepunktfehler 1. Art, wenn ein Wendepunkt vorausgesagt worden ist, der jedoch nicht eintritt. Ein Wendepunktfehler 2. Art liegt dagegen vor, wenn ein Wendepunkt eintritt, ohne vorhergesagt zu sein. Wendepunktfehler sind vor allem bei Konjunkturprognosen als kritisch zu bewerten, da sie Entscheidungsträgern falsche Signale für den Einsatz konjunktureller Maßnahmen vermitteln. Unter diesem Aspekt steht weniger das Ausmaß als vielmehr die Richtung der zukünftigen Entwicklung im Blickpunkt. Da bei Konjunkturprognosen eine Vielzahl von ökonomischen Variablen betrachtet werden, geben Wendepunkt-Fehlermaße aus diesem Grund im allgemeinen den Anteil der Wendepunktfehler einer bestimmten Art wieder. Bei der Wendepunkt-Fehlerquote 1. Art, WQ_1, wird die Anzahl F_1 der irrtümlich vorausgesagten Wendepunkte auf die Anzahl $\hat{W}$ der prognostizierten Wendepunkte bezogen:

$$(2.7.14) \qquad WQ_1 = \frac{F_1}{\hat{W}} .$$

Dagegen wird bei der Wendepunkt-Fehlerquote 2. Art, WQ_2, die Anzahl F_2 der nicht erkannten Wendepunkte auf die Anzahl W der tatsächlich eingetretenen Wendepunkte bezogen:

$$(2.7.15) \qquad WQ_2 = \frac{F_2}{W} .$$

Eine allgemeine Wendepunkt-Fehlerquote WQ ist durch

$$(2.7.16) \qquad WQ = \frac{F_1 + F_2}{\hat{W} + F_2}$$

definiert.

Alle drei Wendepunkt-Fehlermaße liegen zwischen 0 und 1. Sie sind gleich Null, wenn keine Wendepunktfehler vorliegt. Die Wendepunkt-Fehlerquote 1. Art nimmt den Wert Eins an, wenn keine vorausgesagten Wendepunkte tatsächlich eingetreten sind. Demgegenüber nimmt die Wendepunkt-Fehlerquote 2. Art den Wert Eins an, wenn keiner der tatsächlich eingetretenen Wendepunkte prognostiziert worden ist. Schließlich wird WQ gleich Eins, wenn die prognostizierten und eingetretenen Wendepunkte durchweg nicht übereinstimmen.

In der Praxis der empirischen Wirtschaftsforschung treten Wendepunktfehler 2. Art häufiger auf als Wendepunktfehler 1. Art. Prognostiker neigen offenbar dazu, länger von einer gleichgerichteten Tendenz auszugehen, als dies in der wirtschaftlichen Wirklichkeit gegeben ist.

Aufgaben

2.7.1 Inwiefern ist eine ökonometrische Prognose stets eine bedingte Prognose?

2.7.2 Worin bestehen die Unterschiede zwischen einer ex post- und einer ex ante-Prognose?

2.7.3 Wie lautet die Punkt- und Intervallprognose der Geldnachfrage für das Jahr 1990, wenn man die Werte der exogenen Variablen für das Prognosejahr als bekannt (y_{90}=2112.3, r_{90}=8,48) voraussetzt?

2.7.4 Mittels welcher Prognosefehlermaße lässt sich die Güte ökonometrischer Prognosen beurteilen?

2.7.5 Erläutern Sie die Ratio des Theil'schen Ungleichheitskoeffizienten!

2.8 Tests auf Parameterinstabilität

2.8.1 Vorbemerkungen

Die Durchführung einer Regressionsanalyse setzt implizit voraus, dass das unterstellte Modell korrekt spezifiziert ist. Dies bedeutet zum einen, das die Störterme den Eigenschaften eines reinen Zufallsprozesses folgen, also weder autokorreliert noch heteroskedastisch sind. Des weiteren wird eine Normalverteilung der Störgrößen vorausgesetzt. Zum anderen ist eine stabile Beziehung zwischen der endogenen Variablen und den Erklärungsgrößen gefordert. Insbesondere sollten die ermittelten Einflüsse der exogenen Variablen im Zeitablauf im Kern konstant bleiben. Wenn sich dagegen die Regressionsparameter im Zeitverlauf verändern, wären Prognosen aufgrund eines Modells mit festen Koeffizienten verzerrt. Schließlich wird vorausgesetzt, das alle relevanten Erklärungsvariablen berücksichtigt sind und das der funktionale Zusammenhang der Realität entspricht.

Die Tests auf Parameterinstabilität sollen überprüfen, ob diese Annahmen tatsächlich erfüllt sind und fördern auf diese Weise eine kritischere Modellspezifikation. Eine festgestellte Instabilität kann einerseits substantiell begründet sein und mag dann entsprechende Modelle notwendig machen. Zum anderen kann die Diagnose aber auch mit Fehlspezifikationen des Modells begründet sein. Werden z.B. wichtige Erklärungsvariablen vergessen, kann sich dies unter Umständen in zeitvariablen Einflüssen der restlichen Variablen niederschlagen. Diese beruhen aber nicht auf einer tatsächlichen, sondern vielmehr auf einer vermeintlichen Instabilität, die sich allein aufgrund der Fehlspezifikation ergibt. Die hier dargestellten Tests können zwischen diesen beiden Alternativen prinzipiell nicht diskriminieren. Bei einer Ablehnung der Stabilitätshypothese wird also lediglich angezeigt, dass das unterstellte Regressionsmodell auf irgendeine Weise fehlerhaft ist.

Die vorher dargestellten Tests auf autokorrelierte und heteroskedastische Störterme lassen sich bereits als Tests auf Parameterinstabilität interpretieren. Denn die Modelldefekte können unter anderem auftreten, wenn die Regressionsparameter im Vektor $\boldsymbol{\beta}$ im Zeitablauf variieren oder wenn wichtige Erklärungsgrößen im Regressionsmodell fehlen. Insofern sind Autokorrelation und Heteroskedastizität stets Indizien für Fehler im systematischen Modellteil.

In diesem Kapitel testen wir auf instabile Regressionskoeffizienten im Parametervektor $\boldsymbol{\beta}$, die ergänzend zum bereits diskutierten Chow-Test auf Strukturbruch anwendbar sind. Außerdem werden Tests auf die generelle Modellspezifikation dargestellt. Dabei geht es unter anderem um das Problem vergessener Variablen und die adäquate funktionale Form des Regressionszusammenhangs.

Hier werden als erstes der CUSUM- und CUSUMSQ-Test auf instabile Regressionskoeffizienten im Parametervektor $\boldsymbol{\beta}$ vorgestellt, die ergänzend zum bereits diskutierten Chow-Test auf Strukturbruch anwendbar sind. Außerdem werden der RESET- und der Harvey-Collier-Test als Tests auf die generelle Modellspezifikation dargestellt. Schließlich skizzieren wir den Jarque-Bera-Test auf Normalverteilung, der inzwischen Standard bei der Überprüfung der Verteilungsannahme ist.

2.8.2 CUSUM- und CUSUMSQ-Tests

Hier werden der CUSUM- und CUSUMSQ-Test erörtert, mit denen sich eine vorhandene Instabilität des Vektors der Regressionskoeffizienten $\boldsymbol{\beta}$ aufdecken lässt. Bei einer Ablehnung der Stabilitätshypothese kann jedoch nicht ohne weiteres gefolgert werden, dass $\boldsymbol{\beta}$ variiert und das Modell im übrigen korrekt ist. Denn die fehlende Konstanz der Regressionsparameter mag mit einer Fehlspezifikation des Modells begründet sein.

Wir haben bereits an früherer Stelle den Chow-Test kennen gelernt. Mit dem Verfahren wird ein möglicher Strukturbruch in der Regressionsbeziehung beurteilt, der mit einem Wechsel des Parameterregimes verbunden ist. Dabei ist der Zeitpunkt des Strukturbruchs konstant. Dieser Test lässt sich für den gesamten Parametervektor oder völlig entsprechend nur für bestimmte Regressionskoeffizienten durchführen. Darüber hinaus ist ein analoger Test anwendbar, wenn ein Unterzeitraum eine zu geringe Anzahl an Beobachtungen aufweist. Dies könnte z.B. der Fall sein, wenn sich der vermeintliche Strukturbruchs in der Nähe des Randes der Untersuchungsperiode befindet.

Als Beispiel soll der zweite Teilbereich der Untersuchungsperiode nur n_2-1 Beobachtungen enthalten. Es lässt sich dann testen, ob einperiodige Prognosefehler signifikant von 0 verschieden sind oder äquivalent, ob die letzte Beobachtung von der gleichen Parameterstruktur wie die vorangegangenen n_1=n-1 Beobachtungen erzeugt worden ist. Unter der Nullhypothese ist der Strukturbruch vernachlässigbar, so das man eine Regression für die gesamten n Beobachtungen schätzen kann. Bei Geltung der Alternative wird die letzte Beobachtung von einer anderen Parameterstruktur erzeugt, so das ein Modell nur für die ersten n-1 Beobachtungen geschätzt werden kann. Die gefundene Parameterstruktur lässt sich dann für die Prognose der n-ten Beobachtung verwenden. Damit entsteht ein Prognosefehler, der durch

$$\tilde{u}_n = y_n - \mathbf{x}_n' \hat{\boldsymbol{\beta}}_{n-1} \tag{2.8.1}$$

gegeben ist. Der Parametervektor $\boldsymbol{\beta}_{n-1}$ wird mit der OLS-Methode auf der Basis der ersten $n_1 = n-1$ Beobachtungen ermittelt, so dass

$$\hat{\boldsymbol{\beta}}_{n-1} = (\mathbf{X}_{n-1}'\mathbf{X}_{n-1})^{-1}\mathbf{X}_{n-1}'\mathbf{y}_{n-1}$$

gilt. Ferner gilt

$$\mathbf{y}_{n-1} = \mathbf{X}_{n-1}'\boldsymbol{\beta}_{n-1} + \mathbf{u}_{n-1}$$

und

$$\mathbf{y}_n = \mathbf{x}_{n-1}'\boldsymbol{\beta}_n + \mathbf{u}_n \quad ,$$

so dass man nach Einsetzen in (2.8.1) für den Prognosefehler

$$\tilde{u}_n = \mathbf{x}_n'\boldsymbol{\beta}_n + u_n - \mathbf{x}_n'\boldsymbol{\beta}_{n-1} - \mathbf{x}_n'(\mathbf{X}_{n-1}'\mathbf{X}_{n-1})^{-1}\mathbf{X}_{n-1}'\mathbf{u}_{n-1} \tag{2.8.2}$$

erhält. Da der Störprozess u_t die klassischen Eigenschaften erfüllt, ergibt sich für den Erwartungswert und die Varianz des Prognosefehlers

$$E(\tilde{u}_n) = \mathbf{x}_n'(\boldsymbol{\beta}_n - \boldsymbol{\beta}_{n-1}) \tag{2.8.3}$$

und

(2.8.4) $$\mathrm{Var}(\tilde{u}_n) = \sigma^2(1 + \mathbf{x}_n'(\mathbf{X}_{n-1}'\mathbf{X}_{n-1})^{-1}\mathbf{x}_n\,,$$

wobei die unbekannte Störtermvarianz im reduzierten Beobachtungszeitraum durch

(2.8.5) $$\hat{\sigma}^2 = \hat{\mathbf{u}}_{n-1}'\hat{\mathbf{u}}_{n-1}/(n_1 - k)$$

geschätzt werden kann. Unter der Nullhypothese eines unveränderten Parameterregimes ist der Erwartungswert des Prognosefehlers gleich 0. Dann lässt sich die Prüfgröße

(2.8.6) $$t = \frac{y_n - \mathbf{x}_n'\boldsymbol{\beta}_{n-1}}{\hat{\sigma}\sqrt{(1 + \mathbf{x}_n'(\mathbf{X}_{n-1}'\mathbf{X}_{n-1})^{-1}\mathbf{x}_n}}$$

durch Division des einperiodigen Prognosefehlers durch seine geschätzte Varianz bilden, die asymptotisch t-verteilt ist mit n_1–k Freiheitsgraden. Durch diesen Test lässt sich rasch überprüfen, ob neu hinzukommende Beobachtungen mit dem bereits ermittelten Modell noch kompatibel sind.

Ein weiteres Verfahren, mit dem sich die Stabilität des Vektors der Regressionskoeffizienten überprüfen lässt, ist durch den **CUSUM (cumulative sum)-Test** gegeben. [104] Dabei werden rekursive Residuen, mithin einperiodige Prognosefehler mit konstanter Varianz verwendet. In einem ersten Schritt wird das Regressionsmodell nur für die ersten r–1 Beobachtungen geschätzt. Für den Zeitpunkt r ergibt sich der Vorhersagefehler

(2.8.7) $$\tilde{u}_r = (y_r - \mathbf{x}_r'\hat{\boldsymbol{\beta}}_{r-1})f_r^{-1}\,,$$

der mit dem Faktor

(2.8.8) $$f_r = \left(1 + \mathbf{x}_r'\left(\mathbf{X}_{r-1}'\mathbf{X}_{r-1}\right)^{-1}\mathbf{x}_r\right)^{1/2}$$

normiert wird. Wegen (2.8.4) bewirkt die Normierung, dass u_r eine konstante Varianz von σ^2 hat. Die Prognosefehler sind daher homoskedastisch und unkorreliert, sofern die Störterme des Regressionsmodells die klassischen Eigenschaften erfüllen. Ferner haben sie unter der Nullhypothese eines konstanten Parameterregimes einen Erwartungswert von 0. Dagegen wäre ihr Erwartungswert aufgrund von (2.8.3) ungleich 0, wenn der Vektor der Regressionskoeffizienten variiert.

Bei n Beobachtungen und k Regressoren lassen sich insgesamt n–k rekursive Residuen, also homoskedastische einperiodige Prognosefehler berechnen. Der erste Prognosefehler ergibt sich in der Periode k+1 auf der Basis eines Modells, das für die ersten k

104 Brown, Durbin und Evans (1975).

Beobachtungen geschätzt ist. Nach Ermittlung der Ein-Schritt-Prognose wird der Stützzeitraum der Regression um eine weitere Beobachtung verlängert. Das Verfahren wird wiederholt, bis das Ende des Beobachtungszeitraums erreicht ist.

Der CUSUM-Test unterstellt unter der Nullhypothese einen konstanten Parametervektor $\boldsymbol{\beta}$. Falls der Vektor der Regressionskoeffizienten bis zu einem bestimmten Zeitpunkt r=k+1,...,n konstant ist und danach variiert, haben die rekursiven Residuen wegen (11) bis zum Zeitpunkt des Strukturbruchs einen Erwartungswert von 0. Ab der (r+1)ten Beobachtung ist der Erwartungswert dagegen ungleich 0. Daher kann man aus der Entwicklung der kumulierten rekursiven Residuen

(2.8.9) $$W_r = \frac{1}{\hat{\sigma}} \sum_{j=k+1}^{r} \tilde{u}_j$$

im (r, W_r)-Diagramm Informationen über einen möglichen Strukturbruch erhalten. Unter der Nullhypothese eines unveränderten Parametervektors ist $E(W_r)=0$, da die Cusums W_r Linearkombinationen der rekursiven Residuen sind. Die Nullhypothese wird daher verworfen, wenn sich die Cusums signifikant von 0 unterscheiden. Da das Regressionsmodell von konstanten Parametern ausgeht, wird die endogene Variable nach einem Strukturbruch über- oder unterschätzt. Entsprechend sind die rekursiven Residuen ab diesem Zeitpunkt systematisch positiv oder negativ. Die Cusums nehmen betragsmäßig zu und werden nach Ablauf einiger Perioden, etwa in der Periode r* ihre Signifikanzgrenzen überschreiten. Dann wäre der Bruch auf eine oder mehrere Perioden vor r* zu datieren. Je stärker der Strukturbruch ausgeprägt ist, desto näher liegt er am Zeitpunkt r*, ab dem die Cusums nicht mehr vernachlässigbar sind.

Darüber hinaus werden in der Partialsumme (2.8.9) standardisierte rekursive Residuen verwendet, wobei sich σ zunächst durch die Standardabweichung der OLS-Residuen abschätzen lässt. Diese Strategie kann jedoch zu einer Überschätzung der wahren Standardabweichung führen. In der Folge liegen die Cusums näher bei 0, so dass die Güte des Tests nachlässt und höhere Fehler 2. Art zu erwarten sind. Daher kann alternativ der Schätzer nach Harvey [105]

(2.8.10) $$\hat{\sigma} = \left(\frac{1}{n-k-1} \sum_{r=k+1}^{n} \left(\tilde{u}_r - \bar{\tilde{u}} \right) \right)^{1/2} \quad \text{mit} \quad \bar{\tilde{u}} = \frac{1}{n-k} \sum_{r=k+1}^{n} \tilde{u}_r$$

105 Harvey (1975).

verwendet werden, der die Standardabweichung auf der Basis der rekursiven Residuen berechnet. Im Gegensatz zum Mittelwert der OLS-Residuen kann das Mittel der rekursiven Residuen von 0 verschieden sein. Der Mittelwert der rekursiven Residuen kann bei einem Strukturbruch wachsen, wodurch die geschätzte Standardabweichung kleiner wird. Damit wird es eventuell eher möglich, das die Cusums bei einem Strukturbruch tatsächlich signifikant von 0 verschieden sind.

Die Prüfgröße (2.8.9) folgt keiner Standardverteilung. Der Annahmebereich der Nullhypothese lässt sich durch ein Paar linearer Funktionen im (r, W_r)-Diagramm angeben. Da die Varianz der Cusums approximativ durch $E(W_v^2) = r - k$ gegeben ist und daher mit steigendem r wächst, werden die linearen Funktionen so festgelegt, dass ihr vertikaler Abstand mit steigendem r zunimmt. Sofern die Cusums die Grenzen des Annahmebereichs durchlaufen, wird die Nullhypothese abgelehnt.

Es lässt sich zeigen, dass der Annahmebereich der Nullhypothese durch das Paar symmetrisch verlaufender Geraden

(2.8.11) $$-a\sqrt{n-k} - 2a\frac{r-k}{\sqrt{n-k}} \quad \text{und} \quad a\sqrt{n-k} + 2a\frac{r-k}{\sqrt{n-k}}$$

gegeben ist. Der Parameter a wird in Abhängigkeit von der gewählten Irrtumswahrscheinlichkeit festgelegt. [106] Die Größe a ist bei einem Signifikanzniveau von 5% gleich 0,948; bei einem Signifikanzniveau von 10% nimmt a den Wert 0,850 an.

Der CUSUM-Test ist nur eingeschränkt praktikabel, wenn die Variationen im Vektor der Regressionskoeffizienten nicht systematisch sind. In diesem Fall können sich positive und negative Prognosefehler in den Cusums saldieren, so dass das Verfahren eventuell fälschlicherweise Stabilität suggerieren kann. Ein ähnlicher Effekt ist zu erwarten, wenn im Beobachtungszeitraum mehrere Strukturbrüche vorliegen und sowohl positive als auch negative Prognosefehler verursachen. In solchen Situationen hat die Methode nur eine geringe Güte. Als Alternative zum CUSUM-Test bietet sich hier der **CUSUMSQ (culmulative sum of squares)-Test** an, der auch auf den rekursiven Residuen basiert. Die Cusums of Squares sind durch

(2.8.12) $$Z_r = \sum_{j=k+1}^{r} \tilde{u}_j^2 \Big/ \sum_{j=k+1}^{n} \tilde{u}_j^2 = W_r / W_n$$

106 Brown, Durban und Evans (1975).

definiert. Die Cusum of Squares geben die Anteile der Summe der bis zum Zeitpunkt r quadrierten rekursiven Residuen an der gesamten Residuenquadratsumme an. Unter der Nullhypothese eines konstanten Parameterregimes folgen die Cusum of Squares einer Beta-Verteilung. Ihr Erwartungswert ist durch $E(Z_r) = (r-k)/(n-k)$ gegeben und steigt linear von 0 (r=k) bis auf 1 (r=n). Sofern die Cusums of Squares im (r, Z_r)-Diagramm signifikant von dieser Vorgabe abweichen, ist ein solches Ergebnis als Indiz gegen die Annahme stabiler Regressionsparameter zu werten.

Der Annahmebereich der Nullhypothese wird durch ein Linienpaar festgelegt, welches parallel zum Erwartungswert verläuft. Die Parallelen sind durch

(2.8.13) $\pm c + (r-k)/(n-k)$

identifiziert. Der Parameter c ergibt sich in Abhängigkeit vom gewählten Signifikanzniveau. Er ist z.B. bei einer Irrtumswahrscheinlichkeit von 0,05 gleich 1,115, wenn n=100 Beobachtungen vorliegen. Die Nullhypothese wird verworfen, sobald die Cusums of Squares den durch (2.8.13) identifizierten Annahmebereich verlassen.

Beispiel 2.8. 1: Die Annahme der Parameterstabilität in der Konsumfunktion soll mit dem Cusum- und Cusum-of-Squares-Test überprüft werden. Bei einer graphischen Darstellung der Cusums und der Cusums of Squares ergibt sich

Cusums

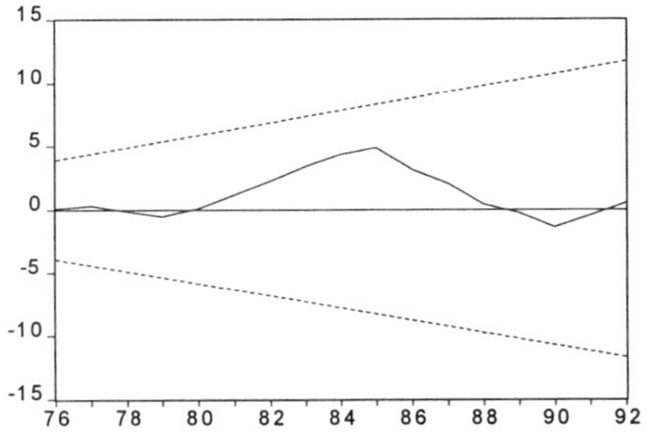

Cusums of Squares

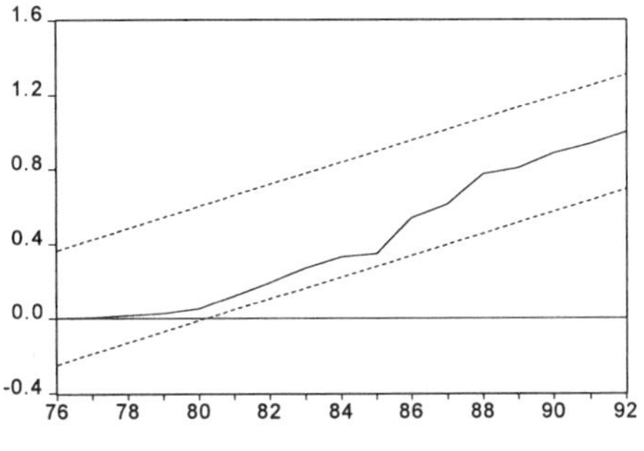

Beide Reihen verlaufen innerhalb der Signifikanzgrenzen, die für ein Signifikanzniveau von 5% ausgewiesen sind. Damit liefern die Tests kein Indiz auf Parameterinstabilität. Zusätzlich lassen sich die rekursiven Parameterschätzer für die Konstante und die marginale Konsumneigung betrachten,

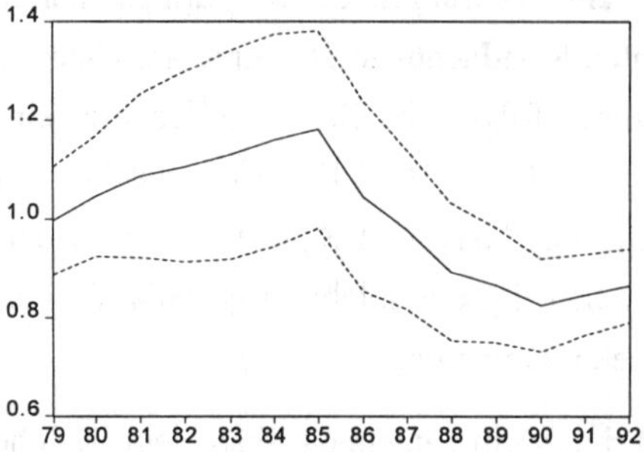

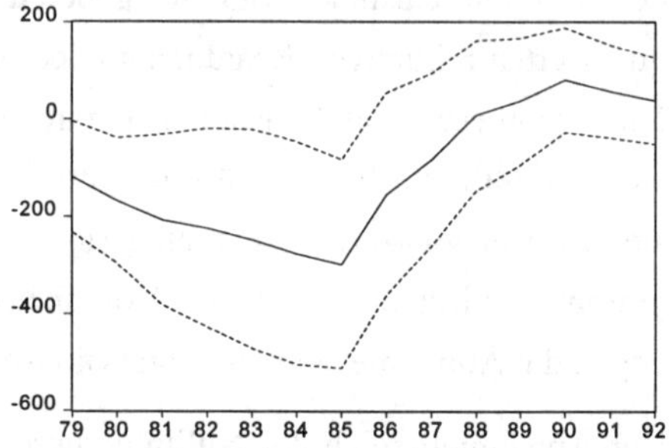

auf deren Basis die rekursiven Residuen berechnet sind, welche dann die Grundlage für die CUSUM-Tests bilden. Die durchgezogene Linie entspricht jeweils dem geschätzten Parameter, während die gestrichelten Linien den Bereich von ±2 Standardabweichungen um den jeweiligen Schätzwert markieren. Die rekursiven Parameterschätzer weisen durchaus Fluktuationen auf. Darüber hinaus liegt die marginale Konsumneigung in Unterzeiträumen etwa bis 1985 eher über ihrem Maximalwert von 1. Führt man als ergänzende Prüfung einen Chow-Test im Zeitpunkt 1984 durch, ergibt sich ein Wert der Teststatistik von 3,88, der auf dem 5%-Niveau signifikant ist. Zum einen können die Parameter in der Konsumfunktion tatsächlich instabil sein und sich im Zeitablauf verschoben haben. Zum anderen kann eine Fehlspezifikation des Zusammenhangs für das Ergebnis verantwortlich sein. ♦

2.8.3 RESET- und Harvey-Collier-Test

Das Problem variierender Regressionskoeffizienten, das z.B. der CUSUM- oder der CUSUMSQ-Test diagnostizieren kann, mag einerseits auf eine tatsächliche Verschiebung des Einflusses exogener Variablen deuten. Andererseits kann eine Widerlegung der Hypothese eines konstanten Parameterregimes aber auch mit einer Fehlspezifikation des Regressionsmodells begründet sein. Daher sind ergänzend Tests zu diskutieren, die auf den Modellzusammenhang abzielen.

Ein genereller Test auf die Modellspezifikation ist der RESET-Test von Ramsey. [107] Das Verfahren ist anwendbar, wenn überprüft wird, ob im gewählten Ansatz wichtige Erklärungsvariablen fehlen. Darüber hinaus lässt sich der funktionale Zusammenhang evaluieren.

Der **RESET-Test** basiert auf der Regression

(2.8.14) $\mathbf{y} = \mathbf{X}\beta + \mathbf{Z}\gamma + \mathbf{u}$

in der **Z** eine n×m-Matrix und γ ein m×1-Parametervektor ist. Der ursprüngliche Modellzusammenhang wird mit **Z**γ erweitert. Es wird getestet, ob die Variablen in der Matrix **Z** gemeinsam signifikant sind. In einem solchen Fall ist die Prüfgröße bei normalverteilten Restgrößen allgemein F-verteilt, wobei m und n-k die entsprechenden Freiheitsgrade bezeichnen. Sofern die Nullhypothese γ=0 verworfen wird, ist das ursprüngliche Modell $\mathbf{y} = \mathbf{X}\beta + \mathbf{u}$ fehlspezifiziert.

Als Kandidaten für die **Z**-Matrix werden Potenzen der geschätzten Werte der endogenen Variablen herangezogen, die man aus dem ursprünglichen Modell erhält. Damit hat man

(2.8.15) $\mathbf{Z} = \left(\hat{\mathbf{y}}^2, \hat{\mathbf{y}}^3, \hat{\mathbf{y}}^4, \ldots\right)$.

Die Potenzen approximieren die potenziell unberücksichtigten Größen. Außerdem wird durch diese Strategie der funktionale Zusammenhang mit einbezogen. Die nicht potenzierten Schätzwerte der endogenen Variablen werden nicht in die **Z**-Matrix aufgenommen, da sie sich als Linearkombination der Regressoren in **X** ergeben.

Die funktionale Form des Modellzusammenhangs lässt sich schließlich durch das Verfahren von Harvey und Collier [108] überprüfen. In der Nullhypothese wird eine lineare Beziehung zwischen y und dem j-ten Regressor vermutet, während der Zusammenhang unter der Alternativhypothese konvex oder konkav ist. Hierbei werden die Beobachtungen in einem ersten Schritt so umgruppiert, dass ihre neue Reihenfolge den aufsteigenden Werten des j-ten Regressors entspricht. Anschließend werden für das so transformierte Modell einperiodige Prognosefehler, mithin rekursive Residuen berechnet. Ist die wahre Beziehung zwischen y und x_j konvex, sind die n-k Prognosefehler und ihr Mittelwert tendenziell positiv. Der Mittelwert ist negativ, wenn die Beziehung konkav ist. Dann würde eine lineare Prognose die tatsächliche Entwicklung überzeichnen.

---

107 Ramsey (1969).

108 Harvey und Collier (1977).

Sofern die Nullhypothese zutrifft, ist der Erwartungswert der rekursiven Residuen gleich 0, so das auch ihr absoluter Mittelwert relativ klein sein sollte. Betragsmäßig hohe Mittelwerte führen dagegen zu einer Ablehnung der Linearitätshypothese. Da die Standardabweichung der rekursiven Residuen durch (2.8.10) gegeben ist, erhält man die Teststatistik

$$(2.8.16) \qquad \vartheta = \frac{\sum_{r=k+1}^{n} \tilde{u}_r \Big/ (n-k)}{\left(\sum_{r=k+1}^{n} (\tilde{u}_r - \bar{\tilde{u}})^2 \Big/ (n-k-1) \right)^{1/2}},$$

die t-verteilt mit n-k-1 Freiheitsgraden ist. In der Anwendung empfiehlt es sich, den Harvey-Collier Test für verschiedene ausgewählte Regressoren durchzuführen.

Beispiel 2.8. 2: Ob die Konsumfunktion fehlspezifiziert ist, wird mit dem RESET-Test überprüft. Dazu werden Potenzen der geschätzten Werte der endogenen Variablen als weitere Regressoren einbezogen. Bei der zweiten sowie zweiten und dritten Potenz ergeben sich die empirischen F-Werte von 2,70 und 6,88. Der letztgenannte Wert ist bereits auf dem 1%-Niveau signifikant. Damit erhärtet sich der Eindruck, dass die Konsumfunktion fehlspezifiziert ist. Denkbar wäre die Verwendung einer alternativen Einkommensgröße wie z.B. das permanente Einkommen [109] oder des Lebenseinkommens [110]; alternativ käme eine Einbeziehung latenter Konstrukte wie z.B. das Konsumklima in Betracht. [111] ♦

2.8.4 Jarque-Bera-Test

Abschließend soll eine **Test von Jarque und Bera** [112] dargestellt werden, mit dem sich die Annahme normalverteilte Störterme überprüfen lässt. Diese Annahme wird in verschiedenen Hypothesentests vorausgesetzt. Der Test basiert auf der Schiefe SK und der Wölbung K der Verteilung der Residuen. Dabei werden Abweichungen von der Nor-

109 Friedman (1986).

110 Modigliani (1986).

111 Siehe hierzu Kosfeld (1996).

112 Jarque und Bera (1980).

malverteilung in Form dieser beiden Größen gemessen. Tatsächlich impliziert die Normalverteilung einen Schiefeparameter von 0 und eine Wölbung von 3. Als Prüfgröße wird

$$JB = \frac{n-k}{6}\left(SK^2 + \frac{1}{4}(K-3)^2\right) \tag{2.8.17}$$

verwendet. Dabei bezeichnet n die Anzahl der Beobachtungen und k die Anzahl der Regressoren, die zur Schätzung des Modells und damit zur Berechnung der Residuen benötigt werden. Die Teststatistik ist unter der Nullhypothese eines normalverteilten Störprozesses asymptotisch χ^2-verteilt mit 2 Freiheitsgraden.

Beispiel 2.8. 3: Die Residuen der Geldnachfragefunktion haben einen Schiefekoeffizienten von 0,226 und eine Wölbung von 2.526. Einsetzen dieser Werte in die JB-Statistik ergibt einen Wert der Prüfgröße von 0,36, der deutlich unterhalb des kritischen Wertes der Chi-Quadrat-Verteilung bei 2 Freiheitsgraden liegt. Es ist davon auszugehen, dass die Residuen der Geldnachfragefunktion normalverteilt sind. ♦

Aufgaben

2.8.1 Testen Sie die Geldnachfragefunktion (Daten siehe Beispiel 2.1.2) auf der Basis des CUSUM-Tests auf Parameterinstabilität (α=0,05)!

2.8.2 Inwiefern lässt sich der RESET-Test als Spezifikationstest interpretieren?

2.8.3 Wenden Sie den RESET-Test auf die Geldnachfragefunktion (Daten siehe Beispiel 2.1.2) an (α=0,05)!

2.8.4 Lässt sich eine Normalverteilung der Störgröße der Keynes'schen Konsumfunktion (Daten siehe Beispiel 2.1.1) auf dem 1%-Niveau rechterhalten?

2.9 Nichtstationäre Variablen und Kointegration

2.9.1 Zeitreihenanalytische Grundlagen

Die traditionelle Ökonometrie, wie sie bisher im Rahmen dieses Lehrbuchs dargestellt worden ist, unterstellt neben anderem, dass sich die in einer Regressionsbeziehung enthaltenen Variablen im Zeitablauf stationär verhalten. Der Begriff der Stationarität umfasst dabei genauer drei Ebenen. Zum einen ist hier die Mittelwertstationarität relevant, was bedeutet, dass die entsprechende Variable im Zeitablauf in etwa um einen konstanten Wert schwankt, also z.B. kein trendmäßiges Verhalten zeigt. Zweitens besagt die Annahme der Varianzstationarität, dass die betrachtete Variable eine endliche und insbesondere zeitkonstante Varianz aufweist. Drittens ist hier die Kovarianzstationarität von Bedeutung. Eine Variable ist kovarianzstationär, wenn ihre Autokovarianz allein von der zeitlichen Differenz, nicht jedoch von einem konkreten Zeitpunkt abhängig ist. Der Einfluss vergangener Realisationen dieser Größe auf ihren gegenwärtigen Verlauf nimmt dann ab. Man kann auch sagen, dass Innovationen, genauer temporäre Schocks, die die Variable zu einem gegebenen Zeitpunkt beeinflusst haben mögen, keine permanente Bedeutung haben.

Die Zeitreihe einer jeden ökonomischen Variablen ist generell als Realisation eines stochastischen Prozesses interpretierbar, der seinerseits als Folge von Zufallsvariablen definiert ist, die zu jedem (diskreten) Zeitpunkt gemessen werden. Für bestimmte stochastische Prozesse kann nun gezeigt werden, dass diese in der Tat die angegebenen Stationaritätsbedingungen erfüllen. Beispiele derartiger Prozesse sind

- der autoregressive Prozess p-ter Ordnung (AR(p)-Prozess)

  (2.9.1) $y_t = a_1 y_{t-1} + a_2 y_{t-2} + \ldots + a_p y_{t-p} + u_t \text{ mit } \left|a_1 + a_2 + \ldots + a_p\right| < 1$

- der Moving-Average-Prozess q-ter Ordnung (MA(q)-Prozess)

  (2.9.2) $y_t = u_t - b_1 u_{t-1} - b_2 u_{t-2} - \ldots - b_q u_{t-q}$

- der autoregressive Moving-Average-Prozess der Ordnung p und q (ARMA(p,q)-Prozess)

$$(2.9.3)\quad \begin{aligned} & y_t = a_1 y_{t-1} + a_2 y_{t-2} + \ldots + a_p y_{t-p} + u_t - b_1 u_{t-1} - b_2 u_{t-2} - \ldots - b_q u_{t-q} \\ & \text{mit} \left| a_1 + a_2 + \ldots + a_p \right| < 1. \end{aligned}$$

Betrachtet man zunächst den autoregressiven Prozess, wird dort eine Variable y_t von ihren vergangenen Realisationen und einem gegenwärtigen Zufallsschock u_t bestimmt, der die klassischen White-Noise-Eigenschaften erfüllt. Die Ordnung des Prozesses wird dabei von der maximal berücksichtigten Verzögerung von y_t determiniert. Die Parameterrestriktion

$$\left| a_1 + a_2 + \ldots + a_p \right| < 1$$

besagt zunächst, dass der Prozess nicht per se stationär ist. Vielmehr darf die Summe seiner Koeffizienten betragsmäßig den Wert 1 nicht erreichen. Folgt die Variable y_t einem Moving-Average-Prozess der Ordnung q, wird sie durch eine gewichtete Summe gegenwärtiger und vergangener Zufallsschocks bestimmt, für die jeweils die White-Noise-Eigenschaften gelten. Es sind hier keine Parameterrestriktionen erforderlich, um die Stationarität des Prozesses zu garantieren. Der ARMA (p,q)-Prozess entsteht aus der Kombination der beiden erstgenannten Prozesse. Bestimmend für seine Stationarität ist die Stationarität des autoregressiven Teils, so dass sich hier die identische Parameterrestriktion ergibt. Die Eigenschaften der bisher dargestellten Prozesse werden ausführlicher im Bereich der Zeitreihenanalyse diskutiert. Die Prozesse lassen sich jedoch auch durch irgendwelche exogenen Variablen erweitern, so dass sich eine Verbindung zur klassischen Ökonometrie ergibt. So hat man etwa mit

$$(2.9.4)\qquad y_t = a_1 y_{t-1} + \sum_{j=1}^{k} \beta_j x_{jt} + u_t \quad \text{mit} \left| a_1 \right| < 1$$

ein Regressionsmodell, das neben den exogenen Größen x_j eine autoregressive Komponente erster Ordnung enthält. Beispiele derartiger Ansätze sind bereits im Rahmen der Distributed-Lag-Modelle vorgestellt und ökonomisch begründet worden.

Damit das traditionelle Instrumentarium der Regressionsanalyse weiterhin verlässlich einsetzbar ist, ist die Stationarität der einbezogenen Variablen zu fordern. So erhält man etwa in Regressionen, in denen nichtstationäre Größen enthalten sind, leicht einen hohen Wert des Bestimmtheitsmaßes, so dass hier Zusammenhänge angezeigt werden, die in der Realität eher nicht vorhanden sind. Außerdem konvergieren die Kleinst-Quadrate-Schätzer an ihrer Grenze nicht mehr gegen die Normalverteilung, so dass die berechneten t-Werte nicht länger valide sind. So haben z.B. Granger und Newbold [113] zwei unabhängige, nichtstationäre Prozesse (hier: Random Walks) gegeneinander regressiert. Das Experiment wurde hundertmal wiederholt, wobei in 75 % aller Fälle die t-Statistik einen signifikanten Wert des Steigerungsparameters zeigte, obwohl zwischen den Variablen in Wirklichkeit keine Beziehung bestand. Da die wenigsten ökonomischen Variablen die Bedingung der Stationarität erfüllen, entsteht hier ein grundsätzliches Problem, so dass im Folgenden zunächst einmal die verschiedenen Arten der Nichtstationarität und mögliche Maßnahmen zu ihrer Beseitigung diskutiert werden.

2.9.2 Formen der Nichtstationarität

Zum einen kann im zeitlichen Verlauf einer Variablen ein deterministischer Trend enthalten sein, der eine Verletzung der Annahme der Mittelwertstationarität impliziert. Beispiele derartiger trendbehafteter Größen sind das Sozialprodukt, der Konsum, aber auch das Preisniveau. Sollte die endogene Variable in den Regressionsmodellen einen deterministischen Trend enthalten, lässt sich dieses durch die Aufnahme einer Trendkomponente als zusätzlichen Regressor berücksichtigen. Ansonsten sind hier trendbereinigte Variablen zu bevorzugen, da eine Bildung erster Differenzen zwar einen linearen Trend eliminiert, jedoch die White-Noise-Eigenschaft der Störvariablen zerstört. Etwas ausführlicher bieten sich also bei einem linearen Trend t die folgenden Strategien an:

- Schätzung des Regressionsmodells

  (2.9.5) $$y_t = a + bt + \sum_{j=1}^{k} \beta_j x_{jt} + u_t \ ,$$

  sofern y_t einen Trend enthält. Mit dieser Vorgehensweise lässt sich zumindest der Einfluss der Trendkomponente isolieren.

- Übergang zu trendbereinigten Größen, wobei für jede der betreffenden Variablen zuerst die Regression

  (2.9.6) $$y_t = a + bt + u_t$$

113 Granger und Newbold (1974).

geschätzt wird. Daraus erhält man die OLS-Residuen $\hat{u}$, die keinen Trend mehr enthalten und die ursprüngliche endogene Variable in der abschließenden Modellschätzung ersetzen.

- Bildung erster Differenzen. In diesem Fall erhält man etwa aus (2.9.5)

  (2.9.7) $\Delta y_t = b + \sum_{j=1}^{k} \beta_j x_{jt} + \Delta u_t$,

  da $\Delta bt = b\Delta t = b(t-(t-1)) = b$ ist. Die Spezifikation (2.9.7) enthält zwar keinen deterministischen Trend. Allerdings hat sich die Varianz des Störprozesses

  $$\Delta u_t = u_t - u_{t-1}$$

  verdoppelt, so dass ungenauere Parameterschätzungen resultieren. Außerdem wird eine künstliche Autokorrelationsstruktur erzeugt. Die Bildung erster Differenzen als Trendbereinigungsverfahren ist daher nicht ohne weiteres zu empfehlen.

Prozesse, die eine deterministische Trendkomponente enthalten, werden allgemein als trendstationär bezeichnet, da sie nach Eliminierung des Trends stationär werden. Werden derartige Variablen über einige Perioden hinweg prognostiziert, hat man auch bei einem wachsenden Prognosehorizont eine gewisse Sicherheit, da die Varianz der Größen zeitkonstant ist und temporäre Schocks ihren Einfluss im Zeitablauf verlieren. In diesem Sinne hat eine Verletzung der Annahme der Mittelwertstationarität noch keine dramatischen Konsequenzen. Sie ist jedoch nur eine Form der Nichtstationarität. Eine Vielzahl ökonomischer Variablen, wie z.B. das Sozialprodukt, das Preisniveau, Wechselkurse und Zinssätze enthält stochastische Trends, d.h. eine Instationarität in der Varianzkomponente, so dass dort die Unsicherheit mit wachsendem Prognosehorizont gegen unendlich steigt. Zur Illustration wird speziell der Random-Walk-Prozess betrachtet, der durch

(2.9.8) $y_t = y_{t-1} + u_t$

gegeben ist und damit formal einem AR (1)-Prozess ähnelt, dessen Parameter a_1 exakt gleich 1 ist. Durch fortgesetzte Substitution kann man (2.9.8) äquivalent als

(2.9.9) $y_t = y_0 + \sum_{i=1}^{t} u_i$

schreiben, wobei y_0 den Anfangswert des Prozesses in Periode 0 angibt, der im Folgenden ohne Beschränkung der Allgemeinheit gleich 0 gesetzt wird. Dann hat man

(2.9.10) $$y_t = \sum_{i=1}^{t} u_i \ ,$$

so dass y_t aus der Summe der bis zum Zeitpunkt t eingetretenen Zufallsschocks gebildet wird, für die jeweils die White-Noise-Annahmen gelten. Daher erhält man für den Erwartungswert des Prozesses

(2.9.11) $$E(y_t) = \sum_{i=1}^{t} E(u_i) = 0 \ ,$$

so dass y_t mittelwertstationär ist. Für die Varianz des Prozesses folgt aus (2.9.10)

(2.9.12) $$Var(y_t) = \sum_{i=1}^{t} Var(u_i) = \sum_{i=1}^{t} \sigma^2 = \sigma^2 \cdot t \ ,$$

wobei σ^2 die konstante Varianz des White-Noise-Prozesses angibt. Wie man leicht erkennt, wächst die Varianz von y_t im Zeitablauf gegen unendlich. Wird die Autokovarianz zwischen den Zufallsvariablen y_t und y_s bestimmt, die im stochastischen Prozess zu den Zeitpunkten t und s auftreten, hat man

(2.9.13) $$Cov(y_t, y_s) = E\left(\sum_{i=1}^{t} u_i \sum_{j=1}^{s} u_j \right) ,$$

da der Erwartungswert des Prozesses stets gleich 0 ist. Im Ausdruck auf der rechten Seite sind nun alle gemischten Produkte $E(u_i u_j)$ für $i \neq j$ gleich 0, da u_t die White-Noise-Eigenschaften erfüllt. Die Quadrate, $E(u_i^2)$, sind stets gleich der Varianz des White-Noise-Prozesses, nämlich σ^2. Ist nun $s<t$, dann folgt

$$Cov(y_t, y_s) = E\left(\sum_{i=1}^{s} u_i^2 \right) = \sigma^2 \cdot s$$

und bei $t<s$

$$Cov(y_t, y_s) = E\left(\sum_{i=1}^{t} u_i^2 \right) = \sigma^2 \cdot t \ ,$$

so dass der Random Walk auch nicht kovarianzstationär ist. Aus der Darstellung folgt für $s=t$ ebenso die fehlende Varianzstationarität. Ist nun speziell $s=t-1$, dann hat man

$$Cov(y_t, y_{t-1}) = (t-1)\sigma^2 \ ,$$

so dass die größte Autokovarianz zwischen Zufallsvariablen besteht, die im stochastischen Prozess unmittelbar benachbart sind. Für s=t-2 hat man

$$\mathrm{Cov}(y_t, y_{t-2}) = (t-2)\sigma^2 ,$$

so dass die Autokovarianzen nur marginal abnehmen, wenn die Entfernung zwischen den Zufallsvariablen wächst. Allgemein hat man für s=t-τ

(2.9.14) $$\mathrm{Cov}(y_t, y_{t-\tau}) = (t-\tau)\sigma^2, \tau = 1,2,\ldots .$$

Wird dieser Ausdruck durch die Prozessvarianz σ_t^2 dividiert, erhält man die Autokorrelation zwischen y_t und $y_{t-\tau}$:

(2.9.15) $$\rho_{y_t, y_{t-\tau}} = (t-\tau)\sigma^2 / t\sigma^2 = 1 - \frac{\tau}{t}, \quad \tau = 0,1,2,\ldots .$$

Für τ=0 ergibt sich die Autokorrelation zwischen y_t und y_t, die natürlich stets gleich 1 ist. Aus der Darstellung ist erkennbar, dass die Autokorrelationen bei festem t nur schwach abnehmen, wenn die zeitliche Entfernung zwischen y_t und $y_{t-\tau}$ zunimmt. Bei $t \to \infty$ ist dieser Rückgang praktisch gleich 0, so dass sich temporäre Schocks als permanent erweisen.

Die diskutierte Form der Nichtstationarität ist ein gemeinsames Merkmal integrierter oder differenz-stationärer Prozesse. In diesem Fall lässt sich die Nicht-Stationarität durch die Bildung erster Differenzen überwinden. So erhält man etwa für den Random-Walk-Prozess

$$\Delta y_t = u_t ,$$

so dass die differenzierte Reihe stationär ist und hier genauer einen White-Noise-Prozess bezeichnet. Obgleich der Random Walk sich nur zur Beschreibung weniger ökonomischer Variablen (z.B. Wechselkurse und Aktienkurse) eignet, können seine Aussagen ohne weiteres auf komplexere differenz-stationäre Prozesse übertragen werden. Zur Illustration wird hier zunächst ein stationärer ARMA (p,q)-Prozess unterstellt, der nach (2.9.3) durch

$$x_t - a_1 x_{t-1} - \ldots - a_p x_{t-p} = u_t - b_1 u_{t-1} - \ldots - b_q u_{t-q}$$

gegeben ist. Mit der Definition der Polynome im Lag-Operator

$$\begin{aligned} A(L) &= \left(1 - a_1 L - \ldots - a_p L^p\right) \\ B(L) &= \left(1 - b_1 L - \ldots - b_q L^q\right) \end{aligned}$$

erhält man die kompaktere Schreibweise

(2.9.16) $A(L)x_t = B(L)u_t$,

woraus sich nach Multiplikation mit dem inversen Lag-Polynom $A^{-1}(L)$

(2.9.17) $x_t = A^{-1}(L)\, B(L)u_t$

ergibt. Dabei ist $A^{-1}(L)$ so definiert, dass $A^{-1}(L)A(L)=1$ ist. Man kann zeigen, dass x_t in dieser Darstellung einem Moving-Average-Prozess unendlicher Ordnung folgt. Ein differenz-stationärer Prozess y_t lässt sich nun als

$$y_t - y_{t-1} = a + x_t$$

schreiben, so dass mit Hilfe des Lag-Operators

(2.9.18) $(1-L)y_t = a + x_t$

folgt. Multipliziert man diese Gleichung mit dem Polynom A(L), ergibt sich

$$A(L)(1-L)y_t = A(L)a + A(L)x_t$$

und

(2.9.19) $A(L)(1-L)y_t = \delta + B(L)u_t$,

da $A(L)x_t=B(L)u_t$ und $A(L)a=A(1)a=\delta$ ist. Letzteres gilt, weil der Lag-Operator, angewendet auf eine Konstante, diese unverändert lässt und daher hier gleich 1 gesetzt werden kann. Für $A(1)a=(1-a_1-...-a_p)a$ wird dann zur Abkürzung δ geschrieben. Gleichung (2.9.19) gibt einen Autoregressiven Integrierten Moving-Average Prozess (ARIMA-Prozess) der Ordnung p, 1, und q an. Dabei bezeichnet p die Ordnung des stationären AR-Teils, während für q die Ordnung des MA-Teils steht. Die Ordnung 1 gibt an, dass der Prozess y_t bereits nach einmaliger Bildung erster Differenzen stationär ist, also integriert von der Ordnung 1 ist. Man sagt hier auch, dass das charakteristische Polynom des AR-Teils,

(2.9.20) $A(z)(1-z)=0$,

in dem die komplexe Variable z den Lag-Operator ersetzt, genau eine Lösung für z besitzt, die gleich 1 ist. Der Prozess y_t hat in diesem Fall eine Einheitswurzel.

Obgleich die Darstellung (2.9.19) für die meisten ökonomischen Variablen ausreichend ist, zeigen doch einige Größen, etwa das Preisniveau, Tendenzen, dass ihre differenzierten Reihen eventuell nichtstationär sind. In diesem Fall kann eine nochmalige Bildung erster Differenzen einen stationären Prozess erzeugen. Ist nun allgemein eine d-malige Bildung erster Differenzen erforderlich, erhält man analog zu (2.9.19) mit

(2.9.21) $A(L)(1-L)^d y_t = \delta + B(L)u_t$

den ARIMA (p,d,q)-Prozess, der integriert von der Ordnung d ist, so dass das Polynom

(2.9.22) $A(z)(1\text{-}z)^d=0$

genau d Lösungen besitzt, die gleich 1 sind.

Zusammenfassend wird die Nichtstationarität durch einen Übergang zu differenzierten Variablen überwunden, wodurch das traditionelle Instrumentarium der Regressionsanalyse adäquat anwendbar bleibt. Bei einer solchen Strategie werden allerdings nur noch Beziehungen zwischen differenzierten Größen geschätzt. Der ökonomisch eigentlich interessierende Niveauzusammenhang zwischen den Variablen geht dadurch jedoch verloren. Er kann dagegen in einem Spezialfall weiterhin ermittelt werden, nämlich dann, wenn die in der Regressionsgleichung involvierten Variablen kointegriert sind. Bevor nun das Konzept der Kointegration genauer erläutert wird, stellen wir zunächst einige Testverfahren vor, mit denen sich der Integrationsgrad d von ökonomischen Variablen empirisch überprüfen lässt.

2.9.3 Tests auf Integration

Bei Nichtstationarität der endogenen und/oder exogenen Variablen ist die OLS-Methode nur mit Einschränkungen anwendbar. Das Schätzverfahren zeigt leicht eine relativ gute Anpassung, die in der Realität nicht unbedingt gegeben sein muss. Daher ist eine Differenzenbildung erforderlich, um die Stationarität der Variablen zu erreichen und so valide Ergebnisse zu erhalten. Wenn die d-malige Anwendung erster Differenzen auf die Reihe x_t eine stationäre Reihe erzeugt, ist x_t ein integrierter Prozess der Ordnung d:

(2.9.23) $x_t \sim I(d)$.

Vor der Schätzung einer Regression empfiehlt sich die Anwendung von Tests, sogenannten Einheitswurzeltests (unit roots tests), mit denen eine Einschätzung des Integrationsgrades d nichtstationärer Variablen gelingt. Ein solches Verfahren ist der **Dickey-Fuller-Test** [114], der in diesem Abschnitt dargestellt wird. Sofern der Parameter ρ in der Regression

(2.9.24) $y_t = \rho y_{t-1} + u_t$

nicht signifikant von 1 verschieden ist, folgt die Variable y_t offenbar einem Random-Walk-Prozess, der nichtstationär ist. Die Annahme der Nichtstationarität bildet für den Dickey-Fuller-Test (DF-Test) die Nullhypothese. Dieser basiert jedoch nicht auf (2.9.24), sondern auf der äquivalenten Regression

(2.9.25) $\Delta y_t = \delta y_{t-1} + u_t$,

so dass unter der Nullhypothese eine stationäre auf eine nichtstationäre Variable regressiert wird. Gleichung (2.9.25) kann äquivalent durch

(2.9.26) $y_t = (1+\delta) y_{t-1} + u_t$

geschrieben werden, so dass sich die Formulierung (2.9.24) mit $\rho = 1 + \delta$ ergibt. Nur wenn δ negativ ist, liegt ρ unter 1. Mit dem DF-Test wird nun Negativität von δ überprüft, indem das Modell (2.9.25) mit der OLS-Methode geschätzt wird. Sofern bei einem linksseitigen Test $H_0{:}\delta = 0$ abgelehnt wird, ist $\delta < 0$ (und $\rho < 1$), so dass die Variable y_t integriert von der Ordnung 0, also stationär ist. Wenn der errechnete t-Wert kleiner als der tabellierte kritische Wert ist, ist die Nullhypothese abzulehnen, so dass y_t stationär ist. Die im Anhang tabellierten kritischen Werte ergeben sich jedoch nicht aus der gewöhnlichen t-Verteilung, da y_t unter der Nullhypothese nichtstationär ist. Sie werden vielmehr durch Simulationsstudien erzeugt und sind ferner davon abhängig, ob Gleichung (2.9.25) mit oder ohne Konstante und mit oder ohne linearen Trend geschätzt wird.

Sofern die Nullhypothese $\delta = 0$ nicht abgelehnt werden kann, wird der DF-Test wiederholt durchgeführt. Anstelle des Ansatzes (2.9.25) wird nun zunächst das zweimal differenzierte Modell

(2.9.27) $\Delta^2 y_t = \delta \cdot \Delta y_{t-1} + u_t$

mit der OLS-Methode geschätzt. Sofern $H_0{:}\delta = 0$ nun abgelehnt wird, ist y_t integriert von der Ordnung 1, so dass eine einmalige Differenzenbildung zu einem stationären Prozess führen würde.

---

[114] Dicker und Fuller (1979).

Eine Schwäche des DF-Tests besteht darin, dass die Störterme u_t in (2.9.25) die klassischen Annahmen des multiplen Regressionsmodells erfüllen müssen. Bei autokorrelierten Störtermen, die zu erwarten sind, wenn y_t keinen Random Walk-, sondern einem komplexeren ARIMA-Prozess folgt, ist der **erweiterte (augmented) Dickey-Fuller-Test** (ADF-Test) [115] einzusetzen. Die Autokorrelation der Störterme wird approximiert, indem verzögert endogene Variablen als zusätzliche Regressoren eingeführt werden. Der ADF-Test wird durchgeführt, indem die Regression

$$(2.9.28) \qquad \Delta y_t = \delta y_{t-1} + \sum_{j=1}^{m} \alpha_j \Delta y_{t-j} + u_t \ ,$$

in der die u_t nun die White-Noise-Eigenschaften erfüllen, nach der OLS-Methode geschätzt wird. Der berechnete t-Wert für δ wird mit dem kritischen Wert verglichen, der sich auch beim DF-Test ergibt, so dass die kritischen Werte identisch sind. Um zu überprüfen, ob die u_t in (2.9.28) die klassischen Eigenschaften erfüllen, kann dabei die Q-Statistik angewendet werden. In der Regression (2.9.28) ist die Laglänge m sukzessive zu erhöhen, um die White-Noise-Eigenschaft zu erreichen. Obwohl der ADF-Test relativ einfach durchführbar ist, haben Simulationsstudien gezeigt, dass das vorgegebene Signifikanzniveau nicht immer eingehalten wird. Enthält die Ausgangsreihe eine Moving-Average-(MA-)Komponente mit negativem Koeffizienten, wird die Nullhypothese zu oft verworfen, so dass die Wahrscheinlichkeit für einen Fehler 1. Art das nominale Signifikanzniveau des Tests mitunter beträchtlich übersteigen kann. Wird hier speziell ein integrierter Moving-Average-Prozess der Ordnung 1, also

$$(2.9.29) \qquad y_t - y_{t-1} = u_t - bu_{t-1} \ ,$$

betrachtet, in dem u_t die White-Noise-Eigenschaften erfüllt, erhält man zunächst unter Verwendung des Lag-Operators

$$(1-L)y_t = (1-bL)u_t \ ,$$

so dass sich

$$(2.9.30) \qquad y_t = \frac{1-bL}{1-L} u_t \ ,$$

ergibt. Für Werte von b nahe bei 1 kürzt sich der Differenzenoperator (1-L) ungefähr gegen das MA-Polynom (1-bL). Dann gilt jedoch $y_t \approx u_t$, so dass sich y_t nahezu wie ein White-Noise-Prozess verhält und die Nullhypothese durch den ADF-Test fälsch-

115 Said und Dickey (1984).

licherweise abgelehnt wird. Wenn speziell b=0,5 ist und die Anzahl der Beobachtungen mit n=250 vorgegeben wird, beträgt die Wahrscheinlichkeit für einen Fehler 1. Art 60,4 %. [116] In einer solchen Situation kann man jedoch das nominale Signifikanzniveau des Tests ungefähr einhalten, wenn für die maximal einbezogene Laglänge m ein relativ hoher Wert (nach den Simulationsergebnissen von Schwert etwa ein Lag von 14) gewählt wird. Bei einer solchen Strategie entsteht jedoch das Problem eines erheblichen Fehlers 2. Art, der die Wahrscheinlichkeit bezeichnet, die Nullhypothese irrtümlich beizubehalten. Daher zeigt der ADF-Test bei hohen Lags m eher das Vorhandensein von Einheitswurzeln an, obwohl in der betrachteten Zeitreihe tatsächlich diese Wurzel nicht existent sein mag. Empirisch empfiehlt sich, sich bei der Wahl von m an der White-Noise-Eigenschaft der Residuen zu orientieren.

Als Ergänzung zu den Dickey-Fuller-Verfahren sind auch Tests verfügbar, bei denen die Nullhypothese in der Stationarität der betrachteten Reihe besteht. In der Alternative wird dagegen die Existenz einer Einheitswurzel unterstellt. Der **KPSS-Test** [117] betrachtet das Modell

(2.9.31) $y_t = r_t + \varepsilon_t$

(2.9.32) $r_t = r_{t-1} + u_t$

in dem ε einen stationären Prozess bezeichnet. Unter der Nullhypothese $Var(u_t)=0$ entspricht r einer Konstanten, so das y stationär ist. Die Nullhypothese wird widerlegt, wenn die Varianz des Störprozesses u_t ungleich 0 ist. Dann ist r ein Random Walk, so das die Variable y eine Einheitswurzel enthält.

Der KPSS-Test basiert auf Partialsummen der Residuen, die gemäß (2.9.31) aus einer Regression von y_t auf eine Konstante hervorgehen. Die Partialsummen

(2.9.33) $$S_t = \sum_{i=1}^{t} \hat{\varepsilon}_t$$

werden aus den OLS-Residuen bis zum Zeitpunkt t berechnet. Unter der Nullhypothese sind die Residuen stationär. Folglich sind ihre Partialsummen nichtstationär, so dass die Varianz von S_t mit dem Stichprobenumfang wächst: Der KPSS-Test beruht auf der Teststatistik

---

116 Schwert (1989).

117 Kwiatowski, Phillips, Schmidt und Shin (1992).

$$(2.9.34) \qquad \eta_k = \frac{T^{-2}\sum_{t=1}^{T} S_t^2}{s_l^2},$$

wobei im Nenner ein konsistenter Schätzer für die langfristige Varianz des Prozesses ε_t aus (2.9.31) steht. Dieser lässt sich aus

$$(2.9.35) \qquad s_l^2 = T^{-1}\sum_{t=1}^{l}\hat{\varepsilon}_t^2 + 2T^{-1}\sum_{j=1}^{k} w_{j,k}\sum_{t=j+1}^{T}\hat{\varepsilon}_t\hat{\varepsilon}_{t-j}$$

berechnen. In die Berechnung der Varianz werden die Autokovarianzen bis zum Lag k mit einbezogen. Die Gewichte der Autokovarianzen lassen sich z.B. durch

$$(2.9.36) \qquad w_{j,k} = 1 - \frac{j}{k+1}$$

bestimmen, was die Nichtnegativität der langfristigen Varianz garantiert. [118] Kritische Werte für die Prüfgröße sind bei Kwiatowski u.a. [119] tabelliert.

Alternativ zu (2.9.31) lässt sich auch die Trendstationarität der betrachteten Variablen testen. Dann wäre y nicht nur auf eine Konstante, sondern auf einen linearen Trend zu regressieren, während das übrige Verfahren erhalten bleibt. Wie beim ADF-Test sind die kritischen Werte jedoch auch hier davon abhängig, welche deterministischen Komponenten gewählt werden.

Der KPSS-Test hat gegenüber dem ADF-Test insbesondere den Vorteil, das es unter Umständen besser gelingt, eine Einheitswurzel in einer Reihe aufzudecken, die signifikante Moving-Average Komponenten enthält. Andererseits hat der KPSS-Test Schwierigkeiten, einen stationären autoregressiven Prozess mit positiven Koeffizienten und einen Random Walk-Prozess auseinander zu halten. Die Tests sollten daher nicht alternativ, sondern eher gemeinsam berechnet werden.

Beispiel 2.9. 1: Im Folgenden wird der Integrationsgrad für den realen Konsum und das reale verfügbare Einkommen bestimmt. Die realen Größen entstehen, indem die nominalen Reihen mit dem Preisindex des privaten Verbrauchs deflationiert werden. Die Daten werden vom Deutschen Institut für Wirtschaftsforschung (DIW) auf Quartalsbasis im hier zugrunde gelegten Zeitraum von 1960.1 bis 1988.4 berichtet. Die Reihen werden multiplikativ saisonbereinigt und anschließend logarithmiert, so dass nicht mehr exponentielle, sondern lineare Trends wirksam sind.

118 Newey und West (1987).

119 Kwiatowski, Phillips, Schmidt und Shin (1992).

Beim ADF-Test ist für den realen Konsum C_t und das verfügbare Realeinkommen Y_t zunächst die Regression

$$\Delta x_t = \delta x_{t-1} + \sum_{j=1}^{n} \delta_j \Delta x_{t-j} + u_t, \quad x = C, Y$$

zu schätzen. Der ermittelte t-Wert des Parameters δ wird mit dem kritischen Wert der Dickey-Fuller-Verteilung verglichen. Sofern der erhaltene t-Wert betragsmäßig unterhalb des kritischen Wertes liegt, ist die Nullhypothese, nach der der Prozess x_t eine Einheitswurzel enthält, nicht abzulehnen. Die Einbeziehung der Regressoren Δx_{t-j} ist hier erforderlich, um die White-Noise-Eigenschaften des Störprozesses approximativ zu erfüllen. Die Residuen der Regression zeigen ab einem Lag von 3 keine Anzeichen mehr auf Autokorrelation, so dass die Ergebnisse des ADF-Tests für diese Laglänge ausgewiesen werden. In die Regression wird außerdem eine Konstante und ein linearer Trend mit aufgenommen. Bei einer Ablehnung der Nullhypothese ist die betrachtete Reihe trendstationär.

Ergänzend zum Dickey-Fuller-Test wird der KPSS-Test durchgeführt. Bei der Bestimmung der langfristigen Varianz werden die Autokovarianzen bis zum Lag 8 einbezogen. Getestet wird die Nullhypothese eines trendstationären Prozesses für den Konsum beziehungsweise für das verfügbare Einkommen. Die folgende Tabelle enthält die Ergebnisse der beiden Einheitswurzeltests. Dabei werden die Verfahren auf die Niveaugrößen und auf ihre ersten Differenzen angewendet.

	ADF	KPSS
C_t	-1,189	0,330
Y_t	-1,471	0,334
ΔC_t	-3,564	0,060
ΔY_t	-3,830	0,070

Die kritischen Werte sind gleich –3,450 beim ADF-Test und 0,146 beim KPSS-Test. Nach den Ergebnissen beider Tests weisen der reale Konsum und das verfügbare Realeinkommen jeweils genau eine Einheitswurzel auf. So wird beim ADF-Test die Nullhypothese für die Niveaureihen nicht verworfen. Sie kann jedoch für die differenzierten

Reihen abgelehnt werden. Entsprechende Evidenz berichtet der KPSS-Test, bei dem freilich die Null- und die Alternativhypothese vertauscht sind. ♦

Als Ergänzung zu den Einheitswurzeltests lässt sich ein **Variance-Ratio-Analyse** durchführen.[120] Dieses Verfahren erlaubt eine Einschätzung der relativen Bedeutung der nicht-stationären und stationären Komponenten einer Zeitreihe. Ausgangspunkt ist die k-te Differenz einer Zeitreihe, deren Varianz $Var(y_t-y_{t-k})$ betrachtet wird. Falls y_t ein Random Walk ist, gilt $y_t=y_{t-1}+u_t$. Der Random Walk kann mit (2.9.9) als Summe der Zufallsprozesse geschrieben werden

$$y_t = y_0 + \sum_{i=1}^{t} u_i ,$$

wobei y_0 der Anfangswert des Prozesses im Zeitpunkt t=0 ist. Für die Varianz der k-ten Differenz der Reihe gilt

$$\text{(2.9.37)} \qquad Var(y_t - y_{t-k}) = Var(\sum_{i=t-k}^{t} u_i) = k\sigma^2$$

wobei σ^2 die Varianz des reinen Zufallsprozesses bezeichnet. Offenbar ist die Varianz der k-ten Differenz linear in k. Damit ist die Größe

$$\text{(2.9.38)} \qquad \sigma_k^2 = \frac{1}{k} Var(y_t - y_{t-k})$$

für alle k konstant und gleich der Varianz des reinen Zufallsprozesses, wenn y_t tatsächlich ein Random Walk ist. Sofern die betrachtete Reihe jedoch trendstationär ist, hat man

$$\text{(2.9.39)} \qquad Var(y_t - y_{t-k}) = 2Var(y_t)$$

weil die Varianz von y aufgrund der Varianzstationarität für alle t identisch ist. Allgemein müsste in (2.9.39) noch die Autokovarianz von y_t bis zum Lag k berücksichtigt werden. Diese ist jedoch für höhere Werte von k gleich 0, weil Stationarität vorausgesetzt wird. Insgesamt ist die Varianz der k-ten Differenz bei trendstationären Reihen konstant. Damit konvergiert die Größe σ_k^2 bei wachsenden Werten von k gegen 0.

Schließlich kann y_t ein gemischter Prozess sein, also sowohl nicht-stationäre als auch stationäre Komponenten enthalten. Die Varianz des stationären Teils ist jedoch konstant

---

120 Cochrane (1988).

und geht bei steigendem k gegen 0, so dass die Varianz der k-ten Differenz insgesamt gegen die Varianz der nicht-stationären Komponente konvergiert. Die Standardfehler für die Varianz der k-ten Differenz (2.9.38) sind bei Cochrane [121] für n=100 Beobachtungen tabelliert.

Darüber hinaus ist eine Analyse der Variance Ratio möglich, welche die Bedeutung der beiden Komponenten anteilsmäßig quantifiziert. Sofern eine Reihe speziell einem reinen Random Walk folgt, also allein die nicht-stationäre Komponente enthält, ist die Varianz ihrer ersten Differenz σ_1^2 gleich der Varianz des reinen Zufallsprozesses. Als Variance Ratio wird

$$VR = \sigma_k^2 / \sigma_1^2 \qquad (2.9.40)$$

definiert. Im Fall des Random Walk ist diese Statistik gleich 1. Bei einem trendstationären Prozess konvergiert die Variance Ratio bei steigenden Werten von k gegen 0. im Fall eines gemischten Prozesses konvergiert die Statistik gegen 1, da langfristig die stationäre Komponente ohne Bedeutung ist.

Sollten die Einheitswurzeltests anzeigen, dass eine Variable y_t integriert von der Ordnung 1 ist, ergibt die Bildung der ersten Differenzen Δy_t einen stationären Prozess, der z.B. als endogene Variable in Regressionsmodellen wieder verwendbar ist. Durch Differenzenbildung wird der Anwendungsbereich der OLS-Methode wieder hergestellt. Die Variablen in der Regression erfüllen nun zwar die Stationaritätsvoraussetzungen. Dabei hat man jedoch als Nachteil eine Regression z.B. in den ersten Differenzen in Kauf zu nehmen. Vom Standpunkt der ökonomischen Theorie ist jedoch oft eine Regression mit absoluten Werten vorteilhaft, weil dort insbesondere die Niveauzusammenhänge interessieren. Sofern die einbezogenen Größen allerdings kointegriert sind, ist eine Niveauregression nach wie vor zulässig. Wir wenden uns nun dem Konzept der Kointegration ökonomischer Variablen zu.

[121] Cochrane (1988).

2.9.4 Kointegration ökonomischer Variablen

Das Konzept der Kointegration erlaubt die Untersuchung langfristiger Zusammenhänge zwischen mehreren nichtstationären ökonomischen Variablen. Die Grundidee dabei ist, dass eine stabile langfristige Relation zwischen den einbezogenen Variablen bestehen kann, die auf der Grundlage der ökonomischen Theorie begründbar ist. Sie ist jedoch nicht zu allen Zeitpunkten exakt erfüllt, so dass sich temporäre Abweichungen von der langfristigen Beziehung ergeben werden. Wenn die Abweichungen jedoch stationär sind, besteht eine Tendenz zu ihrer Rückbildung, die den langfristigen Steady State wieder etabliert. Sofern diese Bedingung erfüllt ist, sind die untersuchten Variablen kointegriert. Das Konzept kointegrierter Prozesse ist damit direkt auf den Begriff eines ökonomischen Gleichgewichts zugeschnitten. Die folgende Definition kointegrierter Prozesse orientiert sich an Engle und Granger [122]:

Zwei Variablen x_t und y_t heißen kointegriert von der Ordnung d und b, $d \geq b \geq 1$,

kurz $y_t, x_t \sim CI(d,b)$,

wenn

- beide Größen integriert mit dem gleichen Integrationsgrad d sind und
- eine Linearkombination dieser Variablen existiert, $u_t = \alpha_1 x_t + \alpha_2 y_t$, die integriert von der Ordnung d-b ist, wobei in diesem Fall der Vektor $[\alpha_1, \alpha_2]$ als Vektor der Kointegration oder als kointegrierender Vektor bezeichnet wird.

Sofern also zwei Variablen kointegriert sind, sind beide Variablen nichtstationär, wobei ihr Integrationsgrad identisch gleich d ist. Wenn nun ein neuer Prozess als Linearkombination dieser beiden nichtstationären Prozesse gebildet wird und dieser neue Prozess einen geringeren Integrationsgrad d-b aufweist, dann sind die ursprünglichen Prozesse x_t und y_t kointegriert.

Von besonderem ökonomischen Interesse ist natürlich der Fall d=b, in dem sich durch die Bildung einer Linearkombination der ursprünglichen Prozesse ein stationärer Prozess u_t erzeugen lässt. Dieser stationäre Prozess beschreibt dann die temporären Abweichungen von einem langfristigen Steady State, der durch die ursprünglichen Variablen, gemessen in ihren Niveaugrößen, determiniert ist.

122 Engle und Granger (1987).

Beispiel 2.9. 2: Zwischen dem Kassakurs S_t einer Währung und der Kaufkraftparität KKP_t besteht nach der ökonomischen Theorie die langfristige Gleichgewichtsbedingung

$$S_t = KKP_t + u_t,$$

wobei u_t ein Störterm ist, der die kurzfristigen Abweichungen des Kassakurses von der Kaufkraftparität reflektiert. Sofern beide Variablen S_t und KKP_t nichtstationär mit identischem Integrationsgrad sind, macht es Sinn, die Variablen auf Kointegration zu untersuchen. Wenn speziell die Differenz der beiden Prozesse

$$u_t = S_t - KKP_t$$

einen stationären Prozess bezeichnet, dann sind S_t und KKP_t kointegriert von der Ordnung d und b, wobei hier d=b ist. In diesem Fall besteht eine langfristige Gleichgewichtsbeziehung zwischen Kassakurs und Kaufkraftparität, so dass sich beide Prozesse im Zeitablauf nicht beliebig auseinander entwickeln. Im Beispiel ist der Parametervektor der Linearkombination, d.h. der Vektor der Kointegration durch [1,–1] gegeben. ♦

Im Fall zweier Variablen x_t und y_t hat man drei mögliche Beziehungen zwischen Integration und Kointegration:

Ist nur eine der beiden Variablen integriert, die andere aber stationär, ist eine Linearkombination dieser Größen stets nichtstationär. Die Variablen können somit nicht kointegriert sein.

Sind dagegen beide Variablen stationär, ist ihre Linearkombination stationär. Die Variablen können somit nicht kointegriert sein.

Wenn allerdings beide Variablen integriert sind, kann eine Linearkombination aus diesen Größen stationär sein. Der Parametervektor der Linearkombination $u_t = y_t - \alpha_1 x_t$, also $[1, -\alpha_1]$ ist in diesem Fall eindeutig, wenn man eine Normierung des Koeffizienten der endogenen Variablen y auf 1 vornimmt.

Um die Eindeutigkeit des Vektors der Kointegration zu zeigen, wird in der Linearkombination der Parameter α_1 durch die neue Konstante $\lambda=\alpha_1+g$ ersetzt. Dann folgt

$$u_t = y_t - \lambda x_t =$$
$$u_t = y_t - (\alpha_1 + g)x_t =$$
$$u_t = [y_t - \alpha_1 x_t] - g x_t$$

Da $[1, -\alpha_1]$ qua Annahme einen Vektor der Kointegration bezeichnet, ist der Prozess in der eckigen Klammer stationär. Dagegen ist der zweite Term auf der rechten Seite nichtstationär, so dass auch u_t integriert wäre. Mithin kann $[1, -\lambda]$ keinen Vektor der Kointegration bezeichnen, es sei denn, dass g=0 und damit $\lambda = \alpha_1$ ist. Damit ist gezeigt, dass der Vektor der Kointegration $[1, -\alpha_1]$ eindeutig determiniert ist, wenn x_t und y_t kointegriert sind. Diese Eigenschaft gilt jedoch nur dann, wenn man die Analyse auf zwei Variablen beschränkt.

Wenn zwei Variablen y_t und x_t kointegriert sind, lässt sich der dynamische Anpassungsprozeß an das langfristig geltende Gleichgewicht ($y_t = a + bx_t$) stets im Rahmen eines Fehlerkorrekturmodells (Error-Correction-Modell) beschreiben, dessen Existenz aus dem Granger-Repräsentationstheorem [123] folgt. Bei Abweichungen vom langfristigen Steady State wird man in den Folgeperioden ihre systemimmanente Rückbildung erwarten, die die statische long-run Beziehung wieder etabliert. Ein zur langfristigen Niveaubeziehung ($y_t = a + bx_t$) korrespondierendes Fehlerkorrekturmodell für y_t hat dann allgemein die Struktur

$$\text{(2.9.41)} \quad \begin{aligned} \Delta y_t &= \mu + \alpha_1 \Delta y_{t-1} + \ldots + \alpha_p \Delta y_{t-p} \\ &\quad + \beta_0 \Delta x_t + \beta_1 \Delta x_{t-1} + \ldots + \beta_q \Delta x_{t-q} + \gamma(y_{t-1} - b x_{t-1}) + v_t, \end{aligned}$$

wobei der Störprozess die White-Noise-Eigenschaften erfüllt und die Konstante nicht auf die Kointegrationsbeziehung restringiert ist. [124] Darin ist die Änderung von y_t in der Periode t zunächst von zeitlich verzögerten Veränderungen dieser Variablen und von Veränderungen der hier als exogen vorausgesetzten Variablen x_t in der laufenden und in früheren Perioden bestimmt. Diese Komponenten beschreiben die kurzfristige, nur transitorische Dynamik des Modells. Außerdem enthält (2.9.41) mit der Gleichgewichtsabweichung der Vorperiode, $y_{t-1} - bx_{t-1}$, einen Fehlerkorrekturmechanismus, der die Information über den langfristigen Niveauzusammenhang der einbezogenen Größen beinhaltet und ebenfalls einen Erklärungsbeitrag für die Schwankungen der endogenen Variablen leistet. Genauer ist hier ein signifikant negativer Wert des Parameters γ zu

---

123 Engle und Granger (1987).

124 Hier wurde vorausgesetzt, dass y_t und x_t jeweils I(1)-Prozesse bezeichnen, so dass die differenzierten Größen stationär sind.

erwarten, weil sich nur dann Abweichungen von der long-run Beziehung im Zeitablauf zurückentwickeln. Da im langfristigen Steady State alle Anpassungen der involvierten Variablen vollständig abgeschlossen sind, gilt dort $\Delta y_t = \Delta x_t = 0$ für alle t, so dass $y_t = bx_t$ die Gleichgewichtslösung des Systems bezeichnet.

Die Definition kointegrierter Prozesse lässt sich auf den Fall von p Variablen verallgemeinern. Wenn $\mathbf{x}_t$ einen p×1-Vektor bezeichnet, der aus den p Zeitreihen $x_{1t}, x_{2t}, \ldots, x_{pt}$ besteht, [125] dann heißen die p Zeitreihen kointegriert von der Ordnung d und b, falls

- mindestens zwei Zeitreihen integriert mit der Ordnung d sind, wobei d der höchste Integrationsgrad ist, der im System der Variablen vorkommt und
- ein p×1-Vektor $\boldsymbol{\alpha}$ mit Parametern existiert, so dass die Linearkombination $\mathbf{x}_t^{'}\boldsymbol{\alpha}$ integriert mit der Ordnung d–b ist: $\mathbf{x}_t^{'}\boldsymbol{\alpha} \sim I(d-b)$. In diesem Fall bezeichnet $\boldsymbol{\alpha}$ einen Vektor der Kointegration.

Auch bei p Zeitreihen ist der Fall d=b von besonderem ökonomischen Interesse, weil dann die Linearkombination $\mathbf{x}_t^{'}\boldsymbol{\alpha} = u_t$ einen stationären Prozess bezeichnet, der die temporären Abweichungen vom langfristigen Steady State beschreibt. Allerdings ist der kointegrierende Vektor $\boldsymbol{\alpha}$ nicht mehr eindeutig.

Die Einbeziehung von p Variablen modifiziert die Definition kointegrierter Prozesse. Nicht mehr alle Variablen müssen den gleichen Integrationsgrad haben. Sofern beispielsweise drei Variablen betrachtet werden,

(2.9.42) $$y_t = \alpha_1 x_{1t} + \alpha_2 x_{2t} + u_t ,$$

ist es nun möglich, dass die Variablen y_t, x_{1t} und x_{2t} nichtstationär mit unterschiedlichem Integrationsgrad sind und der Störterm u_t trotzdem stationär ist. Wenn z.B. y_t stationär ist, also $y_t \sim I(0)$ gilt, und x_{1t} sowie x_{2t} beide I(1)-Prozesse sind, dann kann der Parametervektor $[\alpha_1, \alpha_2]$ einen Vektor der Kointegration für x_{1t} und x_{2t} konstituieren, so dass

$$(\alpha_1 x_{1t} + \alpha_2 x_{2t}) \sim I(0)$$

ist. In diesem Fall folgt $u_t \sim I(0)$, weil auch y_t stationär ist.

[125] Eine dieser Zeitreihen steht für die endogene Variable, die a priori jedoch noch nicht als solche deklariert zu sein braucht.

Wenn alternativ $v_t \sim I(1)$ und x_{1t} sowie x_{2t} beide I(2)-Prozesse sind, können ebenfalls stationäre Störterme, $u_t \sim I(0)$, resultieren. Die Stationarität der Linearkombination aus y_t, x_{1t} und x_{2t} ist genau dann gegeben, wenn hier x_{1t} und x_{2t} kointegriert von der Ordnung d=2, b=1 sind, so dass der Prozess

$$(\alpha_1 x_{1t} + \alpha_2 x_{2t}) \sim I(1)$$

integriert mit der Ordnung 1 ist und dieser Prozess seinerseits mit y_t kointegriert ist.

Die vorstehenden Beispiele haben zentrale Implikationen etwa für die Behandlung des Problems der Multikollinearität. Sofern Multikollinearität vorliegt, resultieren hohe Standardfehler der Regressionsparameter, weil die exogenen Variablen einen starken linearen Zusammenhang aufweisen. Eine hohe Korrelation der exogenen Größen ist andererseits jedoch zu erwarten, wenn diese kointegriert sind. Eliminiert man nur einen Regressor, um das Problem der Multikollinearität zu beheben, kann daraus eine Beziehung entstehen, in der der Störterm nicht mehr die Stationaritätseigenschaft erfüllt. Eine Schätzung des so reduzierten Modells hat dann zwar das Problem der Multikollinearität behoben. Gleichwohl ist das ökonometrische Modell nun fehlspezifiziert, wenn es vorher korrekt war, so dass sich vor der Behandlung der Multikollinearität eine Analyse des Integrationsgrades der involvierten Variablen empfiehlt.

Die im vorigen Abschnitt diskutierten Einheitswurzeltests eignen sich prinzipiell auch zum Test auf Kointegration, sofern der kointegrierende Vektor a priori gegeben ist. Dies kann aufgrund der ökonomischen Theorie durchaus der Fall sein. Ein Beispiel ist die Kaufkraftparitätentheorie. Bei bekanntem Vektor lässt sich die Linearkombination zwischen den integrierten Variablen berechnen und auf Stationarität überprüfen. Der ADF-Test bewertet in diesem Fall die Nullhypothese der Nichtstationarität beziehungsweise fehlender Kointegration gegen die Alternative einer stationären Linearkombination beziehungsweise Kointegration. Beim KPSS-Test sind Null- und Alternativhypothese vertauscht.

Üblicherweise ist der kointegrierende Vektor jedoch unbekannt. Er muss daher bestimmt werden, was auf der Basis unterschiedlicher Verfahren erfolgen kann. Wir diskutieren im Folgenden Methoden, die im Rahmen von Einzelgleichungsmodellen anwendbar sind. Dies impliziert, das vorab eine Einteilung der Variablen im Vektor $\mathbf{x}_t$ in eine endogene und p-1 exogene Größen vorgenommen wird. [126] Bei der Einordnung

[126] Eine Einteilung der Variablen in endogene und exogene Größen wird beim Ansatz von Johansen (1988) nicht vorgenommen. Diese Methode ist insbesondere auch anwendbar, wenn der Kointegra-

kann die ökonomische Theorie Hilfestellung leisten. Außerdem nehmen wir durchgängig an, das die Kointegrationsbeziehung, wenn sie denn überhaupt existiert, eindeutig ist.

Im Folgenden wird zunächst die **Engle-Granger-Methode** zum Test auf Kointegration dargestellt. Nachdem jede Variable mit Einheitswurzeltests auf ihren Integrationsgrad separat untersucht wurde, um die Möglichkeit einer Kointegrationsbeziehung zu eruieren, wird diese im zweiten Schritt durch die OLS-Methode ermittelt. Bei nur zwei Variablen y_t und x_t wird also die Beziehung

(2.9.43) $$y_t = a + bx_t + u_t$$

geschätzt. Die Residuen aus dieser statischen Regression,

(2.9.44) $$\hat{u}_t = y_t - \hat{a} - \hat{b}x_t \ ,$$

werden anschließend auf Stationarität überprüft. Die involvierten Variablen sind genau dann kointegriert, wenn die OLS-Residuen stationär sind, d.h., wenn sich die Nullhypothese der Nichtstationarität mittel des Dickey-Fuller-Tests widerlegen lässt.

Die Parameter des langfristigen Zusammenhangs werden durch eine gewöhnliche Regression ermittelt. Sind die Variablen kointegriert, erfolgt die Schätzung superkonsistent. Die OLS-Schätzer gehen mit einer schnelleren Rate (n^{-1}) gegen ihre wahren Werte gehen als mit der ansonsten üblichen Konvergenzrate ($n^{-½}$) [127], wobei n den Beobachtungsumfang angibt. Diese Tatsache ist eine Empfehlung für das Engle-Granger-Verfahren.

Nach der Schätzung des langfristigen Zusammenhangs sind die OLS-Residuen auf Stationarität zu untersuchen, wobei hier erneut der Dickey-Fuller-Test einsetzbar ist. Analog zu Gleichung (2.9.28) ist also die Beziehung

(2.9.45) $$\Delta\hat{u}_t = \delta\hat{u}_{t-1} + \sum_{j=1}^{m} \alpha_j \Delta\hat{u}_{t-j} + v_t \ ,$$

in der der Störterm v_t die White-Noise-Eigenschaften erfüllt, mit der OLS-Methode zu schätzen und zu überprüfen, ob sich ein signifikant negativer Wert des Parameters δ ergibt. Hier ist der ADF-Test bevorzugt einzusetzen, weil die statische Regression

tionsvektor nicht eindeutig ist, was bei mehr als zwei Variablen der Fall sein kann. Auf der anderen Seite ist das Verfahren weitaus komplexer, so das auf seine Darstellung verzichtet wird.

127 Stock (1987).

(2.9.43) den gesamten Anpassungsprozeß an den langfristigen Steady State in die Residuen verlagert. Diese sind daher im allgemeinen hochgradig autokorreliert, so dass die White-Noise-Eigenschaft für die v_t nur dann erreichbar ist, wenn verzögerte Werte der Differenzen der OLS-Residuen in den Regressionsansatz mit aufgenommen werden. Dabei steht man hier erneut vor dem Problem, die maximal einbezogene Laglänge, also den Parameter m, zu bestimmen, der –wie bereits diskutiert– die Testentscheidung maßgeblich beeinflussen kann. Da in (2.9.45) die Regressionsresiduen außerdem nicht beobachtet, sondern geschätzt werden, gelten nicht mehr die kritischen Werte der traditionellen Einheitswurzeltests. Die auf dieser Stufe relevanten Quantile sind bei McKinnon [128] tabelliert. Sie sind davon abhängig, ob in der Kointegrationsbeziehung eine Konstante und/oder ein linearer Trend berücksichtigt werden muss. Sie variieren jedoch auch mit der Anzahl der zu schätzenden Kointegrationsparameter (dabei werden Konstante und Trendparameter nicht mitgezählt) und sind daher nur dann mit den ursprünglichen Quantilen identisch, wenn der kointegrierende Vektor a priori spezifiziert ist, also nicht durch die OLS-Methode geschätzt wird. Generell gilt, dass die kritischen Werte betragsmäßig steigen, je mehr Parameter zu schätzen sind. Dieses Verhalten resultiert letztlich aus dem Kleinst-Quadrate-Prinzip, nach dem die Residuen gewissermaßen mit der Absicht gebildet werden, möglichst stationär zu erscheinen. Dieses Ziel lässt sich jedoch um so eher erreichen, je mehr Variablen man zur Verfügung hat, so dass dieser Aspekt in den Prüfverteilungen berücksichtigt werden muss.

Besteht nun zwischen x_t und y_t tatsächlich eine Kointegrationsbeziehung, enthält das Error-Correction-Modell (2.9.41) nur noch stationäre Variablen, so dass das traditionelle Instrumentarium der Regressionsanalyse wieder anwendbar ist. Die Schätzungen der Parameter mit der OLS-Methode sind in diesem Fall konsistent und asymptotisch normalverteilt. Streng genommen gilt diese Aussage zunächst nur dann, wenn die 'wahre' Gleichgewichtsabweichung a priori bekannt ist, was die Kenntnis des kointegrierenden Vektors impliziert. Sie ergibt sich jedoch auch dann, wenn man alternativ ihre Schätzung, also die OLS-Residuen der statischen Regression (2.9.43) verwendet, so dass man

$$\text{(2.9.46)} \quad \begin{aligned} \Delta y_t &= \mu + \alpha_1 \Delta y_{t-1} + \ldots + \alpha_p \Delta y_{t-p} + \beta_0 \Delta x_t + \beta_1 \Delta x_{t-1} \\ &\quad + \ldots + \beta_q \Delta x_{t-q} + \gamma \hat{u}_{t-1} + v_t \end{aligned}$$

---

[128] McKinnon (1991).

erhält. Die Grenzverteilung der Parameterschätzer wird von dieser Ersetzung nicht beeinflusst. [129]

Um in der empirischen Anwendung die Struktur (2.9.41) zu evaluieren, lassen sich zunächst die einbezogenen Lags der Veränderungen der Variablen y_t und x_t durch t-Tests auf Signifikanz überprüfen. Zur Überprüfung der White-Noise-Eigenschaft kann der Ljung-Box-Test ggf. in Verbindung mit dem Breusch-Godfrey-Test eingesetzt werden. In jedem Fall ist jedoch der Fehlerkorrekturterm zu berücksichtigen, da sonst das Modell –lediglich in den ersten Differenzen formuliert– fehlspezifiziert ist, wenn die Niveauvariablen tatsächlich kointegriert sind.

Das Engle-Granger-Verfahren der zweistufigen Schätzung eines Fehlerkorrekturmodells ist jedoch nicht immer ohne weiteres anwendbar. Vor allem braucht die Eigenschaft der Superkonsistenz keinesfalls bei kleinen Stichprobenumfängen von Vorteil zu sein. Im Gegensatz ist in endlichen Stichproben mit erheblichen Verzerrungen zu rechnen. Das Ausmaß des Bias ist jedoch approximativ als fallende Funktion des unkorrigierten Bestimmtheitsmaßes R^2 der statischen Regression darstellbar. [130] Hat man daher ein relativ hohes R^2 gefunden, mögen die Verzerrungen eher vernachlässigbar sein.

Zudem setzt die statische Regression des langfristigen Zusammenhangs implizit Restriktionen hinsichtlich der kurzfristigen Dynamik im Rahmen eines Fehlerkorrekturmodells. Sofern diese nicht erfüllt sind, sinkt die Güte des Kointegrationstests erheblich, wie z.B. Kremers et al. [131] gezeigt haben.

Daher lässt sich alternativ eine einstufige Schätzung des Fehlerkorrekturmodells vornehmen, so das der langfristige Zusammenhang gemeinsam mit der kurzfristigen Dynamik ermittelt wird. Dieses Verfahren geht auf Stock [132] zurück. Die zu schätzende Gleichung hat die Struktur

$$(2.9.47)\quad \begin{aligned}\Delta y_t &= \mu + \alpha_1 \Delta y_{t-1} + \ldots + \alpha_p \Delta y_{t-p} + \beta_0 \Delta x_t + \beta_1 \Delta x_{t-1} \\ &\quad + \ldots + \beta_q \Delta x_{t-q} + \gamma y_{t-1} - \gamma b x_{t-1} + v_t\end{aligned}$$

129 Alternativ ist eine direkte Schätzung des Modells (2.9.41) möglich, wobei dann der nichtlineare Schätzer von Stock (1987) zu verwenden ist. Eine derartige Vorgehensweise hat anschließend die Stationarität des Fehlerkorrekturterms zu überprüfen. Ihr Vorteil ist jedoch, gegenüber möglichen Verzerrungen der OLS-Schätzer in der statischen Regression (2.9.43) robust zu sein, die sich in endlichen Stichprobenumfängen trotz der Superkonsistenz ergeben können.

130 Banerjee et al. (1986).

131 Kremers, Ericsson und Dolado (1992).

132 Stock (1987).

und kann mit OLS geschätzt werden. Anders als im Fehlerkorrekturmodell (2.9.46) ist der Kointegrationsvektor noch nicht auf den Koeffizienten der endogenen Variablen normiert. Im langfristigen Gleichgewicht sind alle Differenzen gleich 0. Damit gibt $\gamma y_t = \gamma b x_t$ beziehungsweise $y_t = b x_t$ –abgesehen bis auf eine Konstante– die Kointegrationsbeziehung an.[133]

Der Test auf Kointegration basiert auf dem t-Wert des Einflussparameters γ der endogenen verzögerten Niveauvariablen, der mit Blick auf (2.9.46) als Feedback-Koeffizient interpretierbar ist. Es gelten allerdings nicht mehr die üblichen kritischen Werte der t-Verteilung. Statt dessen sind die kritischen Werte zu verwenden, die bei Banerjee u.a. [134] tabelliert sind.

Beispiel 2.9. 3: Die bisherige Analyse hat gezeigt, dass der reale Konsum und das verfügbare Realeinkommen jeweils eine Einheitswurzel aufweisen. Hier wird nun getestet, ob die beiden Größen kointegriert sind. Wird die vermeintliche Steady State-Relation zunächst mit Hilfe einer statischen Regression geschätzt, erhält man die Beziehung

$$C_t = 0{,}795 + 0{,}001 \cdot t + 0{,}818 \cdot Y_t \qquad R^2 = 0{,}999,\ DW = 0{,}719$$

nach der die langfristige Konsumquote 0,818 beträgt. Sie scheint damit etwas geringer als in anderen Untersuchungen zu sein, was jedoch durch die Einbeziehung der Trendvariablen t erklärbar ist, die sowohl die Schätzung des autonomen Konsums als auch die marginale Konsumneigung beeinflusst. Dieser Trend kann z.B. Einflüsse der Bestandsgröße Vermögen (die wie ein Trend aussieht) approximieren. Der Verlauf der Residuen der statischen Regression, der der Abbildung 2.9. 1 zu entnehmen ist, zeigt allerdings, dass sich im Untersuchungszeitraum nicht unerhebliche Abweichungen von der langfristigen Beziehung ergeben haben.

---

133 Die Konstante ist in diesem Modell nicht mehr auf die Kointegrationsbeziehung restringiert. Sie kann einerseits als Steigungsparameter linearer Trends in der Niveaudarstellung, andererseits als Absolutglied in der Kointegrationsbeziehung interpretiert werden. Eine Separierung dieser beiden Funktionen ist bei der einstufigen Schätzung eines Fehlerkorrekturmodells mit OLS nicht möglich, weil ansonsten perfekte Multikollinearität auftreten würde.

134 Banerjee, Dolado und Mestre (1998).

Abbildung 2.9. 1: OLS-Residuen der statistischen Regression

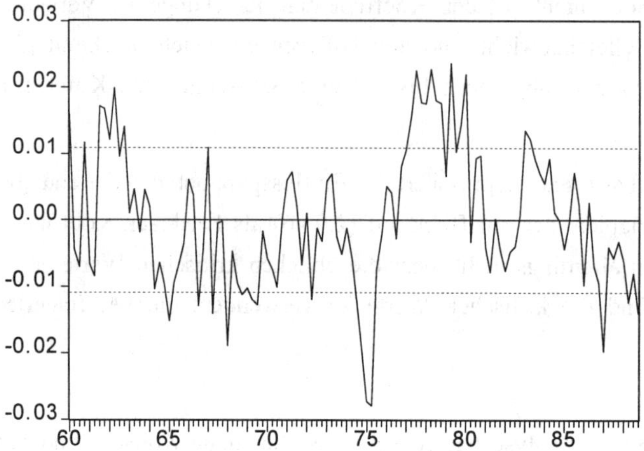

Genauere Aussagen erhält man mittels eines erweiterten Dickey-Fuller-Tests, der auf die Zeitreihe der Residuen angewendet wird. Konkret wird hier die Regression

$$\Delta\hat{u}_t = \delta\hat{u}_{t-1} + \sum_{j=1}^{p} \delta_j \Delta\hat{u}_{t-j} + v_t$$

durch Anwendung der OLS-Methode geschätzt und geprüft, ob der t-Wert des Parameters δ betragsmäßig den kritischen Wert der Dickey-Fuller-Verteilung übersteigt. Dabei wird p=2 gesetzt, weil die Störterme v_t bereits bei dieser Lagordnung frei von Autokorrelation sind. Der Regression liegen somit 116-3 = 113 Beobachtungen zugrunde, so dass sich der kritische Wert der Dickey-Fuller-Verteilung bei n=113 und k=2 ergibt, da an der Kointegrationsbeziehung genau zwei Variablen beteiligt sind. Er gilt ferner für ein Modell einschließlich einer Konstanten und eines linearen Trends, da diese Größen zur Schätzung des langfristigen Zusammenhangs herangezogen wurden.

Der kritische Wert ist durch –3,8655 gegeben, wenn eine Irrtumswahrscheinlichkeit von 5% gewählt wird (Berechnung nach MacKinnon [135]). Empirisch ergibt sich ein t-Wert für den Parameter δ von –2.534, so dass die Residuen nicht als stationär angesehen werden können. Danach wären Konsum und Realeinkommen nicht kointegriert.

Ein solcher Befund kann zum einen bedeuten, dass eine Kointegrationsbeziehung tatsächlich nicht vorhanden ist. Zum anderen mag sich die generelle Schwierigkeit reflek-

135 MacKinnon (1991).

tieren, eine nur langfristig geltende Relation auf der Basis eines begrenzten Beobachtungszeitraums zu untersuchen. So hat z.B. der ADF-Test, der hier zur Überprüfung der Kointegration, mithin als Einheitswurzeltest für die Residuen eingesetzt wird, eine nur geringe Macht. In der Folge sind erhebliche Fehler 2. Art zu erwarten, so dass die Nullhypothese fälschlicherweise nicht abgelehnt wird.

Um die Unklarheiten zu begrenzen, sind weitere Analysen erforderlich. Zunächst wird ein Fehlerkorrekturmodell für den Konsum geschätzt, bei dem die vermeintliche Kointegrationsbeziehung nach Maßgabe der statischen Regression vorgegeben wird. Bei der Schätzung dieses dynamischen Modells werden zunächst bis zu 4 Verzögerungen des Konsums und des Einkommens berücksichtigt. Nicht signifikante Größen sind dann sukzessive zu eliminieren, so dass die Modellstruktur schrittweise vereinfacht wird. Die schließlich präferierte Gleichung ist durch

$$\Delta C_t = \underset{(1,98)}{0{,}002} - \underset{(-3,27)}{0{,}210}\ \Delta C_{t-1} + \underset{(2,88)}{0{,}183}\ \Delta C_{t-3} + \underset{(10,00)}{0{,}604}\ \Delta Y_t + \underset{(1,84)}{0{,}111}\ \Delta Y_{t-2} - \underset{(-3,97)}{0{,}268}\ \hat{u}_{t-1}$$

$$BG(1) = 0{,}112, \quad Q(4) = 0{,}081, \quad ARCH(1) = 0{,}015, \quad JB = 0{,}101, \quad RESET(2) = 0{,}462$$

ergeben, wobei die t-Werte in Klammern unter den geschätzten Koeffizienten stehen. BG ist der Breusch-Godfrey-Test, der zum Test auf Autokorrelation 1. Ordnung herangezogen wird. Ergänzend wird die Q-Statistik zum Test auf Autokorrelation 4. Ordnung eingesetzt. ARCH(1) testet auf bedingt heteroskedastische Störterme 1. Ordnung und der Jarque-Bera-Test JB auf normalverteilte Störterme. RESET bezeichnet den Ramsey-Test auf Fehlspezifikation, der hier für die nächsten zwei Potenzen der endogenen Variablen ausgewertet wird. Alle Teststatistiken befinden sich deutlich im ‚grünen' Bereich, so dass die jeweilige Nullhypothese in keinem Fall verworfen wird.

Die Schätzung des Fehlerkorrekturmodells zeigt, dass die laufende Wachstumsrate des Konsums von der zeitgleichen Wachstumsrate des Einkommens beeinflusst werden. Ferner sind verzögerte Änderungen erklärungsrelevant, was allgemein auf Beharrungstendenzen im Konsumentenverhalten verweist. Schließlich ist auch der Fehlerkorrekturterm erklärungsrelevant und weist das erforderliche negative Vorzeichen auf. Danach bilden sich Abweichungen von der langfristigen Gleichgewichtsbeziehung im Zeitablauf durch die Anpassung der Konsumnachfrage zurück, wobei pro Quartal etwa ein Viertel der noch verbleibenden Störung abgebaut werden.

Bei einer fehlenden Kointegrationsbeziehung zwischen Konsum und verfügbarem Einkommen wäre der Fehlerkorrekturterm nichtstationär, was sich in entsprechenden Teststatistiken, etwa in einer signifikanten Autokorrelationsstruktur niederschlagen sollte. Derartige Defizite der Gleichung sind jedoch nicht erkennbar. Die Residuen erfüllen die Eigenschaften eines reinen Zufallsprozesses, so dass in der Tat von einer Kointegrationsbeziehung ausgegangen werden kann.

Abschließend wird überprüft, ob diese Interpretation auch durch eine einstufige Schätzung des Fehlerkorrekturmodells unterstützt wird. Die Gleichung

$$\Delta C_t = \underset{(2,83)}{0,200} + \underset{(2,60)}{0,0003}\ t - \underset{(-3,30)}{0,218}\ \Delta C_{t-1} + \underset{(2,67)}{0,174}\ \Delta C_{t-3} + \underset{(9,53)}{0,599}\ \Delta Y_t + \underset{(1,62)}{0,102}\ \Delta Y_{t-2}$$
$$- \underset{(-3,93)}{0,267}\ C_{t-1} + \underset{(3,93)}{0,221}\ Y_{t-1}$$

$$BG(1) = 0,060,\quad Q(4) = 0,087,\quad ARCH(1) = 0,025,\quad JB = 0,103,\quad RESET(2) = 0,403$$

impliziert eine langfristige Konsumquote von 0,221/0,267=0,828, die in etwa mit dem Ergebnis aus der statischen Regression übereinstimmt. Für den Test auf Kointegration wird der t-Wert des Koeffizienten der verzögert endogenen Niveauvariablen herangezogen, der hier gleich –3,93 ist. Dieser entspricht praktisch dem kritischen Wert von –3,98, der bei Banerjee u.a. [136] für ein Modell mit Konstante und linearem Trend sowie 2 stochastischen Variablen auf dem 0,05-Niveau angegeben wird. Alles in allem ist daher eher von einer Kointegrationsbeziehung zwischen dem Konsum und dem verfügbaren Realeinkommen auszugehen. ♦

Aufgaben

2.9.1 Worin besteht der Unterschied zwischen einem trend- und differenzstationären Prozess?

2.9.2 Was versteht man unter einem integrierten Prozess?

2.9.3 Erläutern Sie das Konzept der Kointegration anhand des Kaufkraftparitätentheorems!

2.9.4 Welche Bedingungen müssen in Bezug auf den Integrationsgrad von Variablen erfüllt sein, damit ein Kointegration bestehen kann?

2.9.5 Skizzieren Sie die Grundidee des Engle-Granger-Verfahrens!

---

136 Banerjee, Dolado und Mestre (1998).

2.10 Bedingte Heteroskedastizität und ARCH-Modelle

2.10.1 Bedingte Erwartungswerte

Prognostiziert man ökonomische Variablen mit zeitreihenanalytischen Methoden, sind anstelle von unbedingten die bedingten Erwartungswerte zu verwenden. Letztere berücksichtigen die Informationen I_{t-1}, die im Zeitpunkt der Prognose verfügbar sind, und entsprechen somit rationalen Erwartungen. Z. B. ist der bedingte Erwartungswert eines autoregressiven Prozesses erster Ordnung

(2.10.1) $y_t = \delta + \alpha y_{t-1} + u_t \quad \text{mit } |\alpha| < 1$

durch

$$E(y_t|I_{t-1}) = E_{t-1}y_t = \delta + \alpha y_{t-1}$$

gegeben, da y_{t-1} im Prognosezeitpunkt t-1 bekannt ist und die Störung in der Periode t einem reinen Zufallsprozess folgt, der nicht vorausgesagt werden kann ($E_{t-1}u_t=0$). Der bedingte Erwartungswert schwankt je nachdem, welcher Wert für y sich in der Periode t-1 realisiert hat. Dagegen verzichtet der unbedingte Erwartungswert auf die verfügbare Information oder die bisherige Geschichte des Prozesses. Er ist konstant und wäre mit höheren Prognosefehlern verbunden.

Obwohl Prognosen auf der Grundlage bedingter Erwartungswerte erfolgen, implizieren die traditionellen Zeitreihenmodelle eine Informationsvergeudung, solange die Varianz der Variablen y eine feste Größe ist. Diese Annahme ist angesichts des ständigen Eintreffens neuer Informationen unrealistisch. Daher lässt sich eine bedingte Varianz definieren, die im Gegensatz zur unbedingten Varianz im Zeitablauf eventuell fluktuiert. Damit entstehen die sogenannten ARCH-Modelle (Autoregressive Conditional Heteroscedasticity), die hier behandelt werden.

Modelle mit bedingter Heteroskedastizität spielen insbesondere in empirischen Finanzmarktanalysen eine Rolle, die sich etwa mit der Abschätzung der Risiken von Portfoliopositionen beschäftigen. Als erstes werden zunächst die grundlegenden Eigenschaften von ARCH-Prozessen diskutiert. Mit den GARCH (Generalized ARCH)- und GARCH-in-Mean-Ansätzen werden anschließend zwei Erweiterungen des Konzeptes betrachtet.

2.10.2 ARCH-Modelle

In Modellen mit bedingter Heteroskedastizität ist die bedingte Varianz von y nicht konstant. Dies lässt sich über eine Abhängigkeit im Störprozess modellieren. Die Innovationen sind z.B. durch

$$u_t = v_t \sqrt{\alpha_0 + \alpha_1 u_{t-1}^2} \tag{2.10.2}$$

gegeben. [137] Dabei erfüllt v_t die White-Noise-Eigenschaften, hat eine Varianz von $\sigma^2_v=1$ und ist unabhängig von u_{t-1}. Für die Parameter der Spezifikation sollen die Restriktionen $\alpha_0>0$ und $0<\alpha_1<1$ erfüllt sein.

Die in (2.10.2) definierten Innovationen u_t erfüllen die klassischen Eigenschaften, solange man die unbedingten Momente betrachtet. Der unbedingten Erwartungswert ergibt sich durch

$$E(u_t) = E\left[v_t\left(\alpha_0 + \alpha_1 u_{t-1}^2\right)^{1/2}\right] = E(v_t) \cdot E\left(\alpha_0 + \alpha_1 u_{t-1}^2\right)^{1/2} = 0 \tag{2.10.3}$$

da $E(v_t)=0$ ist. [138] Für die unbedingte Varianz gilt zunächst

$$E(u_t^2) = E\left[v_t^2\left(\alpha_0 + \alpha_1 u_{t-1}^2\right)\right] = E\left(v_t^2\right) \cdot E\left(\alpha_0 + \alpha_1 u_{t-1}^2\right) = E\left(\alpha_0 + \alpha_1 u_{t-1}^2\right),$$

weil $E\left(v_t^2\right) = \sigma_v^2 = 1$ ist. Die unbedingte Varianz ist bei den gewählten Parameterrestriktionen für u_t und u_{t-1}, $E\left(u_t^2\right) = E\left(u_{t-1}^2\right)$, identisch, so dass man

$$E(u_t^2) = \alpha_0 + \alpha_1 E(u_t^2) \tag{2.10.4}$$

und damit

$$E(u_t^2) = \frac{\alpha_0}{1-\alpha_1}$$

erhält. [139] Die Bedingungen $\alpha_0>0$ und $0<\alpha_1<1$ gewährleisten die Nichtnegativität der unbedingten Varianz. Nur bei Gültigkeit der letzteren Bedingung ist die Stationarität des Prozesses gesichert. Schließlich sind die u_t unkorreliert, da $E(v_t v_{t-j})=0$ für $j\neq 0$ gilt. Dies

---

137 Engle (1982).

138 Hierbei ist von der Gültigkeit der Beziehung $E(X\cdot Y)=E(X)\cdot E(Y)$ im Falle zweier unabhängiger Zufallsvariablen Gebrauch gemacht worden. Siehe hierzu z.B. Eckey, Kosfeld und Dreger (2000), S. 393.

139 Tatsächlich sichern die Restriktionen auch die Stationarität von u_t. Damit ist unter anderem die Varianz für alle Zeitpunkte identisch.

impliziert natürlich nicht, das die u_t unabhängig voneinander sind. So ist in (2.10.2) eine Abhängigkeit zwischen den quadrierten Innovationen unmittelbar ersichtlich.

Die klassischen Eigenschaften der u_t gelten nur für die unbedingten, nicht jedoch für die bedingten Momente. Zunächst ist der bedingte Erwartungswert der Innovationen gleich 0, weil $E_{t-1}(v_t)=0$ ist. Die bedingte Varianz der u_t ist mit σ^2_v-1 durch

(2.10.5) $$E_{t-1}(u_t^2) = h_t = \alpha_0 + \alpha_1 u_{t-1}^2$$

gegeben, da die zurückliegende Innovation im Zeitpunkt der Prognose bekannt ist. Die bedingte Varianz wird im folgenden kürzer mit h_t bezeichnet. Mit (2.10.5) ist ein sogenannter ARCH-Prozess erster Ordnung, also ein ARCH(1)-Prozess gegeben. Darin hängt die bedingte Varianz von der unmittelbar vergangenen Innovation ab. Durch Einsetzen von (2.10.4) in (2.10.5) ergibt sich eine Beziehung zwischen den Varianzen,

(2.10.6) $$h_t - \sigma^2 = \alpha_1(u_{t-1}^2 - \sigma^2)$$

nach der die bedingte größer als die unbedingte Varianz ist, sofern die Innovation der Vorperiode ihren unbedingten Erwartungswert übersteigt. Offenbar steigt die bedingte Varianz in Perioden hoher Marktvolatilität. In ruhigen Perioden wird die unbedingte Varianz dagegen unterboten, so das engere Prognoseintervalle erhältlich sind. Die bedingte Varianz kann damit als Risikomaß herangezogen werden.

Der ARCH(1)-Prozess berücksichtigt lediglich die unmittelbar vergangene Innovation. Die weiter zurückliegende Historie des Prozesses wird dagegen nicht zur Erklärung der bedingten Varianz genutzt. Dies erfolgt jedoch in ARCH-Prozessen höherer Ordnung. Der ARCH-Prozess der Ordnung q

(2.10.7) $$h_t = \alpha_0 + \alpha_1 u_{t-1}^2 + \ldots + \alpha_q u_{t-q}^2$$

bezieht die Information der letzten q Perioden ein. Für die Nichtnegativität der Varianz sind die Restriktionen $\alpha_0>0$ und $\alpha_i \geq 0$ für alle i=1,..,q erforderlich. Darüber hinaus muss die Summe der autoregressiven Parameter α_i kleiner als 1 sein.

Ob ARCH-Prozesse in Regressionsmodellen tatsächlich relevant sind, kann auf der Grundlage von Tests entschieden werden. Bei Vorliegen dieser Effekte sind die quadrierten Innovationen unterschiedlicher Zeitpunkte korreliert. Dies motiviert eine Regression der Form

(2.10.8) $$\hat{u}_t = \alpha_0 + \alpha_1 \hat{u}_{t-1}^2 + \ldots + \alpha_q \hat{u}_{t-q}^2$$

die mit den Residuen eines vorher geschätzten Regressionsmodells für vorgegebene Werte von q durchgeführt wird. In der Nullhypothese wird unterstellt, das ARCH-Effekte vernachlässigbar sind, so das $\alpha_i = 0$ für alle i=1,...,q gilt. Als Teststatistik wird das unkorrigierte Bestimmtheitsmaß der Regression (2.10.8) herangezogen, das mit dem Beobachtungsumfang n multipliziert wird. Die Prüfgröße $n \cdot R^2$ ist an der Grenze Chi-quadrat verteilt mit q Freiheitsgraden. Sofern die Nullhypothese bei einem Lagparameter von q verworfen wird, ist ein ARCH-Modell dieser Ordnung zu präferieren.

Beispiel 2.10. 1: Aufgrund der hohen Volatilität der Aktienkurse ist eine zeitlich konstante Varianz des Deutschen Aktienindex (DAX) in Frage zu stellen. Es bietet sich daher an, seine bedingte Varianz durch einen ARCH-Prozess zu modellieren (Daten siehe Beispiel 2.11. 1). Bei einer Erfassung des bedingten Erwartungswerts durch einen autoregressiven Prozess erster Ordnung,

$$\hat{DAX}_t = \underset{(0,835)}{33,496} + \underset{(4,221)}{0,837} \cdot DAX_{t-1}, \quad R^2 = 0,385 \ ,$$

ergibt sich für einen ARCH(1)-Prozess der DAX-Innovationen die Schätzung

$$\hat{h}_t = \underset{(2,033)}{225,321} + \underset{(1,677)}{0,662} \cdot \hat{u}^2_{t-1} \ ,$$

die ihre bedingte Varianz wiedergibt.

Abbildung 2.10. 1: Bedingte Varianz der DAX-Innovationen (ARCH(1)-Prozess)

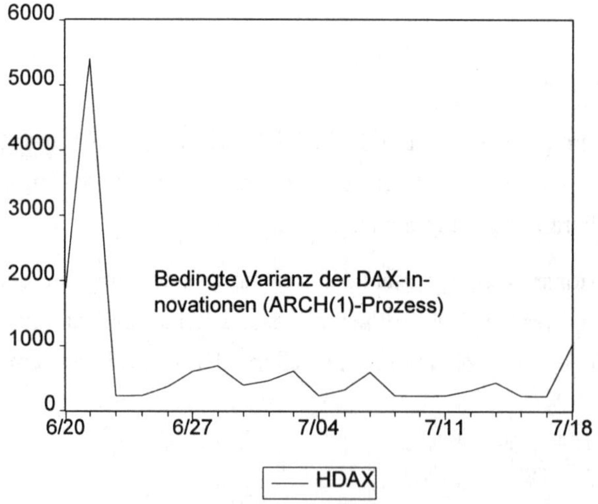

Aus der Grafik geht hervor, dass die bedingte Varianz zu Beginn des Stützzeitraums deutlich höher als in der späteren Phase ist, was ein zeitabhängiges Risiko widerspiegelt. Die Schätzer $\hat{\alpha}_0$ und $\hat{\alpha}_1$ des ARCH(1)-Modells haben das theoretisch erwartete Vorzeichen; außerdem liegt $\hat{\alpha}_1$ im erforderlichen Wertebereich zwischen 0 und 1. Allerdings ist $\hat{\alpha}_1$ hier nicht signifikant von Null verschieden (Überschreitungswahrscheinlichkeit 0,112), was jedoch maßgeblich auf den geringen Stichprobenumfang zurückzuführen ist. ♦

2.10.3 GARCH-Modelle

Bei hohen Werten von q sind für einen ARCH(q)-Prozess relativ viele Parameter zu schätzen. Dabei wird das Einhalten der Restriktionen, die eine Nichtnegativität der Varianz gewährleisten, ständig schwieriger. Als Alternative zu einem ARCH-Prozess hoher Ordnung q kann ein GARCH-Modell gewählt werden, mit dem unter Umständen eine sparsamere Parametrisierung erreicht werden kann. Bei einem GARCH-Modell der Ordnung p und q ist die bedingte Varianz allgemein durch

$$(2.10.9) \qquad h_t = \alpha_0 + \sum_{i=1}^{q} \alpha_i u_{t-i}^2 + \sum_{j=1}^{p} \beta_j h_{t-j}$$

erfasst. [140] Dabei gelten die Parameterrestriktionen $\alpha_0>0$, $\alpha_i \geq 0$ und $\beta_j \geq 0$ für alle i=1,..,q und j=1,...,p. Außerdem muss die Summe der Parameter α_i und β_j kleiner als 1 sein, um die Stationarität des Prozesses zu sichern. Mit diesen Bedingungen wird analog zu den vorangegangenen Modellen die Nichtnegativität der Varianz garantiert.

Neben den zurückliegenden Innovationen werden im Modell vergangene bedingte Varianzen einbezogen, um die gegenwärtige Volatilität zu erklären. Der Vorteil der sparsameren Parametrisierung gilt insbesondere beim GARCH(1,1)-Prozess. Hier ist die bedingte Varianz durch

$$(2.10.10) \qquad h_t = \alpha_0 + \alpha_1 u_{t-1}^2 + \beta_1 h_{t-1}$$

gegeben. Mit Hilfe des Lag-Operators kann die Varianzgleichung alternativ als

140 Bollerslev (1986).

$$(1-\beta_1 L)h_t = \alpha_0 + \alpha_1 u_{t-1}^2$$

geschrieben werden. Wird mit dem inversen Lag-Polynom $(1-\beta_1 L)^{-1}$ multipliziert, ergibt sich

$$\text{(2.10.11)} \quad h_t = \delta_0 + \sum_{i=1}^{\infty} \delta_i u_{t-i}^2$$

wobei $\delta_0 = \alpha_0(1-\beta_1)^{-1}$ und $\delta_i = \alpha_1 \beta_1^{i-1}$ gilt. Damit erhält man einen ARCH-Prozess unendlicher Ordnung mit geometrisch abnehmenden Gewichten in der Varianzfunktion. Anstelle dieses Prozesses lässt sich der einfacher strukturierte GARCH(1,1)-Prozess wählen.

2.10.4 ARCH-M-Modelle

In dieser Modellerweiterung wird die bedingte Varianz, die über einen ARCH- oder GARCH-Prozess modelliert ist, als zusätzliche Erklärungsvariable in einer Regressionsgleichung verwendet. Damit kann die bedingte Varianz das Niveau der Variablen y mitbestimmen. Ein solches ARCH-in-Mean (ARCH-M) Modell kann z.B. die Struktur

$$\text{(2.10.12)} \quad y_t = \mathbf{x}_t'\beta + \lambda h_t + u_t$$

haben, wobei h_t durch einen Ansatz der Form (2.10.7) oder (2.10.9) erklärt wird. ARCH-M Modelle lassen sich etwa im Rahmen von empirischen Finanzmarktanalysen einsetzen. Der zusätzliche Regressor h_t mag in diesem Fall das Risiko einer Finanzanlage bezeichnen, das den Ertrag beeinflussen kann. Mit wachsender Volatilität steigt das Risiko eines Kapitalverlustes, so dass der Anleger mit einer höheren erreichbaren Rendite entschädigt wird. Sofern ein solcher Zusammenhang tatsächlich eine Rolle spielt, würde man einen signifikant positiven Koeffizienten von h_t erwarten.

Aufgaben

2.10.1 Worin besteht der Unterschied zwischen einem bedingten und unbedingten Erwartungswert?

2.10.2 Bestimmen Sie die bedingte Varianz der Innovationen der Karstadt-Aktienkurse (Daten siehe Beispiel 2.10. 1) auf der Basis eines ARCH(1)-Prozesses. Schätzen Sie das ARCH(1)-Modell bei einem autoregressiven Mittelwertprozess erster Ordnung!

2.10.3 Wann bietet sich die Verwendung eines GARCH-Modells an? Wie beurteilen Sie die Anwendung eines GARCH(1,1)-Modells im Falle der Karstadt-Aktie (Daten siehe Beispiel 2.10. 1)?

2.10.4 Skizzieren Sie zwei potenzielle Anwendungsgebiete von ARCH-M-Modellen!

2.11 Robuste Regression

2.11.1 Begriff der Robustheit

Die Optimalitätseigenschaften ökonometrischer Schätzmethoden sind nur dann gegeben, wenn die zugrunde liegenden Modellannahmen in der Realität erfüllt sind. Insbesondere muss für inferenzstatistische Zwecke in der Regel eine Normalverteilung der Störgrößen unterstellt werden, was unter bestimmten Bedingungen durch den Zentralen Grenzwertsatz der Statistik begründet werden kann. Ob seine Gültigkeit allerdings vorausgesetzt werden kann, hängt vor allem davon ab, ob die Störgrößen als gleichwertig und unabhängig voneinander angesehen werden können. Das Problem der Autokorrelation verdeutlicht, dass sich die Unabhängigkeitsannahme keinesfalls von vornherein als gegeben unterstellen lässt. Ausreißer, die z.B. durch Streiks, Krisen, Maßnahmen, Sondereinflüsse oder grobe Fehler auftreten, können ein Dominanz bestimmter Störgrößen zur Folge haben, die der Vorstellung einer Gleichwertigkeit von Zufallseinflüssen im Wege stehen. Die Verteilung der Störvariablen wird dann oftmals "schwerere Enden" (heavier tails) haben als im Falle einer Normalverteilung. Optimalitätseigenschaften wie z.B. das Gauß-Markow-Theorem gelten dann nur noch für eine eng begrenzte Klasse von Schätzern, nicht jedoch mehr generell, wie es unter einer Normalverteilung der Fall wäre.

In der Praxis werden ökonomische Daten nie vollständig mit den Modellannahmen konform sein. Allein aufgrund von Erhebungsfehlern ist nicht zu erwarten, dass ein Verteilungsmodell wie z.B. die Normalverteilung ohne weiteres unterstellt werden kann. Man bezeichnet die Daten dann als verschmutzt oder kontaminiert. Kritisch ist die Frage einzuordnen, inwiefern Kontaminationen eine Inferiorität ökonometrischer Verfahren hervorrufen können. Ein ökonometrisch-statistisches Verfahren kann, muss aber nicht notwendig sensitiv auf Datendefekte und Modellabweichungen reagieren.

Ein Schätz- oder Testverfahren heißt **robust**, wenn es **bei Modellabweichungen** weiterhin im Kern **zuverlässig** arbeitet. Dies ist aber gerade bei klassischen Schätzverfahren häufig nicht gegeben. Wie Tukey [141] gezeigt hat, kann bei einer unmodifizierten Kleinst-Quadrate-Schätzung ein geringer Ausreißeranteil ausreichen, um die Schätzung

---

[141] Tukey (1960).

inferior werden zu lassen. Ein robustes Schätzverfahren orientiert sich dagegen an der Masse der Daten [142]. Der Einfluss atypischer Beobachtungen ist dabei begrenzt und geht mit zunehmender Devianz gegen Null. Aus dieser Sicht ließe sich ein robustes Schätzverfahren als ein klassisches Schätzverfahren in Verbindung mit einer Ausreißeranalyse interpretieren [143].

Die Inferiorität eines statistischen Verfahrens bei Modelldefekten zeigt sich in Form von Effizienzverlusten. Klassische Schätz- und Testverfahren weisen vor allem bei Ausreißern oft hohe Effizienzverluste auf, da von ihnen unkontrollierte Effekte ausgehen können. Eine Schätzung wird dadurch leicht in die Richtung eines oder mehrerer Ausreißer "verzerrt", so dass sie nicht mehr die Struktur der Masse der Beobachtungswerte wiedergibt. Wenn man aus der Stichprobe die Ausreißer entfernen würde, könnte sich ein völlig unterschiedliches Bild ergeben. Ein robustes Verfahren zielt dagegen darauf ab, atypische Beobachtungswerte bei einer Parameterschätzung oder einem Hypothesentest in dem Sinne unter Kontrolle zu halten, dass die Ergebnisse durch sie nicht beliebig verzerrt werden können. Bei unterschiedlichen Stichproben liegen z.B. robuste Schätzer im Falle von Datenkontaminationen nicht so weit auseinander wie die klassischen Schätzer. Robuste Schätzer besitzen in solchen Situationen im allgemeinen eine höhere Effizienz, was eine größere Zuverlässigkeit der Schätzung bedeutet.

Robuste Verfahren stellen jedoch nicht ein Allheilmittel dar, das ohne weiteres eine gute Datenanalyse gewährleistet. Vielmehr ist bei ihrer Anwendung oft ein Vergleich mit einer klassischen Schätzung wie z.B. der OLS-Methode sinnvoll, um eventuelle Modelldefekte aufspüren zu können. Wenn die Schätzungen zu ähnlichen Ergebnissen führen, wird man häufig von einer zuverlässigen Interpretationsbasis ausgehen können. Andernfalls lassen sich vielleicht außergewöhnliche Ereignisse identifizieren, auf die die Unterschiede zurückgeführt werden können. Es ist dann die Aufgabe des Ökonometrikers, eine entsprechende Bewertung vorzunehmen. Dabei kann im Einzelfall durchaus ein singuläres Ereignis im Vordergrund der ökonometrischen Analyse stehen, wenn es z.B. darauf ankommt, die Effekte einer wirtschaftspolitischen Maßnahme auf bestimmte ökonomische Variablen einzuschätzen. Wenn die Datenstruktur dagegen im

142 Wahrendorf (1980); Brachinger (1981); Hampel et al. (1986).

143 Ein Ausreißer kann einen verzerrenden Einfluss auf die Schätzung eines ökonometrischen Modells haben, es muss jedoch nicht notwendig so sein. Aus diesem Grunde stehen einflussreiche Beobachtungen im Blickpunkt des Interesses, die durch eine spezielle Form der Ausreißeranalyse, einer Einflussdiagnostik, ermittelt werden können. Sie basiert auf dem Konzept der Einflussfunktion, das von Hampel (1974) entwickelt worden ist. Zu einer Einflussdiagnostik speziell für die Regressionsanalyse und ökonometrische Modelle s. Belsley, Kuh und Welsch (1980).

Vordergrund steht, werden Ausreißer dagegen häufig problematisch sein, da sie in der Regel nicht als Gleichgewichtsdaten im Sinne der ökonomischen Theorie interpretiert werden können. Robuste Verfahren können dann als Bereicherung des ökonometrischen Instrumentariums angesehen werden, sofern von ihnen sachgerecht Gebrauch gemacht wird. Aus diesem Grund stellen wir zwei alternative robuste Schätzverfahren für ökonometrische Eingleichungsmodelle vor, die einen Eindruck über die Prinzipien und Arbeitsweisen robuster Verfahren vermitteln sollen.

2.11.2 Verallgemeinerte Maximum-Likelihood-Schätzung (M-Schätzung)

Gegeben ist das multiple Regressionsmodell

$$\mathbf{y} = \mathbf{X}\boldsymbol{\beta} + \mathbf{u} \ ,$$

das sich für die Periode t durch

$$y_t = \mathbf{x}'_t \boldsymbol{\beta} + u_t$$

mit

$$\mathbf{x}_t = \begin{pmatrix} 1 & x_{2t} & x_{3t} & \cdots & x_{kt} \end{pmatrix}'$$

darstellen lässt. Unter der Annahme einer Normalverteilung der Störvariablen u_t erhält man mit der gewöhnlichen Methode der kleinsten Quadrate (OLS-Methode) und der Maximum-Likelihood-Methode (ML-Methode) einen identischen Schätzer für den Parametervektor $\boldsymbol{\beta}$. Um einen robusten M-Schätzer für das multiple Regressionsmodell zu entwickeln, unterstellen wir zunächst einmal tatsächlich eine Normalverteilung der Störvariablen u_t. Ihre Dichtefunktion ist dann durch

$$f_t(u_t) = \frac{1}{\sqrt{2\pi}\sigma} \exp\left(-\frac{1}{2}u_t^2\right) = \frac{1}{\sqrt{2\pi}\sigma} \exp\left[-\frac{1}{2\sigma^2}(\mathbf{y}_t - \mathbf{x}'_t \boldsymbol{\beta})^2\right]$$

gegeben. Die ML-Schätzung basiert nun auf der Likelihood-Funktion

$$L(\boldsymbol{\beta}, \sigma^2) = \prod_{t=1}^{n} f_t(u_t) = \frac{1}{(2\pi)^{n/2}\sigma^n} \prod_{t=1}^{n} \exp\left[-\frac{1}{2\sigma^2}(\mathbf{y}_t - \mathbf{x}'_t \boldsymbol{\beta})^2\right] ,$$

die in logarithmierter Form

$$\ln L(\boldsymbol{\beta},\sigma^2) = -n\ln(\sqrt{2\pi}\sigma) - \frac{1}{2\sigma^2}\sum_{t=1}^{n}(\mathbf{y}_t - \mathbf{x}'_t\boldsymbol{\beta})^2$$

lautet. Wenn wir der Einfachheit halber die Störvarianz σ^2 zunächst einmal als gegeben betrachten, erhält man den ML Schätzer für $\boldsymbol{\beta}$ offenbar durch Minimierung der Funktion

$$(2.11.1) \qquad L^*(\boldsymbol{\beta}) = \sum_{t=1}^{n}(\mathbf{y}_t - \mathbf{x}'_t\boldsymbol{\beta})^2 ,$$

die von den quadrierten Differenzen zwischen den Beobachtungswerten y_t der endogenen Variablen und den Regressionswerten $\hat{y}_t$ abhängig ist. Angenommen, die Datenbasis besteht nicht ausschließlich aus "guten" Beobachtungswerten, sondern sie mit Ausreißern kontaminiert [144]. Dann hätten atypische Beobachtungen, die konträr zur Masse der Daten liegen, einen außergewöhnlich großen Einfluss auf die Lage der Regressionsgeraden oder -ebene, da ein großes Abweichungsquadrat nur durch viele kleinere Abweichungsquadrate gewöhnlicher Beobachtungen ausgeglichen werden kann. Die Regressionskoeffizienten würden bei einer ML-Schätzung dadurch einseitig in die Ausreißerrichtung verzerrt werden.

Bei der **verallgemeinerten Maximum-Likelihood-Schätzung** (M-Schätzung) verzichtet man auf eine Optimalität im Falle einer exakten Normalverteilung zugunsten einer hohen Effizienz der Schätzung in einer breiten Modellumgebung. Man erreicht dies, indem man anstelle der quadrierten Abweichungen $(y_t - \mathbf{x}'_t\boldsymbol{\beta})^2$ alternative Funktionen ρ der Störvariablen u_t betrachtet, die weniger empfindlich gegenüber Ausreißern sind. Die modifizierte Likelihood-Funktion (2.11.1) nimmt damit die Form

$$(2.11.2) \qquad L^*(\boldsymbol{\beta}) = \sum_{t=1}^{n}\rho(\mathbf{y}_t - \mathbf{x}'_t\boldsymbol{\beta})$$

---

[144] Modellmäßig kann man sich eine kontaminierte Datenbasis so vorstellen, dass der Anteil 1-ε der "guten" Beobachtungen aus einer Normalverteilung Φ mit einer Varianz von σ^2 und der Anteil ε der atypischen Beobachtungen aus einer Normalverteilung Φ mit einer Varianz von $k\sigma^2$ stammt:

$$F(u) = (1-\varepsilon)\cdot\Phi(u|0,\sigma^2) + \varepsilon\cdot\Phi(u|0,k\cdot\sigma^2),\; k > 1 \;.$$

Es handelt sich dabei um ein Modell einer "Mischverteilung", die Ausreißer erzeugen kann. Die Mischverteilung F repräsentiert eine Wahrscheinlichkeitsverteilung der Störgröße u mit einer größeren Wahrscheinlichkeitsmasse in den äußeren Bereichen (vgl. hierzu Wahrendorf, 1980, S. 3f., und Brachinger, 1981, S. 330f.).

an, aus der ein verallgemeinerter Maximum-Likelihood-Schätzer (M-Schätzer) für den Parametervektor gewonnen werden kann. [145] Sofern die Funktion ρ differenzierbar ist, erhält man mit $\rho'(u)=\psi(u)$ einen **M-Schätzer** für $\boldsymbol{\beta}$ aus der Beziehung

$$(2.11.3) \qquad \sum_{t=1}^{n} \psi(\mathbf{y}_t - \mathbf{x}'_t \boldsymbol{\beta})\mathbf{x}_t = \mathbf{0}$$

die die notwendige Bedingung für einen Extremwert wiedergibt. Für $\rho(u_t) = u_t^2/2$ ist $\psi(u_t) = u_t$, so dass durch (2.11.2) und (2.11.3) der OLS-Schätzer $\hat{\boldsymbol{\beta}}$ definiert ist, der mit dem Maximum-Likelihood-Schätzer für $\hat{\boldsymbol{\beta}}_{ML}$ übereinstimmt, wenn die Störgrößen einer Normalverteilung folgen. Eine solche Wahl der ψ-Funktion erfolgt jedoch im Rahmen einer robusten Schätzung nur für die "guten" Daten. Für einen robusten M-Schätzer $\boldsymbol{\beta}_M^*$ ist daher eine geeignete Form der ψ-Funktion zu wählen.

Anschaulich kann ein M-Schätzer für den Parametervektor $\boldsymbol{\beta}$ als modifizierter Kleinst-Quadrate-Schätzer interpretiert werden. Wenn man

$$(2.11.4) \qquad w_t = \frac{\psi(y_t - \mathbf{x}'_t \boldsymbol{\beta})}{y_t - \mathbf{x}'_t \boldsymbol{\beta}}$$

setzt, geht (2.11.3) in die Form

$$(2.11.5) \qquad \sum_{t=1}^{n} w_t \cdot (y_t - \mathbf{x}'_t \boldsymbol{\beta})\mathbf{x}_t = \mathbf{0}$$

über. Die Größen w_t lassen sich hierin als Gewichte der Beobachtungen einer Regression der endogenen Variablen y auf die exogenen Variablen $x_1, x_2, ..., x_k$ deuten. Der Unterschied gegenüber der Bestimmungsgleichung eines OLS-Schätzers für $\boldsymbol{\beta}$ besteht allein darin, dass die Gewichte w_t in (2.11.5) allgemein von 1 verschieden sein können. Ein robuster M-Schätzer $\boldsymbol{\beta}_M^*$ ist somit ein **gewichteter Kleinst-Quadrate-Schätzer** des Parametervektors $\boldsymbol{\beta}$, der jedoch iteriert werden muss, um die Gewichte w_t nach und nach zu verbessern. Bei einer Ein-Schritt-Lösung des Gleichungssystems

$$(2.11.6) \qquad \sum_{t=1}^{n} w_t y_t \mathbf{x}_t = \sum_{t=1}^{n} w_t \mathbf{x}'_t \boldsymbol{\beta} \mathbf{x}_t \ ,$$

das sich durch Umformung von (2.11.5) ergibt, entsprechen die Gewichte w_t der Beobachtungen im allgemeinen noch nicht denen einer robusten Anpassung. Man bezeichnet den Ein-Schritt-Schätzer für $\boldsymbol{\beta}$ als W-Schätzer. Der **M-Schätzer** kann dann als

145 Vgl. hierzu Li (1983), S. 291ff.; Heiler (1980), S. 39ff.

vollständig iterierter W-Schätzer interpretiert werden. Diese Methode zur Bestimmung eines M-Schätzers für den β-Faktor ist unter dem Namen "iteratively reweighted least-squares" bekannt [146].

Bisher ist die Residualvarianz σ^2 der Einfachheit halber als gegeben angenommen worden. Tatsächlich ist sie jedoch ebenfalls aus den ökonomischen Daten zu schätzen. Während der OLS-Schätzer für den Parametervektor $\boldsymbol{\beta}$ skaleninvariant ist [147], gilt dies für die robusten Schätzfunktionen mit Ausnahme des "least absolute residuals"-Schätzers (LAR-Schätzer) nicht. Es sei σ^{*2} ein robuster Skalenschätzer für die Residualvarianz σ^2. Dann ist der W-Schätzer für den Vektor $\boldsymbol{\beta}$ der Regressionskoeffizienten aus der Beziehung

$$\sum_{t=1}^{n} \psi\left(\frac{y_t - \mathbf{x}'_t \boldsymbol{\beta}}{\sigma^*}\right)\mathbf{x}_t = \mathbf{0}$$

zu bestimmen, in der die Residuen

$$u_t = y_t - \mathbf{x}'_t \boldsymbol{\beta}$$

im Unterschied zu (2.11.3) als Vielfaches des robusten Skalenschätzers σ^* gemessen werden. Für den Ein-Schritt-Schätzer $\boldsymbol{\beta}$ bietet sich z. B. der Median der absoluten Abweichungen (MAD) nach einer Adjustierung als robuster Skalenschätzer an. Eine Adjustierung ist erforderlich, um Niveauunterschiede zwischen dem MAD und der Standardabweichung auszugleichen [148]. Der MAD ist einfach zu berechnen, und er ist aufgrund seines hohen Bruchpunkts von nahezu 50 % äußerst resistent gegenüber Ausreißern [149]. Bei einer Iterierung des W-Schätzers kann die Residualvarianz σ^2 jeweils aus den Residuen der robusten Anpassung geschätzt werden.

Um den Einfluss von Ausreißern auf die Schätzung zu begrenzen, hat Huber [150] die Verwendung der ψ-Funktion

146 Sie geht auf Holland und Welsch (1977) zurück. Vgl. auch Li (1983), S. 306 f.

147 Der Begriff der Skaleninvarianz stammt aus der Terminologie der robusten Statistik, in der die Varianz bzw. Standardabweichung als Skalenparameter bezeichnet werden.

148 Unter einer Standardnormalverteilung entspricht der MAD dem 0,6745-fachen der Standardabweichung.

149 Der Bruchpunkt gibt den Anteil von Ausreißern an, der ausreicht, um einen Schätzer über alle Grenzen verändern zu können. Vgl. Barnett und Lewis (1978), S. 69 f.; Brachinger (1981), S. 333.

150 Huber (1964).

$$\psi\left(u_t^*\right)=\begin{cases} u_t^* & \text{für } \left|u_t^*\right| \le k \\ k \cdot \operatorname{sgn}\left(u_t^*\right) & \text{für } \left|u_t^*\right| > k \end{cases}$$

vorgeschlagen [151], womit sich die Gewichtsfunktion

$$w_t = \begin{cases} 1 & \text{für } \left|u_t^*\right| \le k \\ k/\left|u_t^*\right| & \text{für } \left|u_t^*\right| > k \end{cases}$$

ergibt. Die Größe u_t^* steht darin für die standardisierten Residuen:

$$u_t^* = \left(y_t - \mathbf{x}'_t\,\boldsymbol{\beta}\right)/\sigma^* \; .$$

Beim Huber-Schätzer wird dem Problem Rechnung getragen, dass deviante Beobachtungen aufgrund ihrer großen Residuen unter Umständen bei einer OLS-Schätzung einen größeren Einfluss auf die Größenordnung der Regressionskoeffizienten haben als eine Vielzahl konformer Beobachtungen gleichzeitig. Dies erfolgt dadurch, dass von einer bestimmten Grenze k der standardisierten Residuen ab die Gewichte der Beobachtungen verringert werden. Auf diese Weise wird sichergestellt, dass die Regressionskoeffizienten nicht einseitig von außergewöhnlichen Beobachtungen bestimmt werden. Der Parameter k hat dabei die Funktion eines Steuerungsparameters. Je größer (kleiner) k ist, um so stärker (schwächer) muss die Devianz einer Beobachtung sein, um als Ausreißer eingestuft zu werden. Für $k \to \infty$ geht der M-Schätzer von Huber in den ML-Schätzer $\hat{\boldsymbol{\beta}}$ über.

Der Huber-Schätzer ist jedoch nur als eine Möglichkeit zu verstehen, einen M-Schätzer zu operationalisieren. Als Alternativen hierzu kommen der Hampel-Schätzer, Tukeys biweight und Andrews wave in Betracht, die sich von ihrer Struktur her ähnlich sind. [152] Sie unterscheiden sich von Hubers Schätzer dadurch, dass bei ihnen der Einfluss von Ausreißern mit zunehmender Entfernung von einem bestimmten Punkt ab stetig auf Null zurückgeführt wird. Auf eine Diskussion der unterschiedlichen Varianten der M-Schätzer wird hier verzichtet, da bei ökonometrischen Anwendungen unseres Erachtens nach ein anderer robuster Schätzansatz eine bessere Kontrolle von Ausreißern gewährleistet.

---

151 Bei der Definition der ψ-Funktion ist von der Vorzeichenfunktion sgn(u*) Gebrauch gemacht worden, die bei positivem u gleich 1, bei negativem u gleich -1 und für u* gleich Null ebenfalls 0 ist.

152 S. hierzu z.B. Li (1983), S. 293ff.

2.11.3 Die Reweighted-Least-Squares-Methode (RLS-Methode)

Anhand der verallgemeinerten Maximum-Likelihood-Methode lässt sich das Prinzip einer robusten Schätzung anschaulich erläutern. Die verallgemeinerte Maximum-Likelihood-Methode trägt Ausreißern in der abhängigen Variablen dadurch Rechnung, dass sie ihren Einfluss auf die Modellschätzung begrenzt oder ausschaltet. Eine Kontrolle derartiger Ausreißer ist somit ohne weiteres gegeben. Allerdings können Ausreißer nicht nur in der endogenen Variablen auftreten, sondern ebenfalls in den exogenen Variablen. Vor solchen extremen Werten bietet die M-Schätzung keinen Schutz [153]. In dieser Situation ist die Reweighted-Least-Squares-Methode (RLS-Methode) von Rousseeuw [154] bzw. Rousseeuw und Leroy [155] vorzuziehen, die beiden Ausreißertypen gerecht wird.

Mit der **Reweighted-Least-Squares-Methode** wird ein Schätzer für den Parametervektor $\boldsymbol{\beta}$ durch Minimierung der Kriteriumsfunktion

$$(2.11.7) \qquad W(\boldsymbol{\beta}) = \sum_{t=1}^{n} w_t (y_t - \mathbf{x}'_t \boldsymbol{\beta})$$

bestimmt. [156] Die Gewichte w_t der Beobachtungswerte hängen von ihrer Lage im k-dimensionalen Variablenraum ab. Je mehr sich eine Beobachtung von der Korrelationsstruktur der Masse der Daten entfernt, um so eher wird ihr Gewicht bei Null liegen. "Gute" Beobachtungen erhalten dagegen ein Gewicht von Eins, sofern eine Normierung der Gewichte auf dem Intervall [0; 1] erfolgt ist.

Prinzipiell lässt sich die RLS-Methode mit einem stetigen Gewichtungsschema durchführen. Wenn jedoch Ausreißer aus einer robusten Modellschätzung identifiziert und ausgeschlossen werden sollen, dann bietet sich eine 0,1-Gewichtung an. Rousseuw und Leroy [157] schlagen vor, eine Beobachtung mit 1 zu gewichten, sofern ihr Residuum nach

---

153 Der Bruchpunkt (breakdown point), der den Anteil an Ausreißern misst, den ein Schätzer gerade noch verkraften kann, ohne beliebig verzerrt werden zu können, beträgt bei der M-Schätzung 1/n (vgl. Rousseeuw und Leroy, 1987, S. 13f.). Dieser niedrige Wert des Bruchpunkts resultiert aus den Problemen einer Kontrolle der Regressoren, deren Werte in der Ökonometrie im Unterschied z.B. zur Biometrie nicht vorgegeben sind, sondern beobachtet werden. Während dort ein robustes Verfahren nicht notwendig auch auf eine Begrenzung des Einflusses der Regressoren abstellen muss, ist es bei Beobachtungswerten zur Vermeidung unerwünschter Effekte wichtig, alle in die Regression eingehenden Variablen unter Kontrolle zu halten.

154 Rousseeuw (1984).

155 Rousseeuw und Leroy (1987).

156 Rousseeuw und Leroy (1987), S. 14ff. und S. 44ff.

157 Rousseeuw und Leroy (1987), S. 17.

einer Standardisierung absolut die Schranke 2,5 nicht überschreitet; andernfalls erhält sie das Gewicht 0:

(2.11.8) $$w_t = \begin{cases} 1 & \text{für } |u_t^*| \le 2{,}5 \\ 0 & \text{für } |u_t^*| > 2{,}5 \end{cases}.$$

Die Verwendung des Gewichtungsschemas (2.11.8) entspricht einer "harten" Verwerfungsregel für Ausreißer. Eine "glatte" Verwerfungsregel kann z.B. durch

(2.11.9) $$w_t = \begin{cases} 1 & \text{für } |u_t^*| \le 2 \\ (0{,}1) & \text{für } 2 < |u_t^*| \le 3 \\ 0 & \text{für } |u_t^*| > 3 \end{cases}$$

definiert werden. Beobachtungen, deren standardisierte Residuen im Intervall zwischen 2 und 3 liegen, werden dabei nicht unmittelbar als Ausreißer verworfen, sie erhalten jedoch ein geringeres Gewicht als die "guten" Daten.

Zunächst muss jedoch bei unbekannten Gewichten eine Ausgangslösung gefunden werden, um die Residuen und einen Skalenschätzer berechnen zu können. Die OLS-Methode ist hierzu keine geeignete Wahl, da die Regressionsgerade in Richtung der Ausreißer zu liegen tendiert, so dass ihre Residuen in ihrer Größenordnung unterschätzt werden. In der RLS-Methode wird eine Ausgangslösung durch Minimierung des Medians der quadrierten Residuen ermittelt [158]:

(2.11.10) $$M(\beta) = \operatorname*{med}_t \hat{u}_t^2 \xrightarrow{!} \operatorname*{Min}_{\beta}.$$

Geometrisch wird mit der **LMS-Methode (least-median of squares)** der schmalste Streifen bestimmt, in dem gerade die Hälfte der Beobachtungen liegt. Die LMS-Regressionsgerade liegt genau in der Mitte dieses Streifens. Die LMS-Methode erweist sich als äußerst robust und besitzt den höchstmöglichsten Bruchpunkt [159]. Sie stellt jedoch nicht die endgültige Lösung dar, da ihre asymptotische Effizienz unbefriedigend ist. Außerdem sind keine Statistiken verfügbar, die eine Bestimmung von Konfidenzintervallen und eine Durchführung von Signifikanztests erlauben.

Der vorläufige Skalenschätzer $\hat{\sigma}^{*(0)}$ basiert auf der Zielfunktion der LMS-Methode:

158 Rousseeuw und Leroy (1987), S. 44ff.

159 Rousseeuw (1984).

(2.11.11) $$\hat{\sigma}^{*(0)} = C \cdot \sqrt{\underset{t}{\text{med}}\, \hat{u}_t^2}\ .$$

Der Korrekturfaktor C stellt eine unverzerrte Schätzung des Standardfehlers unter einer Normalverteilung sicher [160]. Nach Bestimmung der Gewichte w_t z.B. nach Regel (2.11.8) oder (2.11.9) unter Verwendung von $\hat{\sigma}^{*(0)}$ lässt sich ein neuer Skalenschätzer der Form

(2.11.12) $$\hat{\sigma}^{*(1)} = \sqrt{\frac{\sum_{t=1}^{n} w_t \cdot \hat{u}_t^2}{\sum_{t=1}^{n} w_t - p}}$$

bestimmen. Die Beobachtungen werden dann mit der auf der Grundlage des Skalenschätzers $\hat{\sigma}^{*(1)}$ ermittelten Gewichtsfunktion w_t in die RLS-Schätzung einbezogen. Der endgültige Skalenschätzer σ^* ist ebenfalls von der Bauart (2.11.12), jedoch mit Gewichten und Residuen, die aus der RLS-Methode resultieren. Bei Verwendung einer "harten" Verwerfungsregel wie z.B. (2.11.8) lässt sich die RLS-Methode als Anwendung der gewöhnlichen Methode der kleinsten Quadrate auf einen von Ausreißern bereinigtem Datensatz interpretieren.

Welche Verwerfungsregel für Ausreißer jedoch immer gewählt wird: Vorteilhaft ist, dass bei der RLS-Methode zur OLS-Methode vergleichbare Statistiken verfügbar sind. Bei der Berechnung der entsprechenden Statistiken ist jedoch die Gewichtsfunktion zu berücksichtigen. Die inferenzstatistischen Konzepte gelten allerdings nicht mehr als exakt, da die zugrunde liegende Verteilungstheorie ungleich komplizierter ist als unter den Voraussetzungen der OLS-Methode. In Monte-Carlo-Studien hat sich jedoch gezeigt, dass die Approximationen hinreichend gut sind, wodurch zuverlässige Aussagen ermöglicht werden.

Ein Beispiel soll die Ausreißereffekte illustrieren, die bei einer ökonometrischen Schätzung eines Modells der Kapitalmarkttheorie auftreten können. [161] Unseres Erachtens kommt einer robusten Schätzung bei Finanzmarktdaten eine besondere Relevanz zu, da sie häufig hochgradig volatil sind. Da einer Ausgangslösung mittels der LMS-Methode

---

160 Der Korrekturfaktor C ist durch $C = 1{,}4826 \cdot \left(1 + \frac{5}{n-p}\right)$ gegeben, wobei der reziproke Wert des ersten Faktors dem Durchschnitt des MAD (median absolute deviation) bei einer Normalverteilung entspricht. Vgl. Rousseeuw und Leroy (1987), S. 44; und Li (1985), S. 302.

161 Zur Anwendung robuster Schätzverfahren in der Kapitalmarkttheorie s. Kosfeld (1996), S. 78ff.

effizient allein mit einem Rechner ermittelt werden kann, verzichten wir auf eine Illustration der Rechentechnik. Vielmehr steht hier die Interpretation des Schätzergebnisses im Mittelpunkt des Interesses.

Beispiel 2.11. 1: In der Kapitalmarkttheorie wird bei Finanzanlagen zwischen einem systematischen und unsystematischen Risiko unterschieden. Das unsystematische Risiko kann als wertpapierspezifisches Risiko durch Diversifikation eliminiert werden. Bewertungsrelevant ist allein das systematische Risiko, das die Sensitivität eines Wertpapiers in bezug auf die Marktlage widerspiegelt.

Das Marktmodell von Sharpe [162] geht in diesem Zusammenhang von einer linearen Beziehung zwischen der Rendite r_{tj} des Wertpapiers j und der Rendite r_{tM} des "Marktportefeuilles" aus:

(2.11.13) $$r_{jt} = \alpha_j + \beta_j \cdot r_{tM} + u_t \ .$$

Der Störterm u_t erfasst hierbei das wertpapierspezifische Risiko, das in dem Kapitalmarktmodell als Residualgröße mit einem Erwartungswert von Null und konstanter Varianz aufgefasst wird. Das systematische Risiko wird dagegen durch den β-Faktor erfasst, der für das Portefoliomanagement eine entscheidungsrelevante Größe darstellt.

Bei der ökonometrischen Schätzung des Marktmodells muss das "Marktportefeuille" geeignet operationalisiert werden. Hier soll das Marktmodell für die Karstadt-Aktie ökonometrisch geschätzt werden, wobei das Marktportefeuille durch den Deutschen Aktienindex (DAX) erfasst wird. Als Ursprungsdaten werden die börsentäglichen Kursnotierungen der Karstadt-Aktie und der Indexwerte des DAX an der Frankfurter Wertpapierbörse für den Zeitraum vom 17.06.1994 bis zum 18.07.1994 verwendet:

---

162 Sharpe (1963).

Tag	DAX-Index	Aktienkurs Karstadt
17.06.	2058,09	595,00
20.06.	1968,82	580,00
21.06.	1983,27	589,00
22.06.	1994,42	587,00
23.06.	2022,10	584,00
24.06.	2005,31	570,00
27.06.	1988,60	557,00
28.06.	2018,26	552,00
29.06.	2046,30	584,00
30.06.	2025,34	575,00
01.07.	2036,52	573,00
04.07.	2054,40	578,00
05.07.	2032,69	580,00
06.07.	2035,70	579,00
07.07.	2043,85	576,00
08.07.	2050,85	572,50
11.07.	2065,66	580,00
12.07.	2048,05	583,00
13.07.	2054,00	587,00
14.07.	2055,62	568,00
15.07.	2093,61	560,50
18.07.	2098,19	565,00

Quelle: Handelsblatt (diverse Ausgaben)

Aus den Kurznotierungen K_{jt} eines Wertpapiers oder Portefeuilles j lassen sich die Tagesrenditen r_{jt} bestimmen: [163]

$$r_{jt} = \frac{K_{jt} - K_{j,t-1}}{K_{j,t-1}}$$

Auf diese Weise erhält man die Daten, auf die sich das Marktmodell (2.11.13) bezieht:

[163] Eine Kursbereinigung im Falle von Dividendenzahlungen, Aktiensplits usw. ist hierbei nicht berücksichtigt.

Tag	Tagesrendite r_{Mt} des DAX	Tagesrendite r_{Kt} der Karstadt-Aktie
20.06.	-0,0252	-0,0434
21.06.	0,0155	0,0073
22.06.	-0,0034	-0,0196
23.06.	-0,0051	0,0139
24.06.	-0,0240	-0,0083
27.06.	-0,0228	-0,0083
28.06.	0,0269	0,0149
29.06.	0,0210	0,0139
30.06.	-0,0154	-0,1020
01.07.	-0,0035	0,0055
04.07.	0,0087	0,0088
05.07.	0,0035	-0,1060
06.07.	-0,0017	0,0015
07.07.	-0,0052	0,0040
08.07.	-0,0061	0,0034
11.07.	0,0131	0,0072
12.07.	0,0052	-0,0085
13.07.	0,0069	0,0029
14.07.	-0,0324	0,0008
15.07.	-0,0132	0,0185
18.07.	0,0080	0,0022

Wenn man das Sharpesche Marktmodell mit der OLS-Methode schätzt, erhält man folgendes Ergebnis (t-Werte in Klammern):

$$\hat{r}_{Kt} = \underset{(0,310)}{0,00085} + \underset{(2,543)}{0,44527} \cdot r_{Mt}$$

$$R^2 = 0,254, \quad F = 6,469$$

Da die F-Statistik mit 6,469 den kritischen Wert $F_{0,95;1;19} = 4,38$ übersteigt, ergibt sich bei einem Signifikanzniveau von 5% ein statistisch gesicherter Zusammenhang zwischen den Tagesrenditen der Karstadt-Aktie und den Tagesrenditen des DAX. Wegen $F = 6,469 < F_{0,99;1;19} = 8,18$ kann der Zusammenhang jedoch nicht als hochsignifikant bezeichnet werden. Die Renditeschwankungen der Karstadt-Aktie können zu 25,4 % durch die Marktrendite "erklärt" werden, die anhand der Indexwerte des DAX gemessen wird. Während sich der β-Faktor auf dem 5 %-Niveau als signifikant erweist, ist das absolute Glied nicht gegen Null gesichert.

Bei der OLS-Schätzung des Marktmodells werden jedoch Ausreißer berücksichtigt, die im börsentäglichen Handel aufgrund verschiedenartigster Informationen zustande kommen können. Sie können sich im Nachhinein als korrekturbedürftig erweisen, wenn sie sich als nicht bewertungsrelevant herausstellen. Hierzu zählen auch Saisonalitäten und Anomalien, die für den deutschen Aktienmarkt nachgewiesen werden konnten. [164] Da Ausreißer unkontrollierte Einflüsse auf die Wertpapier-Portefeuille-Beziehung haben können, soll eine robuste Schätzung durchgeführt werden, die die Struktur zwischen der Masse der Daten offen legt. Die Schätzergebnisse der Reweighted-Least-Square-Methode (RLS-Methode),

$$\hat{r}_{Kt} = \underset{(3{,}105)}{0{,}00407} + \underset{(4{,}290)}{0{,}34459} \cdot r_{Mt}$$
$$R^2 = 0{,}568, \quad F = 18{,}407 \; ,$$

zeigen nicht unbeträchtliche Unterschiede zu den Ergebnissen der OLS-Schätzung. Bei fünf Ausreißern hat die RLS-Methode eine Repräsentation von 76,2 % [165].Offenbar tritt die Relevanz des Marktmodells bei der OLS-Methode aufgrund von Ausreißereffekten nicht klar genug hervor. Bei einer Kontrolle des Ausreißereinflusses steigt der Erklärungsgehalt des Marktmodells von 25,4 % auf 56,8 % an. Der Gesamtzusammenhang ist bei einem Signifikanzniveau von 1 % statistisch gesichert. In der robusten Schätzung ist das absolute Glied auf dem 5 %-Niveau signifikant, während der β-Faktor auf dem 1 %-Niveau signifikant ist. Die Sensitivität der Karstadt-Aktie gegenüber den allgemeinen Markteinflüssen, die durch den β-Faktor gemessen wird, muss dagegen bei einer Bereinigung der Ausreißereffekte nach unten korrigiert werden. ♦

Aufgaben

2.11.1 Was versteht man unter einem robusten Verfahren?

2.11.2 Warum kann ein robustes Schätzverfahren bei der Existenz von Ausreißern gegenüber der OLS-Methode der Vorzug zu geben sein?

2.11.3 Erläutern Sie die Grundidee der verallgemeinerten Maximum-Likelihood-Schätzung (M-Schätzung)!

2.11.4 Nach welchem Prinzip arbeitetet die Reweighted-Least-Squares-Methode (RLS-Methode)?

---

164 S. z.B. Frantzmann (1987), S. 66ff.; Krämer und Runde (1992).

165 Ausreißer treten an folgenden Börsentagen auf: 20.6., 22.6., 5.7., 12.7., 15.7. . Die ersten beiden Ausreißer kommen durch hohen Kurseinbruch bei der Karstadt-Aktie im Vergleich zum DAX zustande, während bei den letzten drei Ausreißern eine inverse Beziehung zwischen den Renditen der Karstadt-Aktie und des DAX besteht.

2.12 Panelökonometrische Modelle

2.12.1 Querschnitts- und Zeitdimension

Panelmodelle enthalten Informationen, die sowohl die Querschnitts- als auch die Zeitdimension der Variablen berücksichtigen. Im Querschnitt können verschiedene Gruppen, Objekte oder Individuen, wie z.B. Länder, Regionen, Firmen und Produkte betrachtet werden. Für jedes dieser Objekte liegen Zeitreihenbeobachtungen vor. Dabei kann etwa die Entwicklung des Konsums in den Ländern der Währungsunion oder die Produktionstechnologie in den Sektoren einer Volkswirtschaft untersucht werden.

Die Schätzung eines Regressionsmodells kann zunächst in nur einer der beiden Dimensionen erfolgen. So lässt sich ein vermuteter Zusammenhang allein im Querschnitt untersuchen. Ein Beispiel ist die mikroökonomische Analyse der Erwerbsbeteiligung, bei der das Erwerbsverhalten einzelner Personen durch individuelle Charakteristika wie etwa Alter, Ausbildung, Haushaltssituation und Einkommen erklärt wird. Daneben können empirische Analysen allein auf der Grundlage der Zeitreihendimension vorgenommen werden. Solche Untersuchungen erfolgen traditionell vor allem im makroökonomischen Bereich und können etwa die Erklärung der Konsumentwicklung in einem bestimmten Land betreffen.

In Panelmodellen werden beide Dimensionen der Daten gemeinsam einbezogen. Daher erfolgt die Analyse auf der Basis einer breiteren Informationsmenge, was prinzipiell effizientere Schätzungen der Modellparameter ermöglicht. Allerdings ist der Übergang zu einem Panelmodell auch an Restriktionen gebunden. Bei einer Erklärung des Konsumverhaltens in den Ländern der Währungsunion durch das verfügbare Einkommen würde z.B. eine identische marginale Konsumneigung unterstellt. Damit entsteht die Frage, in welcher Form sich die Heterogenität der Individuen berücksichtigen lässt. Darüber hinaus wird in Panelmodellen das Problem der kontemporären Korrelation der Untersuchungseinheiten relevant. Eine solche Korrelation kann durch singuläre Ereignisse entstehen, die alle Objekte im Panel gemeinsam betreffen. Bei der Analyse der Kursentwicklung von Aktien können etwa die Zinsentscheidungen der Zentralbank den Markt als Ganzes beeinflussen und auf diese Weise die Korrelation auslösen.

In Folgenden werden einige grundlegende Panelmodelle diskutiert. Dabei wird zunächst das sogenannte gepoolte Regressionsmodell dargestellt, das von homogenen Untersuchungseinheiten ausgeht. Sind die Panelindividuen heterogen, ist dagegen eher ein Regressionsmodell mit festen oder zufälligen Effekten angebracht. Darüber hinaus werden Testmöglichkeiten aufgezeigt, mit denen man zwischen den einzelnen Modellen diskriminieren kann.

2.12.2 Gepoolte Regression und Panelmodelle

Sofern für N vergleichbare Untersuchungseinheiten jeweils T Beobachtungen vorliegen, lässt sich eine Regression der Form

(2.12.1) $$y_{it} = \alpha + \boldsymbol{\beta}'\mathbf{x}_{it} + u_{it}$$

schätzen, wobei i=1,..,N der Index für die Querschnittsdimension und t=1,..,T der Index für die Zeitreihendimension ist. Der Vektor **x** besteht aus k exogenen Variablen, die keinen konstanten Term enthalten. Die Gesamtzahl der Beobachtungen ist durch NT gegeben. Da verschiedene Untersuchungseinheiten gemeinsam betrachtet werden, wird (2.12.1) als **gepooltes Regressionsmodell** bezeichnet.

Anstelle von N Regressionen mit jeweils T Beobachtungen wird mit (2.12.1) eine einzige Regression mit NT Beobachtungen durchgeführt. Die Schätzer im gepoolten Modell sind relativ effizienter, weil die höhere Beobachtungszahl zu kleineren Standardfehlern der Regressionskoeffizienten führt. Der Effizienzvorteil geht jedoch verloren, wenn sich die Regressionsparameter für die einzelnen Untersuchungseinheiten signifikant unterscheiden. Die Schätzer aus (2.12.1) sind bei heterogenen Untersuchungseinheiten verzerrt. Zum Beispiel könnten sich die Koeffizienten im Parametervektor $\boldsymbol{\beta}$ unterscheiden, so dass $\boldsymbol{\beta}_i$ für i=1,..,N zu bestimmen wäre. Dies kann aber nur auf der Basis von N separaten Regressionsanalysen erfolgen.

Ob man bei entsprechender Datenverfügbarkeit tatsächlich das gepoolte Modell verwenden kann, hängt somit von der Geltung bestimmter Restriktionen ab. Konkret ist die Schätzung auf der Basis des gepoolten Datensatzes möglich, wenn für die Regressionskoeffizienten die (N-1)(k+1) Bedingungen

(2.12.2) $$\boldsymbol{\beta}_1 = \ldots = \boldsymbol{\beta}_N = \boldsymbol{\beta} \qquad \alpha_1 = \ldots = \alpha_N = \alpha$$

erfüllt sind. Daraus lässt sich ein Test ableiten, bei dem die Nullhypothese die Richtigkeit des gepoolten Modells (2.12.1) unterstellt. Dieser basiert auf einem Vergleich der Residuenquadratsummen im restringierten und unrestringierten Modell. Sofern der durch die Parameterrestriktionen bewirkte Anstieg der Residuenquadratsumme nicht mehr tolerabel ist, wird die Nullhypothese verworfen. In diesem Fall ist eine separate Schätzung der N Regressionen angezeigt. Die Teststatistik

(2.12.3) $$F = \frac{\left(\hat{\mathbf{u}}'\hat{\mathbf{u}} - \sum_{i=1}^{N} \hat{\mathbf{u}}_i'\hat{\mathbf{u}}_i\right) \Big/ (N-1)(k+1)}{\sum_{i=1}^{N} \hat{\mathbf{u}}_i'\hat{\mathbf{u}}_i \Big/ \left[NT - N(k+1)\right]}$$

ist unter der Annahme unabhängig identisch normalverteilter Störprozesse F-verteilt mit (N-1)(k+1) und (NT-N(k+1)) Freiheitsgraden.

Ein Panel-Regressionsmodell verzichtet auf einen Teil der Parameterrestriktionen (2.12.2). Es hat die Struktur

(2.12.4) $$y_{it} = \alpha_i + \boldsymbol{\beta}'\mathbf{x}_{it} + u_{it}$$

so dass die Restriktionen bezüglich des Parametervektors $\boldsymbol{\beta}$ erhalten bleiben. Die Restriktionen hinsichtlich des konstanten Terms werden jedoch aufgegeben. Damit wird die Heterogenität der Untersuchungseinheiten durch eine individuenspezifische Konstante beziehungsweise den gruppenindividuellen Effekt α_i berücksichtigt.

Allgemein lassen sich individuelle Effekte auf unterschiedliche Weise formulieren, so das sich alternative Panelschätzer ergeben. So beschreibt Gleichung (2.12.4) ein **Modell mit festen Effekten** (one way fixed effects), da α_i als fester Regressor angesehen wird. Dagegen kann α_i auch als Teil des Störprozesses modelliert werden, so dass ein **Modell mit individuellen zufälligen Effekten** (one way random effects) entsteht. Das Panelmodell wäre in diesem Fall durch

(2.12.5) $$y_{it} = \alpha + \boldsymbol{\beta}'\mathbf{x}_{it} + u_{it} \quad \text{mit} \quad u_{it} = \mu_i + v_{it}$$

gegeben. Die Heterogenität zwischen den Untersuchungseinheiten wird nicht mehr im Absolutglied berücksichtigt, sondern ist auf den Störprozess der Regression verlagert.

Die bisher erörterten gruppenindividuellen Effekte betreffen stets die Querschnittsdimension des Panels. Sie sind für die einzelnen Untersuchungseinheiten verschieden, für ein und die selbe Untersuchungseinheit aber konstant oder nur zufällig schwankend. Individuelle Effekte können aber auch in der Zeitdimension auftreten. Zeitindividuelle Effekte, die über alle Individuen identisch sind und sich statt dessen in den einzelnen Beobachtungszeitpunkten unterscheiden, können z.B. bedeutsam sein, wenn sich der Regressionszusammenhang infolge von Strukturbrüchen im Zeitablauf verschiebt.

Auch zeitindividuelle Effekte lassen sich als fest oder zufällig abbilden. Darüber hinaus kann ihre Modellierung gemeinsam mit den gruppenindividuellen Effekten erfolgen. Damit entstehen die zweistufigen Panelmodelle (two way fixed, two way random effects), die im Folgenden allerdings nicht betrachtet werden. Statt dessen steht ein einstufiges Modell im Vordergrund, wobei die Darstellung am Beispiel der gruppenindividuellen Effekte erfolgt.

2.12.3 Panelmodell mit festen Effekten

Ein Panelansatz mit festen Effekten unterstellt, das sich die Heterogenität der Untersuchungseinheiten durch Verschiebungen im Absolutglied der Regression abbilden lässt. Das Modell (2.12.4) kann alternativ in einer vektoriellen Schreibweise dargestellt werden. Für die i-te Untersuchungseinheit folgt zunächst

$$\text{(2.12.6)} \qquad \mathbf{y}_i = \mathbf{i}\alpha_i + \mathbf{X}_i\boldsymbol{\beta} + \mathbf{u}_i$$

mit $\mathbf{y}_i$ und $\mathbf{u}_i$ als T×1-Vektoren. Die Matrix der exogenen Variablen $\mathbf{X}_i$ ist von der Dimension T×k, während $\boldsymbol{\beta}$ einen k×1-Parametervektor bezeichnet, der zwischen den Untersuchungseinheiten annahmegemäß konstant ist. Ferner steht $\mathbf{i}$ für den T×1-Einsvektor. Wird das Modell für sämtliche N Individuen formuliert, hat man

$$\begin{pmatrix} \mathbf{y}_1 \\ \mathbf{y}_2 \\ \\ \\ \mathbf{y}_N \end{pmatrix} = \begin{pmatrix} \mathbf{i} & 0 & 0 & 0 & 0 \\ 0 & \mathbf{i} & 0 & 0 & 0 \\ & & & & \\ & & & & \\ 0 & 0 & 0 & 0 & \mathbf{i} \end{pmatrix} \begin{pmatrix} \alpha_1 \\ \alpha_2 \\ \\ \\ \alpha_N \end{pmatrix} + \begin{pmatrix} \mathbf{X}_1 \\ \mathbf{X}_2 \\ \\ \\ \mathbf{X}_N \end{pmatrix} \beta + \begin{pmatrix} \mathbf{u}_1 \\ \mathbf{u}_2 \\ \\ \\ \mathbf{u}_N \end{pmatrix}$$

oder kompakter

$$(2.12.7) \qquad \mathbf{y} = \mathbf{D}\boldsymbol{\alpha} + \mathbf{X}\boldsymbol{\beta} + \mathbf{u},$$

wobei **y** und **u** NT×1-Vektoren sind. Außerdem bezeichnet **X** eine NT×k-Matrix und $\boldsymbol{\alpha}$ einen N×1-Vektor. Die NT×N Matrix **D** enthält Einsvektoren der Länge T und ist als Matrix aus Dummyvariablen interpretierbar, die nur für ein bestimmtes Individuum gleich 1 und ansonsten gleich 0 sind. Gleichung (2.12.7) kann zwar mit der Methode der gewöhnlichen kleinsten Quadrate geschätzt werden. Dabei sind im Vektor $\boldsymbol{\alpha}$ jedoch N Parameter zu bestimmen. Dies ist insbesondere dann problematisch, wenn das zugrunde liegende Panelmodell viele Individuen enthält, was insbesondere bei mikroökonomischen Anwendungen der Fall sein wird. Daher wird vor der Schätzung von (2.12.7) noch eine Transformation durchgeführt, welche die Dummyvariablen eliminiert. Dies erfolgt durch den Übergang zu mittelwertbereinigten Größen.

Konkret besteht die Transformation darin, das Modell von links mit der NT×NT Matrix

$$(2.12.8) \qquad \mathbf{Q} = \mathbf{I} - \mathbf{D}(\mathbf{D}'\mathbf{D})^{-1}\mathbf{D}'$$

zu multiplizieren. Man erhält

$$(2.12.9) \qquad \mathbf{Qy} = \mathbf{QD}\boldsymbol{\alpha} + \mathbf{QX}\boldsymbol{\beta} + \mathbf{Qu} = \mathbf{QX}\boldsymbol{\beta} + \mathbf{Qu} = \mathbf{X}^*\boldsymbol{\beta} + \mathbf{u}^*$$

wegen $\mathbf{QD} = \mathbf{0}$, so das im Modell (2.12.9) nur noch die k Parameter im Vektor $\boldsymbol{\beta}$ zu bestimmen sind. Eine nähere Interpretation ergibt sich aus der Betrachtung der Transformationsmatrix. Diese hat die Struktur

$$(2.12.10) \qquad \mathbf{Q} = \begin{pmatrix} \mathbf{Q}^i & \mathbf{0} & \cdots & \mathbf{0} \\ \mathbf{0} & \mathbf{Q}^i & \cdots & \mathbf{0} \\ \vdots & \vdots & \ddots & \vdots \\ \mathbf{0} & \mathbf{0} & \cdots & \mathbf{Q}^i \end{pmatrix}$$

und ist somit blockdiagonal. Die einzelnen Blöcke sind durch die Matrix $\mathbf{Q}^i$ gegeben, die von der Dimension T×T ist und sich N-mal wiederholt. Die $\mathbf{Q}^i$-Matrix kann in der Form

$$(2.12.11) \qquad \mathbf{Q}^i = \mathbf{I}_T - \frac{1}{T}\mathbf{ii}'$$

geschrieben werden und erzeugt somit die Abweichungen vom arithmetischen Mittel pro Individuum. Die Mittelung erfolgt über die Zeitdimension und beseitigt die gruppenindividuellen Effekte, die konstant sind. Mit der **Q**-Matrix wird diese Transformation kompakter für alle Paneleinheiten zusammengefasst. Insgesamt werden also nicht die ursprünglichen, sondern mittelwertbereinigte Größen verwendet.

Das transformierte Modell (2.12.9) kann mit der Methode der gewöhnlichen kleinsten Quadrate geschätzt werden. Daraus resultiert der **Least Squares Dummy Variable (LSDV)-Schätzer** für den Parametervektor $\boldsymbol{\beta}$,

$$(2.12.12) \quad \hat{\boldsymbol{\beta}} = (\mathbf{X}^{*\prime}\mathbf{X}^{*})^{-1}\mathbf{X}^{*\prime}\mathbf{y}^{*} = (\mathbf{X}'\mathbf{Q}\mathbf{X})^{-1}\mathbf{X}'\mathbf{Q}\mathbf{y} \ ,$$

wobei sich die Schreibweise in den ursprünglichen Größen ergibt, weil die **Q**-Matrix symmetrisch und idenpotent ist. In dieser Formulierung ist ersichtlich, das der LSDV-Schätzer von seiner Struktur her ein GLS-Schätzer ist.

Anschließend lassen sich die gruppenindividuellen Effekte bestimmen. Wird (2.12.7) mit der Matrix $\mathbf{D}'$ multipliziert, ergibt sich

$$\mathbf{D}'\mathbf{y} = \mathbf{D}'\mathbf{D}\hat{\boldsymbol{\alpha}} + \mathbf{D}'\mathbf{X}\hat{\boldsymbol{\beta}} + \mathbf{D}'\hat{\mathbf{u}} = \mathbf{D}'\mathbf{D}\boldsymbol{\alpha} + \mathbf{D}'\mathbf{X}\hat{\boldsymbol{\beta}} \ ,$$

wobei die letzte Umformung gilt, weil die Summen der Residuen für alle Individuen gleich 0 sind. Daraus resultiert der Schätzer

$$(2.12.13) \quad \hat{\boldsymbol{\alpha}} = (\mathbf{D}'\mathbf{D})^{-1}\mathbf{D}'(\mathbf{y} - \mathbf{X}\hat{\boldsymbol{\beta}})$$

für die N individuellen Effekte. Alternativ lässt sich der i-te individuelle Effekt auch in der Form

$$\alpha_i = \bar{y}_{i\bullet} - \hat{\boldsymbol{\beta}}'\bar{\mathbf{x}}_{i\bullet}, \quad i = 1, .., N$$

schreiben. Dabei steht der Punkt bei dem Index, über den summiert wird. Dies ist hier die Zeitdimension. Allgemein sind die individuellen Effekte also aus einer Beziehung zwischen den Mittelwerten berechenbar.

Die Varianz-Kovarianzmatrix des Vektors der Regressionskoeffizienten ist durch

$$(2.12.14) \quad \mathrm{Cov}(\hat{\boldsymbol{\beta}}) = \sigma^2(\mathbf{X}^{*\prime}\mathbf{X}^{*})^{-1} = \sigma^2(\mathbf{X}'\mathbf{Q}\mathbf{X})^{-1}$$

gegeben. Darin bezeichnet σ^2 die Störtermvarianz, die sich auf der Basis der Residuen gemäß

$$(2.12.15) \quad \hat{\sigma}^2 = \frac{\sum_{i=1}^{N}\sum_{j=1}^{T}(y_{it} - \hat{\alpha}_i - \hat{\boldsymbol{\beta}}'\mathbf{x}_{it})^2}{NT - N - k}$$

ermitteln lässt. Da für die einzelnen Residuen die Umformungen

$$\hat{u}_{it} = y_{it} - \hat{\alpha}_i - \hat{\boldsymbol{\beta}}'\mathbf{x}_{it}$$
$$\hat{u}_{it} = y_{it} - (\bar{y}_{i\bullet} - \hat{\boldsymbol{\beta}}'\bar{\mathbf{x}}_{i\bullet}) - \hat{\boldsymbol{\beta}}'\mathbf{x}_{it}$$
$$\hat{u}_{it} = (y_{it} - \bar{y}_{i\bullet}) - \hat{\boldsymbol{\beta}}'(\mathbf{x}_{it} - \bar{\mathbf{x}}_{i\bullet})$$

gelten, entspricht der Zähler von (2.12.15) der Residuenquadratsumme des transformierten Modells (2.12.9), das sich auf mittelwertbereinigte Daten stützt. Die Residuenquadratsumme ist allerdings nicht wie sonst üblich durch die Freiheitsgrade dieser Regression (NT-k), sondern aufgrund der individuellen Effekte durch NT-N-k zu dividieren. [166]

Die Signifikanz der individuellen festen Effekte lässt sich z.B. im Rahmen eines F-Tests beurteilen. Dabei wird das Panelmodell dem Pooled-Regression-Modell (2.12.1) gegenübergestellt. Das letztgenannte Modell setzt identische individuelle Effekte voraus und enthält daher im Vergleich zum Panelmodell N-1 Restriktionen. Die Teststatistik basiert auf dem Zuwachs der Residuenquadratsumme im restringierten Modell

$$\text{(2.12.16)} \quad F = \frac{(\hat{\mathbf{u}}_r'\hat{\mathbf{u}}_r - \hat{\mathbf{u}}'\hat{\mathbf{u}})/(N-1)}{\hat{\mathbf{u}}'\hat{\mathbf{u}}/(NT-N-k)}.$$

Dabei indiziert r die Residuen im restringierten, d.h. also im Pooled-Regression Modell. Sofern der berechnete F-Wert den kritischen Wert bei N-1 und NT-N-k Freiheitsgraden übersteigt, sind die Restriktionen signifikant verletzt, so dass einem Panelmodell mit festen Effekten der Vorzug zu geben ist.

Zusätzlich kann überprüft werden, ob die Restriktion im Panelmodell, nach der sich der Vektor $\boldsymbol{\beta}$ für die Individuen nicht unterscheidet, zutreffend ist. Der entsprechende F-Test erfolgt analog zu (2.12.3), wobei die Nullhypothese hier nicht mehr durch das Pooled-Regression Modell, sondern durch den Panelansatz gegeben ist.

Innerhalb eines Panelmodells mit festen Effekten lassen sich für den Vektor der gemeinsamen Regressionskoeffizienten $\boldsymbol{\beta}$ unterschiedliche Schätzer generieren, die in einer bestimmten Beziehung zueinander stehen. Die Schätzer können sich auf das ursprüngliche Modell

$$\text{(2.12.17)} \quad y_{it} = \alpha_i + \boldsymbol{\beta}'\mathbf{x}_{it} + u_{it},$$

auf das Modell mit mittelwertbereinigten Daten

166 Die meisten Computerprogramme verwenden dagegen NT-k, so dass ihre Schätzung der Varianz von Hand zu korrigieren ist.

(2.12.18) $y_{it} - \bar{y}_{i\bullet} = \alpha_i + \boldsymbol{\beta}'(\mathbf{x}_{it} - \bar{\mathbf{x}}_{i\bullet}) + u_{it} - \bar{u}_{i\bullet}$

sowie auf einen Ansatz beziehen, der lediglich auf den Mittelwerten der Individuen beruht

(2.12.19) $\bar{y}_{i\bullet} = \alpha_i + \boldsymbol{\beta}'\bar{\mathbf{x}}_{i\bullet} + \bar{u}_{i\bullet}$.

Während den ersten beiden Modellen jeweils NT Beobachtungen zugrunde liegen, wird das Modell (2.12.19) auf der Grundlage von N (verdichteten) Beobachtungen geschätzt.

Um die Relation abzuleiten, die zwischen den drei Modellen besteht, werden die Summen der Kreuzprodukte und gemischten Produkte betrachtet, die für die Berechnung der einzelnen OLS-Schätzer erforderlich sind. Beispielsweise werden im ursprünglichen Modell

$$\mathbf{S}_{xx}^{t} = \sum_{i=1}^{N}\sum_{t=1}^{T}(\mathbf{x}_{it} - \bar{\bar{\mathbf{x}}})(\mathbf{x}_{it} - \bar{\bar{\mathbf{x}}})' \quad \text{und} \quad \mathbf{S}_{xy}^{t} = \sum_{i=1}^{N}\sum_{t=1}^{T}(\mathbf{x}_{it} - \bar{\bar{\mathbf{x}}})(y_{it} - \bar{\bar{y}})$$

benötigt. Dabei sind $\bar{\bar{\mathbf{x}}}$ und $\bar{\bar{y}}$ die Mittelwerte aller NT Beobachtungen des gesamten Modells. Das mittelwertbereinigte Modell (2.12.18) betrachtet lediglich die Abweichungen

$$\mathbf{S}_{xx}^{w} = \sum_{i=1}^{N}\sum_{t=1}^{T}(\mathbf{x}_{it} - \bar{\mathbf{x}}_{i\bullet})(\mathbf{x}_{it} - \bar{\mathbf{x}}_{i\bullet})' \quad \text{und} \quad \mathbf{S}_{xy}^{w} = \sum_{i=1}^{N}\sum_{t=1}^{T}(\mathbf{x}_{it} - \bar{\mathbf{x}}_{i\bullet})(y_{it} - \bar{y}_{i\bullet})$$

die sich innerhalb der Panelgruppen (within groups) ergeben. Dabei sind die arithmetischen Mittel der Terme $\mathbf{x}_{it} - \bar{\mathbf{x}}_{i\bullet}$ und $y_{it} - \bar{y}_{i\bullet}$ gleich 0. Im Modell (2.12.19) zwischen den Gruppen (between groups) sind schließlich die Summen

$$\mathbf{S}_{xx}^{b} = \sum_{i=1}^{N}T(\bar{\mathbf{x}}_{i\bullet} - \bar{\bar{\mathbf{x}}})(\bar{\mathbf{x}}_{i\bullet} - \bar{\bar{\mathbf{x}}})' \quad \text{und} \quad \mathbf{S}_{xy}^{b} = \sum_{i=1}^{N}T(\bar{\mathbf{x}}_{i\bullet} - \bar{\bar{\mathbf{x}}})(\bar{y}_{i\bullet} - \bar{\bar{y}})$$

von Bedeutung. Zwischen den Kreuzprodukten und den gemischten Produkten sind die Relationen

$$\mathbf{S}_{xx}^{t} = \mathbf{S}_{xx}^{w} + \mathbf{S}_{xx}^{b} \quad \text{und} \quad \mathbf{S}_{xy}^{t} = \mathbf{S}_{xy}^{w} + \mathbf{S}_{xy}^{b}.$$

erfüllt. Damit lässt sich der OLS-Schätzer des ursprünglichen Modells durch

(2.12.20) $\hat{\boldsymbol{\beta}}_{OLS} = (\mathbf{S}_{xx}^{t})^{-1}\mathbf{S}_{xy}^{t} = (\mathbf{S}_{xx}^{w} + \mathbf{S}_{xx}^{b})^{-1}(\mathbf{S}_{xy}^{w} + \mathbf{S}_{xy}^{b})$

angeben. Der Schätzer des Modells (2.12.18) ist der Within-Schätzer

(2.12.21) $\hat{\boldsymbol{\beta}}^{w} = (\mathbf{S}_{xx}^{w})^{-1}\mathbf{S}_{xy}^{w}$, der dem bereits abgeleiteten LSDV-Schätzer entspricht. Aus dem Modell (2.12.19) resultiert der Between-Schätzer

(2.12.22) $\hat{\boldsymbol\beta}^b = (\mathbf{S}_{xx}^b)^{-1}\mathbf{S}_{xy}^b$.

Da $\mathbf{S}_{xy}^w = (\mathbf{S}_{xx}^w)^{-1}\hat{\boldsymbol\beta}^w$ und $\mathbf{S}_{xy}^b = (\mathbf{S}_{xx}^b)^{-1}\hat{\boldsymbol\beta}^b$ gilt, lässt sich der Schätzer von (2.12.17) auch in der Form

$$\hat{\boldsymbol\beta}_{OLS} = (\mathbf{S}_{xx}^w + \mathbf{S}_{xx}^b)^{-1}(\mathbf{S}_{xx}^w\hat{\boldsymbol\beta}^w + \mathbf{S}_{xx}^b\hat{\boldsymbol\beta}^b)$$

schreiben. Mit $\mathbf{F}^w = (\mathbf{S}_{xx}^w + \mathbf{S}_{xx}^b)^{-1}(\mathbf{S}_{xx}^w\hat{\boldsymbol\beta}^w)$ folgt nach einigen Umformungen

(2.12.23) $\hat{\boldsymbol\beta}_{OLS} = \mathbf{F}^w\hat{\boldsymbol\beta}^w + \mathbf{F}^b\hat{\boldsymbol\beta}^b = \mathbf{F}^w\hat{\boldsymbol\beta}^w + (\mathbf{I} - \mathbf{F}^w)\hat{\boldsymbol\beta}^b$,

so dass sich der OLS-Schätzer des ursprünglichen Modells als gewichtetes Mittel des Within- und des Between-Schätzers interpretieren lässt. Dieser Zusammenhang kann z.B. verwendet werden, wenn die relative Bedeutung der Schwankungen innerhalb und zwischen den Paneleinheiten untersucht wird.

2.12.4 Panelmodell mit zufälligen Effekten

In einem Panelansatz mit zufälligen Effekten ist die Heterogenität zwischen den Individuen auf den Störprozess verankert und somit stochastisch. Im Modell

(2.12.24) $y_{it} = \alpha + \boldsymbol\beta'\mathbf{x}_{it} + u_{it}$ mit $u_{it} = \mu_i + v_{it}$

werden die Annahmen

$$\begin{aligned}
&E(v_{it}) = E(\mu_i) = 0,\\
&Var(v_{it}) = E(v_{it}^2) = \sigma_v^2,\\
&Var(\mu_i) = E(\mu_i^2) = \sigma_\mu^2,\\
&E(v_{it}v_{js}) = 0 \quad \text{für} \quad i \neq j \text{ oder } t \neq s,\\
&E(\mu_i\mu_j) = 0 \quad \text{für} \quad i \neq s \text{ und}\\
&E(v_{it}\mu_j) = 0 \quad \text{für alle } i, j \text{ und } t
\end{aligned} \tag{2.12.25}$$

gesetzt. Danach haben die individuellen Effekte einen Erwartungswert von 0, sind homoskedastisch und nicht korreliert. Für den Störprozess v_{it} gelten die Eigenschaften eines reinen Zufallsprozesses. Des weiteren sind die individuellen Effekte weder mit den Störgrößen v_{it} noch mit den Regressoren im **x**-Vektor korreliert.

Die u_{it} in (2.12.24) erfüllen wegen der individuellen Effekte nicht die Eigenschaften eines reinen Zufallsprozesses. Daher kommt als Kandidat für eine Modellschätzung die verallgemeinerte Methode der kleinsten Quadrate in Betracht, wozu die Kovarianzmatrix der Störgrößen benötigt wird. Aufgrund der Annahmen in (2.12.25) gilt

$$(2.12.26)\qquad \mathrm{Cov}(u_{it},u_{is}) = \begin{cases} \sigma_\mu^2 + \sigma_v^2 & \text{für } i = j,\, t = s \\ \sigma_\mu^2 & \text{für } i = j,\, t \neq s \\ 0 & \text{für } i \neq j \end{cases}$$

Damit sind die Störterme u_{it} homoskedastisch und haben eine Varianz, die der Summe aus den Varianzen der individuellen Effekte und der Störgröße v_{it} entspricht. Ferner sind die Störgrößen autokorreliert, sofern sie sich auf die gleiche Paneleinheit beziehen. Der Autokorrelationskoeffizient entspricht der konstanten Varianz der individuellen Effekte. Dagegen sind die Störvariablen u_{it}, die sich auf unterschiedliche Paneleinheiten beziehen, nicht korreliert.

Die Kovarianzmatrix für die i-te Paneleinheit hat folglich die Struktur

$$(2.12.27)\qquad \Omega^i = \begin{pmatrix} \sigma_\mu^2 + \sigma_v^2 & \sigma_\mu^2 & \cdots & \sigma_\mu^2 \\ \sigma_\mu^2 & \sigma_\mu^2 + \sigma_v^2 & \cdots & \sigma_\mu^2 \\ \vdots & & \ddots & \vdots \\ \sigma_\mu^2 & \cdots & \cdots & \sigma_\mu^2 + \sigma_v^2 \end{pmatrix} = \sigma_\mu^2 \mathbf{ii}' + \sigma_v^2 \mathbf{I}_T$$

und ist für alle Individuen identisch. Darin bezeichnet **i** den T×1-Einsvektor. Die Kovarianzmatrix für alle Paneleinheiten

$$(2.12.28)\qquad \mathbf{\Omega} = \begin{pmatrix} \Omega^i & \mathbf{0} & \cdots & \mathbf{0} \\ \mathbf{0} & \Omega^i & \cdots & \mathbf{0} \\ \vdots & & \ddots & \vdots \\ \mathbf{0} & \mathbf{0} & & \Omega^i \end{pmatrix}$$

besteht aus N Matrizen $\mathbf{\Omega}^i$. Um die verallgemeinerte Methode der kleinsten Quadrate anzuwenden, wird $\mathbf{\Omega}^{-1}$ benötigt. Aufgrund der Blockdiagonalität der Kovarianzmatrix reicht es jedoch aus, die Inverse von $\mathbf{\Omega}^i$ abzuleiten. Mit (2.12.27) erhält man

$$\mathbf{\Omega}^{i^{-1}} = (\sigma_\mu^2 \mathbf{ii}' + \sigma_v^2 \mathbf{I}_T)^{-1} = \left(T\sigma_\mu^2 \frac{\mathbf{ii}'}{T} + \sigma_v^2 \mathbf{I}_T \right)^{-1} = \left(\left(T\sigma_\mu^2 + \sigma_v^2\right)\frac{\mathbf{ii}'}{T} + \sigma_v^2\left(\mathbf{I}_T - \frac{\mathbf{ii}'}{T}\right)\right)^{-1}.$$

Die hierin enthaltenen Matrizen bestimmen das Mittel aus T Beobachtungen respektive die Abweichungen vom Mittelwert. Sie sind symmetrisch, idempotent und addieren sich zur Einheitsmatrix. Daher ist die Inverse durch

$$\mathbf{\Omega}^{i^{-1}} = \frac{1}{T\sigma_\mu^2 + \sigma} \frac{\mathbf{ii}'}{T} + \frac{1}{\sigma_v^2}\left(\mathbf{I}_T - \frac{\mathbf{ii}'}{T}\right)$$

gegeben. Sie lässt sich mit

$$\text{(2.12.29)} \quad \mathbf{\Omega}^{i^{-1}} = \frac{1}{\sigma_1^2}\mathbf{P}^i + \frac{1}{\sigma_v^2}\mathbf{Q}^i$$

kompakter schreiben, wobei die Definitionen

$$\sigma_1^2 = T\sigma_\mu^2 + \sigma_v^2, \quad \mathbf{P}^i = \frac{\mathbf{ii}'}{T} \quad \text{und} \quad \mathbf{Q}^i = \mathbf{I}_T - \mathbf{P}^i$$

gelten. Aus (2.12.29) lässt sich die inverse Kovarianzmatrix für alle Individuen berechnen. Damit kann das ursprüngliche Modell transformiert werden, so dass die Störterme den Eigenschaften eines reinen Zufallsprozesses folgen. Dies geschieht, indem die Regressionsgleichung von links mit

$$\text{(2.12.30)} \quad \sigma_v \mathbf{\Omega}^{-1/2} = \frac{\sigma_v}{\sigma_1}\mathbf{P} + \mathbf{Q}$$

multipliziert wird. Die Variablen des transformierten Modells haben die Struktur

$$\text{(2.12.31)} \quad y_{it}^* = y_{it} - \theta\bar{y}_{i\bullet}, \quad x_{it}^* = x_{it} - \theta\bar{x}_{i\bullet} \quad \text{mit} \quad \theta = 1 - \sigma_v/\sigma_1,$$

was sich sofort mit der Definition der Matrizen **P** und **Q** zeigen lässt. Daher beruht das Panelmodell mit zufälligen Effekten auf pseudo-mittelwertbereinigten Größen.

Für die Mittelwertbereinigung ist noch ein Parameter θ erforderlich, der aus dem Verhältnis zweier Standardabweichungen gebildet wird. Daher wird der Ansatz mit zufälligen Effekten auch als **Variance-Components-Modell** bezeichnet. Sofern die Variation der Störgrößen allein auf die Streuung der individuellen Effekte zurückzuführen ist, gilt σ_v=0 und folglich θ=1. In diesem Fall sind die Schätzer im Modell mit festen und zufälligen Effekten identisch.

Um die transformierten Größen zu berechnen, ist die Bestimmung des Parameters θ erforderlich. Dazu sind zwei Varianzen zu ermitteln. Zunächst kann die Varianz des Störprozesses v_{it} unverzerrt auf der Basis der Residuen der Within-Regression geschätzt werden. Mit (2.12.15) hat man

$$(2.12.32) \qquad \hat{\sigma}_v^2 = \frac{\sum_{i=1}^{N}\sum_{j=1}^{T}(y_{it} - \hat{\alpha}_i - \hat{\boldsymbol{\beta}}'\mathbf{x}_{it})^2}{NT - N - k}.$$

Dagegen erfolgt die Bestimmung der zweiten Varianz auf der Grundlage der Between-Regression

$$(2.12.33) \qquad \bar{y}_{i\bullet} = \alpha + \beta'\bar{\mathbf{x}}_{i\bullet} + \bar{u}_{i\bullet} = \alpha + \beta'\bar{\mathbf{x}}_{i\bullet} + \mu_i + \bar{v}_{i\bullet}\ ,$$

die man erhält, indem das Variance-Components-Modell von links mit der Matrix **P** multipliziert wird. Tatsächlich ist die Varianz des Störprozesses der Between-Gleichung aufgrund der Annahmen (2.12.25) durch

$$(2.12.34) \qquad \mathrm{Var}(\mu_i + \bar{v}_{i\bullet}) = \mathrm{Var}(\mu_i + \frac{1}{T}\sum_{t=1}^{T} v_{it}) = \sigma_\mu^2 + \frac{1}{T}\sigma_v^2 = \frac{\sigma_1^2}{T}$$

gegeben. Damit kann σ_1^2 unverzerrt auf der Basis der OLS-Residuen von (2.12.33) gemäß

$$(2.12.35) \qquad \frac{\hat{\sigma}_1^2}{T} = \frac{\sum_{i=1}^{N}(\bar{y}_{i\bullet} - \beta'\bar{\mathbf{x}}_{i\bullet})^2}{N - k - 1}$$

ermittelt werden. Schließlich kann aus (2.12.34) ein unverzerrter Schätzer für die Streuung der individuellen Effekte abgeleitet werden. Dieser ist durch

$$(2.12.36) \qquad \hat{\sigma}_\mu^2 = \frac{\hat{\sigma}_1^2 - \hat{\sigma}_v^2}{T}$$

gegeben und beruht auf der Differenz zweier Varianzen. Damit ist a priori nicht gewährleistet, dass die Varianz der individuellen Effekte tatsächlich positiv ist. Sollte sich in der Anwendung ein negativer Schätzer ergeben, kann man diesen Parameter auf 0 setzen. [167] Sofern die Streuung der individuellen Effekte gleich 0 ist, sind die Variance Components σ_1^2 und σ_v^2 identisch. Dies impliziert θ=0, so dass die Regression nicht transformiert wird. In diesem Fall wird bereits das ursprüngliche Modell mit OLS

[167] Maddala und Mount (1973).

geschätzt. Nachdem die Variance Components ermittelt sind, ist θ berechenbar, so dass pseudo-mittelwertbereinigte Größen abgeleitet werden können. Anschließend können die Parameter im so transformierten Modell mit OLS bestimmt werden.

Der OLS-Schätzer für $\boldsymbol{\beta}$ im Modell mit festen Effekten kann nach (2.12.23) als gewichtetes Mittel des Within- und Between-Schätzers dargestellt werden. Eine ähnliche Beziehung ist für den GLS-Schätzer im Modell mit zufälligen Effekten erhältlich. [168] Tatsächlich ergibt sich der GLS-Schätzer von $\boldsymbol{\beta}$ als gewichtetes Mittel des Within- und Between-Schätzers,

$$(2.12.37) \qquad \hat{\boldsymbol{\beta}}_{GLS} = \mathbf{F}^{w}\hat{\beta}^{w} + (\mathbf{I} - \mathbf{F}^{w})\hat{\beta}^{b} \, ,$$

wobei die Gewichte

$$\mathbf{F}^{W} = \left(\mathbf{S}_{XX}^{W} + \lambda \mathbf{S}_{XX}^{b}\right)^{-1} \mathbf{S}_{XX}^{W} \quad \text{mit } \lambda = \frac{\sigma_{v}^{2}}{T\sigma_{\mu}^{2} + \sigma_{v}^{2}} = (1-\theta)^{2}$$

in Abhängigkeit von den Variance Components gesteuert werden. Sofern $\lambda=1$ ($\sigma_{\mu}=0$, $\theta=0$) ist, entspricht der GLS-Schätzer dem OLS-Schätzer des ursprünglichen Modells. Dann haben der Within- und Between-Schätzer das gleiche Gewicht. Bei $T\rightarrow\infty$ geht λ gegen 0, so dass der GLS-Schätzer gegen den Within-Schätzer konvergiert. Dagegen nähert sich der GLS-Schätzer bei $\lambda\rightarrow\infty$ dem Between-Schätzer an.

Die Relevanz individueller zufälliger Effekte wird überprüft, indem die Nullhypothese $\sigma_{\mu}^{2} = 0$ getestet wird. Dies kann nach dem Lagrange-Multiplier-Prinzip [169] erfolgen, das lediglich eine Schätzung des restringierten Modells erforderlich macht. Einen entsprechenden Test haben Breusch und Pagan [170] vorgeschlagen. Danach ist die Teststatistik

$$(2.12.38) \qquad LM = \frac{NT}{2(T-1)}\left(\frac{\sum_{i=1}^{N}\left(\sum_{t=1}^{T}\hat{u}_{it}\right)^{2}}{\sum_{i=1}^{N}\sum_{t=1}^{T}\hat{u}_{it}^{2}} - 1\right)^{2}$$

---

[168] Baltagi (1995).

[169] Siehe hierzu Darnell (1994), S. 215ff.

[170] Breusch und Pagan (1980).

die auf den OLS-Residuen des ursprünglichen Modells basiert, Chi-quadrat verteilt mit einem Freiheitsgrad. Sofern die Nullhypothese verworfen wird, erhält man Evidenz für das Vorliegen individueller zufälliger Effekte.

Schließlich ist ein Test verfügbar, der zwischen einem Panelmodell mit festen und zufälligen Effekten diskriminiert. Eine kritische Annahme im Variance-Components-Modell ist die Abwesenheit einer Korrelation zwischen den unbeobachtbaren individuellen Effekten und den Regressoren. Unter dieser Bedingung erfüllt der Variance-Components-Schätzer die BLUE-Eigenschaft und ist konsistent. Der LSDV- bzw. Within-Schätzer ist zwar konsistent, aber nicht effizient. Sofern jedoch eine signifikante Korrelation vorliegt, ist der Variance-Components-Schätzer verzerrt und inkonsistent. Dagegen bleibt der LSDV-Schätzer konsistent, weil die individuellen Effekte vor der Schätzung eliminiert werden. Damit lässt sich ein Spezifikationstest nach Hausman [171] durchführen, der auf der Differenz der beiden Schätzer

(2.12.39) $\hat{\mathbf{q}} = \hat{\boldsymbol{\beta}}_{GLS} - \hat{\boldsymbol{\beta}}_{LSDV}$

beruht. Sofern die Nullhypothese gültig ist, sind die individuellen Effekte nicht mit den Regressoren korreliert, so dass ein Variance Components Modell angemessen ist. Die Teststatistik ist durch

(2.12.40) $\chi^2 = \hat{\mathbf{q}}' \mathrm{Cov}(\hat{\mathbf{q}})^{-1} \hat{\mathbf{q}}$

gegeben, wobei sich die Kovarianzmatrix von $\mathbf{q}$ durch

(2.12.41) $\mathrm{Cov}(\hat{\mathbf{q}}) = \mathrm{Cov}(\hat{\boldsymbol{\beta}}_{LSDV}) - \mathrm{Cov}(\hat{\boldsymbol{\beta}}_{GLS})$

berechnen lässt. Die Prüfgröße ist unter der Nullhypothese Chi-quadrat-verteilt mit k Freiheitsgraden. Sofern die Hypothese verworfen wird, ist ein Modell mit festen Effekten erforderlich.

2.12.5 Beispiel: Beschäftigungswirkungen einer Arbeitszeitverkürzung

Um zu untersuchen, ob durch eine allgemeine Verkürzung der Wochenarbeitszeit tatsächlich neue Beschäftigung entstanden, wird eine Panelregression für 33 Branchen des

[171] Hausman (1978).

Produzierenden Gewerbes Westdeutschlands im Zeitraum von 1960 bis 1994 durchgeführt. Der Analyse liegen Jahresdaten zugrunde, so dass insgesamt 1155 Beobachtungen verfügbar sind.

Entsprechend der neoklassischen Theorie wird die Arbeitsnachfrage der Unternehmen durch die sektorale Produktion und die sektoralen Arbeitskosten bestimmt. Dazu wird die tariflich vereinbarte Arbeitszeit in den einzelnen Branchen als zusätzlicher Regressor einbezogen. Aus dem Vorzeichen dieser Variablen kann die Wirkungsrichtung einer Arbeitszeitverkürzung auf die Beschäftigung abgelesen werden. Bei einem negativen Zusammenhang würde die Beschäftigung steigen, so dass die Verkürzung der tariflichen Wochenarbeitszeit als geeignetes Mittel erscheint, die Beschäftigung zu erhöhen und die Arbeitslosigkeit zu senken.

Die Arbeitsnachfrage wird durch die Beschäftigung in Personen L, die Produktion durch die Bruttowertschöpfung Y und die Arbeitskosten durch die Tariflöhne w approximiert. Die tariflich vereinbarte Wochenarbeitszeit h ist in Stunden gemessen. [172] Alle Variablen werden am Beginn der Analyse logarithmiert, so dass die geschätzten Regressionsparameter als Elastizitäten zu interpretieren sind.

Zunächst wird überprüft, ob ein Panelmodell mit branchenspezifischen Effekten gegenüber der gepoolten Regression in Gleichung (2.12.1) vorzuziehen ist. Wird die gepoolte Regression durchgeführt, ergibt sich eine Residuenquadratsumme von 466,3. Dagegen weist ein Panelansatz mit festen branchenspezifischen Effekten eine Summe der Residuenquadrate von lediglich 25,4 aus. Wird der F-Test in Gleichung (2.12.16) durchgeführt, erhält man

$$F = \frac{(466{,}3 - 25{,}4)\,/\,(33 - 1)}{25{,}4\,/\,(33 \cdot 35\text{-}33\text{-}3)} = 607{,}0$$

als Wert der Prüfstatistik. Dieser übersteigt den kritischen Wert der F-Verteilung bei 32 und 1119 Freiheitsgraden bei weitem auf praktisch beliebigem Signifikanzniveau, so dass eindeutig einem Panelmodell der Vorzug zu geben ist.

Ob das Modell mit festen Effekten zu spezifizieren ist, hängt allerdings vom Ausgang des Hausman-Tests ab, dessen Teststatistik in (2.12.40) gegeben ist. In der vorliegenden Anwendung erhält man einen Wert von 14,925, der den kritischen Wert der Chi-Quadrat-Verteilung bei 3 Freiheitsgraden übersteigt. Die Nullhypothese eines Modells mit

172 Datenquellen: Statistisches Bundesamt, Fachserie 16: Löhne und Gehälter, und Fachserie 18: Volkswirtschaftliche Gesamtrechnung.

zufälligen Effekten ist also abzulehnen. Es ist vielmehr davon auszugehen, dass die branchenspezifischen Effekte mit den übrigen Regressoren korreliert sind.

Die Regression ist also auf der Grundlage eines Modells mit festen Effekten durchzuführen. Dies ergibt die Beziehung

$$\log L_t = \underset{(33{,}49)}{0{,}55} \log Y_t - \underset{(-20{,}51)}{0{,}31} \log w_t + \underset{(1{,}37)}{0{,}31} \log h_t, \quad R^2 = 0{,}980 \;,$$

wobei die t-Werte in Klammern angegeben sind. Die branchenspezifischen Konstanten sind nicht mit angegeben. Sie werden einbezogen, um für unbeobachtete Heterogenität zwischen den Untersuchungseinheiten zu kontrollieren und so eine Verzerrung der Schätzergebnisse zu vermeiden. Eine darüber hinaus gehende Bedeutung ist in dieser Untersuchung nicht gegeben.

Betrachtet man die Schätzergebnisse, werden die Einflüsse von Produktion und Arbeitskosten mit den erwarteten Vorzeichen geschätzt. Danach ist die Elastizität der Beschäftigung im Produzierenden Gewerbe in bezug auf die Produktion gleich 0,55, während sich in Bezug auf die Arbeitskosten ein Wert von –0,31 ergibt. Zum Beispiel wird die Beschäftigung in Personen um gut ½% aufgebaut, wenn die Produktion um 1% wächst.

Der Einfluss der Arbeitszeitvariablen auf die Höhe der Beschäftigung ist nicht einmal mit einer 10%igen Irrtumswahrscheinlichkeit von 0 verschieden. Danach hat die Verkürzung der tariflichen Wochenarbeitszeit nicht dazu beigetragen, die Beschäftigung im Untersuchungszeitraum zu erhöhen. Dieser Befund dürfte von den kostensteigernden Effekten der Arbeitszeitverkürzung verursacht sein. ♦

Aufgaben

2.12.1 Was versteht man unter einem gepoolten Regressionsmodell?

2.12.2 Wodurch unterscheidet sich das Panelmodell mit festen Effekten von dem gepoolten Regressionsmodell?

2.12.3 Wie lässt sich die Heteroskedastizität im Panelmodell mit festen Effekten erklären?

2.12.4 Erläutern Sie die stochastischen Annahmen, die dem Panelmodell mit zufälligen Effekten zugrunde liegen!

3. Ökonometrische Mehrgleichungsmodelle

3.1 Modellspezifikation

3.1.1 Strukturelle Form

Bei den ökonometrischen Eingleichungsmodellen ist eine endogene Variable in Abhängigkeit von einer oder mehreren erklärenden Variablen untersucht worden, die exogen vorgegeben sind. In der wirtschaftlichen Wirklichkeit sind jedoch immer wieder Rückkoppelungen der Einflüsse ökonomischer Variablen feststellbar, die es in vielen Bereichen als unrealistisch erscheinen lassen, von einseitigen kausalen Beziehungen auszugehen. Wann einer Interdependenz der ökonomischen Variablen bei einer ökonometrischen Modellbildung Rechnung zu tragen ist, hängt freilich von der Stärke der Rückkoppelungseffekte ab. Während sie in bestimmten Bereichen vernachlässigbar sein werden, ist eine Außerachtlassung dieser Effekte immer dann nicht zulässig, wenn sie als bedeutsam einzustufen sind. Eine zuverlässige ökonometrische Analyse ist dann allein auf der Grundlage eines interdependenten Modells gegeben.

Ein Beispiel soll einen Einblick in die Problematik vermitteln. In der Nachfrageanalyse wird die Nachfrage eines Haushalts nach einem Gut in Abhängigkeit vom Haushaltseinkommen und anderen Einflussgrößen untersucht. Insbesondere bei Querschnittsanalysen, in denen die Güterpreise als konstant angenommen werden können, gelten die Haushaltseinkommen oder die Gesamtausgaben des Haushalts als entscheidende Bestimmungsgröße für die Güternachfrage. Umgekehrt hat die Nachfrage nach beliebigen Gütern jedoch keinen in Betracht zu ziehenden Einfluss auf das Einkommen eines Haushalts. Bei dieser Problemstellung wäre es also gerechtfertigt, das Einkommen als exogene Variable zu betrachten. Anders ist die Situation dagegen bei einer makroökonomischen Konsumfunktion. Die gesamtwirtschaftlichen Konsumausgaben hängen der Keynes'schen Konsumfunktion zufolge einerseits von der Höhe des Volkseinkommens oder verfügbaren Einkommens ab, jedoch wird das Volkseinkommen andererseits auch durch den Konsum determiniert. Ein solches Beziehungsgefüge lässt sich allein durch ein interdependentes Modell erfassen.

Problematisch ist die Behandlung wirtschaftspolitischer Aktionsparameter wie z.B. Steuersätze, Diskont- und Lombardsatz oder Staatsausgaben. Sind diese Größen wirklich exogene Variablen, die von den wirtschaftspolitischen Instanzen autonom gesetzt werden? Oder sind es Größen, die aus dem Zusammenspiel ökonomischer Variablen heraus erklärt werden können? Sicher gibt es Situationen, in denen es gerechtfertigt sein wird, bestimmte Steuerungsgrößen als exogen zu betrachten. Bei der ökonometrischen Modellbildung ist jedoch keineswegs von vornherein einheitlich verfahren. In Abhängigkeit von der Zielsetzung kann es ggf. sinnvoll sein, bestimmte Aktionsparameter modellimmanent zu erklären. Der Ökonometriker wird den höheren Schwierigkeitsgrad der Modellbildung jedoch im Allgemeinen nur dann in Kauf nehmen, wenn der hierdurch zu erwartende Erkenntnisgewinn beträchtlich ist.

Wie bei den ökonometrischen Eingleichungsmodellen gehen wir ebenso bei ökonometrischen Mehrgleichungsmodellen von linearen Beziehungen zwischen den ökonomischen Variablen aus. Nichtlineare Beziehungen wie z.B. die Cobb-Douglas-Produktionsfunktion können nach geeigneter Linearisierung darin einbezogen werden. Bei der Notation ist zu beachten, dass allein die gemeinsam abhängigen Variablen mit y bezeichnet werden; die prädeterminierten Variablen, d.h. die exogenen Variablen und die zeitlich verzögerten endogenen Variablen, werden einheitlich mit x gekennzeichnet. Die Störvariablen werden weiterhin mit u bezeichnet.

Wenn das ökonometrische Mehrgleichungssystem vollständig sein soll, muss die Anzahl der Gleichungen mit der Anzahl der gemeinsam abhängigen Variablen übereinstimmen. Nur dann lässt sich das Gleichungssystem eindeutig nach diesen Variablen auflösen. Unter Berücksichtigung dieser Vereinbarungen lassen sich die strukturellen Beziehungen eines ökonometrischen Mehrgleichungsmodells mit G Gleichungen und K prädeterminierten Variablen durch das lineare Gleichungssystem

$$
\text{(3.1.1)} \quad
\begin{aligned}
\sum_{h=1}^{G} \gamma_{1h} y_{ht} &+ \sum_{k=1}^{K} \beta_{1k} x_{kt} &= u_{1t} \\
\sum_{h=1}^{G} \gamma_{2h} y_{ht} &+ \sum_{k=1}^{K} \beta_{2k} x_{kt} &= u_{2t} \\
\vdots \qquad & \qquad \vdots & \vdots \quad \vdots \\
\sum_{h=1}^{G} \gamma_{Gh} y_{ht} &+ \sum_{k=1}^{K} \beta_{Gk} x_{kt} &= u_{Gt}
\end{aligned}
$$

erfassen. Der Index t bezeichnet darin im allgemeinen die Zeit, da zum Aufbau von ökonometrischen Mehrgleichungsmodellen in der überwiegenden Mehrheit der Fälle

Zeitreihendaten verwendet werden. [173] Um eine bessere Vertrautheit mit der Notation zu erhalten, seien die Größen des Gleichungssystems mit ihren Indizes hier einmal herausgestellt und erläutert:

y_{ht}	h-te gemeinsame abhängige Variable zur Zeit t,
γ_{gh}	Koeffizient der h-ten gemeinsamen abhängigen Variablen in der g-ten Gleichung,
x_{kt}	k-te prädeterminierte Variable zur Zeit t,
β_{gk}	Koeffizient der k-ten prädeterminierten Variablen in der g-ten Gleichung,
u_{gt}	Störvariable der g-ten Gleichung zur Zeit t.

In jeder Gleichung soll ein absolutes Glied enthalten sein, was durch Setzen von $x_{1t}=1$ für alle t erreicht wird. Die prädeterminierte Variable x_1 wird damit wie bei einem ökonometrischen Eingleichungsmodell zu einer Scheinvariablen.

Um das ökonometrische Mehrgleichungsmodell kompakt darzustellen, bedienen wir uns wiederum der Matrixnotation. Hierzu definieren wir die Variablenvektoren

$$\begin{aligned}\mathbf{y}'_t &= (y_{1t}\ y_{2t} \cdots y_{Gt})\\ \mathbf{x}'_t &= (x_{1t}\ x_{2t} \cdots x_{Kt})\\ \mathbf{u}'_t &= (u_{1t}\ u_{2t} \cdots u_{Gt})\end{aligned}$$

sowie die Koeffizientenmatrizen

$$\underset{G\times G}{\mathbf{\Gamma}} = \begin{bmatrix} \gamma_{11} & \gamma_{12} & \cdots & \gamma_{1G} \\ \gamma_{21} & \gamma_{22} & \cdots & \gamma_{2G} \\ \vdots & \vdots & \vdots & \vdots \\ \gamma_{G1} & \gamma_{G2} & \cdots & \gamma_{GG} \end{bmatrix}$$

und

$$\underset{G\times K}{\mathbf{B}} = \begin{bmatrix} \beta_{11} & \beta_{12} & \cdots & \beta_{1K} \\ \beta_{21} & \beta_{22} & \cdots & \beta_{2K} \\ \vdots & \vdots & \vdots & \vdots \\ \beta_{G1} & \beta_{G2} & \cdots & \beta_{GK} \end{bmatrix},$$

womit man das Gleichungssystem (3.1.1) in der Form

[173] Bei einer Querschnittsanalyse würde der Index t dagegen für eine statistische Einheit wie z.B. einen Haushalt, ein Unternehmen oder eine Region stehen.

(3.1.2) $\mathbf{\Gamma y}_t + \mathbf{B} \cdot \mathbf{x}_t = \mathbf{u}_t$

erhält.

Unter der Annahme, dass die G×G-Parameter-Matrix $\mathbf{\Gamma}$ regulär, also invertierbar ist, ist ihre Determinante ungleich 0. Mit $|\mathbf{\Gamma}| \neq 0$ wird das simultane Modell als vollständig bezeichnet. Die G Strukturgleichungen des Systems können z.B. Verhaltens- und Definitionsgleichungen sein. Wenn die g-te Strukturgleichung eine Definition darstellt, ist der Störterm u_{gt} dieser Gleichung für alle t gleich 0.

Beispielhaft sollen zwei makroökonomische Modelle unter Verwendung der allgemeinen Notation eines ökonometrischen Mehrgleichungsmodells dargestellt werden. Das makroökonomische Modell I geht aus dem einfachen keynesianischen Modell (1.3.5)–(1.3.6) unter Berücksichtigung des Konsums der Vorperiode in der Konsumfunktion (Habit-Persistence-Hypothese) hervor:

$$C_t = \beta_{11} + \gamma_{12} Y_t + \beta_{12} C_{t-1} + u_{1t}$$
$$Y_t = C_t + I_t$$
mit $\beta_{11} = C_0$, $\gamma_{12} = c_1$, $\beta_{12} = c_2$ und $u_{1t} = u_t$.

Wenn die beobachtbaren Variablen auf die linke Seite gebracht werden,

$$C_t - \gamma_{12} Y_t - \beta_{11} - \beta_{12} C_{t-1} = u_{1t}$$
$$-C_t + Y_t - I_t = 0,$$

erhält man die Darstellung

$$\begin{bmatrix} 1 & -\gamma_{12} \\ -1 & 1 \end{bmatrix} \begin{bmatrix} C_t \\ Y_t \end{bmatrix} + \begin{bmatrix} -\beta_{11} & -\beta_{12} & 0 \\ 0 & 0 & -1 \end{bmatrix} \begin{bmatrix} 1 \\ C_{t-1} \\ I_t \end{bmatrix} = \begin{bmatrix} u_{1t} \\ 0 \end{bmatrix},$$

die strukturell dem Gleichungssystem (3.1.1) mit G=2 und K=3 entspricht. Da die zweite Gleichung eine Identität wiedergibt, nimmt die Störvariable u_2 für alle t den Wert 0 an.

Analog lässt sich das makroökonomische Modell II als Spezialfall der allgemeinen strukturellen Form eines ökonometrischen Mehrgleichungsmodells handhaben. Wenn man die beobachtbaren Variablen auf die linke Seite bringt und ordnet, erhält man aus den Gleichungen (1.4.6) – (1.4.8)

$$\begin{aligned} C_t - \gamma_{13} Y_t - \beta_{11} - \beta_{14} C_{t-1} &= u_{1t} \\ I_t - \gamma_{23} Y_t - \beta_{21} - \beta_{25} Y_{t-1} &= u_{2t} \\ -C_t - I_t + Y_t - A_t - (EX_t - IM_t) &= 0 \end{aligned}$$

$$\begin{bmatrix} 1 & 0 & -\gamma_{13} \\ 0 & 1 & -\gamma_{23} \\ -1 & -1 & 1 \end{bmatrix} \begin{bmatrix} C_t \\ I_t \\ Y_t \end{bmatrix} + \begin{bmatrix} -\beta_{11} & 0 & 0 & -\beta_{14} & 0 \\ -\beta_{21} & 0 & 0 & 0 & -\beta_{25} \\ 0 & -1 & -1 & 0 & 0 \end{bmatrix} \begin{bmatrix} 1 \\ A_t \\ (EX_t - IM_t) \\ C_{t-1} \\ Y_{t-1} \end{bmatrix} = \begin{bmatrix} u_{1t} \\ u_{2t} \\ 0 \end{bmatrix}.$$

Die Gleichungssysteme (3.1.1) und (3.1.2) geben die strukturellen Beziehungen eines ökonometrischen Mehrgleichungsmodells zu einem Zeitpunkt oder in einer Periode wieder. Bei seiner Schätzung muss jedoch auf alle Beobachtungswerte innerhalb des Stützzeitraums zurückgegriffen werden. Wie bei dem ökonometrischen Eingleichungsmodell werden daher auch hier Datenmatrizen definiert, die die Beobachtungswerte der manifesten Variablen enthalten. Die n×K-Matrix **X**,

$$\underset{n\times K}{\mathbf{X}} = \begin{bmatrix} x_{11} & x_{21} & \cdots & x_{K1} \\ x_{12} & x_{22} & \cdots & x_{K2} \\ \vdots & \vdots & \ddots & \vdots \\ x_{1n} & x_{2n} & \cdots & x_{Kn} \end{bmatrix},$$

enthält die Beobachtungswerte der prädeterminierten Variablen und in der $n \times G$ -Matrix **Y**,

$$\underset{n\times G}{\mathbf{Y}} = \begin{bmatrix} y_{11} & y_{21} & \cdots & y_{G1} \\ y_{12} & y_{22} & \cdots & y_{G2} \\ \vdots & \vdots & \ddots & \vdots \\ y_{1n} & y_{2n} & \cdots & y_{Gn} \end{bmatrix},$$

stehen die Beobachtungswerte der gemeinsam abhängigen Variablen. Unter Verwendung dieser beiden Datenmatrizen lautet die strukturelle Form eines ökonometrischen Mehrgleichungsmodells,

(3.1.3) $$\underset{n\times G}{\mathbf{Y}}\ \underset{G\times G}{\mathbf{\Gamma}'} + \underset{n\times K}{\mathbf{X}}\ \underset{K\times G}{\mathbf{B}'} = \underset{n\times G}{\mathbf{U}},$$

worin **U** eine n×G-Matrix der Störvariablen ist:

$$\underset{n\times G}{\mathbf{U}} = \begin{bmatrix} u_{11} & u_{21} & \cdots & u_{G1} \\ u_{12} & u_{22} & \cdots & u_{G2} \\ \vdots & \vdots & \ddots & \vdots \\ u_{1n} & u_{2n} & \cdots & u_{Gn} \end{bmatrix}.$$

Man beachte, dass die g-te Spalte der Störmatrix **U** aus Nullen besteht, wenn die g-te Modellgleichung eine Identität ist.

In unseren beiden Beispielen hat außerdem die in einer Verhaltensgleichung erklärte Variable einen Koeffizienten von Eins. Die Diagonalelemente γ_{gg} der Koeffizientenmatrix Γ der endogenen Variablen nehmen hier durchweg den Wert 1 an. Wir wollen allgemein diese Vereinbarung für Γ treffen, d.h., wir setzen stets voraus, dass die Koeffizientenmatrix Γ von der Gestalt

$$(3.1.4) \qquad \underset{G\times G}{\mathbf{\Gamma}} = \begin{bmatrix} 1 & \gamma_{12} & \cdots & \gamma_{1G} \\ \gamma_{21} & 1 & \cdots & \gamma_{2G} \\ \vdots & \vdots & \ddots & \vdots \\ \gamma_{G1} & \gamma_{G2} & \cdots & 1 \end{bmatrix}$$

ist. Aufgrund dieser Vereinbarung wird die Unbestimmtheit in den Parametern beseitigt, die dadurch besteht, dass eine Gleichung mit einer beliebigen Konstanten multipliziert wird, ohne den formalen Aussagegehalt zu ändern. Sofern die Koeffizientenmatrix $\mathbf{\Gamma}$ die Form (3.1.4) hat, ist das Gleichungssystem normiert. Aus den Nullelementen der Koeffizientenmatrizen $\mathbf{\Gamma}$ und **B** gehen die in einer Gleichung ausgeschlossenen endogenen und prädeterminierten Variablen hervor.

Aus der Gestalt der Koeffizientenmatrix $\mathbf{\Gamma}$ der gemeinsam abhängigen Variablen lässt sich die Art des ökonometrischen Mehrgleichungsmodells in bezug auf seine Kausalstruktur erkennen. Wenn die Koeffizientenmatrix $\mathbf{\Gamma}$ als Dreiecksmatrix geschrieben werden kann,

$$(3.1.5) \qquad \mathbf{\Gamma} = \begin{bmatrix} 1 & 0 & 0 & \dots & 0 \\ \gamma_{21} & 1 & 0 & \dots & 0 \\ \gamma_{31} & \gamma_{32} & 1 & \dots & \vdots \\ \gamma_{G1} & \gamma_{G2} & \gamma_{G3} & \dots & 1 \end{bmatrix}$$

handelt es sich um ein rekursives Modell. Die endogenen Variablen werden hierbei sukzessive durch die prädeterminierten Variablen und endogenen Variablen der vorhergehenden Gleichungen erklärt. "Feedback"-Effekte sind bei einem rekursiven Modell ausgeschlossen, da eine einseitige Beeinflussung der ökonomischen Variablen erfolgt. Rekursive ökonometrische Modelle sind Gleichung für Gleichung durch die bereits bekannten Verfahren schätzbar.

Im Extremfall werden die endogenen Variablen ausschließlich durch die prädeterminierten Variablen erklärt. Die Koeffizientenmatrix $\mathbf{\Gamma}$ nimmt dann bei entsprechender Anordnung der Gleichungen eine Diagonalgestalt an. Es bestehen dann keine Beziehungen zwischen den endogenen Modellvariablen. Unter Berücksichtigung der Normierungsbedingung ist $\mathbf{\Gamma}$ eine G×G-Einheitsmatrix.

In der ökonometrischen Praxis haben sich rekursive Modelle vor allem für eine Konjunkturanalyse als inadäquat erwiesen. Hier arbeitet man allgemein mit interdependenten Modellen, bei denen die Koeffizientenmatrix $\mathbf{\Gamma}$ weder eine Dreiecks- noch eine Diagonalmatrix ist. Für einzelne Sektoren kann es jedoch durchaus gerechtfertigt sein, von einseitigen Kausalketten auszugehen. Zuweilen werden in einem Unternehmensbereich oder Sektor einer Volkswirtschaft mehrere unverbundene oder scheinbar unverbundene Eingleichungsmodelle [174] spezifiziert, die zusammen als ökonometrisches Mehrgleichungsmodell mit einer diagonalen Koeffizientenmatrix $\mathbf{\Gamma}$ aufgefasst werden können.

3.1.2 Stochastische Modellannahmen

Für das vollständige ökonometrische Mehrgleichungsmodell sind stochastische Annahmen über die Störvariablen erforderlich. Zunächst einmal wird wie bei dem ökonometrischen Eingleichungsmodell vorausgesetzt, dass der Erwartungswert einer Störvariablen gleich Null ist. Da diese Annahme für alle Störvariablen gemacht wird, lautet sie

$$(3.1.6) \qquad \underset{Gx1}{E(\mathbf{u}_t)} = \underset{Gx1}{\mathbf{0}}, \quad t = 1,2,\ldots,n$$

mit

174 Bei scheinbar unverbundenen Regressionsmodellen bestehen stochastische Abhängigkeiten zwischen den Störtermen der Verhaltensgleichungen, die bei der ökonometrischen Schätzung (SURE-Methode, s. Abschnitt 3.3.2) zu berücksichtigen sind.

$$\mathbf{u}_t' = (u_{1t} \quad u_{2t} \quad \ldots \quad u_{Gt}) .$$

Was die Unkorreliertheit der Störvariablen in der strukturellen Form betrifft, so ist beim ökonometrischen Mehrgleichungsmodell eine Differenzierung vorzunehmen. Genauer gelten hier die beiden Annahmen

$$(3.1.7) \qquad E(\mathbf{u}_t \mathbf{u}_t') = \Sigma_{G \times G}$$

und

$$(3.1.8) \qquad E(\mathbf{u}_t \mathbf{u}_s') = \mathbf{0}_{G \times G} \text{ für } t \neq s .$$

Ausführlicher ist die G×G-Matrix $\mathbf{\Sigma}$ durch

$$\mathbf{\Sigma} = \begin{pmatrix} \sigma_{11} & \sigma_{12} & \cdots & \sigma_{1G} \\ \sigma_{21} & \sigma_{22} & \cdots & \sigma_{2G} \\ \vdots & \vdots & \ddots & \vdots \\ \sigma_{G1} & \sigma_{G2} & \cdots & \sigma_{GG} \end{pmatrix}$$

gegeben. Die Diagonalelemente σ_{gg} bezeichnen die Varianzen der Störterme in der g-ten Gleichung. Diese sind für alle t=1,...,n konstante Größen, so dass homoskedastische Störvariablen unterstellt werden. Dabei ist es jedoch möglich, dass sich die Varianzen von Störtermen verschiedener Gleichungen voneinander unterscheiden, so dass die Diagonalelemente im allgemeinen ungleich sind. In diesem Sinne liegt hier eine Verallgemeinerung der Annahme der Homoskedastizität vor.

Die Nebendiagonalelemente $\sigma_{gh}, g \neq h$, in der G×G-Matrix $\mathbf{\Sigma}$ bezeichnen die Kovarianzen zwischen den Störtermen, die zum gleichen Zeitpunkt t in unterschiedlichen Gleichungen auftreten. Diese Elemente sind im Zeitablauf konstant, jedoch nicht notwendig gleich 0. Damit wird im simultanen Modell eine kontemporäre Korrelation der Störvariablen zugelassen. Wegen $\sigma_{gh} = \sigma_{hg}$ ist $\mathbf{\Sigma}$ ist eine symmetrische Matrix und als Kovarianzmatrix positiv definit.[175] Die Annahme einer Abwesenheit von Autokorrelation ist schließlich in Gleichung (3.1.8) enthalten, nach der die Störterme unterschiedlicher Beobachtungszeitpunkte unkorreliert sind.

---

175 Die Eigenschaft der positiven Definitheit der Varianz-Kovarianz-Matrix $\mathbf{\Sigma}$ ist eine Verallgemeinerung der Eigenschaft positiver Varianzen (bei fehlender Einpunktverteilung): Allgemein ist eine quadratische n×n-Matrix **A** positiv definit, wenn die quadratische Form **x' A x** für jeden n-Vektor **x**, **x≠0**, positiv ist.

3.1.3 Reduzierte Form

Die Strukturform eines ökonometrischen Mehrgleichungsmodells gibt die ökonomischen Hypothesen für einen volkswirtschaftlichen Teilbereich oder für die Gesamtwirtschaft unter Verwendung eines stochastischen Ansatzes wieder. In der Wirtschaftstheorie werden jedoch insbesondere Auswirkungen der Veränderung exogener Größen auf ökonomische Variablen untersucht, was eine Grundlage zur Einschätzung wirtschaftspolitischer Maßnahmen bietet. Die Träger wirtschaftspolitischer Entscheidungen stehen z.B. vor dem Problem, zu prognostizieren, welche Effekte von einer autonomen Erhöhung der Investitionen oder der Staatsausgaben auf die gesamtwirtschaftliche Nachfrage ausgehen. Bei einer dauerhaften Erhöhung bestimmter Instrumentvariablen stehen dahinter Multiplikatoreffekte, die es zu quantifizieren gilt. Um derartige Effekte ökonometrisch schätzen zu können, ist ein Übergang von der Strukturform zur reduzierten Form eines ökonometrischen Mehrgleichungsmodells erforderlich.[176] Die Bedeutung der reduzierten Form für die Ökonometrie ist jedoch genereller Natur, da sie häufig der Schätzung eines interdependenten Modells zugrunde liegt. Bei der Gewinnung der Strukturparameter aus den Koeffizienten der reduzierten Form tritt allerdings ein Identifikationsproblem auf.

In der reduzierten Form eines ökonometrischen Mehrgleichungsmodells sind die endogenen Variablen in Abhängigkeit von den prädeterminierten Variablen dargestellt. Um diese Form zu erhalten, wird zunächst die Strukturform des Modells

$$\mathbf{\Gamma y}_t + \mathbf{B x}_t = \mathbf{u}_t$$

mit der Inversen der Koeffizientenmatrix $\mathbf{\Gamma}$ von links multipliziert:

$$\mathbf{\Gamma}^{-1}\mathbf{\Gamma y}_t + \mathbf{\Gamma}^{-1}\mathbf{B x}_t = \mathbf{\Gamma}^{-1}\mathbf{u}_t \ .$$

Dies ist möglich, da wir stets von einem vollständigen ökonometrischen Mehrgleichungsmodell ausgehen, für das die Inverse Γ^{-1} existiert. Nun müssen nur noch die prädeterminierten Variablen auf die rechte Seite gebracht werden, wonach sich wegen $\mathbf{\Gamma\Gamma}^{-1} = \mathbf{I}$

(3.1.9) $\quad \mathbf{y}_t = \mathbf{\Pi x}_t + \mathbf{v}_t$

[176] Die reduzierte Form eines ökonometrischen Modells wird häufig als Prognoseform bezeichnet. Man beachte jedoch, dass mit der reduzierten Form konzeptionell hauptsächlich Gleichgewichtswerte der endogenen Variablen bestimmt werden, die sich aufgrund dauerhafter Niveauveränderungen der exogenen Variablen nach vollständig erfolgter Anpassung theoretisch einstellen müssen.

mit

(3.1.10) $$\underset{G\times K}{\mathbf{\Pi}} = -\underset{G\times G}{\mathbf{\Gamma}^{-1}}\ \underset{G\times K}{\mathbf{B}}$$

und

(3.1.11) $$\underset{G\times 1}{\mathbf{v}} = \underset{G\times G}{\mathbf{\Gamma}^{-1}}\ \underset{G\times 1}{\mathbf{u}}$$

ergibt. Die Beziehung (3.1.9) heißt reduzierte Form eines ökonometrischen Mehrgleichungsmodells. Die Parameter der reduzierten Form, die für die exogenen Variablen als Multiplikatoren interpretiert werden können, sind in der G×K-Matrix $\mathbf{\Pi}$ enthalten. Der Störvektor $\mathbf{v}_t$ der reduzierten Form ist eine Linearkombination des Störvektors $\mathbf{u}_t$ der Strukturform. Für den Erwartungswert von $\mathbf{v}_t$ gilt daher

(3.1.12) $$E(\mathbf{v}_t) = E(\mathbf{\Gamma}^{-1}\mathbf{u}_t) = \mathbf{\Gamma}^{-1}E(\mathbf{u}_t) = \mathbf{0}\ ,$$

was $E(\mathbf{y}_t) = \mathbf{\Pi x}_t$ impliziert, so dass die Störterme keinen systematischen Einfluss auf die endogenen Variablen ausüben. Für die Kovarianzmatrix $\mathbf{\Omega}$ der Störvariablen der reduzierten Form ergibt sich

$$\underset{G\times G}{\mathbf{\Omega}} = E(\mathbf{v}_t\mathbf{v}_t') = E[(\mathbf{\Gamma}^{-1}\mathbf{u}_t)(\mathbf{\Gamma}^{-1}\mathbf{u}_t)'] = E[\mathbf{\Gamma}^{-1}\mathbf{u}_t\mathbf{u}_t'(\mathbf{\Gamma}')^{-1}] = \mathbf{\Gamma}^{-1}E(\mathbf{u}_t\mathbf{u}_t')(\mathbf{\Gamma}')^{-1},$$

woraus man unter Verwendung von Gleichung (3.1.7)

(3.1.13) $$\mathbf{\Omega} = E(\mathbf{v}_t\mathbf{v}'_t) = \mathbf{\Gamma}^{-1}\mathbf{\Sigma}(\mathbf{\Gamma}')^{-1}$$

erhält. Weiter folgt aus (3.1.11) in Verbindung mit (3.1.8), dass

$$E(\mathbf{v}_t\mathbf{v}'_s) = E[(\mathbf{\Gamma}^{-1}\mathbf{u}_t)(\mathbf{\Gamma}^{-1}\mathbf{u}_s)'] = E[\mathbf{\Gamma}^{-1}\mathbf{u}_t\mathbf{u}'_s(\mathbf{\Gamma}')^{-1}] = \mathbf{\Gamma}^{-1}E(\mathbf{u}_t\mathbf{u}_s')(\mathbf{\Gamma}')^{-1}$$

die Nullmatrix ist. Damit übertragen sich alle Eigenschaften der Störterme der strukturellen Form auf die Störvariablen in der reduzierten Form.

Als Beispiel wird die reduzierte Form für das makroökonomische Modell I betrachtet. Die Inverse der Koeffizientenmatrix $\mathbf{\Gamma}$ lautet [177]

$$\mathbf{\Gamma}^{-1} = \begin{pmatrix} 1 & -c_1 \\ -1 & 1 \end{pmatrix}^{-1} = \frac{1}{1-c_1}\begin{pmatrix} 1 & c_1 \\ 1 & 1 \end{pmatrix},$$

so man für die Koeffizientenmatrix $\mathbf{\Pi}$ der reduzierten Form

177 Zur Invertierungsmethode s. S. 26f.

$$\mathbf{\Pi} = -\mathbf{\Gamma}^{-1}\mathbf{B} = -\frac{1}{1-c_1}\begin{pmatrix} 1 & c_1 \\ 1 & 1 \end{pmatrix}\begin{pmatrix} -C_0 & -c_2 & 0 \\ 0 & 0 & -1 \end{pmatrix} = \frac{1}{1-c_1}\begin{pmatrix} C_0 & c_2 & c_1 \\ C_0 & c_2 & 1 \end{pmatrix}$$

erhält. Mit dem Störvektor

$$\mathbf{v}_t = \mathbf{\Gamma}^{-1}\mathbf{u}_t = \frac{1}{1-c_1}\begin{pmatrix} 1 & c_1 \\ 1 & 1 \end{pmatrix}\begin{pmatrix} u_t \\ 0 \end{pmatrix} = \frac{1}{1-c_1}\begin{pmatrix} u_t \\ u_t \end{pmatrix}$$

erhält man schließlich die reduzierte Form

$$\begin{pmatrix} C_t \\ Y_t \end{pmatrix} = \begin{pmatrix} \frac{C_0}{1-c_1} & \frac{c_2}{1-c_1} & \frac{c_1}{1-c_1} \\ \frac{C_0}{1-c_1} & \frac{c_2}{1-c_1} & \frac{1}{1-c_1} \end{pmatrix}\begin{pmatrix} 1 \\ C_{t-1} \\ I_t \end{pmatrix} + \begin{pmatrix} \frac{u_t}{1-c_1} \\ \frac{u_t}{1-c_1} \end{pmatrix}$$

des Makromodells. Der Investitionsmultiplikator ist darin durch

$$\pi_{23} = \frac{1}{1-c_1}$$

gegeben, womit sich bei einer ökonometrischen Schätzung der Effekt einer dauerhaften Erhöhung der Investitionen um eine Einheit auf das Sozialprodukt quantifizieren lässt. Der Konsum nimmt dagegen bei einer Investitionserhöhung um

$$\pi_{13} = \frac{c_1}{1-c_1}$$

Einheiten zu. Unter Vernachlässigung des Störterms besteht zwischen dem Sozialprodukt und dem autonomen Konsum die Beziehung

$$Y_t = \frac{1}{1-c_1} \cdot C_0 \ ,$$

aus der hervorgeht, dass sich bei einer dauerhaften Veränderung der autonomen Verbrauchsausgaben Multiplikatoreffekte ergeben, die mit den bei den Investitionen aufgezeigten Wirkungen vergleichbar sind.

3.1.4 Finale Form

Die reduzierte Form des simultanen linearen Modells ist nach (3.1.9) durch

$$\mathbf{y}_t = \boldsymbol{\Pi}\mathbf{x}_t + \mathbf{v}_t$$

gegeben. In der reduzierten Form sind die endogenen Variablen als Funktionen der vorherbestimmten Variablen dargestellt. Dagegen ergibt sich die finale Form des Modells, wenn jede endogene Variable nur noch von eigenen Anfangsbedingungen und von echt exogenen Variablen abhängig ist. Die finale Form, die sich aus der reduzierten Form herleiten lässt, bildet die Grundlage für Stabilitätsuntersuchungen in ökonomischen Systemen. Außerdem erhält man aus ihrer Darstellung die dynamischen Multiplikatoren, die den verzögerten Einfluss der echt exogenen Variablen auf die entsprechende endogene Variable im Modell angeben.

Für die Entwicklung der finalen Form sind die vorherbestimmten Variablen zunächst aufzuspalten:

$$\underset{K\times 1}{\mathbf{x}_t} = \begin{pmatrix} \mathbf{y}_{t-1} \\ --- \\ \mathbf{z}_t \end{pmatrix} \begin{matrix} G\times 1 \\ \\ (K-G)\times 1 \end{matrix} . \tag{3.1.14}$$

Darin ist $\mathbf{z}_t$ der Vektor der exogenen Variablen, während $\mathbf{y}_{t-1}$ der Vektor der maximal verzögert endogenen Variablen mit der Laglänge 1 bezeichnet[178]. Analog wird die Parametermatrix $\boldsymbol{\Pi}$ in (3.1.10) separiert,

$$\underset{G\times K}{\boldsymbol{\Pi}} = (\underset{G\times G}{\boldsymbol{\Pi}_1} \;\vdots\; \underset{G\times(K-G)}{\boldsymbol{\Pi}_2}) \tag{3.1.15}$$

wobei z.B. $\boldsymbol{\Pi}_1$ die Koeffizienten der verzögert endogenen Variablen enthält. Mit (3.1.14) und (3.1.15) lässt sich die reduzierte Form (3.1.9) äquivalent als

$$\underset{G\times 1}{\mathbf{y}_t} = \underset{G\times G}{\boldsymbol{\Pi}_1}\,\underset{G\times 1}{\mathbf{y}_{t-1}} + \underset{G\times(K-G)}{\boldsymbol{\Pi}_2}\,\underset{(K-G)\times 1}{\mathbf{z}_t} + \underset{G\times 1}{\mathbf{u}_t} \tag{3.1.16}$$

schreiben. Die Lösung der G inhomogenen Differenzangleichungen in (3.1.16) ergibt die finale Form des simultanen Modells. Hier ist zunächst ein iterativer Lösungsprozess möglich. Wird das Gleichungssystem zunächst für den Zeitpunkt t-1 angegeben,

---

178 Bei größeren Lags in den verzögert endogenen Variablen kann z.B. $y_{t-1}=w_t$ und $y_{t-2}=w_{t-1}$ gesetzt werden.

$$\mathbf{y}_{t-1} = \mathbf{\Pi}_1 \mathbf{y}_{t-2} + \mathbf{\Pi}_2 \mathbf{z}_{t-1} + \mathbf{u}_{t-1} \text{ ,}$$

und anschließend in (3.1.16) eingesetzt wird, erhält man

$$\begin{aligned} \mathbf{y}_t &= \mathbf{\Pi}_1 \left(\mathbf{\Pi}_1 \mathbf{y}_{t-2} + \mathbf{\Pi}_2 \mathbf{z}_{t-1} + \mathbf{u}_{t-1} \right) + \mathbf{\Pi}_2 \mathbf{z}_t + \mathbf{u}_t \\ &= \mathbf{\Pi}_1^2 \mathbf{y}_{t-2} + \mathbf{\Pi}_2 \mathbf{z}_t + \mathbf{\Pi}_1 \mathbf{\Pi}_2 \mathbf{z}_{t-1} + \mathbf{u}_t + \mathbf{\Pi}_1 \mathbf{u}_{t-1} \end{aligned} \text{ .}$$

Als nächstes ist dann analog $\mathbf{y}_{t-2}$ zu substituieren. Mit

$$\mathbf{y}_{t-2} = \mathbf{\Pi}_1 \mathbf{y}_{t-3} + \mathbf{\Pi}_2 \mathbf{z}_{t-2} + \mathbf{u}_{t-2}$$

ergibt sich

$$\mathbf{y}_t = \mathbf{\Pi}_1^3 \mathbf{y}_{t-3} + \mathbf{\Pi}_2 \mathbf{z}_t + \mathbf{\Pi}_1 \mathbf{\Pi}_2 \mathbf{z}_{t-1} + \mathbf{\Pi}_1^2 \mathbf{\Pi}_2 \mathbf{z}_{t-2} + \mathbf{u}_t + \mathbf{\Pi}_1 \mathbf{u}_{t-1} + \mathbf{\Pi}_1^2 \mathbf{u}_{t-2} \text{ .}$$

Der Ersetzungsprozess wird nun bis zur Anfangsperiode t=0 fortgeführt. Dann hat man

$$\begin{aligned} \mathbf{y}_t = \mathbf{\Pi}_1^t \mathbf{y}_0 &+ \left(\mathbf{\Pi}_2 \mathbf{z}_t + \mathbf{\Pi}_1 \mathbf{\Pi}_2 \mathbf{z}_{t-1} + \mathbf{\Pi}_1^2 \mathbf{\Pi}_2 \mathbf{z}_{t-2} + \ldots + \mathbf{\Pi}_1^{t-1} \mathbf{\Pi}_2 \mathbf{z}_t \right) \\ &+ \left(\mathbf{u}_t + \mathbf{\Pi}_1 \mathbf{u}_{t-1} + \mathbf{\Pi}_1^2 \mathbf{u}_{t-2} + \ldots + \mathbf{\Pi}_1^{t-1} \mathbf{u}_{t-1} \right) \end{aligned} \text{ .} \tag{3.1.17}$$

In (3.1.17) sind die endogenen Variablen nur noch von den eigenen Anfangswerten, von gegenwärtigen und verzögerten exogenen Variablen und den Störtermen abhängig, die hier autokorreliert sind. Aus der Darstellung der finalen Form sind unmittelbar die dynamischen Multiplikatoren des Systems ablesbar. So ist z.B. $\mathbf{\Pi}_1^2 \mathbf{\Pi}_2$ eine Parametermatrix von der Dimension $G \times (K - G)$, die die Einflüsse der um zwei Perioden verzögerten $(K - G)$ echt exogenen Variablen auf die G endogenen Variablen des Systems beinhaltet. Unter der weiteren Voraussetzung, dass die G×G-Parametermatrix $\mathbf{\Pi}_1^t$ für $t \to \infty$ gegen die Nullmatrix konvergiert, hängen die endogenen Variablen langfristig nicht mehr von ihren Anfangswerten ab.

Alternativ zu dem skizzierten Lösungsverfahren ist die Verwendung des Lag-Operators L. Unter Verwendung des Lag-Operators L lautet die reduzierte Form (3.1.16):

$$\mathbf{y}_t = \mathbf{\Pi}_1 L \mathbf{y}_t + \mathbf{\Pi}_2 \mathbf{z}_t + \mathbf{u}_t \text{ ,}$$

woraus sich nach Umstellung

$$(\mathbf{I} - \mathbf{\Pi}_1 L) \mathbf{y}_t = \mathbf{\Pi}_2 \mathbf{z}_t + \mathbf{u}_t \tag{3.1.18}$$

ergibt. Darin ist $(\mathbf{I} - \mathbf{\Pi}_1 L)$ eine G×G-Matrix. Unter der Voraussetzung, dass ihre Inverse existiert, lässt sich (3.1.18) in der Form

(3.1.19) $$\mathbf{y}_t = (\mathbf{I} - \boldsymbol{\Pi}_1 L)^{-1}\boldsymbol{\Pi}_2\mathbf{z}_t + (\mathbf{I} - \boldsymbol{\Pi}_1 L)^{-1}\mathbf{u}_t$$

darstellen. Da die Inverse einer Matrix **A** allgemein als Produkt des reziproken Wertes der Determinante und der adjungierten Matrix darstellbar ist,

$$\mathbf{A}^{-1} = \frac{1}{|\mathbf{A}|}\cdot \mathbf{A}^{adj},$$

kann man äquivalent zu (3.1.19)

$$\mathbf{y}_t = \frac{1}{|\mathbf{I} - \boldsymbol{\Pi}_1 L|}(\mathbf{I} - \boldsymbol{\Pi}_1 L)^{adj}\boldsymbol{\Pi}_2\mathbf{z}_t + \frac{1}{|\mathbf{I} - \boldsymbol{\Pi}_1 L|}(\mathbf{I} - \boldsymbol{\Pi}_1 L)^{adj}\mathbf{u}_t$$

schreiben. Wird diese Gleichung mit dem Skalar $|\mathbf{I} - \boldsymbol{\Pi}_1 L|$ multipliziert, folgt

(3.1.20) $$|\mathbf{I} - \boldsymbol{\Pi}_1 L|\mathbf{y}_t = (\mathbf{I} - \boldsymbol{\Pi}_1 L)^{adj}\boldsymbol{\Pi}_2\mathbf{z}_t + (\mathbf{I} - \boldsymbol{\Pi}_1 L)^{adj}\mathbf{u}_t\ .$$

Wenn nun $(\mathbf{I} - \boldsymbol{\Pi}_1 L)$ z.B. eine 2×2-Matrix ist, gilt für ihre Determinante

$$|\mathbf{I} - \boldsymbol{\Pi}_1 L| = \begin{vmatrix} 1-\pi_{11}L & \pi_{21}L \\ \pi_{12}L & 1-\pi_{22}L \end{vmatrix}$$
$$= (1-\pi_{11}L)(1-\pi_{22}L) - \pi_{12}\pi_{22}L^2 = 1 - (\pi_{11}+\pi_{22})L + (\pi_{11}\pi_{22} - \pi_{12}\pi_{21})L^2$$

so dass ein Polynom zweiten Grades im Lag-Operator entsteht. Allgemein ist $(\mathbf{I} - \boldsymbol{\Pi}_1 L)$ bei G endogenen Variablen eine G×G-Matrix, was impliziert, dass die Determinante $|\mathbf{I} - \boldsymbol{\Pi}_1 L|$ als Polynom G-ten Grades im Lag-Operator darstellbar ist. Es wird daher

$$|\mathbf{I} - \boldsymbol{\Pi}_1 L| = 1 - a_1 L - a_2 L^2 - \ldots - a_G L^G$$

gesetzt, wobei die Skalare $a_i, i = 1,\ldots,G$, die Koeffizienten dieses Polynoms bezeichnen. Äquivalent zu (3.1.20) ist somit

$$(1 - a_1 L - a_2 L^2 - \ldots - a_G L^G)\mathbf{y}_t = (\mathbf{I} - \boldsymbol{\Pi}_1 L)^{adj}\boldsymbol{\Pi}_2\mathbf{z}_t + (\mathbf{I} - \boldsymbol{\Pi}_1 L)^{adj}\mathbf{u}_t$$

und, nach Auflösung des Lag-Operators auf der linken Seite der Beziehung,

(3.1.21) $$\mathbf{y}_t - a_1\mathbf{y}_{t-1} - a_2\mathbf{y}_{t-2} - \ldots - a_G\mathbf{y}_{t-G} = (\mathbf{I} - \boldsymbol{\Pi}_1 L)^{adj}\boldsymbol{\Pi}_2\mathbf{z}_t + (\mathbf{I} - \boldsymbol{\Pi}_1 L)^{adj}\mathbf{u}_t\ .$$

Darin sind $\mathbf{y}_t, \mathbf{y}_{t-1}, \ldots, \mathbf{y}_{t-G}$ jeweils (G×1)-Vektoren, so dass das System (3.1.21) die G finalen Gleichungen für die G endogenen Variablen enthält. Es handelt sich hierbei um lineare inhomogene Differenzengleichungen G-ten Grades, so dass (3.1.21) ein System von G Differenzengleichungen G-ter Ordnung beschreibt. Der homogene Teil des Systems ist durch

$$(3.1.22)\qquad \mathbf{y}_t - a_1\mathbf{y}_{t-1} - a_2\mathbf{y}_{t-2} - \ldots - a_G\mathbf{y}_{t-G} = \mathbf{0}$$

gegeben. Da ein System von Differenzengleichungen stabil ist, wenn der homogene Teil diese Eigenschaft aufweist, ist (3.1.22) die Grundlage für Stabilitätsüberprüfungen im simultanen Modell. Der homogene Teil für die g-te endogene Variable ist wegen (3.1.22) in der Form

$$(3.1.23)\qquad y_{gt} - a_1 y_{gt-1} - a_2 y_{gt-2} - \ldots - a_G y_{gt-G} = 0$$

darstellbar. Da die a_i Skalare bezeichnen, ist er für jede endogene Variable identisch. Das bedeutet, dass man aus einer homogenen Gleichung die Stabilität des Gesamtsystems überprüfen kann. Wird in (3.1.23) der Lösungsansatz $y_{gt} = \lambda^t$ verwendet, folgt

$$\lambda^t - a_1\lambda^{t-1} - a_2\lambda^{t-2} - \ldots - a_G\lambda^{t-G} = 0 \ ,$$

woraus man nach Division durch λ^{t-G}

$$(3.1.24)\qquad \lambda^G - a_1\lambda^{G-1} - a_2\lambda^{G-2} - \ldots - a_G = 0$$

erhält. Wenn das Modell die Stabilitätseigenschaft erfüllt, müssen alle G Lösungen $\lambda_i, i = 1,\ldots,G$, der charakteristischen Gleichung (3.1.24) betragsmäßig kleiner als 1 sein.

Aufgaben

3.1.1 Erläutern Sie den Unterschied zwischen einem interdependenten und rekursiven ökonometrischen Mehrgleichungsmodell!

3.1.2 Stellen Sie das Geldnachfragemodell

$$M_t - P_t = \beta_{mo} + \beta_{my} \cdot Y_t + \beta_{mr} \cdot R_t + u_{1t}$$

(M nomin. Geldnachnachfrage, P Konsumentenpreisniveau, Y Realeinkommen, R Nominalsatz)

in Verbindung mit den Preis- und Lohnbestimmungsgleichungen

$$W_t - \beta_{wy} \cdot Y_t - \alpha_1 \cdot PP_t = \beta_{wo} - \beta_{wt} \cdot T2_t + \beta_{WA} \cdot ALQ_t + u_{2t}$$

(W Lohnsatz, PP Produzentenpreisniveau, TZ Einkommenssteuersatz, ALQ Arbeitslosenquote)

und

$$P_t = \beta_{po} + \eta \cdot PP_t + (1-\eta) \cdot PI_t + T3_t + u_{3t}$$

(PI Importpreise, T3 Indirekte Steuern)

in Matrixnotation dar (vereinfachte Darstellung aus Eitrheim [179])!

3.1.3 Interpretieren Sie den Spezialfall einer Diagonalgestalt der Kovarianzmatrix Σ der Störvariablen eines ökonometrischen Mehrgleichungsmodells!

3.1.4 Unterscheiden sich die reduzierte und finale Form des in Aufgabe 3.1.2 wiedergegebenen Makromodells voneinander? (Begründung)

---

[179] Eitrheim (1999), S. 74f.

3.2 Identifizierbarkeit ökonometrischer Modelle

3.2.1 Das Identifikationsproblem

Bei der Schätzung ökonometrischer Mehrgleichungsmodelle geht man davon aus, dass es eine "wahre" Struktur gibt, die durch ökonometrische Verfahren prinzipiell aufgedeckt werden kann. Da das ökonometrische Modell durch eine numerische Spezifikation der Parameter in eine Struktur übergeht, kann es als Menge aller Strukturen aufgefasst werden, die mit den Modellannahmen kompatibel sind. Die "wahre" Struktur, die die tatsächlichen Kausalbeziehungen zwischen den ökonomischen Variablen wiedergibt, ist dann durch eine bestimmte numerische Spezifikation der Parameter gegeben. Aufgrund des Stichprobencharakters der Daten kann sie nicht exakt ermittelt werden, jedoch wird darauf abgezielt, sie durch eine ökonometrische Schätzung approximativ zu bestimmen.

Auf den ersten Blick könnte man diese Zwecksetzung vielleicht für nicht weiter problematisch halten. Tatsächlich tritt dabei jedoch ein ernst zu nehmendes Problem auf. Es besteht darin, dass unterschiedliche Strukturen dieselbe Wahrscheinlichkeitsverteilung der gemeinsam abhängigen Variablen erzeugen können. Das bedeutet, dass eventuell mehrere Strukturen mit dem ökonometrischen Modell im Einklang stehen können. Welche der modellkompatiblen Strukturen eine Approximation der "wahren" Struktur ist, kann aufgrund des Datenmaterials jedoch nicht entschieden werden. Man spricht in diesem Kontext von einem **Identifikationsproblem**. Wenn mehrere Strukturen beobachtungsäquivalent sind, lässt sich die "wahre" Struktur des ökonometrischen Modells nicht identifizieren. Alle modellkompatiblen numerischen Parameterkonstellationen sind ökonometrisch gleichwertig. Das ökonometrische Modell als Ganzes wird dann als nicht identifizierbar bezeichnet.

Die Wahrscheinlichkeitsverteilung der gemeinsam abhängigen Variablen ist bei einer Normalverteilung der Störvariablen durch den Erwartungswertvektor und die Kovarianzmatrix bei gegebenen Werten der exogenen Variablen festgelegt. Bei nicht normalverteilten Störvariablen kommen Momente höherer Ordnung hinzu, für die jedoch im allgemeinen keine Spezifikation erfolgt. Auch mit Hilfe der Varianzen und Kovarianzen lassen sich aus der vorgenommenen allgemeinen Spezifikation der stochastischen Modellannahmen keine zuverlässigen Identifikationskriterien ableiten. Im Mittelpunkt des Identifikationsproblem stehen daher die (bedingten) Erwartungswerte der gemeinsam abhängigen Variablen bei gegebenen Werten der exogenen Variablen. Sie werden jedoch genau durch die **reduzierte Form eines ökonometrischen Modells** unter Vernachlässigung der Störvariablen wiedergegeben. Man kann jedoch allgemeiner die Störvariablen mit berücksichtigen, so dass unmittelbar Bezug auf die reduzierte Form des Mehrgleichungsmodells genommen werden kann. Eine fehlende Identifizierbarkeit zeigt sich dann darin, dass verschiedene Strukturen dieselbe reduzierte Form besitzen. Nach Schätzung der Reduzierte-Form-Parameter lässt sich in diesem Fall nicht eindeutig auf die interessierenden Strukturparameter schließen.

Um dies zu zeigen, gehen wir davon aus, dass zwei Strukturen S_1 und S_2 über eine Lineartransformation ineinander überführt werden. Die Struktur S_1 ist durch

$$\mathbf{\Gamma}_1\mathbf{y} + \mathbf{B}_1\mathbf{x} = \mathbf{u}_1$$

gegeben und die Struktur S_2 durch

$$\mathbf{\Gamma}_2\mathbf{y} + \mathbf{B}_2\mathbf{x} = \mathbf{u}_2 .$$

Die Verbindung beider Strukturen wird durch eine reguläre G×G-Matrix **T** hergestellt, die hier die Funktion einer Transformationsmatrix hat:

$$\mathbf{\Gamma}_2 = \mathbf{T}\mathbf{\Gamma}_1, \quad \mathbf{B}_2 = \mathbf{T}\mathbf{B}_1 \quad \text{und} \quad \mathbf{u}_2 = \mathbf{T}\mathbf{u}_1$$

Wie wir nun sehen werden, haben beide Strukturen dieselbe reduzierte Form. Für die Struktur S_1 folgt aus

$$\mathbf{\Gamma}_1\mathbf{y} = -\mathbf{B}_1\mathbf{x} + \mathbf{u}_1$$

die reduzierte Form

$$\mathbf{y} = -\mathbf{\Gamma}_1^{-1}\mathbf{B}_1\mathbf{x} + \mathbf{\Gamma}_1^{-1}\mathbf{u}_1 ,$$

so dass die Koeffizientenmatrix $\mathbf{\Pi}_1$ der reduzierten Form durch

$$\mathbf{\Pi}_1 = -\mathbf{\Gamma}_1^{-1}\mathbf{B}_1$$

gegeben ist. Für die Struktur S_2 erhält man aus

$$\mathbf{\Gamma}_2\mathbf{y} = -\mathbf{B}_2\mathbf{x} + \mathbf{u}_2$$

die reduzierte Form

$$\begin{aligned}\mathbf{y} &= -\boldsymbol{\Gamma}_2^{-1}\mathbf{B}_2\mathbf{x} + \boldsymbol{\Gamma}_2^{-1}\mathbf{u}_2 \\ &= -(\mathbf{T}\boldsymbol{\Gamma}_1)^{-1}\mathbf{T}\mathbf{B}_1\mathbf{x} + (\mathbf{T}\boldsymbol{\Gamma}_1)^{-1}\mathbf{T}\mathbf{u}_1 \\ &= -\boldsymbol{\Gamma}_1^{-1}\mathbf{T}^{-1}\mathbf{T}\mathbf{B}_1\mathbf{x} + \boldsymbol{\Gamma}_1^{-1}\mathbf{T}^{-1}\mathbf{T}\mathbf{u}_1 \\ &= -\boldsymbol{\Gamma}_1^{-1}\mathbf{B}_1\mathbf{x} + \boldsymbol{\Gamma}_1^{-1}\mathbf{u}_1\end{aligned}$$

wegen $\mathbf{T}^{-1}\mathbf{T}=\mathbf{I}$. Die Koeffizientenmatrix

$$\boldsymbol{\Pi}_2 = -\boldsymbol{\Gamma}_1^{-1}\mathbf{B}_1$$

der reduzierten Form der Struktur S_2 ist somit identisch mit derjenigen der Struktur S_1:

$$\boldsymbol{\Pi}_1 = \boldsymbol{\Pi}_2 \ .$$

Die Schätzwerte der Reduzierte-Form-Koeffizientenmatrix sind somit mit den Strukturen S_1 und S_2 gleichermaßen verträglich. Welche der beiden Strukturen als Approximation der "wahren" Struktur aufzufassen ist, bleibt unbestimmt.

Um das Problem einer fehlenden Identifizierbarkeit eines ökonometrischen Modells bei der Parameterschätzung aufzuzeigen, betrachten wir das Marktmodell

$$q_t^A = \beta_{11} + \gamma_{12} \cdot p_t + u_{1t}, \gamma_{12} > 0 \quad \text{(Angebotsfunktion)}$$

$$q_t^N = \beta_{21} + \gamma_{22} \cdot p_t + u_{2t}, \gamma_{22} < 0 \quad \text{(Nachfragefunktion)}$$

$$q_t^A = q_t^N = q_t \quad \text{(Gleichgewichtsbedingung)}$$

mit den Angebots- und Nachfragemengen q_t^A und q_t^N und dem Güterpreis p_t. Nach Substitution von q_t^A und q_t^N durch die Gleichgewichtsmenge q_t nimmt das Marktmodell die Form

(3.2.1) $$q_t = \beta_{11} + \gamma_{12} \cdot p_t + u_{1t} \quad \text{(Angebotsfunktion)}$$

(3.2.2) $$q_t = \beta_{21} + \gamma_{22} \cdot p_t + u_{2t} \quad \text{(Nachfragefunktion)}$$

an. Die Größen q_t und p_t sind darin gemeinsame abhängige Variablen; als exogene Variable fungiert allein die Scheinvariable x_{1t}, die für alle t gleich 1 ist. Man erhält die reduzierte Form des Marktmodells, indem man es nach den gemeinsamen abhängigen Variablen q_t und p_t auflöst:

(3.2.3) $$q_t = \frac{\beta_{11} \cdot \gamma_{22} - \beta_{21} \cdot \gamma_{12}}{\gamma_{22} - \gamma_{12}} + \frac{\gamma_{22} \cdot u_{1t} - \gamma_{12} \cdot u_{2t}}{\gamma_{22} - \gamma_{12}}$$

(3.2.4) $$p_t = \frac{\beta_{11} - \beta_{21}}{\gamma_{22} - \gamma_{12}} + \frac{u_{1t} - u_{2t}}{\gamma_{22} - \gamma_{12}} .$$

Allgemeiner lässt sich die reduzierte Form durch

$$q_t = \pi_{11} + v_{1t}$$
$$p_t = \pi_{21} + v_{2t}$$

wiedergeben, in der die Koeffizienten π_{11} und π_{21} durch

(3.2.5) $$\pi_{11} = \frac{\beta_{11} \cdot \gamma_{22} - \beta_{21} \cdot \gamma_{12}}{\gamma_{22} - \gamma_{12}}$$

und

(3.2.6) $$\pi_{21} = \frac{\beta_{11} - \beta_{21}}{\gamma_{22} - \gamma_{12}}$$

und die Störvariablen v_1 und v_2 durch

$$v_{1t} = \frac{\gamma_{22} \cdot u_{1t} - \gamma_{12} \cdot u_{2t}}{\gamma_{22} - \gamma_{12}}$$

und

$$v_{2t} = \frac{u_{1t} - u_{2t}}{\gamma_{22} - \gamma_{12}}$$

gegeben sind [180]. Nach ökonometrischer Schätzung der Reduzierte-Form-Koeffizienten π_{11} und π_{21} stehen die beiden Gleichungen (3.2.5) und (3.2.6) zur Bestimmung der unbekannten Strukturparameter $\gamma_{12}, \gamma_{22}, \beta_{11}$ und β_{21} zur Verfügung. Das Gleichungssystem ist jedoch unterbestimmt, da zwei Strukturparameter vorgegeben werden müssten, um die übrigen beiden Parameter zu ermitteln. Die Strukturparameter des Marktmodells lassen sich somit nicht ökonometrisch schätzen. Man bezeichnet das Marktmodell (3.2.1) und (3.2.2) als nicht identifizierbar.

Wie lässt sich das Identifikationsproblem ökonomisch erklären? Zu diesem Zweck bilden wir eine Linearkombination der Gleichungen (3.2.1) und (3.2.2), indem wir das $(1 - \lambda_1)$-fache der Nachfragefunktion,

---

180 Die Störvariablen v_1 und v_2 sind Linearkombinationen der originären Störvariablen u_1 und u_2. Die transformierten Störvariablen sind somit nicht autokorreliert, wenn die originären Störvariablen diese Eigenschaft nicht besitzen. Allerdings sind die Störvariablen v_1 und v_2 stochastisch voneinander abhängig.

$$(1-\lambda_1)q_t = (1-\lambda_1)\beta_{21} + (1-\lambda_1)\gamma_{22} \cdot p_t + (1-\lambda_1)u_{2t} \text{ ,}$$

zum λ_1-fachen der Angebotsfunktion,

$$\lambda_1 q_t = \lambda_1\beta_{11} + \lambda_1\gamma_{12}p_t + \lambda_1 u_{1t}$$

addieren:

(3.2.7) $$q_t = \lambda_1\beta_{11} + (1-\lambda_1)\beta_{21} + [\lambda_1\gamma_{12} + (1-\lambda_1)\gamma_{22}] \cdot p_t + \lambda_1 u_{1t} + (1-\lambda_1)u_{2t} \text{ .}$$

Die Linearkombination (3.2.7) lässt sich einfacher in der Form

(3.2.8) $$q_t = \beta_{11}^* + \gamma_{12}^* \cdot p_t + u_{1t}^*$$

mit

$$\beta_{11}^* = \lambda_1\beta_{11} + (1-\lambda_1)\beta_{21} \text{ ,}$$

$$\gamma_{12}^* = \lambda_1\gamma_{12} + (1-\lambda_1)\gamma_{22}$$

und

$$u_{1t}^* = \lambda_1 u_{1t} + (1-\lambda_1)u_{2t}$$

schreiben. Je nachdem wie der Skalar λ_1 gewählt wird, entspricht (3.2.8) einer Angebots- oder Nachfragefunktion. Wenn λ_1 so gewählt wird, dass $\gamma_{12}^* > 0$ ist, hat (3.2.8) die Eigenschaft einer Angebotsfunktion, die sich für $\lambda_1 \neq 0$ von der Angebotsfunktion (3.2.1) wegen $\beta_{11}^* \neq \beta_{11}$ und $\gamma_{12}^* \neq \gamma_{12}$ unterscheidet. Analog kann ein Skalar λ_2 so gewählt werden, dass eine entsprechende Linearkombination aus (3.2.1) und (3.2.2) einer Nachfragefunktion entspricht:

(3.2.9) $$q_t = \beta_{21}^* + \gamma_{22}^* \cdot p_t + u_{2t}^*$$

mit

$$\beta_{21}^* = \lambda_2\beta_{11} + (1-\lambda_2) \cdot \beta_{21},$$

$$\gamma_{22}^* = \lambda_2\gamma_{12} + (1-\lambda_2)\gamma_{22}$$

und

$$u_{2t}^* = \lambda_2 u_{1t} + (1-\lambda_2)u_{2t} \text{ .}$$

Sofern $\gamma_{22}^* < 0$ ist, hat (3.2.9) die Eigenschaft einer Nachfragefunktion, die sich für $\lambda_2 \neq 0$ wegen $\beta_{21}^* \neq \beta_{21}$ und $\gamma_{22}^* \neq \gamma_{22}$ von der Nachfragefunktion (3.2.2) unterscheidet. Welches der beiden Marktmodelle (3.2.1) und (3.2.2) oder (3.2.8) und (3.2.9) die "wahre" Struktur wiedergibt, lässt sich ökonometrisch nicht entscheiden, da sie sich nach einer Schätzung ohne weiteres gleichwertig ineinander überführen ließen. Tatsächlich gibt es unendlich viele beobachtungsäquivalente Strukturen, die den Parameterrestriktionen y_{12}^{*} und $\gamma_{22}^{*} < 0$ genügen.

Wenn man versuchen würde, unmittelbar die Strukturgleichungen (3.2.1) und (3.2.2) oder (3.2.8) und (3.2.9) zu schätzen, so muss dieses Unterfangen ebenfalls aufgrund der fehlenden Identifizierbarkeit scheitern. Denn bei Verwendung gleicher Beobachtungspaare (q_t, p_t) können bei Anwendung eines bestimmten Schätzverfahrens nicht zwei verschiedene Regressionsgeraden resultieren. Vielmehr ließe sich nur eine Regressionsgerade schätzen, wobei das Vorzeichen des Steigungsmaßes unbestimmt bliebe. Bei einem negativen (positiven) Vorzeichen könnte man die geschätzte Regressionsgerade jedoch keinesfalls als Nachfragefunktion (Angebotsfunktion) interpretieren. Im allgemeinen wird man auf diese Weise nämlich eine Linearkombination der beiden Marktfunktionen schätzen, wobei das Steigungsmaß ein positives oder negatives Vorzeichen annimmt je nachdem, ob der Angebotsfunktion oder der Nachfragefunktion ein stärkeres Gewicht zukommt. Ökonomisch ist eine solche Schätzung ohne Belang.

3.2.2 Identifikationskriterien

Das Marktmodell (3.2.1) und (3.2.2) ist nicht identifizierbar, weil sich die Angebots- und Nachfragefunktion als Linearkombination beider Modellgleichungen darstellen lassen. Was für das Marktmodell gilt, ist auf beliebige ökonometrische Mehrgleichungsmodelle übertragbar. Umgekehrt ergibt sich daraus, dass eine Gleichung eines ökonometrischen Modells nur dann identifizierbar sein kann, wenn sie sich nicht als Linearkombination einiger oder aller Modellgleichungen bilden lässt. Das ökonometrische Mehrgleichungsmodell ist insgesamt identifizierbar, wenn alle Modellgleichungen identifizierbar sind.

Wann ist aber eine Modellgleichung nicht als Linearkombination anderer Gleichungen eines ökonometrischen Modells darstellbar? Offenbar muss sie sich auf jeden Fall hinsichtlich der einbezogenen Variablen von allen Modellgleichungen unterscheiden, da ansonsten statistisch nicht zwischen ihnen differenziert werden könnte. Genauer darf eine Modellgleichung nicht alle beobachtbaren Variablen enthalten, die in den übrigen Modellgleichungen vorkommen. Wenn bestimmte Variablen aus einer Modellgleichung a priori ausgeschlossen sind, lässt sie sich nicht mehr als Linearkombination dieser Gleichungen bilden. Die Identifizierbarkeit einer Gleichung eines ökonometrischen Mehrgleichungsmodells kann somit aufgrund des Ausschlusses bestimmter beobachtbarer Variablen beurteilt werden.

Anschaulich lässt sich die Identifizierbarkeit einer Gleichung eines ökonometrischen Mehrgleichungsmodells wiederum anhand des Marktmodells erläutern. Während die Angebotsfunktion zunächst unverändert bleiben soll, betrachten wir die Nachfrage nach einem Gut nicht mehr allein als von seinem Preis p, sondern zusätzlich vom verfügbaren Einkommen y der Verbraucher abhängig. Das Marktmodell lautet damit

(3.2.10) $q_t = \beta_{11} + \gamma_{12} \cdot p_t + u_{1t}$ (Angebotsfunktion)

(3.2.11) $q_t = \beta_{21} + \gamma_{22} \cdot p_t + \beta_{22} y_t + u_{2t}$ (Nachfragefunktion)

mit $\gamma_{12}>0$, $\gamma_{22}<0$ und $\beta_{22}>0$. Allein die Nachfragefunktion lässt sich noch als Linearkombination der beiden Modellgleichungen darstellen, nicht jedoch mehr die Angebotsfunktion. Denn bei einer Linearkombination beider Gleichungen tritt stets das verfügbare Einkommen y auf, das jedoch a priori aus der Angebotsfunktion ausgeschlossen ist. Damit ist in dem Marktmodell (3.2.10) und (3.2.11) die Angebotsfunktion identifizierbar, nicht jedoch die Nachfragefunktion.

Abbildung 3.2.1 verdeutlicht diese Zusammenhänge. Wenn man die Wertepaare (q_t, p_t) als Gleichgewichtsmengen und -preise interpretiert, dann werden stets die Schnittpunkte der Angebots- und Nachfragefunktion beobachtet. Die Nachfragefunktion verschiebt sich jedoch bei zunehmendem Einkommen y im q,p-Koordinatensystem nach rechts, während die Angebotsfunktion unverändert bleibt. Durch die Shift-Variable Einkommen werden damit unterschiedliche Gleichgewichtspunkte auf der Angebotsfunktion festgelegt, woraus sich ihr steigender Verlauf ergibt. Es sind dies die Schnittpunkte der bei alternativem Einkommen resultierenden Nachfragefunktionen mit der gegebenen Angebotsfunktion.

Abbildung 3.2. 1: Marktmodell mit der Shift-Variablen Einkommen

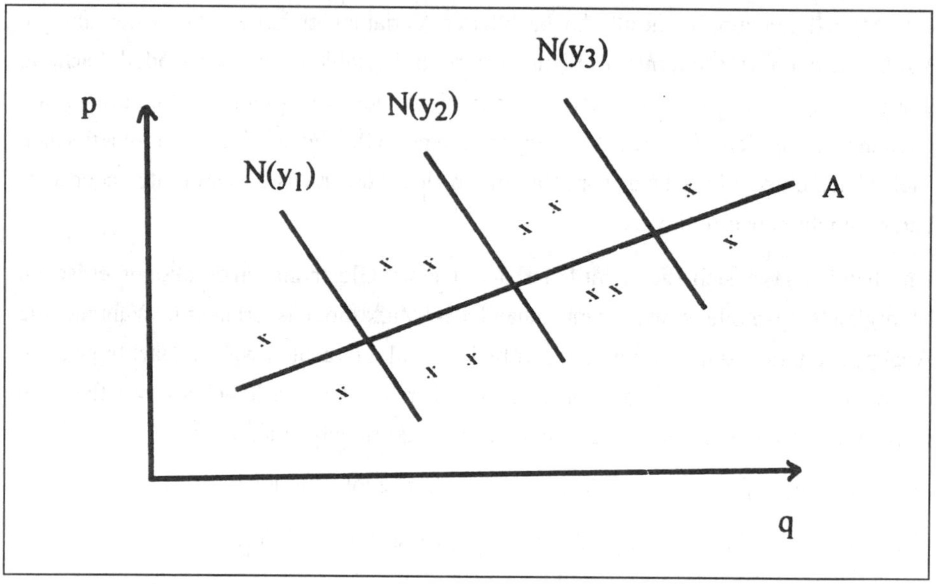

A Angebotsfunktion
$N(y_i)$ Nachfragefunktion bei alternativem Einkommen y_i

Wenn die Nachfragefunktion identifiziert werden kann, muss aus ihr ebenfalls eine beobachtbare Variable ausgeschlossen werden. Anders formuliert müsste die Angebotsfunktion eine Variable enthalten, die nicht zugleich die Nachfrage nach dem betrachteten Gut beeinflusst. Denn nur dann ist die Nachfragefunktion nicht als Linearkombination der Modellgleichungen darstellbar. In der mikroökonomischen Theorie werden die Produktionskosten k als Argument der Angebotsfunktion in Betracht gezogen [181], womit sich das Marktmodell

(3.2.12) $q_t = \beta_{11} + \beta_{12} \cdot k_t + \gamma_{12} \cdot p_t + u_{1t}$ (Angebotsfunktion)

(3.2.13) $q_t = \beta_{21} + \beta_{22} \cdot y_t + \gamma_{22} \cdot p_t + u_{2t}$ (Nachfragefunktion)

ergibt. Die Einflussgrößen y und k sind darin die exogenen Variablen, wohingegen die Größen p und q die gemeinsamen abhängigen Variablen sind. In dem Marktmodell (3.2.12) und (3.2.13) kann weder die Angebotsfunktion noch die Nachfragefunktion durch eine Linearkombination der beiden Modellgleichungen gebildet werden. In jeder der beiden Verhaltensgleichungen ist eine beobachtbare Variable ausgeschlossen, die in

[181] Siehe z.B. Hardes und Mertes (1991), S. 32.

der anderen enthalten ist. Aufgrund dessen ist das Marktmodell (3.2.12) und (3.2.13) identifizierbar.

Für die Identifizierbarkeit einer Gleichung eines ökonometrischen Mehrgleichungsmodells ist es offenbar maßgeblich, ob bestimmte manifeste Modellvariablen aus ihr ausgeschlossen sind. Denn nur dadurch kann bei einem vollständigen Modell gewährleistet werden, dass die betrachtete Gleichung nicht als Linearkombination der übrigen Gleichungen dargestellt werden kann. Ob es sich bei den ausgeschlossenen Variablen um gemeinsame endogene Variablen oder prädeterminierte Variablen handelt, ist dabei unerheblich. Aus diesem Grund bietet es sich bei der Diskussion der Identifikationskriterien an, den G×1-Vektor $\mathbf{y}_t$ der gemeinsamen endogenen Variablen und den K×1-Vektor $\mathbf{x}_t$ der prädeterminierten Variablen zu einem (G+K)×1-Vektor $\mathbf{z}_t$ zusammenzufassen:

(3.2.14) $$\underset{(G+K)\times 1}{\mathbf{z}_t} = \begin{bmatrix} \mathbf{y}_t \\ \mathbf{x}_t \end{bmatrix}.$$

Gleichermaßen wird die G×G-Koeffizientenmatrix Γ der gemeinsamen abhängigen Variablen und die G×K-Koeffizientenmatrix **B** der vorherbestimmten Variablen zu einer G×(G+K)-Matrix **A** vereinigt:

(3.2.15) $$\underset{G\times(G+K)}{\mathbf{A}} = [\mathbf{\Gamma} \;\vdots\; \mathbf{B}].$$

Das ökonometrische Mehrgleichungsmodell kann dann für eine Periode t in der Form

(3.2.16) $$\mathbf{A}\,\mathbf{z}_t = \mathbf{u}_t$$

geschrieben werden, was mit (3.2.14) und (3.2.15) unmittelbar aus (3.1.2) folgt.

Wir untersuchen nun die Identifizierbarkeit einer beliebigen Gleichung des ökonometrischen Mehrgleichungsmodells (3.2.16). Ohne Einschränkung der Allgemeinheit kann die betrachtete Gleichung stets durch Umgruppierung als erste Gleichung geschrieben werden, so dass es ausreicht, sich auf diese Gleichung zu konzentrieren. Da eine Identifizierbarkeit nur gegeben sein kann, wenn einige Modellvariablen aus dieser Gleichung ausgeschlossen sind, müssen a priori einige Koeffizienten a_{1j}, j=1,2,...,G+K der betrachteten Gleichung gleich Null sein. Es sei s die Anzahl der aus der betrachteten ersten Gleichung ausgeschlossenen manifesten Modellvariablen. Wenn man die Modellvariablen nun so umgruppiert, dass der Vektor $\mathbf{z}_t$ zunächst die ausgeschlossenen

Variablen und anschließend die übrigen Variablen enthält, dann nimmt die Koeffizientenmatrix **A** die Gestalt

$$\underset{G\times(G+K)}{\mathbf{A}} = \left[\begin{array}{cccc|cccc} 0 & 0 & \cdots & 0 & a_{1,s+1} & a_{1,s+2} & \cdots & a_{1,G+K} \\ \hline a_{21} & a_{22} & \cdots & a_{2s} & a_{2,s+1} & a_{2,s+2} & \cdots & a_{2,G+K} \\ a_{31} & a_{32} & \cdots & a_{3s} & a_{3,s+1} & a_{3,s+2} & \cdots & a_{3,G+K} \\ \vdots & \vdots & \ddots & \vdots & \vdots & \vdots & \ddots & \vdots \\ a_{G1} & a_{G2} & \cdots & a_{Gs} & a_{G,s+1} & a_{G,s+2} & \cdots & a_{G,G+K} \end{array}\right]$$

an [182]. Sie sind untergliedert nach der 1-ten Zeile und s-ten Spalte. Die links unten stehende (G-1)×s-Teilmatrix $\mathbf{A}_{21}$,

$$\underset{(G-1)\times s}{\mathbf{A}_{21}} = \begin{bmatrix} a_{21} & a_{22} & \cdots & a_{2s} \\ a_{31} & a_{32} & \cdots & a_{3s} \\ \vdots & \vdots & \ddots & \vdots \\ a_{G1} & a_{G2} & \cdots & a_{Gs} \end{bmatrix},$$

hat für die Identifizierbarkeit der betrachteten ersten Gleichung eine besondere Bedeutung. Angenommen, die Anzahl s der ausgeschlossenen Variablen ist kleiner als die Anzahl G-1 der Zeilen von $\mathbf{A}_{21}$. Dann ist der Rang von $\mathbf{A}_{21}$ kleiner als G-1 [183], was bedeutet, dass die Zeilen $\mathbf{a}_2', \mathbf{a}_3', \ldots, \mathbf{a}_G'$ der Matrix $\mathbf{A}_{21}$ linear abhängig sind. Bei linearer Abhängigkeit der Zeilen von $\mathbf{A}_{21}$ lässt sich jedoch eine nichttriviale Linearkombination der Form

(3.2.17) $$\lambda_2 \mathbf{a}'_2 + \lambda_3 \mathbf{a}'_3 + \cdots + \lambda_G \mathbf{a}'_G = \mathbf{0}'$$

finden, d.h. eine Linearkombination mit bestimmten Skalaren $\lambda_g \neq 0, g = 2,3,\ldots,G$, die zu einem Nullvektor $\mathbf{0}'$ führt. Damit ließe sich jedoch die betrachtete erste Gleichung insgesamt als Linearkombination der übrigen G-1 Gleichungen darstellen. Wenn die Teilmatrix $\mathbf{A}_{21}$ dagegen den Rang G-1 hat, ist (3.2.17) allein bei einer trivialen Linearkombination, d.h. für $\lambda_2 = \lambda_3 = \ldots = \lambda_G = 0$, erfüllt. Die erste Gleichung kann dann nicht mehr aus einer Linearkombination der übrigen Modellgleichungen gebildet werden, was ihre Identifizierbarkeit impliziert. Daraus ergibt sich das **Rang-Kriterium** für die Identifizierbarkeit einer Gleichung eines ökonometrischen Mehrgleichungs-

[182] Natürlich enthalten die Zeilen 2,3,...,G der Koeffizientenmatrix **A** ebenfalls einige Nullelemente, die die in den übrigen Gleichungen ausgeschlossenen Variablen kennzeichnen. Sie sind jedoch für die Identifizierbarkeit der betrachteten ersten Gleichung unerheblich, so dass hier die allgemeine Form beibehalten werden kann.

[183] Der Rang der Matrix $\mathbf{A}_{21}$ ist in diesem Fall höchstens gleich s.

modells. Eine ökonometrische Gleichung ist dann und nur dann identifizierbar, wenn die Teilmatrix $\mathbf{A}_{21}$ vom Rang G-1 ist:

(3.2.18) **Rang-Kriterium:** $rg(\mathbf{A}_{21}) = G - 1$.

Das Rang-Kriterium gibt eine notwendige und hinreichende Bedingung für die Identifizierbarkeit wieder. Es setzt voraus, dass mindestens G-1 Modellvariablen aus der betrachteten Gleichung ausgeschlossen sind, da der Rang einer Matrix gleich dem Minimum aus ihrem Zeilen- und Spaltenrang ist. Dieser Aspekt ist insofern von Bedeutung, als eine Anwendung des Rang-Kriteriums zur Prüfung der Identifizierbarkeit ökonometrischer Mehrgleichungsmodelle umständlich und aufwendig ist [184]. In der ökonometrischen Praxis prüft man die Identifizierbarkeit aus diesem Grunde anhand des **Abzähl-Kriteriums**. Danach ist eine ökonometrische Gleichung identifizierbar, wenn mindestens G-1 Modellvariablen aus ihr ausgeschlossen sind:

(3.2.19) **Abzähl-Kriterium:** $s \geq G-1$.

Da exakte lineare Abhängigkeiten bei empirischen Daten in der Regel nicht gegeben sind, wird bei Gültigkeit des Abzähl-Kriteriums (3.2.19) im allgemeinen auch das Rang-Kriterium (3.2.18) erfüllt sein. Jedoch kann man Entartungen nicht grundsätzlich ausschließen, so dass bei seltenen Extremfällen $rg(A_{21}) \neq G - 1$ gelten kann, obwohl $s \geq G - 1$ ist. Insofern gibt das Abzähl-Kriterium eine notwendige Bedingung, nicht jedoch eine hinreichende Bedingung für die Identifizierbarkeit wieder. In der angewandten Ökonometrie können diese Ausnahmesituationen aber praktisch vernachlässigt werden.

Sofern die Anzahl s der aus einer Gleichung ausgeschlossenen Variablen gleich G-1 ist, spricht man von einer **exakt identifizierbaren Gleichung**:

(3.2.20) Exakt identifizierbare Gleichung: $s=G-1$.

In diesem Fall können Schätzer $\hat{\gamma}_{gh}$ und $\hat{\beta}_{gk}$ der strukturellen Parameter unmittelbar aus den geschätzten Koeffizienten $\hat{\Pi}_{gj}$ der reduzierten Form berechnet werden. Man spricht in diesem Fall von der **indirekten Methode der kleinsten Quadrate** (ILS-Methode). Alternativ könnte in diesem Fall die **Instrumentvariablen-Methode** (IV-Methode) angewendet werden. Beide Schätzverfahren können bei exakt identifizierbaren ökonometrischen Mehrgleichungsmodellen jedoch als Spezialfälle einer allgemeineren

---

184 Man denke nur daran, dass bei einer Anwendung des Rang-Kriteriums die Koeffizienten der Teilmatrix $\mathbf{A}_{21}$ bereits numerisch vorliegen müssen.

Schätzmethode aufgefasst werden, so dass wir hier auf ihre explizite Darstellung verzichten.

Falls die Anzahl s der aus einer Gleichung ausgeschlossenen Variablen größer als G-1 ist, bezeichnet man sie als **überidentifiziert**:

(3.2.21) **Überidentifizierte Gleichung**: $s>G-1$.

Bei einem überidentifizierten Mehrgleichungsmodell kommt zur Schätzung der Strukturparameter zunächst einmal die **zweistufige Methode der kleinsten Quadrate** (2SLS) in Betracht. Sie ist ebenfalls bei exakt identifizierbaren Modellen anwendbar, wo sie dann zu den gleichen Ergebnissen führt wie die ILS- und IV-Methode. Alternativ stehen zur Schätzung von überidentifizierten Modellen vor allem die Maximum-Likelihood-Methode bei beschränkter und voller Information sowie die dreistufige Methode der kleinsten Quadrate (3 SLS) zur Verfügung. [185]

Schließlich soll noch einmal explizit der Fall der fehlenden Identifizierbarkeit herausgestellt werden, der dann vorliegt, wenn die Anzahl s der aus einer Gleichung ausgeschlossenen Variablen kleiner als G-1 ist. Die **Gleichung** ist dann **unteridentifiziert**.

(3.2.22) **Unteridentifizierte Gleichung**: $s<G-1$.

Ein ökonometrisches Mehrgleichungsmodell ist bei fehlender Identifizierbarkeit als Ganzes nicht schätzbar, was jedoch nicht ausschließt, dass einzelne Strukturparameter quantifiziert werden können. Um das gesamte Modell schätzen zu können, ist eine Modifikation der Spezifikation erforderlich. Dabei kommt es darauf an, im Hinblick auf die Identifizierbarkeit relevante Restriktionen einzuführen, die mit der ökonomischen Theorie im Einklang stehen. In der ökonometrischen Praxis ist es nicht immer einfach, diesem Anspruch zu genügen.

Beispiel 3.2. 1: Hier soll das Abzähl-Kriterium beispielhaft auf das Marktmodell angewendet werden. In seiner ursprünglichen Spezifikation hat es nach Integration der Gleichgewichtsbedingung $q_t^A = q_t^N = q_t$ die Form

$$q_t = \beta_{11} + \gamma_{12} \cdot p_t + u_{1t}, \quad \gamma_{12} > 0 \quad \text{(Angebotsfunktion)}$$

$$q_t = \beta_{21} + \gamma_{22} \cdot p_t + u_{2t}, \quad \gamma_{22} < 0 \quad \text{(Nachfragefunktion).}$$

---

185 Die IV-Methode ist zwar prinzipiell auch bei überidentifizierten Modellen anwendbar, doch ziehen wir sie hier aufgrund ihrer fehlenden Eindeutigkeit nicht in Betracht. Ergänzend sei hier auf die k-Klasse-Schätzverfahren hingewiesen, die z.B. die OLS-Methode und 2SLS-Methode als Spezialfälle enthalten. Siehe hierzu Theil (1961), S. 231f.

Beide Gleichungen enthalten die Modellvariablen q_t und p_t, so dass s gleich Null ist. Mit G gleich 2 gilt

$$s = 0 < G - 1 = 1,$$

was bedeutet, dass weder die Angebotsfunktion noch die Nachfragefunktion identifizierbar ist.

Wenn man nun das Einkommen y in die Nachfragefunktion einführt,

$$q_t = \beta_{21} + \gamma_{22} \cdot p_t + \beta_{22} \cdot y_t + u_{2t} \quad \text{(Nachfragefunktion)}$$

gilt für sie weiter die Ungleichung

$$s = 0 < G - 1 = 1,$$

die eine Identifizierbarkeit ausschließt. Für die Angebotsfunktion gilt dagegen jetzt die Gleichung

$$(s = 1) = (G - 1 = 1),$$

so dass sie exakt identifizierbar ist. Bei Einführung der Produktionskosten k in die Angebotsfunktion,

$$q_t = \beta_{11} + \gamma_{12} \cdot p_t + \beta_{12} \cdot k_t + u_{1t} \quad \text{(Angebotsfunktion),}$$

gilt die Ungleichung

$$(s = 1) = (G - 1 = 1)$$

ebenfalls für die Nachfragefunktion, da aus ihr die Modellvariable k ausgeschlossen ist. Sie wird dadurch exakt identifizierbar. Das modifizierte Marktmodell mit den exogenen Variablen y und k ist damit als Ganzes identifizierbar. ♦

Aufgaben

3.2.1 Was versteht man unter einem identifizierbaren ökonometrischen Mehrgleichungsmodell?

3.2.2 Wodurch kann eine fehlende Identifizierbarkeit von Strukturparametern z.B. einer Güternachfragefunktion hervorgerufen werden?

3.2.3 Wie lässt sich eine fehlende Identifizierbarkeit beheben?

3.2.4 Warum ist das Rang-Kriterium in der ökonometrischen Praxis nicht ohne weiteres anwendbar?

3.2.5 Überprüfen Sie die Identifizierbarkeit des makroökonomischen Modells II (s. Abschnitt 3.1.1) anhand des Abzählkriteriums!

3.3 Schätzverfahren für interdependente Modelle

In vielen Fällen ist es nützlich, die Parameter eines simultanen Modells direkt und nicht über den Umweg der reduzierten Form zu schätzen. So kann bei einer Transformation des Systems in seine reduzierte Form die Anzahl der zu schatzenden Koeffizienten steigen, da jede endogene Variable nun von allen prädeterminierten Variablen abhängig ist, selbst wenn einige der vorherbestimmten Größen nicht in der ursprünglichen Modellgleichung enthalten sind. Neben einer Einbuße an Freiheitsgraden tritt oftmals das Problem der Multikollinearität auf, das in der reduzierten Form an Relevanz gewinnt. Schließlich ist es um so umständlicher, die reduzierte Form abzuleiten, je größer die Anzahl der Gleichungen im betrachteten Modell ist. Darüber hinaus ist natürlich die Quantifizierung der rein ökonomisch fundierten Relation zwischen den Variablen von unmittelbarem Interesse. Aus den genannten Gründen ist es wünschenswert, die Parameter aus der Strukturform des Systems direkt zu schätzen. Dabei können die Strukturgleichungen entweder einzeln oder gemeinsam betrachtet werden. Wird eine Einzelgleichungsschätzung durchgeführt, spricht man von einem **Schätzverfahren bei beschränkter Information**, da die Aussagen die restlichen strukturellen Beziehungen sowie die kontemporäre Korrelation der Störvariablen nicht beachten. Sofern dagegen alle Parameter des Modells (einschließlich der Kovarianzen zeitgleicher Störterme in unterschiedlichen Gleichungen) simultan geschätzt werden, wendet man eine **Methode bei vollständiger Information** an.

Wir diskutieren hier vor allem Schätzverfahren für simultane Modelle, die von der strukturellen Form Gebrauch machen. Am Anfang stehen dabei die Verfahren bei beschränkter Information, in denen die strukturellen Beziehungen separat voneinander betrachtet werden. Nachdem in einem ersten Schritt gezeigt wurde, dass eine Anwendung der OLS-Methode zu inkonsistenten Parameterschätzungen führt, werden insbesondere mit der **zweistufigen Methode der kleinsten Quadrate (2 SLS)** und der **Maximum-Likelihood-Methode bei beschränkter Information (LIML)** zwei Schätzverfahren diskutiert, die in der empirischen Anwendung überaus bedeutsam sind. Anschließend werden mit der **dreistufigen Methode der kleinsten Quadrate (3 SLS)** und der **Maximum-Likelihood-Methode bei voller Information (FILM)** die relevanten Verfahren zur simultanen Schätzung der Strukturgleichungen vorgestellt. Die genannten Methoden sind dabei stets nur für genau identifizierte oder überidentifizierte Modelle anwendbar. Sofern eine Gleichung unteridentifiziert ist, sind keine sinnvollen

Parameterschätzungen möglich. Zum Schluss wird daher mit der **Methode der Vektorautoregression** ein alternativer Ansatz diskutiert, für den das Identifikationsproblem irrelevant ist. Allerdings wird dabei ein ökonomisch fundiertes Modell erst während der Schätzung entwickelt, während es für die nun folgenden, eher traditionellen Verfahren den Ausgangspunkt bildet.

3.3.1 Inadäquanz der OLS-Methode

Ein denkbares Verfahren zur Schätzung von Beziehungen in der strukturellen Form ist zunächst die OLS-Methode. Genauer lässt sich das Verfahren auf jede einzelne Gleichung des Systems separat anwenden. Es ignoriert allerdings die Unterscheidung zwischen endogenen und vorherbestimmten Variablen, so dass sich verzerrte und inkonsistente Parameterschätzungen ergeben [186].

Ohne Beschränkung der Allgemeinheit wird im folgenden auf der Basis der ersten Strukturgleichung eines simultanen Modells argumentiert. Diese ist nach (3.1.1) unter Berücksichtigung der Normierung (3.1.4) durch

$$(3.3.1) \qquad y_{1t} = \sum_{h=2}^{G_1} \gamma_{1h} y_{ht} + \sum_{k=1}^{K_1} \beta_{1k} x_{jt} + u_{1t}$$

darstellbar und enthält qua Annahme $G_1<G$ endogene und $K_1<K$ prädeterminierte Variablen. Die restlichen $(G-G_1)+(K-K_1)$ Modellvariablen sind in der ersten Gleichung durch Nullrestriktionen ausgeschlossen. Um zu der übersichtlicheren Matrizenschreibweise zu gelangen, werden folgende Vektoren definiert:

$$\mathbf{y}_{1t} = (y_{2t} \quad y_{3t} \quad \cdots \quad y_{G_1 t})$$
$$\mathbf{x}_{1t} = (x_{1t} \quad x_{2t} \quad \cdots \quad x_{K_1 t})$$
$$\boldsymbol{\gamma}_1 = (\gamma_{12} \quad \gamma_{13} \quad \cdots \quad \gamma_{1G_1})'$$
$$\boldsymbol{\beta}_1 = (\beta_{11} \quad \beta_{12} \quad \cdots \quad \beta_{1K_1})'$$

186 Eine Ausnahme bilden rekursive Systeme, in denen die Parametermatrix Γ der endogenen Variablen die Form einer unteren Dreiecksmatrix hat. In einem solchen Fall führt die OLS-Methode zu konsistenten Schätzungen.

Dabei enthält der $(G_1\text{-}1)\times 1$-Vektor $\mathbf{y}_{1t}$ die endogenen Variablen auf der rechten Seite der ersten Strukturgleichung zum Zeitpunkt t, während der $(K_1\times 1)$-Vektor $\mathbf{x}_{1t}$ die Werte der prädeterminierten Variablen angibt. Die Größen $\boldsymbol{\gamma}_1$ und $\boldsymbol{\beta}_1$ bezeichnen die entsprechenden Parametervektoren. Die erste Modellgleichung kann somit für die t-te Beobachtung als

$$(3.3.2) \qquad y_{1t} = \underset{1\times(G_1-1)}{\mathbf{y}'_t} \; \underset{(G_1-1)\times 1}{\boldsymbol{\gamma}_1} + \underset{1\times K_1}{\mathbf{x}'_{1t}} \; \underset{K_1\times 1}{\boldsymbol{\beta}_1} + u_{1t}$$

geschrieben werden. Für ihre Schätzung sind die gesamten n Beobachtungen heranzuziehen, so dass man

$$(3.3.3) \qquad \underset{n\times 1}{\mathbf{y}_1} = \underset{n\times(G_1-1)}{\mathbf{Y}_1} \; \underset{(G_1-1)\times 1}{\boldsymbol{\gamma}_1} + \underset{n\times K_1}{\mathbf{X}_1} \; \underset{K_1\times 1}{\boldsymbol{\beta}_1} + \mathbf{u}_1$$

erhält. Diese Formulierung ist offenbar äquivalent zu

$$\mathbf{y}_1 = (\mathbf{Y}_1 \mid \mathbf{X}_1)\begin{pmatrix} \boldsymbol{\gamma}_1 \\ --- \\ \boldsymbol{\beta}_1 \end{pmatrix} + \mathbf{u}_1 \,,$$

so dass sich mit den Definitionen

$$(3.3.4) \qquad \underset{n\times(G_1-1+K_1)}{\mathbf{Z}_1} = \begin{pmatrix} \underset{n\times(G_1-1)}{\mathbf{Y}_1} \mid \underset{n\times K_1}{\mathbf{X}_1} \end{pmatrix}$$

und

$$(3.3.5) \qquad \underset{(G_1-1+K_1)\times 1}{\boldsymbol{\delta}_1} = \begin{pmatrix} \boldsymbol{\gamma}_1 \\ --- \\ \boldsymbol{\beta}_1 \end{pmatrix} \begin{matrix} (G_1-1)\times 1 \\ \\ K_1\times 1 \end{matrix}$$

die kompaktere Darstellung der ersten Strukturgleichung

$$(3.3.6) \qquad \mathbf{y}_1 = \mathbf{Z}_1\boldsymbol{\delta}_1 + \mathbf{u}_1$$

ergibt. Durch Anwendung der OLS-Methode folgt daraus der Schätzer

$$(3.3.7) \qquad \hat{\boldsymbol{\delta}}_{1OLS} = (\mathbf{Z}'_1\,\mathbf{Z}_1)^{-1}\mathbf{Z}'_1\,\mathbf{y}_1 \,,$$

der bei Geltung der Rangbedingung

$$\mathrm{rg}(\mathbf{Z}_1) = G_1 - 1 + K_1$$

berechenbar ist. In Termini der ursprünglichen Datenmatrizen kann äquivalent auch

(3.3.8) $$\hat{\boldsymbol{\delta}}_{1OLS} = \begin{pmatrix} \hat{\boldsymbol{\gamma}}_1 \\ --- \\ \hat{\boldsymbol{\beta}}_1 \end{pmatrix} = \begin{pmatrix} \mathbf{Y}'_1\mathbf{Y}_1 & \mathbf{Y}'_1\mathbf{X}_1 \\ \mathbf{X}'_1\mathbf{Y}_1 & \mathbf{X}'_1\mathbf{X}_1 \end{pmatrix}^{-1} \begin{pmatrix} \mathbf{Y}'_1 \\ --- \\ \mathbf{X}'_1 \end{pmatrix} \mathbf{y}_1$$

geschrieben werden. Wird nun das Modell (3.3.6) in die Schätzfunktion (3.3.7) eingesetzt, hat man

$$\hat{\boldsymbol{\delta}}_{OLS} = (\mathbf{Z}'_1\,\mathbf{Z}_1)^{-1}\mathbf{Z}'_1\,\mathbf{Z}_1\delta + (\mathbf{Z}'_1\,\mathbf{Z}_1)^{-1}\mathbf{Z}'_1\,\mathbf{u}_1 \quad \text{und}$$

(3.3.9) $$\hat{\boldsymbol{\delta}}_{1OLS} = \delta + (\mathbf{Z}'_1\,\mathbf{Z}_1)^{-1}\mathbf{Z}'_1\,\mathbf{u}_1 \;.$$

Durch Bildung des Erwartungswerts folgt daraus

(3.3.10) $$E\left(\hat{\boldsymbol{\delta}}_{1OLS}\right) = \delta + E\left[(\mathbf{Z}'_1\,\mathbf{Z}_1)^{-1}\mathbf{Z}'_1\,\mathbf{u}_1\right]$$

In einem Eingleichungsmodell ist der zweite Term auf der rechten Seite von (3.3.10) gleich **0**, wenn die erklärenden Variablen in der $\mathbf{Z}_1$-Matrix feste Größen sind, die nicht von der Störvariablen beeinflusst werden. Hier enthalten die Regressoren jedoch auch endogene Variablen, die mit dem Störterm korreliert sind. Daher gilt im allgemeinen

$$E\left[(\mathbf{Z}'_1\,\mathbf{Z}_1)^{-1}\mathbf{Z}'_1\,\mathbf{u}_1\right] \neq \mathbf{0} \;,$$

so dass die Anwendung der OLS-Methode zu verzerrten Schätzungen führt:

(3.3.11) $$E\left(\hat{\boldsymbol{\delta}}_{1OLS}\right) \neq \boldsymbol{\delta}_1 \;.$$

Der Bias verschwindet nun im Gegensatz zum Fall verzögert endogener Variablen nicht einmal asymptotisch. Wird in (3.3.9) der Wahrscheinlichkeitslimes berechnet, ergibt sich

(3.3.12) $$\operatorname*{plim}_{n\to\infty} \hat{\boldsymbol{\delta}}_{1OLS} = \boldsymbol{\delta}_1 + \operatorname*{plim}_{n\to\infty}\left(\frac{1}{n}\mathbf{Z}'_1\,\mathbf{Z}_1\right)^{-1} \cdot \left(\frac{1}{n}\mathbf{Z}'_1\,\mathbf{u}_1\right) \neq \boldsymbol{\delta}_1 \;.$$

Somit liefert die OLS-Methode nicht nur verzerrte, sondern darüber hinaus auch inkonsistente Schätzungen des unbekannten Parametervektors $\boldsymbol{\delta}_1$. Von ihrer Anwendung auf Gleichungen, die Bestandteil eines simultanen Modells sind, ist daher abzuraten.

3.3.2 Seemingly Unrelated Regressions Equations (SURE)

Die hier vorzustellende Technik zählt noch nicht zu den eigentlichen simultanen Schätzverfahren, sondern kann vielmehr als eine Anwendung der GLS-Methode auf ein System scheinbar unabhängiger Regressionsgleichungen (seemingly unrelated regressions) interpretiert werden. Ausgangspunkt ist das Eingleichungsmodell,

$$\mathbf{y} = \mathbf{X}\boldsymbol{\beta} + \mathbf{u} \tag{3.3.13}$$

das durch die OLS-Methode effizient und konsistent geschätzt werden kann, sofern die Datenmatrix $\mathbf{X}$ keine stochastischen Größen enthält. In vielen ökonometrischen Anwendungen erscheint es nun möglich, diese Gleichung als Bestandteil eines Systems mehrerer, ähnlicher Relationen anzusehen. In einem System von m Gleichungen

$$\begin{array}{ccll} \mathbf{y}_1 & = & \mathbf{X}_1\boldsymbol{\beta}_1 & +\mathbf{u}_1 \\ \mathbf{y}_2 & = & \mathbf{X}_2\boldsymbol{\beta}_2 & +\mathbf{u}_2 \\ \vdots & \vdots & \ddots & \vdots \\ \mathbf{y}_m & = & \mathbf{X}_m\boldsymbol{\beta}_m & +\mathbf{u}_m \end{array} \tag{3.3.14}$$

enthält $\mathbf{y}_i$ als $n\times 1$-Vektor z.B. die beobachtete Rendite der i-ten Aktie, $i=1,\ldots,m$. Allgemein ist $\boldsymbol{\beta}_i$ ein $k_i\times 1$-Vektor, während $\mathbf{X}_i$ eine $n\times k_i$-Matrix ist. Anzahl und Art der erklärenden Variablen in den einzelnen Regressionen brauchen nicht identisch zu sein. Verlangt wird jedoch, dass die Regressoren keine endogenen Variablen enthalten.

Die Grundidee des folgenden Schätzverfahrens ist, dass die Regressionen von gemeinsamen Störungen beeinflusst werden. Die einzelnen Regressionen sind nur scheinbar unabhängig, da die zeitgleichen Störterme in den m Gleichungen korreliert sind. Daher ist die OLS-Methode, separat auf jede der Gleichungen angewendet, zwar konsistent, wegen der kontemporären Korrelation der Störvariablen aber nicht effizient. Man erhält einen effizienten Schätzer durch Anwendung der SURE-Methode. Dazu werden die m Relationen zunächst in eine einzige Gleichung transformiert. Die Gleichungen werden kompakter in Matrizenform geschrieben:

$$\underset{mn\times 1}{\begin{pmatrix} \mathbf{y}_1 \\ \vdots \\ \vdots \\ \mathbf{y}_m \end{pmatrix}} = \underset{mn\times \Sigma k_i}{\begin{pmatrix} \mathbf{X}_1 & \mathbf{0} & \cdots & \mathbf{0} \\ \mathbf{0} & \mathbf{X}_2 & \cdots & \vdots \\ \vdots & \vdots & \ddots & \vdots \\ \mathbf{0} & \cdots & \cdots & \mathbf{X}_m \end{pmatrix}} \underset{\Sigma k_i\times 1}{\begin{pmatrix} \boldsymbol{\beta}_1 \\ \vdots \\ \vdots \\ \boldsymbol{\beta}_m \end{pmatrix}} + \underset{mn\times 1}{\begin{pmatrix} \mathbf{u}_1 \\ \vdots \\ \vdots \\ \mathbf{u}_m \end{pmatrix}}$$

Die Dimensionen ergeben sich, da die Elemente der Vektoren bzw. Matrizen selbst wieder Vektoren bzw. Matrizen sind. In abkürzender Schreibweise folgt

(3.3.15) $\mathbf{y}^* = \mathbf{X}^*\boldsymbol{\beta}^* + \mathbf{u}^*$.

Für die Störterme der Gleichung (3.3.15) gelten die Annahmen

(3.3.16) $E(\mathbf{u}^*) = \mathbf{0}_{mn\times 1}$

(3.3.17) $E(\mathbf{u}^*\mathbf{u}^{*\prime}) = \boldsymbol{\Omega}_{mn\times mn}$,

wobei $\boldsymbol{\Omega} = \underset{m\times m}{\boldsymbol{\Sigma}} \otimes \underset{n\times n}{\mathbf{I}}$ und

$$\underset{m\times m}{\Sigma} = \begin{pmatrix} \sigma_{11} & \sigma_{12} & \cdots & \sigma_{1m} \\ \sigma_{21} & \sigma_{22} & \cdots & \sigma_{2m} \\ \vdots & \vdots & \ddots & \vdots \\ \sigma_{m1} & \sigma_{m2} & \cdots & \sigma_{mm} \end{pmatrix}$$

ist. Darin bezeichnet der Operator ⊗ das Kronecker-Produkt, das hier verwendet wird, weil sonst die Annahme der Korrelation zeitgleicher Störterme unterschiedlicher Gleichungen nicht adäquat modelliert werden kann.

Das Kronecker-Produkt ist für Matrizen allgemein wie folgt definiert: Sei **A** eine m×n-Matrix mit Elementen a_{ij} und **B** eine p×q-Matrix mit den Elementen b_{ij}. Das Kronecker-Produkt **A**⊗**B** ist dann durch

$$\mathbf{A}\otimes\mathbf{B} = \begin{pmatrix} a_{11}\mathbf{B} & a_{12}\mathbf{B} & \cdots & a_{1n}\mathbf{B} \\ a_{21}\mathbf{B} & a_{22}\mathbf{B} & \cdots & a_{2n}\mathbf{B} \\ \vdots & \vdots & \ddots & \vdots \\ a_{m1}\mathbf{B} & a_{m2}\mathbf{B} & \cdots & a_{mn}\mathbf{B} \end{pmatrix}$$

definiert und ergibt eine mp×nq-Matrix, weil jedes Element in der **A**⊗**B**-Matrix die Dimension p×q hat, was der Dimension der **B**-Matrix entspricht.

Das Kronecker-Produkt **A**⊗**B** wird also gebildet, indem jedes Element a_{ij} (Skalar) der **A**-Matrix mit der gesamten **B**-Matrix multipliziert wird. Analog ergibt

$$\boldsymbol{\Sigma}\otimes\mathbf{I} = \begin{pmatrix} \sigma_{11}\mathbf{I} & \sigma_{12}\mathbf{I} & \cdots & \sigma_{1m}\mathbf{I} \\ \sigma_{21}\mathbf{I} & \sigma_{22}\mathbf{I} & \cdots & \sigma_{2m}\mathbf{I} \\ \vdots & \vdots & \ddots & \vdots \\ \sigma_{m1}\mathbf{I} & \sigma_{m2}\mathbf{I} & \cdots & \sigma_{mm}\mathbf{I} \end{pmatrix} = \boldsymbol{\Omega}$$

die Varianz-Kovarianz-Matrix der Störterme des Modells (3.3.15). Die $\boldsymbol{\Omega}$-Matrix ist von der Dimension mn×mn, weil jedes Element σ_{ij} der Matrix $\boldsymbol{\Sigma}$ mit der n×n-Einheitsmatrix **I** multipliziert wird. Die Elemente aus **Ω** sind stets also von der Dimension n×n, d.h.

$$\sigma_{ii}\mathbf{I} = \sigma_i^2 \begin{pmatrix} 1 & 0 & \cdots & 0 \\ 0 & 1 & \cdots & \vdots \\ \vdots & \vdots & \ddots & \vdots \\ 0 & \cdots & \cdots & 1 \end{pmatrix} \quad \text{und} \quad \sigma_{ij}\mathbf{I} = \sigma_{ij} \begin{pmatrix} 1 & 0 & \cdots & 0 \\ 0 & 1 & \cdots & \vdots \\ \vdots & \vdots & \ddots & \vdots \\ 0 & \cdots & \cdots & 1 \end{pmatrix}.$$

Die Elemente $\sigma_{ii} = \sigma_i^2$ bezeichnen die Varianz der Störterme innerhalb der i-ten Gleichung des Systems (3.3.15), i=1,...,m. Wegen

$$E(\mathbf{u}_i\mathbf{u}'_i) = \sigma_i^2 \underset{n \times n}{\mathbf{I}} \; ; \; i = 1, \ldots, m$$

ist diese Varianz für alle Beobachtungszeitpunkte t=1,...,n gleich, d.h. die Störterme in jeder Gleichung sind homoskedastisch. Die Varianzen von Störtermen unterschiedlicher Gleichungen können dagegen voneinander abweichen, d.h. $\sigma_i^2 \neq \sigma_j^2$, i, j = 1,...,m, und i≠j.

Die Diagonalelemente in der **Ω**-Matrix, d.h. die $\sigma_i^2\mathbf{I}$, sind die Varianz-Kovarianz-Matrizen der Störterme in jeder Gleichung, i=1,...,m. Die Störterme innerhalb der Gleichungen sind also homoskedastisch und darüber hinaus nicht autokorreliert, d.h. innerhalb jeder der m Gleichungen gelten wegen

$$E(\mathbf{u}_i\mathbf{u}'_i) = \sigma_i^2 \underset{n \times n}{\mathbf{I}}$$

die klassischen Annahmen der multiplen Regression. Die Nebendiagonalelemente in der **Ω**-Matrix bezeichnen dagegen die Kovarianzen zwischen den Störtermen unterschiedlicher Gleichungen. Genauer wird mit

$$E(\mathbf{u}_i\mathbf{u}'_j) = \sigma_{ij} \underset{n \times n}{\mathbf{I}}$$

eine spezielle Annahme über die Korrelationsstruktur getroffen. Erstens wird unterstellt, dass die Kovarianz σ_{ij} zwischen zeitgleichen Störtermen in der i-ten und j-ten Gleichung im Zeitablauf konstant ist, d.h. die Diagonalelemente in der n×n-Matrix $\sigma_{ij}\mathbf{I}$ sind identisch. Zweitens treten nur unverzögerte Korrelationen auf, d.h. Störterme, die in unterschiedlichen Gleichungen zu verschiedenen Zeitpunkten auftreten, sind unkorreliert. Letzteres kommt dadurch zum Ausdruck, dass sämtliche Nebendiagonalelemente in der n×n-Matrix $\sigma_{ij}\mathbf{I}$ gleich 0 sind.

Wegen der vorliegenden Korrelationsstruktur der Störterme erfolgt eine effiziente Schätzung des gesamten Modells (3.3.15) durch die verallgemeinerte Methode der kleinsten Quadrate. Der GLS-Schätzer für $\boldsymbol{\beta}*$ ist in diesem Fall durch

$$(3.3.18) \qquad \hat{\boldsymbol{\beta}}^*_{GLS} = \left(\mathbf{X}*'\boldsymbol{\Omega}^{-1}\mathbf{X}*\right)^{-1}\left(\mathbf{X}*'\boldsymbol{\Omega}^{-1}\mathbf{y}*\right)$$

gegeben. Die Varianz-Kovarianz-Matrix von $\hat{\boldsymbol{\beta}}_{GLS}$ erhält man aus

$$(3.3.19) \qquad \mathrm{Cov}\left(\hat{\boldsymbol{\beta}}^*_{GLS}\right) = \mathrm{E}\left[\left(\hat{\boldsymbol{\beta}}^*_{GLS} - \boldsymbol{\beta}^*\right)\left(\hat{\boldsymbol{\beta}}^*_{GLS} - \boldsymbol{\beta}^*\right)'\right] = \left(\mathbf{X}*'\boldsymbol{\Omega}^{-1}\mathbf{X}*\right)^{-1}.$$

Da im Vektor $\hat{\boldsymbol{\beta}}^*_{GLS}$ genau Σk_i Elemente stehen, ist die Varianz-Kovarianz-Matrix in (3.3.19) von der Dimension $\Sigma k_i \times \Sigma k_i$.

In den Formeln (3.3.18) und (3.3.19) ist die $\boldsymbol{\Omega}$-Matrix, d.h. die Varianz-Kovarianz-Matrix der Störterme des gesamten Modells (3.3.15) unbekannt. Daher müssen die Elemente dieser Matrix vorab geschätzt werden. Die Varianzen werden aus den Residuen der i-ten Regression durch

$$(3.3.20) \qquad \hat{\sigma}_i^2 = \hat{\sigma}_{ii} = \frac{1}{n - k_i}\hat{\mathbf{u}}'_i\,\hat{\mathbf{u}}_i\,; \quad i = 1,\ldots,m$$

geschätzt. Schätzwerte für die Kovarianzen erhält man aus den Residuen der i-ten und j-ten Regression durch

$$(3.3.21) \qquad \hat{\sigma}_{ij} = \frac{1}{\sqrt{n - k_i}\sqrt{n - k_j}}\hat{\mathbf{u}}'_i\,\hat{\mathbf{u}}_j\,; \quad i,j = 1,\ldots,m; \quad i \neq j\,.$$

Es handelt sich hier jeweils um die OLS-Residuen, so dass auf einer ersten Stufe zunächst die m Regressionen

$$\mathbf{y}_i = \mathbf{X}_i\boldsymbol{\beta}_i + \mathbf{u}_i\,; \quad i = 1,\ldots,m$$

separat nach der OLS-Methode zu schätzen sind, um daraus die m Residuenvektoren $\hat{\mathbf{u}}_i$ zu erhalten, die sämtlich von der Dimension nx1 sind. Damit lässt sich nach (3.3.20) und (3.3.21) die unbekannte $\boldsymbol{\Omega}$-Matrix ermitteln. Für den GLS-Schätzer und seine Varianz-Kovarianz-Matrix erhält man somit

$$(3.3.22) \qquad \hat{\boldsymbol{\beta}}^*_{GLS} = \left(\mathbf{X}*'\hat{\boldsymbol{\Omega}}^{-1}\mathbf{X}*\right)^{-1}\left(\mathbf{X}*'\hat{\boldsymbol{\Omega}}^{-1}\mathbf{y}*\right)$$

und

$$(3.3.23) \qquad \widehat{\mathrm{Cov}}\left(\hat{\boldsymbol{\beta}}^*_{GLS}\right) = \left(\mathbf{X}*'\hat{\boldsymbol{\Omega}}^{-1}\mathbf{X}*\right)^{-1},$$

während die GLS-Residuen aus

(3.3.24) $\hat{\mathbf{u}}^* = \mathbf{y}^* - \mathbf{X}^* \hat{\boldsymbol{\beta}}^*_{GLS}$

errechnet werden. Die GLS-Residuen bilden hier einen mn×1-Vektor, d.h. die ersten n GLS-Residuen korrespondieren zur ersten Gleichung des gesamten Systems (3.3.15), das aus m Gleichungen besteht.

In zwei Fällen ist der **SURE-Schätzer** $\hat{\boldsymbol{\beta}}^*_{GLS}$, der sich aus (3.3.18) bzw. aus (3.3.22) ergibt, mit dem OLS-Schätzer des gesamten Modells (3.3.15) identisch. Der OLS-Schätzer ist zunächst durch

(3.3.25) $\hat{\boldsymbol{\beta}}^*_{OLS} = \left(\mathbf{X}^{*\prime}\mathbf{X}^*\right)^{-1}\mathbf{X}^{*\prime}\mathbf{y}^*$

gegeben, wenn die Matrizen- und Vektorendefinitionen, obwohl hier nicht erforderlich, beibehalten werden. Ein Vergleich von (3.3.25) mit der Schätzfunktion (3.3.18) zeigt, dass der GLS-Schätzer mit dem OLS-Schätzer identisch ist, wenn die zeitgleichen Störterme in den verschiedenen Gleichungen unkorreliert sind ($\sigma_{ij}=0$ für $i \neq j$). Die Varianz-Kovarianz-Matrix $\boldsymbol{\Omega}$ der Störterme des gesamten Systems (3.3.13) vereinfacht sich in diesem Fall wegen

$$\boldsymbol{\Omega} = \boldsymbol{\Sigma} \otimes \mathbf{I} = \begin{pmatrix} \sigma_{11}\mathbf{I} & \mathbf{0} & \cdots & \mathbf{0} \\ \mathbf{0} & \sigma_{22}\mathbf{I} & \cdots & \mathbf{0} \\ \vdots & \vdots & \ddots & \vdots \\ \mathbf{0} & \cdots & \cdots & \sigma_{mm}\mathbf{I} \end{pmatrix}$$

zu

$$\boldsymbol{\Sigma} = \begin{pmatrix} \sigma_{11} & \mathbf{0} & \cdots & \mathbf{0} \\ \mathbf{0} & \sigma_{22} & \cdots & \mathbf{0} \\ \vdots & \vdots & \ddots & \vdots \\ \mathbf{0} & \cdots & \cdots & \sigma_{mm} \end{pmatrix}$$

In einem Spezialfall ist der SURE- mit dem OLS-Schätzer auch dann identisch, wenn die zeitgleichen Störterme in den verschiedenen Gleichungen korreliert sind. Genauer ist dies der Fall, wenn in jeder der G Gleichungen dieselben Regressoren vorkommen, so dass für die Beobachtungsmatrizen $\mathbf{X}_i=\mathbf{X}$ für alle $i=1,...,m$ gilt.

Einen Beweis für diese Aussage erhält man, indem die Beziehungen $\mathbf{\Omega} = \mathbf{\Sigma} \otimes \mathbf{I}$ und $\mathbf{X}^* = \mathbf{I} \otimes \mathbf{X}$ in den Schätzer (3.3.18) eingesetzt werden. Es folgt dann unter Beachtung der Rechenregeln für das Kronecker-Produkt [187]

$$\begin{aligned}
\hat{\boldsymbol{\beta}}^*_{GLS} &= \left[(\mathbf{I} \otimes \mathbf{X})'(\mathbf{\Sigma} \otimes \mathbf{I})^{-1}(\mathbf{I} \otimes \mathbf{X})\right]^{-1}(\mathbf{I} \otimes \mathbf{X})'(\mathbf{\Sigma} \otimes \mathbf{I})^{-1}\mathbf{y}^* \\
&= \left[(\mathbf{I} \otimes \mathbf{X}')(\mathbf{\Sigma}^{-1} \otimes \mathbf{I})(\mathbf{I} \otimes \mathbf{X})\right]^{-1}(\mathbf{I} \otimes \mathbf{X}')(\mathbf{\Sigma}^{-1} \otimes \mathbf{I})\mathbf{y}^* \\
&= \left[\mathbf{\Sigma}^{-1} \otimes \mathbf{X}'\mathbf{X}\right]^{-1}(\mathbf{\Sigma}^{-1} \otimes \mathbf{X}')\mathbf{y}^* = \mathbf{\Sigma}^{-1} \otimes (\mathbf{X}'\mathbf{X})^{-1}(\mathbf{\Sigma}^{-1} \otimes \mathbf{X}')\mathbf{y}^* \\
&= \mathbf{I} \otimes (\mathbf{X}'\mathbf{X})^{-1}\mathbf{X}'\mathbf{y}^* = \left[(\mathbf{I} \otimes \mathbf{X})'(\mathbf{I} \otimes \mathbf{X})^{-1}(\mathbf{I} \otimes \mathbf{X})'\mathbf{y}^*\right] \\
&= (\mathbf{X}^{*\prime}\mathbf{X}^*)^{-1}\mathbf{X}^{*\prime}\mathbf{y},
\end{aligned}$$

was offenbar genau dem OLS-Schätzer entspricht.

Der Effizienzvorteil der SURE-Methode gegenüber dem OLS-Verfahren nimmt nicht überraschend mit dem Ausmaß der kontemporären Korrelation der Störvariablen zu. Eine separate Schätzung der Systemgleichungen mit OLS empfiehlt sich somit in Situationen, in denen die Korrelation nicht signifikant ist. Um hier eine verlässliche empirische Entscheidungsgrundlage zu erhalten, ist ein statistischer Test erforderlich, wobei das hier dargestellte Verfahren auf Breusch und Pagan [188] zurückgeht. In der Nullhypothese wird genauer unterstellt, dass sämtliche kontemporären Korrelationen gleich 0 sind,

(3.3.26) $$H_0 : \sigma_{12} = \sigma_{13} = \ldots = \sigma_{1G} = \sigma_{23} = \ldots = \sigma_{m-1,m} = 0 \ .$$

Die Teststatistik, die aus dem Lagrange-Multiplier-(LM-)Prinzip abgeleitet wird, ist durch

(3.3.27) $$\lambda = n \sum_{i=2}^{G} \sum_{j=1}^{i-1} r_{ij}^2$$

gegeben. Darin ist n der Beobachtungsumfang und r_{ij}^2 der quadrierte Korrelationskoeffizient zwischen den OLS-Residuen der i-ten und j-ten Gleichung:

$$r_{ij}^2 = \frac{\hat{\sigma}_{ij}^2}{\hat{\sigma}_{ii}\hat{\sigma}_{jj}} \ .$$

---

187 Insbesondere wird hier von der Regel **(A⊗B)(C⊗D)=AC⊗BD** Gebrauch gemacht.

188 Breusch und Pagan (1980).

Unter der Nullhypothese (3.3.26) ist die Prüfgröße λ χ^2-verteilt mit m(m-1)/2 Freiheitsgraden. Ihre Ablehnung liefert eine Begründung für den Einsatz der SURE-Methode.

3.3.3 Zweistufige Methode der kleinsten Quadrate

Die zweistufige Methode der kleinsten Quadrate [Two Stage Least Squares (2 SLS)] ist ein Verfahren zur konsistenten Schätzung von genau identifizierten oder überidentifizierten Strukturgleichungen in einem simultanen Modell. Da die Strukturgleichungen separat voneinander geschätzt werden, handelt es sich bei der Methode um ein Verfahren bei unvollständiger Information. Ohne Beschränkung der Allgemeinheit wird der Schätzalgorithmus hier auf Grundlage der ersten Strukturgleichung des Modells, die durch Gleichung (3.3.3) gegeben ist,

$$\mathbf{y}_1 = \mathbf{Y}_1\boldsymbol{\gamma}_1 + \mathbf{X}_1\boldsymbol{\beta}_1 + \mathbf{u}_1$$

diskutiert. Der Haupteinwand gegen die OLS-Methode besteht darin, dass die Regressoren endogene Variablen enthalten, die mit den Störtermen auch asymptotisch korreliert sind, so dass inkonsistente Parameterschätzungen resultieren. Sofern die erklärenden endogenen Variablen in der Datenmatrix $\mathbf{Y}_1$ jedoch durch Größen ersetzt werden, die mit den Störvariablen an der Grenze unkorreliert sind, wird der Einwand beseitigt, so dass die Strukturgleichungen nun konsistent schätzbar sind. Dieser Gedanke liegt der zweistufigen Methode der kleinsten Quadrate zugrunde. Werden die Variablen in der Matrix $\mathbf{Y}_1$ auf der ersten Stufe des Algorithmus durch Größen $\hat{\mathbf{Y}}_1$ substituiert, die die genannten Anforderungen entsprechen und mit den ursprünglichen Variablen hoch korreliert sind, hat man das Modell

$$\mathbf{y}_1 = \hat{\mathbf{Y}}_1\boldsymbol{\gamma}_1 + \mathbf{X}_1\boldsymbol{\beta}_1 + \mathbf{u}_1 \,, \tag{3.3.28}$$

das nun auf der zweiten Stufe mit OLS konsistent schätzbar ist. Der daraus resultierende Schätzer, der sich analog zu (3.3.8) als

$$\begin{pmatrix} \hat{\boldsymbol{\gamma}}_1 \\ \hline \hat{\boldsymbol{\beta}}_1 \end{pmatrix}_{2SLS} = \left(\begin{array}{c|c} \hat{\mathbf{Y}}'_1\hat{\mathbf{Y}}_1 & \hat{\mathbf{Y}}'_1\mathbf{X}_1 \\ \hline \mathbf{X}'_1\hat{\mathbf{Y}}_1 & \mathbf{X}'_1\mathbf{X}_1 \end{array}\right)^{-1} \begin{pmatrix} \hat{\mathbf{Y}}'_1 \\ \hline \mathbf{X}'_1 \end{pmatrix} \cdot \mathbf{y}_1 \tag{3.3.29}$$

ergibt, wird als **Two-Stage-Least-Squares-Schätzer** (2 SLS-Schätzer) bezeichnet. Im Unterschied zur Schätzfunktion (3.3.8) sind für seine Berechnung die Variablen in der Datenmatrix $\hat{\mathbf{Y}}_1$ zu verwenden, die auf der ersten Stufe konstruiert werden.

Die Größen, die in der Matrix $\hat{\mathbf{Y}}_1$ enthalten sind, sind genauer Schätzwerte für die G_1-1 endogenen Variablen, die in der ersten Strukturgleichung in den Regressoren enthalten sind. Man erhält sie aus der Schätzung der reduzierten Form, die durch

$$\underset{(n\times G)}{\mathbf{Y}} = \underset{(n\times K)}{\mathbf{X}}\underset{(K\times G)}{\mathbf{\Pi}} + \underset{(n\times G)}{\mathbf{V}}$$

gegeben ist. Die Parameter der reduzierten Form lassen sich durch Anwendung der OLS-Methode über die Beziehung

(3.3.30) $\hat{\mathbf{\Pi}} = (\mathbf{X}'\mathbf{X})^{-1}\mathbf{X}'\mathbf{Y}$

konsistent ermitteln, da die Regressoren in dieser Darstellung nur vorherbestimmte Variablen enthalten. Die Schätzungen für die G endogenen Modellvariablen sind dann durch

(3.3.31) $\hat{\mathbf{Y}} = \mathbf{X}\hat{\mathbf{\Pi}} = \mathbf{X}(\mathbf{X}'\mathbf{X})^{-1}\mathbf{X}'\mathbf{Y}$

gegeben. Die g-te Spalte in der n×G-Matrix $\hat{\mathbf{Y}}$ enthält dabei die geschätzten n-Werte der g-ten endogenen Variablen, g=1,...,G. Zwischen den beobachteten und geschätzten Werten der endogenen Variablen gilt allgemein die Beziehung

(3.3.32) $\mathbf{Y} = \mathbf{X}\hat{\mathbf{\Pi}} + \hat{\mathbf{V}} = \hat{\mathbf{Y}} + \hat{\mathbf{V}}$,

in der $\hat{\mathbf{V}}$ die n×G-Matrix der OLS-Residuen aus der Schätzung der reduzierten Form bezeichnet. Eine entsprechende Relation kann für die endogenen Variablen formuliert werden, die in der ersten Strukturgleichung enthalten sind. Dazu wird die n×G-Matrix **Y** wie folgt aufgespalten:

(3.3.33) $\underset{n\times G}{\mathbf{Y}} = \left(\underset{n\times 1}{\mathbf{y}_1} \;\vdots\; \underset{n\times(G_1-1)}{\mathbf{Y}_1} \;\vdots\; \underset{n\times(G-G_1)}{\mathbf{Y}_2}\right)$.

Darin enthält $\mathbf{y}_1$ als erste Spalte die **Y**-Matrix die n Werte der in der ersten Strukturgleichung erklärten endogenen Variablen. Analog sind die Beobachtungswerte der G_1-1 endogenen Regressoren in der ersten Gleichung in der Matrix $\mathbf{Y}_1$ enthalten, während $\mathbf{Y}_2$ die Werte der G-G_1 ausgeschlossenen endogenen Variablen bezeichnet. Eine entsprechende Zerlegung gilt nun für die $\hat{\mathbf{Y}}$-Matrix

$$\hat{\mathbf{Y}} = \left(\hat{\mathbf{y}}_1 \mid \hat{\mathbf{Y}}_1 \mid \hat{\mathbf{Y}}_2\right),$$

so dass man mit (3.3.31)

$$\hat{\mathbf{Y}} = \left(\hat{\mathbf{y}}_1 \mid \hat{\mathbf{Y}}_1 \mid \hat{\mathbf{Y}}_2\right) = \mathbf{X}(\mathbf{X}'\mathbf{X})^{-1}\mathbf{X}'\left(\mathbf{y}_1 \mid \mathbf{Y}_1 \mid \mathbf{Y}_2\right),$$

schreiben kann. Daraus ergibt sich mit

$$\text{(3.3.34)} \qquad \hat{\mathbf{Y}}_1 = \mathbf{X}(\mathbf{X}'\mathbf{X})^{-1}\mathbf{X}'\mathbf{Y}_1$$

die gesuchte Beziehung zwischen den Schätzwerten und den Beobachtungswerten. Für die zweite Stufe des Schätzalgorithmus sind die Werte aus (3.3.34) in Gleichung (3.3.29) einzusetzen.

⌈ *Eine äquivalente Schreibweise des zweistufigen Kleinst-Quadrate-Schätzers wird im folgenden abgeleitet. Aufgrund der Beziehung (3.3.32) gilt*

$$\text{(3.3.35)} \qquad \hat{\boldsymbol{Y}}_1 = \boldsymbol{Y}_1 - \hat{\boldsymbol{v}}_1,$$

so dass die geschätzten Werte der erklärenden endogenen Variablen als Differenz zwischen den beobachteten Werten und den Residuen der ersten Gleichung der reduzierten Form berechenbar sind, die in der ersten Spalte in der $\hat{\boldsymbol{V}}$-Matrix stehen. Aufgrund dieses Zusammenhangs kann die zu schätzende Strukturgleichung (3.3.3) als

$$\begin{aligned} \boldsymbol{y}_1 &= \left(\hat{\boldsymbol{Y}}_1 + \hat{\boldsymbol{v}}_1\right)\boldsymbol{\gamma}_1 + \boldsymbol{X}_1\boldsymbol{\beta}_1 + \boldsymbol{u}_1 \\ &= \hat{\boldsymbol{Y}}_1\boldsymbol{\gamma}_1 + \boldsymbol{X}_1\boldsymbol{\beta}_1 + \boldsymbol{u}_1 + \hat{\boldsymbol{v}}_1\boldsymbol{\gamma}_1 \end{aligned}$$

oder

$$\text{(3.3.36)} \qquad \boldsymbol{y}_1 = \hat{\boldsymbol{Y}}_1\boldsymbol{\gamma}_1 + \boldsymbol{X}_1\boldsymbol{\beta}_1 + \boldsymbol{w}_1$$

mit

$$\text{(3.3.37)} \qquad \boldsymbol{w}_1 = \boldsymbol{u}_1 + \hat{\boldsymbol{v}}_1\boldsymbol{\gamma}_1$$

geschrieben werden. Wird das Modell (3.3.36) auf der zweiten Stufe des Algorithmus durch OLS geschätzt, sind die Störterme $\boldsymbol{w}_t$ in dieser Regression Linearkombinationen aus der Störvariablen in der Strukturform und den OLS-Residuen aus der Schätzung der reduzierten Form. Mit (3.3.35) ist der ***2 SLS-Schätzer*** *alternativ in der Form*

$$\text{(3.3.38)} \qquad \begin{pmatrix} \hat{\boldsymbol{\gamma}}_1 \\ \hline \hat{\boldsymbol{\beta}}_1 \end{pmatrix}_{2SLS} = \left(\begin{array}{c|c} \boldsymbol{Y}'_1\boldsymbol{Y}_1 - \hat{\boldsymbol{v}}'_1\hat{\boldsymbol{v}}_1 & \boldsymbol{Y}'_1\boldsymbol{X}_1 \\ \hline \boldsymbol{X}'_1\boldsymbol{Y}_1 & \boldsymbol{X}'_1\boldsymbol{X}_1 \end{array}\right)^{-1} \begin{pmatrix} \boldsymbol{Y}'_1 - \hat{\boldsymbol{v}}'_1 \\ \hline \boldsymbol{X}'_1 \end{pmatrix} \boldsymbol{y}_1$$

gegeben. Die Äquivalenz der beiden Darstellungen (3.3.29) und (3.3.38) wird im folgenden gezeigt. Zunächst gilt für die obere linke Teilmatrix

$$\hat{Y}'_I \hat{Y}_I = (Y_I - \hat{v}_I)'(Y_I - \hat{v}_I) = Y'_I Y_I - \hat{v}'_I Y_I - Y'_I \hat{v}_I + \hat{v}'_I \hat{v}_I .$$

Nun ist $\hat{v}_I$ wegen (3.3.35) durch

$$\hat{v}_I = Y_I - \hat{Y}_I$$

gegeben, so dass mit (3.3.34) die Darstellung

$$\hat{v}_I = Y_I - X(X'X)^{-1} X'Y_I = \left(I - X(X'X)^{-1} X'\right)Y_I = MY_I$$

erhältlich ist, in der $M = I - X(X'X)^{-1} X'$ eine symmetrische und idempotente Matrix bezeichnet. Damit hat man

$$\hat{Y}_I'\hat{Y}_I = Y_I'Y_I - Y_I'MY_I - Y_I'MY_I + Y_I'MY_I = Y_I'Y_I - Y_I'MY_I = Y_I'Y_I - \hat{v}_I'\hat{v}_I ,$$

was die Äquivalenz der beiden Schreibweisen zunächst für die betrachtete Teilmatrix zeigt. Weiter gilt

$$\hat{Y}_I'X_I = \left(Y_I' - \hat{v}_I'\right)X_I = Y_I'X_I ,$$

da der Term $\hat{v}_I'X_I = Y_I'MX_I$ gleich 0 ist[189]*. Damit ist nun bewiesen, dass man den zweistufigen Schätzer alternativ als (3.3.29) oder (3.3.38) angeben kann. Aus der letzten Darstellung ist insbesondere erkennbar, dass im Unterschied zum OLS-Schätzer (3.3.38) die erklärenden endogenen Variablen in einer Strukturgleichung mit den OLS-Residuen aus der reduzierten Form eben dieser Gleichung bereinigt werden. Die Differenz der beiden Schätzer wird daher um so stärker ausfallen, je größer die Residuen der reduzierten Form sind, d.h. je kleiner das Bestimmtheitsmaß in den Regressionen der reduzierten Form ausfällt.* ⌋*

Die **Konsistenz des 2SLS-Schätzers** (3.3.29) erfordert, dass dieser in der Grenze mit den Störtermen $\mathbf{w}_t$ aus (3.3.37) unkorreliert ist. Mit den Definitionen

$$\hat{\mathbf{Z}}_1 = \left(\hat{\mathbf{Y}}_1 \,\vdots\, \mathbf{X}_1\right) \quad \text{und} \quad \hat{\boldsymbol{\delta}}_{1_{2SLS}} = \left(\hat{\boldsymbol{\gamma}}'_1 \,\vdots\, \hat{\boldsymbol{\beta}}'_1\right)'$$

kann man (3.3.29) kompakter durch

---

189 Die Multiplikation der Matrix $\mathbf{M}$ mit der Matrix $\mathbf{X} = (\mathbf{X}_1 \vdots \mathbf{X}_2)$ ergibt die Nullmatrix, so dass auch $\mathbf{MX}_1 = \mathbf{0}$ ist.

* Die kursiv geschriebenen Textteile stellen mathematische Beweise dar, die vom methodisch nicht so interessierten Leser übergangen werden können.

(3.3.39) $$\hat{\boldsymbol{\delta}}_{1_{2SLS}} = \left(\hat{\mathbf{Z}}'_1\,\hat{\mathbf{Z}}_1\right)^{-1}\hat{\mathbf{Z}}'_1\,\mathbf{y}_1$$

schreiben. Nach Einsetzen der ersten Strukturgleichung (3.3.36) hat man

$$\hat{\boldsymbol{\delta}}_{1_{2SLS}} = \left(\hat{\mathbf{Z}}'_1\,\hat{\mathbf{Z}}_1\right)^{-1}\hat{\mathbf{Z}}'_1\left(\mathbf{Z}_1\boldsymbol{\delta} + \mathbf{w}_1\right)$$

mit $\boldsymbol{\delta} = \left(\boldsymbol{\gamma}_1' \,\vdots\, \boldsymbol{\beta}_1'\right)'$. Daraus folgt

(3.3.40) $$\hat{\boldsymbol{\delta}}_{1_{2SLS}} = \boldsymbol{\delta}_1 + \left(\hat{\mathbf{Z}}'_1\,\hat{\mathbf{Z}}_1\right)^{-1}\hat{\mathbf{Z}}'_1\,\mathbf{w}_1\ ,$$

so dass die Bildung des Erwartungswerts

$$E\left(\hat{\boldsymbol{\delta}}_{1_{2SLS}}\right) = \boldsymbol{\delta}_1 + E\left[\left(\hat{\mathbf{Z}}'_1\,\hat{\mathbf{Z}}_1\right)^{-1}\hat{\mathbf{Z}}'_1\,\mathbf{w}_1\right].$$

ergibt. Der letzte Ausdruck auf der rechten Seite verschwindet nicht, da $\hat{\mathbf{Y}}_1$ nicht stochastisch unabhängig von $\mathbf{w}_1 = \ddot{\mathbf{v}}_1\boldsymbol{\gamma}_1 + \mathbf{u}_1$ ist. Folglich ist der 2SLS-Schätzer im allgemeinen verzerrt, d.h. es gilt

(3.3.41) $$E\left(\hat{\boldsymbol{\delta}}_{1_{2SLS}}\right) \neq \boldsymbol{\delta}_1\ .$$

Jedoch kann gezeigt werden, dass $\hat{\boldsymbol{\delta}}_{1_{2SLS}}$ zumindest konsistent ist. Zunächst lässt sich (3.3.40) äquivalent durch

(3.3.42) $$\hat{\boldsymbol{\delta}}_{1_{2SLS}} = \boldsymbol{\delta} + \left(\frac{1}{n}\hat{\mathbf{Z}}'_1\,\hat{\mathbf{Z}}_1\right)^{-1}\frac{1}{n}\left(\hat{\mathbf{Z}}'_1\,\mathbf{w}_1\right)$$

schreiben. Die Berechnung des Wahrscheinlichkeitslimes ergibt

(3.3.43) $$\underset{n\to\infty}{\operatorname{plim}}\,\hat{\boldsymbol{\delta}}_{1_{2SLS}} = \boldsymbol{\delta} + \underset{n\to\infty}{\operatorname{plim}}\left(\frac{1}{n}\hat{\mathbf{Z}}'_1\,\hat{\mathbf{Z}}_1\right)^{-1}\underset{n\to\infty}{\operatorname{plim}}\,\frac{1}{n}\left(\hat{\mathbf{Z}}'_1\,\mathbf{w}_1\right).$$

Konvergieren die Kombinationen aus den Erklärungsvariablen gegen eine reguläre Matrix,

(3.3.44) $$\underset{n\to\infty}{\operatorname{plim}}\,\frac{1}{n}\hat{\mathbf{Z}}'_1\,\hat{\mathbf{Z}}_1 = \mathbf{Q}\,,$$

erhält man

(3.3.45) $$\underset{n\to\infty}{\operatorname{plim}}\,\hat{\boldsymbol{\delta}}_{1_{2SLS}} = \boldsymbol{\delta}_1 + \mathbf{Q}^{-1}\,\underset{n\to\infty}{\operatorname{plim}}\,\frac{1}{n}\left(\hat{\mathbf{Z}}'_1\,\mathbf{w}_1\right).$$

Daraus folgt nun die Konsistenz des zweistufigen Kleinst-Quadrate-Schätzers, wenn der Vektor

(3.3.46) $$\underset{n\to\infty}{\text{plim}}\frac{1}{n}\left(\hat{\mathbf{Z}}'_1\mathbf{w}_1\right)=\begin{pmatrix}\underset{n\to\infty}{\text{plim}}\frac{1}{n}\hat{\mathbf{Y}}'_1\mathbf{w}_1\\ \underset{n\to\infty}{\text{plim}}\frac{1}{n}\mathbf{X}'_1\mathbf{w}_1\end{pmatrix}$$

an der Grenze verschwindet. Somit müssen die beiden Bedingungen

(3.3.47) $$\underset{n\to\infty}{\text{plim}}\frac{1}{n}\hat{\mathbf{Y}}'_1\mathbf{w}_1=\mathbf{0}\quad\text{und}\quad\underset{n\to\infty}{\text{plim}}\frac{1}{n}\mathbf{X}'_1\mathbf{w}_1=\mathbf{0}$$

erfüllt sein. Die zweite Voraussetzung gilt hier, da in der $\mathbf{X}_1$-Matrix nur exogene Größen enthalten sind. Die erste Bedingung ist jedoch nicht ohne weiteres einsehbar. Sie erfordert genauer, dass $\hat{\mathbf{Y}}_1$ mit den beiden Komponenten des Störprozesses $\mathbf{w}_1(=\hat{\mathbf{v}}_1\gamma_1+\mathbf{u}_1)$ unkorreliert ist. Als Hilfsrechnung wird hier zunächst explizit gezeigt, dass $\mathbf{X}'\hat{\mathbf{v}}_1$ dem Nullvektor entspricht. Es ist

$$\mathbf{X}'\hat{\mathbf{v}}_1=\mathbf{X}'\left(\mathbf{Y}_1-\mathbf{X}\hat{\mathbf{\Pi}}_1\right),$$

woraus man nach Einsetzen des OLS-Schätzers das übliche Resultat

$$\mathbf{X}'\hat{\mathbf{v}}_1=\mathbf{X}'\mathbf{Y}_1-\mathbf{X}'\mathbf{X}(\mathbf{X}'\mathbf{X})^{-1}\mathbf{X}'\mathbf{Y}_1=\mathbf{0}$$

erhält, nach dem die OLS-Residuen orthogonal auf den exogenen Regressoren stehen. Nun sind jedoch nicht nur die Variablen in der **X**-Matrix, sondern auch die geschätzten Größen in $\hat{\mathbf{Y}}_1$ unkorreliert mit $\hat{\mathbf{v}}_1$. Es ist

$$\hat{\mathbf{Y}}'_1\hat{\mathbf{v}}_1=\hat{\mathbf{\Pi}}_1\mathbf{X}'\hat{\mathbf{v}}_1=\mathbf{0}\ ,$$

weil $\mathbf{X}'\hat{\mathbf{v}}_1=\mathbf{0}$ gilt. Für den Nachweis der Konsistenz bleibt also zu zeigen, dass die Größen in der $\hat{\mathbf{Y}}_1$-Matrix mit der zweiten Komponente des Störprozesses, $\mathbf{u}_1$, asymptotisch unkorreliert sind. In der Tat erhält man

$$\underset{n\to\infty}{\text{plim}}\frac{1}{n}\hat{\mathbf{Y}}'_1\mathbf{u}_1=\underset{n\to\infty}{\text{plim}}\frac{1}{n}\left(\mathbf{X}\hat{\mathbf{\Pi}}_1\right)\mathbf{u}_1=\underset{n\to\infty}{\text{plim}}\hat{\mathbf{\Pi}}'_1\underset{n\to\infty}{\text{plim}}\mathbf{X}'\mathbf{u}_1=\hat{\mathbf{\Pi}}'_1\underset{n\to\infty}{\text{plim}}\mathbf{X}'\mathbf{u}_1=\mathbf{0},$$

da die **X**-Matrix nur exogene Größen enthält, die mit dem Störprozess $\mathbf{u}_1$ nicht korreliert sind und $\mathbf{\Pi}_1$ in der reduzierten Form konsistent geschätzt wird. Damit ist gezeigt, dass

(3.3.48) $$\underset{n\to\infty}{\text{plim}}\hat{\boldsymbol{\delta}}_{1_{2SLS}}=\boldsymbol{\delta}_1$$

ist, was bedeutet, dass die 2SLS-Methode tatsächlich zu konsistenten Schätzungen führt.

Bereits oben wurde erwähnt, dass der 2SLS-Schätzer nur für Strukturgleichungen anwendbar ist, die entweder genau identifiziert oder überidentifiziert sind. Diese Anforderung lässt sich anhand der Darstellungen (3.3.29) und (3.3.38) begründen. Die zu invertierende Matrix ist jeweils von der Dimension $G_1 - 1 + K_1$, so dass der Rang dieser Matrix gleich $G_1 - 1 + K_1$ sein muss. Die Bedingung für die Identifikation einer Strukturgleichung ist nun durch

$$G_1 - 1 + K_1 \leq K$$

gegeben. Folglich ist die Behauptung bewiesen, wenn der Rang der zu invertierenden Matrix, $G_1 - 1 + K_1$, den Wert K nicht übersteigen kann. Nun sind die Elemente dieser Matrix allein als Kombinationen aus Elementen der originären **X**-Matrix darstellbar. Folglich kann der Rang der in Rede stehenden Matrix den Rang von **X** nicht übersteigen. Dieser ist jedoch gleich K, so dass die 2SLS-Methode nur für identifizierbare Strukturgleichungen anwendbar ist.

Bisher ist der zweistufige Kleinst-Quadrate-Schätzer als eine Hintereinanderschaltung zweier OLS-Regressionen dargestellt worden. Alternativ kann man die Schätzwerte für die Parameter $\boldsymbol{\gamma}_1$ und $\boldsymbol{\beta}_1$ jedoch auch direkt aus den Beobachtungsdaten ermitteln, so dass sich in der Anwendung eine einstufige Vorgehensweise empfiehlt. Diese dritte, äquivalente Darstellung des 2SLS-Schätzers geht erneut von (3.3.29) aus. Für die linke obere Teilmatrix gilt mit (3.3.34) auch

$$\hat{\mathbf{Y}}'_1 \hat{\mathbf{Y}}_1 = \mathbf{Y}'_1 \mathbf{X}(\mathbf{X}'\mathbf{X})^{-1} \mathbf{X}'\mathbf{X}(\mathbf{X}'\mathbf{X})^{-1} \mathbf{X}'\mathbf{Y}_1 = \mathbf{Y}'_1 \mathbf{X}(\mathbf{X}'\mathbf{X})^{-1} \mathbf{X}'\mathbf{Y}_1 .$$

Da nun bereits die Geltung der Beziehung $\hat{\mathbf{Y}}'_1 \mathbf{X}_1 = \mathbf{Y}'_1 \mathbf{X}_1$ gezeigt worden ist, folgt insgesamt

$$\text{(3.3.49)} \quad \begin{pmatrix} \hat{\boldsymbol{\gamma}}_1 \\ \hline \hat{\boldsymbol{\beta}}_1 \end{pmatrix}_{2SLS} = \left(\begin{array}{c|c} \mathbf{Y}'_1 \mathbf{X}(\mathbf{X}'\mathbf{X})^{-1} \mathbf{X}'\mathbf{Y}_1 & \mathbf{Y}'_1 \mathbf{X}_1 \\ \hline \mathbf{X}'_1 \mathbf{Y}_1 & \mathbf{X}'_1 \mathbf{X}_1 \end{array} \right)^{-1} \left(\begin{array}{c} \mathbf{Y}'_1 \mathbf{X}(\mathbf{X}'\mathbf{X})^{-1} \mathbf{X}' \\ \hline \mathbf{X}'_1 \end{array} \right) \mathbf{y}_1 ,$$

so dass die Parameter bereits in einem Durchgang aus den ursprünglichen Beobachtungsdaten konsistent schätzbar sind.

3.3.4 Methode der Instrumentvariablen

Abschließend wird hier mit der Instrumentenmethode ein Verfahren bei unvollständiger Information diskutiert, dass sich erneut nur für identifizierbare Strukturgleichungen einsetzen lässt und den 2SLS-Schätzer als Spezialfall enthält. Wiederum wird die erste Strukturgleichung des simultanen Modells, die in (3.3.3) angegeben ist,

$$\mathbf{y}_1 = \mathbf{Y}_1\boldsymbol{\gamma}_1 + \mathbf{X}_1\boldsymbol{\beta}_1 + \mathbf{u}_1$$

der Analyse zugrunde gelegt. Mit der Definition

$$\underset{n\times(G_1-1+K_1)}{\mathbf{Z}_1} = \left(\mathbf{Y}_1 \,\vdots\, \mathbf{X}_1\right) \quad \text{und} \quad \underset{(G_1-1+K_1)\times 1}{\boldsymbol{\delta}_1} = \begin{pmatrix} \boldsymbol{\gamma}_1 \\ --- \\ \boldsymbol{\beta}_1 \end{pmatrix}$$

erhält man in kompakter Form

$$\text{(3.3.50)} \qquad \mathbf{y}_1 = \mathbf{Z}_1\boldsymbol{\delta}_1 + \mathbf{u}_1 \;.$$

Die Inkonsistenz des OLS-Schätzers resultiert, weil einige Größen in der Matrix $\mathbf{Z}_1$, nämlich die G_1-1 erklärenden Variablen mit den Störtermen auch an der Grenze korreliert sind, so dass

$$\underset{n\to\infty}{\operatorname{plim}}\left(\frac{1}{n}\mathbf{Z}'_1\mathbf{u}_1\right) \neq \underset{(G_1-1+K_1)\times 1}{\mathbf{0}}$$

gilt. Existieren nun G_1-1+K_1 Variablen, die mit den Störtermen asymptotisch unkorreliert und gleichzeitig mit den ursprünglichen Größen korreliert sind, lassen sich diese heranziehen, um die Inkonsistenz zu überwinden. Derartige Variablen nennt man Instrumente, die in der $n\times(G_1-1+K_1)$-Matrix $\mathbf{W}_1$ angeordnet sind. Es gilt dann

$$\text{(3.3.51)} \qquad \underset{n\to\infty}{\operatorname{plim}}\left(\frac{1}{n}\mathbf{W}'_1\mathbf{u}_1\right) = \underset{(G_1-1+K_1)\times 1}{\mathbf{0}}$$

$$\text{(3.3.52)} \qquad \underset{n\to\infty}{\operatorname{plim}}\left(\frac{1}{n}\mathbf{W}'_1\mathbf{Z}_1\right) = \underset{(G_1-1+K_1)\times 1}{\mathbf{R}} \;,$$

wobei die Grenzmatrix **R** existiert und regulär ist.

Wäre (3.3.50) nun durch OLS konsistent schätzbar, würde man die Normalgleichungen

$$\mathbf{Z}'_1\mathbf{y}_1 = (\mathbf{Z}'_1\mathbf{Z}_1)\boldsymbol{\delta}_1 \;,$$

bilden, die man offenbar erhält, indem das Modell von links mit der Matrix $\mathbf{Z}'_1$ multipliziert wird. Die OLS-Methode ist hier jedoch inkonsistent. Wird (3.3.50) alternativ mit $\mathbf{W}'_1$ multipliziert, folgt

$$\mathbf{W}'_1 \mathbf{y}_1 = (\mathbf{W}'_1 \mathbf{Z}_1)\boldsymbol{\delta}_1 ,$$

so dass der **Instrumentenschätzer** mit

$$(3.3.53) \qquad \hat{\boldsymbol{\delta}}_{1_{IV}} = (\mathbf{W}'_1 \mathbf{Z}_1)^{-1} \mathbf{W}'_1 \mathbf{y}_1$$

gegeben ist. Die Schätzwerte hängen dabei natürlich von der Wahl der Instrumente in der $\mathbf{W}_1$-Matrix ab, für die jedoch die beiden Anforderungen (3.3.51) und (3.3.52) gelten. Die $\mathbf{Z}_1$-Matrix ist nun durch

$$\mathbf{Z}_1 = \left(\underset{n\times G_1-1}{\mathbf{Y}_1} \;\vdots\; \underset{n\times K_1}{\mathbf{X}_1} \right)$$

gegeben. Offenbar sind die Variablen in $\mathbf{X}_1$ mit den Störtermen unkorreliert, so dass sie in der Matrix $\mathbf{W}_1$ der Instrumente nicht durch andere Größen ersetzt werden müssen. Man kann auch sagen, dass die Variablen x_1 bis x_{K_1} ihre eigenen Instrumente bezeichnen. Die Instrumente für die G_1-1 erklärenden endogenen Variablen in der $\mathbf{Y}_1$-Matrix lassen sich nun aus den in der ersten Gleichung ausgeschlossenen K-K_1 exogenen Größen wählen, die in der n×(K-K_1)-Matrix $\mathbf{X}_2$ enthalten sind. Sofern die Strukturgleichung dabei genau identifizierbar ist, gilt $G_1-1=K-K_1$, so dass $\mathbf{Y}_1$ durch $\mathbf{X}_2$ zu ersetzen ist. Als Instrumentenmatrix erhält man in diesem Fall

$$(3.3.54) \qquad \mathbf{W}_1 = \left(\underset{n\times G_1-1}{\mathbf{X}_2} \;\vdots\; \underset{n\times K_1}{\mathbf{X}_1} \right) .$$

Bei überidentifizierten Strukturgleichungen gilt dagegen $K-K_1>G_1-1$, so dass hier eine Auswahl aus den Variablen in $\mathbf{X}_2$ vorzunehmen ist. Diese sei mit $\mathbf{X}^*_2$ bezeichnet, so dass man die Instrumentenmatrix in der Form

$$(3.3.55) \qquad \mathbf{W}_1 = \left(\underset{n\times G_1-1}{\mathbf{X}^*_2} \;\vdots\; \underset{n\times K_1}{\mathbf{X}_1} \right)$$

erhält. In diesem Fall ist der Instrumentenschätzer (3.3.53) ausführlicher durch

$$(3.3.56) \qquad \begin{pmatrix} \hat{\boldsymbol{\gamma}}_1 \\ -- \\ \hat{\boldsymbol{\beta}}_1 \end{pmatrix}_{IV} = \left[\begin{pmatrix} \mathbf{X}^{*\prime}_2 \\ --- \\ \mathbf{X}'_1 \end{pmatrix} (\mathbf{Y}_1 \;\vdots\; \mathbf{X}_1) \right]^{-1} \begin{pmatrix} \mathbf{X}^{*\prime}_2 \\ --- \\ \mathbf{X}'_1 \end{pmatrix} \mathbf{y}_1 = \begin{bmatrix} \mathbf{X}^{*\prime}_2 \mathbf{Y}_1 & \vdots & \mathbf{X}^{*\prime}_2 \mathbf{X}_1 \\ ---- & \vdots & ---- \\ \mathbf{X}'_1 \mathbf{Y}_1 & \vdots & \mathbf{X}'_1 \mathbf{X}_1 \end{bmatrix}^{-1} \begin{pmatrix} \mathbf{X}^{*\prime}_2 \\ --- \\ \mathbf{X}'_1 \end{pmatrix} \mathbf{y}_1$$

gegeben. Da die Größen in der $\mathbf{X}_2^*$-Matrix beobachtbar sind, lassen sich die Schätzer stets in einem einzigen Durchgang bestimmen. An der Darstellung (3.3.56) ist erkennbar, dass der Instrumentenschätzer als Spezialfall den zweistufigen Kleinst-Quadrate-Schätzer enthält. Wird genauer $\mathbf{X}_2^* = \hat{\mathbf{Y}}_1$ gewählt, folgt aus (3.3.56)

$$\begin{pmatrix} \hat{\gamma}_1 \\ -- \\ \hat{\beta}_1 \end{pmatrix}_{IV} = \begin{bmatrix} \hat{\mathbf{Y}}'_1 \mathbf{Y}_1 & \hat{\mathbf{Y}}'_1 \mathbf{X}_1 \\ --- & --- \\ \mathbf{X}'_1 \mathbf{Y}_1 & \mathbf{X}'_1 \mathbf{X}_1 \end{bmatrix}^{-1} \begin{pmatrix} \hat{\mathbf{Y}}'_1 \\ -- \\ \mathbf{X}'_1 \end{pmatrix} \mathbf{y}_1 ,$$

so dass sich die Darstellung (3.3.49) ergibt, wenn für $\hat{\mathbf{Y}}_1$ die Schätzfunktion (3.3.34) eingesetzt und von der Beziehung $\hat{\mathbf{Y}}'_1 \mathbf{X}_1 = \mathbf{Y}'_1 \mathbf{X}_1$ Gebrauch gemacht wird. Damit ist gezeigt, dass die Instrumentenmethode den zweistufigen Kleinst-Quadrate-Schätzer verallgemeinert.

Beispiel 3.3. 1: Das bereits bekannte makroökonomische Mehrgleichungsmodell II (Variablendefinitionen [190] s. Abschnitt 1.4)

$$\begin{aligned} C_t &= \beta_{10} + \beta_{11} \cdot Y_t + \beta_{12} \cdot C_{t-1} + u_{1t} \\ I_t &= \beta_{20} + \beta_{21} \cdot Y_{t-1} + \beta_{22} \cdot Y_{t-2} + u_{2t} \\ Y_t &= C_t + I_t + A_t \end{aligned}$$

kann als überidentifiziertes Gleichungssystem mit der zweistufigen Methode der kleinsten Quadrate geschätzt werden. Die Datenbasis umfasst den privaten Verbrauch C, die Bruttoanlageinvestitionen I und das Bruttosozialprodukt in Preisen des Jahres 1985 für den Zeitraum von 1970 bis 1990 (in Mrd. DM):

190 Als Investitionsvariable I werden bei der Modellschätzung die Bruttoanlageinvestitionen verwendet. Die Größe A steht hier für die autonomen Ausgaben, die sich in unserem Modell aus den Staatsausgaben, den Restinvestitionen (= Lagerinvestitionen) und dem Außenbeitrag zusammensetzen.

Jahr	Privater Verbrauch (C)	Bruttoanlageinvestitionen (I)	Bruttosozialprodukt (Y)
1970	731,92	334,04	1322,8
1971	772,71	354,14	1363,1
1972	808,64	363,46	1422,3
1973	833,04	362,46	1491,1
1974	837,60	327,24	1491,9
1975	863,82	310,34	1473,0
1976	897,32	321,73	1554,7
1977	937,80	333,92	1594,4
1978	971,48	348,26	1649,4
1979	1003,06	372,16	1715,9
1980	1015,57	380,79	1733,8
1981	1007,92	362,21	1735,7
1982	992,55	343,13	1716,5
1983	1005,92	354,59	1748,4
1984	1021,68	355,70	1802,0
1985	1036,53	355,81	1834,5
1986	1072,01	368,49	1874,4
1987	1106,88	376,22	1902,3
1988	1137,00	393,68	1971,8
1989	1156,73	421,38	2046,8
1990	1211,12	458,64	2138,7

Unter Verwendung der 2 SLS-Methode ergibt sich folgende numerische Spezifikation der beiden Verhaltensgleichungen (t-Werte in Klammern):

$$\hat{C}_t = \underset{(0,547)}{14,390} + \underset{(3,241)}{0,266} \cdot \hat{Y}_t + \underset{(3,633)}{0,535} \cdot C_{t-1}, \quad R^2 = 0,989$$

und

$$\hat{I}_t = \underset{(3,174)}{137,122} + \underset{(3,222)}{0,513} \cdot Y_{t-1} - \underset{(-2,400)}{0,388} \cdot Y_{t-2}, \quad R^2 = 0,682 \,.$$

Der Gesamtzusammenhang ist beide Male bei Bestimmtheitsmaßen von 0,989 und 0,682 statistisch gesichert. Drei Regressionskoeffizienten der ökonomischen Variablen sind bei theoretisch zu erwartendem Vorzeichen auf dem 1%-Niveau und einer auf dem 5%-Niveau signifikant. Aufgrund der Signifikanz des Vorjahresverbrauchs in der Konsumfunktion erhält die Habit-Persistance-Hypothese eine empirische Unterstützung. Unter Berücksichtigung dieses Tatbestands muss der Regressionskoeffizient des Einkommens natürlich erheblich niedriger sein als die marginale Konsumquote der Keynes'schen Konsumfunktion.

Die Anlageinvestitionen lassen sich zu knapp 70 % durch eine Verallgemeinerung der Akzeleratorhypothese erklären. Man erkennt, dass die Regressionskoeffizienten der verzögerten Nachfragegrößen zu unterschiedlich sind, als dass sie zu einem einheitlichen Akzelerationskoeffizienten zusammengefasst werden könnten [191]. Wie gut sich das Bruttosozialprodukt, der private Verbrauch und die Bruttoanlageinvestitionen durch unser einfaches makroökonomisches Modell erklären lassen, lässt sich aus Abbildung 3.3. 1 erkennen. Vor allem beim Bruttosozialprodukt sind in einigen Perioden größere Abweichungen ersichtlich, was einmal mehr unterstreicht, dass das betrachtete makroökonomische Mehrgleichungsmodell den Charakter eines Demonstrationsmodells besitzt, das keinesfalls bereits praktisch befriedigend arbeitet.

Abbildung 3.3. 1: Gemeinsam abhängige Variablen des makroökonomischen Modells

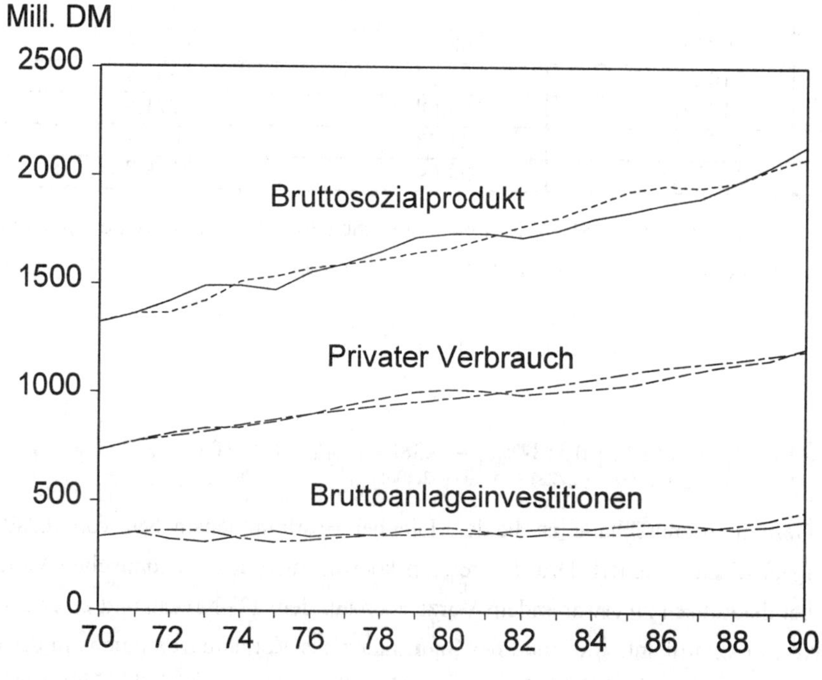

durchgezogene Linie = tatsächliche Werte gestrichelte Linie = geschätzte Werte

---

191 Bei Verwendung des naiven Akzeleratormodells würde das Ausmaß der Bestimmtheit um etwa 10% sinken.

Zum Vergleich sei ebenfalls die OLS-Schätzung unseres makroökonomischen Mehrgleichungsmodells angegeben:

$$\underset{(0,523)}{\hat{C}_t = 13{,}641} + \underset{(4,096)}{0{,}306} \cdot Y_t + \underset{(3,469)}{0{,}465} \cdot C_{t-1}, \quad R^2 = 0{,}989$$

und

$$\hat{I}_t = \underset{(3,174)}{137{,}122} + \underset{(3,222)}{0{,}513} \cdot Y_{t-1} - \underset{(-2,400)}{0{,}388} \cdot Y_{t-2}, \quad R^2 = 0{,}682\ .$$

Die Investitionsfunktionen müssen natürlich bei beiden Schätzungen gleich sein, da die erklärenden Größen ausschließlich prädeterminierte Variablen sind. In der Konsumfunktion wird bei der OLS-Schätzung der Einfluss des Vorjahresverbrauchs auf den aktuellen Verbrauch unterschätzt, der Einfluss des Einkommens dagegen überschätzt. Die Güte der Anpassung bleibt gegenüber der 2 SLS-Schätzung unverändert. ♦

3.3.5 Dreistufige Methode der kleinsten Quadrate

Die zweistufige Methode der kleinsten Quadrate (2SLS) ist ein Verfahren bei beschränkter Information, da die Strukturgleichungen eines simultanen Modells separat voneinander geschätzt werden. Im Gegensatz dazu bezeichnet die dreistufige Methode (Three Stage Least Squares, 3SLS) ein Schätzverfahren bei vollständiger Information, da hier die Strukturparameter in den unterschiedlichen Gleichungen des Systems simultan ermittelt werden. [192] Das 3SLS-Verfahren ist dabei als Erweiterung der 2SLS-Methode zu verstehen. Die ersten beiden Stufen in beiden Strategien, nämlich die Schätzung der Koeffizienten der reduzierten Form und anschließend die Ermittlung der strukturellen Parameter in jeder Gleichung, sind identisch. Beim 3SLS-Verfahren tritt nun noch eine dritte Stufe hinzu. Diese besteht genauer in der simultanen Schätzung der Parameter aller Gleichungen, wobei die verallgemeinerte Methode der kleinsten Quadrate (GLS) herangezogen wird. Die hierfür notwendige Kovarianzmatrix der Störterme wird aus den Residuen geschätzt, die sich nach der zweiten Stufe ergeben. Da die 3SLS-Methode somit die Information verwendet, dass die Störterme in unterschiedlichen Gleichungen des simultanen Modells kontemporär korreliert sind, ist ein Effizienz-

192 Die 3SLS-Methode geht auf Zellner und Theil (1962) zurück.

vorteil gegenüber den Verfahren bei beschränkter Information zu erwarten. Als Sonderfall der 3SLS-Schätzung ist bereits die SURE-Methode diskutiert worden, die allerdings von einem System ausgeht, das keine erklärenden endogenen Variablen enthält. Diese ist relativ effizient gegenüber dem OLS-Verfahren, weil sie die kontemporäre Korrelation der Störvariablen in den einzelnen Gleichungen mit in Betracht zieht.

Um den 3SLS-Schätzer abzuleiten und gleichzeitig die Notation einzuführen, wird von der h-ten Strukturgleichung des Systems ausgegangen,

$$(3.3.57)\qquad \underset{(n\times 1)}{\mathbf{y}_h} = \left(\underset{n\times(g_h-1)}{\mathbf{Y}_h} \;\vdots\; \underset{n\times k_h}{\mathbf{X}_h} \right) \begin{pmatrix} \boldsymbol{\gamma}_h \\ \boldsymbol{\beta}_h \end{pmatrix} + \underset{n\times 1}{\mathbf{u}_h} = \underset{n\times(g_h-1+k_h)}{\mathbf{Z}_h} \underset{(g_h-1+k_h)\times 1}{\boldsymbol{\delta}_h} + \mathbf{u}_h,\ h=1,\ldots,g\ ,$$

die g_h-1 erklärende endogene Variablen und k_h exogene Variablen enthält. Es wird ferner vorausgesetzt, dass alle Identitäten eliminiert sind und alle Gleichungen identifizierbar sind. Der Vektor $\boldsymbol{\delta}_h$ enthält alle Parameter, die in der h-ten Gleichung zu schätzen sind. Mit den Definitionen (stacking vectors)

$$\underset{(gn\times 1)}{\mathbf{y}^*} = \begin{pmatrix} \mathbf{y}_1 \\ \mathbf{y}_2 \\ \vdots \\ \mathbf{y}_g \end{pmatrix},\ \underset{(gn\times 1)}{\mathbf{u}^*} = \begin{pmatrix} \boldsymbol{\varepsilon}_1 \\ \boldsymbol{\varepsilon}_2 \\ \vdots \\ \boldsymbol{\varepsilon}_g \end{pmatrix},\ \underset{k^*\times 1}{\boldsymbol{\delta}^*} = \begin{pmatrix} \boldsymbol{\delta}_1 \\ \boldsymbol{\delta}_2 \\ \vdots \\ \boldsymbol{\delta}_g \end{pmatrix},$$

wobei $k^* = \sum_{h=1}^{g} (g_h - 1 + k_h)$ die Anzahl der zu schätzenden Parameter im gesamten System bezeichnet und

$$\underset{gn\times k^*}{\mathbf{Z}^*} = \begin{pmatrix} \mathbf{Z}_1 & \mathbf{0} & \cdots & \mathbf{0} \\ \mathbf{0} & \mathbf{Z}_2 & \cdots & \vdots \\ \vdots & \vdots & \ddots & \mathbf{0} \\ \mathbf{0} & \mathbf{0} & \mathbf{0} & \mathbf{Z}_g \end{pmatrix} = \left(\begin{array}{c|c|c|c} \mathbf{Y}_1 \vdots \mathbf{X}_1 & \mathbf{0} & \cdots & \mathbf{0} \\ \hline \mathbf{0} & \mathbf{Y}_2 \vdots \mathbf{X}_2 & \cdots & \vdots \\ \hline \vdots & \vdots & \ddots & \vdots \\ \hline \mathbf{0} & \mathbf{0} & \cdots & \mathbf{Y}_g \vdots \mathbf{X}_g \end{array} \right)$$

die Matrix der Rechthandvariablen darstellt, lässt sich das gesamte System mit den g Strukturgleichungen in einer kompakten Form als

$$(3.3.58)\qquad \underset{gn\times 1}{\mathbf{y}^*} = \underset{gn\times k^*}{\mathbf{Z}^*}\ \underset{k^*\times 1}{\boldsymbol{\delta}^*} + \underset{gn\times 1}{\mathbf{u}^*}$$

schreiben. Darin enthält $\boldsymbol{\delta}^*$ alle im Modell zu schätzenden Parameter. Für die Störterme gelten die klassischen Eigenschaften im Rahmen simultaner Modelle

$$(3.3.59)\qquad E(\mathbf{u}^*) = \mathbf{0} \qquad \text{und}$$

$$(3.3.60) \qquad \mathrm{Cov}(\mathbf{u}^*) = \mathrm{E}(\mathbf{u}^*\mathbf{u}^{*\prime}) = \begin{pmatrix} \sigma_{11}\mathbf{I} & \sigma_{12}\mathbf{I} & \cdots & \sigma_{1g}\mathbf{I} \\ \sigma_{21}\mathbf{I} & \sigma_{22}\mathbf{I} & \cdots & \sigma_{2g}\mathbf{I} \\ \vdots & \vdots & \ddots & \vdots \\ \sigma_{g1}\mathbf{I} & \sigma_{g2}\mathbf{I} & \cdots & \sigma_{gg}\mathbf{I} \end{pmatrix} = \mathbf{\Sigma} \otimes \mathbf{I} \ ,$$

wobei das Symbol ⊗ das aus der Vorstellung der SURE-Methode bekannte Kronecker-Produkt bezeichnet. Es wird demnach unterstellt, dass die Störvariablen in jeder Gleichung zu allen Beobachtungszeitpunkten einen Erwartungswert von 0 aufweisen. Die Annahme (3.3.60) unterstellt erstens, dass die Störterme in jeder Strukturgleichung homoskedastisch und frei von Autokorrelation sind. Dies kommt in den Diagonalelementen der Kovarianzmatrix zum Ausdruck, also in den $\sigma_{hh}\mathbf{I}$, h=1,...,g, die selbst wieder Matrizen, nämlich solche von der Dimension n×n sind. Die Nebendiagonalelemente in der Kovarianzmatrix bezeichnen dagegen die zeitkonstante kontemporäre Korrelation zwischen Störvariablen unterschiedlicher Gleichungen, die bei der 2SLS-Methode keine Berücksichtigung findet. So ist z.B. σ_{12} die Korrelation zwischen den zeitgleichen Störtermen in der ersten und zweiten Gleichung des Systems. Diese bezeichnet in der n×n-Matrix $\sigma_{12}\mathbf{I}$ das Diagonalelement, das für alle Beobachtungszeitpunkte identisch ist. Die Nebendiagonalelemente in $\sigma_{12}\mathbf{I}$ sind sämtlich gleich 0, was zum Ausdruck bringt, dass keine Korrelation zwischen Störtermen unterschiedlicher Gleichungen, die zu verschiedenen Zeitpunkten auftreten, besteht.

Mit der eingeführten Notation erhält man aus (3.3.58) zunächst den OLS-Schätzer für den Parametervektor $\boldsymbol{\delta}^*$,

$$(3.3.61) \qquad \hat{\boldsymbol{\delta}}^*_{OLS} = (\mathbf{Z}^{*\prime}\mathbf{Z}^*)^{-1}\mathbf{Z}^{*\prime}\mathbf{y}^* \ ,$$

der verzerrt und inkonsistent ist, da hier den erklärenden endogenen Variablen keine Rechnung getragen wird. Der 2SLS-Schätzer

$$(3.3.62) \qquad \hat{\boldsymbol{\delta}}^*_{2SLS} = (\hat{\mathbf{Z}}^{*\prime}\hat{\mathbf{Z}}^*)^{-1}\hat{\mathbf{Z}}^{*\prime}\mathbf{y}^*$$

ersetzt die erklärenden endogenen Größen in der $\mathbf{Z}^*$-Matrix durch ihre Schätzwerte, die man aus der reduzierten Form erhält. Darin ist

$$\hat{\mathbf{Z}}^* = \begin{pmatrix} \hat{\mathbf{Z}}_1 & \mathbf{0} & \cdots & \mathbf{0} \\ \mathbf{0} & \hat{\mathbf{Z}}_2 & \cdots & \vdots \\ \vdots & \vdots & \ddots & \mathbf{0} \\ \mathbf{0} & \cdots & \mathbf{0} & \hat{\mathbf{Z}}_g \end{pmatrix} = \left(\begin{array}{cc|cc|c|cc} \hat{\mathbf{Y}}_1 & \mathbf{X}_1 & \multicolumn{2}{c|}{\mathbf{0}} & \cdots & \multicolumn{2}{c}{\mathbf{0}} \\ \hline \multicolumn{2}{c|}{\mathbf{0}} & \hat{\mathbf{Y}}_2 & \mathbf{X}_2 & \cdots & \multicolumn{2}{c}{\vdots} \\ \hline \multicolumn{2}{c|}{\vdots} & \multicolumn{2}{c|}{\vdots} & \ddots & \multicolumn{2}{c}{\vdots} \\ \hline \multicolumn{2}{c|}{\mathbf{0}} & \multicolumn{2}{c|}{\mathbf{0}} & \cdots & \hat{\mathbf{Y}}_g & \mathbf{X}_g \end{array}\right) ,$$

so dass anstelle von $\mathbf{Y}_h$ die Matrix $\hat{\mathbf{Y}}_h$ verwendet wird. Damit ist der 2SLS-Schätzer konsistent, trägt jedoch der kontemporären Korrelation zwischen Störvariablen unterschiedlicher Gleichungen noch keine Rechnung, so dass sich bei ihrer Berücksichtigung ein Effizienzvorteil ergibt.

Um die Unterschiede zwischen der 2SLS- und der 3SLS-Methode deutlicher zu betonen, empfiehlt sich vorab noch eine alternative Darstellung der Schätzfunktion (3.3.62). Der besseren Übersichtlichkeit wegen wird zunächst nur auf der Grundlage der ersten Strukturgleichung argumentiert. Die Schätzung ihrer Parameter erfolgt nach der bereits bekannten Vorschrift

(3.3.63) $$\hat{\boldsymbol{\delta}}_{1_{2SLS}} = \left(\hat{\mathbf{Z}}_1'\hat{\mathbf{Z}}_1\right)^{-1}\hat{\mathbf{Z}}_1'\mathbf{y}_1 \text{ mit } \hat{\mathbf{Z}}_1 = \left(\hat{\mathbf{Y}}_1 \mid \mathbf{X}_1\right).$$

Mit Gleichung (3.3.34) ist nun gezeigt worden, dass zwischen $\hat{\mathbf{Y}}_1$ und den beobachteten Werten in der Matrix $\mathbf{Y}_1$ die Beziehung

$$\hat{\mathbf{Y}}_1 = \mathbf{X}(\mathbf{X}'\mathbf{X})^{-1}\mathbf{X}'\mathbf{Y}_1$$

besteht. Darin bezeichnet $\mathbf{X}$ die n×K-Matrix aller exogenen Variablen des Systems. Genauer ist

$$\mathbf{X} = (\mathbf{X}_1 \mid \mathbf{X}_2),$$

wobei $\mathbf{X}_1$ die Werte der in der ersten Gleichung einbezogenen und $\mathbf{X}_2$ die Werte der in dieser strukturellen Beziehung ausgeschlossenen vorherbestimmten Größen enthält. Damit lässt sich nun auch eine Beziehung zwischen den Matrizen $\mathbf{X}_1$ und $\mathbf{X}$ angeben. Genauer hat man

$$(\mathbf{X}_1 \mid \mathbf{X}_2) = \mathbf{X} = \mathbf{X}(\mathbf{X}'\mathbf{X})^{-1}\mathbf{X}'\mathbf{X} = \mathbf{X}(\mathbf{X}'\mathbf{X})^{-1}\mathbf{X}'(\mathbf{X}_1 \mid \mathbf{X}_2),$$

so dass

(3.3.64) $$\mathbf{X}_1 = \mathbf{X}(\mathbf{X}'\mathbf{X})^{-1}\mathbf{X}'\mathbf{X}_1$$

gilt. Mit (3.3.34) und (3.3.64) folgt eine Relation zwischen $\hat{\mathbf{Z}}_1 = \left(\hat{\mathbf{Y}}_1 \mid \mathbf{X}_1\right)$ und $\mathbf{Z}_1 = (\mathbf{Y}_1 \mid \mathbf{X}_1)$, die durch

(3.3.65) $$\hat{\mathbf{Z}}_1 = \left(\hat{\mathbf{Y}}_1 \mid \mathbf{X}_1\right) = \mathbf{X}(\mathbf{X}'\mathbf{X})^{-1}\mathbf{X}'(\mathbf{Y}_1 \mid \mathbf{X}_1) = \mathbf{X}(\mathbf{X}'\mathbf{X})^{-1}\mathbf{X}'\mathbf{Z}_1$$

gegeben ist. Die Verwendung dieses Resultats in der Schätzfunktion (3.3.63) führt auf die Darstellung

(3.3.66) $$\hat{\boldsymbol{\delta}}_{1_{2SLS}} = \left[\mathbf{Z}_1'\mathbf{X}(\mathbf{X}'\mathbf{X})^{-1}\mathbf{X}'\mathbf{Z}_1\right]^{-1}\mathbf{Z}_1'\mathbf{X}(\mathbf{X}'\mathbf{X})^{-1}\mathbf{X}'\mathbf{y}_1 \,,$$

die eine sehr kompakte Schreibweise der 2SLS-Methode für die Parameter der ersten Strukturgleichung bezeichnet. Der Vorteil von (3.3.66) ist, dass –wie in (3.3.49)– die Koeffizienten bereits in einem Durchgang aus den ursprünglichen Beobachtungsdaten konsistent schätzbar sind.

Der 2SLS-Schätzer in (3.3.66) hat noch eine weitere Interpretation, die insbesondere für das Verständnis der 3SLS-Methode von großer Relevanz ist. Analog zur Vorgehensweise bei der Instrumentenmethode wird die erste Strukturgleichung des Modells,

$$\mathbf{y}_1 = \mathbf{Z}_1\boldsymbol{\delta}_1 + \mathbf{u}_1$$

von links mit der Matrix $\mathbf{X}'$ multipliziert, die die Werte aller im System involvierten exogenen Variablen enthält. Es ergibt sich

(3.3.67) $$\mathbf{X}'\mathbf{y}_1 = \mathbf{X}'\mathbf{Z}_1\boldsymbol{\delta}_1 + \mathbf{X}'\mathbf{u}_1 \,.$$

Die Störvariablen dieser Gleichung sind nach Maßgabe ihrer Kovarianzmatrix

(3.3.68) $$\mathrm{Cov}(\mathbf{X}'\mathbf{u}_1) = \mathrm{E}(\mathbf{X}'\mathbf{u}_1\mathbf{u}_1'\mathbf{X}) = \sigma_1^2\mathbf{X}'\mathbf{X}$$

im allgemeinen autokorreliert und heteroskedastisch, so dass sich in (3.3.67) der Einsatz der verallgemeinerten Methode der kleinsten Quadrate (GLS) empfiehlt. Analog zu (2.4.45) erhält man hier

$$\hat{\boldsymbol{\delta}}_{1_{GLS}} = \left[\mathbf{Z}_1'\mathbf{X}(\mathrm{Cov}(\mathbf{X}'\mathbf{u}_1))^{-1}\mathbf{X}'\mathbf{Z}_1\right]^{-1}\cdot\mathbf{Z}_1'\mathbf{X}(\mathrm{Cov}(\mathbf{X}'\mathbf{u}_1))^{-1}\mathbf{y}_1$$
$$= \sigma_1^2\cdot\left[\mathbf{Z}_1'\mathbf{X}(\mathbf{X}'\mathbf{X})^{-1}\mathbf{X}'\mathbf{Z}_1\right]^{-1}\cdot\frac{1}{\sigma_1^2}\cdot\mathbf{Z}_1'\mathbf{X}(\mathbf{X}'\mathbf{X})^{-1}\mathbf{y}_1 =$$

(3.3.69) $$\hat{\boldsymbol{\delta}}_{1_{GLS}} = \left[\mathbf{Z}_1'\mathbf{X}(\mathbf{X}'\mathbf{X})^{-1}\mathbf{X}'\mathbf{Z}_1\right]^{-1}\cdot\mathbf{Z}_1'\mathbf{X}(\mathbf{X}'\mathbf{X})^{-1}\mathbf{y}_1 \,,$$

so dass sich der 2SLS-Schätzer in (3.3.66) ergibt. Dieser hat danach die Interpretation, dass er mit dem GLS-Schätzer für die erste Strukturgleichung identisch ist, wenn alle exogenen Variablen als Instrumente verwendet werden. Der 3SLS-Schätzer ergibt sich aus einem ähnlichen Ansatz. Der einzige Unterschied zur 2SLS-Methode besteht darin, dass man nicht mehr jede Strukturgleichung separat, sondern das gesamte System betrachtet.

Wird nun noch die 2SLS-Schätzung für jede der g Gleichungen des Systems kompakt in einer Formel angegeben, gilt analog zu (3.3.65)

(3.3.70) $\hat{\mathbf{Z}}^* = \mathbf{X}^*(\mathbf{X}^{*\prime}\mathbf{X}^*)^{-1}\mathbf{X}^{*\prime}\mathbf{Z}^*$,

wobei

$$(3.3.71)\qquad \underset{gn\times gk}{\mathbf{X}^*} = \begin{pmatrix} \mathbf{X} & \mathbf{0} & \cdots & \mathbf{0} \\ \mathbf{0} & \mathbf{X} & \cdots & \mathbf{0} \\ \vdots & \vdots & \ddots & \vdots \\ \mathbf{0} & \cdots & \mathbf{0} & \mathbf{X} \end{pmatrix} = \underset{g\times g}{\mathbf{I}} \otimes \underset{n\times K}{\mathbf{X}}$$

ist. Unter Verwendung von (3.3.70) folgt dann aus (3.3.62) die Darstellung

$$(3.3.72)\qquad \hat{\boldsymbol{\delta}}^*_{2SLS} = \left[\mathbf{Z}^{*\prime}\mathbf{X}^*(\mathbf{X}^{*\prime}\mathbf{X}^*)^{-1}\mathbf{X}^{*\prime}\mathbf{Z}^*\right]^{-1}\cdot\mathbf{Z}^{*\prime}\mathbf{X}^*(\mathbf{X}^{*\prime}\mathbf{X}^*)^{-1}\mathbf{X}^{*\prime}\mathbf{y}^* ,$$

die mit der 3SLS-Schätzung des Parametervektors $\boldsymbol{\delta}^*$ zu vergleichen ist, die nun abgeleitet wird.

Wenn man alle im System involvierten exogenen Variablen als Instrumente benutzt, bedeutet dies, dass das Modell (3.3.58) von links mit der Matrix $\mathbf{X}^{*\prime}$ multipliziert wird, die in (3.3.71) definiert ist. Dann folgt

$$(3.3.73)\qquad \mathbf{X}^{*\prime}\mathbf{y}^* = \mathbf{X}^{*\prime}\mathbf{Z}^*\boldsymbol{\delta}^* + \mathbf{X}^{*\prime}\mathbf{u}^* .$$

In diesem System ist jede der g Gleichungen mit der gleichen Datenmatrix $\mathbf{X}'$ prämultipliziert worden, die die Werte aller exogenen Variablen des Systems enthält. Der Schätzer für $\boldsymbol{\delta}^*$, der sich nach der verallgemeinerten Methode der kleinsten Quadrate ergibt, wird als Schätzer der dreistufigen Methode der kleinsten Quadrate bezeichnet:

$$\hat{\boldsymbol{\delta}}^*_{3SLS} = \left(\mathbf{Z}^{*\prime}\mathbf{X}^*(\mathrm{Cov}(\mathbf{X}^{*\prime}\mathbf{u}^*))^{-1}\mathbf{X}^{*\prime}\mathbf{Z}^*\right)^{-1}\cdot\mathbf{Z}^{*\prime}\mathbf{X}^*(\mathrm{Cov}(\mathbf{X}^{*\prime}\mathbf{u}^*))^{-1}\mathbf{X}^{*\prime}\mathbf{y}^* .$$

Dabei gilt für die Kovarianzmatrix der Störterme des Modells (3.3.73) wegen (3.3.60)

$$(3.3.74)\qquad \mathrm{Cov}(\mathbf{X}^{*\prime}\mathbf{u}^*) = \mathbf{X}^{*\prime}\mathrm{Cov}(\mathbf{u}^*)\mathbf{X}^* = \mathbf{X}^{*\prime}(\boldsymbol{\Sigma}\otimes\mathbf{I})\mathbf{X}^*$$

und nach Einsetzen in (3.3.73)

$$(3.3.75)\qquad \hat{\boldsymbol{\delta}}^*_{3SLS} = \left(\mathbf{Z}^{*\prime}\mathbf{X}^*[\mathbf{X}^{*\prime}(\boldsymbol{\Sigma}\otimes\mathbf{I})\mathbf{X}^*]^{-1}\mathbf{X}^{*\prime}\mathbf{Z}^*\right)^{-1}\cdot\mathbf{Z}^{*\prime}\mathbf{X}^*[\mathbf{X}^{*\prime}(\boldsymbol{\Sigma}\otimes\mathbf{I})\mathbf{X}^*]^{-1}\mathbf{X}^{*\prime}\mathbf{y}^*,$$

so dass im Unterschied zur 2SLS-Schätzung (3.3.72) noch mit der Kovarianzmatrix (3.3.73) gewichtet wird. Damit ist deutlich, dass die 3SLS-Methode eine GLS-Schätzung des gesamten Modells bezeichnet, in der alle exogenen Variablen als Instrumente verwendet werden.

Die Berechnung von (3.3.75) gestattet die Ermittlung der 3SLS-Schätzer in einem Schritt aus den Beobachtungsdaten, sofern die Matrix $\mathbf{\Sigma}$ gegeben ist, die mit (3.3.60)

$$\mathbf{\Sigma} = \begin{pmatrix} \sigma_{11} & \sigma_{12} & \cdots & \sigma_{1g} \\ \sigma_{21} & \sigma_{22} & \cdots & \sigma_{2g} \\ \vdots & \vdots & & \vdots \\ \sigma_{g1} & \sigma_{g2} & \cdots & \sigma_{gg} \end{pmatrix}$$

lautet. Im allgemeinen ist dies jedoch nicht der Fall, so dass vorab ein Schätzer für $\mathbf{\Sigma}$ anzugeben ist. Hier werden nun die Residuen nach der 2SLS-Methode verwendet. Genauer lassen sich die Elemente in der $\mathbf{\Sigma}$-Matrix konsistent nach

$$\text{(3.3.76)} \qquad \hat{\sigma}_{hj} = \frac{1}{n}\hat{\mathbf{u}}_h'\hat{\mathbf{u}}_j = \frac{1}{n}\left(\mathbf{y}_h - \mathbf{Z}_h\hat{\boldsymbol{\delta}}_h\right)'\left(\mathbf{y}_j - \mathbf{Z}_j\hat{\boldsymbol{\delta}}_j\right) \qquad h, j = 1,\ldots,g$$

ermitteln. Auf diese Weise erhält man die Schätzung von $\mathbf{\Sigma}$, mit der sich dann –eingesetzt in (3.3.75)– die 3SLS-Schätzer bestimmen lassen.

Zusammenfassend besteht die 3SLS-Methode somit aus drei Schritten. Erstens wird die reduzierte Form des Systems geschätzt. Die Resultate werden zweitens verwendet, um die 2SLS-Schätzung für jede Strukturgleichung separat durchzuführen. Drittens schätzt man auf der Grundlage der Residuen der zweiten Stufe die Kovarianzmatrix $\mathbf{\Sigma}$ und berechnet damit nach Maßgabe von (3.3.75) den 3SLS-Schätzer. Dieser entspricht einer GLS-Schätzung des gesamten Systems, wenn alle exogenen Variablen als Instrumente herangezogen werden. Die 3SLS-Methode führt zu konsistenten Schätzungen des Parametervektors $\boldsymbol{\delta}^*$ und ist asymptotisch effizienter als das 2SLS-Verfahren, weil als zusätzliche Information die kontemporäre Korrelation, die zwischen den Störvariablen unterschiedlicher Gleichungen besteht, berücksichtigt wird.

3.3.6 Die Maximum-Likelihood-Methode bei voller Information

Das Schätzprinzip der Maximum-Likelihood-Methode, das wir bei den ökonometrischen Eingleichungsmodellen kennengelernt haben, lässt sich gleichermaßen bei ökonometrischen Mehrgleichungsmodellen nutzbar machen. Sofern allein die A-priori-Restriktionen der zu schätzenden Gleichung berücksichtigt werden, spricht man von der Maximum-Likelihood-Methode bei beschränkter Information [Limited Information Maximum Likelihood, (LIML)] [193]. Die Maximum-Likelihood-Methode bei voller Information [Full Information Maximum Likelihood, (FIML)] berücksichtigt bei der Parameterschätzung dagegen alle für das ökonometrische Modell relevanten A-priori-Informationen gleichzeitig [194]. Die Schätzung der Parameter eines ökonometrischen Mehrgleichungsmodells erfolgt hierbei wie bei der dreistufigen Methode der kleinsten Quadrate (3SLS) nicht Gleichung für Gleichung, sondern simultan. Allgemein sind die FIML-Schätzer konsistent, asymptotisch effizient und asymptotisch normalverteilt. Wenn man die Normalverteilungsannahme für die Störvariablen aufgibt, erhält man Quasi-Maximum-Likelihood-Schätzer, für die sich immer noch die Eigenschaften der Konsistenz und asymptotischen Normalverteilung nachweisen lassen [195]. Der Vorteil gegenüber der 3SLS-Methode besteht vor allem darin, dass bei der FIML-Methode im Prinzip alle möglichen A-priori-Restriktionen für die Parameter einzelner oder mehrerer Gleichungen sowie Restriktionen bezüglich der Fehlerstruktur berücksichtigt werden können. Allerdings muss dieser Vorteil durch eine erhebliche Erhöhung des Schwierigkeitsgrads und Erhöhung des schätztechnischen Aufwands "erkauft" werden [196].

Die Maximum-Likelihood-Methode bei voller Information setzt identifizierbare oder überidentifizierte ökonometrische Modelle voraus. Um das Prinzip der FIML-Methode anschaulich aufzeigen zu können, sehen wir von A-priori-Restriktionen eines ökonometrischen Mehrgleichungsmodells ab, die sich nicht als Nullrestriktionen identifizieren lassen. Außerdem gehen wir davon aus, dass alle Identitäten eliminiert worden sind, so

193 Anderson und Rubin (1949).

194 Koopmans, Rubin und Leipnik, (1950).

195 Vgl. Koopmans, Rubin und Leipnik (1950).

196 Bei einer Berücksichtigung derartiger A-priori-Restriktionen stellt sich die Bestimmung des FIML-Schätzers mathematisch als Lösung eines nichtlinearen Optimierungsproblems unter Nebenbedingungen dar. Doch selbst ohne Berücksichtigung von A-priori-Restriktionen lassen sich die FIML-Schätzer nicht analytisch, sondern nur iterativ bestimmen.

dass das Modell ausschließlich aus Verhaltensgleichungen mit "echten" Störvariablen besteht. In dem ökonometrischen Mehrgleichungsmodell

$$\mathbf{Y\Gamma'}+\mathbf{XB'}=\mathbf{U}$$

folgt der Störvektor $\mathbf{u}_t$,

$$\mathbf{u}_t=(u_{1t},u_{2t},\ldots,u_{Gt})'$$

in jeder Periode t einer multivariaten Normalverteilung mit dem Erwartungswertvektor

$$E(\mathbf{u}_t)=\mathbf{0}$$

und der Kovarianzmatrix

$$\mathrm{Cov}(\mathbf{u}_t)=\mathbf{\Sigma}$$
$$\mathbf{u}_t\sim N(\mathbf{0},\mathbf{\Sigma})\quad \text{für alle } t=1,2,\ldots,n$$

Die Dichtefunktion des Störvektors ist dann durch

(3.3.77) $$f(\mathbf{u}_t)=(2\pi)^{-G/2}|\mathbf{\Sigma}|^{-1/2}\exp\left(-\frac{1}{2}\mathbf{u}'_t\,\mathbf{\Sigma}^{-1}\mathbf{u}_t\right)$$

gegeben. Generell wird zugelassen, dass zeitgleiche Störvariablen u_{gt} und u_{ht} stochastisch abhängig sein können; jedoch müssen sie homoskedastisch sein:

(3.3.78) $$\mathrm{Cov}(u_{gt},u_{ht})=\sigma_{gh}\ .$$

Dagegen werden die Störvariablen als frei von Autokorrelation vorausgesetzt, d.h. es gilt

$$\mathrm{Cov}(u_{gt},u_{hs})=0 \quad \text{für } t\neq s\ .$$

Bevor wir uns dem allgemeineren Fall kontemporär stochastisch abhängiger Störvariablen zuwenden, für den die Kovarianzmatrix $\mathbf{\Sigma}$ durch

$$\mathbf{\Sigma}=\begin{bmatrix}\sigma_1^2 & \sigma_{12} & \cdots & \sigma_{1G}\\ \sigma_{21} & \sigma_2^2 & \cdots & \sigma_{2G}\\ \vdots & \vdots & \ddots & \vdots\\ \sigma_{G1} & \sigma_{G2} & \cdots & \sigma_G^2\end{bmatrix}$$

gegeben ist, betrachten wir zunächst die FIML-Schätzung in der einfacheren Situation unabhängiger Störvariablen, der durch eine Diagonalform der Kovarianzmatrix $\mathbf{\Sigma}$ gekennzeichnet ist:

$$\mathbf{\Sigma} = \begin{bmatrix} \sigma_1^2 & 0 & \cdots & 0 \\ 0 & \sigma_2^2 & \cdots & 0 \\ \vdots & \vdots & \ddots & \vdots \\ 0 & 0 & \cdots & \sigma_G^2 \end{bmatrix}.$$

Wegen

$$f(\mathbf{u}_t) = \prod_{g=1}^{G} f(u_{gt})$$

vereinfacht sich die Dichtefunktion (3.3.77) dann zu

$$f(\mathbf{u}_t) = \prod_{g=1}^{G} (2\pi)^{-1/2} \sigma_{u_g}^{-1} \exp\left(-\frac{1}{2}\frac{u_{gt}^2}{\sigma_{u_g}^2}\right) = (2\pi)^{-1/2} \prod_{g=1}^{G} \sigma_{u_g}^{-1} \exp\left(-\frac{1}{2}\sum_{g=1}^{G}\frac{u_{gt}^2}{\sigma_{u_g}^2}\right),$$

was mit

$$f(u_{gt}) = (2\pi)^{-1/2} \sigma_{u_g}^{-1} \exp\left(-\frac{1}{2}\frac{u_{gt}^2}{\sigma_{u_g}^2}\right)$$

folgt. Da die gemeinsamen endogenen Variablen und Störvariablen durch eine Lineartransformation der Form

(3.3.79) $\mathbf{u}_t = \mathbf{\Gamma y}_t + \mathbf{B x}_t$

miteinander verknüpft sind, lautet ihre gemeinsame Dichtefunktion in der Periode t bei gegebenem $\mathbf{x}_t$

(3.3.80) $f(\mathbf{y}_t|\mathbf{x}_t) = |\mathbf{\Gamma}| f(\mathbf{u}_t) = |\mathbf{\Gamma}| (2\pi)^{-G/2} \prod_{g=1}^{G} \sigma_{u_g}^{-1} \exp\left(-\frac{1}{2}\sum_{g=1}^{G}\frac{u_{gt}^2}{\sigma_{u_g}^2}\right)$. [197]

Die gemeinsame bedingte Dichte der endogenen Variablen über alle Perioden hinweg ist bei nicht autokorrelierten Störvariablen durch das Produkt der Dichtefunktionen $f(\mathbf{y}_t \mid \mathbf{x}_t)$ der n Perioden gegeben:

---

197 Allgemein gilt $f(\mathbf{y}_t) = \left|\frac{\partial \mathbf{u}_t}{\partial \mathbf{y}_t}\right| f(\mathbf{u}_t)$, wobei $\left|\frac{\partial \mathbf{u}_t}{\partial \mathbf{y}_t}\right|$ die Determinante der Jakobi-Matrix der partiellen Ableitungen der Elemente von $\mathbf{u}_t$ nach den Elementen von $\mathbf{y}_t$ bezeichnet. Implizit ist damit stets der absolute Wert der Determinante gemeint, die bei dem ökonometrischen Modell (3.3.81) durch $|\mathbf{\Gamma}|$ gegeben ist.

(3.3.81) $$f(\mathbf{Y}|\mathbf{X}) = \prod_{t=1}^{n} f(\mathbf{y}_t|\mathbf{x}_t) = |\mathbf{\Gamma}|^n (2\pi)^{-nG/2} \left(\prod_{g=1}^{G} \sigma_{u_g} \right)^{-n} \exp\left(-\frac{1}{2} \sum_{t=1}^{n} \sum_{g=1}^{G} \frac{u_{gt}^2}{\sigma_{u_g}^2} \right) .$$

Die Störvarianzen $\sigma_{u_g}^2$ werden ebenso wie die Koeffizienten γ_{gh} und β_{gk}, die über die Beziehung

$$u_{gt} = \sum_{h=1}^{G} \gamma_{gh} y_{ht} + \sum_{k=1}^{K} \beta_{gk} x_{kt}$$

in den Größen u_{gt}^2 enthalten sind, in der Dichtefunktion als fest vorgegeben betrachtet. Da sie jedoch als unbekannte Größen ökonometrisch zu schätzen sind, bilden wir die Likelihood-Funktion

$$L(\mathbf{\Gamma}, \mathbf{B}, \mathbf{\Sigma}) = C \cdot |\mathbf{\Gamma}|^n \left(\prod_{g=1}^{G} \sigma_{u_g} \right)^{-n} \exp\left(-\frac{1}{2} \sum_{t=1}^{n} \sum_{g=1}^{G} \frac{u_{gt}^2}{\sigma_{u_g}^2} \right)$$

mit dem konstanten Faktor

$$C = (2\pi)^{-nG/2} ,$$

in der die Parameter $\mathbf{\Gamma}$, $\mathbf{B}$ und $\mathbf{\Sigma}$ bei gegebenen Datenmatrizen $\mathbf{Y}$ und $\mathbf{X}$ frei variiert werden können. Aus Vereinfachungsgründen bestimmen wir die FIML-Schätzer für $\mathbf{\Gamma}$, $\mathbf{B}$ und $\mathbf{\Sigma}$ aus der logarithmierten Likelihood-Funktion

(3.3.82) $$\ln L(\mathbf{\Gamma}, \mathbf{B}, \mathbf{\Sigma}) = \ln C + n \ln \cdot |\mathbf{\Gamma}| - n \prod_{g=1}^{G} \ln \sigma_{u_g} - \frac{1}{2} \sum_{t=1}^{n} \sum_{g=1}^{G} \frac{u_{gt}^2}{\sigma_{u_g}^2} ,$$

was zulässig ist, da die Logarithmus-Transformation streng monoton ist. Bei der Bestimmung der unbekannten Parameter wird praktisch so vorgegangen, dass (3.3.80) zunächst einmal unter der Annahme gegebener Größen in $\mathbf{\Gamma}$ und $\mathbf{B}$ partiell nach $\sigma_{u_g}^2$ differenziert wird:

$$\frac{\partial \ln L}{\partial \sigma_{u_g}^2} = 0, \quad g = 1,2,\ldots,G .$$

Man erhält hieraus die FIML-Schätzer

(3.3.83) $$\hat{\sigma}_{u_g}^2 = \frac{1}{n} \sum_{t=1}^{n} \hat{u}_{gt}^2$$

für die Varianzen der Störvariablen der G Verhaltensgleichungen. Unter Verwendung der Schätzwerte (3.3.81) wird die logarithmierte Likelihood-Funktion dann partiell nach den Koeffizienten γ_{gh} und β_{gk} differenziert, womit man Bestimmungsgleichungen für diese Größen erhält:

(3.3.84) $$\frac{\partial \ln L^*}{\partial \gamma_{gh}} = 0, \quad g = 1,2,\ldots,G; \quad h = 1,2,\ldots,G$$

und

(3.3.85) $$\frac{\partial \ln L^*}{\partial \beta_{gk}} = 0, \quad g = 1,2,\ldots,G; \quad k = 1,2,\ldots,K\ .$$ [198]

Allerdings sind die Bestimmungsgleichungen (3.3.84) und (3.3.85) für die Parameter γ_{gh} und β_{gk} nicht analytisch lösbar. Auf geeignete Iterationsverfahren gehen wir nach Behandlung des allgemeineren Falles nicht kontemporär unkorrelierter Störvariablen kurz ein.

Ohne eine Beschränkung der Kovarianzmatrix $\mathbf{\Sigma}$ auf eine Diagonalmatrix ist die bedingte gemeinsame Dichtefunktion der endogenen Variablen in der Periode t unter Beachtung von (3.3.77) und (3.3.80) durch

$$f(\mathbf{y}_t|\mathbf{x}_t) = |\mathbf{\Gamma}| f(\mathbf{u}_t) = |\mathbf{\Gamma}| (2\pi)^{-G/2} |\mathbf{\Sigma}|^{-1/2} \exp\left(-\frac{1}{2}\mathbf{u}'_t\,\mathbf{\Sigma}^{-1}\mathbf{u}_t\right)$$

gegeben. Über alle Perioden hinweg erhält man bei fehlender Autokorrelation der Störvariablen die gemeinsame Dichte

$$f(\mathbf{Y}|\mathbf{X}) = \prod_{t=1}^{n} f(\mathbf{y}_t|\mathbf{x}_t) = |\mathbf{\Gamma}|^n (2\pi)^{-Gn/2} |\mathbf{\Sigma}|^{-n/2} \exp\left(-\frac{1}{2}\sum_{t=1}^{n}\mathbf{u}'_t\,\mathbf{\Sigma}^{-1}\mathbf{u}_t\right)$$

und nach Substitution der Störvektoren $\mathbf{u}_1,\mathbf{u}_2,\ldots,\mathbf{u}_n$ durch (3.3.79) schließlich

(3.3.86) $$f(\mathbf{Y}|\mathbf{X}) = |\mathbf{\Gamma}|^n (2\pi)^{-Gn/2} |\mathbf{\Sigma}|^{-n/2} \exp\left(-\frac{1}{2}\sum_{t=1}^{n}(\mathbf{\Gamma}\mathbf{y}_t + \mathbf{B}\mathbf{x}_t)'\mathbf{\Sigma}^{-1}(\mathbf{\Gamma}\mathbf{y}_t + \mathbf{B}\mathbf{x}_t)\right)\ .$$

Die Summation über alle t im Exponenten lässt sich gleichermaßen unter Verwendung der Datenmatrizen **Y** und **X** bewerkstelligen. Es handelt sich nämlich dabei um die

---

198 Es bezeichnet lnL* die logarithmierte Likelihood-Funktion, die sich nach Einsetzen des FIML-Schätzers (3.3.83) für $\sigma^2_{u_g}$ in lnL ergibt. Aufgrund dieser Substitution bezeichnet man lnL* als "konzentrierte" log Likelihood-Funktion.

Summe der Diagonalelemente der Produktmatrix $(\mathbf{\Gamma Y'}+\mathbf{BX'})\mathbf{\Sigma}^{-1}(\mathbf{\Gamma Y'}+\mathbf{BX'})$, die durch ihre Spur gegeben ist:

$$\sum_{t=1}^{n}(\mathbf{\Gamma y}_t+\mathbf{Bx}_t)\mathbf{\Sigma}^{-1}(\mathbf{\Gamma y}_t+\mathbf{Bx}_t)=\mathrm{tr}(\mathbf{\Gamma Y'}+\mathbf{BX'})\mathbf{\Sigma}^{-1}(\mathbf{\Gamma Y'}+\mathbf{BX'}).$$

Damit geht (3.3.86) in

$$f(\mathbf{Y}|\mathbf{X})=|\mathbf{\Gamma}|^n(2\pi)^{-Gn/2}|\mathbf{\Sigma}|^{-n/2}\exp\left[-\frac{1}{2}\mathrm{tr}\left[(\mathbf{\Gamma Y'}+\mathbf{BX'})'\mathbf{\Sigma}^{-1}(\mathbf{\Gamma Y'}+\mathbf{BX'})\right]\right]$$

über und aufgrund der Kommutativität der Spur folgt

$$f(\mathbf{Y}|\mathbf{X})=|\mathbf{\Gamma}|^n(2\pi)^{-Gn/2}|\mathbf{\Sigma}|^{-n/2}\exp\left[-\frac{1}{2}\mathrm{tr}\left[\mathbf{\Sigma}^{-1}(\mathbf{\Gamma Y'}+\mathbf{BX'})'(\mathbf{\Gamma Y'}+\mathbf{BX'})\right]\right].$$

Zur Bestimmung der FIML-Schätzer für $\mathbf{\Sigma}, \mathbf{\Gamma}$ und $\mathbf{B}$ wird wiederum von der logarithmierten Likelihood-Funktion ausgegangen, die

(3.3.87) $$\ln L(\mathbf{\Gamma},\mathbf{B},\mathbf{\Sigma})=C^*+n\ln|\mathbf{\Gamma}|-\frac{n}{2}\ln|\mathbf{\Gamma}|-\frac{1}{2}\mathrm{tr}\left[\mathbf{\Sigma}^{-1}(\mathbf{\Gamma Y'}+\mathbf{BX'})'(\mathbf{\Gamma Y'}+\mathbf{BX'})\right]$$

mit

$$C^*=-\frac{Gn}{2}\ln(2\pi)$$

lautet. Der FIML-Schätzer für die Kovarianzmatrix $\mathbf{\Sigma}$ ergibt sich aus dem Gleichungssystem

(3.3.88) $$\frac{\partial\ln L(\mathbf{\Gamma},\mathbf{B},\mathbf{\Sigma})}{\partial\Sigma}=-\frac{n}{2}\mathbf{\Sigma}^{-1}+\frac{1}{2}\left[\mathbf{\Sigma}^{-1}(\mathbf{\Gamma Y'}+\mathbf{BX'})'(\mathbf{\Gamma Y'}+\mathbf{BX'})\mathbf{\Sigma}^{-1}\right]=0\ ,$$

in dem die Koeffizientenmatrizen $\mathbf{\Gamma}$ und $\mathbf{B}$ zunächst als gegeben betrachtet werden. [199] Die Bestimmungsgleichung (3.3.88) für $\mathbf{\Sigma}$ lässt sich zu

$$\mathbf{\Sigma}^{-1}=\frac{1}{n}\mathbf{\Sigma}^{-1}(\mathbf{\Gamma Y'}+\mathbf{BX'})'(\mathbf{\Gamma Y'}+\mathbf{BX'})\mathbf{\Sigma}^{-1}$$

vereinfachen, woraus man nach beidseitiger Multiplikation mit $\mathbf{\Sigma}$

$$\mathbf{\Sigma}=\frac{1}{n}(\mathbf{\Gamma Y'}+\mathbf{BX'})'(\mathbf{\Gamma Y'}+\mathbf{BX'})$$

erhält. Unter Berücksichtigung von

---

199 Bei der Matrixdifferentiation ist von den beiden Regeln $d\ln|\mathbf{X}|/d\mathbf{X}=(\mathbf{X'})^{-1}$ und $d\mathrm{tr}(\mathbf{X}^{-1}\mathbf{A})/d\mathbf{X}=-(\mathbf{X}^{-1}\mathbf{A}\mathbf{X}^{-1})'$ Gebrauch gemacht worden.

$$\mathbf{U} = \mathbf{\Gamma Y' + BX'}$$

gewinnt man damit den FIML-Schätzer

$$(3.3.89) \qquad \hat{\mathbf{\Sigma}}_{FIML} = \frac{1}{n}\hat{\mathbf{U}}'\hat{\mathbf{U}}$$

für die Kovarianzmatrix der Störvariablen, dessen Diagonalelemente die Varianzschätzer

$$\hat{\sigma}^2_{u_g} = \frac{1}{n}\sum_{t=1}^{n}\hat{u}^2_{gt}$$

und dessen Nichtdiagonalelemente die Kovarianzschätzer

$$\hat{\sigma}_{g_h} = \frac{1}{n}\sum_{t=1}^{n} u_{gt} u_{ht}$$

darstellen.

Man kann nun (3.3.89) in (3.3.87) einsetzen, um FIML-Schätzer für $\mathbf{\Gamma}$ und $\mathbf{B}$ aus

$$(3.3.90) \qquad \ln L^* = C^* + n \ln|\mathbf{\Gamma}| - \frac{1}{2}\ln|(\mathbf{\Gamma Y' + BX'})' (\mathbf{\Gamma Y + BX'})|$$

zu erhalten.

Die logarithmierte Likelihood-Funktion $\ln L^*$ ist nun auf die Parameter $\mathbf{\Gamma}$ und $\mathbf{B}$ "konzentriert". Trotzdem sie sich aufgrund des Weglassens des Spur-Terms bereits vereinfacht hat, gestaltet sich die Lösung der Bestimmungsgleichungen

$$\frac{\partial \ln L^*}{\partial \mathbf{\Gamma}} = \mathbf{0} \quad \text{und} \quad \frac{\partial \ln L^*}{\partial \mathbf{B}} = \mathbf{0}$$

für die FIML-Schätzer der Koeffizienten γ_{gh} und β_{gk} außerordentlich aufwendig. Als Iterationsverfahren zur numerischen Bestimmung der FIML-Schätzer können nichtlineare Optimierungsverfahren in Betracht gezogen werden, die bei anderen multivariaten Verfahren bereits erfolgreich eingesetzt worden sind. Aufgrund ihrer Konvergenzeigenschaften ist hier vor allem an das Newton-Raphson-Verfahren oder an verschiedene Quasi-Newton-Verfahren gegebenenfalls unter Verwendung problemspezifischer Anpassungen zu denken. [200] Bei diesen Iterationsverfahren, die von der Hesse-Matrix (= Matrix der zweiten partiellen Ableitungen) oder ihrer Approximation Gebrauch machen, sind Anfangsschätzer erforderlich, die z.B. durch die zweistufige

200 Siehe hierzu Kosfeld (1986), S. 41ff.

Methode der kleinsten Quadrate geliefert werden können. Was die linearisierte ML-Methode von Rothenberg und Leenders [201] betrifft, so sind Zweifel berechtigt, ob damit tatsächlich ein Maximum der Likelihood-Funktion gefunden werden kann. [202] Da sie auf einer Taylor-Reihe zweiter Ordnung basiert, bildet sie einen Spezialfall des Raphson-Newton-Verfahrens, das bereits nach einer Iteration unter Verwendung einer Schrittweite von Eins abgebrochen wird. Tatsächlich brauchen dann jedoch noch keinerlei Konvergenzbedingungen gegeben sein. Ohne Berücksichtigung können Iterationsverfahren bleiben, die keinen Gebrauch von der Hesse-Matrix oder ihrer Approximation machen (z.B. die Methode des steilsten Anstiegs), da sich ihr Konvergenzverhalten bei multivariaten Verfahren als unzureichend erwiesen hat.

3.3.7 Vektorautoregressive Modelle

Die bisher diskutierten Schätzverfahren für die Parameter simultaner Modelle setzen stets eine ökonomische Theorie voraus, die auf die Spezifikation der strukturellen Form führt. Die Formulierung einer Theorie und die anschließende Schätzung des Systems scheint jedoch nicht immer die optimale Vorgehensweise zu sein, was auch die relativ bescheidenen Erfolge simultaner Schätzverfahren in der Literatur dokumentieren. Eine Alternative stellen hier die vektorautoregressiven Modelle dar, die nicht länger auf eine a priori vorgegebene ökonomische Theorie angewiesen sind. Bei ihnen wird vielmehr die Entwicklung einer Struktur –wenn überhaupt– erst nach der Modellschätzung vorgenommen, wobei statistische Verfahren, insbesondere Tests auf Kausalität durchgeführt werden. Betrachtet wird zunächst ein Zwei-Gleichungs-Modell

(3.3.91) $$C_t = \beta_0 + \beta_1 Y_t + \beta_2 C_{t-1} + u_{1t}$$

(3.3.92) $$Y_t = \alpha_0 + \alpha_1 C_{t-1} + \alpha_2 Y_{t-1} + u_{2t}$$

mit den endogenen Variablen Konsum C_t und Realeinkommen Y_t. Darin wird der Konsum vom laufenden Einkommen und seinem Vorperiodenniveau bestimmt, was im

---

201 Rothenberg und Leenders (1964).

202 Allgemein lässt sich nicht garantieren, dass bei Konvergenz eines Iterationsverfahrens ein globales Maximum der Zielfunktion gegeben ist. Bei einer Likelihood-Funktion mit multiplen Maxima hängt es nicht zuletzt von der Qualität des Anfangsschätzers ab, ob ein lokales Maximum zugleich ihr globales Maximum impliziert.

allgemeinen auf Beharrungstendenzen im Konsumentenverhalten verweist. Da ein steigender Konsum auch ein steigendes Realeinkommen in den Folgeperioden bewirkt, wird Y_t in Gleichung (3.3.92) durch den Vorperiodenkonsum und durch Y_{t-1} erklärt. Das Modell ist interdependent und dynamisch, da sich die involvierten Variablen auf verschiedene Zeitpunkte beziehen.

Die reduzierte Form des Systems resultiert, wenn man die endogenen Variablen als Funktionen der vorherbestimmten Größen darstellt. Dann folgt

$$C_t = (\beta_0 + \beta_1\alpha_0) + (\beta_2 + \beta_1\alpha_1) C_{t-1} + \beta_1\alpha_2 Y_{t-1} + (u_{1t} + \beta_1 u_{2t}) \tag{3.3.93}$$

$$Y_t = \alpha_0 + \alpha_1 C_{t-1} + \alpha_2 Y_{t-1} + u_{2t} \,. \tag{3.3.94}$$

Die Gleichung für Y_t bleibt darin enthalten, weil sie in (3.3.92) bereits in der reduzierten Form angegeben ist. Das Modell (3.3.93) und (3.3.94) ist ein vektorautoregressives (VAR-)System, in dem jede endogene Variable durch eigene Verzögerungen und von Verzögerungen der restlichen Variablen determiniert wird. Sofern nicht mehr an einer bestimmten Struktur festgehalten wird, lässt sich mit

$$C_t = \beta_0 + \beta_1 C_{t-1} + \ldots + \beta_p C_{t-p} + \alpha_1 Y_{t-1} + \ldots + \alpha_q Y_{t-q} + u_{1t}$$

$$Y_t = \delta_0 + \delta_1 C_{t-1} + \ldots + \delta_p C_{t-p} + \gamma_1 Y_{t-1} + \ldots + \gamma_0 Y_{t-q} + u_{2t}$$

eine allgemeinere reduzierte Form angeben. Wird diese in kompakter Matrixnotation geschrieben, hat man

$$\mathbf{y}_t = \boldsymbol{\alpha} + \boldsymbol{\theta}_1 \mathbf{y}_{t-1} + \ldots + \boldsymbol{\theta}_p \mathbf{y}_{t-p} + \mathbf{u}_t \,, \tag{3.3.95}$$

wobei

$$\mathbf{y}_t = \begin{pmatrix} C_t \\ Y_t \end{pmatrix}, \ \boldsymbol{\alpha} = \begin{pmatrix} \beta_0 \\ \delta_0 \end{pmatrix}, \ \mathbf{u}_t = \begin{pmatrix} u_{1t} \\ u_{2t} \end{pmatrix}$$

und

$$\boldsymbol{\theta}_i = \begin{pmatrix} \beta_i & \alpha_i \\ \delta_i & \gamma_i \end{pmatrix}$$

für i=1,..,p ist. In dieser Darstellung ist ohne Beschränkung der Allgemeinheit vorausgesetzt worden, dass $p \geq q$ und $\alpha_i = \gamma_i = 0$ für $i > q$ ist. Das Gleichungssystem (3.3.95) entspricht der Form her einem autoregressiven Prozess der Ordnung p, in dem eine Variable auf ihre ersten p Verzögerungen regressiert wird. Der einzige Unterschied zu dieser univariaten Interpretation ist nun, dass anstelle einer Größe ein Vektor von

Variablen betrachtet wird. Die systematischen Parameter des Prozesses, die $\boldsymbol{\theta}_i$, stehen infolgedessen für Parametermatrizen, die hier speziell die Dimension 2×2 haben. Insgesamt wird also ein Vektor $\mathbf{y}_t$ durch verzögerte Vektoren $\mathbf{y}_{t-1},...,\mathbf{y}_{t-p}$ erklärt. Daher wird die Darstellung (3.3.95) als vektorautoregressiver Prozess der Ordnung p, kurz VAR(p)-Prozess bezeichnet. VAR-Modelle haben dabei stets die Interpretation, reduzierte Formen einer dahinter stehenden ökonomischen Struktur der einbezogenen Variablen zu sein, ohne dass für ihre Spezifikation die Kenntnis der Strukturform erforderlich ist. Für die adäquate Wahl der Laglänge p, also der Ordnung des VAR-Systems, werden im weiteren Verlauf der Diskussion noch einige Ratschläge gegeben.

Die einem VAR-Modell zugrunde liegende Strategie besteht wesentlich darin, dass eine wahre Struktur zwischen den betrachteten Variablen besteht, die dem Ökonometriker jedoch im einzelnen unbekannt ist. Somit kann zunächst einmal die Schätzung einer reduzierten Form erfolgen, aus der im Nachhinein eine mit den Daten konsistente Struktur abzuleiten ist. Die Schwierigkeiten, mit denen man ansonsten bei der Schätzung eines simultanen Systems konfrontiert ist, so z.B. das Identifikationsproblem, bestehen bei diesem rein zeitreihenanalytisch ausgerichteten Ansatz nicht mehr.

VAR-Systeme lassen sich unschwer vom bisherigen bivariaten Fall auf ein System mit G endogenen Größen verallgemeinern. Dann enthalten in der Darstellung

(3.3.96) $$\mathbf{y}_t = \boldsymbol{\alpha} + \boldsymbol{\theta}_1\mathbf{y}_{t-1} + \ldots + \boldsymbol{\theta}_p\mathbf{y}_{t-p} + \mathbf{u}_t$$

sämtliche Vektoren G Größen, während die Parametermatrizen $\boldsymbol{\theta}_i$ nunmehr von der Dimension G×G sind. Der G-dimensionale Störprozess $\mathbf{u}_t$ ist ein vektorieller White-Noise-Prozess, für den die bereits diskutierten Annahmen

(3.3.97) $$E(\mathbf{u}_t) = \mathbf{0}$$

und

(3.3.98) $$E(\mathbf{u}_t\mathbf{u}_t') = \boldsymbol{\Sigma}_u$$

für alle t gelten. Störterme unterschiedlicher Gleichungen, die zu gleichen Zeitpunkten auftreten, können danach korreliert sein, so dass $\boldsymbol{\Sigma}_u$ im allgemeinen keine Diagonalmatrix bezeichnet. Werden Störterme zu verschiedenen Zeitpunkten betrachtet, ist ihre Korrelation dagegen stets gleich 0.

Die Parameter des VAR-Prozesses, nämlich $\boldsymbol{\alpha}, \boldsymbol{\theta}_1, \ldots, \boldsymbol{\theta}_p$ und $\boldsymbol{\Sigma}_u$ sind unbekannt und müssen daher geschätzt werden. Bevor dies geschieht, ist es jedoch notwendig, noch auf den Begriff der Stationarität eines VAR-Systems einzugehen. Die Stationaritätsbedingungen sind dabei einfach Verallgemeinerungen der Anforderungen, die bereits für univariate Modelle genannt worden sind. Genauer ist ein VAR(p)-Prozess mittelwertstationär, wenn

(3.3.99) $$E(\mathbf{y}_t) = \boldsymbol{\mu}$$

für alle t gilt, also der Vektor der Prozessmittel für alle Beobachtungszeitpunkte identisch ist. Dies setzt insbesondere voraus, dass die einzelnen Variablen keine deterministischen Trendverläufe aufweisen, so dass eventuell vorhandene Trends zu eliminieren sind, um die angegebene Bedingung zu erfüllen. Zweitens umfasst der Stationaritätsbegriff die Kovarianzstationarität, mithin

(3.3.100) $$\mathrm{Cov}(\mathbf{y}_t, \mathbf{y}_{t+\tau}) = E[(\mathbf{y}_t - \boldsymbol{\mu})(\mathbf{y}_{t+\tau} - \boldsymbol{\mu})'] = \boldsymbol{\Gamma}_\tau$$

für alle t, also die Forderung, dass die Kovarianzmatrizen für alle Vektoren, die genau τ Perioden voneinander entfernt sind, nur von eben dieser Laglänge und nicht etwa vom Beobachtungszeitpunkt abhängig sind. Im Spezialfall $\tau=0$ folgt daraus, dass alle Vektoren $\mathbf{y}_t$ die gleiche Kovarianzmatrix haben. Die Diagonalelemente der Matrix $\boldsymbol{\Gamma}_0$ bezeichnen die Varianzen der Komponenten in $\mathbf{y}_t$, die unabhängig vom Beobachtungszeitpunkt sind, während die Nebendiagonalelemente für die zeitkonstanten kontemporären Kovarianzen zwischen den endogenen Variablen stehen.

Die Stationarität eines VAR-Systems lässt sich durch Auswertung einer Bedingung überprüfen. Während man im univariaten Fall die Forderung hat, dass sämtliche Wurzeln der charakteristischen Gleichung

$$A(z) = 1 - a_1 z - a_2 z^2 - \ldots - a_p z^p = 0$$

betragsmäßig größer als 1 sind, mithin außerhalb des Einheitskreises liegen, gilt im mehrdimensionalen Fall die Restriktion, dass sich durch Nullsetzen der Determinante

(3.3.101) $$\det(\mathbf{I} - \theta_1 z - \theta_2 z^2 - \ldots - \theta_p z^p)$$

für z nur Lösungen ergeben, die –absolut gesehen– den Wert 1 übersteigen.

Sofern nun der unbekannte multivariate stochastische Prozess, der in Wirklichkeit zwischen den endogenen Variablen besteht, tatsächlich stationär ist, kann ein solches System stets durch ein VAR-Modell mit endlicher Ordnung p adäquat approximiert werden. In diesem Sinne kommt einem VAR-Ansatz schon ein durchaus hoher Grad an Allgemeinheit zu. Gleichwohl ist die Stationaritätsbedingung für die meisten ökonomischen Variablen kaum erfüllt, so dass man vor einer Schätzung gegebenenfalls ein

Modell in den ersten Differenzen zugrunde legen muss. Dies ist kein spezieller Nachteil einer VAR-Modellierung, da das Argument auch für alternative simultane Schätzverfahren, etwa die 3SLS-Methode, gilt. Eine Erweiterung des Verfahrens im Sinne kointegrierter Prozesse bietet schließlich der Johansen-Ansatz [203] an, der jedoch den Rahmen dieser Einführung übersteigt.

Für die Modellschätzung wird nun ein stationäres VAR-System mit zunächst a priori bekannter Lagordnung p unterstellt. Die letztgenannte Annahme ist natürlich wenig realistisch. Sie wird hier jedoch aus rein didaktischen Gründen eingeführt, weil sich auf diese Weise die Methoden zur Festlegung von p separat diskutieren lassen. Wenn man ohne Beschränkung der Allgemeinheit nur die g-te Gleichung, g=1,...,G, des Systems betrachtet, hat man

(3.3.102) $$y_{gt} = \alpha_g + \theta_{g1,1} y_{1,t-1} + \ldots + \theta_{gG,1} y_{G,t-1} + \ldots + \theta_{g1,p} y_{1,t-p} + \ldots + \theta_{gG,p} y_{G,t-p} + u_{gt}.$$

Darin bezeichnen die $\theta_{gh,j}$ die systematischen Parameter, die den Einfluss der um j Perioden, j=1,...,p, verzögerten h-ten Variablen, h=1,...,G, auf die Größe angeben, die in der g-ten Gleichung des Systems erklärt wird. Die Beziehung (3.3.102) gilt für alle Beobachtungszeitpunkte t=1,...,n, so dass sich bei p zusätzlich vorhandenen Anfangswerten des Prozesses eine einfachere Darstellung ableiten lässt. Definiert man

$$\mathbf{y}^g = \begin{pmatrix} y_{g1} \\ y_{g2} \\ \vdots \\ y_{gn} \end{pmatrix}, \ \mathbf{y}_{-j}^h = \begin{pmatrix} y_{h,1-j} \\ y_{h,2-j} \\ \vdots \\ y_{h,n-j} \end{pmatrix} \text{ und } \mathbf{u}^g = \begin{pmatrix} u_{g1} \\ u_{g2} \\ \vdots \\ u_{gn} \end{pmatrix}$$

für g,h=1,...,G und j=1,...,p, kann (3.3.102) äquivalent als

(3.3.103) $$\mathbf{y}^g = \alpha_g \mathbf{i} + \theta_{g1,1}\mathbf{y}_{-1}^1 + \ldots + \theta_{gG,1}\mathbf{y}_{-1}^G + \ldots + \theta_{g1,p}\mathbf{y}_{-p}^1 + \ldots + \theta_{gG,p}\mathbf{y}_{-p}^G + \mathbf{u}^g$$

geschrieben werden, wobei **i** einen n-dimensionalen Vektor bezeichnet, dessen Elemente sämtlich gleich 1 sind. Eine alternative Formulierung von (3.3.103) ist

(3.3.104) $$\mathbf{y}^g = \mathbf{X}\boldsymbol{\theta}_g + \mathbf{u}^g ,$$

wobei

$$\mathbf{X} = \left(i, y_{-1}^1, \ldots, y_{-1}^G, \ldots, y_{-p}^1, \ldots, y_{-p}^G\right) \text{ und}$$
$$\boldsymbol{\theta}_g = \left(\alpha_g, \theta_{g1,1}, \ldots, \theta_{gG,1}, \ldots, \theta_{g1,p}, \ldots, \theta_{gG,p}\right)'$$

203 Johansen (1988).

gilt. Der Vektor $\boldsymbol{\theta}_g$ enthält dabei alle Gp+1 systematischen Parameter der g-ten Gleichung. Da jede Beziehung die gleiche Matrix der Regressoren aufweist, kann man die G Gleichungen nun kompakt durch

(3.3.105) $$\mathbf{y} = (\mathbf{I}_G \otimes \mathbf{X})\boldsymbol{\theta} + \mathbf{u}$$

angeben, wobei $\mathbf{I}_G$ für die G-dimensionale Einheitsmatrix steht, während das Symbol $\otimes$ das Kronecker-Produkt bezeichnet. Mit der Annahme (3.3.98) lässt sich die Kovarianzmatrix des Störprozesses nunmehr in der Form

(3.3.106) $$\mathrm{Cov}(\mathbf{u}) = \mathrm{E}(\mathbf{uu}') = \boldsymbol{\Sigma}_u \otimes \mathbf{I}_n$$

schreiben. Sie entspricht damit der Matrix (3.3.17), die bereits in Verbindung mit der SURE-Methode unterstellt worden ist. Insofern liegt es nun nahe, das System in (3.3.105) durch Anwendung des GLS-Verfahrens zu schätzen. Allerdings hat sich bei der Darstellung des SURE-Verfahrens auch gezeigt, dass der GLS-Schätzer identisch mit dem OLS-Schätzer ist, sofern jede Beziehung die gleichen Regressoren enthält. Genau diese Bedingung ist hier jedoch erfüllt, so dass sich die Anwendung der OLS-Methode empfiehlt, ohne dass ein Effizienzverlust zu befürchten ist. Die Parameter in der g-ten Gleichung werden daher durch

(3.3.107) $$\hat{\boldsymbol{\theta}}_g = (\mathbf{X}'\mathbf{X})^{-1}\mathbf{X}'\mathbf{y}^g$$

ermittelt. Der OLS-Schätzer für das gesamte System ist schließlich mit

(3.3.108) $$\hat{\boldsymbol{\theta}} = \left[\mathbf{I}_G \otimes (\mathbf{X}'\mathbf{X})^{-1}\mathbf{X}'\right]\mathbf{y}$$

gegeben. Bei der Prüfung seiner Konsistenz wird zunächst unterstellt, dass

(3.3.109) $$\operatorname*{plim}_{n\to\infty} \frac{1}{n}\mathbf{X}'\mathbf{X} = \mathbf{Q}$$

gilt, genauer die Produktmatrix $\mathbf{X}'\mathbf{X}$ der Regressoren in der Grenze gegen eine reguläre Matrix $\mathbf{Q}$ geht. Diese Annahme bleibt nur dann valide, wenn der G-dimensionale stochastische Prozess $\mathbf{y}_t$ die Stationaritätsbedingung erfüllt. Weiter gilt

(3.3.110) $$\operatorname*{plim}_{n\to\infty} \frac{1}{n}\mathbf{X}'\mathbf{u}^g = 0 \quad \text{für } g = 1,\ldots,G \ ,$$

so dass die Störterme für $n\to\infty$ orthogonal auf den Regressoren stehen. Dann folgt aus (3.3.106)

$$\begin{aligned}\underset{n\to\infty}{\mathrm{plim}}\,\hat{\boldsymbol{\theta}}_g &= \mathrm{plim}(\mathbf{X'X})^{-1}\mathbf{X'y}^g \\ &= \mathrm{plim}\left[(\mathbf{X'X})^{-1}\mathbf{X'}(\mathbf{X}\boldsymbol{\theta}_g + \mathbf{u}^g)\right] \\ &= \boldsymbol{\theta}_g + \mathrm{plim}\left(\frac{\mathbf{X'X}}{n}\right)^{-1}\mathrm{plim}\left(\frac{\mathbf{X'u}^g}{n}\right) \\ &= \boldsymbol{\theta}_g\,.\end{aligned}$$

Da diese Beziehung für jede Gleichung g erfüllt ist, folgt insgesamt

(3.3.111) $\underset{n\to\infty}{\mathrm{plim}}\,\hat{\boldsymbol{\theta}} = \boldsymbol{\theta}$,

so dass die systematischen Parameter eines VAR-Systems durch Anwendung der OLS-Methode konsistent geschätzt werden. Sofern der Störprozess $\mathbf{u}_t$ außerdem normalverteilt ist, entspricht $\hat{\boldsymbol{\theta}}$ in der Grenze dem Maximum-Likelihood-Schätzer und ist daher asymptotisch effizient und normalverteilt. Die Kovarianzmatrix der Grenzverteilung ist durch

(3.3.112) $\boldsymbol{\Sigma}_{\hat{\theta}} = \boldsymbol{\Sigma}_u \otimes \mathbf{Q}^{-1}$

gegeben. Um diese Matrix konsistent zu ermitteln, benötigt man einen Schätzer für die Kovarianzmatrix der Störterme, während $(\mathbf{X'X}/n)^{-1}$ als Schätzer für $\mathbf{Q}^{-1}$ herangezogen wird. Die Elemente in der $\boldsymbol{\Sigma}_u$-Matrix lassen sich genauer durch

(3.3.113) $\hat{\sigma}_{ij} = \dfrac{(y^i - X\hat{\theta}_i)' \cdot (y^j - X\hat{\theta}_j)}{n - Gp - 1}$

schätzen, wobei im Nenner die Freiheitsgrade im System angegeben sind. Damit ist die Kovarianzmatrix von $\hat{\boldsymbol{\theta}}$ durch

(3.3.114) $\hat{\boldsymbol{\Sigma}}_{\hat{\theta}} = \hat{\boldsymbol{\Sigma}}_u \otimes (\mathbf{X'X}/n)^{-1}$

gegeben.

Die bisherige Schätzprozedur geht von der impliziten Annahme einer bekannten Lagordnung p des VAR-Systems aus. Sofern p nicht a priori gegeben ist, muss der Parameter vorab geeignet festgelegt werden. Hier bietet sich die Berechnung alternativer Informationsstatistiken, nämlich des Kriteriums von Akaike (AIC) und des Schwarz-Bayes'schen Kriteriums (SBIC) an. Diese sind im Rahmen eines G-dimensionalen Modells durch

$$(3.3.115)\quad AIC(p) = \ln\det\left(\tilde{\boldsymbol{\Sigma}}_p\right) + \frac{2G^2p}{n}$$

und

$$(3.3.116)\quad SBIC(p) = \ln\det\left(\tilde{\boldsymbol{\Sigma}}_p\right) + \frac{G^2p\ln n}{n}$$

definiert und lassen sich offenbar für jede Lagordnung p=1,2,... berechnen. Darin ist $\tilde{\boldsymbol{\Sigma}}_p$ ein Schätzer für die Kovarianzmatrix der Störvariablen Σ_u, der unter der speziellen Annahme eines VAR(p)-Modells resultiert. Die Elemente in der $\tilde{\boldsymbol{\Sigma}}_p$-Matrix werden für die Berechnung der Statistiken über

$$(3.3.117)\quad \tilde{\sigma}_{ij} = \frac{\left(\mathbf{y}^i - \mathbf{X}\hat{\boldsymbol{\theta}}_i\right)' \cdot \left(\mathbf{y}^j - \mathbf{X}\hat{\boldsymbol{\theta}}_j\right)}{n}$$

ermittelt, so dass im Unterschied zu (3.3.113) nicht durch die Freiheitsgrade, sondern durch die Anzahl der Beobachtungen zu dividieren ist. Die Lagordnung ist anschließend so festzulegen, dass die Kriterien (3.3.115) und (3.3.116) minimal werden. Da die AIC-Statistik tendenziell den Parameter p überschätzt, gibt sie lediglich einen Hinweis auf die Lagobergrenze, so dass die Resultate des Schwarz-Bayes'schen Kriteriums stets zu präferieren sind. Nach der Festlegung des Parameters p kann das VAR-System durch OLS konsistent geschätzt werden.

Bei der Analyse eines VAR-Modells sind im allgemeinen recht viele Parameter zu ermitteln, was die Interpretierbarkeit der Ergebnisse nicht unerheblich erschwert. Daher empfiehlt sich die Durchführung von Parametertests mit der Absicht, nicht signifikante Koeffizienten zu eliminieren. Genauer geht es dabei um die Überprüfung von Nullrestriktionen, die oftmals im Kontext einer Kausalitätsanalyse vorgenommen wird.

Im Folgenden wird das populäre Konzept der Granger-Kausalität [204] mit seinen Testmöglichkeiten aufgezeigt. Der Begriff der Granger-Kausalität basiert auf der Prognostizierbarkeit von Größen, die die Stationaritätsbedingung erfüllen. Genauer ist eine Variable y_1 im Sinne Grangers kausal zu y_2 ($y_1 \rightarrow y_2$), wenn y_2 effizienter vorhergesagt werden kann, falls die Information des Prozesses y_1 mit berücksichtigt wird. Wenn sowohl y_1 kausal zu y_2 und y_2 kausal zu y_1 ist, also Kausalität nach beiden Richtungen herrscht, liegt ein Feedback-System vor. Zur Illustration des Gesagten wird ein bivariater stationärer VAR(p)-Prozess

204 Granger (1969).

$$(3.3.118)\quad \begin{pmatrix} y_{1t} \\ y_{2t} \end{pmatrix} = \begin{pmatrix} \alpha_1 \\ \alpha_2 \end{pmatrix} + \begin{pmatrix} \theta_{11,1}\theta_{12,1} \\ \theta_{21,1}\theta_{22,1} \end{pmatrix} \begin{pmatrix} y_{1,t-1} \\ y_{2,t-1} \end{pmatrix} + \ldots + \begin{pmatrix} \theta_{11,p}\theta_{12,p} \\ \theta_{21,p}\theta_{22,p} \end{pmatrix} \begin{pmatrix} y_{1,t-p} \\ y_{2,t-p} \end{pmatrix} + \begin{pmatrix} u_{1t} \\ u_{2t} \end{pmatrix}$$

betrachtet, in dem der Störprozess die White-Noise-Eigenschaften erfüllt. Dann ist die Variable y_2 nicht Granger-kausal zu y_1, falls die Hypothese

$$(3.3.119)\quad \theta_{12,1} = \theta_{22,1} = \ldots = \theta_{12,p} = \theta_{22,p} = 0$$

gilt. In diesem Fall leistet y_2 keinen Beitrag zur Erklärung von y_1 und kann daher aus dieser Gleichung des VAR-Systems eliminiert werden. Entsprechend ist die Hypothese, dass y_1 nicht kausal zu y_2 ist, durch

$$(3.3.120)\quad \theta_{11,1} = \theta_{21,1} = \ldots = \theta_{11,p} = \theta_{21,p} = 0$$

zu formulieren. Derartige Hypothesen lassen sich durch die Anwendung von F-Tests überprüfen. Genauer ist neben der unrestringierten Modellanalyse die Schätzung unter der Nullhypothese erforderlich. Wenn SSE_r und SSE_u die Summen der quadrierten OLS-Residuen der ersten Gleichung mit und ohne Setzung der Restriktionen bezeichnen, ist die Prüfgröße

$$(3.3.121)\quad \lambda = \frac{SSE_r - SSE_u}{p \cdot \hat{\sigma}_{11}}$$

F-verteilt mit p und n-Gp-1 Freiheitsgraden. Darin bezeichnet $\hat{\sigma}_{11}$ den Schätzer für die Varianz mit u_{1t}, der sich mittels (3.3.113) berechnet. Auf analoge Weise lässt sich die Validität der Hypothese (30) beurteilen.

Obgleich sich der Granger-Kausalitätstest und alternative, hier nicht dargestellte Verfahren [205] eignen, den Umfang eines VAR-Systems zu beschränken und Hinweise auf den tatsächlich relevanten multivariaten Prozess liefern können, sind die Ergebnisse nicht ohne Vorsicht zu betrachten. So kann z.B. leicht der Fall eintreten, dass für eine Variable y_1 eine Kausalität für y_2 festgestellt wird, die jedoch bei einer Erweiterung der Informationsmenge, genauer bei der Einbeziehung zusätzlicher Variablen in das VAR-System wieder verloren geht. In diesem Fall ist für die scheinbare Beziehung zwischen y_1 und y_2 kein kausaler Mechanismus, sondern lediglich der Ausschluss einer dritten Variablen verantwortlich. Des weiteren kann die Testentscheidung auch durch die festgelegte Ordnung des VAR-Systems beeinflusst werden. Daher empfiehlt es sich, die gefundene Kausalstruktur bei alternativen Werten von p zu überprüfen, um so Hinweise auf die Robustheit der Resultate zu erhalten.

---

205 Etwa Sims (1972).

Beispiel 3.3. 2: Im folgenden wird untersucht, ob zwischen der nominalen Geldmenge M_1 und dem realen Sozialprodukt in der BRD eine Kausalbeziehung im Sinne von Granger besteht. Konkret geht es dabei um die Überprüfung der neoklassischen Annahme einer Dichotomie zwischen monetärem und realem Sektor, nach der die Geldpolitik reale Vorgänge nicht beeinflussen kann. Der Schätzung liegen logarithmierte Quartalsdaten für den Zeitraum 1970.1 bis 1991.2 zugrunde. Die Größen sind saisonbereinigt und in den ersten Differenzen erfasst, um der Stationaritätsbedingung zu genügen [206]. Zunächst ist der bivariate stochastische Prozess –gebildet aus der Veränderung der Geldmenge ΔM_t und der Veränderung des realen Sozialprodukts ΔY_t– durch ein VAR-Modell endlicher Ordnung zu approximieren. Bei der hier bevorzugten Laglänge von vier Perioden erhält man die Beziehungen

$$\begin{aligned}\Delta M_t = \underset{(3{,}234)}{0{,}019} - \underset{(-0{,}439)}{0{,}050}\Delta M_{t-1} + \underset{(2{,}462)}{0{,}284}\Delta M_{t-2} - \underset{(-0{,}711)}{0{,}084}\Delta M_{t-3} + \underset{(0{,}691)}{0{,}103}\Delta M_{t-4}\\ - \underset{(-1{,}689)}{0{,}285}\Delta Y_{t-1} - \underset{(-1{,}708)}{0{,}295}\Delta Y_{t-2} + \underset{(0{,}224)}{0{,}039}\Delta Y_{t-3} - \underset{(-0{,}025)}{0{,}004}\Delta Y_{t-4}, \qquad R^2 = 0{,}169;\ DW = 1{,}964\end{aligned}$$

$$\begin{aligned}\Delta Y_t = \underset{(-0{,}065)}{-0{,}001} + \underset{(1{,}423)}{0{,}087}\Delta M_{t-1} + \underset{(1{,}572)}{0{,}097}\Delta M_{t-2} + \underset{(0{,}528)}{0{,}034}\Delta M_{t-3} + \underset{(2{,}274)}{0{,}182}\Delta M_{t-4}\\ - \underset{(2{,}818)}{0{,}254}\Delta Y_{t-1} - \underset{(-3{,}198)}{0{,}295}\Delta Y_{t-2} + \underset{(-1{,}414)}{0{,}131}\Delta Y_{t-3} - \underset{(5{,}244)}{0{,}478}\Delta Y_{t-4}, \qquad R^2 = 0{,}620;\ DW = 2{,}103,\end{aligned}$$

(t-Werte in Klammern). Damit zeigt sich zunächst, dass die Geldmengenentwicklung durch den gewählten Ansatz weit schlechter als die Variationen im Realeinkommen erfaßt wird. Genauer sind in der Geldmengengleichung länger zurückliegende Regressoren insignifikant, während diese Größen (etwa ΔM_{t-4} und ΔY_{t-4}) durchaus für die Erklärung der Einkommensänderungen benötigt werden.

Basierend auf den VAR-Regressionen lassen sich Granger-Kausalitätstests durchführen. Überprüft man etwa die Annahme, ob die Änderung der Geldmenge kausal zu ΔY ist, erhält man einen Wert der Prüfstatistik (31) von 2,681. Der kritische Wert der F-Verteilung bei p=4 und $n - Gp - 1 = 86 - 8 - 1 = 77$ Freiheitsgraden ist durch 2,49 gegeben, so dass man die Nullhypothese der Abwesenheit einer Kausalbeziehung auf dem 5%-Niveau ablehnt. Die zweite Hypothese, nach der die Änderung des Realeinkommens

206 Zusätzlich wird vorausgesetzt, dass Geldmenge und Realeinkommen nicht kointegriert sind. Ansonsten wird sich in den VAR-Regressionen ein Bias aufgrund nicht berücksichtigter Erklärungsgrößen ergeben. Siehe Johansen (1988).

nicht kausal zur Änderung der Geldmenge ist, erbringt einen empirischen F-Wert von 1,993, so dass diese Hypothese auf dem gewählten Signifikanzniveau nicht verworfen werden kann. Die Ergebnisse bieten somit Evidenz für die Auffassung, dass Geldmengenvariationen mindestens kurzfristig reale Effekte haben, so dass die Annahme einer permanenten Neutralität des Geldes keine Bestätigung findet. Eine Feedback-Beziehung vom realen zum monetären Sektor ist ferner im Modell nicht erkennbar. ♦

Aufgaben

3.3.1 Warum führt die Anwendung der OLS-Methode bei der Schätzung eines ökonometrischen Mehrgleichungssystems zu verzerrten Parameterschätzern?

3.3.2 Unter welchen Bedingungen empfiehlt sich die Anwendung der SURE-Methode?

3.3.3 Erläutern Sie das Grundprinzip der 2 SLS-Methode!

3.3.4 Wovon hängt die Wahl geeignete „Instrumente" (Instrumentalvariablen) zum Zwecke einer Modellschätzung ab?

3.3.5 Worin besteht der Unterschied zwischen der 2 SLS- und der 3 SLS-Methode?

3.3.6 Erörtern Sie die Anwendbarkeit der FIML-Methode im Hinblick auf die Verteilungsvoraussetzungen der Störvariablen!

3.3.7 In welcher Form werden ökonomische Kausalbeziehungen in vektorautoregressiven Modellen berücksichtigt?

3.4 Vergleich ökonometrischer Schätzverfahren

3.4.1 Analytischer Vergleich

Für die Wahl eines Schätzverfahrens bei einem ökonometrischen Mehrgleichungsmodell spielen verschiedene Kriterien eine Rolle. Da durch die Schätzung die "wahre" Struktur eines Bereichs der wirtschaftlichen Wirklichkeit, der durch das ökonometrische Modell abgebildet worden ist, so gut wie möglich aufgedeckt werden soll, liegt es nahe, eine Bewertung der Schätzverfahren anhand bestimmter Gütekriterien vorzunehmen. Während die Güteeigenschaften ökonometrischer Verfahren bei kleinen Stichproben in exakter Form weitgehend unbekannt sind, liegen für große Stichproben recht gute Erkenntnisse vor. Wenn man gewährleistet haben möchte, dass die Schätzer bei über alle Grenzen wachsendem Stichprobenumfang mit den unbekannten Modellparametern zusammenfallen, dann scheidet die OLS-Methode offenbar aus, da sie keine konsistenten Schätzer erzeugt. Die Konsistenz, die unter diesem Aspekt als Mindestforderung betrachtet wird, kann jedoch durch verschiedene Verfahren unter beschränkter und voller Information gesichert werden.

Mit der Konsistenz ist allerdings noch keine Aussage über die Genauigkeit der ökonometrischen Schätzung bei großen Stichproben verbunden. Hierüber vermittelt die asymptotische Effizienz eine Auskunft. Nach diesem Kriterium sind die Schätzverfahren bei voller Information gegenüber den Schätzverfahren bei beschränkter Information superior. Schätzverfahren bei voller Information wie die FIML- und 3SLS-Methode liefern asymptotisch effiziente Schätzer, was für die Schätzverfahren bei beschränkter Information in dieser allgemeinen Form nicht der Fall ist.

Die LIML- und 2SLS-Methode führen bei großen Stichproben unter denjenigen Schätzverfahren, die von der gleichen A-priori-Information Gebrauch machen, zu den besten Schätzern. [207] Wenn man nun noch berücksichtigt, dass die FIML-Methode die besten Möglichkeiten bietet, A-priori-Informationen bei der Schätzung eines ökonometrischen Modells zu berücksichtigen, müsste ihr grundsätzlich der Vorrang vor der 3SLS-Methode gegeben werden, wenn vorausgesetzt gesetzt werden kann, dass der durch die numerische Verfahren entstehende Aufwand akzeptabel ist.

---

[207] Dies gilt generell für alle k-Klasse-Schätzmethoden, die die 2SLS-Methode bekanntlich als Spezialfall enthalten.

Die Argumentationskette ist jedoch in verschiedener Hinsicht angreifbar. Ein Grund für die Wahl eines Schätzverfahrens unter beschränkter Information wie z.B. der 2SLS-Methode kann in der geringeren Problematik bei einer Modellschätzung im Falle von Fehlspezifikationen gegeben sein. Wenn eine Modellgleichung fehlspezifiziert ist, hat dies bei Anwendung eines Schätzverfahrens unter beschränkter Information allein Auswirkungen auf die in dieser Gleichung zu schätzenden Parameter. Bei den Schätzverfahren unter voller Information wirkt sich eine Fehlspezifikation jedoch zusätzlich auf die Parameterschätzer der übrigen Modellgleichungen aus, da alle verfügbaren Informationen bei der Schätzung berücksichtigt werden. Wenn der Ökonometriker Fehlspezifikationen bei einem ökonometrischen Modell für unvermeidbar hält, ist von diesem Standpunkt aus kein Einwand gegen eine Bevorzugung der 2SLS-Methode im Vergleich zur 3SLS- oder FIML-Methode zu erheben.

Mit der Konsistenz könnte man irrtümlich die Vorstellung verbinden, dass sich die Verzerrung oder Variabilität der Schätzung mit wachsendem Stichprobenumfang stets verringern muss. Dies muss jedoch nicht notwendig der Fall sein. Eine Verbesserung der Schätzung kann nämlich erst von einem bestimmten Stichprobenumfang ab eintreten. Doch selbst dann, wenn eine monotone Verbesserung der Schätzqualität gegeben ist,[208] hat man noch keine Aussage darüber gewonnen, ob ein konsistenter Schätzer bei praktisch relevanten Stichprobenumfängen z.B. dem OLS-Schätzer qualitativ überlegen ist. So könnte der OLS-Schätzer bei kleinen Stichproben unter Umständen eine geringere Verzerrung oder eine kleinere Varianz haben als ein simultaner Schätzer. Für die angewandte Ökonometrie ist daher vor allem eine Kenntnis der Güteeigenschaften bei Stichprobenumfängen von Relevanz, die in der ökonometrischen Praxis vorherrschend sind. Vor allem bei Jahresdaten kann aufgrund der Gefahr eines Strukturbruchs größtenteils nur mit kleinen Stichproben in einer Größenordnung von 15 bis 30 Beobachtungen gearbeitet werden. Bei unterjährigen Daten hat man im Prinzip zwar einen größeren Spielraum, jedoch muss hier oft die konjunkturelle Lage berücksichtigt werden, wenn man Verzerrungen vermeiden will. Dies ist immer dann der Fall, wenn in unterschiedlichen konjunkturellen Lagen kein symmetrisches Verhalten der Wirtschaftseinheiten erwartet werden kann. Außerdem ist in der amtlichen Statistik von Zeit zu Zeit aus den verschiedensten Gründen eine Modifikation oder Neuabgrenzung der Messkonzepte erforderlich, was einer Verfügbarkeit einheitlicher langer Reihen entgegensteht.

---

208 Owen (1976) hat dies jedoch zumindest für den 2SLS-Schätzer nachgewiesen.

Wenn man trotz der Bedeutung der Güteeigenschaften von Schätzverfahren bei kleinen Stichproben zunächst einmal auf ihre asymptotische Eigenschaften abstellt, so ist der Grund darin zu finden, dass die Alternative mit außerordentlich großen Komplikationen verbunden ist. Bereits bei kleineren Modellen kommt man oft nicht umhin, sich selbst analytisch mit Approximationen begnügen zu müssen. So sind wir weit entfernt, davon zu sprechen, dass analytische Erkenntnisse für die Schätzeigenschaften ökonometrischer Methoden vorliegen, die in der ökonometrischen Praxis als Auswahlkriterium verwendet werden könnten. Anfangs standen theoretische Untersuchungen darüber im Vordergrund, ob der Erwartungswert und die Varianz von Schätzfunktionen überhaupt existieren [209]. Daran schlossen sich Arbeiten an, in denen versucht wird, die Erwartungswerte für einfach strukturierte Modelle verschiedener Schätzfunktionen analytisch anzugeben [210]. Wenn überhaupt, dann lassen sich die Arbeiten in der Hinsicht resümieren, dass sich bei kleinen Stichproben nicht nur für die OLS-Methode Verzerrungen konstatieren lassen, sondern ebenfalls für die simultanen Schätzmethoden. Unter idealen Modellbedingungen ist bei Anwendung der OLS-Methode in der Regel mit einem größeren Bias zu rechnen. Über die Variabilität der Schätzung ist damit allerdings noch nichts ausgesagt. Außerdem verhindert es der Grad an Komplexität, das Verhalten der Schätzfunktionen bei den in der ökonometrischen Praxis auftretenden Modelldefekten analytisch auszuwerten. Die Bewertung von ökonometrischen Schätzmethoden muss daher überwiegend aufgrund der Ergebnisse von Simulationsstudien vorgenommen werden, die eine größere Flexibilität des Aufbaus eines ökonometrischen Modells ermöglichen. [211]

3.4.2 Simulationsstudien

Simulationsstudien (Monte-Carlo-Studien) haben bei einem Vergleich von Schätzmethoden in der Ökonometrie einen festen Stellenwert erlangt. Hierzu werden für eine bestimmte Struktur eines ökonometrischen Modells künstliche Zeitreihen der ökonomischen Variablen erzeugt, auf die die Schätzverfahren angewendet werden. Wenn die

209 Basman (1961); Basman (1963); Kabe (1963); Kabe (1964); Richardson (1968); Mariano (1972).

210 Sawa (1969); Sawa (1972); Ullah und Nagar (1974); Takenchi (1970); Mariano und Sawa (1972); Phillips (1980); Mariano (1982).

211 Krämer (1980, S. 38ff.) gibt verschiedene Arbeiten an, die sich auf die k-Klasse-Schätzer beziehen.

Simulationen genügend oft wiederholt werden, erhält man Häufigkeitsverteilungen der Parameterschätzer, die auf der Grundlage des Gesetzes der großen Zahl approximativ als Wahrscheinlichkeitsverteilungen interpretiert werden können. Man kann dann Aussagen über die Verzerrung und Varianz eines Schätzers bei einem gegebenen Stichprobenumfang machen. Als Bewertungsgrundlage spielt vor allem der mittlere quadratische Fehler (mean square error, MSE) eine große Rolle, bei dem beide Aspekte miteinander verknüpft werden.

Um eine Vorstellung von einem Vergleich von ökonometrischen Schätzverfahren auf der Basis einer Simulationsstudie zu vermitteln und ihre Grenzen beurteilen zu können, sei der grundsätzliche Ablauf hier einmal in verschiedenen Schritten skizziert:

Schritt 1: Das betrachtete ökonometrische Modell

$$\mathbf{Y\Gamma'}+\mathbf{XB'}=\mathbf{U}$$

wird durch Spezifikation der Koeffizienten γ_{gh} und β_{gk} in eine Struktur überführt. Die Wahl der Strukturkoeffizienten sollte nach ökonomischen Gesichtspunkten erfolgen, um auszuschließen, dass das ökonometrische Modell für ökonomisch gehaltlose Parameterkonstellationen untersucht wird.

Schritt 2: Für einen gegebenen Stichprobenumfang n werden die Zeitreihenwerte der exogenen Variablen in der Matrix **X** festgelegt. Es bietet sich dabei an, sie in ihrer Größenordnung in Anlehnung an die tatsächlich beobachtbaren Variablenwerte in einem Zeitraum zu bilden. Die Beobachtungswerte der exogenen Variablen können z.B. unmittelbar übernommen werden oder durch eine Trendfunktion erzeugt werden. Da es sich um feste Größen handelt, bleiben die Werte der exogenen Variablen in allen Simulationsläufen unverändert.

Schritt 3: Mittels eines Zufallsgenerators werden die Realisationen der Zufallsvariablen u_{gt} für die Perioden 1 bis n erzeugt. [212] Unter der Normalverteilungsannahme lassen sich z.B. zunächst unabhängige, standardnormalverteilte Zufallszahlen bilden. Sofern die Kovarianzmatrix der Störgrößen, $\mathbf{\Sigma}$, eine Diagonalmatrix ist, erhält man $N(0,\sigma_g^2)$ -

212 Es handelt sich dabei um Pseudozufallszahlen, die eindeutig durch eine mathematische Vorschrift festgelegt und damit auch rekonstruierbar sind. Sie werden jedoch so gebildet, dass sie von echten Zufallszahlen nicht unterscheidbar sind, was durch Tests auf Zufälligkeit überprüfbar ist.

verteilte Zufallszahlen, indem man die originäre Realisation mit der gegebenen Standardabweichung σ_g multipliziert. Allgemeiner lassen sich kontemporäre Abhängigkeiten zwischen den Störgrößen berücksichtigen, die in der Kovarianzmatrix $\mathbf{\Sigma}$ spezifiziert werden müssen.

Schritt 4: Unter Verwendung der gegebenen Strukturmatrizen $\mathbf{\Gamma}$ und $\mathbf{B}$ sowie der Datenmatrix $\mathbf{X}$ und der Matrix $\mathbf{U}$ von Zufallszahlen werden die Werte der endogenen Variablen über die reduzierte Form

$$\mathbf{Y} = -\mathbf{XB}'(\mathbf{\Gamma})^{-1} + \mathbf{U}(\mathbf{\Gamma}')^{-1}$$

bestimmt. Man beachte, dass die Matrix $\mathbf{X}$ in jedem Simulationslauf bei ausschließlich exogenen Variablen unverändert bleibt, während die Matrix $\mathbf{U}$ unterschiedliche Zufallsrealisationen enthält. Sofern zeitlich verzögerte endogene Variablen vorliegen, enthält auch die Datenmatrix $\mathbf{X}$ in einigen Spalten variable Werte.

Schritt 5: In jedem Simulationslauf werden die Strukturkoeffizienten γ_{gh} und β_{gk} sowie die Varianzen σ_g^2 und evtl. die Kovarianzen σ_{gh} der Störvariablen ökonometrisch geschätzt. Die Mittelwerte

$$\bar{\hat{\gamma}}_{gh} = \frac{1}{s}\sum_{m=1}^{s}\hat{\gamma}_{gh}^{(m)}$$

und

$$\bar{\hat{\beta}}_{gk} = \frac{1}{s}\sum_{m=1}^{s}\hat{\beta}_{gk}^{(m)}$$

können bei einer großen Anzahl s von Wiederholungen der Simulation als Approximationen der Erwartungswerte der Schätzer $\hat{\gamma}_{gh}$ und $\hat{\beta}_{gk}$ betrachtet werden. Die Differenzen $\bar{\hat{\gamma}}_{gh} - \gamma_{gh}$ und $\bar{\hat{\beta}}_{gk} - \beta_{gk}$ geben daher Informationen über die Größenordnung der Verzerrung (Bias) der Schätzung bei gegebenem Stichprobenumfang n an. Allerdings können die Varianzen der Schätzer,

$$s^2\left(\hat{\gamma}_{gh}\right) = \frac{1}{s}\sum_{m=1}^{s}\left(\hat{\gamma}_{gk}^{(m)} - \bar{\hat{\gamma}}_{gh}\right)^2$$

und

$$s^2\left(\hat{\beta}_{gk}\right) = \frac{1}{s}\sum_{m=1}^{s}\left(\hat{\beta}_{gk}^{(m)} - \bar{\hat{\beta}}_{gk}\right)^2 ,$$

bei einem kleinen Bias verhältnismäßig groß sein, was dazu führt, dass die Schätzung mit einer starken Unsicherheit behaftet ist. Die Berücksichtigung eines der beiden Kriterien allein gibt somit noch keine Auskunft über die Genauigkeit eines Schätzers. Aus diesem Grund wird bei der Bewertung der Schätzverfahren häufig von den mittleren quadratischen Abweichungen der Schätzer von ihren "wahren" Werten (mean square error (MSE)) Gebrauch gemacht, die sich aus einer Verknüpfung beider Kriterien ergeben:

$$MSE\left(\hat{\gamma}_{gh}\right) = \left[B\left(\hat{\gamma}_{gh}\right)\right]^2 + s^2\left(\hat{\gamma}_{gh}\right)$$

und

$$MSE\left(\hat{\beta}_{gk}\right) = \left[B\left(\hat{\beta}_{gk}\right)\right]^2 + s^2\left(\hat{\beta}_{gk}\right)$$

mit

$$B\left(\hat{\gamma}_{gh}\right) = \bar{\hat{\gamma}}_{gh} - \gamma_{gh} \quad \text{und} \quad B\left(\beta_{gk}\right) = \bar{\hat{\beta}}_{gk} - \beta_{gk} .$$ [213]

Je kleiner der MSE ist, um so eher ist damit zu rechnen, dass der Schätzer in der Nähe des zu schätzenden Parameters liegen wird. Wenn ein bestimmter Schätzer eine größere Verzerrung besitzt als ein anderer Schätzer, dann kann er bei einer kleineren Varianz einen Parameter im Mittel trotzdem genauer treffen. Die Verzerrung wird dann durch die geringere Variabilität überkompensiert, was durch den MSE angezeigt wird. Aufgrund der MSE lässt sich die Performance der Schätzverfahren sinnvoll beurteilen.

Aus der Darstellung des Ablaufs einer Simulationsstudie werden bereits Probleme einer Verallgemeinerung der Simulationsergebnisse ersichtlich. Sie gelten zunächst einmal allein für eine vorgegebene Struktur eines ökonometrischen Modells. Wenn ein Schätzverfahren sich für eine bestimmte Struktur als überlegen erweist, braucht dies nicht notwendig für eine andere Parameterkonstellation zu gelten. Die Performance der Schätzverfahren kann ebenfalls von der Größe des ökonometrischen Modells abhängen

---

213 Vergleichbare Bewertungskriterien, die bei ökonometrischen Simulationsstudien Anwendung gefunden haben, sind der Root Mean Squared Error (RMSE), der Standard Error (SE), der Mean Absolute Error (MAE) und der Median Error (ME). Vgl. hierzu Pindyck und Rubinfeld (1981), S. 362f.; und Krämer (1980), S. 50ff. In einigen Studien sind die ökonometrischen Schätzverfahren auf der Grundlage des "Standard Errors for Forecast" (SEF) verglichen worden, was allerdings nicht unproblematisch ist, da Schätz- und Prognosequalität keine vollständig deckungsgleichen Phänomene sind, wenn man auch bei ökonometrischen Prognosen im allgemeinen eine "gute" Modellschätzung voraussetzen wird.

und bei Fehlspezifikationen und anderen Modelldefekten durchaus unterschiedlich sein. Man erhält jedoch eine recht gute Beurteilungsbasis, wenn man ökonometrische Modelle unterschiedlicher Größe zumindest für einige ökonomisch sinnvolle Parameterkonstellationen untersucht. Als schwierig kann sich eine Untersuchung von Modelldefekten erweisen, wobei es bei Fehlspezifikationen oft wenig sinnvoll ist, die Schätzqualität in bezug auf die Strukturkoeffizienten zu beurteilen. Oftmals wird es sinnvoll sein, an ihrer Stelle die geschätzten und wahren Multiplikatoren im ökonomischen Gleichgewicht miteinander zu vergleichen. [214]

Inzwischen gibt es eine Vielzahl von Monte-Carlo-Studien, die über die Qualität alternativer ökonometrischer Schätzmethoden Auskunft geben. In einer der ersten Simulationsstudien hat Wagner (1958) ein makroökonomisches Modell, bestehend aus der Keynes'schen Konsumfunktion, einer Investitionsfunktion auf der Grundlage des Akzelerationsprinzips und einer Identität, untersucht. Simulationsstudien, die ein größeres Interesse hervorgerufen haben, stammen z.B. von Summers [215], Cragg [216], Seibt [217], Grenzdörfer [218] und Krämer [219] [220]. Typisch ist dabei die Verwendung relativ einfach strukturierter Modelle, die überwiegend aus zwei oder drei Gleichungen bestehen. In einigen Studien sind Modelldefekte wie z. B. Autokorrelation, Heteroskedastizität und Fehlspezifikationen wie z.B. inkorrekte Nullrestriktionen, Aggregation von Variablen und Gleichungen sowie das Weglassen von Gleichungen untersucht worden.

Wenn man die Bewertungsergebnisse resümiert, so stellt sich allgemein keine Schätzmethode als superior heraus. Vielmehr hängt die Performance der ökonometrischen Schätzverfahren nicht unbeträchtlich von dem zugrundegelegten Modell sowie den untersuchten Modelldefekten und Fehlspezifikationen ab. Recht deutlich kommt jedoch zutage, dass die OLS-Methode bei korrekt spezifizierten ökonometrischen Modellen inferior ist. Insofern wirken sich die asymptotischen Eigenschaften der sophistischeren Schätzverfahren bereits bei praktisch relevanten Stichprobenumfängen aus. Allerdings sind hierbei zwei Einschränkungen zu beachten. Zum einen ist es schwierig, eine allgemeine Aussage über den Grad der Verschlechterung der Schätzung bei einer Anwen-

---

214 Vgl. Krämer (1980), S. 65ff.
215 Summers (1965).
216 Cragg (1967).
217 Seibt (1968).
218 Grenzdörfer (1969).
219 Krämer (1980).
220 Eine ausführliche Übersicht ökonometrischer Simulationsstudien befindet sich bei Krämer (1980), S. 50ff.

dung der OLS-Methode zu machen. Und zum anderen ist es nicht ausgeschlossen, dass die OLS-Methode bei größeren ökonometrischen Modellen eine bessere Performance zeigt [221]. Was den Vergleich der "Full-Information"-Methoden mit den "Limited-Information"-Methoden betrifft, so zeigt sich tendenziell eine Überlegenheit der Schätzverfahren bei voller Information. Die FIML-Methode stellt sich unter idealen Modellvoraussetzungen häufig als bestes Schätzverfahren heraus. Zwischen der 2SLS- und LIML-Methode lässt sich insgesamt kein nennenswerter Unterschied konstatieren. Aufgrund ihrer einfacheren Handhabbarkeit erhält die 2SLS-Methode in der ökonometrischen Praxis oft den Vorzug, was auch deshalb gerechtfertigt erscheint, weil sich kein Schätzverfahren eindeutig und klar als optimal herauskristallisiert hat.

Anders sieht die Situation aus, wenn Fehlspezifikationen im Mittelpunkt des Interesses bei Simulationsstudien stehen. Offenbar verhält sich die OLS-Methode gegenüber derartigen Modellabweichungen robuster als die simultanen Schätzmethoden. [222] Dieser Befund zeigt, dass ein sophistischeres Schätzverfahren mit wünschenswerten asymptotischen Schätzeigenschaften nicht unter allen Bedingungen vorteilhafter als ein einfaches Schätzverfahren abschneiden muss. Allerdings begibt man sich bei der Untersuchung von Fehlspezifikationen auf einen recht unsicheren Boden, da sich die Bewertung im allgemeinen nicht mehr auf die Strukturkoeffizienten beziehen kann, sondern hilfsleise auf abgeleitete Größen wie z.B. Multiplikatoren oder Elastizitäten. Dass auf eine Untersuchung von Fehlspezifikationen jedoch nicht verzichtet werden kann, wird bereits dadurch deutlich, dass bei einem Bau eines ökonometrischen Modells in der Regel alternative Hypothesen zur Erklärung ökonomischer Tatbestände in Betracht zu ziehen sind.

Eine akzeptable Verarbeitung der Informationen bei Fehlspezifikationen kann jedoch keinesfalls als Robustheit gegenüber anderen Verletzungen der Modellannahmen gelten. Als besonders kritisch ist eine Abweichung der Verteilung der Störvariablen von einer Normalverteilung zu bewerten. Wenn die Störvariablen z.B. eine größere Wahrscheinlichkeitsmasse in den äußeren Bereichen ihrer Verteilung besitzen, können die Parameterschätzer der OLS-Methode mit einer erheblich größeren Unsicherheit behaftet sein, was für Eingleichungsmodelle gezeigt worden ist. Hierbei spielt auch das Ausreißerproblem eine Rolle, wodurch beträchtliche Verzerrungen der OLS-Schätzer

---

221 Smith (1970).

222 Siehe hierzu vor allem die umfangreiche Studie von Krämer, 1980, S. 57ff., in der die Auswirkungen verschiedener Fehlspezifikationen in ihrer Kombination auf die ökonometrische Schätzung unter Anwendung der OLS-, 2SLS- und 3SLS-Methode untersucht werden.

hervorgerufen werden können. Gegenwärtig gibt es noch keinerlei Informationen darüber, welche Auswirkungen derartige Modellabweichungen auf die simultanen Schätzverfahren im Vergleich zur OLS-Methode haben. Aufgrund ihres Schätzprinzips ist jedoch zu vermuten, dass die Schätzung ökonometrischer Modelle durch eine Robustinfizierung besser fundiert werden könnte.

In jüngster Zeit sind neuere methodische Entwicklungen in der Ökonometrie wie z.B. Kointegrationsmodelle und GARCH-Modelle als ökonometrische Mehrgleichungsmodelle ausgestaltet worden. [223] Eine Erhöhung der Komplexibilität eines ökonometrischen Modells läßt sich jedoch nur dann rechtfertigen, wenn die dadurch vermittelten Einsichten in einem akzeptablen Verhältnis zum Aufwand stehen. Außerdem dürfen dadurch nicht vorher als bedeutsam erkannte ökonomische Zusammenhänge „verwischt" werden. Bestimmte neuere Verfahren wie z.B. die Vektorautoregression lassen sich zudem nicht ohne weiteres mit den gängigen Schätzverfahren vergleichen. Die ökonometrische Forschung steht nach wie vor Herausforderungen gegenüber, von deren Bewältigung es letztlich abhängt, ob die Anwendungsreife ökonometrischer Modelle verbessert werden kann.

Aufgaben

3.4.1 Erörtern Sie die Kriterien, die bei der Auswahl eines Schätzverfahrens bei ökonometrischen Mehrgleichungsmodellen zu berücksichtigen sind!

3.4.2 Welche Rolle spielen Simulationsstudien in der Ökonometrie?

3.4.3 Warum sind der Mean Square Error (MSE) bei der Beurteilung der Eigenschaften von Schätzverfahren im Rahmen einer Simulationsstudie bevorzugt als Gütekriterium verwendet?

---

223 Siehe z.B. Johansen (1995); Harvey, Ruiz und Shephard (1994).

Anhang

Tabelle 1: Standardnormalverteilung

z	0.00	0.01	0.02	0.03	0.04	0.05	0.06	0.07	0.08	0.09
0.0	0.5000	0.5040	0.5080	0.5120	0.5160	0.5199	0.5239	0.5279	0.5319	0.5359
0.1	0.5398	0.5438	0.5478	0.5517	0.5557	0.5596	0.5636	0.5675	0.5714	0.5753
0.2	0.5793	0.5832	0.5871	0.5910	0.5948	0.5987	0.6026	0.6064	0.6103	0.6141
0.3	0.6179	0.6217	0.6255	0.6293	0.6331	0.6368	0.6406	0.6443	0.6480	0.6517
0.4	0.6554	0.6591	0.6628	0.6664	0.6700	0.6736	0.6772	0.6808	0.6844	0.6879
0.5	0.6915	0.6950	0.6985	0.7019	0.7054	0.7088	0.7123	0.7157	0.7190	0.7224
0.6	0.7257	0.7291	0.7324	0.7357	0.7389	0.7422	0.7454	0.7486	0.7517	0.7549
0.7	0.7580	0.7611	0.7642	0.7673	0.7704	0.7734	0.7764	0.7794	0.7823	0.7852
0.8	0.7881	0.7910	0.7939	0.7967	0.7995	0.8023	0.8051	0.8078	0.8106	0.8133
0.9	0.8159	0.8186	0.8212	0.8238	0.8264	0.8289	0.8315	0.8340	0.8365	0.8389
1.0	0.8413	0.8438	0.8461	0.8485	0.8508	0.8531	0.8554	0.8577	0.8599	0.8621
1.1	0.8643	0.8665	0.8686	0.8708	0.8729	0.8749	0.8770	0.8790	0.8810	0.8830
1.2	0.8849	0.8869	0.8888	0.8907	0.8925	0.8944	0.8962	0.8980	0.8997	0.9015
1.3	0.9032	0.9049	0.9066	0.9082	0.9099	0.9115	0.9131	0.9147	0.9162	0.9177
1.4	0.9192	0.9207	0.9222	0.9236	0.9251	0.9265	0.9279	0.9292	0.9306	0.9319
1.5	0.9332	0.9345	0.9357	0.9370	0.9382	0.9394	0.9406	0.9418	0.9429	0.9441
1.6	0.9452	0.9463	0.9474	0.9484	0.9495	0.9505	0.9515	0.9525	0.9535	0.9545
1.7	0.9554	0.9564	0.9573	0.9582	0.9591	0.9599	0.9608	0.9616	0.9625	0.9633
1.8	0.9641	0.9649	0.9656	0.9664	0.9671	0.9678	0.9686	0.9693	0.9699	0.9706
1.9	0.9713	0.9719	0.9726	0.9732	0.9738	0.9744	0.9750	0.9756	0.9761	0.9767
2.0	0.9772	0.9778	0.9783	0.9788	0.9793	0.9798	0.9803	0.9808	0.9812	0.9817
2.1	0.9821	0.9826	0.9830	0.9834	0.9838	0.9842	0.9846	0.9850	0.9854	0.9857
2.2	0.9861	0.9864	0.9868	0.9871	0.9875	0.9878	0.9881	0.9884	0.9887	0.9890
2.3	0.9893	0.9896	0.9898	0.9901	0.9904	0.9906	0.9909	0.9911	0.9913	0.9916
2.4	0.9918	0.9920	0.9922	0.9925	0.9927	0.9929	0.9931	0.9932	0.9934	0.9936
2.5	0.9938	0.9940	0.9941	0.9943	0.9945	0.9946	0.9948	0.9949	0.9951	0.9952
2.6	0.9953	0.9955	0.9956	0.9957	0.9959	0.9960	0.9961	0.9962	0.9963	0.9964
2.7	0.9965	0.9966	0.9967	0.9968	0.9969	0.9970	0.9971	0.9972	0.9973	0.9974
2.8	0.9974	0.9975	0.9976	0.9977	0.9977	0.9978	0.9979	0.9979	0.9980	0.9981
2.9	0.9981	0.9982	0.9982	0.9983	0.9984	0.9984	0.9985	0.9985	0.9986	0.9986
3.0	0.9987	0.9987	0.9987	0.9988	0.9988	0.9989	0.9989	0.9989	0.9990	0.9990
3.1	0.9990	0.9991	0.9991	0.9991	0.9992	0.9992	0.9992	0.9992	0.9993	0.9993
3.2	0.9993	0.9993	0.9994	0.9994	0.9994	0.9994	0.9994	0.9995	0.9995	0.9995
3.3	0.9995	0.9995	0.9995	0.9996	0.9996	0.9996	0.9996	0.9996	0.9996	0.9997
3.4	0.9997	0.9997	0.9997	0.9997	0.9997	0.9997	0.9997	0.9997	0.9997	0.9998
3.5	0.9998	0.9998	0.9998	0.9998	0.9998	0.9998	0.9998	0.9998	0.9998	0.9998

Tabelle 2: Quantile der Chi-Quadrat-Verteilung bei v Freiheitsgraden

F(x) / V	0.005	0.01	0.025	0.05	0.10	0.90	0.95	0.975	0.99	0.995
1	0.000	0.0002	0.0010	0.004	0.0158	2.71	3.84	5.02	6.63	7.88
2	0.010	0.0201	0.0506	0.103	0.211	4.61	5.99	7.38	9.21	10.6
3	0.072	0.115	0.216	0.352	0.584	6.25	7.81	9.35	11.3	12.8
4	0.207	0.297	0.484	0.711	1.06	7.78	9.49	11.1	13.3	14.9
5	0.412	0.554	0.831	1.15	1.61	9.24	11.1	12.8	15.1	16.7
6	0.676	0.872	1.24	1.64	2.20	10.6	12.6	14.4	16.8	18.5
7	0.989	1.24	1.69	2.17	2.83	12.0	14.1	16.0	18.5	20.3
8	1.34	1.65	2.18	2.73	3.49	13.4	15.5	17.5	20.1	22.0
9	1.73	2.09	2.70	3.33	4.17	14.7	16.9	19.0	21.7	23.6
10	2.16	2.56	3.25	3.94	4.87	16.0	18.3	20.5	23.2	25.2
11	2.60	3.05	3.82	4.57	5.58	17.3	19.7	21.9	24.7	26.8
12	3.07	3.57	4.40	5.23	6.30	18.5	21.0	23.3	26.2	28.3
13	3.57	4.11	5.01	5.89	7.04	19.8	22.4	24.7	27.7	29.8
14	4.07	4.66	5.63	6.57	7.79	21.1	23.7	26.1	29.1	31.3
15	4.60	5.23	6.26	7.26	8.55	22.3	25.0	27.5	30.6	32.8
16	5.14	5.81	6.91	7.96	9.31	23.5	26.3	28.8	32.0	34.3
17	5.70	6.41	7.56	8.67	10.1	24.8	27.6	30.2	33.4	35.7
18	6.26	7.01	8.23	9.39	10.9	26.0	28.9	31.5	34.8	37.2
19	6.84	7.63	8.91	10.1	11.7	27.2	30.1	32.9	36.2	38.6
20	7.43	8.26	9.59	10.9	12.4	28.4	31.4	34.2	37.6	40.0
21	8.03	8.90	10.3	11.6	13.2	29.6	32.7	35.5	38.9	41.4
22	8.64	9.54	11.0	12.3	14.0	30.8	33.9	36.8	40.3	42.8
23	9.26	10.2	11.7	13.1	14.8	32.0	35.2	38.1	41.6	44.2
24	9.89	10.9	12.4	13.8	15.7	33.2	36.4	39.4	43.0	45.6
25	10.5	11.5	13.1	14.6	16.5	34.4	37.7	40.6	44.3	46.9
26	11.2	12.2	13.8	15.4	17.3	35.6	38.9	41.9	45.6	48.3
27	11.8	12.9	14.6	16.2	18.1	36.7	40.1	43.2	47.0	49.6
28	12.5	13.6	15.3	16.9	18.9	37.9	41.3	44.5	48.3	51.0
29	13.1	14.3	16.0	17.7	19.8	39.1	42.6	45.7	49.6	52.3
30	13.8	15.0	16.8	18.5	20.6	40.3	43.8	47.0	50.9	53.7
40	20.7	22.2	24.4	26.5	29.1	51.8	55.8	59.3	63.7	66.8
50	28.0	29.7	32.4	34.8	37.7	63.2	67.5	71.4	76.2	79.5

Tabelle 3: Quantile der t-Verteilung bei v Freiheitsgraden

F(x) v	0.9000	0.9500	0.9750	0.9900	0.9950	0.9995
1	3.078	6.314	12.706	31.821	63.657	636.619
2	1.886	2.920	4.303	6.965	9.925	31.598
3	1.638	2.353	3.182	4.541	5.841	12.941
4	1.533	2.132	2.776	3.747	4.604	8.610
5	1.476	2.015	2.571	3.365	4.032	6.859
6	1.440	1.943	2.447	3.143	3.707	5.959
7	1.415	1.895	2.365	2.998	3.499	5.405
8	1.397	1.860	2.306	2.896	3.355	5.041
9	1.383	1.833	2.262	2.821	3.250	4.781
10	1.372	1.812	2.228	2.764	3.169	4.587
11	1.363	1.796	2.201	2.718	3.106	4.437
12	1.356	1.782	2.179	2.681	3.055	4.318
13	1.350	1.771	2.160	2.650	3.012	4.221
14	1.345	1.761	2.145	2.624	2.977	4.140
15	1.341	1.753	2.131	2.602	2.947	4.073
16	1.337	1.746	2.120	2.583	2.921	4.015
17	1.333	1.740	2.110	2.567	2.898	3.965
18	1.330	1.734	2.101	2.552	2.878	3.922
19	1.328	1.729	2.093	2.539	2.861	3.883
20	1.325	1.725	2.086	2.528	2.845	3.850
21	1.323	1.721	2.080	2.518	2.831	3.819
22	1.321	1.717	2.074	2.508	2.819	3.792
23	1.319	1.714	2.069	2.500	2.807	3.767
24	1.318	1.711	2.064	2.492	2.797	3.745
25	1.316	1.708	2.060	2.485	2.787	3.725
26	1.315	1.706	2.056	2.479	2.779	3.707
27	1.314	1.703	2.052	2.473	2.771	3.690
28	1.313	1.701	2.048	2.467	2.763	3.674
29	1.311	1.699	2.045	2.462	2.756	3.659
30	1.310	1.697	2.042	2.457	2.750	3.646
40	1.303	1.684	2.021	2.423	2.704	3.551
60	1.296	1.671	2.000	2.390	2.660	3.460
120	1.289	1.658	1.980	2.358	2.617	3.373
∞	1.282	1.645	1.960	2.326	2.576	3.291

Tabelle 4: Quantile der F-Verteilung bei v_1 und v_2 Freiheitsgraden

F(x)	v_2 \ v_1	1	2	3	4	5	6	7	8	9	10	12	15	20	30	60	120	∞
0.950	1	161	200	21	225	230	234	237	239	241	242	244	246	248	250	252	253	254
0.990		4052	4999	540	5625	5764	5859	5928	5981	6023	6056	6106	6157	6209	6261	6313	6340	6366
0.950	2	18.5	19.0	19.	19.2	19.3	19.3	19.4	19.4	19.4	19.4	19.4	19.4	19.5	19.5	19.5	19.5	19.5
0.990		98.5	99.0	99.	99.2	99.3	99.3	99.4	99.4	99.4	99.4	99.4	99.4	99.4	99.5	99.5	99.5	99.5
0.950	3	10.1	9.55	9.2	9.12	9.01	8.94	8.89	8.85	8.81	8.79	8.74	8.70	8.66	8.62	8.57	8.55	8.53
0.990		34.1	30.8	29.	28.7	28.2	27.9	27.7	27.5	27.3	27.2	27.1	26.9	26.7	26.5	26.3	26.2	26.1
0.950	4	7.71	6.94	6.5	6.39	6.26	6.16	6.09	6.04	6.00	5.96	5.91	5.86	5.80	5.75	5.69	5.66	5.63
0.990		21.2	18.0	16.	16.0	15.5	15.2	15.0	14.8	14.7	14.5	14.4	14.2	14.0	13.8	13.7	13.6	13.5
0.950	5	6.61	5.79	5.4	5.19	5.05	4.95	4.88	4.82	4.77	4.74	4.68	4.62	4.56	4.50	4.43	4.40	4.37
0.990		16.3	13.3	12.	11.4	11.0	10.7	10.5	10.3	10.2	10.1	9.89	9.72	9.55	9.38	9.20	9.11	9.02
0.950	6	5.99	5.14	4.7	4.53	4.39	4.28	4.21	4.15	4.10	4.06	4.00	3.94	3.87	3.81	3.74	3.70	3.67
0.990		13.7	10.9	9.7	9.15	8.75	8.47	8.26	8.10	7.98	7.87	7.72	7.56	7.40	7.23	7.06	6.97	6.88
0.950	7	5.59	4.74	4.3	4.12	3.97	3.87	3.79	3.73	3.68	3.64	3.57	3.51	3.44	3.38	3.30	3.27	3.23
0.990		12.2	9.55	8.4	7.85	7.46	7.19	6.99	6.84	6.72	6.62	6.47	6.31	6.16	5.99	5.82	5.74	5.65
0.950	8	5.32	4.46	4.0	3.84	3.69	3.58	3.50	3.44	3.39	3.35	3.28	3.22	3.15	3.08	3.01	2.97	2.93
0.990		11.3	8.65	7.5	7.01	6.63	6.37	6.18	6.03	5.91	5.81	5.67	5.52	5.36	5.20	5.03	4.95	4.86
0.950	9	5.12	4.26	3.8	3.63	3.48	3.37	3.29	3.23	3.18	3.14	3.07	3.01	2.94	2.86	2.79	2.75	2.71
0.990		10.6	8.02	6.9	6.42	6.06	5.80	5.61	5.47	5.35	5.26	5.11	4.96	4.81	4.65	4.48	4.40	4.31
0.950	10	4.96	4.10	3.7	3.48	3.33	3.22	3.14	3.07	3.02	2.98	2.91	2.84	2.77	2.70	2.62	2.58	2.54
0.990		10.0	7.56	6.5	5.99	5.64	5.39	5.20	5.06	4.94	4.85	4.71	4.56	4.41	4.25	4.08	4.00	3.91
0.950	12	4.75	3.89	3.4	3.26	3.11	3.00	2.91	2.85	2.80	2.75	2,69	2.62	2.54	2.47	2.38	2.34	2.30
0.990		9.33	6.93	5.9	5.41	5.06	4.82	4.64	4.50	4.39	4.30	4.16	4.01	3.86	3.70	3.54	3.45	3.36
0.950	15	4.54	3.68	3.2	3.06	2.90	2.79	2.71	2.64	2.59	2.54	2.48	2.40	2.33	2.25	2.16	2.11	2.07
0.990		8.68	6.36	5.4	4.89	4.56	4.32	4.14	4.00	3.89	3.80	3.67	3.52	3.37	3.21	3.05	2.96	2.87
0.950	20	4.35	3.49	3.1	2.87	2.71	2.60	2.51	2.45	2.39	2.35	2.28	2.20	2.12	2.04	1.95	1.90	1.84
0.990		8.10	5.85	4.9	4.43	4.10	3.87	3.70	3.56	3.46	3.37	3.23	3.09	2.94	2.78	2.61	2.52	2.42
0.950	30	4.17	3.32	2.9	2.69	2.53	2.42	2.33	2.27	2.21	2.16	2.09	2.01	1.93	1.84	1.74	1.68	1.62
0.990		7.56	5.39	4.5	4.02	3.70	3.47	3.30	3.17	3.07	2.98	2.84	2.70	2.55	2.39	2.21	2.11	2.01
0.950	60	4.00	3.15	2.7	2.53	2.37	2.25	2.17	2.10	2.04	1.99	1.92	1.84	1.75	1.65	1.53	1.47	1.39
0.990		7.08	4.98	4.1	3.65	3.34	3.12	2.95	2.82	2.72	2.63	2.50	2.35	2.20	2.03	1.84	1.73	1.60
0.950	120	3.92	3.07	2.6	2.45	2.29	2.18	2.09	2.02	1.96	1.91	1.83	1.75	1.66	1.55	1.43	1.35	1.25
0.990		6.85	4.79	3.9	3.48	3.17	2.96	2.79	2.66	2.56	2.47	2.34	2.19	2.03	1.86	1.66	1.53	1.38
0.950	∞	3.84	3.00	2.6	2.37	2.21	2.10	2.01	1.94	1.88	1.83	1.75	1.67	1.57	1.46	1.32	1.22	1.00
0.990		6.63	4.61	3.7	3.32	3.02	2.80	2.64	2.51	2.41	2.32	2.18	2.04	1.88	1.70	1.47	1.32	1.00

Tabelle 5: Durbin-Watson-Statistik

a) Signifikanzniveau 0,05

	k = 2		k = 3		k = 4		k = 5		k = 6	
n	DL	dU	dL	dU	DL	dU	dL	dU	dL	dU
15	1,08	1,36	0,95	1,54	0,82	1,75	0,69	1,97	0,56	2,21
16	1,10	1,37	0,98	1,54	0,86	1,73	0,74	1,93	0,62	2,15
17	1,13	1,38	1,02	1,54	0,90	1,71	0,78	1,90	0,67	2,10
18	1,16	1,39	1,05	1,53	0,93	1,69	0,82	1,87	0,71	2,06
19	1,18	1,40	1,08	1,53	0,97	1,68	0,86	1,85	0,75	2,02
20	1,20	1,41	1,10	1,54	1,00	1,68	0,90	1,83	0,79	1,99
21	1,22	1,42	1,13	1,54	1,03	1,67	0,93	1,81	0,83	1,96
22	1,24	1,43	1,15	1,54	1,05	1,66	0,96	1,80	0,86	1,94
23	1,26	1,44	1,17	1,54	1,08	1,66	0,99	1,79	0,90	1,92
24	1,27	1,45	1,19	1,55	1,10	1,66	1,01	1,78	0,93	1,90
25	1,29	1,45	1,21	1,55	1,12	1,66	1,04	1,77	0,95	1,89
26	1,30	1,46	1,22	1,55	1,14	1,65	1,06	1,76	0,98	1,88
27	1,32	1,47	1,24	1,56	1,16	1,65	1,08	1,76	1,01	1,86
28	1,33	1,48	1,26	1,56	1,18	1,65	1,10	1,75	1,03	1,85
29	1,34	1,48	1,27	1,56	1,20	1,65	1,12	1,74	1,05	1,84
30	1,35	1,49	1,28	1,57	1,21	1,65	1,14	1,74	1,07	1,83
31	1,36	1,50	1,30	1,57	1,23	1,65	1,16	1,73	1,09	1,83
32	1,37	1,50	1,31	1,57	1,24	1,65	1,18	1,73	1,11	1,82
33	1,38	1,51	1,32	1,58	1,26	1,65	1,19	1,73	1,13	1,81
34	1,39	1,51	1,33	1,58	1,27	1,65	1,21	1,73	1,15	1,81
35	1,40	1,52	1,34	1,58	1,28	1,65	1,22	1,73	1,16	1,80
36	1,41	1,52	1,35	1,59	1,29	1,65	1,24	1,73	1,18	1,80
37	1,42	1,53	1,36	1,59	1,31	1,66	1,25	1,72	1,19	1,79
38	1,43	1,54	1,37	1,59	1,32	1,66	1,26	1,72	1,21	1,79
39	1,43	1,54	1,38	1,60	1,33	1,66	1,27	1,72	1,22	1,79
40	1,44	1,54	1,39	1,60	1,34	1,66	1,29	1,72	1,23	1,78
45	1,48	1,57	1,43	1,62	1,38	1,67	1,34	1,72	1,29	1,77
50	1,50	1,59	1,46	1,63	1,42	1,67	1,38	1,72	1,34	1,77
55	1,53	1,60	1,49	1,64	1,45	1,68	1,41	1,72	1,38	1,77
60	1,55	1,62	1,51	1,65	1,48	1,69	1,44	1,73	1,41	1,77
65	1,57	1,63	1,54	1,66	1,50	1,70	1,47	1,73	1,44	1,77
70	1,58	1,64	1,55	1,67	1,52	1,70	1,49	1,74	1,46	1,77
75	1,60	1,65	1,57	1,68	1,54	1,71	1,51	1,74	1,49	1,77
80	1,61	1,66	1,59	1,69	1,56	1,72	1,53	1,74	1,51	1,77
85	1,62	1,67	1,60	1,70	1,57	1,72	1,55	1,75	1,52	1,77
90	1,63	1,68	1,61	1,70	1,59	1,73	1,57	1,75	1,54	1,78
95	1,64	1,69	1,62	1,71	1,60	1,73	1,58	1,75	1,56	1,78
100	1,65	1,69	1,63	1,72	1,61	1,74	1,59	1,76	1,57	1,78

b) Signifikanzniveau 0,01

n	k = 2 d_u	k = 2 d_o	k = 3 d_u	k = 3 d_o	k = 4 d_u	k = 4 d_o	k = 5 d_u	k = 5 d_o	k = 6 d_u	k = 6 d_o
15	0,81	1,07	0,70	1,25	0,59	1,46	0,49	1,70	0,39	1,96
16	0,84	1,09	0,74	1,25	0,63	1,44	0,53	1,66	0,44	1,90
17	0,87	1,10	0,77	1,25	0,67	1,43	0,57	1,63	0,48	1,85
18	0,90	1,12	0,80	1,26	0,71	1,42	0,61	1,60	0,52	1,80
19	0,93	1,13	0,83	1,26	0,74	1,41	0,65	1,58	0,56	1,77
20	0,95	1,15	0,86	1,27	0,77	1,41	0,68	1,57	0,60	1,74
21	0,97	1,16	0,89	1,27	0,80	1,41	0,72	1,55	0,63	1,71
22	1,00	1,17	0,91	1,28	0,83	1,40	0,75	1,54	0,66	1,69
23	1,02	1,19	0,94	1,29	0,86	1,40	0,77	1,53	0,70	1,67
24	1,04	1,20	0,96	1,30	0,88	1,41	0,80	1,53	0,72	1,66
25	1,05	1,21	0,98	1,30	0,90	1,41	0,83	1,52	0,75	1,65
26	1,07	1,22	1,00	1,31	0,93	1,41	0,85	1,52	0,78	1,64
27	1,09	1,23	1,02	1,32	0,95	1,41	0,88	1,51	0,81	1,63
28	1,10	1,24	1,04	1,32	0,97	1,41	0,90	1,51	0,83	1,62
29	1,12	1,25	1,05	1,33	0,99	1,42	0,92	1,51	0,85	1,61
30	1,13	1,26	1,07	1,34	1,01	1,42	0,94	1,51	0,88	1,61
31	1,15	1,27	1,08	1,34	1,02	1,42	0,96	1,51	0,90	1,60
32	1,16	1,28	1,10	1,35	1,04	1,43	0,98	1,51	0,92	1,60
33	1,17	1,29	1,11	1,36	1,05	1,43	1,00	1,51	0,94	1,59
34	1,18	1,30	1,13	1,36	1,07	1,43	1,01	1,51	0,95	1,59
35	1,19	1,31	1,14	1,37	1,08	1,44	1,03	1,51	0,97	1,59
36	1,21	1,32	1,15	1,38	1,10	1,44	1,04	1,51	0,99	1,59
37	1,22	1,32	1,16	1,38	1,11	1,45	1,06	1,51	1,00	1,59
38	1,23	1,33	1,18	1,39	1,12	1,45	1,07	1,52	1,02	1,58
39	1,24	1,34	1,19	1,39	1,14	1,45	1,09	1,52	1,03	1,58
40	1,25	1,34	1,20	1,40	1,15	1,46	1,10	1,52	1,05	1,58
45	1,29	1,38	1,24	1,42	1,20	1,48	1,16	1,53	1,11	1,58
50	1,32	1,40	1,28	1,45	1,24	1,49	1,20	1,54	1,16	1,59
55	1,36	1,43	1,32	1,47	1,28	1,51	1,25	1,55	1,21	1,59
60	1,38	1,45	1,35	1,48	1,32	1,52	1,28	1,56	1,25	1,60
65	1,41	1,47	1,38	1,50	1,35	1,53	1,31	1,57	1,28	1,61
70	1,43	1,49	1,40	1,52	1,37	1,55	1,34	1,58	1,31	1,61
75	1,45	1,50	1,42	1,53	1,39	1,56	1,37	1,59	1,34	1,62
80	1,47	1,52	1,44	1,54	1,42	1,57	1,39	1,60	1,36	1,62
85	1,48	1,53	1,46	1,55	1,43	1,58	1,41	1,60	1,39	1,63
90	1,50	1,54	1,47	1,56	1,45	1,59	1,43	1,61	1,41	1,64
95	1,51	1,55	1,49	1,57	1,47	1,60	1,45	1,62	1,42	1,64
100	1,52	1,56	1,50	1,58	1,48	1,60	1,46	1,63	1,44	1,65

n bezeichnet den Beobachtungsumfang, k die Anzahl der erklärenden Variablen (einschl. Absolutglied).

Quelle: Durbin, Watson (1951)

Tabelle 6: Dickey-Fuller-Verteilung

ohne Konstante, ohne Trend

k \ n	10	15	20	25	30	35	40	45	50	60	80	100	150	200	300	500	∞
1	-1,9791	-1,9658	-1,9592	-1,9552	-1,9526	-1,9507	-1,9493	-1,9481	-1,9473	-1,9459	-1,9443	-1,9433	-1,9420	-1,9413	-1,9406	-1,9401	-1,9393
2	-4,0242	-3,7754	-3,6585	-3,5907	-3,5466	-3,5155	-3,4925	-3,4747	-3,4606	-3,4396	-3,4137	-3,3983	-3,3779	-3,3678	-3,3577	-3,3497	-3,3378
3	-4,7122	-4,3593	-4,1940	-4,0984	-4,0362	-3,9925	-3,9601	-3,9351	-3,9153	-3,8858	-3,8494	-3,8278	-3,7992	-3,7850	-3,7709	-3,7597	-3,7430
4	-5,3902	-4,9122	-4,6912	-4,5643	-4,4821	-4,4246	-4,3821	-4,3494	-4,3235	-4,2851	-4,2377	-4,2096	-4,1726	-4,1543	-4,1361	-4,1216	-4,1000

mit Konstante, ohne Trend

k \ n	10	15	20	25	30	35	40	45	50	60	80	100	150	200	300	500	∞
1	-3,2195	-3,0818	-3,0199	-2,9850	-2,9627	-2,9472	-2,9358	-2,9271	-2,9202	-2,9101	-2,8976	-2,8903	-2,8807	-2,8760	-2,8713	-2,8676	-2,8621
2	-4,0242	-3,7754	-3,6585	-3,5907	-3,5466	-3,5155	-3,4925	-3,4747	-3,4606	-3,4396	-3,4137	-3,3983	-3,3779	-3,3678	-3,3577	-3,3497	-3,3378
3	-4,7122	-4,3593	-4,1940	-4,0984	-4,0362	-3,9925	-3,9601	-3,9351	-3,9153	-3,8858	-3,8494	-3,8278	-3,7992	-3,7850	-3,7709	-3,7597	-3,7430
4	-5,3902	-4,9122	-4,6912	-4,5643	-4,4821	-4,4246	-4,3821	-4,3494	-4,3235	-4,2851	-4,2377	-4,2096	-4,1726	-4,1543	-4,1361	-4,1216	-4,1000

mit Konstante, mit Trend

k \ n	10	15	20	25	30	35	40	45	50	60	80	100	150	200	300	500	∞
1	-3,9948	-3,7611	-3,6591	-3,6027	-3,5670	-3,5426	-3,5247	-3,5112	-3,5005	-3,4849	-3,4659	-3,4548	-3,4403	-3,4332	-3,4263	-3,4207	-3,4126
2	-4,8736	-4,4759	-4,2896	-4,1818	-4,1117	-4,0624	-4,0258	-3,9977	-3,9753	-3,9421	-3,9010	-3,8766	-3,8444	-3,8284	-3,8125	-3,7998	-3,7810
3	-5,4530	-4,9793	-4,7533	-4,6213	-4,5347	-4,4736	-4,4281	-4,3930	-4,3650	-4,3233	-4,2717	-4,2409	-4,2000	-4,1797	-4,1595	-4,1434	-4,1194
4	-6,0749	-5,4830	-5,2033	-5,0407	-4,9345	-4,8597	-4,8041	-4,7613	-4,7272	-4,6765	-4,6137	-4,5764	-4,5269	-4,5024	-4,4780	-4,4585	-4,4295

n bezeichnet den Beobachtungsumfang, k die Anzahl der in den Kointegrationstest einbezogenen Variablen (ohne Absolutglied).

Tabelle 7: Daten für Energienachfragemodelle

obs	GASV	VEINKR	GASPR	FERNWPR
1980	10.00	1285.70	0.92	0.90
1981	10.60	1286.00	1.04	1.04
1982	10.40	1254.40	1.15	1.08
1983	11.10	1246.20	1.11	1.11
1984	11.90	1275.30	1.08	1.10
1985	13.80	1298.70	1.11	1.11
1986	13.70	1357.10	1.05	1.14
1987	13.70	1408.40	0.84	1.07
1988	12.20	1450.90	0.80	1.02
1989	12.90	1485.10	0.80	1.00
1990	13.60	1590.00	0.82	1.01
1991	13.80	1671.10	0.85	1.02
1992	13.60	1699.10	0.83	1.00
1993	13.60	1691.40	0.80	0.97
1994	13.80	1681.70	0.78	0.95
1995	13.70	1700.50	0.71	0.94

Legende:
GASV Erdgasverbrauch (real)
VEINKR Verfügbares Einkommen (real)
GASPR Relativer Gaspreis (Bezugsbasis: Preisindex des Privaten Verbrauchs)
FERNWPR Relativer Fernwärmepreis (Bezugsbasis: Preisindex des Privaten Verbrauchs)

Quelle: Statistisches Bundesamt; eigene Berechnungen

Literaturverzeichnis

Das Verzeichnis enthält neben der im Text zitierten Literatur eine Auswahl von deutschsprachigen Lehrbüchern zur Ökonometrie.

Aitken, A.C. (1935), On Least Squares and Linear Combinations of Observations, Proceedings of the Royal Statistical Society of Edinburgh, 55, S. 42-48.

Almon, S. (1965), Distributed Lag between Capital Appropriations and Expenditures, Econometrica, 33, S. 178-196.

Amemiya, T. (1985), Advanced Econometrics, Cambridge, Mass.

Anderson, T.W. und Rubin, H. (1949), Estimation of the Parameters of a Single Equation in a Complete System of Stochastic Equations, Annals of Mathematical Statistics, 20, S. 46-63.

Assenmacher, W. (1990), Einführung in die Ökonometrie, 3. Aufl., München.

Assenmacher, W. und Braun, G.E. (1981), Das Einfachheitspostulat in Wissenschaftstheorie und Ökonometrie, Statistische Hefte, S. 152-175.

Baltagi, B. H. (1995), Econometric Analysis of Panel Data, Wiley & Sons, New York.

Banerjee, A.; Dolado, J. J.; Hendry, D. F.; Smith, G. W. (1986), Exploring Equilibrium Relationships in Econometrics through Static Models: Some Monte Carlo Evidence, Oxford Bulletin of Economics and Statistics, Vol. 48, S. 253-278.

Barnett, V. und Lewis, T. (1978), Outliers in Statistical Data, London.

Basmann, R.L. (1961), A Note on the Exact Finite Sample Frequency Functions of Generalized Classical Linear Estimators in Two Leading Over Identified Cases, Journal of the American Statistical Association, 56, S. 619-636.

Basman, R.L. (1963), A Note on the Exact Finite Sample Frequency Functions of Generalized Classical Linear Estimators in a Leading Three Equations Case, Journal of the American Statistical Association, 58, S. 161-171.

Belsley, D.A.; Kuh, E. und Welsch, R.E. (1980), Regression Diagnostics: Identifying Influential Datea und Sources of Collinearity, New York.

Bollerslev, T. (1986), Generalized Autoregressive Conditional Heteroscedasticity, Journal of Econometrics, Vol. 31, S. 307-327.

Brachinger, H.-W. (1981), Robuste Punktschätz-Verfahren, Allgemeines Statistisches Archiv, S. 325-349.

Breusch, T. S., Pagan, A. R. (1980), The Lagrange Multiplier Test and its Applications to Model Specification in Econometrics, Review of Economic Studies, Vol. 47, S. 239-253.

Breusch, T. S. (1978), Testing for Autocorrelation in Dynamic Linear Models, Australian Economic Papers, Vol. 17, S. 334-355.

Breusch, T.S. und Pagan, A.R. (1980), A Simple Test for Heteroscedasticity and Random Coefficient Variation, Econometrica, 47, S. 1287-1294.

Brown, T.M. (1952), Habit Persistance and Lags in Consumer Behaviour, Econometrica, 20, S. 355-371.

Brown, R. L., Durbin, J. und Evans, J. M. (1975), Techniques for Testing the Constancy of Regression Relationships over Time, Journal of the Royal Statistical Society, Series B, Vol. 37, S. 149-163.

Cagan, P. (1956), The Monetary Dynamics of Hyperinflations, in: Friedman, M. (ed.), Studies in the Quantity Theory of Money, S. 25-117.

Chow, G.C. (1960), Test of Equality between Sets of Coefficients in Two Linear Regressions, Econometrica, 28, S. 591-605.

Cochrane, D. und Orcutt, G.H. (1949), Application of Least Squares Regressions to Relationships Containing Autocorrelated Error Terms, Journal of the American Statistical Association, 44, S. 32-61.

Copas, J.B. (1966), Monte Carlo Results for Estimation in a Stable Markov Time Series, Journal of Royal Statistical Society, A 129, S. 110-116.

Cragg, J.G. (1967), On the Relative Small-Sample Properties of Several Structural-Equation Estimators, Econometrica, 35, S. 89-110.

Dickey, D.A. und Fuller, W.A. (1979), Distribution of the Estimators for Autoregressive Time Series with a Unit Root, Journal of the American Statistical Association, Vol. 74, S. 427-431.

Dickey, D.A. und Fuller, W.A. (1981), Likelihood Ratio Test Statistics for Autoregressive Time Series with a Unit Root, Econometrica, 55, S. 251-256.

Durbin, J. (1970), Testing for Serial Correlation in Least Squares Regression when some of the Regressors are lagged dependent Variables, Econometrica, 38, S. 410-421.

Durbin, J. und Watson, G.S. (1950), Testing for Serial Correlation in Least-Squares Regression I, Biometrika, 37, S. 409-428.

Durbin, J. und Watson, G.S. (1951), Testing for Serial Correlation in Least-Squares Regression II, Biometrika, 38, S. 159-178.

Eckey, H.-F.; Kosfeld, R. und Dreger, C. (1992), Statistik, Wiesbaden.

Ehrlicher, W.; Esenwein-Rothe, I.; Jürgensen, H. und Rose, K. (1972), Kompendium der Volkswirtschaftslehre, Göttingen.

Ehrlicher, W. (1972), Geldtheorie, in: Ehrlicher, W. et al. (Hrsg.), Kompendium der Volkswirtschaftslehre, S. 339-407.

Engle, R.F. (1982), Autoregressive Conditional Heteroscedasticity with Estimates of the Variance of United Kingdom Inflation, Ecoometrica, 50, S. 987-1008.

Engle, R.F.; Granger, C.W.J. (1987), Cointegration and Error Correction: Representation, Estimation and Testing, Econometrica, 55, S. 251-276.

Engle, R.F. (1982), Autoregressive Conditional Heteroscedasticity with Estimates of the Variance of United Kingdom Inflation, Econometrica, Vol. 50, S. 987-1007.

Engle, R.F., Lilien, D., Robins, R. (1987), Estimating Time Varying Risk Premia in the Term Structure. The ARCH-M Model, Econometrica, Vol. 55, S. 391-407.

Farrar, D.E. und Glauber, R.R. (1967), Multicollinearity in Regression Analysis (The Problem Revisited), Review of Economics and Statistics, 49, S. 92-107.

Fisz, M. (1976), Wahrscheinlichkeitsrechnung und mathematische Statistik, Berlin.

Fomby, T.B.; Hill, R.C. und Johnson, S.R. (1984), Advanced Econometric Methods, New York.

Frantzmann, H.-J. (1987), Saisonalitäten und Bewertung am deutschen Aktien- und Rentenmarkt, Frankfurt/M.

Friedman, M. (1957), A Theory of the Consumption Function, Princeton.

Frisch, R. (1933), Editorial, Econometrica, 1, S. 1-4.

Frisch, R. und Waugh, F.V. (1933), Partial Time Regressions as Compared with Individual Trends, Econometrica, 1, S. 387-401.

Fuller, W.A. (1976), Introduction to Statistical Time Series, New York.

Gaab, W. (1974), Schätzung verteilter Lags, Meisenheim/Glan.

Godfrey, L. (1978), Testing against General Autoregressive and Moving Error Models when the Regressors include Lagged Dependent Variables, Econometrica, Vol. 46, S.1293-1302.

Goldberger, A.S. (1964), Econometric Theory, New York/London.

Goldfeld, S. M. (1973), The Demand for Money Revisited, Brookings Papers on Economic Activity, S. 577-638.

Goldfeld, S.M. und Quandt, R.E. (1965), Some Tests of Homoscedasticity, Journal of the American Statistical Association, 60, S. 539-547.

Granger, C.W.J. und Newbold, P. (1974), Spurious Regressions in Econometrics, Journal of Econometrics, 2, S. 111-120.

Grenzdörfer, K. (1969), Vergleich einiger in der Ökonometrie verwendeter Schätzverfahren mittels Simulation von Drei-Gleichungssystemen, Würzburg.

Grohmann, H. (1985), Vom theoretischen Konstrukt zum statistischen Begriff - Das Adäquationsproblem, Allgemeines Statistisches Archiv, S. 1-15.

Haavelmo, T. (1943), The Statistical Implications of a System of Simulataneous Equation, Econometrica, 11, S. 1-12.

Hampel, F.R. (1974), The Influence Curve and its Role in Robust Estimation, Journal of the American Statistical Association, 69, S. 383-393.

Hampel, F.R.; Rochetti, E.M.; Rousseeuw, P.J. und Stahel, W.A. (1986), Robust Statistics, New York.

Hardes, H.-D. und Mertes, J. (1991), Grundzüge der Volkswirtschaftslehre, 3. Aufl., München.

Hartwig, H. (1956), Naturwissenschaftliche und sozialwissenschaftliche Statistik, Zeitschrift für die gesamte Staatswissenschaft, 112, S. 252-266.

Harvey, A.; Ruiz, E. und Shepard, N. (1994), Multivariate Stochastic Variance Models, Review of Economic Studies, 61, S. 247–264.

Harvey, A.C. (1975), Contribution to the Discussion of the Paper by Brown, Durbin and Evans, Journal of the Royal Statistical Society, Series B, Vol. 37, S. 179-180.

Harvey, A.C. (1981), Time Series Models, Oxford.

Harvey, A.C. (1990), The Econometric Analysis of Time Series, 2nd ed., New York.

Harvey, A.C. und Collier, P. (1977), Testing for Functional Misspecification in Regression Analysis, Journal of Econometrics, Vol. 6, S. 103-119.

Hausman, J. A. (1978), Specification Tests in Econometrics, Econometrica, Vol. 46, S. 1251-1271.

Heiler, S. (1980), Robuste Schätzung im Linearen Modell, in: Nowak, H. und Zentgraf, R. (Hrsg.), Robuste Verfahren, S. 34-55, Berlin.

Hildreth, C. und Lu, J.Y. (1960), Demand Relations with Autocorrelated Disturbances, Michigan State University, Agricultural Experiment Station, Technical Bulletin 276.

Holland, P.,W. und Welsch, R.E. (1977), Robust Regression Using Iteratively Reweighted Least-Squares, Communications in Statistics, A 6, S. 813-828.

Hood, W.C. und Koopmans, T.C. (eds.) (1953), Studies in Econometric Method, New York/London.

Huber, P. (1964), Robust Estimation of a Location Parameter, Annals of Statistics, 35, S. 73-101.

Hujer, R. und Cremer, R. (1978), Methoden der empirischen Wirtschaftsforschung, München.

Hurwicz, L. (1950), Least Squares Bias in Time Series, in: Koopmans, T.C. (ed.), Statistical Inference in Dynamic Economic Models, New York/London.

Johansen, S. (1988), Statistical Analysis of Cointegration Vectors, Journal of Economic Dynamics and Control, Vol. 12, S. 231-254.

Johansen, S. (1995), Likelihood based Inference on Cointegration in the Vector Autoregressive Model.

Jorgenson, D.W. (1966), Rational Distributed Lag Function, Econometrica, 34, S. 135-149.

Judge, G.J., Griffith, W.E., Hill, R.C., Lütkepohl, H. und Lee, T.-C. (1985), The Theory and Practice of Econometrics, New York.

Kabe, D.G. (1963), A Note on the Exact Distribution of the GCL-Estimator in Two Leading Over-Identified Cases, Journal of the American Statistical Association, 58, S. 535-537.

Kabe, D.G. (1964), On the Exact Distributions of the GCL-Estimator in a Leading Three Equations Case, Journal of the Americal Statistical Association, 59, S. 881-894.

Klein, L.R. (1962), An Introduction to Econometric, Engle-Wood Cliffs, New Jersey.

Koenker, R.W. (1982), Robust Methods in Econometrics, Econometric Reviews, 1, S. 213-290.

Koopmans, T.C. (ed.) (1950), Statistical Inference in Dynamic Economic Models, New York/London.

Kosfeld, R. (1996), Kapitalmarktmodelle und Aktienbewertung –Eine statistisch-ökonometrische Analyse–, Wiesbaden.

Kosfeld, R. (1986), Theoretische und numerische Aspekte in der Maximum-Likelihood-Faktorenanalyse, Frankfurt/M.

Kosfeld, R. (1996), Konsumklima und Verbrauchskonjunktur, Jahrbuch der Absatz- und Verbrauchsforschung, 43, S. 298–317.

Koyck, L.M. (1954), Distributed Lags and Investment Analysis, Amsterdam.

Krämer, W. (1980), Eine Rehabilitation der Gewöhnlichen Kleinst-Quadrate-Methode als Schätzverfahren in der Ökonometrie, Frankfurt (M.).

Krämer, W. (1991), Modellspezifikationstests in der Ökonometrie, RWI-Mitteilungen, S. 285-302.

Krämer, W. und Runde, R. (1992), Kalendereffekte auf Kapitalmärkten, in: Bühler, W.; Hax, H. und Schmidt, R. (Hrsg.), Empirische Kapitalmarktforschung, Düsseldorf, S. 87-98.

Krug und Nourney (1987), Wirtschafts- und Sozialstatistik: Gewinnung von Daten, 2. Aufl., München.

Li, G. (1985), Robust Regression, in: Hoaglin, D.C., Mosteller, F. und Tukey, J.W. (eds.), Exploring Data Tables, Trends, and Shapes, S. 281-340, New York.

Ljung, G. M. und Box, G. E. P. (1978), On a Measure of Lack of Fit in Time Series Models, Biometrika, Vol. 65, S. 297-303.

Maddala, G. S. und Mount, T. D. (1973), A Comparative Study of alternative Estimators for Variance Components Models used in econometric Applications, Journal of the American Statistical Association, Vol. 68, S. 324-328.

Mariano, R.S. (1972), The Existence of Moments of the Ordinary Squares and Two-Stage-Least-Squares Estimators, Econometrica, 40, S. 643-652.

Mariano, R.S. (1982), Analytical Small-Sample Distribution Theory in Econometrics: The Simultaneous-Equations Case, International Economic Review, 23, S. 503-534.

Mariano, R.S. und Sawa, T (1972), The Exact Finite Sample Distribution of the Limited Information Maximum Likelihood Estimator in the Case of Two Included Endogenous Variables, Journal of the American Statistical Association, S. 159-163.

Menges, G. (1959), Zur stochastischen Grundlegung der Ökonometrie, Zeitschrift für die gesamte Staatswissenschaft, 115, S. 611-625.

Menges, G. (1961), Ökonometrie, Wiesbaden.

Modigliani, F. (1986), Life Cycle, Individual Thrift, and the Wealth of Nations, American Economic Review, 76, S. 297-313.

Mood, A.M.; Graybill, F.A. und Boes, D.C. (1974), Introduction to the Theory of Statistics, Tokyo.

Nagar, A.L (1960), A Monte Carlo Study of Alternative Simulatneous-Equation Estimators, Econometrica, 28, S. 573-590.

Nerlove, M. (1958), Distributed Lags and Demand Analysis for Agricultural and Other Commodities, Agriculture Handbook 141, U.S. Department of Agriculture.

Nowak, H. und Zentgraf, R. (Hrsg.) (1980), Robuste Verfahren, Berlin.

Owen, A.D. (1976), A Proof that both the Bias und the Mean Square Error of the Two-Stage-Least Squares Estimator are Monotonically Non-Decreasing Functions of Sample Size, Econometrica, 44, S. 409-411.

Phillips, P.C.B. (1980), The Exact Distribution of Instrumental Variable Estimators in an Equation Containing n+1 Endogenous Variables, Econometrica, 48, S. 861-878.

Pindyck, R.S. und Rubinfeld, D.L. (1981), Econometric Models and Economic Forecasts, 2nd Ed., New York.

Ramsey, J. B. (1969), Tests for Specification Errors in Classical Linear Least Squares Analysis, Journal of the Royal Statistical Society, Series B, Vol. 31, S. 350-371.

Richardson, D.H. (1968), The Exact Distribution of a Structural Coefficient Estimator, 63, S. 1214-1226.

Rinne, H. (1976), Ökonometrie, Stuttgart.

Ronning, G. (1991), Mikroökonometrie, München.

Rothenberg, T.J. und Leenders, C.T. (1964), Efficient Estimation of Simultaneous Equation Systems, Econometrica, 32, S. 57-76.

Rousseeuw, P. (1984), Least Median of Squares Regression, Journal of the American Statistical Association, 79, S. 871-880.

Rousseeuw, P. und Leroy, A. (1987), Robust Regression and Outlier Detection, New York.

Said, S. E., Dickey, D. A. (1984), Testing for Unit Roots in Autoregressive Moving-Average Models with unknown Order, Biometrika, Vol. 71, S. 599-607.

Sawa, T. (1969), The Exact Sampling Distribution of Ordinary Least Squares and Two-Stage-Least-Squares Estimators, Journal of the American Statistical Association, 64, S. 923-937.

Sawa, T. (1972), Finite-Sample Properties of the k-Class Estimators, Econometrica, 40, S. 653-680.

Schneeweiß, H. (1990), Ökonometrie, 4. Aufl., Würzburg.

Schönfeld, P. (1969), Methoden der Ökonometrie, Bd. I: Lineare Regressionsmodelle, München.

Schönfeld, P. (1971), Methoden der Ökonometrie, Bd. II: Stochastische Regressoren und simultane Gleichungen, München.

Schwert, G.W. (1989), Tests for Unit Roots: A Monte Carlo Investigation, Journal of Buisness and Economic Statistics, Vol. 7, S. 147-159.

Seibt, H. (1968), Schätzung und Prognose bei simultanen Gleichungsmodellen: Eine Monte Carlo-Untersuchung, Göttingen.

Sharpe, W.F. (1963), A Simplified Model for Portfolio Analysis, Management Science, 9, S. 277-293.

Siebke, J. und Willms, M. (1972), Zinsniveau, Geldpolitik und Inflation, Kredit und Kapital, 5, S. 171-205.

Sims, C.A. (1972), Money, Income and Causality, American Economic Review, 62, S. 545ff.

Smith, V.K. (1970), A Monte Carlo Experiment with a Large Macro-Econometric Model, Western Economic Journal, S. 377-384.

Solow, R.M. (1960), On a Family of Lag Distributions, Econometrica, 28, S. 393-406.

Stock, J. H. (1987), Asymptotic Properties of LeastSquares Estimators of Co-Integrating Vectors, Econometrica, 55, S. 1035-1056.

Stöwe, H. (1977), Ökonometrie, Meisenheim/Glan.

Summers, R. (1965), A Capital Intensive Approach to the Small Sample Properties of Various Simultaneous Equation Estimators, Econometrica, 33, S. 1-41.

Takeuchi, K. (1970), On the Exact Moment of the OLS, TSLS and the Instrumental Variables Method Estimator, International Economic Review, S. 1-12.

Theil, H. (1961), Economic Forecasts and Policy, 2nd ed., Amsterdam.

Theil, H. (1966), Applied Economic Forecasting, Amsterdam.

Tinbergen, J. (1939), Econometric business cycle research, Review of Economic Studies, S. 73-90.

Tukey, J.W. (1960), A Survey of Sampling from Contaminated Distributions, in: Olkin (ed.), Contributions to Probability and Statistics, S. 448-485, Stanford.

Ullah, A. und Nagar, A.L. (1974), The Exact Mean of the Two-Stage-Least-Squares Estimator of the Structural Parameters in a Equation Having Three Endogenous Variables, Econometrica, S. 749-758.

Wagner, H.W. (1958), A Monte Carlo Study of Estimates of Simultaneous Linear Structural Equations, Econometrica, 26, S. 117-133.

Wahrendorf, J. (1980), Robuste Statistik: Eine einführende Übersicht, in: Nowak, H. und Zentgraf, R. (Hrsg.), Robuste Verfahren, S. 1-13, Berlin.

Wald, A. (1936), Berechnung und Ausschaltung von Saisonschwankungen, in: Beiträge zur Konjunkturforschung, Österreichisches Institut für Konjunkturforschung, Wien.

Westerhoff, H.-D. (1976), Ein Beitrag zur Überprüfung investitionstheoretischer Hypothesen, RWI-Papiere, Nr. 4, Essen.

White, H. (1980), A Heteroscedasticity-Consistent Covariance Matrix Estimator and a Direct Test for Heteroscedasticity, Econometrica, Vol. 48, S. 817-838.

Wold, H. (1954), Causality and Econometrics, Econometrica, 22, S. 162-177.

Zellner, A. und Theil, H. (1962), Three Stages Least Squares: Simultaneous Estimation of Simultaneous Equations, Econometrica, 30, S. 54-78.

Stichwortverzeichnis

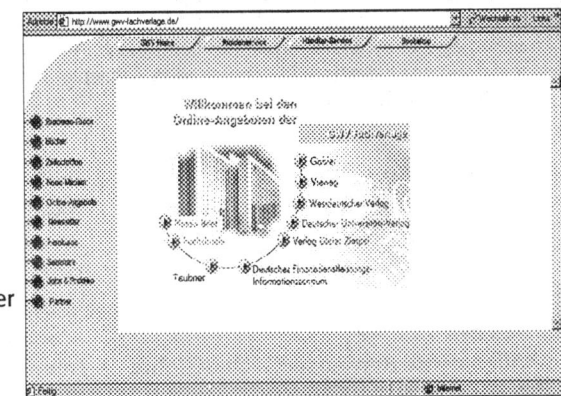